Markus Spieker

Jäger des verlorenen Verstandes

www.fontis-verlag.com

Für meine Frau, die meistens Recht hat

Markus Spieker

Jäger des verlorenen Verstandes

Eine Weisheitsschule

fontis

Bibliografische Information der Deutschen Nationalbibliothek
Die Deutsche Nationalbibliothek verzeichnet diese Publikation in der Deutschen Nationalbibliografie; detaillierte bibliografische Daten sind im Internet über www.dnb.de abrufbar.

Der Fontis-Verlag wird von 2021 bis 2024
vom Schweizer Bundesamt für Kultur unterstützt.

Die Bibelstellen wurden, soweit nicht anders angegeben,
folgender Übersetzung entnommen:
«Hoffnung für alle» (Fontis-Verlag Basel)

Umschlag: Carolin Horbank, Leipzig
Bildnachweise U1:
Eule: jajangsutomo90 – Freepik.com
Turmfoto: Illustration of the Tower of Babel,
published in Turris Babel by Athanasius Kircher.
Satz: Justin Messmer, InnoSet AG, Basel
Druck: Finidr
Gedruckt in der Tschechischen Republik

ISBN 978-3-03848-269-7

MIX
Papier | Fördert gute Waldnutzung
FSC® C014138

Lehrplan

Einweisung
Der Wille zur Weisheit

Ich werde älter. Ich merke das daran, dass ich anfange, die Rentenbescheide tatsächlich zu *lesen*. Mit gemischten Gefühlen. Meine durchschnittlich zu erwartende Lebensdauer sinkt, die Rentenhöhe steigt. Und noch etwas wächst mit dem Alter: die Anzahl meiner Bücher und meines digitalen Archivs. Ganz zu schweigen von den Informationsquellen, die mir im Internet zur Verfügung stehen.

Ich fühle mich wie die Besucher der «Bibliothek von Babel». In der Kurzgeschichte des argentinischen Schriftstellers Jorge Luis Borges geht es um ein Archiv, in dem sämtliche denkbaren Buchstabenkombinationen in Buchform erfasst sind. Entsprechend endlos sind die Bestände und verwirrt die Besucher. Für jeden Bibliotheksbenutzer besteht die Herausforderung darin, aus dem massenhaften Unsinn den einen oder anderen sinnvollen Inhalt zu erstöbern.

So ähnlich kommt mir die Situation vor, in der sich unsere Gesellschaft, ja die ganze westliche Welt befindet. Wir sind etwas in die Jahre gekommen, haben das Gefühl, dass die besten Zeiten hinter uns liegen. Wir haben kolossal viel Wissen angehäuft. Nur wissen wir immer weniger damit anzufangen. Täglich werden wir von selbsternannten Experten und Influencern mit mehr Content überschüttet, als wir verarbeiten können. Wir sind beschäftigt damit, Blödsinn wegzuklicken, und dringen deshalb nicht zum Wesentlichen vor. Bevor wir einen vermeintlich augenöffnenden Bestseller zu Ende gelesen haben, ist sein Informationsgehalt schon reif fürs Antiquariat. Und wenn wir uns stattdessen den Klassikern der Ratgeberliteratur zuwenden, kriegen wir deren Lösungsvorschläge nicht mit den heutigen Problemen verknüpft.

Dabei war guter Rat selten so teuer, passend zur aktuellen Problem-Inflation: Krieg, Klimakrise, KI-Revolution.

Mit den Herausforderungen nehmen auch die teilweise absurden Reaktionen darauf zu. Mega und gaga liegen dicht beieinander. Wer hätte vor fünfzig Jahren darauf getippt, dass das Geschlecht eine Frage des Gefühls sein würde und die gewünschte Anrede strafrechtlich durchgesetzt werden könnte? Dass Kinder leichten Zugang zu harter Pornografie haben würden, Grimms Märchen aber mit Trigger-Warnungen versehen werden müssten? Dass Flugscham einmal so schwer wiegen würde wie Fremdgehscham? Dass die Menschen via Internet das gesammelte Weltwissen zur Verfügung haben würden, um dann aber am liebsten Katzenvideos anzuklicken? Dass die US-evangelikalen Erben von Johannes Calvin, Jonathan Edwards und Billy Graham sich mit einem amoralischen Zampano verbünden würden, der in sich alle Untugenden vereinigt, die Jesus am allermeisten geißelte: Gier! Ruhmsucht! Machtverliebtheit!

Es ist zum Davonlaufen, besser: zum Sich-Verlaufen.

Als ich mit der Recherche für dieses Buch begonnen habe, war gerade «lost» zum «Jugendwort des Jahres» gekürt worden. Besonders junge Leute fühlen sich verloren, vereinsamt, verpeilt. Aber die allgemeine Desorientierung hat auch die reiferen Jahrgänge ergriffen.

Kein Wunder.

Die Welt dreht gerade auch ziemlich heftig am Rad.

Man kann die Abläufe der Menschheitsgeschichte mit dem Atmen vergleichen. Auf lange Epochen des Luftholens folgen Phasen des Ausatmens, manchmal sehr heftige. Dann brauen sich technischer Fortschritt, soziale Unruhe, kultureller und politischer Wandel zu einem perfekten Sturm zusammen. Wenn der Wind of Change sich gelegt und die Wellen sich geglättet haben, ist alles anders als vorher.

Global gesehen gab es bisher drei Umbruchs-Orkane, die die ganze Welt erfassten.

Einmal um das Jahr 1500: Gutenberg! Kolumbus! Luther!

Dann um das Jahr 1800: Amerikanische Unabhängigkeit! Französische Revolution! Napoleon! Industrialisierung! Imperialismus!

Schließlich in der Mitte des 20. Jahrhunderts: Zweiter Weltkrieg! Beginn des Kalten Kriegs! Ende der Kolonialreiche! Vorherrschaft der USA! Beginn des Wohlstands für alle! Allmählicher Abschied vom Patriarchat! Atomkraft!

Was auffällt: Die Umbrüche werden immer heftiger und die Abstände zwischen den Transformations-Zäsuren immer kürzer. Was logisch ist. Veränderungen ergeben sich aus neuartigen Verbindungen. Die Welt rückt zusammen, die Reibungseffekte werden stärker. Wo mehr passiert, wird auch mehr kombiniert. Von Wechselfieber zu Wechselfieber verkürzen sich die Zwischenzeiten jeweils um die Hälfte. Zuerst sind es 300 Jahre. Dann 150 Jahre. Dann, so fürchte ich, nur noch 75 Jahre.

1500.

1800.

1950.

2025.

Moment mal.

Soll das heißen, wir stehen kurz vor oder bereits mitten in einer heftigen, womöglich sogar der bisher allerheftigsten Umbruchsperiode?

Ich will keine Panik machen. Aber ich finde die Argumente dafür, dass die Weltgeschichte in diesen Zeiten einen ganz besonders heftigen Turnaround hinlegt, ziemlich plausibel. Wenn es so weitergeht, besteht die Gefahr, dass viele Menschen aus der Kurve fliegen werden. Besser, man schnallt sich vorher an. Der Gurt, den ich empfehle, heißt:

Weisheit.

Sie schützt aber nicht nur, sie leitet auch. Wie ein mentales Navigationssystem kann sie dabei helfen, gefährliche Routen zu meiden und dafür friedvolle Panoramawege zu befahren.

Weisheit ist unter anderem die Fähigkeit, aus dem Schaden anderer Epochen klug geworden zu sein und die zur Verfügung stehenden Daten so zu interpretieren, dass man bestimmte Fehler gar nicht erst macht. Das gilt nicht nur fürs große weltpolitische Ganze, sondern genauso für die private Lebensführung. Da jeder Mensch anders und jede Situation so noch nie da gewesen war, gibt es nicht den großen Weisheitswurf, eher viele kleine Einwürfe.

Manchmal lässt sich ein Unglück oder gar eine Katastrophe aber gar nicht abwenden.

Dann bleibt die Weisheit als Trost und Stütze.

Eines der berühmtesten Bücher über die Weisheit handelt genau davon. Der christliche Philosoph Boethius (482–525) verfasste es vor ziemlich genau 1500 Jahren in der Umbruchzeit von der Antike zum Mittelalter. Auf einen steilen Karriereaufstieg bis zum römischen Regierungschef folgte ein abrupter Absturz, der in der Todeszelle endete. Die Zeit bis zur Hinrichtung vertrieb sich Boethius mit einem inneren Zwiegespräch. Er stellte sich vor, wie die personifizierte Weisheit ihn im Kerker besuchte und ihm das vor Augen hielt, was wirklich zählte. Viele Aspekte dieses «Trosts der Weisheit» sind auch im 21. Jahrhundert noch relevant.

- *Das Glück verwirrt, das Unglück belehrt.*
- *Wenn das Glück zur Regel wird, hört es auf, Glück zu sein.*
- *Verschwende deine Energie nicht auf deinen Status und dein Ansehen. Mache dir bewusst: Dein Wirkungskreis beschränkt sich doch ohnehin nur auf ein kleines Gebiet in einem winzigen Punkt im Universum.*
- *Elend ist nur das, was du selbst dafür hältst. Jede Schicksalswendung ist eine glückliche für den, der sie mit Seelenruhe auf sich nimmt.*

- *Die Freunde, die dir das Glück schenkt, wenden sich im Unglücksfall von dir ab. Im Unglück erkennst du deine echten Freunde. Darum höre auf, im Unglück um die verlorenen Schätze zu klagen, denn den allerköstlichsten Schatz, wahre Freunde, hast du jetzt gefunden.*
- *Die Reichtümer, von denen du dir Frieden und Freiheit erhoffst, bringen dich nur in neue Unsicherheiten und Abhängigkeiten.*
- *Nicht in seiner eigenen Natur liegt die Schönheit eines Körpers, sondern in der Unvollkommenheit der Augen, die ihn anschauen.*
- *Der Gute verdient Liebe, der Böse Mitleid.*
- *Im Herzen des Weisen hat der Hass nichts verloren.*
- *Suche das Glück nicht außerhalb von dir, sondern in dir.*

Boethius ist einer von zahlreichen Weis-Machern, deren «Greatest Hits» ich vorstelle. Bei Weisheiten ist es nämlich wie mit dem Wein: je älter, reifer, bewährter, desto besser. Oldies sind Goldies, und die Einsichten von Platon, Erasmus, Dostojewski und Simone Weil lassen die Bescheidwisser von heute ziemlich alt aussehen.

Dieses Buch ist deshalb sowohl Weisheitsführer als auch Weisheitsverführer, sowohl Leitfaden als auch Fundgrube. Wie Dr. Henry Walton Jones Jr., besser bekannt als «Indiana Jones», habe ich mich auf die Jagd nach einem Schatz gemacht: dem Erfahrungsschatz der letzten Jahrtausende. Dabei habe ich mich in fernen Ländern herumgetrieben, vor allem aber in Bücher vertieft. Anders als der Mann mit dem Fedorahut und der Peitsche muss ich mich dabei nicht mit Nazis prügeln und gefährliche Höhlen erforschen. Das Wissen der Welt ist größtenteils frei verfügbar. Meine Aufgabe besteht darin, eine Auswahl zu treffen und verstaubte Texte neu herauszuputzen.

Allerdings verstehe ich mich nicht nur als Weisheits-Archäologe, der alte Kostbarkeiten ausgräbt.

Als gelernter Historiker interessiere ich mich für Lehren, die wir aus der Geschichte ziehen können. Hier gibt es immer noch einige blinde Flecken, die dafür sorgen, dass unser Realitätssinn insgesamt getrübt ist.

Als Journalist berichte ich täglich über Krisen und weiß, wie wichtig Weisheit bei deren Bewältigung sein wird. Dieses Buch ist zwar an einem Schreibtisch mit Blick ins Grüne entstanden, zwischendurch habe ich aber beruflich und privat immer wieder Berührungspunkte mit dem Leben da draußen gehabt: bei Aufenthalten in Kabul und Los Angeles, in Skopje und Delhi, in Moskau und Islamabad.

Und schließlich habe ich meinen persönlichen Weisheits-Standpunkt, nämlich einen christlichen. Meine Sicht der Welt leitet sich aus einem Vers im biblischen «Buch der Sprüche» ab:

> *Die Ehrfurcht vor Gott ist der Anfang der Weisheit.*
>
> Sprüche 9,10

Stimmt.

Aber nicht deren Ende.

Der Weg der Weisheit ist nach vorne hin offen. Neue Fragen brauchen neue Antworten. Der Mensch ist nicht zur Traditionspflege erschaffen, sondern dazu, sich die Potenziale der Welt kreativ zu erschließen.

Deshalb habe ich mich von einem anderen Bibelvers nicht abschrecken lassen. Im «Buch des Predigers» stöhnt der Verfasser:

> *Es nimmt kein Ende mit dem vielen Bücherschreiben, und das viele Lernen macht den ganzen Körper müde.*
>
> Prediger 12,12

Diese ernüchternden Worte gingen mir in den vergangenen Monaten immer wieder durch den Kopf. Bei jedem Aufenthalt in der örtlichen Universitätsbibliothek haben sich meine Selbstzweifel verstärkt. Schließlich lagern hier hunderttausende Bücher, die nur noch sporadisch benutzt werden. Warum also noch ein weiterer Wälzer?

Für mich persönlich ist das vorliegende Buch schon deshalb zwingend, weil es der Abschluss meiner «Gott und die Welt»-Trilogie ist.

In «Übermorgenland» (2019) ging es um Ökologie, also um die Beschäftigung mit den globalen Rahmenbedingungen unserer Existenz.

In «Jesus: Eine Weltgeschichte» (2020) ging es um Theologie.

Im «Jäger des verlorenen Verstandes» beschäftige ich mich mit Anthropologie; in Abgrenzung zur theologischen Weisheit sprach man hier früher von «Menschenweisheit».

Die Frage, wie der Mensch tickt, ist momentan von besonders großer Bedeutung. In immer mehr Kompetenzfeldern läuft die Künstliche Intelligenz uns den Rang ab. Deshalb sehe ich meine Aufgabe unter anderem darin, auf einen gravierenden Unterschied zwischen Maschinen und Menschen hinzuweisen.

Maschinen können intelligent sein.

Aber nur Menschen können weise sein.

Wie biologisch erzeugte Nahrungsmittel mit dem Bio-Siegel gekennzeichnet werden, kann man bei echter Weisheit sicher sein: Sie verdient das Gütesiegel «rein menschlich».

Denn Weisheit geht über die raffinierteste Datenverbreitung hinaus. Sie ist organischer und ganzheitlicher Natur. Sie verbindet Rationalität mit Intuition, Kopf und Bauch, Individuen und Gruppen, Theorie und Praxis. Weisheit ist erfolgreich gelebtes Wissen. Forrest Gumps Mama würde sagen: «Weise ist, wer weise tut.»

Die Weisheit tummelt sich in Bereichen, in denen Computer fremdeln, die aber für Menschen von größter Bedeutung sind. Bereiche, in denen es um Beziehung geht: mit unserem Ursprung, mit anderen Menschen, mit unserer Bestimmung.

In der Schule der Weisheit lernen wir, unsere Prioritäten zu ordnen: hin zu dem, was wirklich zählt und gerade deshalb nicht mit Zahlen, Formen und Algorithmen erfasst werden kann.

Ich bin überzeugt, dass in vielen Bereichen des persönlichen und gesellschaftlichen Lebens die Weisheit eine viel zu wenig benutzte Brücke ist, um Spannungen zu überwinden.

Deshalb plädiere ich in diesem Buch für:

- Eine weise Lebensgestaltung.
- Eine weise Gesellschaftspolitik.
- Eine weise Globalisierung.
- Eine weise Kirche.

Dabei geht es nicht darum, konkrete Ideale anzustreben. Den «Gipfel der Weisheit» gibt es auf dieser Welt nicht, nur kleine Etappenerfolge. Darüber bin ich mir auch deshalb im Klaren, weil ich das Buch nicht mit der Selbstgewissheit eines Bergbezwingers geschrieben habe, sondern mit der Naivität eines lernbegierigen Wanderers. Ich habe ein ganz persönliches, existentielles Interesse an dem Thema. Denn ich komme allmählich in ein Alter, in dem nicht viel Zeit bleibt, törichte Entscheidungen wieder auszubügeln. Da werde ich lieber ein wenig weiser.

Auf geht's.

Erster Teil
Der Feind der Weisheit

Erster Teil
Der Feind der Weisheit

Intro

Dumm und fleißig – davor behüte uns der Himmel.

Charles de Talleyrand

Vor dem Aufstieg zu höheren Erkenntnissen geht es abwärts: in die Niederungen der freiwilligen Borniertheit, ins Tal der absichtlich Ahnungslosen. Die Anti-Weisheit, um die es hier geht, hat nichts mit fehlendem Talent zu tun. Es handelt sich um eine moralische Fehleinstellung, die oft verheerende Folgen hat.

Dietrich Bonhoeffer (1906–1945) wusste davon ein trauriges Lied zu singen.

Fast zehn Jahre war Adolf Hitler an der Macht, als der couragierte Theologe eine vorläufige Bilanz zog. Im «Rechenschaftsbericht», den er um die Jahreswende 1942/43 verfasste, fragte er sich erschüttert: «Ob es jemals in der Geschichte Menschen gegeben hat, die in der Gegenwart so wenig Boden unter den Füßen hatten?» Schuld daran waren aus seiner Sicht nicht nur die Täter, sondern auch diejenigen, die ihrem Lügengespinst ins Netz gegangen waren:

Die Dummen.

Mit ihnen ging Bonhoeffer am härtesten ins Gericht:

Dummheit ist ein gefährlicherer Feind des Guten als Bosheit. […] Gegen die Dummheit sind wir wehrlos. Weder mit Protesten noch durch Gewalt lässt sich hier etwas ausrichten; Gründe verfangen nicht; Tatsachen, die dem eigenen Vorurteil widersprechen, brauchen einfach nicht geglaubt zu werden – in solchen Fällen wird der Dumme sogar kritisch –, und wenn sie unausweichlich sind, können sie einfach als nichtssagende Einzelfälle beiseitegeschoben werden. Dabei ist der Dumme im Unterschied zum Bösen restlos mit sich selbst zufrieden; ja, er wird sogar gefährlich, indem er leicht gereizt zum Angriff übergeht. Daher ist dem Dummen gegenüber mehr Vorsicht geboten als gegenüber dem Bösen.

Ein paar Jahre später fällte der Schriftsteller Albert Camus in einem Theaterstück ein ganz ähnlich harsches Urteil:

Die Grausamkeit empört. Aber die Dummheit entmutigt.

Manche Eigenschaften versteht man am besten, wenn man sich ihr Gegenteil vergegenwärtigt. So ist es mit der Weisheit und ihrem Antipoden, der Dummheit. Sie verhält sich zum Bösen wie die Weisheit zum Guten. Das Leben entfaltet sich nämlich in Entscheidungen, und die wichtigsten Entscheidungen sind Richtungsentscheidungen. So wie die Weisheit auf den schmalen Trampelpfad zum Guten führt, so lotst die Dummheit auf den Boulevard, der im moralischen Bankrott endet.

Dabei ist die Dummheit, von der hier die Rede ist, nicht mit geringer Intelligenz gleichzusetzen. Eher geht es um eine bornierte Realitätsverweigerung, die oft sogar mit einem hohen IQ einhergeht. Davon war auch Dietrich Bonhoeffer überzeugt:

So viel ist sicher, dass sie nicht wesentlich ein intellektueller, sondern ein menschlicher Defekt ist. Es gibt intellektuell außerordentlich bewegliche Menschen, die dumm sind, und intellektuell sehr Schwerfällige, die alles andere als dumm sind.

Genau davon redete auch der Apostel Paulus in seinem Brief an die Gemeinde in Korinth. Er stand vor der Frage, warum gerade philosophisch versierte Zeitgenossen nichts wissen wollten von der unerhörten Neuigkeit, dass Gott in Jesus auf die Welt gekommen war.

Hat Gott nicht die Weisheit der Welt als Torheit entlarvt?

1. Korinther 1,20

Anders als bei bloßer Dummheit handelt es sich bei «Torheit» um eine vorsätzliche Realitätsverweigerung. Der Tor unterscheidet sich vom

Depp dadurch, dass er sich in einem alternativen Denkuniversum aufhält und seine verquere Sicht der Dinge stur verteidigt. In älteren Bibelübersetzungen kommt der Begriff «Torheit» häufig vor, besonders im «Buch der Sprüche». Hier gilt sie als geradezu toxisch und hochgefährlich.

Besser begegnet man einer Bärenmutter, der ihre Jungen geraubt wurden, als einem Toren in seiner Torheit.

Sprüche 17,12

Torheit kommt teuer zu stehen und zieht blutige Spuren.

Besonders auffällig wird das an den Wendepunkten der Weltgeschichte. Hier gehen die wichtigsten Weichenstellungen von törichten Eliten aus. Jede Revolution ist schließlich nicht nur das Werk von Umstürzlern, die die Zeichen der Zeit erkennen, sondern noch mehr von zukunftsblinden Besitzstandswahrern, die erst die Voraussetzungen dafür schaffen.

Nicht von ungefähr wurde die berühmteste Anti-Dummen-Schrift aller Zeiten mitten während der ersten globalen Umbruchphase geschrieben: das «Lob der Torheit», 1511 veröffentlicht von dem holländischen Theologen Erasmus von Rotterdam (1466–1536). Während sein englischer Freund Thomas Morus (1478–1535) die damaligen Missstände dadurch kritisierte, dass er in «Utopia» das Gegenbild einer weisen, friedlichen und egalitären Gesellschaft entwarf, hielt Erasmus seiner Zeit ziemlich unverblümt den Spiegel vor. Besonders schlecht weg kamen seine eigenen Berufsgenossen, die Theologen:

Beglückt von ihrer Einbildung tun sie, als wohnten sie im dritten Himmel, und sehen auf die übrige Menschheit wie auf Vieh, das auf dem Boden kriecht.

Für noch verblendeter hielt Erasmus die klerikalen Würdenträger:

> *Sie meinen, es sei den Geboten Christi reichlich genügt, wenn sie mit seltsamem theatralischem Pomp, mit Zeremonien, mit Titeln wie Seligkeit, Erhabenheit, Heiligkeit, mit Segnungen und Verfluchungen den Bischof spielen.*

Und schließlich knöpft er sich den damaligen Papst Julius II. und dessen Militarismus vor, aus Sicht von Erasmus eine geradezu idiotische Verkennung der brutalen Kriegsfolgen:

> *Der Krieg ist eine so fürchterliche Rohheit, dass er zu Bestien, aber nicht zu Menschen passt. […] Und doch vergessen die Päpste das alles und verwirklichen sich geradezu im Krieg. Da werden abgelebte Greise so frisch und stark wie die Jungen: Keine Kosten sind ihnen zu groß, keine Strapazen zu schwer, keine Bedenken zu gewichtig, selbst wenn Recht, Religion und Frieden und die ganze Welt davon in die Brüche gehen.*

Töricht daran war aus Sicht von Erasmus vor allem, dass die Kirche gegen ihre eigenen Interessen handelte, ihre Ressourcen sinnlos verbrauchte und ihren Rückhalt in der Bevölkerung fahrlässig aufs Spiel setzte. Die Quittung kam ein paar Jahre später mit der Reformation. Am Ende war die westliche Christenheit gespalten, waren unzählige Menschen auf den Schlachtfeldern der Religionskriege gefallen, das Ansehen des christlichen Glaubens nachhaltig beschädigt.

Dass es nicht zuletzt ihre eigene Dummheit war, die Ludwig XVI. und seine Frau Marie Antoinette aufs Schafott brachte und vorher die Revolution in Gang setzte, ist allgemein bekannt.

Und auch beim weltweiten Inferno der Jahre 1914 bis 1945 zündelten dämliche Eliten kräftig mit.

Auf dem Weg zur Arbeit komme ich manchmal an einer modernen Variante des Turms von Babel vorbei, dem Leipziger Völkerschlachtdenkmal. Vom Erbauer als nationales «Heiligtum» gefeiert, wurde es neun Monate vor Ausbruch des Ersten Weltkriegs eingeweiht. Als höchstes Monument Europas sollte es die unüberwindliche Stärke des Deutschen Reichs symbolisieren. An einen Weltkrieg dachte damals kaum jemand. Schließlich war die Nutzlosigkeit militärischer Eroberungen neuerdings auch wissenschaftlich erwiesen. Der englische Schriftsteller Norman Angell (1872–1967) hatte 1910 in seinem Buch «Die große Illusion» die solide begründete These aufgestellt, dass Kriege sich im 20. Jahrhundert schlichtweg nicht mehr rechneten. Die führenden Volkswirtschaften seien dafür viel zu eng vernetzt.

Am 28. Juli 1914 ging das große Töten trotzdem los. Was stört uns das gelehrte Geschwätz von gestern, dachten sich 93 führende deutsche Intellektuelle. In einem «Aufruf», den sie kurz nach Kriegsausbruch veröffentlichten, riefen Dichter, Maler, Komponisten, Wissenschaftler, Philosophen und Theologen nicht etwa zu einem baldigen Friedensschluss auf. Im Gegenteil verteidigten sie den deutschen Feldzug als alternativlos und versicherten: «Ohne den deutschen Militarismus wäre die deutsche Kultur längst vom Erdboden getilgt!»

Fünf Jahre später war der Krieg verloren, das Kaiserreich verschwunden und der Pazifismus mal wieder im Trend. Norman Angell legte 1921 mit «Die Früchte des Sieges» eine Fortsetzung zu seinem Anti-Kriegs-Buch vor. Erneut versicherte er:

> *... dass es für eine Nation unmöglich ist, sich mit Gewalt des Reichtums oder des Handels einer anderen zu bemächtigen – sich zu bereichern, indem sie eine andere unterjocht oder ihr mit Gewalt ihren Willen aufzwingt; dass, kurz gesagt, der Krieg, selbst wenn er siegreich ist, nicht mehr die Ziele erreichen kann, nach denen die Völker streben. [...] Die kriegerischen Nationen erben nicht die Erde; sie repräsentieren das verfallende menschliche Element.*

1933 bekam Angell für die zwingende Logik seiner Thesen den Friedensnobelpreis.

Die Welt schlitterte trotzdem in die zweite, noch verheerendere Weltkriegskatastrophe.

«Aller dummen Dinge sind drei», schwant mir in diesen Tagen, wenn ich über die Möglichkeit eines Dritten Weltkrieges nachdenke. Schließlich ist die wirtschaftliche Vernetzung noch weiter fortgeschritten, macht eine militärische Attacke auf Nachbarstaaten noch weniger volkswirtschaftlichen Sinn.

Allerdings:

Das hat Russland im (Über-)Fall der Ukraine nicht gejuckt.

Das wird vielleicht auch China nicht von einer Invasion Taiwans abhalten.

In ihrer Abhandlung über «Die Torheit der Regierenden» zieht die Historikerin Barbara Tuchman (1912–1989) das traurige Fazit:

> *Die gesamte Geschichte, unabhängig von Zeit und Ort, durchzieht das Phänomen, dass Regierungen und Regierende eine Politik betrieben, die den eigenen Interessen zuwiderläuft. [...] Im Bestehen auf den Irrtum liegt das Problem.*

Die Torheit ist vor allem da wirkmächtig, wo sie kollektiv gepflegt wird. Nirgendwo ist der Mensch denkfauler als in der Masse, nirgendwo der Hang zur intellektuellen Trägheit größer.

Es liegt in der Natur institutioneller Macht, dass sie sich an das Gestrige, dem sie ihren Aufstieg verdankt, festklammert und deshalb den Zug ins Morgen verpasst. Meine Lieblingseinsicht aus zwölf Jahren Bundestags-Berichterstattung lautet deshalb:

Die Mächtigen von heute stützen sich auf die Ideen von gestern und sind deshalb unfähig, die Probleme von morgen in den Griff zu bekommen.

Wenn die Mächtigen und Einflussreichen sich dumm verhalten, hat das gravierende Folgen. Aber auch die zerstörerische Wirkung massenhafter Dummheit darf nicht unterschätzt werden. Weil jeder für sich denken muss und in großen Gruppen eher dem Kollektivzwang als seiner inneren Stimme folgt, ist «Crowd Wisdom» die große Ausnahme und «Crowd Foolishness» (übersetzt: Massendummheit) eher die Regel.

So oder so gilt:

Mit Dummheit geht man am besten um, indem man sie umgeht. Oder, wie es eine Enddreißigerin als Antwort auf die Frage nach ihrer wichtigsten Lebenserkenntnis formuliert hat:

Wenn ich heute einen bekloppten Typ sehe, wechsle ich die Straßenseite.

Wenn das nur immer so einfach wäre.

Erstens muss eine solche Ausweichmöglichkeit überhaupt vorhanden sein; dummen Vorgesetzten oder Regierenden ist man dagegen geradezu ausgeliefert. Zweitens muss die Dummheit, bevor man sie meiden, bekämpfen oder therapieren kann, erst einmal erkannt werden. Weil die Dummheit schlau genug ist, sich mit pseudoklugen Floskeln oder einem beeindruckenden Auftreten zu tarnen, fällt das auf Anhieb nicht leicht.

Ich habe mir deshalb meine eigene Dummenformel zurechtgelegt. Sie fasst die vier Kardinal-Untugenden der Dummheit zusammen:

- Selbstbezogenheit.
- Momentfixierung.
- Maßlosigkeit.
- Ambivalenz-Unverträglichkeit.

Oder noch kürzer:

Ich! Jetzt! Alles! Klar!

Was das im Einzelnen bedeutet, erkläre ich in den folgenden Kapiteln. Vorher lasse ich einen versierten Dummheits-Diagnostiker zu Wort kommen, den österreichischen Schriftsteller Karl Kraus (1874–1936). Legendär gemacht haben ihn vor allem seine bissigen Aphorismen, und viele davon zielen auf Varianten der Dummheit.

- *Wenn die Sonne der Kultur tief steht, werfen selbst die Zwerge lange Schatten.*
- *In der deutschen Bildung nimmt den ersten Platz die Bescheidwissenschaft ein.*
- *Nicht alles, was totgeschwiegen wird, lebt.*
- *Wer nicht Temperament hat, muss Ornament haben.*
- *In einen hohlen Kopf geht viel Wissen.*
- *Schein hat mehr Buchstaben als Sein.*

In seinen letzten Lebensjahren kämpfte er publizistisch gegen das Erstarken des Nationalsozialismus. Zwei Jahre vor dem «Anschluss» seiner Heimat an Hitler-Deutschland wurde Karl Kraus ermordet. Wie bei Bonhoeffer behielt die Bosheit die Oberhand, unterstützt von der Trägheit der achselzuckenden Mehrheit.

Mit der Dummheit ist, außer im Kino, nicht zu spaßen.

1.
Ich: Warum die Nabelshow kein Happy End hat

Vizzini: «Du kannst mit meinem Verstand nicht mithalten.» – Westley: «So schlau bist du?» – Vizzini: «Lass es mich so sagen: Hast du je von Platon, Aristoteles, Sokrates gehört?» – Westley: «Ja.» – Vizzini: «Vollpfosten!»

aus dem Film: «Die Braut des Prinzen», 1987

«Sich selbst lieben ist die größte Liebe von allen», trällerte die 23-jährige Whitney Houston in einem ihrer größten Hits. Mit 48 Jahren starb sie an Drogen und einem mehrfach gebrochenen Herzen. «Es ist eine einfachere Angelegenheit, das eigene Leben zu leben, ohne sich über die anderen Leute Gedanken zu machen», sang der gleichaltrige George Michael 2006 in «An Easier Affair». Zehn Jahre später war auch für ihn Schluss, die Ursachen waren ganz ähnliche. Allen Hitparaden-tauglichen Behauptungen zum Trotz war er alleine nicht klargekommen.

Dass übermäßige Selbstbezogenheit das Leben verkürzt oder zumindest die Lebensqualität verringert, jedenfalls die der Mitmenschen, hat sich inzwischen herumgesprochen: Kaum ein Psycho-Ratgeber, in dem nicht auf die toxische Wirkung von Narzissten hingewiesen wird. Allerdings ist es einfach, die Ichfixierung bei anderen festzustellen und sie bei sich selbst zu ignorieren. Dabei ist sie ein allgemein menschliches Phänomen, eine Art psychischer Standardeinstellung. Keiner kommt ganz aus seiner eigenen Haut heraus, jeder muss sich anstrengen, die Außenperspektive einzunehmen.

Heutzutage ist das besonders schwer.

Unsere Vorfahren wussten, dass sie sich gefälligst an ihrer Umwelt ausrichten mussten. Wenn Familien zu einem Spaziergang unterwegs waren, gingen die Eltern vorneweg und die Kinder hinterher. Die Reihenfolge hat sich inzwischen umgekehrt. Der Nachwuchs gibt den Takt vor. In der virtuellen Welt sind wir sowieso unsere eigenen Herren, zumindest fühlen wir uns so. Durch unsere Klick-Präferenzen bauen wir uns ein Universum ganz subjektiver Wünsche und Träume. Das alles führt dazu, dass wir uns für wichtiger halten, als wir sind. Viele Selbstwertprobleme sind ja nichts weiter als die Folge übermäßiger Selbstbeschäftigung.

Alarmierend finde ich, wie positiv der Begriff «Stolz» (englisch: Pride) mittlerweile konnotiert ist. In der christlichen Tradition galt der Stolz nicht nur als eine Todsünde, sondern als die verwerflichste überhaupt, schließlich hatte der Stolz Luzifer zum Abfall bewegt. Heute werden ganze Monate unter dem Schlagwort «Pride» zur Feier-Saison erklärt. Irgendwann, da bin ich ziemlich sicher, werden Pride-Feiertage kirchlichen Festen wie Pfingsten und Himmelfahrt den Rang ablaufen.

Die Bibel, die antike Mythologie und auch die historische Erfahrung lehren, dass hier Vorsicht angebracht ist.

Stolz führt zum Sturz, und Hochmut kommt vor dem Fall.

Sprüche 16,18

Wo «Titanic» oder «Titan» draufsteht (die griechische Bezeichnung für quasi-göttliche Riesen), steckt frappierend häufig Scheitern drin – bei Schiffen und U-Booten genauso wie bei Fußballlegenden wie dem «Titan» Oliver Kahn.

Wer sich an Ich-Besessene dranhängt, wie die Besatzung des Walfangjägers «Pequod» an den rachsüchtigen Kapitän Ahab, wird mit ihnen nach unten gezogen.

Manchmal führt unsere Selbstbezogenheit uns nur selbst in die Irre.

Ich selbst kann viele meiner dümmsten Entscheidungen darauf zurückführen, dass ich mich dabei zu sehr um mich selbst gedreht und meine Hirngespinste mit der Wirklichkeit verwechselt habe.

Zum Glück ist es dabei nie so schlimm gekommen wie für die tragische Heldin in der Kurzgeschichte «Die Frau, die davonritt» von D. H. Lawrence (1885–1930). Die frustrierte Familienmutter will sich neu erfinden und steigert sich in die Idee hinein, ihr Glück bei einem naturverbundenen Indianerstamm zu finden. Sie projiziert ihre eigenen Sehnsüchte auf die fremde Kultur und zieht aus der freundlichen Aufnahme durch den Stamm der Chilchui-Indianer ganz falsche Schlüsse. Am Ende landet sie als Menschenopfer auf deren Götteraltar. Dabei hatte sich bis dahin alles so schön angefühlt …

Als Weiser habe ich das große Ganze im Blick, als Tor nur das kleine Meine, und diese Blickverengung führt oft in die Irre.

Wer von sich selbst zu voll ist, hat auch wenig Raum für Andere. Wirklich gefährlich wird es, wenn zum Narzissmus die zwei anderen Aspekte der sogenannten «dunklen Charakter-Triade» hinzukommen, nämlich Herrschsucht und psychopathische Empathielosigkeit.

Als die jüdische Philosophin Hannah Arendt (1906–1975) den gleichaltrigen Schreibtisch-Massenmörder Adolf Eichmann (1906–1962) während seines Prozesses beobachtete, frappierte sie

> *… seine nahezu totale Unfähigkeit, jemals eine Sache vom Gesichtspunkt des anderen her zu sehen.*

Die schreckliche Konsequenz dieser seelischen Verkümmerung erlebte der christliche Dichter Jochen Klepper (1903–1942). Sein Kampf für das Leben seiner jüdischen Ehefrau und Stieftochter führte ihn schließlich bis ins Büro des Holocaust-Organisators. «Dort, dort liegt die Macht!», schrieb er am entscheidenden Vortag der Audienz in sein Tagebuch. Eichmann, der Klepper zuvor noch Hoffnung gemacht hatte, fällte nun kaltblütig das faktische Todesurteil über die beiden Frauen. Mit welchen Worten der Schriftsteller ihn um Gnade anflehte, ist nicht bekannt. Kleppers nächster Tagebucheintrag war auch sein letzter: «Wir sterben nun.» Die Familie Klepper tötete sich selbst.

Vor Gericht begegnete Eichmann wie viele seiner Mittäter dem Vorwurf des Massenmords mit der Entschuldigung, er hätte nur seinen Job gemacht. Aber völlig gefühllos war er dabei sicher nicht gewesen. Der gelernte Kaufmann genoss die Verfügungsgewalt über das Leben anderer Menschen.

So ist es nun einmal mit der Macht: Sie wird am meisten von denjenigen angestrebt, die am wenigsten damit umgehen können. Weil sie sich, so hat schon der bekannte Psychoanalytiker Erich Fromm (1900–1980) festgestellt, so wenig an ihrem Ich freuen können, dass sie es ständig zulasten Anderer künstlich aufblähen müssen.

Zahlreiche psychologische Tests haben inzwischen bewiesen, dass Machtstreben mit Empathieverlust einhergeht. Macht, jedenfalls zu viel davon, macht dümmer und böser. Wer die eigenen Interessen ohne Diskussion durchsetzen kann, tut es irgendwann alleine aus Bequemlichkeit und verzichtet auch darauf, die eigenen Motive zu hinterfragen.

Die größte Macht wird freilich oft unterschätzt: die der Gewohnheit. Wo die Weisheit Selbstprüfung und Veränderungsbereitschaft gebietet, blafft die Pedanterie: «Hamwa schon imma so gemacht.»

Während der faule Sture sich seines Egoismus meistens noch bewusst ist, ist der Prinzipienreiter ein hoffnungsloser Fall. Er hält seinen dicken Kopf schließlich für einen Ausweis moralischer Resilienz und Kurskorrekturen für Verrat an der guten Sache. Dass er dabei gerade nicht selbstbestimmt agiert, sondern als Sklave der Vergangenheit, kommt ihm nicht in den Sinn.

Der Eine fragt: Was kommt danach? Der Andere fragt nur: Ist es recht? – Und also unterscheidet sich der Freie von dem Knecht.

So heißt der treffende Reim, den sich Theodor Storm (1817–1888) auf die Selbstbezüglichkeit der deutschen Gehorsamskultur machte. Sie war es schließlich auch, die 1914 Millionen junger Männer an die Kriegsfront trieb, wo viele von ihnen getötet oder verstümmelt wurden.

Prinzip ist Prinzip, auch wenn die Menschlichkeit mit Füßen getreten wird – darum geht es in der Horrorgeschichte «In der Strafkolonie», die Franz Kafka (1883–1924) kurz nach Kriegsausbruch schrieb. Ein Reisender landet auf einer Insel für Strafgefangene. Der für Hinrichtungen zuständige Offizier stellt ihm stolz die Exekutionsmaschine vor: ein Apparat, der den Delinquenten das übertretene Verbot tief in den Körper hineinritzt und sie dabei in einem stundenlangen Blutbad zu Tode foltert. Er erklärt dem bestürzten Reisenden auch, dass es beim vorhergehenden Prozess keinen Rechtsbeistand gibt und das Urteil von vornherein feststeht.

Ob das Verdikt korrekt, die Strafe angemessen und was überhaupt mit den Gefühlen des Verurteilten ist – all das interessiert den Offizier nicht: «Der Grundsatz, nach dem ich entscheide, ist: Die Schuld ist immer zweifellos.»

Als er eine Hinrichtung verpfuscht, legt er sich zur Selbstbestrafung unter die Maschine und lässt sich selbst qualvoll töten. Recht muss schließlich Recht bleiben.

In der Ich-Blase erstickt das kluge Nachdenken, egal, ob der Kokon aus selbstgebauten Illusionen oder aus Second-Hand-Vorschriften besteht. Daneben gibt es die Gruppen-Bubbles, in denen sich Gleichgesinnte einschließen und gegen ihre Kontrahenten, zuweilen sogar gegen die ganze Welt abschotten. Dann gibt es keine Verständigung mehr mit Andersdenkenden, nicht mal mehr den Versuch dazu.

Die Folgen einer solchen Selbstradikalisierung habe ich als Reporter erlebt, wenn ich über Demonstrationen und die gleichzeitigen Gegen-Kundgebungen berichtet habe. Zugegeben: Eine Kommunikation zwischen den verfeindeten Lagern war auch schwierig wegen dem Polizei-Korridor in der Mitte. Umso lauter beschimpften sich die Protestierenden wechselseitig als «Nazis» und «Linkes Gesocks», und die Polizisten dazwischen wurden als «Bullenschweine» von beiden Seiten angepöbelt.

Dem Gegner die Menschlichkeit abzusprechen, ihn zum seelenlosen Objekt der eigenen Hassgefühle zu machen, das «Du» zum «Es» zu degradieren und damit die versöhnende Rückkehr zu einem «Wir» unmöglich zu machen: Für den jüdischen Philosophen Martin Buber (1878–1965) lag in dieser Haltung die Hauptursache für die großen humanitären Katastrophen des 20. Jahrhunderts.

Bei romantischen Partnerschaften ist es ganz ähnlich. Der berühmte Paartherapeut John Gottman nennt als gefährlichste Beziehungskiller «Kritik» und «Verachtung» auf der einen Seite und «Verteidigungshaltung» und «Mauern» auf der anderen Seite. Er spricht sogar von «vier apokalyptischen Reitern», die auf jede Beziehung zerstörerisch wirken, wenn man sie nicht rechtzeitig stoppt. Und das gelingt nur, wenn die Partner bereit sind, ihre Ich-Festungen zu verlassen.

Ich weiß: Das klingt nach Binse. «Kenn ich», «hab ich schon gehört», «weiß doch jeder» – wird sich mancher Leser denken. Und tatsächlich: Narzissmus ist heutzutage mega-out, Empathie super-angesagt. In der Theorie.

In der Praxis, und zwar der klinischen, klagen Psychiater über die Selfie-Kultur der jüngeren Generationen, ob sie nun «Gen Y» bzw. «Millennials» (geboren ca. 1980–1995) oder «Gen Z» (ca. 1995–2010) heißen. Und die Jüngeren klagen über den Egoismus der «Boomer» (ca. 1955–1965) und der «Generation X» (ca. 1965–1980).

Wir befinden uns in einer paradoxen Situation: Alle haben wir irgendwo gelernt, dass man sich zugunsten erfüllender Beziehungen selbst zurücknehmen muss, aber eben auch, dass die ersehnte Resonanz sich am ehesten durch raffinierte Performance, durch aufwändige Selbst-Stilisierung und geschicktes Aufmerksamkeits-Management herstellen lässt. Um zu bekommen, was wir wollen, meinen wir tun zu müssen, was wir nicht wollen.

Wissen, was zu tun ist, und es trotzdem unterlassen – solche Menschen bezeichnete Jesus als «töricht» und verglich sie mit Häuslebauern, die ihre Villen auf Treibsand errichteten.

So gesehen sind wir Menschen des 21. Jahrhunderts tatsächlich ziemlich dumm. Aber womöglich auch nicht viel törichter als unsere Vorfahren. Die attestierten ihren Zeitgenossen nämlich ganz ähnliche Charakterdefizite.

Besonders treffend gelungen ist das Georg Christoph Lichtenberg (1742–1799). Der Pfarrerssohn gehörte zu den renommiertesten Naturwissenschaftlern seiner Epoche. Seine krumme Wirbelsäule, sein kleiner Wuchs und sein schweres Asthma gaben ihm nicht viel Anlass zur Selbstzufriedenheit. Umso schärfer beobachtete er seine Mitmenschen. In seinen privaten «Sudelbüchern» beschrieb er amüsiert deren Schwächen. Die Aufzeichnungen erschienen nach seinem Tod und machten ihn zu einem der beliebtesten Aphoristiker. Von zeitloser Treffsicherheit sind die folgenden Bemerkungen:

- *Wer in sich verliebt ist, hat wenigstens bei seiner Liebe den Vorteil, dass er nicht viele Nebenbuhler erhalten wird.*
- *Die kleinsten Unteroffiziere sind die stolzesten.*
- *Kein Wort im Evangelium ist mehr in unseren Tagen befolgt worden als: «Werdet wie die Kindlein.»*
- *Die Klugheit eines Menschen lässt sich aus der Sorgfalt bemessen, womit er das Künftige oder das Ende bedenkt.*
- *Eine goldene Regel: «Man muss die Menschen nicht nach ihren Meinungen beurteilen, sondern danach, was die Meinungen aus ihnen machen.»*

Wer eine allzu hohe Meinung von sich selbst hat, wird im Alter eines Besseren belehrt. Selbstbezogenheit macht einsam.

Weise Menschen erkennen: Selbst ist der Doofmann. Worauf es ankommt, ist weniger Ich-Stärke als Wir-Stärke.

2.
Jetzt: The Power of Not Now!

Wise men say: Only fools rush in.
Elvis Presley

Dass Menschen unter Zeitdruck schlechte Entscheidungen treffen, ist eine uralte Verkäufer-Erfahrung. Viele Marketing-Strategien zielen deshalb darauf ab, uns mit Ködern wie «Das Angebot läuft in zehn Minuten ab» zum Anbeißen zu motivieren. Mittlerweile bin ich gegen solche Kniffe halbwegs immun, aber ich habe natürlich auch schon hektisch bei einem befristeten «Hotelzimmer-Deal» zugeschlagen, der sich anschließend als krasser Flop erwies.

«Don't think twice, it's alright» – «Denk nicht zweimal nach, es passt schon», singt Bob Dylan.

Im wirklichen Leben ist die rasche Instinkthandlung oft nicht «alright», sondern dämlich.

Das merkt man meistens, wenn man die Dinge mit Abstand betrachtet. Wie Franz Kafka. Der kränkliche Schriftsteller zog sich mit 33 Jahren für ein paar Monate in ein abgelegenes böhmisches Dorf zurück. Er wollte wieder einmal über sein Leben nachdenken. Seine Grübeleien brachten ihn zu der Einsicht, welche menschliche Eigenschaft die destruktivste ist: die Ungeduld. Deren verhängnisvolle Wirkungen führte er zurück bis zu Adam und Eva:

Es gibt zwei menschliche Hauptsünden, aus welchen sich alle andern ableiten: Ungeduld und Lässigkeit. Wegen der Ungeduld sind sie aus dem Paradiese vertrieben worden, wegen der Lässigkeit kehren sie nicht zurück. Vielleicht aber gibt es nur eine Hauptsünde: die Ungeduld. Wegen der Ungeduld sind sie vertrieben worden, wegen der Ungeduld kehren sie nicht zurück.

Man kann einwenden, dass es bei Kafka eher der Perfektionismus war, der ihn zeitlebens von gelingenden Liebesbeziehungen und literarischem Erfolg abhielt. Aber prinzipiell lag er richtig. Ungeduld zahlt sich meistens nicht aus. Das liegt daran, dass der Bauch – also unser erfahrungsgespeistes Unterbewusstes – zukunftsblind ist.

Gänzlich unangebracht sind Blitz-Entschlüsse daher, wenn es um Fragen von großer Komplexität und Tragweite geht. Hier stößt unser Bauch definitiv an seine Kompetenzgrenzen. Sagenhaft sind die Streiche der Schildbürger, mit denen sie sich selbst zugrunde richteten. Aufgrund eines Missverständnisses – nämlich der Fake News, dass Katzen Menschen fressen – legten sie schließlich ihre eigene Stadt in Schutt und Asche.

Hätten sie sich mal lieber vorher eine zweite Meinung eingeholt.

Wer nur auf sich und den Moment fixiert ist, Ursachen und Konsequenzen ausblendet, agiert wie ein Besoffener. Schließlich bewirkt der Alkoholrausch auch nicht eine Erweiterung des Bewusstseins, sondern nur eine Verkürzung des Blickfelds.

Aber auch nüchtern stehen wir in Gefahr, übereilt zu handeln und damit Schaden anzurichten.

Weises Ding will Weile haben.

Das sage ich mir auch bei manchen politischen Entscheidungen. Idealerweise werden sie «deliberativ» gefällt, also wohlüberlegt, abwägend, nachhaltigkeitsorientiert.

In der politischen Praxis mangelt es nicht an Expertenratschlägen und Zweitgutachten. Aber aus parteitaktischen Gründen steht die Entscheidung oft von vornherein fest. Dazu kommt der chronische Zeitdruck. Oft haben Politiker eine wichtige Wahl vor der Brust oder eine unangenehme Umfrage im Nacken. Dann wird aktionistisch gegengesteuert.

Meine eigene Branche spielt dabei eine nicht ganz unwesentliche Rolle. Genau wie seine Leser und Zuschauer wünscht sich der Journalist, dass der Sack schnell zugemacht wird, möglichst rechtzeitig zum Redaktionsschluss oder zum Sendungsbeginn. Dann werden hochgradig schwierige Probleme reißerisch kommentiert, als ob es dafür ganz einfache Lösungen geben würde. Je schneller und zugespitzter, desto mehr Klicks und Quote.

Das Problem ist so alt wie der Berufsstand. In den 1840er Jahren besuchte der junge Schweizer Historiker Jacob Burckhardt den damaligen Medien-Hotspot Paris. In einem Brief an einen Kollegen klagte er:

> *Die Journalistik und der unsägliche Druck, den sie hier auf Politik und Gesellschaft ausübt, gibt mir täglich zu denken. Sie glauben nicht, wie leichtsinnig und frivol hier diese entsetzliche Waffe gehandhabt wird!*

Auch aus diesem Grund standen Journalisten damals im gesellschaftlichen Ansehen ziemlich weit unten. Das änderte sich in der Folgezeit. Im späten 20. Jahrhundert galten einzelne Nachrichtenmoderatoren – in Deutschland zum Beispiel Hanns Joachim Friedrichs und Ulrich Wickert, in den USA Dan Rather, Peter Jennings, Tom Brokaw und Ted Koppel – als verlässlichste Welterklärer überhaupt.

Mittlerweile neigt sich die Reputationskurve wieder nach unten, machen viele Menschen die Nachrichtenmedien für gesellschaftliche Fehlentwicklungen verantwortlich. Dabei entspricht der Wettbewerb um Aufmerksamkeit nur der Nachfrage nach Nervenkitzel und Instant-Befriedigung.

Politiker werden dadurch von Gestaltern zu Getriebenen.

Einer der Hauptvorwürfe an die Adresse der Politiker ist, sie würden nicht zukunftsorientiert handeln. Aber warum sollen sie auch? Menschen folgen nicht Appellen, sondern Anreizen, und unsere institutionalisierten Belohnungssysteme sind nicht auf Langfristigkeit ausgerichtet. Politiker werden nicht nach der Wirksamkeit ihrer Maßnahmen in zehn Jahren beurteilt, sondern nach ihren aktuellen Popularitätswerten.

In den Behörden und Unternehmen sieht es nicht viel besser aus. Da reichen die Visionen der Beamten und Angestellten oft nur bis zur nächsten Beförderungsstufe. Und was jenseits der eigenen Rentengrenze passiert, ist ohnehin irrelevant.

Wie also wappnet man sich gegen die Torheit des falschen Termindrucks und gegen den Appetit auf Augenblicksbefriedigung?

Mir fällt kein besserer Weg ein, als sich selbst unablässig zur Geduld zu mahnen.

So wie ein römischer Philosoph, ein jüdischer Denker und der biblische Prediger.

Seneca (1–65) hatte allen Grund, ungeduldig zu sein. Er war nach Korsika verbannt worden, wartete sehnsüchtig auf seine Rückkehr ins aktive Politiker-Leben. Um nicht in Groll zu verfallen, schrieb er genau darüber ein Buch, «Vom Zorn». Darin tröstete er sich mit der Maxime:

> *Man muss sich immer Zeit lassen: Der Tag wird die Wahrheit ans Licht bringen.*

Die Geduld zahlte sich aus. Kurz darauf wurde Seneca zum Lehrer des kaiserlichen Thronfolgers Nero berufen (der sich allerdings als völlig unfähig zur Impulskontrolle herausstellte).

Etwa 15 Jahre vorher hielt in Jerusalem ein Pharisäer (ca. 9 v. Chr. – 50 n. Chr.) ein folgenschweres Plädoyer für die Kraft des Jetzt-noch-Nicht. Gamaliel hatte sich durch seine Besonnenheit den Ruf des «Weisen» erworben. Als es um die Frage ging, wie man mit der wachsenden Sekte der Christusjünger umgehen sollte, sprach er sich gegen eine Verfolgung aus. Ähnlich wie später Seneca ging er davon aus, dass die Zeit die Wahrheit zutage fördern würde.

Wenn es ihre eigenen Ideen und Taten sind, für die sie sich einsetzen, werden sie damit scheitern. Steht aber Gott dahinter, könnt ihr ohnehin nichts dagegen unternehmen.

Apostelgeschichte 5,38 f.

Sein hitzköpfiger Schüler Saulus, der spätere Apostel Paulus, stellte sich gegen Gamaliel und auf die Seite der wütenden Christenverfolger. Er schlug nicht nur den Rat seines Mentors in den Wind, sondern auch die Mahnung des alttestamentarischen Predigers:

Werde nicht schnell zornig, denn nur ein Dummkopf braust leicht auf.

Prediger 7,9

Der britische Journalist und Weisheitsforscher Simon Winchester definiert weises Wissen als «Glaubenssätze, die sich als zutreffend herausgestellt haben».

Bevor aus einer Hypothese eine experimentell verifizierte Tatsache wird, verstreicht oft viel Zeit. Der Weg der Torheit wird dort beschritten, wo man sich aus Ungeduld oder Bequemlichkeit die mühsame Beweisführung sparen will, wo man ohne solide Faktenbasis politische Entscheidungen durchpeitscht, wo man sich von vorübergehenden Stimmungen und plötzlichen Eingebungen treiben lässt. Es stimmt, dass revolutionäre Umbrüche manchmal nötig sind. In der Regel aber steht der «Subitismus», die Neigung zu Von-jetzt-auf-gleich-Veränderungen, antithetisch zur Weisheit. Zielführender ist das Prinzip des «Gradualismus», bei dem man sich langfristigen Zielen schrittweise annähert.

Was aber ist mit Zielen, die jenseits der eigenen Lebenserwartung liegen? Lohnt es sich, den Klimawandel zu bekämpfen, wenn man die Erfolge gar nicht mehr erleben wird? Wie schlüssig ist ein Verzicht auf Wohlstand, wenn davon allenfalls die nächste Generation profitieren wird?

Wer keine Kinder hat, an keinen höheren Sinn in dieser Welt und kein Leben nach dem Tod glaubt, kann sich mit nachvollziehbaren Argumenten jedem Langfristigkeitsdenken verweigern. Ein solcher Lebenszeit-Egoismus kollidiert aber offensichtlich mit den Interessen der Allgemeinheit und ist deshalb als insgesamt töricht abzulehnen. Das bedeutet aber auch nicht, die momentanen Interessen aus Rücksicht auf die Zukunft ganz hintanzustellen.

Es gibt eine Kehrseite der Momentfixierung, die ebenfalls töricht ist. So wenig sinnvoll es ist, die Gegenwart rücksichtlos zu zelebrieren, so wenig klug ist es, sich in maßlose Zeitkritik hineinzusteigern.

Beides entspricht übrigens nicht nur der heutigen Kultur, sondern ganz allgemein der menschlichen Natur.

Wir neigen alle dazu, den augenblicklichen Genuss als auch die moralische Qualität früherer Zeiten zu hoch zu veranschlagen. Das haben die amerikanischen Psychologen Adam Mastroianni und Daniel Gilbert herausgefunden. In ihrer Studie über «Die Illusion des moralischen Verfalls» weisen sie nach, dass die Vorstellung von einer Verschlechterung der Sitten eine anthropologische Konstante ist.

Ob in Brasilien oder in Belgien, im 11. oder im 21. Jahrhundert: Zu allen Zeiten und in allen Weltteilen gehen Menschen davon aus, dass sie sich gerade in einem ethischen Abwärtsstrudel befinden, dass Zucht und Ordnung verloren gehen und die Jugend auf die schiefe Bahn gerät.

Menschen glauben tendenziell immer, dass es früher besser war. In der Rückschau erscheinen unsere Macken und die Fehler unserer damaligen Zeitgenossen weniger gravierend.

Neu ist die gleichzeitige Überbewertung und Unterschätzung der Gegenwart also nicht. Was anders und törichter ist als in früheren Epochen, ist lediglich die extreme Ausformung beider Tendenzen. So viele Angebote es gibt, sich im Moment zu verlieren, so viele Möglichkeiten gibt es, sich genau darüber wütend zu beschweren.

Oft höre ich andere Leute oder sogar mich selbst stöhnen: Es ist einfach *too much.*

Damit ist ein weiteres Torheits-Merkmal gut auf den Punkt gebracht: Alles zu viel.

Mehr über das fatale Immer-Mehr: im nächsten Kapitel.

3.
Alles: Darf's ein bisschen weniger sein?

Ich will alles, ich will alles / Und zwar sofort / Eh' der letzte Traum in mir zu Staub verdorrt.

Gitte Haenning/Michael Kunze, 1982

Bei manchen Nachrichten weiß man nicht, ob man lachen oder weinen soll. Mir ging es so, als die Weltgesundheitsorganisation WHO vor ein paar Jahren Alarm schlug: Es gebe mittlerweile mehr Übergewichtige als Unterernährte. Das ist für die Betroffenen schlimm, aber irgendwie bezeichnend. Und auch der ernährungstechnisch intakte Teil der Bevölkerung hat Probleme, die unsere Vorfahren nicht kannten. Dazu gehört der Entscheidungsstress, den ein Supermarktbesuch auslöst, einerseits wegen der breiten Warenpalette, andererseits wegen der aufgedruckten Inhaltsstoffe, die man neuerdings lesen muss. Wie viel Kalorien, Zucker, Nahrungsergänzungsmittel stecken drin? Ist es «bio» oder nicht? Haben die Tiere gelitten, bevor sie gemolken oder gar geschlachtet wurden?

Wir leiden mehr am Überfluss als am Mangel, mehr am «Zuviel» als am «Zuwenig». Für das Angebot an Informationen und Kulturproduktionen gilt das ganz zweifellos. Wichtige Meldungen und anspruchsvolle Unterhaltungsstoffe gehen oft deshalb unter, weil man sie unter dem Info-Junk und Entertainment-Trash kaum findet. Etwas ist faul im Staate Deutschland, wenn man vor allem damit beschäftigt ist, den Müll auszusortieren.

Was die Auswahl zusätzlich erschwert, ist die aggressive Vermarktung der ödesten Belanglosigkeiten als «unfassbar», «mega», «riesig» und «super». Das führt zu Übersättigung und Abstumpfung. Wesentliche Appelle bleiben deshalb unbeachtet. Schließlich gibt es immer irgendeine Medien-Nische, in die wir uns flüchten können, immer eine alternative Sichtweise, mit der wir unsere Trägheit rechtfertigen können. Echte Befriedigung stellt sich allerdings auch kaum noch ein. Die hedonistische Tretmühle in unseren Köpfen sorgt dafür, dass die Thrill-Dosis immer weiter erhöht werden muss, um den gewünschten Nervenkitzel auszulösen.

Dass *mehr* unter Umständen *weniger* bedeuten kann, zeigt sich insbesondere in einem Bereich, der mehr als andere über das Weisheitsniveau einer Gesellschaft aussagt:

Nämlich der Kultur.

Nie war es einfacher, hochwertig aussehende Gemälde oder Skulpturen herzustellen. Während Michelangelo seinen Genius noch schweißtreibend an Marmorblöcken abarbeiten musste, kommen schicke Plastiken mittlerweile aus 3D-Druckern. Deshalb ist Schönheit abgewandert aus den Museen in die Privatwohnungen: Dort hängen die edlen Kunstdrucke, während viele städtische Bildergalerien für moderne Kunst eher auf Schock- und Ekeleffekte setzen.

Ich weiß, dass ich mit meinem kulturpessimistischen Lamento in eine mir selbst gestellte Falle laufe. Schließlich habe ich im vorausgegangenen Kapitel doch erklärt, dass Niedergangspalaver oft weniger mit der Realität als mit einem schlechten Gedächtnis zu tun hat. Im Hinblick auf das aktuelle Kulturangebot kann man den folgenden Trend allerdings schwer in Abrede stellen:

Es gibt mehr Breite als je zuvor, aber kaum Spitze. Heutzutage wird der Markt überschwemmt mit Produktionen, die für den schnellen Konsum ganz okay sind, die aber schon bald in Vergessenheit geraten. Der Schweizer Schriftsteller Max Frisch fragte schon in den 70er Jahren:

Glaubt heute noch ein Schriftsteller, dass er vielleicht in hundert Jahren noch gelesen wird?

Hundert Jahre???

Mir fällt jetzt schon kaum ein Roman aus dem letzten Jahr ein, 2022; von Lyrik gar nicht zu reden. Dafür kenne ich jede Menge Titel aus dem Jahr 1922: «Ulysses», «Das wüste Land», «Siddhartha», «Das Schloss», «Die Schönen und Verdammten», «Babbitt», «Jacobs Zimmer», «Sonette an Orpheus» und Teil vier von «Auf der Suche nach der verlorenen Zeit».

Kaum besser sieht es aus im bedeutendsten modernen Kunstmetier, dem Film. Zwar explodiert das Angebot an handwerklich beachtlichen und leidlich unterhaltsamen Filmen und Serien. Aber Filme für die Ewigkeit sind kaum darunter.

Als das britische Filmmagazin «Sight and Sound» 2022 die neueste Wahl der «Besten Filme aller Zeiten» veröffentlichte (teilgenommen an der Befragung hatten mehr als 1600 Cineasten weltweit), kamen die Kino-Nostalgiker voll auf ihre Kosten: Unter den ersten hundert Filmen landeten nämlich gerade mal drei aus den letzten zwanzig Jahren. Dabei war es technisch gesehen nie einfacher, Filme zu produzieren und zu verbreiten.

Um meine These zu untermauern, habe ich die Entwicklung der letzten 120 Jahre unter die Lupe genommen und auf Zwanzig-Jahre-Schritte heruntergebrochen:

1902 erschien der erste Science-Fiction-Film, «Die Reise zum Mond». Eine Leinwand-Revolution.

Auch 1922 war in puncto Innovation vorne, mit Filmen wie «Nosferatu» und «Dr. Mabuse».

1942 war die Welt im Krieg und Hollywood durch den Fronteinsatz vieler Top-Regisseure geschwächt. Mit «Casablanca», «Bambi», «Der Glanz des Hauses Amberson» und «Sein oder Nichtsein» kamen dennoch unvergessliche Klassiker auf die Leinwände.

1962 befand sich die Cineastik von heute aus gesehen ungefähr auf halber Strecke und auf ihrem Zenit. Beinahe im Wochen-Rhythmus kamen Filme in die Kinos, die heute regelmäßig unter die besten aller Zeiten gewählt werden: «Lawrence von Arabien», «Jules und Jim», «Der Würgeengel», «Der Mann, der Liberty Valance erschoss», «Wer die Nachtigall stört», «Hatari», «Am Rande des Rollfelds/La Jetée», «Sacramento», «Was geschah wirklich mit Baby Jane?», «Botschafter der Angst», «Der Teufel mit der weißen Weste», «Iwans Kindheit», «Licht im Winter», «Die Einsamkeit des Langstreckenläufers», «Lolita», «Harakiri», «Cleo – Mittwoch zwischen 5 und 7», «Cape Fear», «Salvatore Giuliano», «Sanjuro», «Der längste Tag», dazu der erste James-Bond-Film («007 jagt Dr. No»), die erste Folge aus der Karl-May-Reihe («Der Schatz im Silbersee») und der Auftakt des «Neuen deutschen Films» mit «Das Brot der frühen Jahre».

1982 hatten die Filmkritiker immer noch einigen Anlass zum Schwärmen, genauso wie Fans von Popcorn-Kino, bei Streifen wie «E.T.», «Blade Runner», «Gandhi», «Fitzcarraldo», «Fanny und Alexander», «Die Sehnsucht der Veronika Voss», «Tron», «Der Stand der Dinge», «Pink Floyd – The Wall», «Poltergeist», «The Verdict – Die Wahrheit und nichts als die Wahrheit», «Der Kontrakt des Zeichners», «Die schöne Hochzeit», «Schwarzarbeit», «The King of Comedy», «Sophies Entscheidung», «Nur 48 Stunden», «Das letzte Einhorn», «Rambo», «Conan der Barbar», «Der dunkle Kristall», «Mad Max 2», «Koyaanisqatsi».

2002 ist die Auswahl an herausragenden Filmen schon ziemlich übersichtlich: «Der Pianist», «Der Herr der Ringe: Die zwei Türme», «City of God», «About Schmidt», «Gangs of New York», «Sprich mit ihr», «Road to Perdition», «Irreversibel», «Adaption».

2022 spricht der Titel eines der wenigen denkwürdigen Filme für sich: «Everything Everywhere All at Once».

Alles, überall, sofort.

Eben darin liegt das Problem.

Der offensichtliche Qualitätsabfall im Kino wird gerne mit dem Hinweis entschuldigt, stattdessen würden eben bessere Fernsehserien gedreht. Aber ich bezweifle, dass sich außer Historikern in einem halben Jahrhundert noch irgendwer die 63 Folgen von «Better Call Saul» oder die 39 Folgen von «Succession» angucken wird.

Die gegenläufige Entwicklung von technologischem Fortschritt und künstlerischer Innovationskraft zeigt sich ebenso krass im Bereich der Musik.

Viele Popmusik-Kritiker halten das Jahr 1982 für den Höhepunkt des Genres. Was kriegte man da nicht alles auf die Ohren – im Radio, auf Schallplatten und Kassetten. Es erschienen Meilenstein-Alben von Michael Jackson, Prince, The Alan Parsons Project, Paul McCartney, Bruce Springsteen, Toto, Asia, Yes, Culture Club, Grandmaster Flash, Roxy Music, Marvin Gaye, Yazoo, Kate Bush, The Clash, Elvis Costello, Talk Talk, Icehouse, Supertramp, Dire Straits, Hall & Oates, Duran Duran, Donald Fagen, The Cure, Fleetwood Mac, Madness, Dionne Warwick und vielen anderen Künstlern.

Madonna und George Michael hatten ihre ersten Hits, und nie war deutschsprachiger Pop so aufregend: mit Falco, Nena, Spliff, Hubert Kah, UKW, Trio, Markus, Joachim Witt, Extrabreit, Karat, Peter Maffay, Westernhagen, nicht zu vergessen «Ein bisschen Frieden».

Schließlich gab es in der neuen Sparte «Zeitgenössische christliche Musik» mit Amy Grants «Age to Age» einen ersten Millionenseller.

Noch etwas anderes passierte 1982. Die schwedische Erfolgsband ABBA löste sich auf. Sie verabschiedete sich mit einer Weltpremiere: Ihr letztes Werk «The Visitors» wurde als erstes Album überhaupt auf einem digitalen Tonträger herausgebracht.

Mit dem Aufkommen der CD war das Ende des analogen Zeitalters eingeleitet.

Von analog zu digital – das bedeutete eine theoretisch unendliche Erweiterung der produktionstechnischen Möglichkeiten und eine radikale Vereinfachung der Musikverbreitung. Aber glaubt irgendwer, dass die Top-Alben aus dem Jahr 2022 vierzig Jahre später noch jemand streamen wird? Ich tippe, dass «Verdamp lang her» von BAP – wieder so ein 1982er Hit – auch 2062 noch seine Fans haben wird; bei den aktuellen Charterfolgen von Lotte, Lea, Joris, Clueso, Bosse und Co. bin ich mir nicht so sicher.

Das liegt nicht nur am austauschbaren Sound. Heutige Kulturerzeugnisse haben es aufgrund der unübersichtlich großen Konkurrenz viel schwerer, sich in den Köpfen der Konsumenten zu verankern. Eine Platte, die ich mir als Teenager gekauft hatte, drehte sich mindestens ein Dutzend Mal auf der Hi-Fi-Anlage, bevor eine neue dazukam. Inzwischen kannte ich die Texte auswendig und konnte jede Klangpassage vorhersagen. Heute hört sich kaum noch jemand ein Album komplett an, sondern holt sich die Songs lieber einzeln von Streaming-Anbietern.

Dieses Nutzerverhalten stellt auch bedeutende Künstler immer wieder vor große Herausforderungen. Die Marketing-Gags, mit denen sie aus diesem Dilemma herauskommen wollen, sind nicht immer gut durchdacht.

Ich kann mich noch genau an den Moment erinnern, als ich von der erfolgreichsten Rockband der letzten vierzig Jahre ein Album geschenkt bekam. Es war Ende 2014. Ich hielt mich damals im südindischen Kochin auf, als ich eines Morgens das brandneue Werk von U2 auf der von mir genutzten Musikplattform vorfand.

Die «Songs of Innocence» waren genau mein Geschmack. Aber nicht alle der 500 Millionen iTunes-Nutzer waren genauso begeistert von der Gratis-Gabe. U2 hatte in Kooperation mit dem Hightech-Giganten Apple beschlossen, das Album großflächig zu verschenken. Was bei den Fans gut ankam, sorgte bei den U2-Hassern für Wutausbrüche.

Am Ende entschuldigte sich die Band. An der insgesamt miesen Resonanz konnten sie nichts mehr ändern. Die «Songs of Innocence» wurden zum Flop. Die nächste Platte kostete wieder den ganz normalen Preis. Sie hieß passenderweise «Songs of Experience». Die vier U2–Mitglieder waren aus Erfahrung klug geworden. Was nichts kostet, ist nichts wert; was inflationär vorhanden ist, verliert an Bedeutung.

Der PR-Fail ist symptomatisch für die Kehrseite der Free-Content-Kultur. Wir schätzen Informationen weniger und können auch immer weniger damit anfangen.

Wer sich auf technisches Knowhow verlässt, und wer täglich Hunderte von Webseiten, Social-Media-Plattformen und Podcasts aufruft, vergisst das Selberdenken. Heraus kommt keine souveräne Meinungsbildung, sondern Standpunktlosigkeit und Epigonentum.

Viel-Halbwissen wird dabei häufig mit Bescheidwissen verwechselt. Zwanzigjährige schwadronieren in ihren Podcasts über die großen Fragen nach Gott und der Welt, Krieg und Frieden, Liebe und Tod. Die häufigsten Floskeln, die sie verwenden, sind «Keine Ahnung» und «Was weiß ich», die häufigsten Füllwörter «irgendwie», «ungefähr», «sozusagen», «quasi». Darin zum Ausdruck kommt das Unvermögen, die Sachen auf den Punkt zu bringen.

In einer Zeit, in der auch die Gebildetsten den Überblick verlieren, fühlen sich die Ahnungslosesten zum Mitdiskutieren berufen. Wo der Kabarettist Karl Valentin (1882–1948) noch kalauerte: «Es ist alles gesagt. Nur noch nicht von allen», kann man heute konstatieren: Es wird alles gesagt, von allen, andauernd.

Dabei kommt notgedrungen jede Menge Nonsens heraus. Im englischsprachigen Raum sagt man «Bullshit» dazu. So heißt auch ein Essay, das der Philosoph Harry Frankfurt mit prophetischem Gespür im Jahr 2005 veröffentlicht hat. Er definiert den «Bullshit» als «irreführende Falschdarstellung» und erklärt, warum immer mehr davon in Umlauf kommt:

Bullshit ist immer dann unvermeidbar, wenn die Umstände Menschen dazu zwingen, über Dinge zu reden, von denen sie nichts verstehen. [...] Das Fehlen jedes signifikanten Zusammenhangs zwischen den Meinungen eines Menschen und seiner Kenntnis der Realität wird na-

türlich noch gravierender bei einem Menschen, der es für seine Pflicht als moralisch denkendes Wesen hält, Ereignisse und Zustände in allen Teilen der Erde zu beurteilen.

Tatsächlich habe ich es nach Reportereinsätzen in Afghanistan erlebt, dass manche Gesprächspartner gar nicht an meinen Lageberichten interessiert waren. Sie wussten aus zahlreichen Talkshows nämlich bereits bestens über die Lage am Hindukusch Bescheid und klärten mich freundlicherweise über die tatsächlichen Hintergründe auf.

Es ist nicht alleine nur das Zuviel an Informationen, das uns verblöden lässt.

Auch der materielle Wohlstand leistet der Denkträgheit Vorschub.

Intellektuelle Reife entsteht bei der Bewältigung existenzieller Herausforderungen. Schon bei Hiob fing das große Fragen erst an, als der Reichtum weg war. Überfluss sorgt hingegen für geistige Unterforderung, jedenfalls gesamtgesellschaftlich gesehen.

Wo die Begegnung mit dem Tod vorwiegend in Nachrichten und bei Computerspielen stattfindet und als arm gilt, wer sich keine Designer-Klamotten leisten kann, entstehen logischerweise keine in Extremsituationen geborenen Romane wie «Schuld und Sühne». Schon die Römer erkannten: «Plenus venter non studet libenter», zu deutsch:

Ein voller Bauch studiert nicht gern.

«Success Has Made a Failure of Our Home», heißt einer der bekanntesten Country-Songs. 1962 von Loretta Lynn gesungen, kann man den Text ohne Weiteres auf die gesellschaftliche Entwicklung der letzten Jahrzehnte beziehen:

Du hast keine Zeit mehr, mich zu lieben seit Ruhm und Reichtum an unsere Tür geklopft haben. Jetzt verbringe ich meine Abende ganz alleine.
Der Erfolg hat unser Zusammensein zum Scheitern verurteilt.

Luxus geht auf Kosten des gesellschaftlichen Zusammenhalts. Das Pendant zur Einsamkeit, über die immer mehr Menschen klagen, ist die Nabelschauperspektive, aus der viele Künstler die Welt betrachten. Nie war so viel von «Selbstliebe», «Selbstannahme», «Selbstwahrnehmung» die Rede, nie der gefühlte Verlust an echter Resonanz so verbreitet.

Bei keiner historischen Persönlichkeit wird der negative Einfluss von übermäßigem Wohlstand auf das Denken so deutlich wie beim König Salomo. Ihm werden in der Bibel gleich drei Bücher zugeschrieben, die alltagsweisen «Sprüche», der philosophische «Prediger» und der Liebeshymnus des «Hohelieds».

Gleichzeitig macht die biblische Überlieferung (nachzulesen in den Büchern «Könige» und «Chronik») keinen Hehl aus seinem politischen, religiösen und romantischen Scheitern. Mit seiner Protzsucht richtete Salomo das Land zugrunde. Kaum war er gestorben, zerfiel das Reich. Der Weiseste von allen endet als Honk.

Der Reichtum war ihm erst zu Kopf und dann über denselben gestiegen.

Allerdings droht das Risiko geistiger Verfettung auch bei deutlich geringerem Einkommen. Genau, wie es beim Bauchvolumen auf dasselbe hinausläuft, ob man sich mit Kaviar oder Currywurst vollstopft, macht es auch keinen großen Unterschied, ob man im Penthouse oder im Reihenhaus selbstzufrieden vor sich hindämmert und sich für das Maß aller Dinge hält.

Diesen Sachverhalt hat der Schriftsteller Jean Paul (1763–1825) in vielen seiner Romane thematisiert. Er war in bitterarmen Verhältnissen im oberfränkischen Fichtelgebirge aufgewachsen. Entsprechend unsentimental war später sein Blick auf die Provinz. Verglichen mit den geistig agilen Goethes, Schillers und Herders, die er inzwischen kennengelernt hatte, erschienen ihm viele Kleinbürger als blasiert. Auf sie münzte er Aphorismen wie:

- *Je kleiner die Stadt, desto kleiner erscheint darin der Größere; sie hat einen zu kleinen Maßstab. Gerade in kleinen Städten wird der gute bescheidene Mensch am stolzesten, weil er doch niemand hat, womit er sich vergleichen will.*
- *Man verdirbt unter Leuten, die einen nicht übertreffen.*
- *Die Dummen halten alle Feinen für falsch.*

In zumindest einer Hinsicht macht Wohlstand tatsächlich weiser. Anders als der bloß Gutsituierte weiß der Mega-Reiche aus der Praxis, dass zu viel zu wenig sein kann.

4.
Klar: Warum tote Gewässer am tiefsten aussehen

Ein Großsprecher, der von sich selber überquillt und seiner Zukunft allzu sicher ist, wird immer nur von den Dummen für einen großen Mann gehalten werden.

Honoré de Balzac, Das ungekannte Meisterwerk

Ich liebe das Kino. Weil es das Leben so einfach macht. Und wenn nicht, ist es trotzdem nach ein paar Stunden vorbei. Nur im Kino fallen wie aus der Pistole geschossen Sätze, die mir auch nach tagelangem Nachdenken nicht einfallen.

- *Frankly, my dear, I don't give a damn.*

  Vom Winde verweht

- *Here's looking at you, kid.*

  Casablanca

- *Nobody's perfect.*

  Manche mögen's heiß

- *Go ahead, make my day.*

  Dirty Harry IV

- *I'll be back.*

  Terminator

Filmen verzeihe ich auch, wenn sie sich über die normalen Regeln der Vernunft kaltschnäuzig hinwegsetzen. Ich stand zum Glück noch vor keinem Killer, der mir die Waffe vor die Schläfe hält und mir erklärt, dass mein letztes Stündlein geschlagen hat. Falls es doch einmal dazu kommt, glaube ich nicht, dass er mir umständlich seine Motivation dafür erklärt und mir dabei die Gelegenheit gibt, mich zu befreien. Solche geschwätzigen Unholde gibt es eben nur in Drehbüchern, die das Zuschauerbedürfnis nach Klarheit und Happy End befriedigen sollen. Manchmal gibt es freilich auch witzige Abweichungen von der «Talking Killer»-Konvention.

> *Danny DeVito: «Willst du nicht meine letzten Worte hören?» – Gene Hackman: «Hab ich soeben.» Peng.*
>
> «Heist», 2001, Regie: David Mamet

Aber in der Regel verläuft alles ganz erwartbar. Das Rätsel wird rechtzeitig gelöst. Und der Zuschauer beruhigt ins normale Leben entlassen.

Find ich gut.

Ich liebe das Kino, weil es das leistet, was in der Wirklichkeit so schwierig ist:

Komplexitäts-Reduzierung.

Gerade in der globalisierten, hoch-technologisierten Welt sind die Zusammenhänge oft nicht einmal für Experten zu durchschauen. Deshalb gibt es ein nachvollziehbares Bedürfnis nach Vereinfachung. Wie ich noch ausführlicher darstellen werde, bevorzugen unsere Gehirne Lösungen, die klar und rund sind. Dabei verschwimmen allerdings oft die Grenzen zwischen bloßen Spekulationen und gesichertem Wissen.

Für Parteien, Kirchengemeinden und viele Interessengruppen gilt: Klare Kante schweißt zusammen, Wischiwaschi ödet an. Wer differenziert, demotiviert.

Wo Gruppenzusammenhalt organisiert werden muss, sind klare Abgrenzungen psychologisch sinnvoll. Das erlebe ich immer wieder auf

Parteitagen. Je schwächer die Argumente, desto lauter die Rednerstimmen. Den meisten Applaus bekommen knackige Parolen nach dem Motto: «Wir sind die Besten, und die Anderen können es einfach nicht.» Hier geht es nicht um Fakten, sondern um Selbstvergewisserung, nicht um Tatsachenbeschreibungen, sondern um Glaubensaussagen.

Töricht ist, wer den Unterschied nicht kennt.

Gerade in chaotischen Zeiten laufen Klarheits-Simulatoren zur Hochform auf. Der Philosoph Michel de Montaigne (1533–1592) notierte in seinen «Essays»:

> *Die Eloquenz stand in Rom in höchster Blüte, als die öffentlichen Angelegenheiten am tiefsten darniederlagen.*

Der Wunsch nach einer möglichst präzisen Beschreibung der Realität ist prinzipiell vernünftig. Worin sonst liegt die Aufgabe des Weisen, als Licht ins Dunkel zu bringen; oder, um es mit Immanuel Kant (1724–1804) auszudrücken, die Menschen aus ihrer selbstverschuldeten Unmündigkeit herauszuführen?

Allerdings ist unser Erkenntnisvermögen nun mal begrenzt. Bei manchen Versuchen, einen Sachverhalt zu beschreiben, ist es, «als ob man den Inhalt eines Glases Wasser ohne das Glas in die Hand nehmen wollte», wie Robert Musil in «Der Mann ohne Eigenschaften» schreibt.

Beim Versuch, die Wirklichkeit fassbar zu machen, helfen uns Konzepte und Systeme. Aber nur, solange wir nicht vergessen, dass es sich dabei um Hilfskonstrukte handelt – nicht um die Wirklichkeit selbst. Auf diese Gefahr haben bedeutende Schriftsteller und Philosophen oft hingewiesen.

> *Der Mensch besitzt eine solche Leidenschaft für Systematik und abstrakte Folgerungen, dass er es fertigbringt, wissentlich die Wahrheit zu verdrehen und mit Augen nicht zu sehen und mit Ohren nicht zu*

hören, um nur ja seiner Logik Recht geben zu können. – Allgemeine Prinzipien existieren nur in den Köpfen, während es im Leben nur konkrete Ereignisse gibt.

Fjodor Dostojewski

Der Wille zum System ist ein Mangel an Rechtschaffenheit.

Friedrich Nietzsche

Das Ganze ist das Falsche.

Theodor W. Adorno

Das Problem am System ist das System. Jedenfalls wenn es zu starr ist und wenn die Hypothese über Dinge, über die wir kein gesichertes Wissen haben können, zum Dogma wird.

Dem Drang zum vorschnellen Deckel-drauf-Machen fielen die Freunde des biblischen Helden Hiob zum Opfer. Sie suchten nach einer Erklärung für dessen Qualen. Dabei folgten sie ihrem angelernten Kausalitätsprinzip, wonach Leiden durch Schuld verursacht wird. Weil das Prinzip von vornherein fehlerhaft war, machten sie die Qualen ihres Freundes noch schlimmer und bekamen dafür von Gott schließlich die Leviten gelesen.

Während weise Menschen wie Sokrates («Ich weiß, dass ich nichts weiß») ihre Kapazitätsgrenzen akzeptieren, arbeiten die gelehrten Narren unermüdlich an einer Formel, die alles erklärt.

1899 veröffentlichte der atheistische Naturforscher Ernst Haeckel sein Buch «Die Welträtsel», in dem er nichts weniger als deren baldige Lösung in Aussicht stellte:

Der ungebildete Kulturmensch ist noch ebenso wie der rohe Naturmensch auf Schritt und Tritt von unzähligen Welträtseln umgeben. Je weiter die Kultur fortschreitet und die Wissenschaft sich entwickelt, desto mehr wird ihre Zahl beschränkt.

Haeckel ignorierte, dass jede Antwort neue Fragen aufwirft und dass jedes Paradigma gesprengt wird, wenn es die neuen Phänomene nicht mehr erklären kann. So war Haeckel überzeugt: «Das Weltall ist ewig, unendlich und unbegrenzt.» Keine drei Jahrzehnte später warf der Priester Georges Lemaître mit seiner Urknalltheorie diese Annahme über den Haufen.

Auch heute gibt es noch Wissenschaftler, die die Fragen nach Gott am liebsten zum Verstummen bringen würden, weil sie eindeutige Beweise für seine Erkenntnis vermissen. Der Philosoph Thomas Metzinger (geboren 1958) stellt in seinem Buch «Bewusstseinskultur» die kühne Behauptung auf:

> *Auch nach 2500 Jahren westlicher Philosophiegeschichte gibt es kein einziges überzeugendes Argument für die Existenz Gottes. Alle bekannten Gottesbeweise sind gescheitert. […] Was es […] nicht gibt, ist ein Konsens unter den Fachleuten, der auch nur annähernd in die von vielen Menschen erhoffte Richtung zeigt.*

Metzinger unterschlägt, dass die Welt, die Menschen und deren Bewusstsein womöglich schon Beweis genug für die Existenz eines Schöpfers sind und die fehlenden Beweise mehr mit den Grenzen unseres Fassungsvermögens als mit der Nicht-Existenz Gottes zu tun haben könnten.

Aber nicht nur Atheisten machen den Fehler, sich intellektuell zu verheben.

Es gibt eine Kehrseite zur Haltung «Ich glaube nur, was ich sehe». Sie lautet: «Ich sehe nur, was ich glaube.»

Manche Christen folgen bei ihrer Sicht der Welt einer Glaubenslogik, die sie sich selbst zusammengebastelt haben.

Schon in der Vergangenheit sind bedeutende christliche Denker immer wieder der Gefahr erlegen, Gott beim Welterklären nachzuhelfen. Die Lücken, die Jesus mit vagen Aussagen absichtsvoll so belassen hat, wurden durch Verweise auf teilweise obskure Bibelstellen aufgefüllt. Hauptsache, unterm Strich kam ein konsistentes Dogmengerüst heraus.

Mit dieser Theologen-Schwäche ging Erasmus von Rotterdam in seinem «Lob der Torheit» hart ins Gericht:

> *Die heiligen Geheimnisse erklären sie frei aus dem Kopfe: Sie wissen genau, wie die Welt erschaffen und eingerichtet, durch welche Kanäle das Gift der Erbsünde in die Kinder Adams geflossen ist.*

Durchaus zwiespältig ist auch das theologische Erbe einiger kirchenhistorischer Lichtgestalten zu bewerten, etwa des studierten Rhetorikers Augustinus oder des juristisch geschulten Calvin. In beiden Professionen geht es mehr um Wirksamkeit und Schlüssigkeit als um Wirklichkeit. Diese Tendenz zur Konsistenz um jeden Preis machte sich in ihren Lehren bemerkbar. In den Kapiteln über weise Glaubenszugänge werde ich darauf im Detail eingehen.

Die beiden Kirchenpioniere waren sich der Versuchung der geistigen Selbstüberforderung durchaus bewusst. Calvin schreibt in seinem voluminösen spirituellen Vermächtnis, den «Institutionen»:

> *Wir sollten uns nicht weigern, unser Urteil der grenzenlosen Weisheit Gottes zu unterwerfen, bis hin zu dem Eingeständnis, dass es nicht ausreicht, um viele seiner Geheimnisse zu begreifen. Die Unkenntnis von Dingen, die wir nicht wissen können oder die wir nicht wissen dürfen, ist Bildung, während der Wunsch, sie zu wissen, eine Art von Wahnsinn ist.*

Solchen Absichtserklärungen zum Trotz wollte Calvin endlich Licht ins Dunkel einer Problematik bringen, die Juden und Christen seit jeher quält: Wie verträgt sich die Existenz eines allmächtigen und guten Gottes mit der Realität des Bösen?

Weil Calvin von allen Attributen Gottes dessen Allmacht für die wichtigste hielt und den Zweck allen Seins in der Ehre Gottes sah, erklärte er den menschlichen Sündenfall konsequenterweise zum Werk Gottes.

> *Der erste Mensch fiel, weil der Herr es für richtig hielt, dass er fallen sollte; warum er es für richtig hielt, wissen wir nicht. Sicher ist jedoch, dass es richtig war, weil er sah, dass seine eigene Herrlichkeit dadurch offenbar werden würde.*

Eng verknüpft mit dieser Vorstellung war die Lehre von der «doppelten Prädestination», also der göttlichen Vorherbestimmung einiger weniger Menschen zum himmlischen Heil und dem massenhaften Rest zu ewiger Höllenstrafe.

Es gibt wohl kaum eine andere theologische Lehre, die so viel Kritik auf sich zog. Sie wurde zum ersten Mal von Augustinus entwickelt und von Calvin weiter ausgearbeitet.

Die Gegner der Lehre verwiesen darauf, dass das Konzept zwar in sich schlüssig war, aber mit dem biblischen Axiom der Güte Gottes kollidierte.

Auch der calvinistisch erzogene Filmemacher Paul Schrader (geboren 1946) arbeitete sich in vielen seiner Produktionen an dem stachligen Dogmengerüst ab. In seinem Film «Hardcore – Ein Vater sieht rot» (1979) knöpft sich Schrader den sogenannten «Fünf-Punkte-Calvinismus» vor. Dabei handelt es sich um die Zusammenfassung der wichtigsten calvinistischen Heilslehren in fünf Begriffe, die zusammen das Akronym TULIP bilden.

Schrader zeigt in «Hardcore» dessen Schwäche, indem er den calvinistischen Geschäftsmann Jake mit der Prostituierten Niki darüber diskutieren lässt:

Niki: *TULIP: Was ist das denn für ein Schwachsinn?*
Jake: *Das ist ein Akronym. Es wurde auf der Synode von Dordt gebildet. Jeder Buchstabe steht für einen Begriff. T-U-L-I-P. Bist du sicher, dass du daran interessiert bist?*
Niki: *Ja, ja, mach weiter.*
Jake: *T steht für Totale Verderbtheit, das heißt, dass alle Menschen durch die Erbsünde total böse und unfähig zum Guten sind. Alle meine Werke sind wie schmutzige Lumpen in den Augen des Herrn.*
Niki: *Mist.*
Jake: *Wie dem auch sei. U steht für «Unconditional Election» [bedingungslose Erwählung, Anm. d. Verf.]. Gott hat eine bestimmte Anzahl von Menschen auserwählt, um gerettet zu werden, die Auserwählten, und er hat sie seit Anbeginn der Zeit auserwählt. L steht für Limited Atonement [begrenzte Sühne]. Nur eine begrenzte Anzahl wird gesühnt und kommt in den Himmel.*
Niki: *Mist.*
Jake: *Ich kann aufhören, wenn du willst.*
Niki: *Nein, bitte fahr doch fort.*
Jake: *I steht für «Irresistible Grace» [unwiderstehliche Gnade]. Gottes Gnade kann man weder widerstehen noch leugnen. Und P steht für «Perseverance of the Saints» [das Ausharren der Heiligen]. Wenn man einmal in der Gnade ist, kann man nicht mehr aus der Zahl der Auserwählten fallen. Und das ist «TULIP».*
Niki: *Warte, warte. Ich versuche, das zu begreifen. Bevor du gerettet wirst, weiß Gott schon Bescheid?*
Jake: *Das muss er. Das ist Prädestination. Wenn Gott allwissend ist, wenn er alles weiß – und er wäre nicht Gott, wenn er es nicht täte –, dann muss er schon vor der Erschaffung der Welt die Namen derer gekannt haben, die gerettet werden sollen.*
Niki: *Es ist also schon alles geklärt. Der Plan steht von vornherein fest?*
Jake: *Mehr oder weniger.*
Niki: *Wow. Aber warum sollte man dann gut sein? Entweder man ist*

gerettet, oder man ist es nicht.
Jake: *Aus Dankbarkeit dafür, dass man auserwählt wurde. Das ist der Punkt, an dem die Gnade ins Spiel kommt. Erst wählt Gott dich aus, dann erlaubt er dir aus Gnade, ihn aus freiem Willen zu wählen.*
Niki: *Und das glaubst du wirklich alles?*
Jake: *Ja. Na ja, meistens.*
Niki: *Und ich dachte, ich wäre verkorkst!*
Jake: *Ich gebe zu, dass es von außen betrachtet verwirrend ist. Man muss es von innen sehen.*
Niki: *Wenn man etwas von innen betrachtet, ergibt es immer Sinn. Du solltest mal Perverse reden hören.*

Ich muss zugeben: Ich sympathisiere mit Nikis Sicht. Auch wenn ich meine calvinistischen Freunde damit vor den Kopf stoße, halte ich den Versuch, Gottes Heilswirken formelhaft zu erfassen, für schlichtweg töricht. Mir kommt dabei ein Zitat von Hannah Arendt in den Sinn. In einer Fernsehdiskussion mit dem Journalisten Günter Gaus sagte sie über deutsche Philosophen, die totalitaristischen Versuchen erlegen waren:

Sie gingen ihren eigenen Einfällen in die Falle.

Töricht ist: Was nicht passt, wird passend gedacht. Hinter manchen theologischen Systemen steht ein Trugschluss, der sich aus einer Einsicht des Kirchenlehrers Thomas von Aquin (1225–1274) ergibt. Der ging davon aus: «Was von Gott stammt, ist geordnet.» Daraus folgte für ihn die Verpflichtung: «Des Weisen Amt ist: ordnen.»

Bei einem solchen Ansatz wird allerdings oft vergessen, dass die göttlichen und menschlichen Ordnungsvorstellungen durchaus unterschiedlich sein können.

Wer sich theologische oder philosophische Luftschlösser baut, dem kann es so ergehen wie dem Künstler in der Novelle «Das ungekannte Meisterwerk». Honoré de Balzac (1799–1850) erzählt darin von einem

Malergenie, der das perfekte Aktporträt schaffen will. In dem Bemühen, sich der Perfektion so weit wie möglich anzunähern, entfernt er sich immer weiter davon. Er addiert und korrigiert, schichtet Farben aufeinander und kratzt sie wieder weg.

Als er sein vermeintliches Meisterwerk endlich einem Bewunderer präsentiert, ist der Fan geschockt. Denn er sieht «nichts als Farben, die in wirrem Durcheinander massiert sind und von einer Fülle bizarrer Linien zusammengehalten werden».

An der Reaktion des Fans erkennt der Künstler, dass er statt einem Abbild der Schönheit ein Monster geschaffen hat. Er zerstört das Bild, verbrennt sein Atelier und stirbt.

Skeptisch gegenüber dem Bemühen um theologisches Fine-Tuning verhielt sich Johann Michael Sailer (1751–1832). Der katholische Pfarrer war ein begnadeter Seelsorger und bekannter Erbauungsschriftsteller. Seine Predigten führten im Allgäu zu einer spirituellen Erweckung. Beethoven gehörte zu seinen Bewunderern, Matthias Claudius zu seinen Freunden.

Einmal wurde Sailer von einem jungen Schweizer die Frage gestellt, ob es ratsam sei, Theologie zu studieren. In seinem Antwortbrief bejahte Sailer die Frage, warnte aber vor dem Unterfangen, konzeptionelle Klarheit anzustreben:

> *Denn erstens: Das System ist bei aller Vollkommenheit Menschenwerk. Der Heilige Geist hat uns keines produkiert. Menschenwerk ist Menschenwerk. Zweitens: Die ersten Eindrücke graben gemeiniglich am Tiefsten, und es ist schwerer, das angenommene System wieder abzulegen, als eines anzunehmen und wohl auch als eines zu erfinden. Drittens: Das System weicht bei aller Vollkommenheit notwendigerweise von jener Einfalt, Geradheit und Anpassung an den allgemeinen Menschenverstand und Anbequemung an das unverdorbene Herz des redlichen Denkers ab, die wir außer dem System in den natürlichen, lichtvollen und ungekünstelten Erzählungen der Bibel be-*

wundern. Viertens: Die meisten Systeme sind noch sehr weit zurück von jener Vollkommenheit, deren sie als Systeme schlechterdings fähig sind. Fünftens: Die Systeme sind aus Quellen geschöpft. Ich möchte also lieber, dass alle, die nach Wahrheit dürstet, in der Quelle ihren ersten Durst befriedigen, als dass sie die Quelle übergehen und im abgeleiteten (oft auch verschlammten) Bach zuerst trinken.

Der Mensch denkt, Gott sprengt – nämlich unsere Denkkapazitäten. Klarheit gibt es für den Christen im Vertrauen, nicht im Wissen.

Für religiöse Menschen ist diese Spannung nicht immer leicht auszuhalten.

Psychologen reden von der «Ambiguitätstoleranz»: der Fähigkeit, Ungewissheiten zu akzeptieren. Die Spannung muss allerdings nicht einfach nur ausgehalten werden; es gibt die Möglichkeit einer Auflösung – auf der Ebene des Vertrauens. Dort gibt es durchaus Momente der Klarheit. Hiob bekam keine Antwort auf seine Fragen, dafür die plötzliche Erfahrung göttlicher Präsenz geschenkt.

Die jüdische Philosophin Margarete Susman (1872–1966) schreibt über solche persönlichen Gottesoffenbarungen in ihrer Abhandlung über «Hiob und das Schicksal des jüdischen Volkes»:

Damit wird das fest verrammelte Tor unseres Gefängnisses dennoch um einen schmalen Spalt geöffnet. Ein Streifen überirdischen Lichts dringt herein; die Einsicht Hiobs bereitet ihm die Bahn. Wir, die so unendlich viel, die viel zu viel wissen, wir wissen nichts. Wir wissen nichts von dem, worauf es für uns alleine ankommt: von dem Plan, in dem wir befasst sind und aus dem wir leben. Aber darum wissen wir auch nicht, ob nicht diese unsere dunkle, ganz von der Erlösung abgetriebene Welt der Erlösung am nächsten ist.

Ähnlich dachte die lebenskluge Schriftstellerin Marie von Ebner-Eschenbach (1830–1916):

Alles Wissen geht aus einem Zweifel hervor –
und endet in einem Glauben.

Der Weisheit letzten Schluss gibt es in dieser Welt nur in göttlichen Spurenelementen.

Wer sich in der Beschreibung der Wirklichkeit zu scharfe Grenzen wünscht, lässt manchmal andere Menschen buchstäblich über die Rasierklinge springen.

Nach den Massenmorden des Zweiten Weltkriegs untersuchte der Psychologe Gordon W. Allport «Die Natur des Vorurteils». Er kam zu dem Schluss: «Vorurteilshafte Menschen verlangen eine scharfe Strukturierung ihrer Welt, selbst wenn die Struktur zu eng und inadäquat ist.»

Es ist vermutlich auch eine Altersfrage, aber mit den Jahren fühle ich mich immer mehr hingezogen zu Philosophen, bei denen Wahrheit vor Klarheit geht; zu Denkern, die das Paradoxe akzeptieren und die Fünfe grade sein lassen, statt hundertprozentige Präzision anzustreben.

Einer der bekanntesten Verfechter der Ambiguitätstoleranz war der Philosoph Odo Marquard (1928–2015). Er unterrichtete an der Universität Gießen, als ich dort mein Studium aufnahm. Ich ärgere mich bis heute, dass ich seine Vorlesungen versäumte und mich stattdessen voll auf das Erlernen des journalistischen Handwerks konzentrierte. Rückblickend muss ich einräumen, dass ich zu sehr im «Ich! Jetzt! Alles! Klar!»-Modus agierte. Für abgeklärte Langfristdenker hatte ich damals weder Verständnis noch Geduld.

Marquard war nach den Erfahrungen des Dritten Reiches und den Exzessen der Studentenbewegung gegen alle radikalen Ideologien immunisiert. In Abgrenzung zu Karl Marx und dessen Spruch: «Die Philosophen haben die Welt nur verschieden interpretiert; es kommt darauf an, sie zu verändern», forderte Marquard:

Die Geschichtsphilosophen haben die Welt nur verschieden verändert;
es kommt darauf an, sie zu verschonen.

Wenig anfangen konnte er mit den Revolutions-Forderungen der Achtundsechziger. Ihnen hielt er entgegen, dass es bei einem umfassenden Gesellschaftsumbau keine «Nichtverschlechterungsgarantie gebe». Auch lehre die Erfahrung:

Vernünftig ist, wer den Ausnahmezustand meidet.

Getreu seiner Skepsis gegenüber großen philosophischen Systemen hinterließ er kein Magnum Opus. Berühmt wurde er durch kurze Aufsätze und einprägsame Aphorismen. Einige der treffendsten Geistesblitze lauten:

- *Bildung ist der Verzicht auf die Anstrengung, dumm zu bleiben.*
- *Zukunft braucht Herkunft.*
- *Wir Menschen sind unsere Geschichten.*
- *Wir Menschen sind nicht nur unsere Handlungen, sondern auch unsere Zufälle.*
- *Das Leben des Menschen ist stets zu kurz, um sich von dem, was er schon ist, in beliebigem Umfang durch Ändern zu lösen: Er hat schlichtweg keine Zeit dazu.*
- *Wer den Himmel auf Erden will, erfährt die vorhandene Wirklichkeit zwangsläufig als Hölle auf Erden und übersieht, was sie wirklich ist: Erde auf Erden. Es kommt darauf an, die Erde auf Erden zu akzeptieren.*
- *Der wirkliche Mensch ist nicht das triumphierende, sondern das kompensierende Lebewesen.*

Für die Fähigkeit, die eigenen Unzulänglichkeiten durch Kooperation mit anderen auszugleichen, erfand Marquard eine kuriose, aber treffende Bezeichnung:

Inkompetenzkompensationskompetenz.

Das ist der Vorteil an der mangelnden Klarheit der Dinge: Dass wir uns über die Wirklichkeit immer neu verständigen müssen. Das Gespräch ersetzt das Dekret, der Dialog den alles erklärenden Monolog. Wer im Trüben fischt, erhöht die Fangquote durch die Anzahl der Angeln.

Ein weiterer Anwalt des geistig-geistlichen Durchwurschtelns ist Leo Schestow (1866–1938). Sein Platz war da, wo für Denker die saftigsten Früchte wachsen: zwischen allen Stühlen. Der russisch-jüdische Philosoph war fasziniert vom christlichen Evangelium. Auf der Flucht vor den sowjetischen Kommunisten landete er im französischen Exil. In Schriften wie «Apotheose der Grundlosigkeit» und «Spekulation und Offenbarung» gab er weise Ratschläge für ein Leben im Ungefähren, für eine Abkehr vom Prinzipiellen, für eine Wertschätzung der Grau- und Zwischentöne des Lebens:

- *Wir leben umgeben von einer unendlichen Menge von Geheimnissen.*
- *Je mehr positives Wissen wir erlangen, desto weiter entfernen wir uns von den Geheimnissen des Lebens.*
- *Die Aufgabe der Philosophie ist es, dem Menschen ein Leben im Ungewissen beizubringen – einem Menschen, der Ungewissheit am allermeisten fürchtet und sich vor ihr hinter diversen Dogmen versteckt hält.*
- *Die Philosophen haben viel von der Freiheit gesprochen, aber fast keiner unter ihnen hat es gewagt, sich Freiheit zu wünschen, und sie alle trachteten nach Notwendigkeit, die jeglichem Suchen ein Ende macht.*
- *Die Philosophie ist eine Kunst, angelegt darauf, die logische Kette des Schlussfolgerns zu brechen und den Menschen hinauszutragen auf das grenzenlose Meer der Phantasie, des Phantastischen, wo alles gleichermaßen möglich und unmöglich ist.*
- *Wir leben in Beengung und Unrecht. Es ist uns nicht gegeben, uns geräumiger einzurichten. Und darum sind wir bemüht, Ordnung*

zu schaffen, damit wenigstens nicht so viel Unrecht sei. Warum aber sollte man Gott, der weder räumlich, noch zeitlich, noch irgendwie anders begrenzt ist, ebensolche Liebe und Achtung für Ordnung zuschreiben?

- *Der Vernunft muss man eine ganze Reihe von Zügeln anlegen, allen voran Enthaltsamkeit von allzu umfangreichen Anmaßungen.*

Was solche Empfehlungen für die heutige Zeit bedeuten, liegt angesichts der vielen gesellschaftspolitischen Streitfragen auf der Hand. Wer davon ausgeht, dass die eigene Sicht natürlich eingeschränkt und getrübt ist, wird nicht alle Andersdenkenden für blind und blöd erklären.

Klare Ansagen sind manchmal nötig, aber sie dürfen nicht differenzierte Überlegungen ersetzen.

Den Toren und die Törin erkennt man daran, dass sie, um es mit dem Fußballcoach Giovanni Trapattoni zu sagen, «fertig haben»; dass sie sich ihr Weltbild also nicht von der Wirklichkeit kaputtmachen lassen wollen und sich über Gott, die Welt und sich selbst völlig im Klaren sind.

Alles *klar?*

Hoffentlich nicht.

Zwischenstopp
Der Weisheit erste Schlüsse

Geschafft.

Die Wüste der Weisheitslegastheniker ist durchschritten.

Jetzt können wir den Staub abschütteln und ins gelobte Land des Hochleistungs-Denkens weitermarschieren.

Schön wär's.

Wer alle außer sich selbst für doof hält, ist die schlimmste Dumpfbacke – lehrt die Bibel.

Wenn du einen siehst, der sich für weise hält, ist er ein hoffnungsloserer Fall als ein Narr.

Sprüche 26,12

Wer sich gern kritisieren lässt, der wird klug; wer aber Kritik ablehnt, der bleibt ein Narr.

Sprüche 12,1

Wir können eine Brandmauer gegen die Blödheit schon deshalb nicht errichten, weil keiner von uns frei davon ist.

Bei den von mir aufgelisteten Torheitssymptomen habe ich mich selbst immer wieder überführt gefühlt. Als Medienschaffender mit einem Hang zur Rampensau muss ich mir selbst einen zumindest milden Narzissmus attestieren.

Dass ich an einer Momentfixierung leide, merke ich daran, dass ich gar nicht genug kriegen kann von «Breaking News». Und davon, dass ich mit dem Maßhalten Probleme habe, zeugt auch die Arbeit an diesem Buch. Wie viele Bücher, Artikel, Podcasts habe ich gewälzt, überflogen, angehört – mit dem Ziel, durch die schiere Wissensanhäufung Klarheit über meinen Forschungsgegenstand zu bekommen!

Dabei bin ich immer wieder enttäuscht worden. Einer meiner größten Recherche-Flops war eine Interview-Reihe, die ich ursprünglich für ein El Dorado an zitierfähigen Weisheitssprüchen gehalten hatte:

«What I've Learned» (Was ich gelernt habe) heißt eine Rubrik in der amerikanischen Lifestyle-Zeitschrift «Esquire». Jeden Monat breitet dort ein Prominenter seine wichtigsten Lebenserkenntnisse aus. Zu Wort kommen Nobelpreisträger, Präsidenten, Hollywoodstars, Milliardäre – das Who's Who derer, die es nach ganz oben geschafft haben.

Wenn jemand weiß, wo es in Richtung Glück, Wohlstand, Zufriedenheit geht, dann *diese* Leute – habe ich mir gedacht. Wenn jemand Bescheid weiß über das, was zählt, dann VIPs vom Kaliber eines Clint Eastwood, Pelé, George Bush, Arthur Miller, David Bowie, Richard Branson.

Ich habe über zweihundert dieser Interviews durchgearbeitet, mir die markigsten Sätze notiert, die Floskeln ausgesiebt, nach Sätzen für die Ewigkeit Ausschau gehalten.

Übrig geblieben sind eine Handvoll Allerwelts-Aussagen, die so oder so ähnlich immer wieder in den Interviews auftauchten:

- Sei großzügig gegenüber anderen.
- Sei dir gegenüber nicht zu hart.
- Konzentriere dich auf das Gute im Leben.
- Sei ein Realist, sonst hast du es schwer in dieser Welt.
- Wenn du Helden hast, ist es besser, du triffst sie nie. Denn sie enttäuschen dich oft.

Kurzum: Nix Besonderes.

Ganz ähnliche Sprüche höre ich von Verwandten, Freunden, Kollegen, Nachbarn. Und vermutlich hatten die interviewten Prominenten viele ihrer Erkenntnisse auch nur aus zweiter Hand.

Weisheit ist nicht angeboren, gibt es nicht auf Knopfdruck, hat wenig mit äußerlichem Erfolg zu tun und führt nicht automatisch zu Klarheit.

Weisheit ist anstrengend, anti-intuitiv und muss mühsam selbst erlernt werden. Das Lehrgeld, das man dabei zahlt, ist die beste Zukunftsinvestition.

Dagegen ist Un-Weisheit die angeborene Standardeinstellung. Denn es handelt sich um nichts anderes als um eine natürliche Sichtfeldbegrenzung: auf sich selbst, den Moment, das verfügbare Angebot.

Töricht ist nicht, wer an dieser Sehschwäche leidet.

Sondern wer nicht darüber hinaus strebt.

Leider ist das vor allem in Krisensituationen der Fall. Denn unter Stress schalten unsere Gehirne auf Autopilot, eben auf das «Ich! Jetzt! Alles! Klar!»-Betriebsprogramm. Die Torheit ist gerade da am ausgeprägtesten, wo man sie sich am wenigsten leisten kann.

Nicht nur jedes Jahr ab dem 11.11. hat das Narrentum Hochsaison, sondern immer, wenn die Menschen sich von großen Umwälzungen überfordert fühlen.

Der Straßburger Humanist Sebastian Brandt (1457–1521) ließ sein satirisches «Narrenschiff» 1494 in See stechen – kurz vor der ersten globalen Umbruchsphase. Über seine Zeit schrieb er:

Die Welt tut in Sünden blind verharren /
Alle Straßen, Gassen sind voller Narren.

In den 2020er Jahren sieht es nicht viel besser aus. Und das trotz unzähliger Talkshows, Youtube-Tutorials und Buchveröffentlichungen, die uns tagtäglich das weise Leben beibringen wollen.

Die Masse macht's nicht.

Einfache Lösungen gibt es nicht.

Mit der Weisheit ist es wie mit Beziehungen:

It's complicated.

Wer Abkürzungen sucht, scheitert.

Wie der König Salomo. Er hatte sich seine Weisheit nicht in der Schule des Lebens erworben. Sie war ihm geschenkt worden – wie eine Superkraft. Im Gegensatz zu seinem gigantischen IQ blieben Salomos emotionale und seine spirituelle Intelligenz unterentwickelt. Er endete folgerichtig als Tor.

Um den alternativen Weg geht es im Rest des Buches.

Zweiter Teil
Das Wesen der Weisheit

Zweiter Teil
Das Wesen der Weisheit

Intro

Am weisesten ist meiner Meinung nach derjenige, der sich, wenn auch nur einmal im Monat, als Narr bezeichnen kann – eine Fähigkeit, die man heutzutage nicht mehr kennt.

Fjodor Dostojewski, Bobok

«Wiseguys» nennen sich die amerikanischen Mafiosi. Sie sind die Alles-Checker der Unterwelt. Sie wissen, wie der kriminelle Laden läuft. Man erkennt sie an den Verbindungen, die sie pflegen, und an der Blutspur, die sie ziehen.

Aber woran erkennt man die «Wiseguys» des Lebens an sich? Weise Menschen laufen nicht herum mit langem Bart und großem Hut wie Gandalf im Film «Herr der Ringe». Und ob ein Ratschlag weise ist, lässt sich meistens erst mit einigem zeitlichen Abstand feststellen.

Wie überhaupt lässt sich Weisheit beschreiben?

«Ich erkenne sie, wenn ich sie sehe», sagte der amerikanische Verfassungsrichter Potter Stewart (1915–1985) vor sechzig Jahren, als es um die Frage einer Definition ging. Er meinte damit die Pornografie. Mit der Weisheit ist es nicht ganz so einfach.

Im biblischen Buch «Hiob» gibt es einen berühmten Weisheits-Hymnus. Der geplagte Protagonist stimmt ihn an, nachdem seine drei Besserwisser-Freunde sich mit ihren Leid-Erklärungsversuchen an ihm abgearbeitet haben. Hiob hat von verkopften Vorträgen genug. Er lechzt nach Worten, die der schlimmen Wirklichkeit angemessen sind.

Der Mensch erforscht auch die tiefste Dunkelheit; er untersucht das Gestein und dringt dabei immer weiter vor bis ins Innerste der Erde. […] Der Mensch – er arbeitet sich durch das härteste Gestein, ganze Berge wühlt er um. Tief in den Felsen treibt er Stollen, bis er dort findet, was sein Herz begehrt. Die Wasseradern im Gestein dichtet er ab; tief Verborgenes bringt er ans Licht. Aber die Weisheit – wo ist sie zu finden? Und wo entdeckt man die Einsicht? Kein Mensch kennt den Weg zu ihr. […] Gott allein kennt den Weg zur Weisheit; er nur weiß, wo sie zu finden ist. Denn er blickt über die ganze Welt, er durchschaut Himmel und Erde. Schon damals, als er dem Wind seine Wucht gab und den Wassermassen eine Grenze setzte; als er bestimmte, wo der Regen niedergehen sollte, als er den Gewitterwolken einen Weg vorschrieb – schon da sah er die Weisheit an und rühmte ihren Wert, er erforschte sie und gab ihr Bestand. Und zum Menschen sprach er: «Weise ist, wer Ehrfurcht vor mir hat, und Einsicht besitzt, wer sich vom Bösen abkehrt.»

Hiob 28

Das klingt, als wäre es mit der Weisheit doch ganz einfach. An Gott glauben, keinen Mist bauen, fertig.

Aber schon die Vermeidung des Schlechten ist eine Kunst, die kein Mensch bis zur Vollendung beherrscht.

Der griechische Philosoph Platon (428–348 v. Chr.) zählte die Weisheit (griechisch «Sophia») zu den vier Kardinaltugenden, neben Besonnenheit, Gerechtigkeit und Tapferkeit. Man könnte aber einwenden, dass die Weisheit die drei anderen Tugenden umfasst, dass man nicht weise sein kann, ohne auch besonnen, gerecht und couragiert zu sein.

Als eine Tugend ist die Weisheit jedenfalls nicht angeboren, sondern erlernt und erprobt. Das unterscheidet sie von der bloßen Klugheit. Dazu kommen muss noch eine ethische Komponente. Einen gewissen Scharfsinn, dazu Lebenserfahrung und Originalität kann man schließlich auch Hitler und Stalin nicht absprechen. Kein halbwegs vernünftiger Mensch käme jedoch auf die Idee, solchen Monstern das Etikett «weise» anzuheften. Schließlich ist Weisheit eine Tugend und dient daher dem allgemeinen Guten.

Das Beste, was Stefan Zweig (1881–1942) seinem verstorbenen Schriftstellerkollegen Charles Dickens (1812–1870) nachzusagen wusste, war, dass dieser das «Glück der Menschheit gemehrt» hatte.

Auf die eine oder andere Art glücklich zu werden, im Diesseits und im Jenseits, will jeder Mensch. In der amerikanischen Verfassung ist von «Pursuit of Happiness» die Rede, dem Streben nach Glück. Weil Weisheit dieses Streben unterstützt, ist sie die Königsdisziplin der Klugheit.

Um in dieser Disziplin spitze zu werden, müssen einige Grundvoraussetzungen erfüllt werden. Einige davon standen in der griechischen Antike über dem Eingang zum Tempel in Delphi. Wer die göttliche Weisheit des Orakels in Anspruch nehmen wollte, bekam am Eingang drei Mahnungen zu lesen. Am bekanntesten sind die ersten zwei:

- *Erkenne dich selbst.*
- *Nichts im Übermaß.*

Weise Menschen gehen erst selbstkritisch in sich, bevor sie nach außen gehen. In diesem Sinne formulierte Sokrates (469–399 v. Chr.) seine wichtigste Maxime:

Ein ungeprüftes Leben ist es nicht wert, gelebt zu werden.

Weise Ratschläge kommen aus einer Haltung der Demut und zielen in eine Richtung der Bescheidenheit. Sie widerstehen der Versuchung der Scharfmacherei, sehen in radikalen Problemlösungen allenfalls einen Zwischenschritt auf dem Weg zu einer harmonischen Ordnung.

Deshalb mahnte Aristoteles (384–322 v. Chr.) in seiner «Nikomachischen Ethik» (gewidmet entweder seinem Sohn oder seinem Vater, die beide Nikomachos hießen) dazu, die tugendhafte Mitte zwischen den Extremen zu suchen:

Die Mitte aber liegt zwischen zwei Schlechtigkeiten, dem Übermaß und dem Mangel.

Anders als bei meinem Exkurs über die Torheit kann ich keine griffige Weisheitsformel präsentieren. Aber immerhin eine Checkliste von Eigenschaften weiser Menschen. Die vier wichtigsten sind aus meiner Sicht:

1. klug
2. wahr
3. frei
4. gut

Bevor ich die Attribute im Einzelnen erkläre, stelle ich eine Person vor, die die «weisen Vier» verkörpert. Von den vielen Weisheitslehrern, die ich in diesem Buch vorstelle, ist er einer meiner Favoriten: Matthias Claudius (1740–1815).

Meinen Sympathiebonus verdient er sich schon alleine damit, dass er wie ich Pfarrerssohn und Journalist war. Der Autor des «Wandsbecker Boten» verstand sein Handwerk ganz anders als die meisten heutigen Medienmacher. Er wollte auf seine Leserschaft erzieherisch einwirken, «sie durch Ernst und Scherz, durch gut und schlecht, schwach und stark und auf allerlei Weise an das Bessere und Unsichtbare erinnern», wie er in der ersten Ausgabe formulierte.

Massenattraktiv war das schon damals nicht.

Anders als die Sturm-und-Drang-Dichter seiner Zeit bevorzugte Matthias Claudius die leisen Töne, verzichtete auf Polemik und interessierte sich für die alten Lehren eines Konfuzius genauso wie für die neuen Thesen eines Immanuel Kant. Seine eigenen Überzeugungen vertrat er mit Humor und Esprit. Er wollte mit seinem «Boten» bescheiden «anklopfen», statt mit der Tür ins Haus zu fallen.

Nach nur fünf Jahren, in denen die Auflage nicht über vierhundert Exemplare hinauskam, war allerdings Schluss.

Als Vater von zwölf Kindern (eins davon starb kurz nach der Geburt) konnte er sich – anders als seine Zeitgenossen Goethe und Schiller – eine rein künstlerische Existenz nicht leisten. Der Nachwelt im Gedächtnis geblieben ist er vor allem mit seinen Gedichten («Die Liebe», «Der Tod und das Mädchen», «Abendlied», «Kriegslied», «Täglich zu singen») und den Schriften an Familienmitglieder («An Frau Rebekka», «An meinen Sohn Johannes», «Einfältiger Hausvaterbericht über die christliche Religion an seine Kinder»).

Es kann an meinem eigenen schlichten Gemüt liegen, aber ich finde in diesen Texten mehr anthropologische und theologische Substanz als in den gesammelten Werken aller Philosophen des 18. Jahrhunderts.

Ganz ähnlich ging es einem der klügsten Köpfe der damaligen Zeit, dem Düsseldorfer Unternehmer und Privatgelehrten Friedrich Heinrich Jacobi (1743–1819). Er war mit Geistesgrößen wie Lessing und Goethe befreundet, war mit den Philosophen Mendelssohn, Kant und Fichte in einige der spannendsten Debatten verwickelt. Sie alle wurden aus seiner Sicht von Matthias Claudius überstrahlt, gerade wegen dessen schlichter Fokussierung auf das Wesentliche. In einem Brief schwärmte Jacobi:

> *Nie habe ich eine solche wahre Einfalt gesehen, und nie von so göttlichen Dingen reden hören. Sein Christentum ist die erhabenste Philosophie und so alt wie die Welt.*

Ein anderer Bewunderer war der bereits erwähnte Johann Michael Sailer. In einem Brief an Claudius attestierte er ihm «einen Geist, den ich in vielen anderen nicht finde, und dieser Geist macht mich still, ruhig, und wenn ich ihm folge, gut».

Besonders gefiel ihm an Matthias Claudius dessen weltanschauliches Prinzip der Mitmenschlichkeit und demütigen Gottesverehrung:

> *Es spricht klein vom Landesverheerer und Eroberer, fordert vom König, dass er der bessere Mann im Lande sein soll. […] Es straft die Torheit der Menschen. […] Es denkt nüchtern von Kunst und Wissen-*

schaft. […] Es schämt sich endlich, und was die Hauptsache ist, des Herrn Jesus Christus nicht, hasst das Kopf[zer]brechen an Religionsgeheimnissen und ließe sich für alles, was er gesagt, totschlagen, während andere entweder die Glöcklich an seinem Leibrock für ihn selbst halten oder des Jesus Christus gar leicht entbehren können, weil sie an der Vernunft genug Erlösung finden.

Es gehört zu den Mangelerscheinungen der heutigen Zeit, dass es literarische Mentoren vom Kaliber eines Matthias Claudius kaum noch gibt.

Zum Glück ist er durch seine Schriften nach wie vor präsent. Einige Zitate, mit denen er auf den damals aufbrechenden Konflikt zwischen Religionsbewahrern und Aufklärern eingeht, habe ich ausgewählt:

- *Der Mensch ist für eine freie Existenz gemacht, und sein innerstes Wesen sehnt sich nach dem Vollkommenen, Ewigen und Unendlichen, als seinem Ursprung und Ziel. Er ist hier aber an das Unvollkommene gebunden, an Zeit und Ort; und wird dadurch gehindert und gehalten.*
- *Mir kann kein Mensch mit Grund der Wahrheit nachsagen, dass ich 'n Philosoph sei, aber ich gehe niemals durch'n Wald, dass mir nicht einfiele, wer doch die Bäume wohl wachsen mache.*
- *Ich hasse das Kopf[zer]brechen an Religionsgeheimnissen; denn ich denke, sie sind eben darum Geheimnisse, dass wir sie nicht wissen sollen, bis es Zeit ist.*
- *Der Mensch kann glauben; aber er kann nicht glauben, was er will. Sein Glauben hängt an Ursachen, die von seinem Wissen und Willen verschieden und nicht in seiner Gewalt sind.*
- *Wie ich ein Samenkorn in die Erde lege und begieße und es warte und pflege, so geht es auf, blüht und bringt Frucht – und das ist das Geschäft und die Art der wahren Philosophie. Zerteile ich aber das Samenkorn in seine Bestandteile, brenne und destilliere es, so kann ich zwar wohl von seinem Öl und Salz viel Theorie und Ge-*

rede zu Wege bringen, aber kein Wachsen, Blühen und Fruchtbringen, und das ist das Geschäft und die Art der falschen Philosophie, und alle darin scheinende Tiefe ist Leere.

- *In der physischen Natur spiegeln sich einzelne Kräfte, und im Menschen spiegelt sich die Gottheit selbst. Nur in uns, so wie wir hier sind, ist der Spiegel so verbogen und unrein, dass das Bild nur verstellt und wie in Nebel gehüllt ist. [...] Der Spiegel aber ist in Christus.*

Seine anthropologischen Einsichten fasste Claudius in einem schlanken Achtzehnzeiler zusammen. Als er sein Gedicht «Der Mensch» veröffentlichte, war er um die 43 Jahre alt und bereits durch viele Höhen und Tiefen gegangen. Sein Studium hatte er abbrechen müssen, als Autor hatte er Misserfolge und Bankrotte erlebt, als Beamter hatte er einige Jahre in öden Schreibstuben zugebracht, als Familienvater sechs Kinder in die Welt gesetzt. Entsprechend unsentimental war sein Blick auf die eigene Spezies.

Im Vergleich zu jenen kunstvollen Texten, die zur gleichen Zeit Goethe produzierte (z. B. den Menschen-Hymnus «Das Göttliche»), wirkte die Lyrik von Claudius schlicht und bieder. Mit dem Abstand von 240 Jahren beeindrucken die Verse aber gerade durch ihre erdige Schnörkellosigkeit und durch die erfahrungsgesättigte Empathie, die in ihnen zum Ausdruck kommt.

Empfangen und genähret
Vom Weibe wunderbar
Kömmt er und sieht und höret,
Und nimmt des Trugs nicht wahr;
Gelüstet und begehret,
Und bringt sein Tränlein dar;
Verachtet, und verehret;
Hat Freude, und Gefahr;

Glaubt, zweifelt, wähnt und lehret,
Hält nichts, und alles wahr;
Erbauet, und zerstöret;
Und quält sich immerdar;
Schläft, wachet, wächst, und zehret;
Trägt braun und graues Haar etc.
Und alles dieses währet,
Wenn's hoch kommt, achtzig Jahr.
Denn legt er sich zu seinen Vätern nieder,
Und er kömmt nimmer wieder.

So einfach und ehrlich, wie er als Autor aufgetreten war, trat Matthias Claudius als Mensch von der Lebensbühne ab. Über seinen Tod berichtete seine Enkelin:

«Es mochte 12 Uhr sein, da bat er Großmama, sie soll die Vorhänge seines Bettes zuziehen, er wolle mit seinem Gott allein sein. Es geschah. Er hatte gehofft, Gott solle ihm etwas mehr schenken als den Glauben. Er sagte, es sei ihm nicht geworden. Er hoffte aber bis zum letzten Augenblick darauf – der liebe Großpapa, er starb durch Gottes Gnade im Glauben, Lieben und Hoffen.»

Mehr Coach als Anführer, mehr Poet als Prophet, mehr Allrounder als Spezialist, war Matthias Claudius zeitlebens ein Mann der zweiten Reihe. Im Hintergrund fühlte er sich gut aufgehoben.

Einfluss wollte er insbesondere auf diejenigen Menschen nehmen, die ihm als Ehefrau, Kinder und Enkel am nächsten standen. Gerade deshalb rühren und führen seine Worte immer noch.

«So einer kommt nicht wieder», möchte man seufzen.

Aber weise Menschen, wenn auch von ganz anderer Art, gibt es immer wieder. Die vier folgenden Kapitel sollen bei ihrer Identifizierung helfen.

1.
Klug: Dümmer geht immer. Schlauer braucht Dauer.

A man can tell a thousand lies / I've learned my lesson well / Hope I live to tell / The secret I have learned, 'til then / It will burn inside of me.

Madonna

Ich kann mich noch genau an den Nachmittag erinnern, als ich den klügsten Mann in Hollywood traf.

Nicht, dass ich mich sonderlich für den IQ von James Woods (geboren 1947) interessiert hätte. Heute weiß ich, dass er bei 180 liegt und damit angeblich spitze im Filmbusiness ist, zumindest unter den Schauspielern. Damals war ich mehr beeindruckt von den Rollen, die der schlaksige Kerl mit der ausgeprägten Lippenpartie gespielt hatte: «Holocaust», «Es war einmal in Amerika», «Salvador» – beachtlich.

In einem Seminar an der kalifornischen Filmuniversität, die ich besuchte, stand er uns Studenten Rede und Antwort. Nachdem alle interessanten Fragen schon gestellt und von ihm mit gelangweilter Miene beantwortet worden waren, fiel mir selbst nichts Besseres ein als: «Gibt es eine Entscheidung, die Sie rückblickend bereuen?»

Jetzt bekamen seine Augen den flackernden Glanz des verkannten Genies. Es sprudelte förmlich aus ihm heraus: All die spannenden Angebote, die er aus Dummheit ausgeschlagen hatte, und die todsicheren Oscars, die er dadurch nicht bekommen hatte!

Mittlerweile weiß ich, dass in seinem Leben auch sonst einiges schiefging: zwei gescheiterte Ehen, dazu eine Anfälligkeit für Verschwörungstheorien und als Folge davon Quasi-Arbeitslosigkeit im Filmbusiness. Ganz schön dumm für den klügsten Mann in Hollywood.

IQ alleine macht also noch nicht lebensklug.

Geschweige denn weise.

Mir fällt bei aktuellen Debatten immer wieder auf, dass Volkes Stimme oft richtiger liegt als manches Expertengremium. Verbildung ist nicht viel besser als Unbildung.

Was also macht Klugheit aus, und warum ist sie für Weisheit eine notwendige Voraussetzung? Vom Zweiten, also der Voraussetzung, überzeugt war jedenfalls der christliche Philosoph Josef Pieper (1904–1997). In einem «Traktat über die Klugheit» schrieb er 1937:

> *So ist also die Klugheit Ursache, Wurzel, «Gebärerin», Maß, Richtschnur, Lenkerin und Formgrund aller sittlichen Tugenden; sie wirkt in allen, sie alle vollendend zu ihrem eigentlichen Wesen; an ihr haben alle teil, und kraft dieser Teilhabe sind sie Tugend.*

Die Klugheit, von der Pieper ganz in der Tradition Platons spricht, geht über bloße Denkfähigkeit hinaus. Sie zeigt sich in der Befähigung, Probleme zu lösen, aber auch darin, das Wichtige vom Nichtigen unterscheiden zu können, das Gute vom Bösen. Sie verbindet analytische und kreative Kompetenzen mit einem gesunden moralischen Instinkt. Insofern kommt die Klugheit der «Weisheit» sehr nah.

Aber nicht alle klugen Menschen sind tugendhaft. Wie die Schlange im Garten Eden können auch Menschen klug sein, ohne gut zu sein.

So oder so zeigt sich Klugheit darin, dass man in den folgenden vier Kategorien hohe Werte erzielt:

1. Intelligenz
2. Kompetenz
3. Offenheit
4. Erfahrung

Okay, jetzt noch einmal ausführlich der Reihe nach:

Erstens: Intelligenz.

Wie das Beispiel von James Woods zeigt, ist Intelligenz nicht alleine eine Frage des IQs bzw. kognitiver Fähigkeiten. Hinzukommen muss eine intuitive Komponente, die seit 1990 als «EQ» beschrieben wird, als Emotionaler Intelligenzquotient. Denn im Leben ist oft eher praktische als theoretische Intelligenz gefragt, Bauernschläue statt des mathematischen und sprachlichen Genius.

Akademische Titel sind ein Indiz für Gelehrsamkeit; wo aber am auffälligsten damit geprotzt wird, steckt erfahrungsgemäß am wenigsten dahinter.

Ein Anhaltspunkt für Intelligenz sind natürlich auch die Inhalte, mit denen sich ein Mensch beschäftigt. Nach dem Motto: An ihren Bücherregalen sollt ihr sie erkennen. Aber auch der Besitz der gesammelten Werkausgaben von Descartes, Kant, Hegel und Marx machen noch nicht automatisch einen schlauen Kopf.

Wer sich in allen Details der Philosophiegeschichte auskennt, hat lediglich totes Wissen angehäuft, wenn er nicht auch mit aktuellen Herausforderungen umzugehen versteht.

Der chinesische Philosoph und Militärstratege Sunzi (übersetzt: «Meister Sun», 544–496 v. Chr.), ein Zeitgenosse von Konfuzius («Meister Kong»), definierte in seiner «Kunst des Krieges» Intelligenz als die Fähigkeit, sich und seine Umwelt realistisch einzuschätzen:

> *Wenn du den Feind und dich selbst kennst, brauchst du den Ausgang von hundert Schlachten nicht zu fürchten.*

In seiner Studie über «Leadership» analysierte der amerikanische Politikexperte Henry Kissinger (geboren 1923) sechs kluge Regierungschefs des 20. Jahrhunderts. Als gemeinsame Kompetenz-Nenner filterte er sechs Fähigkeiten heraus:

1. einen ausgeprägten Realitätssinn
2. Direktheit bei der Identifizierung und Bewältigung von Problemen
3. die Bereitschaft, harte Wahrheiten auszusprechen
4. die Fähigkeit, einsam zu sein
5. Widerstandsfähigkeit – und 6. Mut

An der Liste fällt auf, dass Intelligenz allenfalls als Spurenelement beim «Realitätssinn» vorkommt. Kissinger setzt einen überdurchschnittlichen IQ und EQ bei Meistern der Staatskunst voraus. Aber es müssen eben noch weitere wichtige Eigenschaften hinzukommen.

Gerade Genies schneiden in der Schule des Lebens zuweilen bemerkenswert schlecht ab. Wer etwa den Film «Amadeus» gesehen oder ein paar private Briefe von Mozart gelesen hat, kommt nicht auf die Idee, ihn für sonderlich weise zu halten.

Der Psychiater Michael Fitzgerald führt in seinem Buch «Der Ursprung der künstlerischen Kreativität» die einseitige Produktivität mancher Menschen auf neurologische Ursachen zurück. Fitzgerald diagnostiziert bei Mozart und Beethoven, Vincent van Gogh und Andy Warhol, Herman Melville und Hans Christian Andersen, Platon und Kant das Asperger-Syndrom. So empfindsam diese Jahrhundert-Talente mit Tönen, Bildern, Wörtern und Ideen umgingen, so eingeschränkt sei ihre Wahrnehmungsfähigkeit im Bereich der ganz alltäglichen menschlichen Interaktionen.

Symptomatisch ist der Schriftverkehr einer 22-jährigen unglücklich Verliebten mit dem 67-jährigen Philosophen Immanuel Kant (1724–1804). Maria von Herbert (1769–1803) war nach langer Verlobungszeit verlassen worden und wandte sich verzweifelt an den vermeintlich klügsten Kopf der Welt:

Großer Kant, zu dir rufe ich wie ein Gläubiger seinen Gott um Hilfe, um Trost. [...] Setzen Sie sich in meine Lage und geben Sie mir Trost oder Verdammung. Ihre «Metaphysik der Sitten» habe ich gele-

sen samt dem «Kategorischen Imperativ». Hilft mir nichts. Meine Vernunft verlässt mich, wo ich sie am besten brauch. Ich beschwöre dich, oder du kannst nach deinem aufgesetzten Imperativ selbst nicht handeln.

Der Dauersingle Kant nahm die Herausforderung an und versuchte sich auf dem Terrain der Therapieberatung. Aber bereits die ersten verschwurbelten Allgemeinplätze lassen erkennen, dass er krachend scheitert:

Ihr affektvoller Brief – aus einem Herzen entsprungen, das für Tugend und Rechtschaffenheit gemacht sein muss, weil es für eine Lehre derselben so empfänglich ist, die nichts Einschmeichelndes bei sich führt – reißt mich dahin fort, wo Sie mich hin verlangen, nämlich mich in Ihre Lage zu versetzen und so über das Mittel einer reinen moralischen und dadurch allein gründlichen Beruhigung für Sie nachzudenken …

Mehrere Seiten später sind weder der Leser noch Fräulein von Herbert noch vermutlich Herr Kant selbst schlauer. Der Philosophenkollege Walter Benjamin (1892–1940) sprach später vom «erschütterndsten Philosophenbrief aller Zeiten» und wunderte sich über «die völlige Naivität in der Betrachtung der Geschlechterbeziehung». Er nahm den Text in seine Brief-Anthologie «Deutsche Menschen» auf: als Beispiel für die Kleingeistigkeit mancher Großdenker.

Maria von Herbert brachte sich einige Jahre nach dem Briefwechsel um. Der womöglich bedeutendste Philosoph der Neuzeit hatte ihr nicht helfen können.

Zweitens: Kompetenz

So weit, so erwartbar. Wir lassen uns nur Ratschläge von Menschen gefallen, die Grips haben und sich im Leben auskennen. Es kommt dabei nicht nur auf kognitive und technische Fähigkeiten an. Wichtig ist auch ein Gespür fürs Timing und dafür, was in der jeweiligen Situation gerade dran ist. Man muss wissen, welche Schlachten es wert sind, geschlagen zu werden, und welche nicht. Jesus zückte die «Gerade-nicht-mein-Thema»-Karte, als ihn ein Fan zum Schiedsrichter in einem Erbstreit machen wollte. Und der Philosoph Johann Georg Hamann (1730–1788) gab einem Freund den goldwerten Tipp:

Man muss nicht jedem Narren zu Gebot stehen, der sich um eine halbe oder viertel Wahrheit mit uns balgen will.

Machmal ist «kein Kommentar» der beste Kommentar.

Und wenn man sich in eine Diskussion einmischt, dann sollte man den Teilnehmern rhetorisch gewachsen sein. Auch Sprechen will gelernt sein. Kommunikationsfähigkeit gehört deshalb auch zur Kompetenzausstattung des Weisen.

Hat jemand Einsicht, kann sie aber nicht erklären, so ist es ebenso viel wert, als hätte er gar nicht nachgedacht.

Perikles

Anders als die Aufmerksamkeits-Piraten des Influencertums punkten Weise nicht mit nackter Haut oder wilder Akrobatik, sondern mit dem überzeugenden Vortrag von Argumenten.

Aber wie erwirbt man sich solche Kompetenz?

Nicht automatisch. Wer mit Scheuklappen unterwegs ist, behält ein eingeschränktes Blickfeld, und wer nicht fragt, bleibt dumm.

Der an seinem Drogenkonsum schon mit 27 Jahren zugrunde gegangene Musiker Jimi Hendrix (1942–1970) war in vielen Belangen ein ziemlicher Knallkopf. Aber mit einem Spruch lag er goldrichtig:

Wissen spricht, Weisheit hört zu.

Ganz ähnlich hat es der Sozialforscher Max Weber (1864–1920) ausgedrückt:

Intellektuelle Redlichkeit beginnt damit, erst mal zuzuhören.

Bevor sie zu Meinungsmachern werden, qualifizieren sich weise Menschen als Fragesteller.

Sehr genau und präzis sehen es diejenigen, die im staatlichen Auftrag für Informationsbeschaffung zuständig sind. Bei ihnen gehört Intelligenz schon zur Jobbeschreibung. Im anglo-amerikanischen Raum heißen die Geheimdienste deshalb «Intelligence Services». Ein britischer Geheimdienstexperte, David Omand, hat ein Buch darüber verfasst, «Wie Spione denken». Er gibt allen Möchtegern-James-Bonds als wichtigsten Tipp mit auf den Weg:

Stellen Sie sich vor, Sie steckten in den Schuhen der Person auf der anderen Seite.

Auf den Unterschied zwischen IQ und EQ habe ich schon hingewiesen. Es gibt allerdings noch eine weitere Differenzierung zwischen zwei Sorten von Intelligenz.

In der Psychologie spricht man einerseits von «fluider Intelligenz», die genetisch bedingt ist und schon im jungen Erwachsenenalter ausgereift sein kann. Sie zeigt sich etwa beim Lösen von Rechenaufgaben. Über der «fluiden Intelligenz» steht die «kristallisierende Intelligenz», bei der neben dem IQ auch Erfahrung und Kreativität eine große Rolle spielen. Hier geht es nicht nur um Erkenntnisgewinn, sondern darum, die Erkenntnisse zur Bewältigung von Problemen zusammenzuführen.

Klugheit ist nicht nur nachvollziehend, sondern auch schöpferisch. Kluge Menschen sind auf die eine oder andere Art kreativ.

Kreativität wiederum zeigt sich in der Fähigkeit, Kombinationen herzustellen. Apple-Gründer Steve Jobs (1955–2011) war überzeugt:

Creativity is just connecting things.
(dt.: Kreativität zeigt sich allein darin, Dinge miteinander zu verknüpfen.)

In der Kulturgeschichte liegen die Beweise für diese These auf der Hand.

Die Erfinder der legendären «Film Noir»-Thrillerserie in Hollywood waren überwiegend europäische Emigranten. Sie verbanden die sonnige Gemütslage in Los Angeles mit ihren eigenen düsteren Erfahrungen; heraus kamen Meisterwerke wie «Frau ohne Gewissen» (1944, Regie: Billy Wilder), «Laura» (1944, Otto Preminger), «Gefährliche Begegnung» (1944, Fritz Lang), «Umleitung» (1945, Edgar Ulmer), «Rächer der Unterwelt» (1946, Robert Siodmak), «Goldenes Gift» (1947, Jacques Tourneur).

Die Quantensprünge in der Popmusik ereigneten sich, als völlig überraschend die Beatles ihren Gitarrensound mit Violinen unterstrichen, Bob Dylan die akustische Klampfe für eine E-Gitarre eintauschte, Marvin Gaye schmalzigem Soul einen gesellschaftskritischen Anstrich gab, Max Martin bei Britney Spears' «Baby, one more time» Teenie-Pop mit einem Heavy-Metal-Beat aufpumpte.

Kreativität ist aber auch vonnöten, wenn es um abstraktere Konstellationen geht. Der amerikanische Philosoph John Dewey (1859–1952) hielt die Philosophie für eine Verknüpfungsdisziplin. In seinem Buch «Die Suche nach Sicherheit» beschrieb Dewey die Aufgabe der Philosophie als den Versuch, eine Brücke zwischen den Anliegen der Wissenschaft und den Interessen des Einzelnen bzw. der Gesellschaft zu schlagen:

> *Sie ist ein Verbindungsglied zwischen den Schlussfolgerungen der Wissenschaft und den Formen des sozialen und persönlichen Handelns. [Ihr] kritischer Geist richtet sich gegen die Vorherrschaft, die von Vorurteilen, engstirnigen Interessen, routinemäßigen Gewohnheiten und der Autorität ausgeübt wird, die von Institutionen ausgeht, die nicht den menschlichen Zielen dienen.*

Hier schließt sich der Kreis zur klugen Fähigkeit, zuerst mal zuzuhören. Nur, wer für neue Informationen offen ist, kann diese mit seinem bisherigen Wissen zu frischen Erkenntnissen kombinieren. Dazu gehört auch die Bereitschaft, sich mit Andersdenkenden so vorurteilsfrei wie möglich auseinanderzusetzen.

So konnte Michel de Montaigne von sich behaupten:

> *Andere Meinungen beleidigen mich nicht und ärgern mich auch nicht: Sie wecken mich lediglich auf und trainieren mich. Wir mögen es nicht, wenn wir korrigiert werden. Dagegen sollten wir uns aktiv danach ausstrecken, vor allem, wenn die Herausforderung aus einem Gespräch und nicht aus einer Vorlesung kommt. […] Wenn mir widersprochen wird, erregt das meine Aufmerksamkeit und nicht meinen Zorn.*

Als der französische Privatgelehrte sein Lob auf die intellektuelle Offenheit formulierte, war eine solche Haltung weder selbstverständlich noch ungefährlich. Wer in den Verdacht geriet, ein Aufrührer oder Gotteslästerer zu sein, konnte auf dem Scheiterhaufen landen.

Heute ist Toleranz gegenüber Meinungsabweichlern angeblich eine Selbstverständlichkeit. Doch tatsächlich ist Konformismus weit verbreitet.

Umso wichtiger ist es dazu, sich die *nächste* Klugheits-Qualifikation zu vergegenwärtigen.

Drittens: Offenheit.

Am 13. April 1336 machte der 33-jährige italienische Dichter Petrarca (1304–1374) Geschichte: dadurch, dass er in der französischen Provence einen Berg bestieg, den 1900 Meter hohen Mont Ventoux. Das war nicht deshalb bemerkenswert, weil die Route etwa als besonders riskant galt.

Petrarca war einfach der erste gutsituierte Bürger, der überhaupt auf die Idee kam, dort hinaufzukraxeln.

Dabei trieb mich einzig die Begierde, die ungewöhnlichen Höhen dieses Flecks Erde durch Augenschein kennenzulernen. […] Es ist ein großer Unterschied, ob ich etwas weiß, oder ob ich es liebe; ob ich es verstehe, oder ob ich nach ihm strebe.

Petrarcas Klettertour gilt als ein Wendepunkt im Übergang vom Mittelalter zur Neuzeit, vom Abarbeiten überlieferter Traditionen zum Neuentdecken unerforschter Potenziale.

Vier Jahrhunderte später verließ der 25-jährige Schriftsteller und spätere Pfarrer Johann Gottfried Herder (1744–1803) seinen Wohnort Riga und brach zu einer Reise auf, die ihn bis an die französische Westküste brachte. In seinem Reisejournal beschrieb er seine Motivation:

Man verliert seine Jugend, wenn man die Sinne nicht gebraucht. Eine von Sensationen verlassene Seele ist in der wüstesten Einöde.

Herders Appetit auf intellektuelle Stimulation entsprach dem Geist der Aufklärung.

Dabei war der Erkenntnishunger im 18. Jahrhundert natürlich nichts völlig Neues. Aristoteles beschreibt in seiner «Metaphysik» den Willen zum Wissen als anthropologische Konstante:

Allgemein in der menschlichen Natur liegt der Trieb nach Erkenntnis.

Nur ist der Erkenntnisdrang bei Menschen eben ganz unterschiedlich ausgeprägt. Es gibt Kulturen und Milieus, in denen der Forschergeist begünstigt wird, während er in anderen durch Verbote und Tabus eingeschränkt wird.

Eine intelligente Person beantwortet eine Frage; eine kreative Person kommt überhaupt erst auf die Frage und beantwortet sie dann.

Das schreibt der Journalist Matt Richtel in seiner Studie «Kreativität verstehen». Als wichtigste Voraussetzung für eine schöpferische Tätigkeit sieht er die «Offenheit».

Auch der Psychologe William Todd Schultz kommt in seiner Abhandlung über den «Verstand des Künstlers» zu dem Schluss:

> *Kein Charakterzug weist so eindeutig auf eine künstlerische Begabung hin wie Offenheit.*

Nun sind weise Menschen nicht zwingend bedeutende Maler, Musiker oder Filmemacher. Aber es gibt wichtige Gemeinsamkeiten.

Anders als Gott kann der Mensch nichts völlig neu erschaffen, sondern nur an Vorhandenes anknüpfen. Die Weisheit ist insofern schöpferisch, als sie vorhandene Informationen zu neuen Erkenntnissen innovativ verbindet. Vor dem Verknüpfen kommt aber das Entdecken, und vor dem Sehen das Sehen-Wollen.

Weise Menschen sind deshalb immer auch offene Menschen. Sie hören zu, sie nehmen wahr, und sie setzen sich auch Meinungen aus, die ihren Überzeugungen entgegenstehen.

Den Gegensatz dazu bilden Persönlichkeiten, die sich nicht von der Realität korrigeren lassen wollen und die ihre Eindrücke durch starre Interpretationsraster hindurchfiltern. Sie können durchaus begabt sein. Aber über solchen Menschen schwebt, wie Friedrich Hebbel über Bürokraten seiner Zeit geschrieben hat, «das Genius des Lineals».

Das stellt gerade besonders gläubige Menschen vor ein Dilemma.

Wie ich später noch ausführlicher erklären werde, sucht tiefe Religiosität ihrem Wesen nach Sicherheit und Nähe zu Gott, während die wissenschaftliche Vernunft auf Distanz geht und der schöpferische Verstand in die Weite strebt.

Überzeugte Christen glauben, dass die wichtigsten Weisheiten durch Offenbarung und nicht durch Nachdenken gefunden werden. Sie haben ein ambivalentes Verhältnis zur Neugier. Schließlich hat der

Wissensdrang bekanntlich schon Adam und Eva in die Bredouille gebracht.

Vor allem in traditionell ausgerichteten Kirchengemeinden wird die Maxime defensiv ausgerichteter Fußballvereine befolgt: «Hinten dicht, und vorne hilft der liebe Gott.» Man ist auf Fehlerabwehr ausgerichtet, sieht neue Entwicklungen eher skeptisch, bleibt gerne unter sich.

Ich selbst habe als junger Christ oft die bräsige Parole zu hören bekommen: «Wer nach allen Seiten offen ist, kann nicht ganz dicht sein.»

Wer mit unbequemen Fragen nervt, gerät in konservativen Kreisen schnell in Verdacht, ein Zweifler oder Kleingläubiger zu sein. Als weise gilt, wer möglichst auf alle Fragen eine schlüssige Antwort griffbereit hat und sie mit Bibelversen untermauern kann.

Der Preis einer solchen Einstellung ist allerdings hoch.

Er ist intellektuelles Mittelmaß.

Darin lag einer der Gründe, die dem jungen Friedrich Nietzsche den christlichen Glauben verleideten. In einem Brief an seinen Freund Carl von Gersdorff beklagte sich der 21-jährige Pastorensohn darüber, «wie trübe oftmals der Intellekt bei den Menschen ist». In einer Mischung aus Bestürzung und Belustigung berichtete Nietzsche von der Begegnung mit einem frommen Christen:

> *Neulich sprach ich einen, der als Missionar in Kürze ausgehen wollte – nach Indien. Ich fragte ihn etwas aus; er hatte kein indisches Buch gelesen [...] und hatte sich vorgenommen, mit den Brahmanen sich nicht einzulassen – weil sie philosophisch durchgebildet wären. Heiliger Ganges!*

Die US-amerikanische Religionssoziologin Ilana Horwitz hat den «Einfluss von Religion auf akademischen Erfolg» erforscht. Nach Gesprächen mit Hunderten von Studenten und der Auswertung ihrer Abschlüsse zieht sie ein ernüchterndes Fazit: Sehr gläubige Studenten sind zwar emsiger als der Durchschnitt, dafür aber weniger exzellent.

Sie schneiden gut ab, wo es um Fleiß und Disziplin geht, erzielen dadurch die besseren Schulabschlüsse. Anschließend tendieren sie aber dazu, primär Kontakte untereinander zu pflegen, karrierefördernde Netzwerke zu vernachlässigen und 08/15-Universitäten zu besuchen, um möglichst unangefochten durchs Studium zu kommen.

Im Vergleich dazu haben gemäß Horwitz Atheisten zwar eine höhere Schulabbruchsquote, allerdings auch eine höhere Erfolgsquote, wenn es später um Top-Noten auf Elite-Colleges geht. Deshalb sind sie später in den Führungsetagen von Wissenschaft, Wirtschaft, Kultur und Politik überrepräsentiert, während Christen dazu neigen, im Provinziellen zu verharren.

Das heißt nicht, dass die Selbstabschottung eine Spezialität tiefreligiöser Menschen ist. Auch Atheisten und Agnostiker haben blinde Flecken, große sogar.

Jüngst fanden Forscher der Universität Dresden heraus, dass die Intoleranz gegenüber anderen Ansichten bei politisch links Eingestellten sogar höher ist als bei Konservativen. Unter der Parole «Keine Toleranz gegen die Intoleranten» wird der Austausch mit Vertretern des entgegengesetzten politischen Spektrums von vornherein blockiert. Gerade unter dogmatischen Linken ist die gängigste Haltung nicht die der ausgestreckten Hand, sondern die der hohen Nase. Auf Gelächter und Anfeindungen statt auf Gehör treffen etwa sexualethische Ansichten, die in weiten Teilen der Welt Standard sind und es bis vor wenigen Jahren auch bei uns noch waren.

Mangelnde Offenheit ist ein überparteiliches und überkonfessionelles Phänomen. Viel hängt dabei von der eigenen Selbstwahrnehmung ab. Sieht man sich eher als Beobachter oder als Beeinflusser, als Moderator oder als Aktivist?

Hilfreich ist die Denkweisen-Gegenüberstellung der amerikanischen Philosophin Julia Galef (geboren 1983). Sie unterscheidet zwischen zwei «Mindsets»: dem des Soldaten und dem des Spähers. Der Kämpfer sieht sich im Angriffsmodus und hat als Ziel, der eigenen Sache um jeden Preis zur Geltung zu verhelfen. Der Späher kundschaftet die Umgebung aus, sondiert das Terrain, sucht nach den Schwächen des Kontrahenten, aber auch den eigenen Unzulänglichkeiten, ist prinzipiell bereit zur Selbstkritik, zum Kompromiss, zur Neuausrichtung.

Beide Denkweisen trifft man auch im Berufsleben an. Unter Angestellten mit Routineaufgaben ist der Soldaten-Typus weiter verbreitet, unter erfolgreichen Firmengründern der Späher-Typus.

Offenheit zahlt sich also aus. Späher sind erfolgreicher, kreativer, klüger als Soldaten.

Julia Galef hat auch einen Ratschlag dafür parat, wie man Soldaten und Späher auf die Schnelle unterscheiden kann – nämlich an ihren unterschiedlichen Antworten auf eine Frage:

Wann und worüber hast du zuletzt deine Meinung geändert?

Vielleicht sollte man bei Vorstellungsrunden eher *diese* Frage stellen, als die Teilnehmer über ihre jüngsten Errungenschaften referieren zu lassen.

Starrsinn und Dickköpfigkeit sind also intellektuelle No-Go's, genauso wie eine geringe Ambiguitätstoleranz, also die Präferenz von Schwarzweiß- gegenüber Grautönen.

Kluge Menschen halten es hingegen aus, wenn es auf Fragen keine eindeutigen Antworten gibt und manchmal sogar ganz gegensätzliche Phänomene gleichzeitig zutreffen können.

Einen besonders krassen Zwiespalt habe ich bereits angedeutet. Er besteht zwischen dem Glauben und dem Denken. Der christliche Philosoph Blaise Pascal (1623–1662) erkannte:

Das Herz hat seine Gründe, von denen der Verstand nichts weiß.

Der Glaube und das Denken lassen sich nicht ohne Weiteres synchronisieren.

Der fromme Mensch will innere Gewissheit, der konsequente Denker pocht auf methodische Gewissenhaftigkeit.

Der Glaube sucht solide Gründe, das Denken seziert herausfordernde Abgründe.

Der eine Wunsch kann zu Lasten des anderen gehen. Weise ist, wer zu einem gelassenen Ausgleich findet. Wer tief glaubt, sollte gerade deshalb dazu fähig sein, logische Paradoxien zu akzeptieren. Christen können ihr Gedankensystem eigentlich beruhigt offenlassen, weil sie wissen, dass das Ganze eh nur Gott überblicken kann.

In einer solchen Einstellung zeigt sich auch ein anderer Ausdruck von Klugheit: intellektuelle Demut. So wie Sokrates im Tiefsten wusste, dass er nichts weiß, und wie der biblische «Prediger» alles menschliche Streben zu einem «Haschen nach dem Wind» relativierte, so sind kluge Menschen sich ihrer Begrenzungen bewusst.

Ein großes Vorbild ist für mich der Literaturforscher, Romanautor und Apologet C. S. Lewis (1898–1963). Überzeugend an ihm finde ich – genauso wie die Antworten, die er auf Glaubensfragen gab – die Antworten, die er *nicht* gab. Fans bombardierten ihn mit Briefen, in denen sie um seine Meinung zu philosophischen und theologischen Debatten baten. «Da kenne ich mich leider nicht aus», bekamen sie dann oft zu lesen, oder: «Ich bin nicht auf der Höhe der Zeit», «Ich bin dafür kein Experte».

Wirklich kluge Menschen erwecken zwangsläufig den Eindruck, als würden sie unter dem Hochstaplersyndrom leiden. Das heißt: Sie fühlen sich angesichts von Lobhudeleien wie Hochstapler, denen nur noch keiner auf die Schliche gekommen ist. Sie zweifeln eher an ihren Leistungen, als dass sie sich dafür feiern. Sie reagieren allergisch auf Schmeicheleien und Bewunderung, weil sie wissen, dass die weiser wirken, als sie sind. Je älter sie werden, desto stärker werden ihnen ihre Wissenslücken bewusst und desto geringer erscheinen ihnen in der Folge ihre Vernunftkompetenzen.

Viertens: Erfahrung

Das Gute am Älterwerden ist der zwangsläufige Wissenszuwachs.

Menschen lernen aus Erfahrung, werden durch Schaden klug und in der Not erfinderisch. Beides nimmt mit den Jahren fast automatisch zu. Die fehlende geistige Spritzigkeit wird dann durch die bessere Übersicht kompensiert. Wie der in die Jahre gekommene Fußballspieler ahnt, wohin der Ball fliegt, und deshalb keine überflüssigen Sprints einlegt, kann der kluge Mensch im Vorhinein abschätzen, wo sich persönlicher Einsatz lohnt und wo nicht.

Sogar Jesus wird attestiert, dass er nicht als vollendetes Genie auf die Welt kam, sondern an «Weisheit und Alter» zunahm (Lukas-Evangelium 2,52). Wenn man die ungefähr 30 Jahre seines Weise-Werdens ins Verhältnis zu den drei Jahren seines öffentlichen Wirkens setzt, liegt das Verhältnis von Lernen und Lehren bei zehn zu eins.

Nicht nur das Beispiel Jesus legt nahe, dass es für Weisheit eine Altersbeschränkung gibt, quasi eine Umkehrung der Hippie-Formel «Trau keinem über Dreißig». In puncto erfahrungsbasierter Klugheit gilt eher:

Trau keinem unter Dreißig.

Damit bewege ich mich auf einer Linie mit den Einschätzungen bedeutender Philosophen und Poeten. Sie waren sich einig: Alter schützt zwar vor Torheit nicht, bringt aber natürliche Kompetenzgewinne.

- *Der Körper steht in seiner Blüte zwischen dem 30. und 35. Lebensjahr, der Geist um das 49. Lebensjahr.*

Aristoteles

- *Die Bauern sehen jene Ähren lieber, die sich niedergebeugt zur Erde neigen. Die Ähren, die sich aufgrund ihrer Leichtigkeit in die Höhe recken, halten sie für leer und trügerisch. So geht es auch bei den jungen Leuten zu, die sich der Philosophie zuwenden. Sie sind gänzlich leer und haben noch kein Gewicht. Sie verfügen stattdessen über Dreistigkeit und eine beeindruckende äußere Pose.*

Plutarch

- *[Der weise Mensch] ist der, der um das Ende weiß und es annimmt; die Überwindung der Angst, des Auskosten-Wollens, des Sich-Eilens, des Vollstopfens; das Endliche wird transparent für das Absolute.*

  Romano Guardini

- *Das Alter ist jene Zeit, da wir hinreichend alt geworden sind, um das menschliche Dasein zu erkennen, wie es ist, um alle Dinge einzuschätzen, wie sie sind.*

  Martin Heidegger

- *Im Alter schrumpft die eigene Zukunft gegen Null. Dadurch können die Zukunftskonformismen ebenfalls gegen Null schrumpfen: So können die Rücksichten nicht allein beim Hinsehen, sondern auch beim Sagen peu à peu entfallen. Alte Menschen können unbekümmerter nicht nur merken, sondern auch reden. Zuweilen verfügen sie über eine solide Schandmaulkompetenz. Man braucht im Alter keinen Mut mehr, um in Fettnäpfchen zu treten, weil man nicht mehr genug Zukunft hat, um wiedergetreten werden zu können.*

  Odo Marquard

Vielleicht liegt es an der auf Rekordhöhen gestiegenen Lebenserwartung (in Deutschland fast 80 Jahre bei Männern, fast 85 Jahre bei den Frauen): Die zweite Lebenshälfte erfährt derzeit einen regelrechten «Hype». Populäre US-Autoren wie David Brooks und Arthur Brooks sprechen vom «zweiten Berg», den man ungefähr nach dem 50. Geburtstag erklimmt, oder von der «zweiten Stärke», die man in dieser Lebensphase erringt.

Gemeint sind damit der «Berg» des weisen Weitergebens dessen, was man in der ersten Lebenshälfte erlernt hat, und die «Stärke» der zunehmenden kristallisierenden Intelligenz, die das bereits Erlebte zusammenführt und an die nächste Generation weiterreicht.

Dieser positive Fokus auf das Altern, trotz der zunehmenden körperlichen Gebrechen, ist natürlich nicht neu. In früheren Zeiten waren es die «Ältesten», auf deren Rat es ankam. Der Jugendkult der Nach-68er-Zeit hat vorübergehend für einen Wertverlust des altersbedingten Wissensvorsprungs geführt. Das scheint sich aktuell wieder zu ändern. Altersweise Menschen sind wieder «in».

Allerdings ist die Wachstumszeit nicht unbegrenzt. Im Alter nimmt die Offenheit und Lernfähigkeit ab, schwinden Gedächtniskapazität und Spontaneität. Dann senkt sich auch die Weisheitskurve ab. Seniorität schlägt um in Senilität.

- *Alte Menschen leben so, dass sie bei den Erfahrungen und Erfolgen einer vergangenen Zeit verharren und vom Gegenwärtigen nicht mehr berührt werden.*

  Robert Musil

- *Vor allem die Greise sind gefährlich, denn die Erinnerung an die verflossenen Dinge ist ihnen geblieben, verloren aber ging ihnen die Erinnerung, wie oft sie diese schon erzählten.*

  Michel de Montaigne

Auf der anderen Seite des Altersspektrums gibt es auch bemerkenswerte Frühbegabungen. In der Literaturgeschichte wimmelt es von jungen Genies, die bereits mit Mitte Zwanzig schrieben, als hätten sie alles schon hinter sich: der 26-jährige Thomas Mann in den «Buddenbrooks», die 23-jährige Carson McCullers in «Das Herz ist ein einsamer Jäger», die 19-jährige Mary Shelley in «Frankenstein». Ungeachtet solcher Ausnahmetalente ist die Jugend aber eher dafür da, praktische Erfahrungen zu machen, von denen man im Rest seines Lebens theoretisch zehrt.

Der Schriftsteller Friedrich Hebbel (1813–1863), der von seiner eigenen Jugend außer viel Arbeit und Armut wenig gehabt hatte, notierte mit einem Anflug von Melancholie:

- *Der Jugend vergebe ich lieber tausend Sünden als gar keine.*
- *Mit wem das Pferd nie durchgeht, der reitet einen hölzernen Gaul.*

Eine gesunde Portion Scheitern ist geradezu notwendig zur Horizonterweiterung. Die Leidenserfahrung gehört zur Lebenserfahrung unbedingt dazu.

Was die Werke vieler begnadeter Denker aus dem 20. Jahrhundert nach wie vor so fesselnd macht, sind die Grenzerfahrungen, die darin zum Ausdruck kommen. Arendt, Adorno, Barth, Bloch, Bonhoeffer, Buber, Döblin, Dürrenmatt, Frankl, Frisch und Fromm hatten Weltkrieg und Schlimmeres mitgemacht.

Ich werde an späterer Stelle noch auf die Thronwirren und Religionskonflikte des 16. Jahrhunderts zu sprechen kommen. Aber ohne sie hätten Montaigne, Cervantes und Shakespeare wenig Stoff zum Schreiben gehabt.

Dem politischen Chaos des Jahres 1605, das in einem mit knapper Not vereiteltem Terroranschlag auf den englischen König kulminierte, verdanken wir einige der größten Dramen aller Zeiten. Der ebenso sprachbegabte wie trendsensible Shakespeare (1564–1616) verknüpfte die aktuellen Gesprächsthemen mit altbekannten Geschichten – und heraus kamen im Folgejahr «Macbeth», «König Lear», «Antonius und Cleopatra».

Für einige bedeutende Philosophen wie Blaise Pascal gilt: Das Kranksein bestimmt das Bewusstsein. Seine immer noch vielgelesenen «Gedanken» sind geprägt von den chronischen Schmerzen, unter denen er litt.

Ähnliches trifft zu für Friedrich Nietzsche (1844–1900). Man kann seine «Übermensch»-Verstiegenheiten nur verstehen, wenn man sich die Abgründe seiner körperlichen Existenz vor Augen führt. Von den vielen Briefen, die er hinterließ, gibt es kaum einen, in dem er nicht über seine Anfälle, Krämpfe, Kopfschmerzen klagt. So schrieb der 35-Jährige Anfang 1880 an einen Freund:

Meine Existenz ist eine fürchterliche Last. Ich hätte sie längst von mir geworfen, wenn ich nicht die lehrreichsten Proben und Experimente auf geistig-sittlichem Gebiet gerade in diesem Zustande des Leidens und der fast absoluten Entsagung machte. Diese erkenntnisdurstige Freudigkeit bringt mich auf Höhen, wo ich über alle Marter und alle Hoffnungslosigkeit siege.

Die Fans von «Also sprach Zarathustra» (erschienen 1885) wissen in der Regel nicht, dass sein bekanntestes Werk eine Retourkutsche für Misserfolg und Liebeskummer war. Kurz vorher, im Sommer 1882, hatte der freiberufliche 37-Jährige seine letzten unbeschwerten Wochen erlebt. Im thüringischen Tautenburg fieberte er dem Erscheinen seiner «Fröhlichen Wissenschaft» entgegen. In der Aphorismen-Sammlung verkündete er den Tod Gottes. An seiner Seite befand sich eine russisch-deutsche Schönheit, Lou von Salomé (1861–1937). Nietzsches Versuche, bei der 21-Jährigen romantisch zu landen, schlugen fehl. Stattdessen degradierte die ehrgeizige Frau ihn zu ihrem psychologischen Studienobjekt und zum Protagonisten ihres Romandebüts «Im Kampf um Gott».

Nietzsche machte aus der Wut darüber eine Tugend, erklärte dem Mitgefühl den Krieg und den «Willen zur Macht» zum wichtigsten Antrieb. Sein «Übermensch»-Gedöns – ein Ausdruck unbewältigter Unterlegenheitsgefühle. In seinem pseudo-prophetischen Werk kleidete Nietzsche seine inneren Zerrissenheitsgefühle in den Mantel der Unverwundbarkeit.

Man muss noch Chaos in sich haben, um einen tanzenden Stern in sich gebären zu können.

Was stimmt, ist, dass Chaos kreativitätsfördernd sein kann. Von allen Verstandes-Boostern gehören Krisen zu den unverzichtbarsten.

Was nicht bedeutet, dass man sich ohne Not in Gefahren stürzen soll. Selbstverständlich ist eine Gesellschaft gut beraten, die ihre Mitglieder vor Krankheiten, Übergriffen und Traumata schützt. Allerdings: Wer sich aus Angst vor Mikroaggressionen in einen Kokon der Unverletzlichkeit zurückziehen möchte, schottet sich damit auch gegen wichtige Wachstumsimpulse ab.

«Denken macht traurig.» Diese These untermauert der Philosoph George Steiner (1929–2020) mit zehn Gründen, allen voran die letztendliche Vergeblichkeit aller denkerischen Anstrengungen. Am Ende sind wir schließlich alle tot.

Nicht nur, weil ich als Christ an die Auferstehung glaube, halte ich die These andersherum für plausibler:

Traurig macht Denken.

Schon Aristoteles (384–322 v. Chr.) fiel auf, dass unter den kreativsten Köpfen auffällig viele mit einer melancholischen Gemütsverfassung waren. Heute würde man sogar von depressiven Veranlagungen reden. Der griechische Philosoph fragte sich:

> *Wie kommt es, dass alle, die sich in der Philosophie, der Politik, der Poesie oder der Kunst hervorgetan haben, offensichtlich ein widerspenstiges Temperament haben, und einige von ihnen so sehr, dass sie von Krankheiten befallen werden, die durch schwarze Galle verursacht werden?*

Wer glücklich ist, zerbricht sich darüber in der Regel nicht den Kopf. Erst das Problembewusstsein führt dazu, dass man die grauen Zellen anstrengt. Das ist kein Nachteil, sondern in gewisser Hinsicht ein Privileg. Wer die Last des Lebens spürt, leidet an keinem Phantomschmerz, sondern ist sich über das bewusst, was andere verdrängen.

In diesem Sinne empfiehlt der biblische «Prediger»:

> *Geh lieber in ein Haus, wo man trauert, als dorthin, wo gefeiert wird. Denn im Trauerhaus wird man daran erinnert, dass der Tod auf jeden Menschen wartet. Wer noch lebt, sollte sich dies zu Herzen*

nehmen! Kummer ist besser als Lachen, Trauer verändert den Menschen zum Guten. Der Weise geht dorthin, wo man trauert, aber der Unverständige hat nichts anderes im Sinn, als sich zu vergnügen.

Prediger 7,2–4

Dem traurigen Lebensgefühl eines Filmemachers verdanke ich das erschütternde Ende meines Lieblingsfilms, «Chinatown» (1974). In dem Thriller geht es um einen Privatdetektiv, der auf die grausame Tour lernt, dass er dem absolut Bösen nicht gewachsen ist. Das Drehbuch sah eigentlich ein Happy End vor. Aber der Regisseur Roman Polanski (geboren 1933) wollte davon nichts wissen. Seine Mutter war von den Nazis ermordet, seine Ehefrau von der Manson-Mörderbande abgeschlachtet worden. Seine eigene Erfahrung, in der die Guten auf der Strecke blieben, wollte Polanski auch auf der Leinwand abgebildet sehen.

In der letzten Szene des Films fährt der Held nicht, wie geplant, in den Sonnenuntergang davon, sondern schaut betreten dem Wagen mit der Leiche seiner Geliebten darin hinterher. Ein Polizist tröstet ihn mit den legendären Schlussworten: «Vergiss es, Jake, das ist Chinatown.» Für das abgeänderte Drehbuch gab es einen Oscar.

Die Schmerzerfahrung ist jedoch nicht immer weisheitsfördernd. So wie eine rosarote Brille den Blick einseitig färbt, so entstellt eine allzu düstere Perspektive die Wirklichkeit.

Deshalb ist auch das Spätwerk einiger bedeutender Kirchenmänner mit Vorsicht zu genießen. Bei Augustinus, Luther und Calvin verdunkelt sich das Welt- und Menschenbild mit den Jahren immer mehr. «Je oller, je moller» denke ich kopfschüttelnd, wenn ich einige ihrer Bücher und Briefe aus den letzten Lebensjahren lese.

Der Sound dieser Schriften ist nämlich überwiegend Moll, kaum Dur. Den gesellschaftlichen und gesundheitlichen Verfall, den sie erlebten, übertrugen sie auf ihre Theologie und Anthropologie. Sie hätten vielleicht anders geschrieben, wenn es damals Ibuprofen und UN-Friedenstruppen gegeben hätte.

Dagegen sollte Weisheit dazu führen, dass das Herz weiter und der Geist milder wird. «Nutzlos sind alle Geheimnisse und Erkenntnisse», schreibt der Apostel Paulus, «wenn ich die Liebe nicht habe» (1. Korinther 13,2).

Weise Klugheit gibt es, je nach Persönlichkeit, in ganz unterschiedlichen Varianten. Idealerweise ergänzen sie sich.

Wie bei Johann Wolfgang von Goethe (1749–1832) und Susanne von Klettenberg (1723–1774).

Den Über-Dichter, der in einer Umfrage vor ein paar Jahren zum «größten Deutschen» gewählt wurde, muss man nicht näher vorstellen. Ob er auch ohne Weiteres als «weise» einzustufen ist, darüber gehen die Meinungen auseinander.

«Goethe behagt die Hofluft mehr, als es einem Dichter ziemt», ätzte Beethoven über den 21 Jahre älteren «Faust»-Autor nach dem einzigen Treffen der beiden im tschechischen Teplice. Der Komponist empfand Goethe als obrigkeitshörig und selbstverliebt.

Unstrittig ist, dass der Weimarer Geheimrat zahlreiche blitzgescheite Gedanken hinterlassen hat. In dem Buch «Maximen und Reflexionen» wurden einige davon nach seinem Tod zusammengestellt.

Meine persönlichen Favoriten sind:

- *Sage mir, mit wem du umgehst, so sage ich dir, wer du bist.*
- *Ein großer Fehler ist, dass man sich mehr dünkt, als man ist, und sich weniger schätzt, als man wert ist.*
- *Wahrheitsliebe zeigt sich darin, dass man überall das Gute zu finden und zu schätzen weiß.*
- *Alles, was unseren Geist befreit, ohne uns die Herrschaft über uns selbst zu geben, ist verderblich.*
- *Da nun den Menschen eigentlich nichts interessiert als seine Meinung, so sieht jedermann, der eine Meinung vorträgt, sich rechts und links nach Hilfsmitteln um, damit er sich und andere bestärken möge.*

- *Der Mensch muss bei dem Glauben verharren, dass das Unbegreifliche begreiflich sei; er würde sonst nicht forschen.*
- *Hypothesen sind Wiegenlieder, womit der Lehrer seine Schüler einlullt; der denkende treue Beobachter lernt immer mehr seine Beschränkung kennen, er sieht, je weiter sich das Wissen ausbreitet, desto mehr Probleme kommen zum Vorschein.*
- *Das Falsche hat den Vorteil, dass man immer darüber schwätzen kann, das Wahre muss gleich genutzt werden, sonst ist es nicht da.*
- *Die Geschichte der Philosophie, der Wissenschaften, der Religion, alles zeigt, dass die Meinungen massenweise sich verrieten, immer aber diejenige den Vorrang gewinnt, welche fasslicher, das heißt dem menschlichen Geiste in seinem gemeinen Zustande gemäß und bequem ist. Ja derjenige, der sich in höherem Sinne ausgebildet [hat], kann immer voraussetzen, dass er die Majorität gegen sich habe.*

Nicht einmal unter die ersten Tausend bei der Umfrage nach Deutschlands «Größten» kam Susanne von Klettenberg (1723–1774). Heutzutage hat kaum jemand von ihr gehört – und ich lange Zeit auch nicht. Dabei hatte Goethe von ihrer Weisheit stark profitiert. Sie war weitläufig mit ihm verwandt, hatte ihm auf die Beine geholfen, nachdem er als Student in eine Gesundheits- und Sinnkrise geraten war. Und sie hatte ihm den christlichen Glauben vorgelebt und nahegebracht.

Die hochgebildete Tochter eines Ratsherrn engagierte sich bei der damals einflussreichen Herrnhuter Brüdergemeine. Sie war tiefgläubig, aber auch Hobby-Alchemistin, neugierig und weltoffen.

Der Mix beeindruckte Goethe. Er distanzierte sich zwar wieder vom Christentum, verehrte Susanne von Klettenberg aber weiter. In seinem Roman «Wilhelm Meisters Lehrjahre» setzte er ihr ein literarisches Denkmal im Kapitel «Bekenntnisse einer schönen Seele». Darin erzählte er, etwas verfremdet und unter anderem Namen, ihre Lebensgeschichte. Kritisch merkte er lediglich an, dass sie ihr Weisheitspotenzial unter Wert verkauft habe. Einer fiktiven Nichte legte er das Fazit in den Mund:

> *Eine sittliche und religiöse Ängstlichkeit ließen sie das der Welt nicht sein, was sie unter anderen Umständen hätte sein können. Sie war ein Licht, das nur wenigen Freunden und mir selbst leuchtete.*

Umgekehrt ließ die Begegnung mit Goethe auch Spuren bei Susanne von Klettenberg zurück. Sie textete ihn nicht nur zu, sie hörte dem 25 Jahre jüngeren Feuergeist auch zu. Und sie ließ sich ihrerseits von ihm prägen. Wenige Monate vor ihrem Tod schrieb sie in einem Brief über den Effekt, den Goethe auf sie hatte:

> *Ich habe mich sehr geändert. […] Alles Formenwesen, alles Gemodelte ist verschwunden.*

Dass sich das Fräulein von Klettenberg (sie war zeitlebens «single») als inzwischen Sechzigjährige eine solche geistige Beweglichkeit beibehalten hatte, beeindruckte auch andere Zeitgenossen. Als «religiöseste, freieste philosophische Seele, die ich je gesehen habe», pries sie der damals vielleicht populärste deutschsprachige Geistliche, der Schweizer Pfarrer Johann Casper Lavater (1741–1801). Seine Lobeshymne auf die Stiftsdame verdient es, ausführlich zitiert zu werden. Lavater erläutert, in freilich etwas verschwurbelter Manier, worin ganzheitliche Klugheit besteht:

> *Fräulein von Klettenberg war vielleicht die einzige Person in ihrer Art, die für sich das individuellste Religionssystem hatte, welches sonst intolerant macht, und dennoch aus Übermaß des Verstandes und aus tiefer Menschenkenntnis und Herzensgüte auch die verschie-*

densten Religionsparteien liebte, nur auf Aufrichtigkeit des Herzens, Harmonie des Systems mit sich selbst sah und dennoch sehr inkonsequente Menschen mit bewunderungswürdiger Geduld trug und auch in hohem Alter bei der reizlosesten Figur, ja beinahe Hässlichkeit, die größten und liebsamsten Geister und Herzen festhalten, gewinnen und ihnen Respekt einflößen, sich ihnen gewissermaßen unentbehrlich machen konnte. [...] Sie wusste mit dem feinsten Edelsinn das Gute und Wahre in jedem System und Herzen in ihnen aufzusuchen, zu beleuchten, geltend zu machen und wider sie anzuwenden. O dass doch viele, die sich Theologen nennen, Philosophen dünken und für Toleranzbeförderer angesehen sein wollen, etwas von dieser erhabenen Weisheit hätten und nicht gleich alle Andersdenkenden als Dummköpfe oder Heuchler und Schurken verurteilten.

Nicht viel bekannter als Susanne von Klettenberg, jedenfalls in Deutschland, ist der hundert Jahre nach ihrem Tod geborene Oswald Chambers (1874–1917). Für mich passt er trotzdem in eine Liste der Oberschlauen. Gerade, weil er so bescheiden und aufopferungsvoll mit seinen Talenten umging.

Vor allem im englischsprachigen Raum ist Chambers für das Andachtsbuch populär, das seine Frau Biddy nach seinem Tod herausbrachte, «Mein Äußerstes für sein Höchstes»: eine Ansammlung von Auszügen aus seinen Schriften und Vorträgen. Das Buch ist geprägt von einer schlichten, muskulösen Spiritualität. Typisch sind Appelle wie:

Schließe alle anderen Überlegungen aus und gib dich Gott ganz hin, gib dem Höchsten dein Allerbestes. Sei nur für Gott da, entschlossen und rückhaltlos.

Biddy Chambers kam es bei der Auswahl der Texte auf Erbaulichkeit an. Ich selbst konnte mit dem Buch nie sonderlich viel anfangen. Mir fehlten die Zwischentöne, die nachdenklichen Passagen, das Gespür für die Mysterien des Lebens. Aber was konnte man vom Sohn eines schottischen Baptistenpredigers erwarten, der selbst sein nahezu ganzes erwachsenes Leben im kirchlichen Dienst verbracht hatte? Wohl kaum differenzierte Erkenntnisse über die weite Welt und Gottes Plan mit ihr.

Von wegen.

Wovon ich lange Zeit nichts wusste, war das künstlerische Talent und die hohe Bildung von Chambers. Er hatte an der wohl besten Kunstschule der Welt, dem «Royal College of Art», studiert, kannte sich aus in Psychologie, Philosophie und moderner Literatur, verehrte religionskritische Schriftsteller wie Henrik Ibsen.

Meine Einschätzung von Chambers änderte sich endgültig, als ich einen australischen Kinofilm aus dem Jahr 1981 sah: «Gallipoli» (1981, Regie: Peter Weir). Darin geht es um die gleichnamige Schlacht im Ersten Weltkrieg und die naiven australischen Soldaten, die an der westtürkischen Front gnadenlos verheizt wurden. Der Film brachte einem der beiden Hauptdarsteller, Mel Gibson, den großen Durchbruch.

Oswald Chambers taucht in dem Film zwar nicht auf, aber theoretisch hätte er eine Rolle spielen können. Es waren nämlich genau diese australischen Soldaten, für die er in den letzten Jahren seines Lebens als britischer Militärseelsorger zuständig war.

Als ich mir über die spannende Konstellation klargeworden war, habe ich mich in seine Tagebücher und die Vortrags-Transkripte der Jahre 1915 bis 1917 vertieft. Chambers war damals Anfang 40. Sein Arbeitsplatz war ein Zelt in der Nähe von Kairo, wo die australischen Einheiten stationiert waren. Am 7. November 1915 hielt er einen seiner ersten Vorträge. Die Zuhörer standen kurz vor dem Abtransport nach Gallipoli.

Ich habe gerade zu den Männern über das Thema «Wozu ist das Gebet gut?» gesprochen. Gott sei Dank war der Raum gerammelt voll. Ich habe ihnen gesagt, dass es nicht so sehr darum geht, durch das

Gebet die Dinge zu verändern. Vielmehr soll das Gebet uns Menschen verändern, so, dass wir wiederum die Dinge ändern können. [...] Aber über solchen Vorträgen liegt auch ein unerträglich schwerer Schatten. Diese Männer werden am Montag nach Gallipoli gehen, und mit Sicherheit wird die Hälfte von ihnen nicht zurückkehren, und sie sind sich dessen bewusst. Ich kann mich nie an die Abschiedsszenen gewöhnen und hoffe, dass sich das nie ändern wird. Die Männer ziehen mit einer tiefen männlichen Gelassenheit in den Kampf, nie mit sorgloser Grobschlächtigkeit. Ich fange an, diese wertvollen, feinen, großherzigen Kerle zu lieben.

Der Schwerpunkt von Chambers' Tätigkeit lag auf persönlichen Gesprächen. Einmal konfrontierten ihn zwei englische Soldaten mit ihrer Glaubensskepsis:

Einer sagte, er könne religiöse Menschen nicht ausstehen, und ich sagte: «Ich auch nicht», und erklärte ihm, dass es für mich allein auf die spirituelle Wirklichkeit ankäme. Er gestand dann, dass er vom Glauben abgefallen sei, und fragte, ob ich ihm irgendeine Hilfe geben könne. Ich sagte: «Genau da, wo du bist, neige dich nieder und bitte Gott, dir seinen heiligen Geist zu geben, wie es in Lukas 11,13 steht [‹Wie viel mehr wird der Vater im Himmel denen den Heiligen Geist schenken, die ihn darum bitten!›].» Und dann taten sie das beide und gingen weg mit dem Versprechen, zu meinen Vorträgen zu kommen. Nur eine Stunde später waren sie wieder bei mir, um mir zu sagen, dass sie am Morgen an die Front gehen müssten.

Der Umgang mit den Soldaten hinterließ auch in Chambers tiefe Spuren. Dazu kam die Konfrontation mit einer exotischen Kultur. Er fing an, Bücher des indischen Philosophen Rabindranath Tagore zu lesen. Von seiner eigenen Reaktion darauf überrascht, notierte er:

Ich merke mit Erstaunen, dass ich nicht lese, um etwas zu entdecken, mit dem ich nicht übereinstimme, so wie es viele Leute tun. Zu welchen Schlussfolgerungen der Autor kommt, ist für mich von untergeordneter Bedeutung. Was mich fasziniert, ist, einem wachen Geist zu begegnen, der sich mir kompetent mitteilt. Darin finde ich eine tiefe Freude, so ähnlich wie bei einem schönen Sonnenaufgang.

In seinen Tagebüchern äußert sich Chambers nie larmoyant. Zwar ist der Tod im Kriegscamp allgegenwärtig, aber die Reaktion darauf ist nicht Verzweiflung oder eine stärkere Jenseits-Orientierung. Fast in jedem Eintrag beschreibt Chambers alltägliche Glücksmomente, die er in der Natur oder im Gespräch erlebt.

Die Natur wird für mich immer mehr zum Sakrament. Die wirkliche Gegenwart Gottes begegnet mir in den gemeinsamen Elementen von Erde und Luft, Meer und Himmel und Mond und menschlicher Liebe und Freundschaft. Heute morgen ist es, als ob das fröhliche Herz des Hauses Gottes Seine großzügige Liebe über die ganze Erde ausstrahlt. Das passende Wort ist «fröhlich», ungrüblerische, unbekümmerte, ungequälte Kindlichkeit.

Am Tag seines 43. Geburtstags, am 24. Juli 1917, beschreibt Chambers den Sinneswandel, der sich in ihm vollzieht. Nachdem für ihn jahrzehntelang die Pflichterfüllung im Vordergrund stand, entdeckt er nun die Freude für sich.

Ich entwickle eine immer größere Vorliebe für das «Äußerliche» der Dinge. Vielleicht war es ein übertriebenes Sündenbewusstsein, das mich als junger Mensch dazu gebracht hat, auf Nummer sicher zu gehen und meine künstlerischen Neigungen hintanzustellen. Das Pendel schlug damals aus von aller Bewunderung für äußerliche Schönheit in [Bezug auf] Form, Farbe, Rhetorik – hin zu einem anderen

Extrem: zum Schroffen, Rauhen, Kantigen. [...] Doch das ändert sich jetzt. Ich fange wieder an, mich für alle Formen der Schönheit zu begeistern, für die flüchtigen Eindrücke des Lebens, eben für das Äußerliche. Die alte Freude ist wieder da, noch stärker als früher, sozusagen in einer Luxusausgabe. Es ist keine individualistische Spielerei, sondern ein tiefes persönliches Bedürfnis, ohne Besitzgier und ohne eine abgehobene Vorliebe für das Spektakuläre, dagegen mit der vollkommenen Freude eines kindlichen Gemüts. Mein innerer Werdegang war anfangs schwer und stark, in den früheren Phasen sogar grell und sehr quälend, zuletzt schlicht und friedlich. Doch allmählich wachse ich in eine Freude hinein, die alles Frühere um ein Hundertfaches übersteigt.

Im Herbst 1917 zog sich Chambers eine Blinddarmentzündung zu. Trotz starker Schmerzen verzichtete er auf eine Operation – aus Rücksicht auf die kriegsverwundeten Soldaten. Er wollte kein Lazarettbett blockieren.

Am 29. Oktober, genau zwei Jahre nach seiner Ankunft in Ägypten, kritzelte er den letzten Eintrag in sein Tagebuch. Noch einmal brachte er seine Bewunderung für die Schönheit der Morgendämmerung zum Ausdruck:

Grenzenloses Silber, grauschwarze Schatten, trübe weiße Wände, violettblauer Himmel. Man verliert das Gefühl für Entfernungen. Man muss es einfach erleben.

Bei der Gottesdienstpredigt am selben Tag vertrat ihn seine Frau. Seine Schmerzen waren zu stark. Eine Not-Operation konnte ihn nicht mehr retten. Am 15. November starb er.

In seinen letzten Vortragsreihen hatte sich Chambers intensiv mit den großen Sinnfragen des Lebens auseinandergesetzt. Was ist der Sinn des Leids? Warum bleibt Gottes Plan so rätselhaft? Worauf können wir vertrauen?

Unter der Überschrift «Verblüfft, um besser kämpfen zu können» beschäftigte er sich mit dem Buch Hiob. Seine vorletzte Unterrichtseinheit hatte den vielsagenden Titel «Durch den Schatten des Leids kommt die Erlösung» und «Die Schatten seiner Hand».

Er litt schon an seiner letztlich tödlichen Krankheit, als er seine letzten Unterrichtsstunden gab. Darin ging es um die Weisheit des christlichen Glaubens, verdeutlicht am Buch des «Predigers». In der ersten Stunde verglich er die biblische Weisheitslehre mit den philosophischen Ideen der Antike und der Neuzeit.

> *Die Weisheit der Hebräer beruht auf einem prinzipiell akzeptierten Glauben an Gott. Diese Weisheit versucht nicht herauszufinden, ob es Gott gibt oder nicht. Alle ihre Schlussfolgerungen beruhen auf Gott. Auf dieser Grundlage stellt sie sich dem Chaos des Lebens und kann deshalb ihre ganze geistige Energie auf das Praktische richten. […] Die Weisheit der Griechen sagt uns nicht, wie die Dinge sind, sondern wie sie sein sollen. Ihnen zufolge soll es idealerweise keine Sünde, keinen Krieg, keinen Teufel, keine Krankheit, keine Ungerechtigkeit geben. Aber diese Dinge existieren nun mal.*

Als komplementäre Lektüre zu «Mein Äußerstes für sein Höchstes» habe ich mir selbst einige weise Aussagen von Oswald Chambers zusammengestellt. Sie stammen aus den Tagebuchnotizen und den Rede-Manuskripten der letzten zwei Jahre.

Oswald Chambers über das Leben:

- *Kein vernünftig denkender Mensch, der kein Christ ist, kann Optimist sein.*
- *Die Essenz des menschlichen Lebens ist die Tragödie. Es ist schwer, dies zu erkennen, bis man die Erfahrungen, die an der Oberfläche des Lebens liegen, hinter sich gelassen hat, und wir entdecken, dass*

wir mit einer größeren Kapazität für Schmerz als für Freude ausgestattet sind, dass der Unterton unseres ganzen Lebens Leid ist, und dass der große Ausdruck und die Offenbarung Gottes in der Welt die Offenbarung des Kreuzes ist, nicht die der Freude. Das ist eines der Dinge, die die Bibel so unwirklich erscheinen lassen, solange wir gesund und voller Leben und Geist sind.

- *Wenn wir die Bibel begreifen wollen, müssen wir uns von der abscheulichen Einbildung befreien, dass wir die weisesten Menschen sind, die es je auf der Erde gegeben hat. Wir müssen aufhören, Jesus Christus und die Bibel von oben herab zu behandeln.*

Über Religion:

- *Die Tendenz und das Ziel des organisierten Christentums und der Zivilisation besteht darin, das Weizenkorn allein für sich stehen zu lassen [d. h.: ohne Gottes Wirken]. Und in der Tat, wenn die Organisation sich ihrer selbst bewusst wird, ist das wesentliche, ursprüngliche geistige Leben verschwunden. […] Selbst die christliche Lehre, so großartig und wertvoll sie auch sein mag, wird, sobald sie zum wichtigsten Maßstab wird, zu einer tyrannischen Vetternwirtschaft, in der das geistige Leben nicht vorankommen kann. Das Gesetz des geistigen Lebens beruht auf einer persönlichen, lebendigen Beziehung zu Jesus Christus.*
- *Wo immer das Christentum aufgehört hat, kraftvoll zu sein, liegt es daran, dass es christliche Ethik geworden ist, statt frohe Botschaft zu sein. Die Menschen hören eher auf eine Darlegung der Bergpredigt als auf die Bedeutung des Kreuzes; aber sie vergessen, dass die Bergpredigt, ohne [mit ihr auch] das Kreuz zu predigen, eine Unmöglichkeit ist.*
- *Im römischen Katholizismus ist die alles dominierende Autorität nicht das Christentum, sondern das «Kirchtum»; die Kirche ist mit*

aller Autorität ausgestattet. Im Protestantismus ist das, was die Bibel sagt, die oberste Autorität. So gesehen kann ein Mensch sich zur Ruhe setzen, wenn er sich für eines von beiden entscheidet. Man kann dann sagen: «Ich gebe den ganzen Trubel auf und lasse meine Kirche für mich denken.» Nach dem Motto: Wenn Sie Ihren Glauben in eine Kirche setzen, wird sie Ihre Probleme für Sie lösen. Oder Sie entscheiden sich für einen Bibelglauben – mit dem gleichen Ergebnis. […] Aber Jesus Christus sagt, dass weder die Kirche noch die Bibel die Autorität ist, sondern «Ich bin der Weg, die Wahrheit und das Leben», die Kirche und die Bibel sind zweitrangig.

- *Die Verkündigung, die sich nur auf die Rechtfertigung durch den Glauben stützt, erzeugt eine harte Gesinnung, und wenn diese aggressiv wird, bringt sie den «seelenrettenden» Typus hervor.*
- *Der religiöse Dogmatismus nimmt die Erfahrung eines Menschen und erklärt ihm, warum alles geschehen ist; aber hin und wieder geschehen Dinge außerhalb der menschlichen Erfahrung, die nicht erklärt werden können.*
- *Der Grund, warum sich viele weigern, über den Glauben nachzudenken und die Grundlage der wahren Religion zu entdecken, ist, dass das evangelische Christentum auf so fadenscheinige Weise erklärt wurde.*

Über Gott:

- *Gott zu dienen, um den Himmel zu gewinnen, ist nicht die Lehre des Christentums. Befriedigung kann nicht im Gewinn gefunden werden, sondern nur in einer persönlichen Beziehung zu Gott.*
- *Die Erlösung und nicht der Rationalismus ist die Grundlage des menschlichen Lebens.*
- *Wenn Ihre Religion Sie nicht zu einem besseren Menschen macht, ist sie eine verdorbene Religion. Der Test für wahre Religion ist,*

wenn sie diese Dinge berührt: Essen, Geld, Sex sowie die «Mutter Erde». Der Umgang mit diesen Dingen ist der Test für ein wahres, gesundes Leben mit Gott.

- *In der Bibel ist viel von Freude die Rede, aber nirgends von einem «glücklichen Christen». Das Glück hängt von den Zufälligkeiten des Lebens ab, die Freude nicht.*

In einigen seltenen Fällen äußerte sich Chambers auch zu zeitpolitischen Fragen. Immer wieder kam er auf die zwiespältigen Verheißungen des Sozialismus zu sprechen. Er sympathisierte mit der Vorstellung einer gerechten Welt, fürchtete aber, dass auf dem Weg dahin die Freiheit auf der Strecke bleiben würde. Zwei Monate vor dem Beginn der Russischen Revolution sagte er mit prophetischem Gespür:

> *Die Vision des Sozialismus ist großartig; es gibt Segnungen und Segen für die Menschheit auf der Linie des Sozialismus, die es noch nie gegeben hat; aber wenn einmal die Wurzel von der Erlösung abgeschnitten ist, wird es eine der wildesten Formen der despotischen Tyrannei sein, die das Menschengeschlecht je gekannt hat. Sie sieht aus wie das Lamm, aber wenn die große Krise kommt, wird sie zur Bestie. Im Gefolge des Sozialismus wird die Wiederbelebung der Ideen Platons kommen. […] Daraus werden starke Organisationen entstehen. Aber werden auch edelmütige Männer und Frauen daraus hervorgehen?*

Genau hierin sah er die Bestimmung der Christenheit: den atheistischen Erlösungs-Versprechungen die ganzheitlich ausgerichtete Jesus-Nachfolge entgegenzustellen. Chambers sah die weltanschaulichen Scharmützel der 20er und 30er Jahre voraus – und die Christen in der Pflicht, sich durch eine robuste Intellektualität darauf einzustellen.

> *Nach dem Krieg werden die Christen das energievollste Denken an den Tag legen müssen; wir müssen so denken, wie wir noch nie zuvor gedacht haben, sonst werden wir von denen überflügelt, deren Denken Jesus Christus ignoriert und die beweisen wollen, dass die Erlösung nicht notwendig ist.*

Mit diesem Appell nimmt Chambers eine Quintessenz dieses Buches vorweg. Er ist ein Vorbild für eine kluge Spiritualität, die auf festem Grund steht, aber offen ist für neue Erfahrungen.

2.
Wahr: Ohne Wirklichkeitssinn gibt es nur Unsinn

Wahrheit ist das Erhabenste. Drum kann man's nicht jedem auf die Nase binden.

Johann Nestroy

Wer sich fragt, warum die Umrisse einer Eule das Titelbild dieses Buches zieren, bekommt jetzt die Auflösung. Eulen gelten nun einmal als besonders weise. Deshalb sagt Winnie Puuh in einer seiner Geschichten:

Wenn jemand etwas über irgendetwas weiß, dann ist es Eule, die etwas über etwas weiß.

Das ist, wie bei dem gemütlichen Bär üblich, wenig erhellend. Den Ruf der Weisheit haben sich Eulen schon in der Antike eingehandelt. Sie treten in der griechischen Mythologie als Begleiter von Athene, der Göttin der Weisheit, auf. Aber womit haben sie sich diesen Sidekick-Status verdient?

Vermutlich mit ihren großen Augen, die auch bei schwachem Licht scharf sehen. Die Eule erkennt auch in der Nacht und im Trüben die Wirklichkeit. Sie erfüllt damit zumindest eine wichtige Voraussetzung für Weisheit: die Dinge zu sehen, wie sie sind.

Gerade in Zeiten, in denen es von Fake News wimmelt, wird Wahrhaftigkeit immer wichtiger, nicht nur im Journalismus, auch in der Kunst. Für den perfekten Song braucht es angeblich nur «drei Akkorde und die Wahrheit», hat ein Country-Musiker einmal behauptet. In der Regel kommt noch der eine oder andere Akkord dazu, aber «real» soll es auf jeden Fall sein.

Bedeutende Philosophen und Religionsstifter sahen ihre Aufgabe von jeher darin, die Menschen von Illusionen zu befreien und mit den tieferen Tatsachen zu konfrontieren. Jesus bezeichnet sich selbst als die personifizierte Wahrheit und verspricht:

> *Die Wahrheit wird euch frei machen.*
>
> Johannes 8,32

Als «Vater der Lüge» charakterisiert Jesus dagegen den Teufel. Die Lüge wirkt sich beziehungszerstörend aus. Warum, erläutert der Philosoph Montaigne:

> *Das Lügen ist ein verfluchtes Laster. Nur durch das Wort sind wir Menschen und zur Gemeinschaft fähig. […] Da wir uns allein durch das Wort verständigen können, verrät, wer es fälscht, die Gesellschaft.*

Jesus, Montaigne und nahezu alle bedeutenden Denker gingen davon aus, dass es eine objektive Wahrheit gibt, der Menschen sich zumindest annähern können.

In krassem Gegensatz dazu steht die postmoderne Vorstellung, jeder Mensch entwerfe seine eigene Wahrheit, konstruiere seine eigene Wirklichkeit. Aber sind es nicht gerade solche Realitätskonstrukte, die den Tatbestand der Lüge erfüllen? Wenn Wahrheit nur Ansichtssache ist, dann gibt es zu allen vermeintlich sicheren Tatbeständen auch «alternative Fakten», dann sind gegenseitiges Vertrauen und Verständigung unmöglich, dann sind der Manipulation Tür und Tor geöffnet, dann setzen sich diejenigen durch, die ihre Version der Wirklichkeit mit dem größten Nachdruck in die Welt setzen.

Wir leben im Zeitalter der Verwirrung und damit buchstäblich in einer satanischen Epoche, denn nichts anderes bedeutet das Wort Teufel seinem altgriechischen Ursprung nach: durcheinanderwerfen, Fakten verdrehen, verwirren.

Deshalb schlägt für weise Menschen gerade jetzt die Stunde der Wahrheit.

Zur Wahrheit gehört aber auch, dass selbst die klügsten Köpfe nur eingeschränkten Zugriff darauf haben. Schon Gotthold Ephraim Lessing (1729–1781) bemerkte zweifelnd:

> *Vielleicht wurden wir für die Wahrheit erschaffen, da wir es für die Tugend nicht sind. Für die Wahrheit? Wie vielfach ist sie? Jeder glaubt sie zu haben, und jeder hat sie anders. Nein, nur der Irrtum ist unser Teil, und Wahn ist unsre Wissenschaft.*

Von vornherein aussichtslos ist die Operation «Wahrheitssuche» aus Sicht des französischen Schriftstellers Albert Camus. In seinem ersten philosophischen Buch, «Der Mythos des Sisyphos» (1942), kommt der zu dem pessimistischen Schluss ...

> *... dass ein Mensch immer Gefangener seiner Wahrheiten ist. Hat er sie einmal erkannt, so kann er sich von ihnen nicht freimachen.*

«Was ist Wahrheit?» wollte Pilatus wissen, als sie in Person vor ihm stand. Als Machtmensch interessiert der römische Statthalter sich ohnehin weniger für Wahrheit als für Mehrheit und führte deshalb eine spontane Volksbefragung durch.

Wohin das führte, ist bekannt. Pro Barabbas statt pro Jesus, der Terrorist anstelle des Friedensfürsten. Die Entscheidung spiegelte womöglich die damalige Stimmungslage im jüdischen Volk und jedenfalls die politische Wirklichkeit im Römischen Reich. So ist es nun einmal: Das aktuell «Wahre» und das zeitlos «Gute» sind nicht immer deckungsgleich.

Sogar der wahrheitsliebende Sokrates räumt in Platons «Der Staat» ein, dass selbst die besten Herrscher manchmal zu «heilsamen Täuschungen» greifen müssen.

«Das Volk will belogen werden», habe ich als Journalist den einen oder anderen Politiker schon oft seufzen hören.

Sogenannte «weiße Lügen», also Unwahrheiten zum Wohl von unschuldigen Opfern, haben in der Auseinandersetzung mit Bösewichtern durchaus ihre Berechtigung. Wer im Dritten Reich jüdische Mitbürger bei sich versteckte, musste das der Gestapo auf Nachfrage selbstverständlich nicht auf die Nase binden. Der Teufel verdient die Wahrheit nicht. Der Vater der Lüge darf mit seinen eigenen Waffen geschlagen werden. Nur wird er normalerweise nicht so einfach erkannt und die Notlüge schnell vom Sonderfall zur Gewohnheit.

In diesen Tagen sind gutgemeinte Tatsachenverzerrungen an der Tagesordnung. In Historienfilmen wimmelt es neuerdings von Anachronismen. In Fernsehserien über die frühe Neuzeit tauchen so viele genderfluide, dunkelhäutige und freigeistige Protagonisten auf, als wäre es damals an den Adelshöfen zugegangen wie im Berliner Kollwitzkiez. Das erinnert bei allen lauteren Absichten an die systematische Vergangenheitsfälschung in dystopischen Romanen wie Orwells «1984». Wer solche Geschichtsklitterungen kritisiert, wird schnell als reaktionär bestimmt.

Dabei kommt es auf die Wahrheit vor allem da an, wo sie rar, unpopulär oder gar verboten ist. In totalitären Systemen ist nicht nur Obrigkeitskritik tabu, sondern schon die Erwähnung des Tabus. Wer in Stalins Sowjetunion verlauten ließ, dass man den obersten Genossen nicht kritisieren durfte, kam schon für diese Tatsachenfeststellung in den Gulag.

Aber auch in Staaten mit Meinungsfreiheit kann man mit unliebsamen Äußerungen im Abseits landen. Das kann schnell zur Selbstzensur führen und, wenn massenhaft praktiziert, zu verheerenden Folgen für das Gemeinwohl.

Geschönt, gelogen, gefälscht wird natürlich nicht nur von den gesellschaftlichen Machtzentralen, sondern auch von unten, vor allem von den Rändern der Gesellschaft. Verschwörungstheorien blühen, in denen Satanisten, Kinderschänder und Großindustrielle unheimliche Allianzen bilden.

Angesichts der Fülle von Informationen wird es zunehmend schwierig, die Gerüchte-Spreu vom Fakten-Weizen zu trennen. Manche Behauptungen von Genderaktivisten oder Deep-State-Paranoikern entlarven sich durch ihre offenkundige Abwegigkeit sofort von selbst. Bei langfristig ausgerichteten Weltuntergangs-Vorhersagen hilft nur Abwarten und Beruhigungstee trinken.

Ich selbst werde immer dann misstrauisch, wenn ich statt repräsentativer Zahlen nur Anekdoten präsentiert bekomme – meistens von jemandem, der jemanden kennt, der eine spektakuläre Erfahrung gemacht hat, aber leider keine Kamera dabeihatte.

Meine Faustregel lautet:

Behauptung plus Anekdote = interessant …

… aber ohne jede Beweiskraft.

In der modernen Aufmerksamkeitsgesellschaft gehört Übertreiben, Flunkern, Lügen zum Alltag, so wie Fouls zum Fußball gehören. Vergleichbar dem Platzverweis für grobe Unsportlichkeiten sollte das Verbreiten von Unwahrheiten mit einer empfindlichen Strafe geahndet werden. Die härteste, die mir einfällt:

Den Fake-News-Spreader künftig ignorieren.

Manchmal kennen wir auch die Wahrheit, wissen aber trotzdem nicht weiter.

Das erinnert mich an den bekannten Schlagabtausch im Kinofilm «Eine Frage der Ehre» (1992, Regie: Rob Reiner):

Jack Nicholson: *Willst du Antworten?*

Tom Cruise: *Ich will die Wahrheit!*

Jack Nicholson: *Du kannst mit der Wahrheit nicht umgehen!!!*

Können *wir* mit der Wahrheit umgehen?

Das fragen sich Journalisten etwa, wenn ein Flüchtling ein Gewaltverbrechen verübt hat: Was, wenn durch die Nachrichten über diesen Fall Fremdenfeindlichkeit geschürt wird?

Oder wenn zehntausend Pro-Life-Aktivisten gegen eine Abschaffung des Abtreibungsparagraphen demonstrieren. Soll man ihnen ein Forum bieten oder die Berichterstattungsschwelle nicht auf mindestens zwanzigtausend Demonstranten heraufsetzen, damit vermeintliche Frauenrechte nicht gefährdet werden?

«Gehört das an die große Glocke?», fragen sich Kirchenfunktionäre, wenn sich das nächste Missbrauchsopfer meldet.

Ich selbst habe ab und zu «streng vertrauliche» Informationen über gravierende Moral-Verfehlungen christlicher Führungspersönlichkeiten zugeflüstert bekommen. Auf meine Nachfrage, warum die Allgemeinheit nicht darüber informiert wird, bekomme ich zu hören: «Das nützt doch keinem.» Tatsächlich?

In einer zunehmend transparenten Gesellschaft wird ein taktisches Verhältnis zur Wahrheit zunehmend problematisch. Der öffentliche Aufschrei, den gerade die vielen Kirchenskandale der letzten Zeit ausgelöst haben, wäre sicher leiser gewesen, wenn die traurigen Fakten nicht so lange vertuscht worden wären.

Orientierung bietet hier wieder einmal die Bibel. In keiner anderen Weltreligion werden die eigenen Helden derart schonungslos kommentiert, alle Versuche der Legendenbildung dekonstruiert.

Statt eine «Hall of Fame» zu errichten …

… führen uns die biblischen Autoren durch eine «Hall of Shame», vorbei an Massenmördern, Sexualverbrechern und Volksverrätern.

Sogar die Apostel werden nicht als Heilige, sondern als hilflose Trümmertruppe vorgestellt, denen erst der Heilige Geist den nötigen Schwung verpasst – und auch das nur phasenweise. Entsprechend hoch ist die Glaubwürdigkeit und Faszination der heiligen Schriften.

Wahrhaftigkeit ist die beste Skandalvermeidungs-Strategie.

Manchmal müssen weise Christen aus der Phalanx der schönfärberischen Kirchenapologeten ausbrechen, Probleme öffentlich machen, auch wenn sie sich damit den Vorwurf der Nestbeschmutzung einhandeln.

Klar wollen wir nicht in einer Welt leben, in der jeder Fehltritt geleakt wird und jeder Nachbar ein Whistleblower ist.

Zur Weisheit gehört der kluge Umgang mit Wahrheit. «Alles muss raus» ist sicher keine gute Devise. Aber für unsere zunehmend vernetzte und digitale Gesellschaft gilt eben auch:

Alles kommt irgendwann raus.

Und dann ist Vertrauen oft irreparabel verspielt.

Weise Menschen sind jedenfalls nicht primär dafür zuständig, den Mantel des Schweigens über die Probleme auszubreiten. Für sie gilt, was der russische Dichter Ossip Mandelstam (1891–1938) über gelungene Dichtung sagte:

Ein Buch muss die Axt sein für das gefrorene Meer in uns.

Der Wille zur Wahrheit paart sich mit einer Tugend, die den Toren fremd ist: Geduld. Wahrheitsliebe befreit von der Versklavung an die notorisch wandelbare öffentliche Meinung. Sie vertraut darauf, dass das Richtige langfristig Recht behalten wird.

Davon ging auch der englische Philosoph John Stuart Mill (1806–1873) in seiner berühmten Schrift «Über die Freiheit» aus:

Die Menschen kämpfen im Allgemeinen nicht eifriger für die Wahrheit als für den Irrtum, und ein genügendes Quantum gesetzlicher oder auch nur sozialer Zwangsmittel wird im Allgemeinen beiden Einhalt gebieten. Der wirkliche Vorteil der Wahrheit besteht nur darin, dass eine wahre Meinung wohl öfter unterliegen kann, dass sich aber im Laufe der Zeit sicher Menschen finden werden, die sie entdecken.

Fragt sich jetzt noch, wie man die Wahrheit so formulieren kann, dass sie auch entdeckt wird: streng und unerbittlich, wie Mose vor dem Pharao oder der Prophet Elia vor dem König Ahab? Wild und rotzig, wie eine Punkband, die der gesellschaftlichen Bel Étage den Stinkefinger zeigt?

Die knallharte Konfrontation dient in der Regel eher der Selbstvergewisserung und der Predigt zum eigenen Chor. Eine solche Haltung ist dann sinnvoll, wenn es ohnehin keinen Verhandlungsspielraum gibt und der Gegner eher beschämt als überzeugt werden soll.

Wo Verständigung gesucht und um Zustimmung geworben wird, bietet sich ein anderer Sound an, nämlich der Dreiklang «Wahrheit in Schönheit und Liebe». Wahre Worte sind dann wirkungsvoller, wenn man sie stilvoll und empathisch vorträgt.

Bevor man sich dazu durchringt, die Wahrheit formschön zu *be*kennen, muss man sie allerdings *er*kennen.

Welche Quellen der Erkenntnis uns zur Verfügung stehen, werde ich im dritten Teil des Buches näher erläutern. Dann wird es auch darum gehen, dass die größten Erkenntnisschwierigkeiten mit unseren eigenen mentalen Blockaden zusammenhängen. Nicht nur Pippi Langstrumpf, nein, jeder Mensch macht sich die Welt am liebsten so, wie es ihm oder ihr gefällt. Die blinden Flecken in unserer Optik sind so perfide, weil wir sie genauso wenig bemerken wie den eigenen Geruch.

> *Wer sich selbst belügt und an seine eigene Lüge glaubt, der kann zuletzt keine Wahrheit mehr unterscheiden, weder in sich noch um sich herum; er achtet schließlich weder sich selbst noch andere.*
>
> Fjodor Dostojewski

Täuschung und Selbsttäuschung ist so verbreitet, wie Ent-Täuschung notwendig und schmerzhaft ist.

Wir alle sind in einer ähnlichen Situation wie der Held «Neo» in dem

Science-Fiction-Film «Matrix» (1999, Regie: die Wachowskis), als «Neo» sich zwischen zwei Pillen entscheiden muss. Die blaue Pille sorgt dafür, dass er die von Computern produzierte Scheinwelt weiter für real hält; die rote Pille öffnet ihm die Augen für seine Zwangslage als maschinell ausgebeutete Biomasse.

Wer wie Neo die rote Pille schluckt, verabschiedet sich vom «Weiter so» und öffnet sich der Realität.

Nicht alle Kursänderungen, die der Wahrheit zuliebe vorgenommen werden, sind so radikal. Aber da das Leben wechselhaft ist, sind Neuorientierungen unvermeidlich.

Man kann auch dadurch vom rechten Weg abkommen, dass man zu lange auf dem graden Pfad bleibt.

Theodor Mommsen

Gerade wer als christlicher Wahrheitszeuge unterwegs ist, darf sich nicht vor der roten Pille ekeln. Das Evangelium ist zwar eine Konstante, dessen Auswirkung in der Welt aber variabel. Christen sind dazu berufen, in dieser Welt das Reich Gottes zu leben: aber nicht statisch als Institution, sondern dynamisch als Bewegung. Wirklichkeitsgemäße Justierungen sind da unvermeidlich.

Reich Gottes = Evangelium plus Wirklichkeit.

Wie der Glaube im Wandel der Zeit gleichzeitig verlässlich und frisch bleibt, darüber haben sich zwei wahrheitsliebende Menschen viele brillante Gedanken gemacht: die Französin Simone Weil (1909–1943) und der in Frankreich lebende Amerikaner Julien Green (1900–1998).

Die in einer jüdischen Familie aufgewachsene Simone Weil beeindruckte ihre Umgebung schon früh durch ihre fanatische Wahrheitsliebe. Sie empfand ihre großbürgerliche Existenz als heuchlerisch, wollte am Leid der arbeitenden Massen teilnehmen.

Ihre Suche nach einem wirklichkeitsgemäßen Lebensprinzip führte sie über den Kommunismus zum Christentum. Sie war befreundet mit Jean-Paul Sartre und Simone de Beauvoir. Anders als die beiden atheistischen Philosophen ging sie aber davon aus, dass es durchaus einen höheren Lebenssinn gibt und dass dieser sich auf Christus gründet.

Sie starb im englischen Exil mit nur 34 Jahren an den Folgen ihrer Magersucht. In den Jahren zuvor hatte sie auf der Flucht vor den Nazis eine Sammlung philosophischer Notizen zusammengestellt. In diesen Aufzeichnungen, die erst viele Jahre später veröffentlicht wurden, verriet sie ihre Gedanken über Gott, die Menschen, Werte und Wirklichkeit. Fast alle davon sind lesenswert. Die folgenden Sätze bilden nur eine kleine, aber hoffentlich kluge Selektion.

Simone Weil über Gott:

- *Nicht glauben, dass es hinter dem Vorhang der Welt eine unendliche Barmherzigkeit gibt, oder glauben, dass diese Barmherzigkeit vor dem Vorhang ist – diese beiden Dinge machen grausam.*
- *Nicht, weil Gott uns liebt, müssen wir ihn lieben. Sondern weil Gott uns liebt, müssen wir uns lieben. Wie sollen wir uns ohne diesen Grund lieben?*
- *Die Religion als Quelle des Trostes ist ein Hindernis für den wahren Glauben, und in diesem Sinn ist der Atheismus eine Reinigung.*
- *Die Schöpfung ist ein Akt der Liebe, und sie geht immer weiter. In jedem Augenblick ist unser Dasein Liebe Gottes zu uns. […] Die Schönheit ist die Gestalt des ewigen «Ja». Die Schönheit ist die wahrnehmbare Ewigkeit.*
- *Gott ist und scheint nicht. Während der Teufel scheint und nicht ist.*
- *In allen Erscheinungen Gott lesen. Nichts Geringeres.*

Über Menschen:

- *Der Gedanke an Gott darf sich nicht zwischen uns und die Geschöpfe stellen.*
- *Die Größe des Menschen ist es immer, sein Leben neu zu schaffen.*
- *Die Quelle der moralischen Energie liegt für den Menschen außerhalb seiner selbst.*
- *Die Schöpfung (oder Offenbarung) ist die Handlung Gottes; die Bewahrung diejenige des Menschen. Zerstören ist das Böse.*
- *Ganz allgemein besteht eine Form des Guten in der Herrschaft der höheren Elemente des Menschen über die niedrigeren.*
- *Wenn ich glaube, dass der Mensch den Umständen ausgeliefert ist, liefere ich selbst mich ihnen aus.*

Über Werte:

- *Die übernatürliche Liebe ist es, die frei ist. Wenn man sie erzwingen will, ersetzt man sie durch eine natürliche Liebe. […] Die natürliche Liebe ist Sklaverei und neigt dazu, zu versklaven.*
- *Eine wirkliche Freundschaft ist von ihrem Wesen her etwas Ewiges. Man kann den Gedanken, dass sie enden könnte, nicht ertragen.*
- *Es ist der Triumph der Kunst, zu anderem als zu sich selbst zu führen.*
- *Immer daran denken, dass Pünktlichkeit, Genauigkeit, Treue in den kleinen Dingen die Bedingungen der menschlichen Existenz auf diesem Planeten sind.*
- *Der große Irrtum der Marxisten und des gesamten 19. Jahrhunderts bestand darin, zu glauben, dass man, wenn man nur geradeaus ginge, in die Lüfte aufstiege.*

Über Wahrheit:

- *Der Dichter bringt das Schöne durch Aufmerksamkeit hervor, die auf Wirklichkeit geheftet ist. Genauso die Tat der Liebe.*
- *Der Schein klebt am Menschen, und nur der Schmerz kann die beiden voneinander losreißen.*
- *Die Freude ist die Fülle des Gefühls für das Wirkliche.*
- *Die geistige Freiheit wiederherstellen. Die Kirche hat zu Unrecht Freiheit und Geistigkeit getrennt; die Renaissance hat in ihrem Bedürfnis nach Freiheit die Geistigkeit aufgegeben.*
- *Es ist ein Fehler, verstanden werden zu wollen, bevor man sich selbst mit seinen eigenen Augen klar gesehen hat.*
- *Es ist Gotteslästerung, etwas Genie zu nennen, was der Wahrheit nicht fähig ist.*
- *Gut ist, was Menschen und Dingen ein Mehr an Wirklichkeit gibt, böse, was es ihnen nimmt.*
- *Warum ist das Bestreben, ein Vorurteil zu bekämpfen, ein sicheres Zeichen dafür, dass man von ihm durchtränkt ist?*
- *Was sich dem Guten entgegenstellt, ist immer eine Lüge.*
- *Wir wissen durch den Verstand, dass das, was der Verstand nicht erfasst, wirklicher ist als das, was er erfasst.*

Neun Jahre älter als Simone Weil war Julien Green. Der Schriftsteller lebte mehr als ein halbes Jahrhundert länger als die Philosophin. Mittlerweile ist er etwas in Vergessenheit geraten. Vielleicht, weil er in keine Schublade passt.

Als Protestant in den USA geboren, verbrachte er die meiste Lebenszeit als Katholik in Frankreich. Sein ganzes Leben lang war er hin- und hergerissen zwischen seinem christlichen Askese-Ideal und seinem homoerotischen Begehren. Einen vergleichbaren Konflikt beschreibt er meisterhaft in dem Roman «Moira» (1950), in dem ein verklemmter Bibelschüler der körperlichen Anziehungskraft einer jungen Frau verfällt und sie nach dem Sex aus Schuldgefühlen tötet.

Auch in seinen anderen Romanen beschäftigt sich Green vorwiegend mit den Schattenseiten der menschlichen Existenz. Er schrieb über geschundene Seelen, die sich qualvoll aneinander reiben. Titel wie «Treibgut» und «Jeder Mensch in seiner Nacht» sprechen für sich. Green schildert die Verlorenheit und Erlösungsbedürftigkeit der auf sich gestellten Menschen.

Wer göttliche Lichtblicke erhofft, wird in den Romanen kaum fündig. Dafür dann aber auf fast jeder der vielen Tausend Seiten seiner Tagebücher. 72 Jahre lang, bis zu seinem Tod mit 98 Jahren, dokumentierte er darin sein faszinierendes Innenleben. Die insgesamt 18 Bände sind eine echte Fundgrube tiefer Einsichten eines hochreligiösen Wahrheitssuchers.

Julien Green über Denken und Schreiben:

- *Der Geist beginnt zu schlingern, wenn er uns sagt, es gebe eine Milliarde Sonnensysteme.*
- *Die eigene Meinung ändern: Es ist wie ein Umzug, den die Leute nur im äußersten Notfall vornehmen.*
- *Ein Mensch, der keinen Sinn für Ironie besitzt, ist ein Mensch, mit dem ein Gespräch sehr schnell unmöglich sein wird.*
- *Ich schreibe meine Bücher, um zu erfahren, was in ihnen steht.*
- *Jedes Menschenleben ist ein Wunderwerk an Verflochtenheit.*
- *Manchmal habe ich Angst, mich im Universum zu verlaufen wie ein Kind im finsteren Wald.*
- *Wie viele Leute lesen und studieren nicht, um die Wahrheit zu erfassen, sondern um ihr kleines Ich zu vergrößern.*
- *Vielleicht will Gott von bestimmten Seelen, dass sie ohne Gleichgewicht leben.*
- *Die Ereignisse spielen sich im Inneren ab.*

Über Mensch und Gott:

- *Man hat so viel Religion wie Liebe im Herzen.*
- *Sich gegenseitig den Abgrund verbergen. Das ist die Liebe.*
- *Das Evangelium ist voller Schweigen, und die Theologen sind voller Antworten.*
- *Die erbauliche Literatur hat Gott mehr Seelen geraubt, als es Voltaire und seine Kinder je taten.*
- *Die jungen Geistlichen sind zuweilen von entsetzlicher Unmenschlichkeit. Sie haben keinerlei Lebenserfahrung; sie denken nur an ihre Tugend – oder ihre Tugenden –, und das verbirgt ihnen das Evangelium, es verbirgt ihnen die Liebe. Viele Laien haben trotz ihrer Sünden mehr Nächstenliebe und stehen dem Reich Gottes näher.*
- *Ich verabscheue die Bücher, die von Gott sprechen wie von jemandem, den man ausfragt, und der bereitwillig unsere Neugier befriedigt. Gott liebt dieses, zieht jenes vor, denkt so oder so. Die Wahrheit ist, dass wir so gut wie nichts wissen ... – lauter Geheimnisse.*
- *Je älter ich werde, desto mehr denke ich an Christus. [...] Als ich jung war, sah ich ihn weit in der Vergangenheit. Mit einem Mal ist er da. Er allein ist aktuell. Alles Übrige, was wir für die Aktualität von heute halten, rast dem Nichts entgegen.*
- *Wäre Christus nicht, hätte die Welt keinen Sinn, und die Erde drehte sich im Leeren wie der Schädel eines Irren.*
- *Es gibt Menschen, die ganz plötzlich aufhören, an Gott zu glauben. Ich meinerseits bemerke, dass ich ganz allmählich aufhöre, an die Menschheit zu glauben. Lange genug hat sie mir mit ihren Reden, ihren Gesetzen, ihren Büchern zu imponieren verstanden, doch ich beginne, sie in ihrem wahren Licht zu sehen, welches hässlich ist, denn sie ist eine alte Irre, deren Anfälle von Grausamkeit mit Freundlichkeit abwechseln. Sie hält sich für erhaben und ehrwür-*

dig; sie vergisst die Lust auf Blut, die sie schon immer hatte, und die unermessliche Gier nach Unglück. Man erzähle mir nicht, sie suche das Glück; es ist zu offensichtlich, dass sie den Streit liebt.

- *Ich werde gefragt, was für mich der wichtigste jemals auf der Welt ausgesprochene Satz ist. Die Antwort weiß ich sofort: «Ich bin die Auferstehung und das Leben.»*

Über Jugend und Alter:

- *Den jungen Leuten, die mich vielleicht eines Tages lesen werden, möchte ich sagen, dass das Leben ein Geheimnis besitzt: Das Herz wird nicht alt.*
- *Gott liebt vermutlich die jungen Seelen. Mit zunehmendem Alter kommt es zu einer Art von geistiger Verknöcherung. Dann verlangt Gott nur noch Treue, nicht Heldentum.*
- *Man wird zu dem, was man betrachtet.*

Sowohl Julien Green als auch Simone Weil waren Nonkonformisten. Green besuchte zwar regelmäßig die katholische Messe, war aber längst nicht immer einverstanden mit den Verlautbarungen der Amtskirche. Ob Simone Weil sich noch kurz vor ihrem Tod taufen ließ und das Abendmahl zu sich nahm, ist umstritten. Jedenfalls war sie nie Mitglied einer Kirche.

Philosophen und Schriftsteller sind in ihrem Autonomie-Streben sicher nicht repräsentativ für den Bevölkerungsdurchschnitt. Dass Wahrheits- und Freiheitsliebe zusammenhängen, liegt aber auf der Hand. Wer sich zur Wahrhaftigkeit verpflichtet, gewinnt zumindest eine innere Freiheit. Es gibt aber auch eine umgekehrte Kausalität:

Freiheit macht wahr.

3.
Frei: Wer nach Vorschrift denkt, denkt gar nicht

Menschliches Dasein braucht Spielraum, um sich entfalten zu können. Er will reagieren, anknüpfen.

Helmuth Plessner, «Lachen und Weinen»

«Follow the Money.»

Der Spur des Geldes folgen, das ist der Ratschlag, den der Watergate-Whistleblower «Deep Throat» dem Journalisten Bob Woodward im Kinofilm «Die Unbestechlichen» (1976, Regie: Alan Pakula) gibt.

Die Logik dahinter sollten sich nicht nur Investigativreporter zu Herzen nehmen. Hinter üblen Machenschaften stecken oft finanzielle Motive und Zwänge, manchmal auch politische oder gar sexuelle. Abhängigkeit mindert die Fähigkeit und Bereitschaft zur Wahrhaftigkeit. «Wes Brot ich ess, des Lied ich sing», auch wenn es total schief ist.

Kein gutes Image hatten deshalb in der Zeit der Aufklärung die «Brotphilosophen», die im Auftrag von Adeligen und Unternehmern deren Nachwuchs erzogen. Bei Dostojewski sind es immer wieder die «Seminaristen», die studierenden Anwärter aufs Priesteramt, über die er abfällig urteilt. Er ging davon aus, dass sie ihr freies Denken aufgegeben hatten. Theologische Freigeister hatten wenig Aussicht auf Anstellung.

Bis heute wird Seneca nicht verziehen, dass er sich üppig von Nero besolden ließ. Platon gewann dadurch bei der Nachwelt an Glaubwürdigkeit, dass der Tyrann Dionysos ihn als Berater rausschmiss und anschließend in die Sklaverei verkaufte. Voltaire war zwar Kostgänger am Hof von Friedrich dem Großen, machte sich aber rechtzeitig aus dem Staub.

Eine Lichtgestalt unter den Wahrheitssuchern ist George Orwell (1903–1950). Seine Erfahrung mit Kolonialherrschern und Raubtierkapitalisten ließ ihn zunächst von der sozialistischen Weltrevolution träumen. Seine Erlebnisse mit stalinistischen Terrorgruppen im Spanischen Bürgerkrieg kurierten ihn wieder davon.

Jede Zeile meiner ernsthaften Arbeit, die ich seit 1936 geschrieben habe, war direkt oder indirekt gegen den Totalitarismus gerichtet.

Orwells berühmtester Roman «1984» ist eine Anklage gegen alle, die unter dem Vorwand der Massenbeglückung die Freiheit des Einzelnen einschränken. Seine düstere Zukunftsvision hatte zwar den Stalinismus zur Zielscheibe. An Aktualität hat sie aber immer noch nichts eingebüßt. Alles andere als abwegig ist auch heute die Vorstellung einer Obrigkeit, die «Gedankenverbrechen» verfolgt, «Neusprech» anordnet und den Menschen verbietet, die Wirklichkeit so zu beschreiben, wie sie sie erleben. Der zaghaft aufmüpfige Held des Orwell'schen Romans, Winston Smith, hält dagegen:

Freiheit ist die Freiheit zu sagen, dass zwei und zwei vier ist. Wenn das erlaubt wird, versteht sich der Rest von selbst.

Deshalb liegt es nicht an unbegründeter Reaktanz, wenn Gendersprech und andere Varianten der Meinungsgängelung auf Widerstand stoßen. Vor allem dann, wenn bestimmte Behauptungen – etwa von der Nicht-Existenz der menschlichen Zweigeschlechtigkeit – mit der erfahrbaren Realität kollidieren. Gegen solche Zumutungen darf man sich wortstark verwahren.

Freiheit ist die Freiheit zu sagen, dass ein Mann ein Mann und eine Frau eine Frau ist und alles Andere … eben: alles Andere. Wenn das erlaubt wird, versteht sich der Rest von selber.

Der wahrheitsliebende Mensch ist auch ein freiheitsliebender Mensch. Beides bedingt einander. Die Wahrheitsliebe ist aber unterschiedlich stark ausgeprägt. Als soziale Wesen sind Menschen aber normalerweise nur so wahrhaftig, wie man sie lässt.

Wer fürchtet, mit seiner Kritik als Querulant abgestempelt zu werden, nickt lieber jeden schwachsinnigen Vorschlag ab; und wer davon ausgeht, dass ihm seine öffentlichen Fehlereingeständnisse mit übler Nachrede vergolten werden, heuchelt prophylaktisch weiter. Allerdings nur bis zu einem bestimmten Punkt. Irgendwann ist für die meisten Menschen das Maß der Selbstverstellungs-Zumutung voll.

Im 19. Jahrhundert gab es zwei berühmte literarische Verkörperungen des unbedingten Freiheitswillens.

1853 veröffentlichte Herman Melville (1819–1891) die Geschichte von Bartleby. Der unscheinbare Anwalts-Assistent entschließt sich aus heiterem Himmel, alle Arbeitsaufträge abzulehnen. Die Begründung ist immer dieselbe: «Ich möchte lieber nicht.» Bartlebys Verweigerungshaltung geht so weit, dass er schließlich alle lebenserhaltenden Aktivitäten einstellt und stirbt.

Nicht ganz so selbstdestruktiv verhält sich der frühpensionierte Beamte, den Dostojewski (1821–1881) zum Antihelden seines Romans «Aufzeichnungen aus dem Kellerloch» (1864) macht. Sein Freiheitswunsch äußert sich darin, dass er über seine Umwelt herzieht. Er pfeift darauf, sich für einen positiven Zweck zu engagieren. Er reklamiert für sich das Recht zum asozialen Nichtstun.

Mit dem Kellerlochmenschen demonstriert Dostojewski seine persönliche Überzeugung, dass der Mensch lieber frei als glücklich sein will.

Stellen Sie ihn in materieller Hinsicht so günstig, dass er weiter nichts mehr zu tun hat, als zu schlafen, Pfefferkuchen zu essen und dafür zu sorgen, dass die Weltgeschichte nicht vor der Zeit aufhört –

so wird er, der Mensch, Ihnen auch dann, auch dann lediglich aus Undankbarkeit, lediglich aus Bosheit irgendeine Gemeinheit begehen. Er wird sogar die Pfefferkuchen aufs Spiel setzen und sich absichtlich den verderblichsten Unsinn, den materiell nachteiligsten Blödsinn wünschen, einzig und allein um dieser ganzen positiven Vernünftigkeit sein eigenes verderbliches fantastisches Element beizumischen. Gerade seine fantastischen Träumereien, seine grundgemeine Dummheit wird er sich zu erhalten wünschen, lediglich um sich selbst den Beweis zu liefern (als wäre das unumgänglich notwendig), dass die Menschen immer noch Menschen sind und keine Klaviertasten, auf denen zwar die Naturgesetze selbst eigenhändig spielen, sich aber so einzuspielen drohen, dass es nicht mehr möglich sein wird, etwas vom Kalender Abweichendes zu wünschen.

Lieber selbstbestimmt verlieren, als fremdgesteuert funktionieren. Das war auch Dostojewskis persönliche Maxime.

Und er trifft damit bis heute auf jede Menge Resonanz. Kein Wunder, dass Dostojewski genau wie Kierkegaard trotz aller radikalen Frömmigkeit so viel Ansehen genießt. An beiden fasziniert die unangepasste Meinungsfreudigkeit – und dass sie den Preis für ihre Unbestechlichkeit zahlten. Der freischaffende Künstler Dostojewski war dauernd pleite, der Erbe Kierkegaard am Ende seines Lebens auch.

Wenn weise Menschen nicht nach oben kuschen, dann nicht nur aus Mut, sondern auch aus Selbstachtung. Sie verbieten sich den vorauseilenden Gehorsam, der ihre Mitmenschen ohne Not in die Selbstverkrümmung treibt. Alle irdischen Machtstrukturen sind schließlich nicht natur- oder gottgegeben, sondern menschengemacht.

Ein eindrucksvolles Freiheitsmanifest schrieb vor fast fünfhundert Jahren ein junger französischer Autor, Étienne de La Boétie (1530–1563). Der beste Freund des Philosophen Montaigne lebte in der Zeit des Frühabsolutismus. Kirche und Krone stritten darum, wer größere Zugriffsrechte auf die normale Bevölkerung hatte.

Dass die Menschen nicht ihres eigenen Glückes Schmied waren, sondern gefälligst für andere zu schuften hatten, galt als selbstverständlich. Nicht aber für den vielbelesenen Étienne. Er verfasste eine «Abhandlung über die freiwillige Knechtschaft». Darin knöpfte er sich nicht etwa die Großgrundbesitzer und Schlossherren vor, sondern deren Untertanen. An ihnen kritisierte er, dass sie sich ihrer Freiheitsspielräume gar nicht bewusst waren. Wenn sie nur hinter die martialischen Fassaden ihrer Dienstherren blickten, würden sie auf die Barrikaden gehen.

Einige der kernigsten Botschaften der Abhandlung lauteten:

- *Was für ein Unglück hat den Menschen so unnatürlich machen können, dass er, der wahrhaftig nur zur Freiheit geboren ist, die Erinnerung an sein erstes Wesen und das Verlangen, wieder zu ihm zu kommen, verloren hat?*
- *Die erste Ursache der freiwilligen Knechtschaft ist die Gewohnheit.*
- *Die Theater, die Spiele, die Volksbelustigungen und Aufführungen aller Art, die Gladiatoren, die exotischen Tiere, die Medaillen, Bilder und anderer Kram der Art, das waren für die antiken Völker der Köder der Knechtschaft, der Preis für ihre Freiheit, das Handwerkszeug der Tyrannei.*
- *Mit der Freiheit geht wie mit einem Mal die Tapferkeit verloren. Geknechtete haben im Kampf keine Frische und keine Schärfe.*
- *Manchmal, wenn ich diese Leute betrachte, die untertänig vor der Tür des Tyrannen stehen, um die lieben Diener seiner Tyrannei und der Knechtung des Volkes zu sein, dann staune ich über ihre Schlechtigkeit und habe Mitleid mit ihrer großen Torheit. Denn wahrlich, was bringt ihnen ihre Nähe beim Tyrannen anderes ein, als dass sie sich noch weiter von ihrer Freiheit entfernen und die Sklaverei sozusagen mit beiden Händen packen und an sich reißen.*
- *Lernen wir also, lernen wir, das Rechte zu tun: Heben wir die Augen zum Himmel, um unserer Ehre willen oder aus Liebe zur*

ewig gleichen Tugend, blicken wir zu Gott dem Allmächtigen auf, dem immerwährenden Zeugen all unserer Taten und dem gerechten Richter unserer Verfehlungen. Ich meinerseits glaube und irre mich nicht – da unserem Gott, der immer sanft und mild ist, nichts so zuwider ist wie die Tyrannei –, dass er für die Tyrannen und ihre Mitschuldigen dort noch eine besondere Strafe in Bereitschaft hält.

Zweihundert Jahre später war der Absolutismus abgeschafft. Die Unterdrückungsmechanismen waren subtiler geworden. Von freien Gesellschaften konnte nach wie vor nicht die Rede sein. John Stuart Mill beschrieb in seiner bereits erwähnten Schrift «Über die Freiheit» …

… eine zunehmende Neigung, die Macht der Gesellschaft über das einzelne Individuum ungebührlich zu vermehren durch den Einfluss der Meinung wie durch den der Gesetzgebung. Da die Tendenz aller Veränderung in der Welt darauf gerichtet ist, die Gesellschaft zu stärken und die Macht des Einzelnen zu schwächen, so gehört diese Beeinträchtigung nicht zu den Übeln, die von selbst verschwinden werden, sondern zu denen, die immer furchtbarer werden.

Inzwischen haben sich die Zeiten geändert und zumindest die westlichen Gesellschaften sich stark liberalisiert. Wenn um Freiheit gekämpft wird, dann vor allem um Meinungsfreiheit. Der deutsche Philosoph Friedrich Heinrich Jacobi (1743–1819) war zwar selbst überzeugter Christ, räumte aber ein:

Religion ist Quelle der Bildung überall gewesen – Quelle der Freiheit aber nirgends.

In der religiösen Praxis geht es um die Verbundenheit zu einer höheren Macht, also um eine freiwillige Unterordnung und Autonomie-Einschränkung. In Religionsgemeinschaften kommen außerdem noch die gruppendynamischen Bindungen zum Tragen. Kirchen haben Riten und Regeln. Idealerweise stehen Individualität und Glaubensgehorsam in einem gesunden Verhältnis. Ein gesunder Glaube reduziert die Persönlichkeit nicht, sondern aktiviert und erweitert vielmehr ihren gottgegebenen Kern, die Seele. In diesem Sinn konnte Jesus versprechen:

> *Wenn euch der Sohn Gottes befreit, dann seid ihr wirklich frei.*
>
> Johannes 8,36

Jesus meinte damit die Befreiung von inneren und äußeren Zwängen, von Triebhaftigkeit und Gesetzlichkeit. In einem seiner ersten Briefe bekräftigte der Apostel Paulus die Freiheitsdimension des Christentums.

> *Durch Christus seid ihr dazu berufen, frei zu sein, liebe Brüder und Schwestern! Aber benutzt diese Freiheit nicht als Deckmantel, um eurem alten selbstsüchtigen Wesen nachzugeben. Dient vielmehr einander in Liebe.*
>
> Galater 5,13

Wie ich noch ausführlich darstellen werde, gab es solche Freiheitspostulate bald nur noch auf dem Papier. Im Mittelalter war Ruhe und Regelkonformität erste Christenpflicht. Und auch in Luthers Verständnis war die «Freiheit eines Christenmenschen» noch sehr eingeschränkt. Aber allmählich wurde der Ruf nach Glaubens- und Meinungsfreiheit immer lauter.

Der niederländische Philosoph Benedikt de Spinoza (1631–1677) machte sich einen Namen als konsequenter religiöser Freidenker. Aus der jüdischen Gemeinde war er wegen seiner tabulosen Bibelkritik hinausgeworfen worden. Er sympathisierte zwar mit dem Christentum, aber weniger mit dessen trinitarischem Credo als mit dessen Agape-Ethik.

Spinoza war überdies ein ausgesprochener Individualist. Im Zentrum seiner Anthropologie stand das Prinzip des «Conatus», lateinisch für «Streben». Damit meinte Spinoza das Streben jedes Menschen, seiner eigenen Persönlichkeit gemäß zu leben und zu denken.

Wissenschaftliche Lehraufträge nahm er nicht an, weil er unabhängig bleiben wollte. Lieber hielt er sich mit Optikerarbeiten über Wasser und forschte privat, wonach ihm der Sinn stand. Besonderen Ehrgeiz verwandte er auf die Beschäftigung mit der Bibel. In einem «Theologisch-politischen Traktat» unterzog er sie einem akribischen Faktencheck. Der politische Teil des Traktats beschäftigte sich mit dem Recht, solche Gedanken öffentlich äußern zu dürfen.

Der Glaube gesteht jedem die volle Freiheit zu philosophieren zu, und zwar so, dass jeder, ohne sich damit strafbar zu machen, über alle in der Bibel vorgetragenen Aussagen denken kann, was immer er will. Der Glaube verdammt nur diejenigen als Ketzer und Spalter, die Ansichten vertreten, die zu Ungehorsam, Hass, Streit und Zorn einladen.

Derartige Gedanken zu formulieren, war in Deutschland am Ende des 17. Jahrhunderts noch undenkbar. Überhaupt dauerte es hier länger als in den Niederlanden, Frankreich oder England, bis die Freiheitsrufe laut wurden. Noch am Anfang des 19. Jahrhunderts klagte die französische Schriftstellerin Germaine de Staël (1766–1817):

Die Freiheitsliebe ist bei den Deutschen nicht entwickelt.

Bis heute wird uns Deutschen eine Tendenz zur Obrigkeitshörigkeit und zum Mitläufertum nachgesagt. In der neueren Geschichte gibt es dafür auch genug Anhaltspunkte.

Dafür mangelt es nicht an deutschen Dichtern und Denkern, die nach dem Refrain des bekannten Westernhagen-Songs agierten: «Freiheit, Freiheit – ist das Einzige, was zählt.»

1781 ließ der 21-jährige Friedrich Schiller (1759–1805) in «Die Räuber» sein Alter Ego Karl Mohr schimpfen:

Pfui über das schlappe Kastratenjahrhundert, zu nichts nütze, als die Taten der Vorzeit wiederzukäuen [...] Das Gesetz hat noch keinen großen Mann gebildet, aber die Freiheit brütet Kolosse und Extremitäten aus.

Sechs Jahre später forderte der Marquis de Posa in Schillers «Don Carlos»:

Geben Sie Gedankenfreiheit!

Wenn heute über religiöse Konservative und Progressive gesprochen wird, sollte man sich vergegenwärtigen, dass der Konflikt ein Dauerbrenner ist. Vor 250 Jahren führte er zu einem regelrechten Exodus junger Hochbegabungen. Sie spalteten sich vom christlichen Mainstream ab wie im alten Israel das Nord- vom Südreich. Der Trend zur Abwanderung fortschrittsorientierter Talente aus den Kirchen hält bis heute an und hat mittlerweile auch die breite Bevölkerungsmehrheit erfasst.

Noch lebhaft erinnere ich mich an den größten Applaus, den ich je auf einem christlichen Kongress für eine Vortragspassage erhalten habe. Dabei hatte ich nur im Stakkato die Namen von etwa fünfzig christlichen Top-Brains der Vergangenheit aufgezählt, von Bach bis Bono, von Dante bis Kepler, von Michelangelo bis Rembrandt. Damit wollte ich allen, die das Christentum im Niedergang sehen, dessen Errungenschaften vor Augen führen.

Das Publikum war begeistert. Seelenbalsam.

Ich frage mich, wie die Reaktionen ausgefallen wären, wenn ich anschließend eine andere Liste präsentiert hätte – mit den Namen prominenter Glaubens-Abgänger: Goethe, Schiller, Lessing, Kant, Fichte, Schopenhauer, Engels, Nietzsche, Hesse, Benn, Heidegger usw.

Zugegeben: Viele dieser Personen distanzierten sich nicht vom Glauben per se, sondern nur von der orthodoxen Kirchenlehre. Aber für die organisierte Christenheit waren sie dennoch verloren. Dabei sahen sie sich in der Regel nicht als Glaubensrebellen, schon gar nicht als Christusleugner. Sie störten sich an den Denkverboten und der Diskussionsunlust.

Symptomatisch für den anhaltenden Intellektuellen-Abfall ist eine Tübinger Studenten-WG und eine dortige Theologie-Koryphäe.

Mir fällt der Name Gottlob Christian Storr (1746–1805) immer ein, wenn irgendwo der berühmte Fragebogen von Marcel Proust zitiert wird. Eine der Fragen lautet: «Welche geschichtlichen Gestalten verachten Sie am meisten?» Ich muss zugeben, dass meine Einschätzung von Storr einer Verachtung schon sehr nahekommt. Dabei weiß ich gar nicht viel über ihn, nur, dass er in den 1790er Jahren der bekannteste Tübinger Theologieprofessor war. Unter seiner Leitung wurde der schwäbische Pastorennachwuchs ausgebildet. Zu seinen Zöglingen gehörten drei Studenten, die zu den größten deutschen Sprach- und Denkkünstlern überhaupt gehören und die mittlerweile viel bekannter als Storr sind:

Alle hießen, wie die meisten Preußenkönige, mit Vornamen Friedrich, zwei außerdem Wilhelm: J. C. Friedrich Hölderlin (1770–1843), G. Wilhelm Friedrich Hegel (1770–1831), Friedrich Wilhelm J. Schelling (1775–1754). Alle drei waren pietistisch erzogen, alle hatten Pfarrer als Vorfahren.

Die drei lebten in einer gemeinsamen Studentenwohnung. Ein solches Genie-Cluster ist ziemlich einzigartig: so ähnlich, als hätten Steve Jobs, Bill Gates und Jeff Bezos zusammen in einem Haus gewohnt und gemeinsam studiert – und ihr Professor das nicht mitgekriegt.

Storr hatte tatsächlich keinen Schimmer. Er sonnte sich stattdessen im Glanz seines akademischen Ansehens. Er galt als einer der wichtigsten Vertreter der lutherischen Orthodoxie.

Seine Studenten waren weniger begeistert. In einem Brief an Schelling klagte Hegel über die theologische Fakultät: «Nirgends wird so getreulich wie dort das alte System fortgepflanzt.» In einem anderen Brief schrieb er: «Vernunft und Freiheit bleiben unsere Losung – und unser Verneigungspunkt die unsichtbare Kirche.» Zusammen formulierten die drei WG-Bewohner eine Leitschrift, in der sie eine neue Epoche heraufbeschworen:

Keine Kraft wird mehr unterdrückt werden. Dann herrscht allgemeine Freiheit und Gleichheit der Geister!

Storr blieb starr bei seinem Lehrprogramm. Die Genies waren für die Kirche futsch.

Im philosophischen System, das Hegel in den Folgejahren entwickelte, rückte die Freiheit immer weiter in den Mittelpunkt.

Die Freiheit ist die höchste Bestimmung des Geistes.

Ob er damit recht hat, ist zumindest umstritten. Unzweifelhaft ist Freiheit eine wichtige Voraussetzung für volle Inanspruchnahme des Geistes. Wo ihm zu viele Schranken auferlegt werden, regt sich Widerstand, manchmal sogar Hass.

Der Zwiespalt zwischen persönlicher Glaubensfreiheit und eingeforderter Bekenntnistreue wurde auch von einer amerikanischen Dichterin als schmerzlich empfunden.

Emily Dickinson (1830–1886) gilt als Ikone der englischsprachigen Lyrik. Sie ist auch popkulturelles Phänomen. Zu Lebzeiten war sie unbekannt. Nun vergeht kaum ein Jahr, in dem nicht ein neues Buch oder ein neuer Film über die solitäre Frau in Weiß herauskommt. Sie lebte in derselben Nachbarschaft, in der hundert Jahre zuvor der calvinistische Erweckungsprediger Jonathan Edwards (1703–1758) gewirkt hatte. Aber die Temperamente und theologischen Zugänge konnten nicht unterschiedlicher sein.

Emilys Vater leitete ein christliches College. Sie war mit dem Christentum vertraut, auch innerlich. Pochte aber auf ihren eigenen Weg. Aus Wahrheitsliebe rührte sie sich nicht, als die ganze Schulklasse gehorsam zum Bekehrungsgelöbnis aufstand. Nicht, weil sie nicht an Gott glaubte; sondern weil sie unfähig war, die für eine Bekehrung angeblich notwendigen Gefühle der Zerknirschung und Hingabe zu produzieren. Also blieb sie sitzen, statt zu simulieren.

An ihre beste Freundin, die sich mit allen anderen erhoben hatte, schrieb die damals 15-Jährige:

Ich fühle, dass ich meinen Frieden mit Gott noch nicht schließen kann. Die verzückte Regung deines Herzens bleibt mir noch fremd. Ich vertraue fest auf Gott und auf sein Versprechen, und doch, warum weiß ich nicht, will mir scheinen, als gehörte der Welt der erste Platz in meinem Herzen. Ich glaube kaum, dass ich, müsste ich sterben, mich freudig in alles ergäbe. Bete für mich, liebe Abiah, damit ich dennoch ins Reich gelange, damit auch für mich Platz ist im Licht der Herrlichkeit.

Es war die innere Freiheit, die es Emily Dickinson erlaubte, sich dem sozialen Druck schweren Herzens zu widersetzen.

Einige ihrer Biografen vermuten, dass sie unter dem Asperger-Syndrom litt. Sie pflegte außerhalb der Familie kaum soziale Kontakte und verbrachte den Großteil ihres erwachsenen Lebens im eigenen Zimmer.

In ihren Gedichten wimmelt es von weisen Gedanken über Gott und die Welt. Während die erbauliche Glaubenslyrik zeitgenössischer Dichter weitgehend vergessen ist, werden ihre Texte immer neu nachgedruckt.

Besonders gut zum Ausdruck kommt ihre tiefsinnige Authentizität in dem Gedicht «My Life has stood – a loaded gun». Sie war Anfang der Dreißig, als sie es verfasste.

Mein Leben war ein geladenes Gewehr
Es stand in der Ecke, bis eines Tages
der Eigentümer vorbeikam und es erkannte
und mich mitgenommen hat.
Und jetzt schweifen wir im Wald des Fürsten
und wir jagen das Wild
und jedes Mal, wenn ich für ihn spreche
antwortet das Gebirge – und wenn ich lächle, erglüht das Tal
von innerem Licht
wie wenn die Miene des Vesuvs
ihre Freude zeigt.

Ich kenne kein Gedicht, das das Abenteuer der Gottesnachfolge so kunstvoll und originell in Verse fasst.

Aber was, wenn die Wahrheitssuche weg von Gott führt?

Das war bei Martin Heidegger (1889–1976) der Fall. In einem Vortrag über das Thema «Vom Wesen der Wahrheit» stellte er 1930 das Jesus-Zitat auf den Kopf, machte die Freiheit zur Vorbedingung für die Wahrheit. Genervt von den religiösen Denkverboten seiner Kindheit und Jugend proklamierte der Ex-Katholik:

Die Freiheit wird uns wahr machen.

Die von ihm eingeforderte geistige Unabhängigkeit führte ihn allerdings nicht zu einer höheren Wahrheit, sondern zeitweise in die Arme der Nazi-Bewegung. Gerade ihn meinte Hannah Arendt, als sie von den Intellektuellen sprach, die ihren eigenen Einfällen «in die Falle» gingen.

Weisheit bedarf eben nicht nur der Freiheit, sondern auch der Verankerung. Absolute Unabhängigkeit ist eine Illusion, die nur in neue Abhängigkeiten führt.

Ein waches Auge auf pseudoliberale Fortschrittsmarotten hatte der kolumbianische Philosoph Nicolás Gómez Dávila (1913–1994). Ihm wird manchmal das Etikett «Reaktionär» angeheftet. Dabei hatte er nur einen so ausgeprägten Freiheitsdrang, dass er sich das antizyklische Bekenntnis zu bewährten Überzeugungen und alten Ritualen zu benennen traute.

Als konservativer Katholik stand er quer zur überwiegend linken akademischen Welt. Das fiel ihm leicht, weil er finanziell unabhängig war. Seine Unternehmer-Eltern hatten ihm eine fette Erbschaft hinterlassen. Job-Angebote aus der Politik konnte er deshalb ablehnen. Er bemühte sich nicht einmal um die Anerkennung anderer Philosophen.

Der Erwartung, er müsse ein bedeutendes Werk verfassen, widersetzte er sich. Die große Welterklärung gab es ja bereits in der Bibel und den Lehren der Kirchenväter. Stattdessen veröffentlichte er Bücher mit Aphorismen und kurzen Aufsätzen. Dreißig Jahre nach seinem Tod treffen sie immer noch ins Mark von Menschen, die den frech-freisinnigen Austausch über Gott und die Welt lieben.

Nicolás Gómez Dávila über das Leben:

- *Allein das Unerwartete befriedigt vollständig.*
- *Leben ist eine Freude, die uns das Leben aus den Händen reißt.*
- *Die Kritik ist der Weg der Schöpfung. – Der Konflikt ist der Vater der Idee. – Der Irrtum ist die Voraussetzung der Wahrheit.*

Über Menschen:

- *Dass jemand von uns abhängt, kann genügen, um uns zu retten.*
- *Der Wille erfindet sich Motive.*
- *Keine Erleichterung lässt sich mit der vergleichen, die wir empfinden, wenn wir auf unsere Ansprüche verzichten.*

- *Wir verbringen unser Leben damit, dass wir immerzu an dieselbe verschlossene Tür klopfen.*

Über die Liebe:

- *Lieben heißt den Grund verstehen, den Gott hatte, das zu erschaffen, was wir lieben.*
- *Lieben heißt, ein Wesen so zu sehen, wie Gott es sieht.*
- *Unseren Nächsten zu lieben, ist zweifellos ein Gebot, doch das Evangelium ist die Liebe, die uns erwartet.*

Über den Glauben:

- *Das Christentum ist der hemmungsloseste Optimismus, den der Mensch kennt.*
- *Das Christentum ist die Religion desjenigen, der sein Leben so führt, als sei jederzeit ein Erdbeben möglich.*
- *Das Christentum ist eine Unverschämtheit, die wir nicht als Liebenswürdigkeit tarnen dürfen.*
- *Das Christentum lehrt nicht, dass das Problem eine Lösung habe, sondern dass das Flehen eine Antwort habe.*
- *Dem Christentum, dem ihr nicht den Rücken kehrt, kehrt die Welt den Rücken.*
- *Der Christ weiß, dass das Christentum bis zum Ende der Welt hinken wird.*
- *Der Christ weiß, dass er nichts fordern, aber alles erhoffen kann.*
- *Der Glaube löst nicht unsere Zweifel, er verzehrt sie.*
- *Der moderne Christ lebt in der Angst, dass ihm an der nächsten Ecke eine Widerlegung auflauern könnte.*
- *Nichts Gefährlicheres für den Glauben, als mit Gläubigen zu tun zu haben. Der Ungläubige kräftigt unseren Glauben.*
- *Was nicht religiös ist, ist uninteressant.*

Über Gott:

- *Dass es irgendeine Pflicht gibt, wenn Gott nicht existiert, ist eine Dummheit.*
- *Die Existenz Gottes ist unbeweisbar; denn über seine Person können wir nur unvermutet straucheln.*
- *Ein verständlicher Gott wäre kein vertrauenswürdiger Gott.*
- *Ich glaube mehr an das Lächeln als an den Zorn Gottes.*
- *Nur für Gott sind wir unersetzlich.*
- *Nur Gott vermag zu überzeugen; wir vermögen nur wachzurütteln.*
- *Was von Gott trennt, ist weniger die Sünde als der Wunsch, sie zu rechtfertigen.*
- *Wer an Gott glaubt, ist in der Welt nie ganz verloren.*

Über die Wahrheit:

- *Eine klar erkannte Wahrheit erschöpft unseren Geist.*
- *Das Leben ist die Guillotine der Wahrheiten.*
- *Der einzige Ersatz für Größe ist Hellsichtigkeit.*
- *Jeder sieht zu, aber wenige sehen.*

Über die Welt:

- *Das schamloseste Spektakel ist das wollüstige Herzklopfen, mit dem eine große Menge dem Redner lauscht, der ihr Honig ums Maul schmiert.*
- *Der moderne Mensch ist abwechselnd schleimig und steinhart. Wenn er aufhört, sentimental zu sein, wird er unbarmherzig.*
- *Der Zusammenbruch einer Allgemeinvorstellung kündigt an, dass wir zu verstehen beginnen.*
- *Die moderne Welt scheint unbesiegbar. Wie die ausgestorbenen Saurier.*

- *Die Nachgiebigkeit der Welt gegenüber, die den Charakter herabwürdigt und verdirbt, kann daher kommen, dass wir unseren Kräften maßlos misstrauen.*
- *Es triumphiert ein journalistischer Geist. Es gibt keine Geisteshaltung mehr, die er nicht infiziert, und auch kein Werk, das seine implizite Gegenwart nicht zersetzt. Wir leben von dem, was heute geboren wird, und wir leben nur für den heutigen Tag.*
- *Jedes Zeitalter endet in Maskerade.*
- *Wenig gibt es, das so schnell wie die Ideen stirbt, und wenige Leidenschaften lassen derart kalt.*
- *Wer in der modernen Welt nicht den Schwefel wittert, hat keinen Geruchssinn.*
- *Wo es nur noch Volk gibt, ist der Tyrann sicher.*
- *Wozu es heute Mut braucht, ist, nicht zur Verschmutzung beizutragen.*

Über die Torheit:

- *Der Dumme neidet sogar das, was er nicht begehrt.*
- *Der Hohlkopf misst die Wichtigkeit der Dinge am Grad ihrer Nähe zu seiner Zeit und seinem Grips.*
- *Der Kniefall des Gleichgültigen ist die allergrößte Schmach.*
- *Die Fanatiker der Freiheit enden als Theoretiker der Polizei.*
- *Die Parteigänger einer Sache sind in der Regel die besten Argumente gegen sie.*
- *Niemand beharrt so sehr darauf, eine Meinung zu haben, wie derjenige, der nur Echo ist.*
- *Ohne Geldsorgen stirbt der Dummkopf vor Langeweile.*
- *Was die größte Distanz zu einem Menschen schafft, ist, wenn man spürt, dass er mit sich zufrieden ist.*
- *Der Barbar zerstört nur; der Tourist entweiht.*

Über die Klugheit:

- *Das Talent flieht gewöhnlich, wenn die Ehrungen nahen.*
- *Mit Preisen krönt man Nachahmer.*
- *Was wir suchen, macht unsere Größe aus, und was wir finden, unsere Mittelmäßigkeit.*
- *Wer sich für originell hält, ist bloß ignorant.*

Klug, wahr, frei.

Mittlerweile haben wir das Wesen der Weisheit zu drei Vierteln umrissen. Es fehlt noch ein entscheidendes Attribut. Schließlich kann auch ein Gewaltpornografiker wie der Marquis de Sade (1740–1814) die drei Attribute für sich reklamieren. Intelligent, authentisch und schrankenlos kann der schlimmste Unmensch sein. Es fehlt nur eine entscheidende Weisheits-Qualifikation.

Die Güte.

4. Gut: Was nützt die Weisheit in Gedanken?

Ich wär so gern gut, ich hätt so gut zu tun / Mitarbeiter des Monats im Güte-Institut / Ich wär so gern gut, na gut, gut genug / Ich hab's nicht im Blut.

Judith Holofernes

Als Reporter habe ich über die Jahre viele einflussreiche Persönlichkeiten interviewt. Allerdings ist es während der paar Minuten unmöglich, über deren tiefstes Inneres zu reden. Meistens stehen auch noch Kameramann und Tonassistent dabei, dazu die Mitarbeiter des Interviewten. Die meistens tagesaktuellen Fragen zielen auch nicht gerade darauf ab, die moralische Substanz eines Menschen abzuchecken.

Vielleicht erinnere ich mich deshalb so intensiv an meine Begegnungen mit einem kalifornischen Professor, der nur ein paar Philosophie-Spezialisten bekannt war. Dazu kamen viele Christen, die seine spirituellen Bücher lasen, aber von seinen wissenschaftlichen Erkenntnissen kaum etwas wussten. Zu ihnen habe auch ich gehört.

Dallas Willard (1935–2013) war ein Mann, der die moralischen Prinzipien, die er lehrte, auch lebte. Sein Fachgebiet war die Phänomenologie, also die philosophische Beschäftigung nicht mit abstrakten Verständnisfragen, sondern mit der Welt an sich.

In diesem Sinn interessierte ihn auch am Christentum vor allem dessen praktische Seite. Christen, so war er überzeugt, mussten durch ihr Alltagsverhalten positiv auffallen. In Büchern wie «Gott. Du musst es selbst erleben» empfahl er seinen Lesern, dem Vorbild Jesu nachzueifern. Sie sollten vom Heiligen Geist den eigenen Charakter verändern lassen. Sie sollten das göttliche Gute tatsächlich in die Welt bringen. Darin sah er den Sinn des Lebens.

Die wirklich gute Nachricht für die Menschheit lautet, dass Jesus nun Schüler in die Meisterausbildung des Lebens aufnimmt. Das ewige Leben, das mit dem Vertrauen auf Jesus beginnt, ist ein Leben in seinem gegenwärtigen Reich, das jetzt auf dieser Erde für alle verfügbar ist.

Und er selbst?

Laut seinem Biografen war er tatsächlich so etwas wie ein moderner Heiliger. Seine Verwandten, Freunde, Studenten bezeugten alle seine Freundlichkeit.

Ich selbst kannte ihre Lobeshymnen noch nicht, als ich ihn selbst mehrfach traf. Er leitete die Philosophie-Abteilung der University of Southern California in Los Angeles. Ich lernte an derselben Universität das Drehbuchschreiben. Weil ich einige seiner Bücher gelesen hatte, wollte ich ihn «live» erleben.

Während ich bei meinen Kontaktversuchen mit bekannten amerikanischen Pastoren oft monatelang auf eine Audienz warten musste, noch öfter aber bereits von deren Mitarbeitern abgewimmelt wurde, bekam ich von Dallas Willard ganz schnell eine Zusage. Dabei war auch seine Zeit kostbar.

In seinem Büro stapelten sich Bücher, die er dringend für Fachjournale besprechen musste. Er war auch als Redner gefragt. Aber er tat bei mir, als hätte er alle Zeit der Welt. Im Gespräch wollte er gar nicht lange dozieren, sondern mehr über mich erfahren. Am Ende redeten wir über meinen Liebeskummer. Den Ratschlag, den er mir gab, habe ich vergessen. Aber mir imponiert immer noch, dass er mich als Person wahrnahm und auf meine konkreten Anliegen einging.

Das galt auch für unser nächstes Treffen. Jahre später, als er schwer krebskrank war, nahm er sich immer noch Zeit, ausführlich auf meine

E-Mails zu antworten. Er war, so fand ich, eine bemerkenswert großzügige Seele.

Ähnliche Erfahrungen machte ich bei meinen Begegnungen mit Timothy Keller, dem 2023 verstorbenen New Yorker Pastor. Auch ihm ging der Ruf voraus, fast so etwas wie ein moderner Heiliger zu sein. Seine Autorität gründete sich nicht nur auf seine Intelligenz und seine rhetorische Raffinesse, sondern auf einen guten Charakter.

Es ist etwas aus der Mode gekommen, Menschen nach ihren vorrangigen Eigenschaften zu nennen. Eigentlich schade. Dallas, der Gute; Timothy, der Weise – das würde gut klingen und die Lektüre langer Wikipedia-Einträge abkürzen.

Insofern hatten es unsere Vorfahren leichter. Der sächsische Kurfürst, der die Universität Wittenberg gründete, die Reformation ermöglichte und sich vergeblich gegen die Bauernkriege wandte, ist heute als Friedrich der Weise (1463–1525) bekannt. Damals wusste man den Wert der Weisheit zu schätzen. Dass dazu auch eine überdurchschnittliche Anständigkeit gehörte, verstand sich von selbst.

Das «Gute» präzise definieren zu wollen, würde den Rahmen dieses Buches sprengen. Es ist auch nicht nötig. Über die wesentlichen Ingredienzen sind sich die einschlägigen Experten ziemlich einig.

Der chinesische Philosoph Konfuzius (551–479 v. Chr.) lehrte Güte als höchste Norm und Mitmenschlichkeit als wichtigste Eigenschaft. In Zeiten, in denen Kriege tobten und die gesellschaftliche Ordnung vom Zerfall bedroht war, sollten sich «edle» Menschen der destruktiven Tendenz widersetzen. Seinen Schülern brachte er Maximen bei, die auch im 21. Jahrhundert noch aktuell sind.

- *Der edle Mensch hält sich an Maß und Mitte, der Gemeine widersetzt sich Maß und Mitte.*
- *Der Edle verbreitet Harmonie, und doch ist er nicht schwach.*
- *Der Weg des Edlen führt in die Weite und ist doch geheimnisvoll.*

- *In hoher Stellung unterdrückt er nicht die Untergebenen, in niederer Stellung kriecht er nicht vor den Oberen. Er korrigiert sich selbst und verlangt nichts von den anderen Menschen; so bleibt er frei von Groll. Nach oben grollt er nicht dem Himmel, nach unten zürnt er nicht den Menschen.*
- *Die Worte müssen den Taten entsprechen, die Taten müssen den Worten entsprechen. Wie sollte der Edle nicht unbedingt aufrichtig sein?!*
- *Der Schütze hat eines mit dem Edlen gemein: Wenn er das Ziel verfehlt, wendet er sich um und sucht den Fehler bei sich selbst.*
- *Eine Persönlichkeit entsteht durch den rechten Weg.*
- *Menschlichkeit gehört zum Menschsein. Die Liebe zu den Nächsten ist das Größte daran.*
- *Liebe zum Lernen führt zur Weisheit, entschlossenes Handeln führt zum Großmut, sich schämen können führt zur Stärke.*
- *Die Wahrheit ist des Himmels Weg, die Suche nach Wahrheit ist der Weg des Menschen.*
- *Nur wer auf Erden die höchste Wahrhaftigkeit erreicht, kann seine Natur voll entwickeln.*

Das könnte so ähnlich auch in der Bibel stehen.

Dachte sich auch Christian Wolff (1679–1754). Den Hallenser Philosophen trieb die Frage um, ob und in welcher Art man Weisheit auch ohne den Glauben an den christlichen Gott erlangen konnte. Die Frage ist immer noch virulent, zumindest in hochreligiösen Kreisen.

What's God Gotta Do with It?

Kann man auch bei anderen Kulturen in die Weisheitsschule gehen? Und wenn ja, was kann man bei ihnen lernen?

Nicht von ungefähr stammen in der Bibel die «Weisen» aus dem heidnischen Morgenland, der gerechte Hiob aus dem nichtjüdischen Land Uz und die tadellosen Herrscherfiguren Melchisedek und Kyros ebenso von außerhalb des «erwählten Volkes». Im Buch der weisen

«Sprüche» tauchen darüber hinaus die Lehren eines gewissen Lemuel, des Königs von Massa, auf; wahrscheinlich handelte es sich um einen Araber.

Seit dem Hochmittelalter standen christliche Philosophen vor der Frage, wie sie mit der Weisheit antiker Poeten und Propheten umgehen sollten. Nachdem deren Schriften lange Zeit vergessen oder verpönt gewesen waren, griff man nun wieder nach Aristoteles und Zenon, nach Ovid und Lukrez, nach Cicero und Seneca, nach Plutarch und Plotin. Und fragte sich, mit wie viel Vorsicht die lebensklugen Ratschläge zu genießen waren. Bei vielen von ihnen gibt es schließlich erstaunliche Parallelen zur christlichen Ethik.

Bei der Recherche für dieses Buch ist mir ein Brief in die Hand gefallen. Nicht in originaler Form, dann wäre ich steinreich, sondern als Kopie einer Übersetzung. Er stammt aus dem dritten Jahrhundert. Darin schreibt ein Philosoph:

> *Vier Grundprinzipien sollen am meisten gelten in dem, was Gott betrifft: Glaube, Wahrheit, Liebe und Hoffnung. Glauben muss man nämlich, weil die einzige Rettung die Hinwendung zu Gott ist. Der, welcher zum Glauben gelangt ist, muss möglichst intensiv danach streben, über ihn die Wahrheit zu erkennen; und der, welcher erkannt hat, den Erkannten liebgewinnen; der aber, der ihn liebgewonnen hat, mit guten Hoffnungen die Seele, solange das Leben währt, ernähren. […] Wer einem Menschen Unrecht tut, kann nicht Gott verehren, sondern als das Fundament der Frömmigkeit soll dir die Liebe zu den Menschen gelten.*

Glaube. Wahrheit. Liebe. Hoffnung. Klingt nach dem christlichen Apostel Paulus, stammt aber aus der Feder des heidnischen Philosophen Porphyrios (233–301), der seiner Gattin Marcella das gute Leben erklären will.

Seit der Renaissance waren die meisten antiken Weisheitslehrer wieder rehabilitiert und zitierfähig.

Doch schon stellte sich die nächste Herausforderung.

Im frühen 18. Jahrhundert gelangte die chinesische Weisheitsliteratur nach Deutschland. Jesuitische Missionare hatten sie übersetzt.

Zurück zu Christian Wolff. Der Aufklärer gehörte zu den ersten deutschen Konfuzius-Lesern. Er war beeindruckt. Bei einer Universitätsveranstaltung am 12. Juli 1721 wollte er auch die Kollegen an seinen Entdeckungen teilhaben lassen. Mit seiner Rede «Über die praktische Philosophie der Chinesen» sorgte er für einen der größten akademischen Skandale des 18. Jahrhunderts. Der immer zu einer Provokation bereite Wolff verkündete …

> *… dass diejenigen Grundsätze für echte Grundsätze der Weisheit gehalten werden müssen, die mit der Natur des menschlichen Geistes übereinstimmen, während diejenigen als unecht verworfen werden müssen, die der Natur des menschlichen Geistes widersprechen.*

Wolff zufolge gab es anthropologische Weisheit bei den Chinesen so wie bei den Deutschen. Nur in dem Bereich, «der sichtlich die Gesetze der Natur übersteigt», also im metaphysischen, sollten Christen einen Erkenntnisvorsprung besitzen.

Es kam zu wütenden Protesten. Wolffs mächtigster Kollege, der pietistische Sozialreformer August Hermann Francke (1663–1727), schwärzte ihn beim frommen Soldatenkönig an. Friedrich Wilhelm I. (1688–1740) reagierte entsetzt («Ich habe nicht gewusst, dass der Wolff so gottlos ist!») und verwies Wolff bei Androhung der Todesstrafe des Landes. Er wurde nach dem Tod des Königs von dessen Sohn Friedrich II. wieder zurückgeholt.

Mittlerweile ist allgemein akzeptiert, dass keine Religion ein Monopol auf Weisheit und auf humanistische Werte hat. Mich selbst überrascht immer wieder die tiefe Empathie, die in Filmen aus dezidiert nichtchristlichen Kulturen zum Ausdruck kommt. Wer sich selbst davon überzeugen will, dem empfehle ich einige Klassiker des konfuzianistisch-buddhistisch geprägten japanischen Kinos:

Zum Beispiel von Ozu Yasujiro (Später Frühling, 1949; Die Reise nach Tokyo, 1953), Mizoguchi Kenji (Das Leben der Frau Oharu, 1952; Sansho Dayu – Ein Leben ohne Freiheit, 1954), Akira Kurosawa (Rashomon, 1950; Einmal wirklich leben, 1952; Rotbart, 1965), Masaki Kobayashi (Barfuß durch die Hölle 1–3, 1959–1961; Harakiri, 1962). Ähnliche Impulse zum Guten gibt es im iranischen oder indischen Kino, hier etwa die Filme von Satjayit Ray.

Mir persönlich ist das Karma-Prinzip, das der Bhagavad Gita («Lied des Erhabenen») zugrunde liegt, eher fremd; einige Verse sprechen mich dennoch stark an. In der wohl populärsten Hindu-Schrift kommt es zu einer Begegnung zwischen dem Kämpfer Arjuna und dem Gott Krishna. Er rät Arjuna am Vorabend einer Schlacht, sich nicht von seinen Gefühlen verwirren zu lassen und sich stattdessen als Vollstrecker einer Schicksalsmacht zu verstehen.

Im berühmten 18. Gesang des Lieds erklärt Krishna, was einen edlen Menschen ausmacht:

- *Frei von Weltlust, nicht auf Ruhmsucht bedacht, voll Festigkeit und Energie.*
- *Gleich bei Erfolg und Misserfolg – solch einen Täter nennt man gut.*
- *Wem es nur um Erfolg geht, wer habsüchtig ist, andere verletzt, der ist unrein.*
- *Bald froh, bald traurig – er gehört dem Reich der Leidenschaften an.*

Auch hier ist die Übereinstimmung zu den ebenfalls auf Selbstlosigkeit zielenden Vorschriften anderer Glaubenssysteme groß.

Ich persönlich finde die prägnanteste Tugendauflistung in der Bibel. Im Brief an die Galater zählt der Apostel Paulus die Kennzeichen eines vom göttlichen Geist erfüllten Lebens auf: Liebe, Freude, Friede, Geduld, Barmherzigkeit, Freundlichkeit, Treue, Nachsicht, Selbstbeherrschung (Galater 5,22–23). In einem anderen Brief schreibt der Jesus-Bruder Jakobus:

> *Hält sich jemand von euch für klug und weise? Dann soll das an seinem ganzen Leben abzulesen sein, an seiner Freundlichkeit und Güte. Sie sind Kennzeichen der wahren Weisheit. Seid ihr aber gehässig, voller Neid und Streitsucht, dann braucht ihr euch auf eure angebliche Weisheit nichts einzubilden. In Wirklichkeit verdreht ihr so die Wahrheit. Eine solche Weisheit kann niemals von Gott kommen. Sie ist irdisch, ungeistlich, ja teuflisch. Wo Neid und Streitsucht herrschen, da gerät alles in Unordnung; da wird jeder Gemeinheit Tür und Tor geöffnet. Die Weisheit aber, die von Gott kommt, ist vor allem aufrichtig; außerdem sucht sie den Frieden, sie ist freundlich, bereit nachzugeben und lässt sich etwas sagen. Sie hat Mitleid mit anderen und bewirkt Gutes; sie ist unparteiisch, ohne Vorurteile und ohne alle Heuchelei. Nur wer selbst Frieden stiftet, wird die Gerechtigkeit ernten, die dort aufgeht, wo Frieden herrscht.*
>
> Jakobus 3,13–18

Solche Checklisten sind hilfreich, wenn es um Selbst- und Fremdeinschätzung geht. Getreu dem Jesus-Spruch:

> *An ihren Früchten sollt ihr sie erkennen.*
>
> Matthäus 7,16

Montaigne rät, bei der Auswahl der eigenen Lektüre die moralische Qualifikation der Autoren miteinzubeziehen.

> *Wenn ich einen Schriftsteller lese, vor allem einen, der sich mit der Tugend und den Pflichten befasst, tue ich dies nie, ohne gründlich nachzuforschen, was für ein Mensch er war. […] Um einen Menschen*

zu beurteilen, muss man deshalb seine Spur lange und aufmerksam verfolgen.

Manche Meisterlehrer machen dabei eine ziemlich erbärmliche Figur. Karl Marx fiel im engsten Familien- und Freundeskreis eher als Schmarotzer auf; der Existentialist Jean-Paul Sartre beschädigte durch seine Erotomanie zahllose Frauenexistenzen; und große Theoretiker wie Kant, Nietzsche, Wittgenstein schafften es nicht, im praktischen Leben eine einzige gelingende Liebesbeziehung zu führen.

Bertolt Brecht schließlich nutzte die Frauen in seinem Umfeld reihenweise sexuell aus. Der bekannte Satz aus seinem Lehrstück «Der gute Mensch von Sezuan» kann auch als autobiografische Entschuldigungsfloskel verstanden werden:

Gut zu sein und doch zu leben zerriss mich wie ein Blitz in zwei Hälften.

Die Reihe von weltbekannten Moralisten, die ein Doppelleben führten, ist lang. Gerade auch unter christlichen Vorzeigefiguren. Karl Barth war ein Quasi-Bigamist, Martin Luther King ein Schürzenjäger, der Gründer des Schwerstbehinderten-Hilfswerks «Die Arche», Jean Vanier, ein Serienverführer. Der aktuell bekannteste nichtchristliche Religionslehrer, der Dalai Lama, entblödete sich nicht, einem Fan in aller Öffentlichkeit einen Zungenkuss aufzudrängen.

Das schmälert nicht die geistigen, gesellschaftspolitischen und sozialen Leistungen solcher Menschen.

Wohl aber ihren Nimbus als Rundum-Rollenmodelle.

Da lobt man sich fast Denker, die ihre moralischen Ansprüche an sich und ihre Umwelt prophylaktisch niedrig hielten. Arthur Schopenhauer (1788–1860) machte aus seiner Misanthropie keinen Hehl, was nicht weiter verwundert, weil er nach dem Selbstmord seines Vaters und der Erziehung durch eine gefühlskalte Mutter weder sein eigenes

Leben noch das Existieren überhaupt als freudvoll empfand. Wenigstens war er so ehrlich, seinen Pessimismus offen zu bekennen:

- *Das Resultat eines Lebens sind nicht die Freuden, die genossen wurden, sondern die Übel, denen man entgangen ist. Glücklich leben bedeutet, weniger unglücklich leben.*
- *Für geistlose Menschen gilt: Die Leere ihres Innern, das Fade ihres Bewusstseins, die Armut ihres Geistes treibt sie zur Gesellschaft, die nun aber aus eben Solchen besteht.*
- *Wo viel Gäste sind, ist viel Pack.*
- *Man muss die Menschen nehmen, wie sie sind. Es gibt keine anderen.*

Leben war für Schopenhauer Leiden, Lieben deshalb allenfalls Mit-Leiden, die traurige menschliche Realität aber in der Regel: Allein-Leiden. Immerhin richtete er mit seinem moralischen Minimalismus wenig gesellschaftspolitischen Schaden an.

Wenn Helden fallen, ist Zynismus die Folge. Eine solche Reaktion ist nachvollziehbar, aber nicht weise.

Nach dem verheerenden Ersten Weltkrieg hätte der Theologe und Mediziner Albert Schweitzer (1875–1965) allen Grund zum Fatalismus gehabt. Stattdessen hielt er kurz nach dem Waffenstillstand eine berühmte Predigt in seiner ehemaligen Elsässer Gemeinde. Darin mahnte er:

> *Der große Feind der Sittlichkeit ist die Abstumpfung. […] Gut bleiben, heißt wach bleiben. […] Das Christentum […] erfasst Gott als einen Willen, der anders ist als die Welt und der mich zwingt, anders zu sein als die Welt.*

Eben deshalb kommt es darauf an, der natürlichen Trägheit den Willen zur Weltverbesserung entgegenzuhalten.

Das Versagen von Vorbildern mahnt vielmehr zum Verzicht auf moralischen Perfektionismus. Oft resultieren Fehltritte aus der Erschöpfung, die sich zwangsläufig einstellt, wenn man seine Kräfte im Dienst einer guten Sache überstrapaziert. Wer zu hoch aufsteigen will, fällt; und wer sich selbst nichts gönnt, missbilligt auch bei anderen den Genuss.

Weise ist nicht moralischer Perfektionismus, sondern moralischer Realismus.

- *Es scheint, dass die Güte in dem Maß, wie sie zu gutem Willen oder Taten wird, aus dem Menschen verschwindet.*

  Robert Musil, Der Mann ohne Eigenschaften

- *Jetzt, wo du nicht perfekt sein musst, kannst du gut sein.*

  John Steinbeck, Jenseits von Eden

Keiner ist perfekt – außer Gott. Nur Jesus konnte sich trauen, seinen radikalen Anspruch mit dem Verweis auf seine moralisch lupenreine Weste zu untermauern.

Oder kann mir einer von euch auch nur eine einzige Sünde nachweisen? Wenn ich euch die Wahrheit sage, warum glaubt ihr mir dann nicht?

Johannes 8,46

Vorsicht ist ansonsten bei moralischen Maximalisten geboten; bei vermeintlichen Visionären, die eine heile Welt versprechen, aber auf dem Weg dahin viel Unheil anrichten.

Im Jahr 1871 war es wieder einmal so weit. Keine hundert Jahre nach dem blutigen Terror der Französischen Revolution gingen in Paris erneut Radikale auf die Barrikaden. Die 67-jährige Romanautorin George Sand (1804–1876), die selbst eine Vorkämpferin für Freiheit und Gleichheit war, konnte dem Treiben diesmal nichts Positives abgewinnen. Sie schrieb und handelte nach der Devise: Liebhaben geht vor Rechthaben. Ihrem Schriftstellerfreund Gustave Flaubert (1821–1880) erklärte sie die Gründe für ihre Revolutionsskepsis:

> *Wer sich der Liebe entzieht, entzieht sich der Wahrheit, der Gerechtigkeit. Ich habe Revolutionen miterlebt und die Hauptakteure aus der Nähe gesehen; ich habe ihrer Seele auf den Grund geblickt, ich könnte auch ganz einfach sagen, tief in ihren Sack geschaut: keinerlei Prinzipien, aber auch keine echte Intelligenz, keine Kraft, keine Ausdauer. Nichts als Mittel zu einem persönlichen Zweck.*

Ganz ähnliche Gedanken kommen mir in diesen Tagen bei gewalttätigen Umweltaktivisten.

Wo Öko draufsteht, sehe ich oft mehr Ego: die Lust auf die Performance, der Krawall um der Aufmerksamkeit willen, das Desinteresse an den tatsächlichen Konsequenzen, der Verärgerung der Mehrheit, der Schwächung des eigenen Wirtschaftsstandorts zugunsten von Staaten, die ständig neue Kohle- und Atomkraftwerke bauen.

Aber dann vergegenwärtige ich mir, dass die Handaufkleber ja noch jung sind und gar nicht den Anspruch erheben, weise zu handeln. Andere Maßstäbe gelten für grauhaarige Kirchenfunktionäre, die in verzweifeltem Bemühen um Relevanz dem Kinderkreuzzug hinterherhumpeln.

Was heute die «Letzte Generation» ist, waren in den 80er Jahren die radikalen Teile der Friedensbewegung und in den 70er Jahren die «Macht kaputt, was euch kaputt macht»-Revolutionsphantasten.

Eine grundsätzlich skeptische Haltung gegenüber einem «politischen Moralismus» nimmt der Philosoph Hermann Lübbe (geboren 1926) ein. 1984 warnte er in einem Vortrag vor dem «Triumph der Gesinnung über die Urteilskraft». Hier einige Auszüge, die immer noch höchst beachtenswert sind:

- *Moralisierende Argumente spielen in totalitären Systemen eine ungleich größere Rolle als in liberalen.*
- *Mit dem Grad der Entfernung totalitärer Ideologie und Politik von gemeinsinnsfähiger Welterkenntnis und Moral wächst ihr Selbstrechtfertigungsbedarf.*
- *Politischer Moralismus: Das ist, erstens, die Selbstermächtigung zum Verstoß gegen die Regeln des gemeinen Rechts und des moralischen Common Sense unter Berufung auf das höhere Recht der eigenen, nach ideologischen Maßgaben moralisch besseren Sache. – Zweitens, die rhetorische Praxis des Umschaltens vom Argument gegen Ansichten und Absichten des Gegners auf das Argument der Bezweiflung seiner moralischen Integrität; statt der Meinung des Gegners zu widersprechen, drückt man Empörung darüber aus, dass er es sich gestattet, eine solche Meinung zu haben und zu äußern.*

Der Vortrag fiel in die letzten Jahre des Kalten Kriegs. Die größte totalitäre Bedrohung ging damals, vier Monate vor dem Amtsantritt Gorbatschows, von der Sowjetunion aus. Hermann Lübbe hatte aber auch den naiven «Lieber rot als tot»-Friedensfuror mancher Westdeutscher im Visier.

Die Frage, ob und wann der richtige Zweck manchmal unrechte Mittel heiligt, stellt sich immer wieder: bei Sabotageaktionen zur Rettung des Weltklimas wie beim Tyrannenmord. Wie der korrekte Mittel-Weg aussieht, ist oft gar nicht so leicht zu bestimmen.

Von diesem Dilemma handelt die letzte Tragödie des berühmten griechischen Dramatikers Sophokles (496–406 v. Chr.). Ähnlich wie in «Antigone» und «König Ödipus» spielt «Philoktet» in einer moralischen Grauzone. Die Handlung ist in der Zeit des Trojanischen Krieges angesiedelt. Die griechischen Belagerer können die Stadt nicht erobern, weil ihnen ihre wichtigste Waffe fehlt: der Zauberbogen des begnadeten Schützen Philoktet. Ihn haben sie unvorsichtigerweise auf einer Insel ausgesetzt, nachdem er krank geworden war. Nun wollen sie ihn zurückholen, rechnen aber mit seinem verständlichen Widerstand. Ob sie ihn mit einer Lügengeschichte ködern sollen, darüber entbrennt zwischen den beiden Rückhol-Beauftragten ein Streit. Der pragmatische Odysseus ist dafür, der idealistische Neoptolemos dagegen.

> ***Odysseus:*** *Ich weiß, mein Sohn, du bist nicht von Natur dazu geschaffen, so zu reden, nicht zu Lug und Trug. Doch herrlich ist der sichere Besitz des Sieges. Ertrag es. Später wieder erscheinen wir gerecht.*
> ***Neoptolemos:*** *Lieber ist Misslingen mir bei gutem Werk, Fürst, als übler Sache Sieg.*

Neoptolemos lässt sich schließlich überreden, aber der Schwindel fliegt auf, Philoktet ist nun erst recht bockig. Schließlich bringt ein Götterbefehl die Auflösung: Philoktet wird von allerhöchster Stelle zur Rückkehr verdonnert.

Was Sophokles mit seiner Tragödie aussagen wollte, ist nicht ganz klar. Er verfasste sie als fast 90-Jähriger, als die athenische Demokratie implodierte. Ein Grund dafür waren scheinbar unauflösbare Konflikte von Interessen, die alle für sich berechtigt schienen, sich aber gegenseitig blockierten.

Das erinnert an die heutige gesellschaftspolitische Situation in westlichen Demokratien. Die weise Haltung dazu liegt zunächst einmal in der Erkenntnis, dass die Unterscheidung zwischen «richtig» und «falsch» in der Praxis nicht immer leicht und ein respektvoller Umgang miteinander deshalb ein vernünftiger Anfang ist. Sophokles wurde für das Happy End seines Dramas kritisiert. Er lässt den Konflikt durch Hilfe von oben auflösen. Aber was ist daran eigentlich falsch: im Gebet die Hilfe Gottes in Anspruch nehmen?

Vielleicht ist in vertrackten Situationen gerade das Vertrauen auf göttliche Führung weise.

Ein schwer zu klassifizierender Dichter, für den ich ein Faible besitze, ist Christian Morgenstern (1871–1914). Wieder mal ein unreiner, aber höchst leistungsstarker Kopf. Er war gedanklich im Grenzbereich von Christentum und Esoterik unterwegs. Vielleicht hätte er zu einem eindeutigen Credo gefunden, wenn er nicht bereits mit 42 Jahren gestorben wäre.

Neben seinen Gedichten fallen insbesondere seine Aphorismen für ihre Originalität auf. Was mich daran anspricht, ist sein Bemühen um einen Draht nach oben. Er spürte, dass der Verlust des Glaubens die Menschheit erst recht vom Pfad der Tugend abbringen würde.

- *Der moderne Mensch läuft zu leicht heiß. Ihm fehlt zu sehr das Öl der Liebe.*
- *Man hüte sich vor Lieblingsvorstellungen, Lieblingsideen. Dergleichen lenkt einen bloß von der großen Liebe ab, die sich allein auf die Menschheit in ihrem Vorwärtskommen richten soll; dergleichen sind bloß Fallgruben der Eigenbrötlerei, Sackgassen des Egoismus. Mag sich ins Kornfeld werfen, den Himmel angucken und Träume spinnen, wer die Wirklichkeit noch nie geschaut hat; wem die Augen offen wurden, der weiß, dass es für ihn nur noch einen Modus Vivendi gibt, den des entschlossenen Realisten der Liebe.*
- *Philosophie und Religion ist für den Menschen vielleicht nur der Gefrierpunkt gegen den Wahnsinn. Vor der Kälte des Universums zieht sich das Wasser als Haut zusammen, so vor der Kälte des Unbegreiflichen der Geist zur Weisheit, das Herz zum Glauben.*
- *Wer Gott aufgibt, der löscht die Sonne aus, um mit einer Laterne weiterzuwandeln.*
- *Der Geist baut das Luftschiff, die Liebe aber macht gen Himmel fahren.*

Unsere Vorfahren haben Gott routinemäßig um Hilfe gebeten. An der ethischen Kompetenz hat es dennoch oft gehapert.

Wer sich heutzutage über den säkularen Moralismus ärgert, darf nicht vergessen, dass die Moralkeule jahrhundertelang von den Kirchen geschwungen wurde. Das Argument «Gott will es» reichte, um Kriege anzuzetteln, Andersgläubige zu verfolgen, sexuelle Sittsamkeit drakonisch zu erzwingen.

In einer Zeit, als sich die klerikalen Zügel allmählich zu lockern begannen, lebte Gotthold Ephraim Lessing (1729–1781). Deutschlands erster großer Dramatiker sah sich nicht als Wegweiser, eher als kreativer Fragesteller. Sein Freund Moses Mendelssohn, von dem gleich noch die Rede sein wird, schrieb über ihn:

Er war gewohnt, in seiner Laune die allerfremdesten Ideen zusammen zu paaren, um zu sehen, was für Geburten sie erzeugen würden. Durch dieses Ohne-Plan-hin-und-her-Würfeln der Ideen entstanden zuweilen ganz sonderbare Betrachtungen.

Lessing hat das weltweit bekannteste Drama mit einem «Weisen» in der Hauptrolle verfasst, schon allein deshalb führt in diesem Buch kein Weg an ihm vorbei.

Ich muss allerdings zugeben: Noch lehrreicher als seine Bühnenstücke finde ich seine Biografie. Lessing trieben seit seiner Jugend dieselben Gedanken um, die momentan viele Christen an ihrer Kirche verzweifeln lassen. Aus Leipzig bombardierte der Student seinen Vater, einen sächsischen Pfarrer, mit Fragen wie:

Was hilft es, recht zu glauben, wenn man unrecht lebt?

Gegen den Wunsch seines Vaters verabschiedete er sich von der Ausbildung zum Pfarrer und begann stattdessen Medizin zu studieren. Nebenan versuchte er sich als Stückeschreiber für Komödianten, eine damals verrufene Tätigkeit. Seinem Vater gegenüber verteidigte er sich:

> *Ein Komödienschreiber ist ein Mensch, der die Laster auf ihrer lächerlichen Seite schildert. Darf denn ein Christ über die Laster nicht lachen?*

Kurz darauf, am 30. Mai 1749, teilte der 20-Jährige dem Vater seinen endgültigen Entschluss mit, seinen eigenen Weg als Christ zu finden, frei von den Vorgaben der lutherischen Orthodoxie:

> *Die Zeit soll es lehren, ob ich Ehrfurcht gegen meine Eltern, Überzeugung in meiner Religion und Sitten in meinem Lebenswandel habe. Die Zeit soll lehren, ob der ein besserer Christ ist, der die Grundsätze der christlichen Lehre im Gedächtnis und oft, ohne sie zu verstehen, im Munde hat, in die Kirche geht und alle Gebräuche mitmacht, weil sie gewöhnlich sind; oder der, der einmal klüglich gezweifelt hat und durch den Weg der Untersuchung zur Überzeugung gelangt ist oder sich wenigstens noch dazu zu gelangen bestrebt. Die christliche Religion ist kein Werk, das man von seinen Eltern auf Treu und Glauben annehmen soll. […] So lange ich nicht sehe, dass man eines der vornehmsten Gebote des Christentums, seinen Feind zu lieben, nicht besser beobachtet, so lange zweifle ich, ob diejenigen Christen sind, die sich dafür ausgeben.*

Lessings Vater wäre noch bestürzter gewesen, wenn er erfahren hätte, mit wem sein Sohn bald darauf beste Freundschaft schloss. In Berlin lernte der Medizinstudent beim Schachspiel den fast gleichaltrigen Moses Mendelssohn (1729–1786) kennen und fand in ihm einen Seelenverwandten.

Der als Hauslehrer angestellte, hochintelligente und wissbegierige Moses kam aus einer orthodox jüdischen Familie. Gemeinsam diskutierten sie darüber, wie sich Tradition und Aufklärung miteinander verbinden ließen. Und sie sangen einander das Klagelied vor, das viele andere Weisheitsfreunde wie ein Tinnitus plagt: von der Schwierigkeit, vor lauter Alltagsstress Zeit für das Schöne, Wahre und Gute zu finden.

Mit 33 Jahren schrieb der inzwischen unternehmerisch tätige Moses an Gottlob:

> *Die Geschäfte! Die lästigen Geschäfte! Sie drücken mich zu Boden und verzehren die Kräfte meiner besten Jahre. [...] Was ist zu tun, lieber Freund? Wir wollen uns einander bedauern und zufrieden sein. So lange die Liebe zu den Wissenschaften bei uns nicht erkaltet, haben wir noch eine gute Hoffnung.*

Seinen literarischen Durchbruch feierte Moses Mendelssohn mit einem Buch, das auch bei Christen gut ankam: «Phädon». Es handelte von der Unsterblichkeit der Seele. In einer anderen Schrift («Morgenstunden») stellte er sich dem aufkommenden Atheismus entgegen – mit Argumenten für die Existenz Gottes. Er weigerte sich aber standhaft, zum christlichen Glauben überzutreten; dabei hätte eine Taufe seiner Karriere einen erheblichen Schub verliehen (nach seinem Tod konvertierten seine Lieblingstochter Dorothea und sein Sohn Abraham, der Vater des Komponisten Felix Mendelssohn-Bartholdy).

> *Ich habe das Glück, so manchen vortrefflichen Mann, der nicht meines Glaubens ist, zum Freund zu haben. Wir lieben uns aufrichtig, ob wir gleich vermuten und voraussetzen, dass wir in Glaubenssachen ganz verschiedener Meinung sind.*

So antwortete er dem Schweizer Pfarrer Lavater, der ihm in einem öffentlichen Brief eine Bekehrung förmlich aufgedrängt hatte. Statt einander in Frage zu stellen, hielt Mendelssohn ihm entgegen, sollten Juden und Christen sich lieber gemeinsam für das Ziel einer gerechteren Welt einsetzen. In seinem Buch «Jerusalem oder über religiöse Macht und Judentum» appellierte er an die Christen:

> *Zeigt uns Wege und gebt uns Mittel an die Hand, wie wir bessere Menschen und bessere Miteinwohner werden können, und lasst uns, soviel es Zeit und Umstände erlauben, die Rechte der Menschheit mitgenießen.*

Lessing war von der sanften Klugheit seines Freundes so begeistert, dass er ihn zum Vorbild für «Nathan der Weise» nahm. In dem 1779 verfassten Versdrama geht es um die Frage, ob unterschiedliche religiöse Überzeugungen ausgehalten, ja vielleicht sogar produktiv genutzt werden können.

In der berühmten Ringparabel entwickelte Lessing die Möglichkeit für Christen, Muslime und Juden, sich nicht in einem Überredungs- oder gar Überwältigungs-Wettbewerb gegenseitig aufzureiben, sondern sich in einem Wettbewerb der Liebe gegenseitig zu guten Werken anzustacheln. Nach einem tausendjährigen Testlauf könne dann diejenige Religion als «wahre» anerkannt werden, die nachweislich am meisten Glück in die Welt gebracht habe.

Den weisen Juden Nathan, der die Geschichte vorträgt, lässt Lessing sagen:

> *Es eifre jeder seiner unbestochenen, von Vorurteilen freien Liebe nach [...] mit Sanftmut, mit herzlicher Verträglichkeit, mit Wohltat, mit inniger Ergebenheit in Gott.*

Der Nathan-Weg scheint überzeugend: Am Ende gewinnt die Haltung, die am meisten Liebe in die Welt bringt. Aber wer will schon tausend Jahre auf das Testresultat warten? Zum Glück lässt sich im wirklichen Leben schon sehr viel schneller ermitteln, wohin eine Lehre zielt, ob sie zu Streit oder Frieden, zu Angst oder Freude führt.

Festzuhalten bleibt, dass das Gute sich in seiner Alltagskonkretisierung zeigt.

Gute Menschen machen die Welt zumindest ein wenig besser.

Deshalb ist die abstrakte Beschäftigung mit Werten noch kein Ausweis von Weisheit. An irgendeiner Stelle muss es konkret werden, auf Verbesserung des Status quo zielen, die Dinge zum Besseren wenden – oder zumindest dabei helfen.

Denn: Was nützt die Weisheit in Gedanken?

Als Journalist bekomme ich des Öfteren zu hören, meine Beiträge sollten bitteschön konstruktiv sein. Informationen über den miserablen Zustand der Welt gäbe es schließlich reichlich. Aber wer klärt darüber auf, wie es besser wird?

Das Pendant zum «konstruktiven Journalismus», der neuerdings hoch im Kurs steht, ist die «konstruktive Philosophie». Man könnte auch gleich «Weisheit» sagen, denn es ist keine, wenn sie sich nicht irgendwie positiv auswirkt.

Ein tragikomisches Negativbeispiel liefert Thomas Mann in seinem Roman «Der Zauberberg». Sieben Jahre lang palavert der lungenkranke Hans Castorp mit den Mitpatienten des Sanatoriums ergebnislos über Gott und die Welt; nichts davon hilft ihm, als er nach Ausbruch des Ersten Weltkriegs an der Front landet.

Naturgemäß merkt man erst mit einigem zeitlichem Abstand, ob da, wo Weisheit draufsteht, auch welche drin ist. Den Zeitverzug machen sich Blender zunutze. Bevor die Realitätsuntauglichkeit ihrer Sprüche auffällt, können sie sich auf Kongressen und Empfängen für ihren vermeintlichen Durchblick feiern lassen.

In den 80er Jahren habe ich als naiver Schüler den einen oder anderen Weltuntergangspropheten getroffen. Das ließ sich damals kaum vermeiden, wenn man in frommen Kreisen unterwegs war. Wo Pazifisten den Nato-Doppelbeschluss als Vorboten eines nuklearen Armageddon dämonisierten, fehlte es auch nicht an Christen, die den Antichristen im Anmarsch sahen. Vorgetragen wurden die apokalyptischen Beschwörungen stets im Duktus höchster Autorität. Ein paar Bibelverse, dazu Gerüchte über Strichcodes, die bald alle Bürger zu Kontrollzwecken auf den Unterarm tätowiert bekommen würden – fertig war der Angstcocktail.

Später versuchten sich die Panik-Prediger mit der Entschuldigung herauszureden, das Jüngste Gericht würde sich um ein paar Jahrzehnte verzögern; aber kein Grund zur Entwarnung, bald würde es losgehen mit den Strichcode-Tattoos ... Nur hörte ihnen da außer unverbesserlichen Spinnern keiner mehr zu.

Im Moment trenden wieder Untergangsszenarien. Die einen sagen für die nächsten Jahre einen Weltwirtschaftscrash vorher, die anderen kündigen bereits für das Jahr 2030 die klimabedingte Unbewohnbarkeit halber Kontinente an.

Die Zeit wird zeigen, ob die Vorhersagen und die daran geknüpften Ratschläge weise waren oder nicht.

Leider liefern viele Apokalyptiker nicht einen Zeitplan mit, an denen man sie messen kann. Aber die Frage muss erlaubt sein, auf welcher Grundlage ihre Ansagen beruhen. Haben sie akribisch recherchiert, aussagekräftige Tests durchgeführt, die Wirkung ihrer Weisheiten präzise kalkuliert? Gerade wenn es um Maßnahmen geht, die tiefgreifende psychosoziale Umwälzungen zur Folge haben, liegt die Beweislast bei demjenigen, der dafür plädiert.

Genau das ist es, was mich an vielen Forderungen der Genderlobby und ihrer Sympathisanten stört. In einer Art von Vorwärtspanik werden Lehrpläne verändert, Bücher umgeschrieben, Sprachregeln erlassen, Medikamente an Minderjährige verabreicht, ohne halbwegs sicherzustellen, dass im Ergebnis eine glücklichere und gesündere Welt und nicht das genaue Gegenteil herauskommt.

Das Gute funktioniert.

Wenn nicht, war es nur eine Flause.

Von großen Visionen heißt es manchmal, dass sie an der Wirklichkeit gescheitert sind. Man könnte aber auch knallhart sagen: Sie haben sich als Wahngebilde entlarvt.

Manchmal sind es die kleinen Schritte, die weiterbringen.

In dem Hollywood-Film «Sullivans Reisen» (1941, Regie: Preston Sturges) will ein Filmemacher nicht länger Trash-Komödien wie «Ameisen in der Hose» drehen; ihm schwebt ein tiefschürfendes Sozialdrama mit Oscar-Potenzial vor: «Bruder, wo bist du?»

Bei der Recherche für den Film landet er unfreiwillig im Gefängnis. Dort lernt er bei einer Filmvorführung, dass er sich getäuscht hat. Die Knackis lachen sich schlapp über einen Zeichentrickfilm. Vom Elend der Welt muss ihnen niemand mehr etwas erzählen. Es ist gerade einfach gestrickte Unterhaltungsware, die den Unglücklichen das Leben erleichtert. Ab jetzt dreht der Regisseur wieder Komödien.

Weder eingängig noch leichtgewichtig waren die Themen, mit denen Dag Hammarskjöld (1905–1961) sich einen Namen machte. Wenn ich gefragt werde, welche verstorbenen Persönlichkeiten ich gerne getroffen hätte, fällt mir oft sein Name ein. Weil ich finde, dass er den Idealtyp eines weisen Politikers darstellt.

Bei Hammarskjöld steht außer Frage, dass er durch sein Wirken die Welt besser gemacht hat; nicht im großen Stil, sondern durch geschickte Hintergrundmanöver. Aber darauf kommt es ja gerade an, weil Politik viel mehr die Kunst des Kompromisses ist als ein Haudrauf-Handwerk.

Hammarskjöld konnte mit Macht umgehen, weil er den perfekten Lehrmeister hatte: Sein Vater war schwedischer Premierminister. Wie er verstand auch Dag politisches Engagement als Dienst fürs Volk. Er blieb sein Leben lang unverheiratet, unter anderem, weil er sich seinen Aufgaben mit voller Kraft widmen wollte. In Schweden schaffte er es bis zum Finanzminister, um mit 47 Jahren überraschend zum UN-Generalsekretär berufen zu werden: in einer Zeit, in der die Vereinten Nationen eine viel größere Bedeutung hatten als heute.

Im Kalten Krieg standen sich zwei hochgerüstete Machtblöcke gegenüber; gleichzeitig gingen aus dem kaputten Kolonialsystem in Afrika und Asien lauter neue Staaten hervor, teilweise mit chaotischen

Folgen. Dag Hammarskjöld profilierte sich als geschickter Friedensvermittler, sowohl beim Beenden des Koreakriegs als auch bei der Entschärfung der Suez-Krise. Als er in erneuter Friedensmission im Kongo unterwegs war, stürzte sein Flugzeug ab; viele Indizien deuten auf einen Abschuss hin und darauf, dass der amerikanische Geheimdienst CIA beteiligt war.

Der Nachwelt im Gedächtnis blieb Dag Hammarskjöld aber nicht durch sein politisches Handeln. Nach seinem Tod erschienen unter dem Titel «Wegmarken» bzw. «Zeichen am Weg» die privaten Aufzeichnungen, die er sich seit seinem zwanzigsten Lebensjahr gemacht hatte. Darin war wenig von seinen politischen Erfolgen und seinen persönlichen Erlebnissen die Rede. Es handelte sich um ein spirituelles Tagebuch, das Zeugnis von seinem tiefen Glauben ablegte. Darin finden sich aber auch ganz allgemeine Ratschläge für ein gelingendes Leben.

Als Politiker-Vermächtnis sind die «Wegmarken» ziemlich einzigartig, wie die folgenden Beispiele zeigen.

Dag Hammarskjöld über das Leben:

- *Das Kostüm für die Rolle, die Maske, die du mit so viel Sorgfalt angelegt hast, um zu deinem Vorteil aufzutreten, war die Mauer zwischen dir und der Sympathie, die du suchtest. Eine Sympathie, die du an dem Tag gewonnen hast, da du nackt dort standest. Der befehlenden Stimme wurde erst gehorcht, als sie in Hilflosigkeit erstickte.*
- *Die Zeit vergeht, das Ansehen wächst, und die Tauglichkeit sinkt.*
- *Das Leben hat Wert nur durch seinen Inhalt – für andere.*
- *Der schmale Weg – für andere leben, um seine Seele zu retten. Der breite Weg – für andere leben, um seine Selbstachtung zu retten.*
- *Du bist dein eigener Gott – und wunderst dich, dass die Wölfe dich über die dunkle Öde des Wintereises jagen.*

- *Du kannst nicht spielen mit dem Tier in dir, ohne ganz Tier zu werden, nicht mit der Lüge, ohne das Recht zur Wahrheit einzubüßen, nicht mit der Grausamkeit, ohne die Zartheit des Geistes zu verlieren.*
- *Hunger ist meine Heimat im Land der Leidenschaft. Hunger nach Gemeinschaft, Hunger nach Gerechtigkeit – einer Gemeinschaft, durch Gerechtigkeit gebaut, und einer Gerechtigkeit, gewonnen durch Gemeinschaft.*
- *Nur der verdient Macht, der sie täglich rechtfertigt.*
- *Was dem Leben Wert gibt, kannst du erreichen – und verlieren. Doch nie besitzen.*

Über den Glauben:

- *Gott stirbt nicht an dem Tag, an dem wir nicht länger an eine persönliche Gottheit glauben. Aber wir sterben an dem Tag, an dem das Leben für uns nicht länger von dem stets wiedergeschenkten Glanz des Wunders durchstrahlt wird, von Lichtquellen jenseits aller Vernunft.*
- *Jesu Inkonsequenz: Er saß mit Zöllnern und Sündern zu Tisch und ging mit Huren um. Tat er es, um wenigstens ihre Stimmen zu gewinnen? Glaubte er etwa, sie zu bekehren durch solches «Appeasement»? Oder tat er es, weil seine Menschlichkeit tief und reich genug war, um auch in ihnen die Beziehung zu stiften zu dem Gemeinsamen, Unzerstörbaren, worauf die Zukunft gebaut werden muss?*
- *Wer sich Gottes Hand überlassen hat, der steht den Menschen frei gegenüber.*

Am 14.8.1961 machte er seinen letzten Eintrag, ungefähr einen Monat vor dem Flugzeugabsturz. Darin freute er sich über die geistigen Lernfortschritte, die er in den letzten Jahren gemacht hatte.

Ich beginne die Karte zu kennen, die Himmelsrichtungen. Besser und auch klarer.

Er ahnte nicht, dass seine irdische Reise kurz vor ihrem Ende stand. Dafür nutzten seine Wegbeschreibungen Millionen von Menschen.

Was Dag Hammarskjöld während seines Lebens und danach zugutekam, war seine Prominenz. Er wurde gehört, weil er Lautsprecher und ein interessiertes Publikum hatte.

Nicht alle Menschen mit großem Weisheitspotenzial haben dieses Privileg. Manchen geht es wie der mythischen Kassandra, die mit einem Doppelfluch belastet war: die Zukunft verkünden zu können, aber auf taube Ohren zu stoßen.

Die Nachfrage nach Weisheit ist auch im echten Leben chronisch gering ausgeprägt. Eben, weil sie nicht aktuelle Wünsche befriedigt, sondern künftige Probleme antizipiert. Sie sucht nach Antworten auf Fragen, die noch keiner stellt. Weil weise Menschen ihrer Zeit voraus sind, geht es ihnen wie Pionieren, die alleine Wüsten durchqueren. Schwierigkeiten mit der Versorgung sind da programmiert.

Für heutige Kunst-Avantgardisten und Zukunftsforscher gibt es immerhin Lehraufträge und Stipendien.

Schwerer hatten es da die Vordenker des 18. und frühen 19. Jahrhunderts. Ihre Lorbeeren ernteten sie oft erst in der Nachwelt. Sie texteten am Geschmack des innovationsfeindlichen Publikums vorbei. Über sie schrieb der Schweizer Literaturhistoriker Walter Muschg (1898–1956) in seiner «Tragischen Literaturgeschichte»:

Jede geistige Existenz, die sich über seinen beschränkten Horizont erhob, geriet in einen leeren Raum und musste notwendig materiell zugrunde gehen, wenn sie nicht von anderswo Hilfe erhielt.

Gut und effektiv sind längst nicht immer Synonyme. Das bekam der angehende Pastor Vincent van Gogh (1853–1890) zu spüren. Wer seine

Bilder bewundert, vergisst oft, dass die Maler-Karriere für ihn nur der Plan B war. Ursprünglich wollte er von der Pastoren-Kanzel die Welt beglücken. Als der Plan scheiterte, schrieb der 27-Jährige einen verzweifelten Brief an seinen vier Jahre jüngeren Bruder Theo:

> *Jemand hat ein großes Feuer in seiner Seele, und niemand kommt, um sich daran zu wärmen, und die Vorübergehenden sehen nichts als ein wenig Rauch oben am Schornstein und gehen dann weiter ihres Weges. Was sollen wir nun tun, dieses Feuer in uns am Leben erhalten, Salz in uns haben, geduldig warten, aber mit wie viel Ungeduld die Stunde abwarten, sage ich, in der, wer immer es will, kommt und sich dort hinsetzt, dort bleibt [...]?*

Vincent van Gogh verfiel aber nicht in Zynismus. Auch wenn er mit seinem vulkanischen Temperament und seiner depressiven Veranlagung das ungefähr genaue Gegenteil eines weisen Menschen darstellte, hatte er in einem wichtigen Punkt sowohl das Herz als auch den Kopf am rechten Fleck. Erfolg zeigte sich für ihn, ganz im Sinne von Jesus oder des weisen Nathan, in der Liebe, die man in die Welt brachte. Vincent verpflichtete sich, sein Leben in den Dienst der klugen Liebe zu stellen. Das schrieb er seinem Bruder in demselben Brief:

> *Liebe diesen Freund, diese Person, diese Sache, was auch immer du willst, und du wirst auf dem richtigen Weg sein, um danach gründlicher Bescheid zu wissen. Das ist es, was ich mir sage. Aber du musst mit einem hohen, ernsthaften, intimen Mitgefühl, mit einem Willen, mit Intelligenz lieben – und du musst immer danach streben, gründlicher, besser und mehr zu wissen.*

Dieselbe Mission verfolgte eine deutsche Dichterin, die ähnlich wie Van Gogh zunächst auf wenig Resonanz stieß: Annette von Droste-

Hülshoff (1797–1848). Mit Anfang 20 verfasste sie einen Gedichtzyklus, «Das geistliche Jahr». In einem Brief an ihre Mutter entschuldigte sie sich dafür, dass ihr Buch nicht den Erwartungen der meisten frommen Menschen entsprechen würde.

> *Es ist für die geheime, aber gewiss sehr verbreitete Sekte jener, bei denen die Liebe größer wie der Glaube, für jene unglücklichen, aber törichten Menschen, die in einer Stunde mehr Fragen [haben], als sieben Weise in sieben Jahren beantworten können.*

Sowohl bei Vincent van Gogh als auch bei Annette von Droste-Hülshoff gab der Nachruhm ihren Vorstellungen von Lebensklugheit recht.

Es liegt an unserer natürlichen Begrenztheit, dass wir meistens erst nachher schlauer sind. Weise Menschen können deshalb auf Zeit spielen. Die Uhr läuft für sie und gegen die Torheit.

In diesem Bewusstsein soll der persische König Kyros der Große (ca. 585–530 v. Chr.) erzogen worden sein. Er wurde nicht nur vom jüdischen Volk dafür verehrt, dass er sie aus dem Exil entlassen hatte. Er galt überhaupt in der antiken Welt als Musterbeispiel eines weisen Königs. Der Sokrates-Schüler Xenophon (430–354 v. Chr.) widmete ihm ein ganzes Buch, die «Kyropädie». Darin berichtet er von den weisen Ratschlägen, die Kyros seinen zwei Söhnen auf dem Sterbebett gibt. Dem Zweitgeborenen schärft er ein, nicht traurig darüber zu sein, dass er nur der zweite Mann im Staat sein wird.

> *Sei nicht traurig. Du wirst alles haben, was ein Mensch zur Freude braucht. Aber nach großen Herausforderungen zu streben, viele Sorgen haben, nie in Ruhe schlafen zu können, immer meinem Vorbild nacheifern müssen, andere zu bekämpfen und von ihnen angefeindet zu werden – das ist das Schicksal, das auf meinen Nachfolger wartet. Bedenke, dass es für deinen Lebensgenuss sehr störend sein würde.*

Beide Söhne ermahnt Kyros, sich im Zweifel für Milde statt für Strenge zu entscheiden.

> *Erwarte nicht, dass die Menschen von Natur treu sind. Jeder muss sich selbst Getreue schaffen, und das geht nicht durch Gewalt, sondern durch Wohltaten.*

Und schließlich erinnert er sie an die Bedeutung der öffentlichen Meinung und daran, dass man sich Glaubwürdigkeit erarbeiten muss.

> *Nehmt euch nicht nur vor den Göttern in acht, sondern auch vor der nachwachsenden Generation. Denn die Götter werden dafür sorgen, dass euer Verhalten an die Öffentlichkeit kommt. Wenn sie rein und frei von Unrecht sind, dann werden euch die Menschen verehren. Wenn ihr euch aber dauernd streitet, so werdet ihr das Vertrauen der Menschen verlieren. Denn keiner wird euch trauen, wenn er sieht, dass ihr nicht einmal untereinander Frieden halten könnt.*

Zumindest für die eigene Person behielt Kyros recht. Sein Image als überwiegend friedfertiger König hat sich bis heute erhalten. Deshalb:

Gut-Sein ist weise, weil es sich langfristig auszahlt.

Der Ehrliche ist nur kurzfristig der Dumme.

Zwischenstopp
Der Weisheit zweite Schlüsse

«Weise Menschen gesucht!»

Wer unter dieser Überschrift eine Stelle ausschreiben will, kann dabei auch die verschiedenen «Muss»-Qualifikationen nennen:

- Wacher Geist
- Hunger auf Wirklichkeit
- Unabhängiger Kopf
- Wille zum Guten

Mit anderen Worten: Menschen, die fragen, die sehen, die sich von Lob und Druck nicht aus dem Konzept bringen lassen und die mit ihren Erkenntnissen anderen helfen.

Der Haken an der Sache ist, dass von vornherein alle ausscheiden, die sich für qualifiziert halten.

Weise Menschen wissen, dass sie nur sehr eingeschränkt tauglich sind. Das ist auch völlig in Ordnung. Das Ideal erreicht ohnehin niemand. Wie schon gesagt: Nobody's perfect, außer Jesus, und auch der musste in die Schule. Dass selbst der Gottessohn nicht allwissend war, gab er freimütig zu; manche Fragen, so erklärte er, könne nur der Vater im Himmel beantworten.

Er wusste, worauf es ankommt.

Um das «eine Notwendige», auf Lateinisch «Unum necessarium», geht es im gleichnamigen Vermächtnis von Johann Amos Comenius.

Der tschechische Kosmopolit Comenius (1592–1670) steht am Schluss meiner Erörterungen zum «Wesen der Weisheit», weil er wie ich im hessischen Herborn zur Schule gegangen ist (anders als ich allerdings nicht auf eine ganz normale höhere Schule, sondern auf *die* Hohe Schule, die damalige Kaderschmiede reformierter Theologen).

Okay, ich räume ein: Nicht alleine für die Herborn-Connection steht er in meiner Gunst weit oben. Als Pädagoge startete er eine Bildungsrevolution. Er plädierte dafür, bei Kindern auf Prügel zu verzichten, sie stattdessen spielerisch an die Lehrinhalte heranzuführen. Er bewahrte sich ein positives Menschenbild, obwohl ihn der Krieg durch halb Europa scheuchte, er sogar Frau und Kinder verlor, einmal auch seine kostbare Bibliothek durch ein Feuer.

Anders als der vier Jahre ältere englische Philosoph Thomas Hobbes (1588–1679), der die Menschen vor allem durch Druck und Strafe davon abhalten wollte, einander an die Gurgel zu gehen, setzte Comenius auf Bildung. Er kannte sich in so vielen Wissensgebieten aus, dass er empfahl, eine «Pansophie» zu entwickeln, eine All-Weisheit mit dem «Best of» aus Wissenschaft, Kultur und Religion. Zu seiner Zeit war das theoretisch möglich, schließlich war der Bestand an gedruckter Weisheitsliteratur noch halbwegs überschaubar.

Über die Gefahr, dass man sich dabei verzetteln konnte, war Comenius sich bewusst. Wie als eine Art Selbst-Korrektiv schrieb er zwei Jahre vor seinem Tod die Schrift über «Das eine Notwendige». Im Untertitel konkretisierte er, worum es ihm ging:

> *Das ist zu wissen, was der Mensch während seines Lebens, bei seinem Sterben und nach seinem Tod nötig hat. Was der von den Eitelkeiten der Welt ermüdete und nach dem einzig Notwendigen strebende, betagte J. A. Comenius im 77. Jahr seines Lebens der Welt zum Überdenken vorlegt.*

Bedenkenswert sind die Ermahnungen auch heute noch:

- *Alle Verwicklungen der Welt haben nur eine einzige Ursache, dass die Menschen nicht zwischen dem Nötigen und Unnötigen unterscheiden können.*
- *Dreifach ist des Menschen Unglück: erstens Selbsttäuschung, zweitens schwankendes Handeln, drittens der Genuss, der Selbsttäuschung bewirkt.*
- *Wenn wir die Gedanken aller frommen und weisen Männer, die je gelebt haben, nachdenken, ihre Gespräche und Reden hören, ihre Schriften lesen und ihre Taten prüfend betrachten könnten, was würden wir finden? Nur Versuche, den Ausgang aus dem Labyrinth zu finden, ihre Aufgaben und Arbeiten zu beendigen und schließlich in Ruhe die erworbenen Güter zu genießen.*
- *Das Glück des Menschen besteht erstens in dem hellen Licht des Verstandes, um den Unterschied zwischen den einzelnen Dingen richtig zu erkennen; zweitens in einer glücklichen Reihenfolge der Handlungen, um Werke von Bestand zu schaffen; drittens in dem sicheren Genuss der Güter dieses Lebens zur wahren Sättigung und Ruhe des Geistes.*
- *Belaste dich nicht mit Dingen, die du im Leben nicht durchaus brauchst! Begnüge dich mit Wenigem, das zur Bequemlichkeit dient, und lobe Gott. Kannst du keine Bequemlichkeiten haben, so sei allein zufrieden mit dem, was du notwendig brauchst. Wird dir auch das genommen, so denke daran, dich selbst zu erhalten. Kannst du auch das nicht, so lass deinen Leib fahren; nur Gott darfst du nicht verlieren. Wer Gott hat, kann alles entbehren. Mit Gott hat er das höchste Gut und das ewige Leben und besitzt es in Ewigkeit. Das ist alles, was man wünschen kann, das Ziel und das Ende.*

Ist das tatsächlich alles?

Ja und nein.

Das Wesentliche zu haben ist nicht dasselbe, wie es zu verstehen, und erst recht nicht, es weiter zu kommunizieren. Weisheit ist ein Weg, keine Endstation. Deshalb konnte Comenius im selben Buch schreiben:

> *Ich danke meinem Gott, dass er mich mein ganzes Leben hindurch ein Mann der Sehnsucht hat sein lassen.*

Weisheit ist mehr eine Frage der Sehnsucht als der Erfüllung. Deshalb ist sie oft inkognito unterwegs und wird erst mit Verspätung erkannt.

Zwei der weisesten Menschen des 17. Jahrhunderts, Zeitgenossen von Comenius, trafen am 23. Oktober 1619 aufeinander. Es war ein Meeting für die Ewigkeit. Allerdings dauerte es auch fast eine Ewigkeit, bis die Begegnung von Historikern überhaupt bemerkt wurde. In der damaligen Zeit ging sie ganz unter.

Die Menschen hatten auch andere Sorgen. Gerade begonnen hatte der Dreißigjährige Krieg, von dem natürlich niemand ahnte, dass er so lange dauern würde. Abseits der Metropolen, im beschaulichen Linz, hatten Johannes Kepler (1571–1630) und John Donne (1572–1631) eine kurze Unterredung. Die beiden waren gleich alt, nämlich 47 Jahre, und sollten auch kurz nacheinander sterben. Der eine gilt heute als einer der bedeutendsten Naturwissenschaftler überhaupt, der andere als Ausnahme-Lyriker.

Von Ausgrenzung und Verfolgung hätten sie einander ein Lied singen können, wenn sie sich besser gekannt hätten. Der Protestant Kepler musste wegen seiner Konfession immer wieder den Wohnort wechseln, selbst in den eigenen lutherischen Reihen wurde ihm wegen seiner unorthodoxen Ansichten das Abendmahl verweigert.

Das Interesse an Astronomie und Mathematik hatte er von seiner Mutter. Die Kräuterfrau geriet im hohen Alter in den Verdacht der Hexerei. Sieben Jahre lang kämpfte Kepler darum, sie vor dem Scheiterhaufen zu bewahren. Als er sie endlich frei bekommen hatte, starb die 74-Jährige.

John Donne war als Katholik und als entfernter Verwandter des hingerichteten Thomas Morus geboren. Auch einige seiner Freunde wurden exekutiert, weil sie Rom die Treue hielten. Er selbst konvertierte nach einer wilden Jugend zum anglikanischen Glauben, wurde Pfarrer und Diplomat. Nebenbei schrieb er Gedichte, die bekanntesten allerdings erst in den 1620er Jahren. Er dichtete wortmächtig und beziehungssensibel über das Leben …

Niemand lebt als Insel,
Einsam für sich selbst.
Jeder gehört zum Ganzen,
Ist Teil des Kontinents. […]
Jeder Tod ist mein Verlust,
Da ich Teil der Menschen bin.
Frage bitte niemals,
Wem die Stunde schlägt.
Sie schlägt dir selbst.

… und glaubensstark über den Tod.

Sei nicht vermessen, Tod, wenngleich man dich
gewaltig, furchtbar nennt: dies bist du nicht!
Denn jene, die anscheinend du zerbrichst,
bestehen fort, geradeso wie ich.

Johannes Kepler war ebenfalls ein Meister der Sprache und der Imagination. 1609 verfasste er die erste Weltraum-Erzählung überhaupt. In «Der Traum vom Mond» reisten ein Sohn namens Duracoto (wohl Kepler selbst) und seine Mutter zum Mond. Die Entfernung dahin hatte Kepler ziemlich exakt berechnet.

Beide Männer litten, wie die meisten damaligen Menschen, unter der Unvorhersehbarkeit des Lebens und der vermeintlichen Blindwütigkeit des Schicksals. Menschen starben von heute auf morgen, jeden konnte es treffen, ein ordnendes System war nicht erkennbar.

Aber Donne und Kepler waren auch überzeugt, dass sich hinter dem Chaos eine höhere Ordnung verbarg. Donne suchte sie in der metaphysischen Wirklichkeit, Kepler in der physischen. Sein ambitioniertestes Werk war eine fünfbändige «Weltharmonik». Darin wollte er den Beweis für die harmonische Gestaltung des Kosmos erbringen. An der perfekten Feinabstimmung der Planeten-Laufbahnen wollte er demonstrieren, dass hinter der Schöpfung eine ordnende Intelligenz stand. Seine Absicht formulierte er in einem Gebet an Gott:

> *Ich habe jetzt das Werk vollendet, zu dem ich berufen war. Ich habe dabei alle die Kräfte meines Geistes genutzt, die Du mir verliehen hast. Ich habe die Herrlichkeit Deiner Werke den Menschen, die meine Ausführungen lesen werden, geoffenbart, soviel von ihrem unendlichen Reichtum mein enger Verstand hat erfassen können.*

1619 hatte er das große Werk fertiggestellt. Ihm war klar, dass er nicht auf viele fachkundige Leser hoffen durfte. Die meisten Gebildeten waren nach wie vor mehr an Astrologie als an Astronomie interessiert, zudem erschwerten die politischen Verhältnisse die Verbreitung des Buches.

> *Wohlan, ich werfe den Würfel und schreibe ein Buch für die Gegenwart oder die Nachwelt. Mir ist es gleich. Es mag hundert Jahre seines Lesers harren, hat doch auch Gott sechstausend Jahre auf den Beschauer gewartet.*

Ganz dem Zufall überlassen wollte Kepler die Verbreitung allerdings nicht. Seine Chance auf internationale Resonanz sah er 1619 gekommen. Der englische König James I. hatte seinen Chefdiplomaten auf den Kontinent geschickt, um die zerstrittenen Kriegsparteien zum

Frieden zu bewegen. John Donne war als Assistent Teil der Friedensmission.

Im Herbst erreichten die Engländer Keplers Wohnort Linz. Kepler versah seine «Weltharmonik» mit einer Widmung an den englischen König. Er hoffte, in dessen Dienste übernommen zu werden. In der Widmung schrieb er an King James (nach dem übrigens auch die bekannteste englische Bibelübersetzung benannt ist):

Durch die Betrachtung der Werke Gottes möge sie Ihren Sinn ergötzen, soweit es die Pflichten und Geschäfte der Regierung gestatten. Sie möge ferner durch die Beispiele von Harmonien, wie sie in den sichtbaren Werken Gottes aufleuchten, in sich das Streben nach Harmonie und Einigkeit auf kirchlichem und politischem Gebiet wecken und bestärken und schließlich auch mich und meine Studie Ihres königlichen Schutzes gnädigst für würdig halten.

Kepler übergab Donne das Manuskript. Der hatte schon Texte von Kepler gelesen. Kepler hingegen hatte gar keine Ahnung, mit wem er es zu tun hatte, nur, dass Donne «ein Doktor der Theologie» war. Ob James I. die «Harmonik» wirklich zu lesen bekam, ist unklar.

Eine Job-Offerte bekam Kepler zumindest nicht.

Heute gelten Kepler und Donne als Lichtgestalten, als Verkünder eines hellen Seins hinter dem dunklen Schein.

Die Weisheit kommt eben irgendwann doch ans Licht.

Dritter Teil
Die Quellen der Weisheit

Dritter Teil
Die Quellen der Weisheit

Intro

Ich bin verliebt in die Welt! Das gehört dazu, ihre Sprache zu verstehen, ihre Taten zu erkennen. Das Geheimnisvolle, die Mystik, wie der Mensch das Gewebe nennt, das er selbst, fremd der Dinge, über die Schöpfung webt und ihre Pore verstopft, entstand aus der Trägheit seines Denkens und Empfindens. Das kleinste Tier schüttelt darüber den Kopf. Die Welt – hört! Steht von Anbeginn für die Geschöpfe, für jedes Blatt, jeden Kiesel, jeden Tropfen der Gewässer, und für das winzigste Sandkorn des Strandes weit geöffnet zum Hineingucken – ins glitzernde Riesenei. Die Welt ist Ostern! Aber auch durch die Schale der Schöpfung vermögen wir zu sehen, allerdings nur mit keuschem Gesicht. «Wer reinen Herzens ist, wird Gott schauen.» Immer fallen Sterne auf die Erde, denn alles ist ausgebrütet, glühende Sterne, aber auch weiße kommen aus den Höhen und bedecken die müde Welt behütend zu. Der liebe Gott fragte mich einmal im Traum: Gefällt dir meine Welt? Dann will ich sie dir schenken!

Else Lasker-Schüler, Konzert

Am Anfang sind wir alle blank. Und dann lernen wir – aus unseren Eindrücken und den Erfahrungen anderer Menschen, aus der Natur und aus der Geschichte. Dabei geraten die Informationen nicht ungefiltert in unser Bewusstsein, sondern durchlaufen komplizierte Verarbeitungsstufen, bei denen sie geformt und unter Umständen auch verfälscht werden.

Umstritten ist unter Philosophen, spätestens seit der Aufklärung, ob unseren Erfahrungen ausschließlich materielle Sinneseindrücke zugrunde liegen ober ob auch übersinnliche Kräfte auf uns einwirken. Anders gefragt: Gibt es neben der weltimmanenten Erfahrung auch eine transzendente Offenbarung?

Und wenn Letzteres zutrifft: Operiert Gott innerhalb der natürlichen Gesetzmäßigkeiten, wenn er auf uns Einfluss nimmt, oder hebelt er die Naturgesetze auch aus?

Ich bin schlau genug einzusehen, dass eine umfassende Beantwortung dieser Fragen den Rahmen dieses Buches sprengen würde. Ich habe mich ja bereits als Christ geoutet und verweise ganz pragmatisch auf den umfassenden Buchbestand, den es zu diesem Thema bereits gibt. Ich bin nicht nur überzeugt davon, dass Gott existiert, sondern auch davon, dass er sich uns mitteilt.

Damit komme ich auf vier Quellen, aus denen sich unsere Erfahrungen und, darauf aufbauend, unsere Weisheiten speisen: Sein, Bewusstsein, Offenbarung, Erfahrung.

Mit meiner «Vier-Quellen-Theorie» befinde ich mich in ganz guter Gesellschaft. Die meisten Dichter und Denker haben ihre Denkgebäude auf demselben Fundament errichtet.

Unter ihnen befindet sich einer der kreativsten Gedankenmacher überhaupt, der französische Politiker und Privatgelehrte Michel de Montaigne (1533–1592). Er lebte in kriegerischen Zeiten:

Katholiken stritten mit Protestanten; europäische Fürstenhäuser bekriegten sich, heirateten untereinander, kämpften gegen die Türken und unterstützten, mal mehr, mal weniger, die jeweils herrschenden Päpste; Bauern begehrten auf, Freidenker und Sektierer meldeten sich zu Wort und wurden anschließend zuweilen ertränkt oder verbrannt, Hexen sowieso, irgendwer musste für die Seuchen und Missernten ja verantwortlich sein.

Die Weisheit von Montaigne beruhte nicht auf Spekulation, sondern auf Reflexion – dessen, was er in der Wirklichkeit vorfand. Und Stoff zum Reflektieren hatte er genug. Zuviel, wie er fand, so dass er sich mit 38 Jahren aus dem politischen Geschäft zurückzog auf sein Schloss und sein restliches Leben lang über dasselbe räsonierte.

Seine Ergebnisse nannte er «Essays», Versuche – was alleine schon Bände spricht über seine Weisheit. Schließlich sind alle Gedanken, die sich Menschen machen, nicht letztverbindlich, sondern provisorisch.

Das machte ihn später für Christen suspekt, die nicht verstehen konnten, wie man so heiter durchs irdische Jammertal ziehen konnte. Blaise Pascal, der dem Weltschmerz noch mit stachligen Gürteln und kratzigen Kleidern nachhalf, schämte sich ständig für seine Montaigne-Begeisterung. Er hielt dem verstorbenen Landsmann vor, dass er mit seiner Weltfreudigkeit den Appetit auf den Himmel zügelte.

Die Zeiten haben sich geändert. Im Vergleich mit heutigen «Carpe diem»-Aposteln sind die Essays ganzheitlich geistvoll. Am christlichen Bekenntnis von Montaigne besteht kein Zweifel. In seinem längsten Essay, der «Schutzschrift für Raimond von Sebonde», geht es um Beweise für die Existenz Gottes.

Die Zitate, die ich aus den insgesamt weit über tausend Seiten ausgewählt habe, beschäftigen sich allerdings überwiegend mit handfesteren Themen. Ihnen merkt man an, dass der Autor wusste, wovon er schrieb. Er kannte die Menschen und ihre Schwächen, das Leben und seine Abgründe, die Allgegenwart des Todes und die christliche Antwort darauf. Hier einige Auszüge:

Montaigne über menschliche Schwächen:

- *Unter allen Narrheiten der Welt ist die herkömmlichste und verbreitetste das Streben nach Ansehen und Ruhm, dem wir uns derart verschreiben, dass wir oft sogar Reichtum und Ruhe, Gesundheit und Leben dafür hingeben, also wirkliche und wesentliche Güter, um stattdessen dem Trugbild dieser zwei Wörter nachzujagen, die nur Schall und Rauch sind und nichts haben, das man greifen und an das man sich halten könnte.*
- *Keiner ist auf Ruhm erpichter als ein unbegabter Dichter.*
- *Niemand ist frei davon, Banalitäten zu sagen. Schlimm wird es erst, wenn man sie wichtigtuerisch vorträgt.*
- *Das schädlichste Gift für die Fürsten ist die Schmeichelei.*
- *Der Mensch ist zweifellos von Sinnen. Keine Milbe könnte er erschaffen, Götter aber erschafft er dutzendweise.*
- *Der wahre Tummelplatz für Betrügereien sind die unbekannten Dinge, da erstens alles Unbekannte für glaubwürdig gehalten wird und*

zweitens die Tatsache, dass sie nicht unseren gewohnten Vernunftschlüssen unterworfen sind, uns der Mittel beraubt, die Betrüger zu widerlegen. Aus diesem Grund, sagt Platon, sei es viel leichter, Beifall zu finden, wenn man über die Natur der Götter, als wenn man über die Menschen spricht, weil die Unwissenheit der Zuhörer der Manipulation einer verborgenen Materie ein herrlich weites Feld eröffne und ihr völlige Freiheit lasse. Daher kommt es, dass nichts so fest geglaubt wird wie das, worüber man am wenigsten weiß.

- *Feigheit ist die Mutter der Grausamkeit.*
- *Hinsichtlich der Einschätzung der Menschen fällt auf, dass außer uns kein Wesen anders als nach den in ihm liegenden Eigenschaften bewertet wird. Wir loben ein Pferd wegen seiner Stärke und Wendigkeit, nicht aber wegen seines Sattelzeugs.*
- *Kindermord und Vatermord, gemeinsame Benutzung der Frauen, Handel mit Diebesgut, hemmungslose Hingabe an alle Arten von Wollust – nichts ist so ausgefallen, dass es nicht bei irgendeinem Volk gang und gäbe wäre.*
- *Man sieht immer wieder, wie gute Absichten, wenn sie ohne Augenmaß verfolgt werden, die Menschen zu höchst schandbaren Taten verleiten.*

Über gesunden Menschenverstand:

- *Das einfache Volk weiß mehr, weil es das weiß, was es braucht.*
- *Die einfachen Bauern sind vernünftige Leute ohne Buchwissen, und vernünftige Leute auch die Philosophen, soweit es sie heute noch als starke, klarsichtige und an umfassender Bildung in nützlichen Wissenschaften reiche Naturen gibt. Die Halbgebildeten hingegen, welche die erste Stufe, die des fehlenden Buchwissens, für unter ihrer Würde hielten, die dritte jedoch nie zu erreichen vermochten, sind lästig und gefährlich, dazu nichts nütze – sie stürzen die Welt in Verwirrung.*

- *Die herausgeforderte Tugend gewinnt zusehends an Kraft.*
- *Es ist kaum möglich, die göttlichen Dinge ohne Gewichtsverlust unseren menschlichen Waagschalen anzupassen.*

Montaigne fürchtete wenig so sehr wie die Senilität und den Verlust seiner Verstandeskraft. Er beschloss seine Essays mit einem Zitat aus dem Gedicht «Des Dichters Glück» von Horaz. Darin lässt der römische Poet einen Sänger bitten:

Lasst mich mit gesundem Leib
Und Geist genießen, was ihr beschert habt
Und gebt, dass kein unrühmlich Alter
Schande mir sei, noch die Laute mangele.

Die Bitte wurde erhört. Mit 59 Jahren sackte Montaigne während eines Gottesdienstes in sich zusammen. Ihn hatte der Schlag getroffen. Langes Leid war ihm erspart worden. Das passte irgendwie zu einem anderen Spruch aus den Essays.

Das deutlichste Kennzeichen der Weisheit ist ständiges Vergnügtsein.

1.
Sein: Warum alles bleibt, wie es wird

Weißt du, wie viel Mücklein spielen
In der hellen Sonnenglut?
Wie viel Fischlein auch sich kühlen
In der hellen Wasserflut?
Gott, der Herr, rief sie mit Namen
Dass sie all' ins Leben kamen
Dass sie nun so fröhlich sind
Dass sie nun so fröhlich sind.

Johann Wilhelm Hey

Neulich habe ich wieder mal gestaunt. Ich habe einen weißen Tiger gesehen. Nicht im Dschungel und nicht in Las Vegas, sondern in einem indischen Zoo. Das schöne Prachtvieh hat mich in seinen Bann gezogen, und wenn nicht die lärmenden Besucher um mich herum gewesen wären, hätte ich es stundenlang ansehen können. Es war ja auch das erste Raubtier dieser Art, das ich zu Gesicht bekommen habe.

An das Wunderwesen Mensch habe ich mich mittlerweile gewöhnt, sonst wäre meine Faszination bei jeder Begegnung ähnlich groß.

Irgendwo habe ich gelesen, dass alle acht Milliarden Menschen zusammen auf die Größe eines Zuckerwürfels schrumpfen würden, wenn man den Leerraum in unseren Atomen eliminieren könnte. Und dass alle unsere DNA-Moleküle wie an einer Schnur aneinandergereiht den Durchmesser des Sonnensystems mal sechs ergeben würden, unbegreifliche 30 Milliarden Kilometer.

Die Vorstellung übersteigt mein Denkvermögen, ebenso die Tatsache, dass der kleine Feuerball am Himmel eine Million Mal größer ist als die Erde. Und immer noch winzig im Vergleich zu teilweise einige tausend Mal größeren Sternen, von denen – mitsamt den dazugehörigen Planetensystemen – es allein in der Milchstraße hundert Milliarden geben soll.

Die Gesamtzahl der Galaxien im Universum wird ebenfalls auf mehr als hundert Milliarden geschätzt. Eine Unmenge davon existiert längst nicht mehr. Ihre Sterne sind für uns nur dank der Lichtstrahlen sichtbar, die sie vor langer, langer, langer Zeit ausgestrahlt haben. Und das alles betrifft ohnehin nur das erkennbare Universum. 95 Prozent davon bestehen aus dunkler Materie und dunkler Energie. Wir tappen also buchstäblich im Dunkeln, haben nur zu fünf Prozent der physikalischen Wirklichkeit überhaupt einen Zugang, und davon erkennen wir auch nur einen Bruchteil.

Aber natürlich, so behaupten manche materialistischen Wissenschaftler, wissen wir ganz genau, woher das alles kommt, wie und warum es entstanden ist.

Haha.

Ich stelle nicht die bemerkenswerten Erkenntnisfortschritte der letzten Jahrhunderte in Abrede. Wenn ich die Fotos sehe, die das Hubble-Teleskop und neuerdings das James-Webb-Teleskop von unserem Universum liefern, bleibt mir vor Staunen der Mund offenstehen. Aber mit jedem Erkenntnisgewinn wächst eben auch das Bewusstsein für die Erkenntnislücken. Die dunkle Materie in unseren Weltbildern nimmt zu und nicht ab. Denn die Grenzen des Universums driften immer weiter von uns weg.

Diese Feststellung ist gar nicht mal so alt. Erst seit nicht einmal hundert Jahren ist bekannt, dass das Universum sich ausdehnt. Die Urknalltheorie entstand 1931. Der Frage, was vor dem «Big Bang» und jenseits des Beginns der Zeit war, sind wir um keinen Deut nähergekommen.

Wir können nicht einmal sicher sein, ob die Realität nicht vielleicht doch nur eine Simulation und wir selbst Teil einer Bewusstsein suggerierenden Computersoftware sind.

Oder ob unser Universum nicht ein «All», sondern eins von unendlich vielen Universen ist, die in einem mysteriösen Multiversum koexistieren.

Oder ob nicht doch Gott außerhalb, innerhalb und über allem existiert und alles potenziert: die meiner Ansicht nach weitaus plausibelste Seins-Ursprungs-Hypothese.

Was wir wissen, verwundert und verstört mehr, als es erklärt. Gerade fromme Seelen tun sich oft schwer damit, naturwissenschaftliche Erkenntnisse mit ihren Glaubensgrundsätzen zu harmonisieren.

Der christliche Schriftsteller Reinhold Schneider (1903–1958), der sich von den Nazis nicht hatte unterkriegen lassen, wurde nach dem Krieg unter anderem von der «Schlupfwespe» in eine schwere Glaubens-Midlife-Krise gestürzt. Er fragte sich: War eine Kreatur, die Schmetterlingen ihre Larven einverleibte, nicht noch viel grausamer als Hitler, und was sagten solche Naturphänomene über den lieben Gott aus?

Zu den erschütterndsten Dokumenten einer spirituellen Durststrecke gehört Schneiders Reisetagebuch «Winter in Wien». Vom 5. November 1957 bis zum 6. März 1958 streifte er durch die österreichische Hauptstadt und machte sich Gedanken über den Lauf des Lebens und das Wirken der Natur. Zu neuen Schlüssen kam er so gut wie gar nicht. In seinem Bewusstsein taten sich lauter neue Leerstellen auf.

- *Das Phänomen «Leben»: Die Gottesanbeterin hat den Kopf des Männchens verspeist und sättigt sich nun am Vorderteil, während der Hinterleib sie begattet. (Welche Versklavung aller Kreatur! Blutdurst der Tanzfliegen zur Begattungszeit.)*
- *Die Bewunderung der Zweckmäßigkeit, mit der ein Tier zur Vernichtung des anderen ausgestattet ist – der Bienenwolf zum Ver-*

derb der Bienen, die Wasserspinne zum Fischfang, der Ameisenbär für die Ameise –, grenzt an Verzweiflung.

- *Eine große Gefahr ist es, dass wir mehr und mehr von Abstraktionen beherrscht werden.*
- *Der Glaube an Auferstehung setzt den Wunsch nach Auferstehung voraus – oder die Angst vor dem Nichts. Aber weder dieser Wunsch noch die Angst verstehen sich von selbst.*
- *Wir sprechen schnell von Abfall oder Auflehnung, ohne die Psychologie des Unglaubens hinreichend zu betreiben, was nach Dostojewski nicht mehr geschehen dürfte. Wer sich in den Nicht-Glauben nicht ernsthaft versetzt, kann ihn nicht bestreiten, heute jedenfalls nicht. In christlicher Sicht mag man das Verstummen der Frage nach Unsterblichkeit als eine seelische Katastrophe betrachten, wohl gar als ein Geheimnis der Finsternis; das ewige Leben wird erlangen, wer Gott aus ganzer Seele liebt und den Nächsten wie sich selbst. Aber auch diese Bezogenheiten richten sich an eine ganz bestimmte seelische Gegebenheit. Kann der nur Gott lieben aus ganzer Seele, der das ewige Leben will: liebt er Gott um dieses Lebens willen? Kann nur der den Nächsten lieben wie sich selbst, der Gott liebt?*
- *Hier liegt der Grund des Verfalls der Religion: jenes Verfalls, dem nicht beizukommen ist. Unter leidlichen Umständen leben die Menschen ganz gerne; aber in diesem «Gerne» ist keine Kraft. Der Film läuft ab, der Fernsehschirm erlischt. Noch einmal? Oder weiter? Warum? Ich sehe Jugend, die sich nicht die geringste Mühe gibt, etwas beizutragen. Sie glaubt der Welt ein Geschenk zu machen durch ihr Vorhandensein. Dass eine jede Existenz sich keineswegs von selbst versteht, dass sie sich ausweisen muss, ehe sie fordert, wird nicht mehr zur Kenntnis genommen.*
- *Der Zweifel ernährt den Glauben; der Glaube den Zweifel.*

Ich finde bezeichnend, dass die Bibel auf die Frage nach dem Ursprung des Bösen keine Antwort gibt. Sie verzichtet auch auf billige Trostpflaster, um damit das Leid oberflächlich zu therapieren. Als Hiob wissen will, warum er in eine so schreckliche Lage geraten ist, rät Gott ihm nicht, sich an den Blumen und Vögeln zu erfreuen. Als Beleg für seine schöpferische Allmacht verweist Gott auf ein drachenhaftes See-Ungeheuer, den Leviathan, und auf einen nilpferdartigen Landkoloss, den Behemoth.

Gott hätte auch vom Tyrannosaurus Rex erzählen können, der mit seinen artverwandten Dinosauriern vermutlich Millionen Jahre existierte, um dann auf einen Schlag, und zwar einen Meteoriten-Einschlag, ausgelöscht zu werden. So wie Sterne verglühen, Planetensysteme kollabieren, das ganze Universum irgendwann im «Big Crunch» implodieren könnte.

Alles eine unendliche Anzahl von Nummern zu groß für uns. Wir strecken uns nach einer Decke, die – Milliarden Terameter über uns (1 Terameter = 1 Milliarde Kilometer) – längst noch nicht in Sichtweite ist. Da können wir uns noch so angestrengt auf unsere Zehenspitzen stellen und noch so raffinierte Teleskope bauen.

Das sollte uns demütig halten, aber nicht davon ab, in dem für uns überschaubaren Erkenntnisraum zu forschen. Wir können fragen: Welche prinzipiellen Erkenntnisse über die Natur haben wir in den letzten Jahrtausenden gewonnen? Und wie können diese Erkenntnisse uns dabei helfen, weise Rückschlüsse auf andere Lebensfragen zu ziehen?

Genau so funktioniert unser Denken nämlich: analogisch. Wir übertragen Erfahrungen aus einem Bereich auf einen anderen und gewinnen so ein schärferes Bild der Realität.

Was also lehrt uns die Natur?

Mir fallen vor allem vier Erkenntnisse ins Auge.

Erstens: Sein ist Fülle und Vielfalt.

Das All ist aus christlicher Sicht zwar nicht alles. Aber es ist ungeheuer vielfältig. Und, nach derzeitigem Erkenntnisstand, nirgendwo vielfältiger als in einem winzigen Körnchen im Universum: unserer Erde. Hier gibt es fast neun Millionen unterschiedliche Tier- und Pflanzenarten. Als Christ kann man von dieser atemberaubenden Biodiversität Rückschlüsse auf den Schöpfer ziehen:

Eintönigkeit, Standardisierung und Monokultur sind seine Sache nicht. Das unterscheidet Gott von manchen Christen, die für alle Gläubigen am liebsten nur *einen* Frömmigkeitsstil und *einen* verbindlichen Katechismus hätten. Aus der Natur lässt sich jedoch ablesen, dass Heterogenität durchaus gottgewollt sein kann.

Ist es euch um wahre Gottseligkeit zu tun, so lasst uns keine Übereinstimmung lügen, wo Mannigfaltigkeit offenbar Plan und Endzweck der Vorsehung ist. Keiner von uns denkt und empfindet vollkommen so wie sein Nebenmensch; warum wollen wir denn einander durch trügliche Worte hintergehen?

Moses Mendelssohn, Jerusalem

In Wirklichkeit aber ist die Menschheit mit einem Garten Gottes zu vergleichen. [...] Jedes Volk, als Blume Gottes, hat Sorge zu tragen, dass seine Blüte am besten ausfalle und seinen Gärtner mit schönstem Duft preise. Aber keine Blume hat irgendeinen Grund, sich für die Hauptblume des göttlichen Gartens zu halten und die anderen Blumen zu verachten und zu überwuchern.

Iwan Iljin, Blick in die Ferne

Zweitens: Fülle und Vielfalt entstehen durch Beziehung und Veränderung.

Die alten griechischen Philosophen waren Vorreiter des Den-Dingen-auf-den-Grund-Gehens. Sie fragten nach dem tieferen Sein hinter dem oberflächlichen Schein. Dabei kamen sie oft zu konträren Mutmaßungen.

Im 5. Jahrhundert vor Christus lagen zwei griechische Denker im Ideen-Clinch. Beide waren auch räumlich ziemlich weit voneinander entfernt.

Parmenides (ca. 520–460 v. Chr.) lebte in Süditalien und musste sich mit seinen Ideen seine Brotfladen verdienen, das heißt: Er war Vollzeitphilosoph.

Der gleichaltrige Heraklit residierte in der heutigen Westtürkei. Als Mitglied der High Society brauchte er sich um seine Einnahmen keine Sorgen zu machen. Vermutlich war es auch diese Unabhängigkeit, die der Sperrigkeit seiner Philosophie Vorschub leistete.

Beide beschäftigte die Frage, was das eigentliche Seins-Prinzip ist.

Unveränderliches Sein oder dauerndes Werden?

Beständigkeit oder Veränderung?

Ewiges Eis oder unauslöschliches Feuer?

Der Streit tobt bis heute.

Auch in religiösen Kreisen.

Ist Gott vor allem fester Grund?

Oder ist er dynamische Kraft?

Dabei liefert die Bibel eine ziemlich klare, paradoxe Antwort – nämlich in dem Namen, den Gott sich Mose gegenüber selbst gibt: «YHWH – ich bin, der ich sein werde.»

Er gibt damit sowohl Parmenides als auch Heraklit recht.

Aus moderner wissenschaftlicher Sicht geht der Konflikt von Parmenides und Heraklit unentschieden aus. Der Süditaliener hat recht, weil alles mit allem zusammenhängt, von denselben physikalischen Gesetzen beeinflusst wird und somit einen großen Seins-Zusammenhang bildet.

Aber, ganz im Sinne von Heraklit:

«Change» ist ebenfalls «the name of the game».

Auf dem atomaren Urgrund herrscht nicht Friedhofsruhe.

Sondern Bewegung.

Ganz nahe beieinander lagen die beiden Griechen bei der Frage, ob die Wirklichkeit aus mehr beschaffen ist als nur Materie. Beide waren davon überzeugt, dass es auch eine nicht-materielle Realität gibt.

Parmenides sah hinter allem Existierenden ein größeres Sein, Heraklit hinter allem Entstehenden einen größeren Sinn. Er gibt ihm die Bezeichnung «Logos» – dasselbe Wort, das ein halbes Jahrtausend später Johannes im Prolog seines Evangeliums auf Jesus anwenden sollte.

Während die Gedanken des Parmenides nur in den Worten seiner Schüler überliefert sind, gibt es von Heraklit zumindest noch Fragmente seines großen Werks «Über die Natur». Einige davon sind inzwischen sprichwörtlich geworden, andere klingen auch 2500 Jahre nach ihrer Niederschrift noch aktuell.

- *Alles fließt.*
- *Man kann nicht zweimal in denselben Fluss steigen.*
- *Was auseinanderstrebt, vereinigt sich. Aus den verschiedenen Tönen entsteht die schönste Harmonie. Alles entsteht durch den Streit.*
- *Der Blitz steuert das All.*
- *Die Natur bringt nicht aus dem Gleichen, sondern aus dem Entgegengesetzten den Einklang hervor. So paart sie das männliche mit dem weiblichen Geschlecht und nicht etwa beide mit dem gleichen.*
- *Im Wachen haben wir eine einzige und gemeinsame Welt. Im Schlaf aber wendet sich jeder seiner eigenen zu.*
- *Das Denken ist der größte Vorzug, und die Weisheit besteht darin, die Wahrheit zu sagen und nach der Natur zu handeln, auf sie hinhörend.*
- *Die Natur liebt es, sich zu verstecken.*
- *Hunde bellen alles an, was sie nicht kennen.*

Aus Sicht von Heraklit ereignet sich Veränderung nicht von allein. Sie ist das Resultat von Verknüpfungen. Schon er erkannte: Das Leben ist

Beziehung. Er wusste noch nichts vom Tanz der Moleküle, aber er ahnte die hintergründige Aktivität hinter aller vordergründigen Stabilität.

Heraklit beobachtete auch, dass sich gleich und gleich zwar gerne gesellt, aber gerade die Verbindung unterschiedlicher Einheiten kreative Funken sprühen lässt.

Im späten Mittelalter kam ein Südtiroler Bischof zu einem ganz ähnlichen Schluss: Nikolaus von Kues (1401–1464). Geboren an der Mosel, landete der attraktive, hochgelehrte und machtbewusste Philosoph im Alpenstädtchen Brixen.

Der dortige Dom, an dem er mitgebaut hatte, ist mir in schönschmerzhafter Erinnerung. An dessen Treppenstufen fand der Zieleinlauf zum «Dolomiten-Marathon» statt. Meine Beine brannten, mein Herz jubelte, als die Quälerei vorbei war. Durch Qual zur Freude!

Später wurde mir bewusst, dass ich am eigenen Leib die wichtigste Einsicht des Nikolaus von Kues erfahren hatte. Er lehrte, dass der Zusammenfall von Gegensätzen, von ihm «Coincidentia Oppositorum» genannt, nichts Unheilvolles sei. Vielmehr könnte daraus auf höherer Ebene eine neue Einheit entstehen.

Für das damalige auf Konsistenz getrimmte Denken war das ein ziemlicher Hammer. In der Tradition Platons waren Theologen vor allem darauf erpicht, die ordnungsstiftende Kraft Gottes zu betonen. In Anlehnung an Aristoteles gingen Philosophen davon aus, dass die Vernunft dafür da sei, Widersprüchlichkeiten aufzulösen. In seiner «Metaphysik» hatte Aristoteles das «Prinzip vom ausschließenden Widerspruch» aufgestellt. Danach konnten zwei gegensätzliche Sachverhalte nicht gleich zutreffend sein.

Nikolaus von Kues schreckte nicht davor zurück, den intellektuellen Status quo seiner Zeit herauszufordern. Er sah sich der Wahrheit verpflichtet. In diesem Selbstverständnis deckte er einen der größten Fälschungsskandale überhaupt auf und entlarvte die sogenannte «konstantinische Schenkung» als Märchen. Seit Hunderten von Jahren hatte die katholische Kirche behauptet, der Kaiser Konstantin habe ihr per Testament die geistlich-politische Führung von Rom, Italien, ja der ganzen Welt vermacht.

Nikolaus von Kues bewies, dass es sich bei der Urkunde um eine Fälschung handelte.

Als «Wissen, das schmeckt» definierte Nikolaus von Kues die Weisheit. Und ihm schmeckte nur das, was er als realitätsgemäß wahrnahm. Dualitäten waren nun mal überall vorhanden, in der Natur, in der Kultur und im Nachsinnen darüber.

Es gab Leid und Freud.

Gesetz und Gnade.

Leben und Tod.

Im menschlichen Bewusstsein konnten diese Kontraste nicht überwunden werden. Diese Fähigkeit hatte der Mensch durch die Vertreibung aus dem Paradies eingebüßt. Nur bei Gott gab es eine Auflösung und Verschmelzung der Widersprüche zu einer höheren Einheit.

Ich beginne daher an der Tür der Koinzidenz der Gegensätze, die der Engel bewacht, der am Eingang des Paradieses aufgestellt ist, um dich, Herr, zu sehen. Dort bist du, wo Reden, Sehen, Hören, Verkosten, Berühren, Denken, Wissen und Einsehen ein und dasselbe sind. […] Weil du nun der allmächtige Gott bist, so bist du innerhalb der Mauer im Paradies. Diese Mauer ist die Koinzidenz des Späteren mit dem Früheren, wo das Ende koinzidiert mit dem Anfang, wo Alpha und Omega dasselbe sind.

Heute wissen wir, dass der Kreislauf der Natur auf der Kombination unterschiedlicher Organismen beruht. Und auch für intellektuelle Auseinandersetzung ist das Prinzip der zusammenfallenden Gegensätze hilfreich. Davon wird im nächsten Kapitel noch ausführlicher die Rede sein.

Drittens: Beziehung und Veränderung führen zu Weiterentwicklung und Wachstum.

Von allen Entdeckungen, die Menschen in den letzten Jahrtausenden gemacht haben, ist eine der neuesten die des Fortschritts.

Die Vorstellung, dass es in der menschlichen Geschichte einen Aufwärtstrend gibt, ist gar nicht so alt. Lange sind unsere Vorfahren davon ausgegangen, dass die Zustände sich allmählich zum Schlechteren entwickeln. Deshalb handeln viele Sagen von goldenen Zeiten, die in der fernen Vergangenheit liegen.

Doch seit ein paar hundert Jahren steigen die allgemeine Lebenserwartung und überhaupt die Lebensqualität, zunächst nur in einigen Ländern, mittlerweile weltweit. Die technologische Entwicklung ist so weit fortgeschritten, dass viele Menschen, mich eingeschlossen, gerne die Pause-Taste drücken würden.

Auch in der Natur gibt es keinen Stillstand. Die Welt existiert nicht einfach, sie ereignet sich. Das entspricht auch der biblischen Feststellung, dass Schöpfung ein kontinuierlicher Vorgang ist.

Wenn du deinen Geist schickst, wird neues Leben geschaffen, und die Erde kann sich wieder entfalten.

Psalm 104,30

Dabei handelt es sich nicht um einen bloßen Kreislauf, der immer dasselbe produziert. Es gibt einen Wachstumsimpuls, der zur Weiterentwicklung allen Seins führt. Die Erde ist üppiger und bunter als vor einer Milliarde Jahre.

Das entspricht unserer Beobachtung, aber eigentlich nicht den Gesetzen der Logik. Denn der zweite Hauptsatz der Thermodynamik lehrt, dass die Ordnung von Systemen, die sich selbst überlassen sind, zerfällt, Degeneration und Chaos also die natürliche Folge wären. Der Fachbegriff heißt «Entropie». Was erklärt dann aber die Gegentendenz dazu, den allgemeinen Aufwärtstrend, den Push nach oben, die zunehmende Komplexität und Verwobenheit?

Der blinde Zufall ist seit ihrer Popularisierung durch Charles Darwin (1809–1882) *die* Schwachstelle der Evolutionslehre. Deshalb sprach der jüdisch-christliche Philosoph Henri Bergson (1859–1941) auch von «kreativer Evolution» und stellte dem Zufall eine schöpferische Kraft, den «Élan vital», entgegen.

Anklänge an eine solche schöpferische Kraft gibt es an vielen Stellen der Bibel, unter anderem in einer Passage im Buch der «Sprüche». Manche Theologen sehen darin sogar einen dritten Schöpfungsbericht (neben den beiden Berichten in den ersten Kapiteln des Buches Genesis). Statt von einer «Schöpferischen Kraft» ist von der «Weisheit» die Rede, die den Schöpfungsprozess begleitet.

> *Gott schuf mich vor langer Zeit, ich war sein erstes Werk, noch vor allen anderen. In grauer Vorzeit hat er mich gebildet; und so war ich schon da, als es die Erde noch gar nicht gab. Lange bevor das Meer entstand, wurde ich geboren. Zu dieser Zeit gab es noch keine Quellen, und es standen weder Berge noch Hügel. Ich war schon da, bevor Gott die Erde mit ihren Wiesen und Feldern erschuf, ja, noch vor dem ersten Staubkorn. Ich war dabei, als Gott den Himmel formte, als er den Horizont aufspannte über dem Ozean, als die Wolken entstanden und die Quellen aus der Tiefe hervorsprudelten, als er das Meer in die Schranken wies, die das Wasser nicht überschreiten durfte, als er das Fundament der Erde legte – da war ich ständig an seiner Seite. Tag für Tag erfreute ich mich an Gott und seinen Werken, ich tanzte vor Freude auf seiner Erde und war glücklich über die Menschen. Darum hört auf mich.*
>
> Sprüche 8,22–32

Die Weisheit, von der hier die Rede ist, äußert sich nicht in kalter Rationalität. Mit ihrer lebensspendenden Kraft hat sie Parallelen zum christlichen Prinzip der Liebe.

Tatsächlich kann man in der Liebe das zentrale Schöpfungsprinzip sehen.

Diese Behauptung scheint zunächst einigermaßen verwegen. Man muss kein Radikal-Darwinist sein, um in der Natur eher einen unbarmherzigen Kampf ums Überleben wahrzunehmen. Das führte schon den chinesischen Philosophen Laotse (ca. 570–500 v. Chr.) zu der Schlussfolgerung:

Himmel und Erde sind nicht gütig. Ihnen sind die Menschen wie stroherne Opferhunde.

Ganz anders nahm der griechische Philosoph Empedokles (495–435 v. Chr.) die Wirklichkeit wahr. Auch er konnte nicht abstreiten, dass Konflikte und gegenseitige Abstoßung in der Welt an der Tagesordnung waren. Neben dem Streit sah Empedokles aber auch noch ein anderes Prinzip am Werk: eben die Liebe. Sie verbindet und ordnet, sorgt für Wachstum und Verbreitung. Modern ausgedrückt: Sie ist die Gegenkraft zur Entropie.

Wir halten fest:

Die fundamentalen Eigenschaften der Welt, in der wir leben, sind:

- vielfältige Fülle
- Beziehungsorientierung
- Wachstumstendenz.

Diese Trias passt zu den höchsten Werten, die der Apostel Paulus im 1. Brief an die Korinther aufstellt: Glaube, Liebe, Hoffnung. Sie entspricht auch den drei Personen der göttlichen Trinität: Schöpfer/Vater, liebevoller Erlöser/Sohn, wachstumsfördernder Unterstützer/Heiliger Geist.

Mit dieser Überlegung bewege ich mich freilich im Gebiet der reinen Spekulation. Das ist nicht weiter problematisch, denn …:

Viertens: Das Sein ist (für uns) nicht konkret bestimmbar. 1900 schien die Wirklichkeitserfassung nur eine Frage der Messinstrumente zu sein. Irgendwann, so hofften Wissenschaftler, würden hochmoderne Mikroskope uns befähigen, auf den Boden der Realität zu blicken und auf den Beobachtungen betonfeste Erkenntnisse aufzubauen.

Dann ging es einem 23-jährigen deutschen Wissenschaftler so wie mir in jedem Frühjahr: Er litt an Heuschnupfen. Anders als ich bekam er von seinem Arzt kein Nasenspray verschrieben. Stattdessen fuhr Werner Heisenberg (1901–1976) zur Erholung an die Nordsee. Nebenbei wollte er hier den atomphysischen Dingen auf den elementarsten Grund gehen.

Mit im Gepäck hatte er kein Mikroskop, sondern einen Gedichtband von Goethe. Der Rest ist Wissenschaftsgeschichte. Auf einem Gedenkstein kann man das Ergebnis der Kur nachlesen:

> *Im Juni des Jahres 1925 gelang hier auf Helgoland dem 23-jährigen Werner Heisenberg der Durchbruch in der Formulierung der Quantenmechanik, der grundlegenden Theorie der Naturgesetze im atomaren Bereich, die das menschliche Denken weit über die Physik hinaus tiefgreifend beeinflusst hat.*

Was Heisenberg auf Helgoland erkannte, war die unüberbrückbare Distanz zwischen der Wirklichkeit und den Bildern, die wir uns von ihr machen. Über den Moment der Erkenntnis schrieb er später:

> *Ich hatte das Gefühl, durch die Oberfläche der atomaren Erscheinungen hindurch auf einen tief darunter liegenden Grund von merkwürdiger innerer Schönheit zu schauen.*

Allerdings ließ sich dieser Grund nicht ohne Weiteres abbilden oder beschreiben. Genau hierin lag die revolutionäre Erkenntnis von Werner Heisenberg: Die physikalische Wirklichkeit lässt sich nur annäherungsweise und ausschnittsweise beschreiben.

Später konkretisierte er seine Beobachtung mit dem sogenannten «Unschärfeprinzip». Darin lieferte er einen wissenschaftlichen Beweis dafür, dass die sub-atomaren Zustände prinzipiell nur unscharf erfassbar sind. Eine objektive Sicht auf die Wirklichkeit, jedenfalls ihre kleinsten Einheiten, gibt es nicht. Bei Elementarteilen können wir entweder ihren Ort oder ihre Bewegungsrichtung ermitteln, aber nie beides gleichzeitig. Zwischen der Beobachtung und der Erfassung gibt es außerdem eine Wechselwirkung. Die Teilchen verändern ihren Zustand, wenn sie beobachtet werden.

Anders formuliert: Was wir beschreiben können, ist nicht die Wirklichkeit, sondern nur die von uns erfasste Wirklichkeit. Weil diese Wirklichkeit dauernden Veränderungen unterworfen ist, können wir auch nicht von Zuständen, sondern nur von Wahrscheinlichkeiten reden.

Natürlich kann man darüber streiten, ob diese Erkenntnisse ohne Weiteres auf andere Bereiche übertragen werden können. Ich jedenfalls finde darin viel Tröstliches.

Die Natur entzieht sich unserer totalen Kontrolle und unserem Erkenntniszugriff. Wir operieren mit Gleichnissen und Hypothesen statt mit Gewissheiten. Wer sich darüber klar wird, für den verliert auch manche Debatte zwischen Naturwissenschaftlern und Bibelgläubigen an Schärfe.

Leider hatten die Südbaptisten im US-Bundesstaat Tennessee noch nichts von Heisenberg gehört, als sie 1925 der modernen Naturwissenschaft den Krieg erklärten. Andernfalls hätten sie sich vielleicht eines der größten christlich-fundamentalistischen PR-Debakel erspart.

Damals tobte, wie auch heute noch an manchen Orten, der Streit zwischen Kreationisten und Evolutionslehrern. Mit einer Basis-Kampagne hatten christliche Gegner der Darwin-Theorie einen Etappensieg errungen. Auf ihren Druck hin wurde den regionalen Schulen untersagt, die Evolutionslehre zu unterrichten.

Liberale Aktivisten sahen ihre Chance gekommen, den christlichen Fundamentalismus insgesamt lächerlich zu machen. Als freiwilliges «Opfer» fanden sie einen jungen Lehrer. John Scopes unterrichtete zwar weder Biologie noch Evolution, zeigte sich aber dennoch selbst an.

Den darauffolgenden «Scopes-Prozess» verfolgten Hunderte Menschen im Gerichtssaal, Tausende draußen auf der Straße und Millionen über Zeitungsberichte. Am Ende wurde John Scopes zu einer Geldstrafe verurteilt. Aber die Schlacht um die öffentliche Meinung gewannen die Evolutionsbefürworter. Konservative Christen wurden in der landesweiten Wahrnehmung als wissenschaftsfeindliche Hinterwäldler abgestempelt.

Das Urteil im Scopes-Prozess fiel am 21. Juli 1925, wenige Wochen nach Heisenbergs folgenschwerem Helgoland-Trip. Ich finde diesen zeitlichen «Zusammenfall der Gegensätze» bemerkenswert. Auf der einen Seite versuchten amerikanische Gläubige ihr geschlossenes Weltbild gegen eine alternative Weltentstehungslehre zu verteidigen. Auf der anderen Seite zeigte ein junger deutscher Physiker einen Ausweg aus einer unversöhnlichen Frontstellung:

Wenn Wissenschaftler über die Grundfragen des Seins nur ungefähre Aussagen treffen und nur in Gleichnissen reden können, dann sollte das zur Entspannung auf beiden Seiten, Religion und Wissenschaft, beitragen.

Was nicht heißt, dass man sich nicht um eine schärfere und präzisere Sicht der Dinge bemühen sollte. Aber eben in intellektueller Demut.

Der Mensch scheitert mit seinen Alles-Erklär-Ambitionen, weil sich laut Heraklit die Natur gerne versteckt. Aber selbst wenn sie sich klar zeigen würde, könnte der Mensch trotzdem nicht scharf sehen. Schuld sind mentale Verzerrungsmechanismen, um die es im nächsten Kapitel geht.

Positiv festzuhalten bleibt, dass wir Menschen dazu befähigt sind, in den Naturkreislauf einzugreifen. Wir sind geborene Alchemisten. Mit unserer gottgegebenen Vernunft können wir durch neuartige Verknüpfungen Gold produzieren.

Geistiges Gold.

Oder geistiges Gift.

Je nachdem, wie wir unser Bewusstsein einsetzen.

2.
Bewusstsein: Warum wir glauben, was wir sehen, und sehen, was wir glauben

Don't you understand? Your mind is not your friend again. It takes you by the hand and leaves you nowhere.
(dt.: Verstehst du denn nicht? Dein Verstand ist nicht mehr dein Freund. Er nimmt dich an der Hand und führt dich ins Nirgendwo.)

The National, Your Mind is not Your Friend

Wir haben allen Grund, stolz auf unser Gehirn zu sein. Im Universum ist es schon alleine dadurch etwas Besonderes, dass sonst niemand wüsste, dass es das Universum überhaupt gibt. Wenn wir vom Wunderwerk Mensch reden, dann meinen wir vor allem die Potenziale, die in unseren kleinen grauen Zellen stecken.

Wer sind wir denn, wer ist denn jeder von uns, wenn nicht eine Kombination von Erfahrungen, Informationen, Lektüren und Phantasien? Jedes Leben ist eine Enzyklopädie, eine Bibliothek, ein Inventar von Objekten, eine Musterkollektion von Stilen, worin alles jederzeit auf jede mögliche Weise neu gemischt und neu geordnet werden kann.

Italo Calvino, Sechs Vorschläge für das nächste Jahrtausend

Aber wie die leistungsstärksten Computer sind auch unsere Gehirne störanfällig. Manchmal sorgen sie dafür, dass wir auf die plumpesten Maschen hereinfallen. Betrüger machen sich unbewusste mentale Einstellungen zunutze, um uns abzuzocken.

Neuerdings sind Schocktelefonate bei Gangstern in Mode. Während ich an diesem Buch arbeitete, bekamen meine Eltern einen solchen Anruf. Eine anonyme Frau meldete sich mit der Nachricht, ich sei mit schwersten Verletzungen in die Krankenhaus-Notaufnahme eingeliefert worden: «Wenn Sie ihn noch lebend antreffen wollen, müssen Sie ganz schnell herkommen.» Vielleicht sei aber noch nicht alles zu spät. Der lebensrettende Eingriff sei aber kostspielig …

Zum Glück erwischten mich meine Eltern kurz darauf telefonisch und quicklebendig. Der Schwindel war aufgeflogen. Aber in den Radio-Nachrichten höre ich immer wieder von Senioren, die im Panikmodus ihre Konten leerräumen, um den lebensrettenden Eingriff zu bezahlen.

«Wer tut denn so was?», fragte meine Mutter verstört, als sich bei ihr und meinem Vater der Schrecken gelegt hatte.

«Wer glaubt denn so was?», könnte man genauso gut fragen. Warum blitzen Betrüger mit ihren Märchenstorys nicht gleich ab? Warum interviewen die Betrugsopfer sie nicht mit kühlem Verstand und erkennen die Lücken in ihren Storys?

Eben deshalb, weil unsere Gehirne heißlaufen können. Dann sprudeln die Stresshormone. Das Angstzentrum im sogenannten Mandelkern reißt die Kontrolle an sich. Der für Logik zuständige Teil des Frontallappens bleibt außen vor. Das ist auch gut so, wenn wir uns im Überlebenskampf befinden. Nur kennt unser Gehirn nicht immer den Unterschied zwischen realen und eingebildeten Gefahren.

Die Urgeschichte des Homo sapiens genau wie die Schöpfungserzählung in der Bibel zeigen: Menschen sind vor allem programmiert aufs Überleben, aufs Lieben, aufs Schaffen. Die Fähigkeit zu differenzierter Erkenntnis kommt später und ist mit ihren eigenen Problemen behaftet. Unser Gehirn ist auf Effektivität ausgerichtet, nicht darauf, die Wirklichkeit akkurat zu erfassen. Die Fähigkeit zu fokussieren geht manchmal zu Lasten des Realitätssinns.

Aber nicht nur wir machen uns manchmal etwas vor.

Auch in der Natur ist Täuschung an der Tagesordnung. Wenn wir morgens aufwachen, wird uns schon das Blaue vom Himmel heruntergelogen. Ich kenne die naturgesetzlichen Gründe für die Tageshelligkeit. Sie kommt mir aber dennoch wie ein kosmischer Hoax vor. Schließlich ist das Universum schwarz, kalt, unpersönlich. Ich bin dankbar dafür, dass Gott das Licht angeknipst hat, um uns diesen Eindruck zu ersparen.

Auch wenn es sich bei genauer Betrachtung um eine positive Illusion handelt.

In der Tier- und Pflanzenwelt geht es zu wie in Fernsehkrimis. Überall Vorspiegelung falscher Tatsachen. Kuckucksweibchen schieben ihre Küken arglosen Artgenossen unter. Der appetitliche Feilenfisch tarnt sich als giftiger Kugelfisch, um nicht von größeren Fischen gefressen zu werden. Pflanzen imitieren mit ihren Blüten die Duftstoffe von weiblichen Insekten, um männliche Insekten anzulocken und sich von ihnen bestäuben zu lassen.

Da müssen auch wir Menschen mithalten. Unsere Hirne zeigen uns die Welt nicht, wie sie ist, sondern, wie sie gut für uns ist. Nutzwertigkeit geht vor Ehrlichkeit. Und das ist auch gut so. Es handelt sich nicht um mentale Programmfehler, sondern um zweckhafte Grundeinstellungen. Wir sollten uns unseres Hangs zur Wirklichkeitsverzerrung nur bewusst sein, um uns vor gefährlichen Trugschlüssen zu bewahren.

Der schöne Schlamassel beginnt schon bei der Gedanken-Einlasskontrolle im Gehirn. Die Vorstellung eines Gehirns, das alle zur Verfügung stehenden Informationen ungefiltert wahrnimmt und dann die passenden souverän auswählt, ist längst widerlegt.

Wir sind mit unzähligen Vorurteilen vorbelastet.

Zu verdanken ist die Entmythologisierung des angeblich neutralen Gehirns unter anderem dem jüdischen Psychologen Daniel Kahneman (geboren 1934). Er wuchs in Frankreich auf. Seine Kindheit und Jugend waren geprägt von Täuschung und Enttäuschung. Er erlebte, wie jenseits der französischen Grenze die Deutschen den Verführungskünsten von Hitler erlagen und wie seine Landsleute die wachsende Bedrohung unterschätzten. Er und seine Eltern wurden Opfer von Verrat und Denunziation, überlebten aber den Zweiten Weltkrieg.

Anschließend wanderte Kahneman nach Palästina aus, erlebte die Gründung des Staates Israel und arbeitete für das Militär als Psychologe. Er spezialisierte sich auf Fragen, die mit der Manipulierbarkeit von Menschen zu tun hatten. Daniel Kahneman und seine Mitarbeiter entdeckten, dass das Gehirn voreingenommen auf Informationen reagiert. Sie machten zahlreiche mentale Vorurteile ausfindig, im Fachjargon «Biases» genannt, kognitive Verzerrungen.

Mittlerweile ist die Forschung nach solchen «Biases» zu einer Wissenschaft für sich geworden. Besonders interessant finde ich die folgenden acht mentalen Vorurteile:

1. Neuigkeits-Vorurteil:

Wir bevorzugen Informationen, die neu und ungewöhnlich sind. Eine anschauliche Beschreibung dieses Vorurteils liefert die «Orchestergraben-Theorie» des Fox-News-Gründers Roger Ailes:

> *Wenn du zwei Typen auf der Bühne hast, und einer davon sagt: «Ich habe eine Lösung für das Nahost-Problem», und der andere Typ fällt in den Orchestergraben – wer von den beiden, glaubt ihr, kommt abends ins Fernsehen?*

2. Äußerlichkeits-Vorurteil:

Nicht das Sein, sondern der Schein bestimmt unser Bewusstsein. Schon in der Bibel sagt Gott:

> *Für die Menschen ist wichtig, was sie mit den Augen wahrnehmen können; ich dagegen schaue jedem Menschen ins Herz.*
>
> 1. Samuel 16,7

Oft konterkariert gerade das Äußere den inneren Wesenskern eines Menschen. Psychopathen simulieren Mitgefühl, Dampfplauderer Gelehrsamkeit. Die Tendenz zum «Außen hui, innen pfui» ist besonders groß in der Hochburg des Äußerlichkeits-Fetischismus: Hollywood. Der Inbegriff des smoothen Gentlemans, Cary Grant (1904–1986), überspielte mit seiner Leinwand-Eleganz seine von Kindheitstraumata verursachte Selbstunsicherheit. Marilyn Monroe (1926–1962) kaschierte mit ihrem Sex-Appeal ihre Beziehungsunfähigkeit.

Dass Verpackung und Inhalt oft nicht viel miteinander zu tun haben, mindert nicht die Attraktivität des Kinos, im Gegenteil. Im wirklichen Leben hat es hingegen fatale Folgen, wenn man Blendern auf den Leim geht.

3. Bestätigungs-Vorurteil:

Wir selektieren und bewerten Informationen danach, ob sie unsere Meinung bestätigen. Statt in der freien Wildbahn fremder Ansichten halten wir uns lieber in unseren gewohnten Bubbles und Echo-Kammern auf. Wir reagieren positiv auf Buzzwords, die uns vertraut und angenehm sind, verzichten auf kritisches Nachfragen.

Gerade im religiösen Kontext machen sich Scharlatane diese Neigung zunutze. Die Skandale über hochstaplerische Fernsehprediger sind nichts Neues. Eine der komischsten Passagen in Mark Twains Roman «Huckleberry Finn» handelt von einer religiös verbrämten Prellerei. Bei einem Gottesdienst foppt ein Schwindler die Gemeinde, indem er sich als bekehrter Pirat vorstellt. Bei der Sammlung für seine erfundene Seeräuber-Mission kommt eine stattliche Summe zustande.

Seine Geschichte ist für die Gläubigen einfach zu schön, um nicht wahr zu sein.

4. Erinnerungs-Vorurteil:

Diese mentale Disposition ist auch bekannt als «Verfügbarkeits-Heuristik». Um einen neuen Sachverhalt zu bewerten, greifen wir bevorzugt auf Naheliegendes zurück, auf Erfahrungen oder Anekdoten aus der jüngsten Zeit, eben auf frische Vorkommnisse.

Wir benutzen für die Lösung eines Problems außerdem die mentalen Werkzeuge, die wir schnell parat haben. Nach dem Motto: «Wer einen Hammer hat, für den sieht alles wie ein Nagel aus», entscheidet die Fachqualifikation die Sicht auf einen Sachverhalt. Theologen, Psychologen, Biologen bewerten ein identisches Problem ganz unterschiedlich.

5. Negativitäts-Vorurteil:

Wir gewichten negative Informationen stärker als positive, empfinden Kritik stärker als Lob (angeblich braucht es fünf Komplimente, um einen Tadel auszugleichen), fürchten uns mehr vor der Hölle, als dass wir uns auf den Himmel freuen. Evolutionsbiologen erklären das mit urzeitlichen Hirnprägungen. Ein aus heutiger Sicht überreguliertes Alarmsystem war in der Steinzeit überlebensnotwendig.

6. Besitz-Vorurteil:

Wir haben mehr Angst vor der Niederlage als Vorfreude auf den Sieg. Verlust bringt uns mehr Schmerzen, als uns Gewinn Vergnügen beschert; wir werden eher von der Furcht vor Wohlstandsverlust angetrieben als von der Lust auf neuen Reichtum. Entsprechend reagieren wir sensibler auf Informationen, die Risiken betonen, im Vergleich zu solchen, die Chancen beschreiben.

7. Schönheits-Vorurteil:

Unser Gehirn ist nicht zufrieden mit isolierten Fakten. Wir wollen Ordnung herstellen, Geschichten konstruieren. Je runder, konsistenter und schöner – desto besser. Wir lieben Theorien, die stimmig und symmetrisch sind.

In diesen Tagen wird oft über Medienvertreter geschimpft, die Informationen «framen», sie auf politisch korrekte Weise einordnen. Dabei darf nicht vergessen werden: Unser eigenes Gehirn ist eine solche Framing-Apparatur. Und das ist eigentlich genial. Wir wären nicht der Homo sapiens, keine «verständigen Menschen», wenn unser Gehirn nicht die zahllosen Informationen aufs Wesentliche verknappen und zu einem Sinnzusammenhang verknüpfen würde.

Wir erzählen uns Geschichten, um zu leben.

Joan Didion

Die Tendenz zum schönen Sinn ist aber auch gefährlich. Weil wir einen Sachverhalt lieber «rund» haben, eliminieren wir womöglich das Sperrige; wir sehen Kausalitäten, wo nur Zufälligkeiten wirken; wir machen Deckel auf Probleme, die eigentlich noch gar nicht gelöst sind, nur weil wir zum kognitiven Abschluss kommen wollen. Wir bevorzugen «Stimmt schon» gegenüber «Stimmt noch nicht».

Diese Tendenz machen sich Betrüger zunutze. In ihrem Buch über «Die Kunst des Betrugs» schreibt die Wissenschaftsreporterin Maria Konnikova:

Um ein gutes Leben zu führen, müssen wir prinzipiell offen für Glauben sein, in der einen oder anderen Form. Und deshalb ist das Spiel mit unserer Gutgläubigkeit das älteste, das es gibt, und das letzte, das noch bestehen wird, wenn alle anderen Berufe verschwunden sind. Letzten Endes ist das, was ein gewiefter Betrüger verkauft, Hoffnung. Die Hoff-

nung, dass Sie glücklicher, gesünder, reicher, geliebt, akzeptiert, besser aussehend, jünger, klüger, ein tiefgründigerer, erfüllterer Mensch sein werden – die Hoffnung, dass Sie auf der anderen Seite auftauchen und irgendwie besser sein werden als Sie, der Sie hereingekommen sind.

Was unsere Gehirne so faszinierend macht, ist die Tatsache, dass es zu den Vorurteils-Einstellungen auch gegenläufige mentale Tendenzen gibt. Eine davon ist die folgende:

8. Spannungs-Vorurteil:

Zwar möchten wir lose Enden möglichst schnell und elegant zusammenknüpfen, wir genießen es aber gleichzeitig, eine Zeitlang zu zappeln. Sonst würde kein «Wer war's gewesen?»-Krimi funktionieren. Bei Filmen in der Machart der TV-Polizeiserie «Columbo» nehmen wir es nur deshalb hin, dass die Täter gleich am Anfang geoutet werden, weil eine andere offene Frage im Raum bleibt: Können sie dingfest gemacht werden?

Als wissenschaftliche Entdeckerin des Spannungs-Vorurteils gilt die litauische Psychologin Bluma Zeigarnik (1901–1988). Sie war gerade erst Mitte 20, als sie auf den nach ihr benannten Zeigarnik-Effekt aufmerksam wurde.

In einem Berliner Restaurant bemerkte sie, dass Kellner sich die Namen und Gesichter von Kunden besser merken können, solange eine Bestellung noch nicht abgeschlossen ist. Bluma Zeigarnik leitete daraus die allgemeine Feststellung ab, dass uns unerledigte Aufgaben und offene Fragen stärker involvieren.

Bereits 1911 hatte der Schriftsteller Stefan Zweig (1881–1942) in seiner Novelle «Brennendes Geheimnis» eine ähnliche Beobachtung gemacht.

Nichts schärft Intelligenz mehr als ein leidenschaftlicher Verdacht, nichts entfaltet mehr alle Möglichkeiten eines unreifen Intellekts als eine Fährte, die ins Dunkel läuft.

Man kann diese Feststellung auch auf die Bibel übertragen. Gerade die ungelösten theologischen Probleme halten den Umgang mit der Heiligen Schrift lebendig.

Als provisorisches Fazit können wir festhalten: Die Schwachstellen unseres Gehirns sind auch seine Stärken. Und umgekehrt. Wir sind mit Vorurteilen beladen, weil wir sonst überhaupt nicht zielgerichtet durchs Leben kämen. Aber sie können auch dazu führen, dass wir uns verlaufen und im Dickicht falscher Anschauungen verstricken.

Ein Phänomen ist der 1,5 Kilo schwere Supercomputer in unserem Kopf so oder so. In unserem kleinen Dachstübchen gibt es mehr Verknüpfungen als Atome im Universum.

Gerade weil das Hirn so viel leistet …

… muss es Energie sparen.

Deshalb widerspreche ich vehement einem Satz, den ich öfters in politischen Debatten höre. Er lautet: «Wir haben kein Erkenntnisproblem; wir haben ein Umsetzungsproblem.» Dahinter steckt die Ansicht, wir würden uns leichter mit dem Denken als mit dem Machen tun. Das bezweifle ich. Es gibt kaum etwas Anstrengenderes als angestrengtes Sinnieren.

Der bereits erwähnte Daniel Kahneman unterscheidet deshalb zwischen zwei Gehirn-Betriebssystemen:

System 1 ist für das «schnelle Denken» zuständig, die aus dem Unterbewussten gesteuerten Bauchentscheidungen.

System 2 ermöglicht das «langsame Denken», die analytische Auseinandersetzung mit Problemen, die kreative Entwicklung neuer Lösungen.

Beim System 1 wird die schnelle Eingreiftruppe des Gehirns aktiv; wenn sie erfolglos bleibt, switcht das Gehirn auf System 2.

Angestrengtes Denken ist immer erst Plan B.

Man kann die langsamen Denkvorgänge noch unterteilen nach Hirnregionen. Die linke Hälfte des für höhere kognitive Funktionen zuständigen Stirnhirns (im Fachjargon «Präfrontaler Cortex») verarbeitet Informationen logisch und rational, die rechte Hälfte eher emotional und kreativ; die linke wehrt Unsicherheit und Risiko ab, die rechte wird davon stimuliert.

Welche Verzerrungseffekte wie stark wirken, welche Denksysteme und Hirnregionen aktiviert werden, ist von Mensch zu Mensch unterschiedlich. Vererbung und Prägung, Alter und Umfeld sind entscheidend. In mittelalterlichen Mangelgesellschaften wurde anders gedacht als in modernen Wohlstandsmilieus. Aber so unterschiedlich auch wieder nicht. Damals wie heute ist der Hang zur Besitzstandswahrung groß, ebenso die Tendenz zur Abschottung in die Gemeinschaft von Gleichgesinnten.

Wir sehen die Welt nicht, wie sie ist, sondern wie wir sie sehen wollen – oft durch veraltete und verstaubte Brillen.

Besonders ausgeprägt ist die Präferenz für den Status quo bei den Regierenden und Einflussreichen. Wer Macht hat, will sie vor allem nicht verlieren.

Aus der Geschichte wissen wir, dass Zivilisationen dann zugrunde gehen, wenn sie auf neue Herausforderungen mit veralteten Methoden reagieren: Wenn Verlustaversion, Verfügbarkeitsheuristik, Bestätigungstendenz und Negativfokussierung einen Kurswechsel verhindern, wenn der System-1-Denk-Autopilot eingeschaltet bleibt, statt auf das anstrengendere, aber flexiblere Betriebssystem umzuschalten.

Es ist beinahe überflüssig, darauf hinzuweisen, dass weisheitliche Erörterungen immer im Denkmodus 2 stattfinden: analytisch, kreativ, langsam.

Aber es gibt eben auch die weisheitliche Verankerung im gesammelten Wissen der Menschheit. Hier braucht man lediglich die Erkenntnisse abzurufen, die andere Generationen vor uns gewonnen haben. Eine dieser Erkenntnisse lautet:

Weil unser Denken begrenzt ist, brauchen wir Hilfe.

Von unseren Mitmenschen.

Von Gott.

Auch das gehört zu unserem Bewusstsein: dass es nach oben offen ist. Wir sind mit Antennen ausgestattet, die nicht nur Signale aus der horizontalen Weite empfangen, sondern auch aus der vertikalen Höhe.

Wir sind spirituell veranlagt.

Aber verabschiedet man sich damit nicht vom Denken? Wirken Religionen, wie Marx mutmaßte, wie schmerzlindernde Opiate auf unsere Gehirne, statt sie zu stimulieren?

So viel steht fest: Glauben ist genauso wie Denken eine Verstandesaktivität. Ob und wie unterschiedlich sie sind, darüber gehen die Meinungen auseinander.

Die Schwierigkeit fängt schon bei der Sprache an, vor allem der deutschen. Anders als im Englischen unterscheidet die deutsche Sprache nicht zwischen «Belief» (Fürwahrhalten) und «Faith» (Vertrauen/Treue). Das führt zu Missverständnissen. Der Glaube, von dem im Folgenden die Rede ist, entspricht dem «Faith», der Vertrauensbeziehung zu Gott.

Der Klärung bedarf auch die Verwendung der Worte «Spiritualität» und «Religion». Ich selbst verstehe Spiritualität als individuell-spontane, Religion als kollektiv-organisierte Glaubenspraxis. Beide schließen einander nicht aus, im Gegenteil. Hochreligiöse Menschen machen in der Regel auch tiefspirituelle Erfahrungen.

Die gängigste und wichtigste spirituelle Erfahrung heißt auf Englisch «Awe»; das klingt positiver als die deutsche Übersetzung «Ehrfurcht», meint dem Wort-Ursprung nach aber dasselbe: den Schrecken, den jemand im Angesicht einer höheren Macht empfindet.

Inzwischen sind die Begriffe positiver konnotiert. Uns flößen Sternenhimmel und Klassikkonzerte Ehrfurcht ein.

Die ansprechendsten Kunstdarstellungen dieser Seite unseres Bewusstseins hat der tiefgläubige Christ Caspar David Friedrich (1774–1840) geschaffen. Oft zeigt er aus der Rückenansicht Menschen vor der Weite des Gebirges oder des Ozeans: «Der Mönch am Meer», der «Wanderer über dem Nebelmeer», der «Mondaufgang am Meer».

Mehr als das Erlebnis der Ehrfurcht bringt Friedrich die Sehnsucht danach zum Ausdruck. Hinter der Sogwirkung kommt auch das Bedürfnis zum Ausdruck, vom Denkstress befreit zu werden.

Es ist wissenschaftlich erwiesen, dass Ehrfurchtserfahrungen sedierend und dämpfend auf unsere Denkaktivitäten wirken.

Wo man am meisten fühlt, weiß man am wenigsten zu sagen.
Annette von Droste-Hülshoff

Die innere Verbundenheit mit Gott und Natur lässt unser Ego zumindest vorübergehend schrumpfen. Die Größe des Anderen macht uns kleiner. Auch weil wir merken, dass das Gegenüber unsere analytischen Fähigkeiten übersteigt.

Der US-Psychologe Dacher Keltner (geboren 1962) definiert Ehrfurcht als …

… das Gefühl, das wir empfinden, wenn wir auf große Geheimnisse stoßen, die wir nicht verstehen. […] Wie verwandelt uns die Ehrfurcht? Indem sie die nörgelnde, selbstkritische, erdrückende, statusorientierte Stimme unseres Ichs zum Schweigen bringt und uns befähigt, zu kooperieren, unseren Geist für Wunder zu öffnen und die tiefen Muster des Lebens zu erkennen. […] Ehrfurcht ist das Gefühl, in der Gegenwart von etwas Großem zu sein, das unser gegenwärtiges Verständnis der Welt übersteigt.

Längst überholt ist ein Klischee, das in der Aufklärungszeit populär war. In Abgrenzung zur angeblich «reinen» Vernunft stempelten Theologen wie Friedrich Schleiermacher (1768–1832) Religion zur Gefühlssache. Mittlerweile wissen wir aber, dass sowohl dem Glauben als auch dem Denken hochkomplexe Verstandesaktivitäten zugrunde liegen, sogar unterstützt vom identischen Hirn-Botenstoff, Dopamin. Dieser Motivationsbotenstoff sorgt beim Denken dafür, dass wir Fragen stellen und Lösungen suchen. Beim Glauben weckt er die Sehnsucht nach einer höheren Kraft. Die jeweiligen psychologischen Wirkungen ergeben sich aus den unterschiedlichen Rezeptoren, an denen das Dopamin andockt.

Deutlich wird: Unsere Gehirne sind sowohl für das Glauben als auch für das Denken geschaffen.

Das Denken steigert das Ich-Bewusstsein, das Glauben das Gottes-Bewusstsein, die Kombination das Wir-Bewusstsein.

Wie schon gesagt: Glauben ist neurologisch gesehen nicht Herzensangelegenheit, sondern Kopfsache, sogar eine sehr anspruchsvolle.

Der spirituelle und religiöse Alltag besteht, wie alle Gläubigen wissen, mitunter aus anstrengender Denkarbeit. Es erfordert geistiges Training, um aus der Erfahrung eine Gewohnheit zu machen.

Für ihre Studie «Wie Gott real wird» hat die amerikanische Anthropologin Tanya Luhrmann (geboren 1959) eine Gruppe aktiver Christen jahrelang begleitet und beobachtet. Was ihr auffiel, war der hohe kognitive Aufwand, den die Gläubigen betrieben: mit Gebet, Bibellesen, Selbstreflexion, Gruppengesprächen und dem Besuch von Kirchenveranstaltungen.

Luhrmann beschreibt Religion deshalb als …

> *… eine Tätigkeit, in der Menschen sich anstrengen, mit einem unsichtbaren Anderen in Kontakt zu treten.*

Sie kam auch zu dem Schluss, dass dabei Talent durchaus eine Rolle spielt. Manche Menschen haben schlichtweg eine höhere spirituelle Sensibilität als andere.

Weil Glauben mit einem beträchtlichen Investment an Zeit und Mühe verbunden ist, scheuen Gläubige sich logischerweise davor, ihr Credo abzulegen oder zu wechseln. Hier kommen die allgemeinmenschlichen Tendenzen zur Verlustaversion und Bestätigungs-Voreingenommenheit ins Spiel.

Bei Atheisten, die sich in ihrem mühsam errichteten Denkgebäude eingenistet haben, greifen natürlich dieselben mentalen Mechanismen.

Tatsächlich gibt es aber zwischen Strenggläubigen und materialistischen Freidenkern einige gravierende Unterschiede.

Der belgische Religionspsychologe Vassilis Saroglou zeichnet auf der Grundlage vieler Persönlichkeitsprofile ein Psychogramm religiöser Menschen. Im Vergleich zu ihren nichtreligiösen Mitbürgern sind sie sozialer eingestellt und weniger psychotisch veranlagt. Gleichzeitig weisen sie ein stärkeres Bedürfnis nach Ordnung und Sinnhaftigkeit aus, dazu bevorzugen sie intuitive und ganzheitliche Problemlösungen.

Negativ formuliert: Sie sind im Durchschnitt weniger rationalistisch und analytisch, haben eine reduzierte Ambiguitätstoleranz und geringere Offenheit gegenüber Neuem und Anderem.

Das ist auch nicht weiter verwunderlich. Glauben und analytisches Denken dienen unterschiedlichen Bedürfnissen. Weil der Glaube das heile Ganze sucht, scheut er die Analyse («Zergliederung») – und das mit gutem Grund.

Derjenige, der etwas zerbricht, um herauszufinden, was es ist, hat den Pfad der Weisheit verlassen.

Gandalf zu Saruman, der sich daraufhin als Verräter offenbart, in: J. R. R. Tolkien, Der Herr der Ringe, Band 1: Die Gefährten

Wer glaubt, sucht die Nähe zu Gott, strebt nach Geborgenheit. Wer scharf nachdenkt, braucht die Distanz zum Gegenstand und die Freiheit von Vorurteilen.

Der Glaube fragt: Kann ich das glauben?

Das Denken fragt: Muss ich das glauben?

Der Glaube fragt: Bringt mich das näher zu Gott?

Das Denken fragt: Stimmt das tatsächlich?

Glaube sucht nach Gründen.

Das Denken wird von Abgründen angezogen.

In neurologischer Hinsicht sind Glauben und Denken zwar keine zwei verschiedene Paar Schuhe. Aber sie sind in unterschiedlichen Richtungen unterwegs.

Weil Glaube Sicherheit will, neigt er zum Verteidigungsmodus und zum Konservatismus.

Das Denken will in die Weite, tendiert zum Angriffsmodus und zum Progressivismus.

Beide Arten, den Verstand zu gebrauchen, ergänzen sich und verursachen kreative Spannung. Der Zusammenfall der Gegensätze, die «Coincidentia Oppositorum», spielt sich nicht nur draußen in der Natur, sondern auch im Bewusstsein ab.

Selbstverständlich hat das Denken auch im Glauben Platz, nur eben häufig einen eingeschränkten; und zweifellos gibt es auch bedeutende Denker, die an Gott glauben, nur haben sie in der Regel mehr Mühe damit als einfacher gestrickte Fromme.

Das Balancieren von Glauben und Denken, das innere Austarieren von religiöser Sicherheit und denkerischer Freiheit, ist ein Drahtseilakt. Ob er überhaupt gelingen kann, daran haben auch christlich geprägte Philosophen immer wieder gezweifelt.

Einer von ihnen war Helmuth Plessner (1892–1985). Er legte bereits mit Mitte 30 sein Hauptwerk vor, «Die Stufen des Organischen und der Mensch». In seiner Zeit, den 20er Jahren, waren die Sphären der Religion und der Kultur bereits weit auseinandergedriftet. Mehr noch als heute verstanden sich einerseits die Kirchen als Bollwerk gegen den säkularen Fortschritt – und viele Kulturschaffende andererseits als Befreier vom klerikalen Traditionalismus. Aus Sicht von Plessner lag hier ein prinzipiell unauflösbarer Zielkonflikt vor.

Das, was dem Menschen Natur und Geist nicht geben können, das letzte «So ist es!», will sie ihm geben. Letzte Bindung und Einordnung, den Ort seines Lebens und seines Todes, Geborgenheit, Versöh-

nung mit dem Schicksal, Deutung der Wirklichkeit, Heimat schenkt Religion. Zwischen ihr und der Kultur besteht daher trotz aller geschichtlichen Friedensschlüsse und der selten aufrichtigen Beteuerungen, wie sie z. B. heute so beliebt sind, absolute Feindschaft. Wer nach Hause will, in die Heimat, in die Geborgenheit, muss sich dem Glauben zum Opfer bringen. Wer es aber mit dem Geist hält, kehrt nicht zurück. […] Solange er glaubt, geht der Mensch «immer nach Hause».

Ein vielbeachtetes Streitgespräch über «Denken und Glauben» lieferten sich an der Freien Universität Berlin im Wintersemester 1963/1964 zwei brillante Köpfe: der für seinen Widerstand gegen das NS-Regime verehrte Theologe Helmut Gollwitzer (1908–1993) und der Philosoph und Ex-Pietist Wilhelm Weischedel (1905–1975). Einige der zentralen Thesen, die sie abwechselnd vortrugen, lauteten:

- *Glauben heißt, sich verlassen auf Gott. (Gollwitzer)*
- *Christlicher Glaube und philosophisches Denken sind unvereinbar. (Weischedel)*
- *Theologie und Philosophie sind so nahe beieinander und so weit auseinander wie die Fragen: «Wer ist wahr» und «Was ist wahr». (Gollwitzer)*
- *Im Übergang zum Glauben verliert der bis dahin Philosophierende sein Wesen als Philosophierender. (Weischedel)*

Auf den Konflikt hatte schon der Philosoph Hegel hingewiesen. In seinen «Vorlesungen über die Philosophie der Geschichte» wies der ebenfalls pietistisch erzogene Denker darauf hin, dass der Glaubende vor allem eins wolle: ermutigt werden.

Wer nur Erbauung sucht, wer die irdische Mannigfaltigkeit seines Daseins und des Gedankens in Nebel einzuhüllen und nach dem unbe-

stimmten Genuss dieser unbestimmten Göttlichkeit verlangt, mag zusehen, wo er dies findet; er wird leicht selbst sich etwas vorzuschwärmen und damit sich aufzuspreizen die Mittel finden. Die Philosophie aber muss sich hüten, erbaulich sein zu wollen.

Im echten Leben gehen Glauben und Denken freilich fließend ineinander über.

Die Seelen des Treuglaubenden und des Freiforschenden schlagen in derselben Brust: ein ziemliches Dilemma, an dem schon Adam und Eva scheiterten. Gleichzeitig die Welt entdecken und die eigene Neugier zügeln, das klappte bekanntlich nicht.

Gerade Menschen mit dem größten Weisheitspotenzial kommen mit der Glauben-Denken-Bipolarität oft schlecht zurande. In der Philosophiegeschichte wimmelt es von «Top Brains», die sich vergeblich um eine Auflösung der Spannung bemühten.

Søren Kierkegaard (1813–1855) war ein geradezu manischer Denker. Seine Begabung empfand er weniger als Geschenk, eher als Belastung. Er kam sich vor wie ein Mensch am falschen Ufer, den alle Grübeleien nicht auf die rettende andere Seite bringen. Als einzigen Ausweg sah er den «Sprung des Glaubens».

Aber er selbst kriegte die Füße nicht vom Boden der Reflexion. Obwohl er von Kindheit an im Christentum beheimatet war und in seinem Tagebuch von kaum etwas anderem schrieb, war er sich zeitlebens unsicher, ob er zu den Erlösten gehörte.

Unter seinen Notizen finden sich Einträge wie:

Das Christentum verhält sich nicht zum Denken, nicht zum Zweifel, sondern zum Willen und zum Gehorsam. Du sollst glauben. Das Denken dabeihaben wollen ist Ungehorsam.

Noch kurz vor seinem Tod schrieb er: «Ich nenne mich nicht einen Christen.»

Am fehlenden Willen lag es nicht. Er litt nicht nur unter Depressionen, sondern an einer ausgeprägten Bindungsstörung. Die Verlobung zur Liebe seines Lebens, Regine Olsen, löste er selbst auf, um sich dann vierzehn Jahre lang über die Gründe dafür den Kopf zu zerbrechen. Als er starb, hatte er sich mit der Kirche überworfen, mit seinem Bruder zerstritten und keinen einzigen engen Freund.

Vorher hatte er sich noch zu einer verzweifelten Privatmission aufgerafft. Wenn er schon selbst keine intensive Glaubenserfahrung machen konnte, wollte er wenigstens anderen dazu verhelfen. Er sah seine Aufgabe darin, «Platz zu schaffen, damit Gott erscheinen kann». Er wartete, bis seine Ex-Verlobte als Botschaftergattin auf Nimmerwiedersehen in die Karibik gezogen war. Nach ihrer Abreise schlug er los.

Mit dem letzten Rest der Erbschaft, aus der er seine Denker-Existenz finanziert hatte, publizierte er eine Zeitschrift, «Der Augenblick». Das war schon deshalb bemerkenswert, weil er aus seiner Abscheu vor dem Journalismus nie einen Hehl gemacht hatte. Nun wurde er selbst einer, um in insgesamt zehn Ausgaben gegen die Kirche zu agitieren. Er warf ihr vor, die Radikalität des Glaubens zu entschärfen. Die dänischen Pfarrer denunzierte er als geistliche Kannibalen, die sich die Seelen der Gläubigen einverleibten.

Umgekehrt ermutigte er seine Leser, die seichte Erbauung, die von den Kanzeln gepredigt wurde, von sich zu stoßen; seine Zeitschrift empfahl er als geeignetes «Brechmittel». Mit seinen Attacken schwächte er aber weniger die Kirche als sich selbst. Die genaue Todesursache ist bis heute nicht bekannt, aber die geistige Erschöpfung spielte sicher eine wichtige Rolle. Mit letzter Kraft schrieb er die zehnte und letzte Ausgabe von «Der Augenblick». Sie erschien nach seinem Tod und enthielt die Quintessenz seiner Überzeugung:

> *Weltliche Klugheit ist ewig ausgeschlossen, im Himmel mehr verachtet und verabscheut als alle Laster und Verbrechen, wie sie ist; denn sie gehört ihrem Wesen nach von allem am meisten dieser elenden Welt*

an und ist am meisten von allem davon entfernt, mit dem Himmel und dem Ewigen zu tun zu haben.

Hatte Kierkegaard recht? Oder hatte seine persönliche Zerrissenheit ihn blind gemacht für die Möglichkeit, Glauben und Denken miteinander zu versöhnen?

Kierkegaard gilt als Begründer des Existentialismus, der philosophischen Richtung, in deren Zentrum die menschliche Existenz steht.

Der bekannteste deutsche Vertreter ist Martin Heidegger (1889–1976), und er empfand den Glauben-Denken-Dualismus als ebenso problematisch wie Kierkegaard. Allerdings zog er für sich den gegenteiligen Schluss, entschied sich für eine konsequente Denker-Existenz und entfernte sich immer weiter vom Glaubensufer, an dem er aufgewachsen war.

Der ehemalige Messdiener, Jesuiten-Novize und Priesterkandidat Heidegger sattelte um auf Philosophie. Er fand es zunehmend schwierig, seinen christlichen Glauben mit der nun erforderlichen denkerischen Freiheit in Einklang zu bringen. Aus der Rückschau schrieb er:

Schon bei Beginn der akademischen Lehrtätigkeit wurde mir klar, dass eine echte wissenschaftliche Forschung frei von jeglichem Vorbehalt und versteckter Bindung nicht möglich sei bei wirklicher Festhaltung des katholischen Glaubensstandpunktes.

So wie er früher einen reinen Glauben angestrebt hatte, verschrieb er sich nun dem reinen Denken.

Das Fragen ist die Frömmigkeit des Denkens.

In seinem privaten Notizbuch vermerkte er:

Jede Frage eine Lust – jede Antwort ein Verlust.

Eine wichtige Erfahrung hatte Heidegger mit Kierkegaard gemeinsam. Beide machten keine alles überwältigende Glaubenserfahrung. Heidegger beklagte dieses Manko. Im Fall eines persönlichen Offenbarungserlebnisses wäre er noch Christ, bekannte er als 64-Jähriger im Gespräch mit dem christlichen Philosophen Erwin Metzke (1906–1956):

> *Wenn ich vom Glauben so angesprochen wäre, würde ich die [philosophische] Werkstatt schließen. […] Die Philosophie betreibt nur solches Denken, das der Mensch von sich aus vermag; wo er von der Offenbarung angeredet wird, hört es auf.*

Sich selbst gegenüber hatte Heidegger schon vorher ausführlich Rechenschaft für die Gründe seines Glaubensverlustes abgelegt. Gegen Ende der Nazi-Diktatur, die er am Anfang mitbejubelt hatte, notierte er in seinem Denk-Tagebuch:

> *Ich bin nicht Christ, und einzig deshalb, weil ich es nicht sein kann. Ich kann es nicht sein, weil ich, christlich gesprochen, die Gnade nicht habe. Ich werde sie nie haben, solange meinem Weg das Denken zugemutet bleibt. Das Denken selbst ist die Kluft zum Glauben.*

Ähnlich wie bei Friedrich Nietzsche kann man aus Martin Heideggers Polemiken gegen den Kirchenglauben einen versteckten Schrei nach einer Gottesbegegnung herauslesen. Das zeigt auch die folgende Notiz aus der Nachkriegszeit:

> *Die Theologen und theologisierenden Philosophen begegnen meinem Denken stets nur so, dass sie ein Lamento anstimmen über dessen Gott- und Glaubenslosigkeit; statt doch endlich zu fragen, ob ihr vielbewiesener Gott denn jetzt «sei», ob er anwesend [ist] und wie?*

Vermutlich gibt es keinen Philosophen, der so gründlich über «das Denken an sich» nachgedacht hat wie Martin Heidegger, vor allem in seinen privaten Aufzeichnungen. Nach seinem Tod wurden sie als «Schwarze Hefte» veröffentlicht. Auch wer, anders als Heidegger, Glauben und Denken miteinander in Einklang bringen kann, wird in diesen Notizen betörend scharfsinnige Einsichten finden.

Ich selbst habe mir die folgenden Passagen dick unterstrichen.

- *In der Wissenschaft gibt es glücklicherweise keine Irrtümer, sondern nur Fehler und Unrichtigkeiten. Der Tiefgang einer Philosophie bemisst sich – falls das ein Messen ist – nach ihrer Kraft zum Irren.*
- *Die eigentliche Gefahr [des Denkens] besteht nicht darin, dass es durch die Überflüssigkeit erstickt wird und aufhören muss, sondern dass es sich auf den Irrweg drängen lässt, zu einer Gegeneinrichtung sich einzurichten; dass es darauf rechnet, den Forderungen des Nutzens, der unmittelbaren Wirkung, der Gemeinschaft, der Öffentlichkeit und Verständlichkeit zu genügen.*
- *Woran erkennst du den Denker? Daran, dass er nie auf den Gedanken kommt, einen anderen Denker zu widerlegen, ihm sein unrichtig Gedachtes vor- und nachzurechnen.*
- *Alle Welt interpretiert. Niemand denkt.*
- *Nie ist das Gesprochene, in keiner Sprache, das Gesagte.*
- *Die Mittelmäßigkeit ist das sicherste Mittel, um in allen Lagen mittenhindurch zu gleiten – überall geduldet und von jedermann gebraucht, nirgends gefährdet, jederzeit gefördert – aber auch ausgeschieden von jeder Erfahrung des Wesenhaften.*
- *Ein Vertrauen, das der Gründe bedarf, ist keines.*
- *Gesprächige Menschen taugen selten zu einem guten Gespräch.*
- *Denken will nicht ein Verstehen erwirken. Es möchte nur Anlass werden für das Entsetzen. Ein Denkender darf nie auf Zustimmung warten; deshalb darf er sich noch weniger als der Unverstandene gebärden.*

- *Das Denken muss unberührt bleiben von dem Betriebswesen der Wissenschaft.*

Im selben Jahr wie Heidegger wurde Ludwig Wittgenstein (1889–1951) geboren. Allerdings unter ganz anderen Verhältnissen. Er kam aus einer steinreichen österreichischen Familie, hatte beste Beziehungen zum intellektuellen Establishment seiner Zeit. Darin glich er dem ebenfalls gut situierten und gut vernetzten Kierkegaard, und diese Erfahrung unterschied beide von dem Emporkömmling Heidegger, der vielleicht auch deshalb seine geistige Potenz überschätzte. Wer sich seinen Erfolg hart erarbeitet hat, bildet sich mehr darauf ein.

Wittgenstein interessierte sich weniger für «das Denken an sich» als vielmehr für «die Gedanken an sich»; mehr noch für die Worte, mit denen wir unsere Gedanken umschreiben.

Eine völlige Deckungsgleichheit gibt es nicht zwischen Gegenständen und den Begriffen dafür; schon gar nicht bei Phänomenen, die außerhalb unserer Wahrnehmung liegen, etwa Gott. «Wovon man nicht reden kann, darüber muss man schweigen», lautet Wittgensteins berühmteste Formulierung. Er meinte damit unter anderem die wissenschaftliche Beschäftigung mit metaphysischen Themen. Mit theologischer Fachliteratur konnte er nichts anfangen. Über die Schriften des Schweizer Theologen Karl Barth (1886–1968) schrieb er:

Die Theologie, die auf den Gebrauch gewisser Worte und Phrasen dringt und andere verbannt, macht nichts klarer. Sie fuchtelt sozusagen mit Worten, wie wenn sie etwas sagen will und es nicht auszudrücken weiß.

Für Heidegger waren Glauben und Denken unterschiedliche Haltungen, zwischen denen man sich entscheiden musste. Wittgenstein hielt beides für zwei wesensverwandte Versuche der Wirklichkeits-Annäherung. Er unterschied vielmehr zwischen Glauben, der auf Intuition beruht, und Wissenschaft, deren Methoden und Instrumente für die Gotteserfahrung unbrauchbar sind.

Persönlich dachte Wittgenstein aber sehr viel über Gott nach. Das Neue Testament faszinierte ihn so stark, dass er fürchtete, darüber verrückt zu werden. Er beschäftigte sich mit den Beweisen für die Auferstehung Christi und fand sie ziemlich schlüssig.

Wie Heidegger hinterließ auch Wittgenstein zahlreiche Denktagebücher mit ebenso stimulierenden Beobachtungen:

- *Ob ein Satz wahr oder falsch ist, muss sich zeigen.*
- *Die Worte sind wie die Haut auf einem tiefen Wasser.*
- *Wie kann man durch Denken die Wahrheit lernen? Wie man ein Gesicht besser sehen lernt, wenn man es zeichnet.*
- *Wer sich selbst nicht kennen will, der schreibt eine Art Betrug. Wer in sich selbst nicht heruntersteigen will, weil es zu schmerzhaft ist, bleibt natürlich auch mit dem Schreiben an der Oberfläche.*
- *An einen Gott glauben heißt sehen, dass es mit den Tatsachen der Welt noch nicht abgetan ist.*
- *An Gott glauben heißt sehen, dass das Leben einen Sinn hat.*
- *Möge Gott dem Philosophen Einsicht geben in das, was vor aller Augen liegt.*

Zum Sprung des Glaubens konnte sich Wittgenstein, zumindest äußerlich, nicht aufraffen. Aber er konnte es sich auch nicht im Denkerstübchen bequem machen. Ihm stand sein intellektueller Perfektionismus im Weg. Seine letzten zwanzig Lebensjahre lebte er als hochgeachteter, aber chronisch spirituell suchender Philosoph in Cambridge.

Vielleicht ist es auch eine Typfrage. Zu den rastlosen Gemütern, die nirgendwo vor Anker gehen wollen oder können, gehört nach eigenem Bekenntnis der australische Rockmusiker Nick Cave (geboren 1957). In einem ausführlichen Interview zum Themenkomplex «Glaube, Hoffnung und Gemetzel» gestand er 2022:

Da ich älter geworden bin, habe ich erkannt, dass die Suche selbst die eigentliche religiöse Erfahrung ist. [...] Je unbeweglicher die Überzeugungen einer Person sind, desto kleiner scheint sie mir zu werden, da so jemand aufgehört hat, Fragen zu stellen, und dieses Nicht-in-Frage-Stellen geht bisweilen einher mit einem Gefühl moralischer Überlegenheit. Der selbstgefällige Dogmatismus der gegenwärtigen Kultur unterstreicht das geradezu. Ein bisschen Demut würde nicht schaden.

Ein Seelenverwandter war der romantische Dichter Friedrich Hölderlin. Aufgewachsen in einer frommen schwäbischen Familie verbrachte er sein Leben in einer Abfolge von Stimmungsschwankungen und Sinnesveränderungen. Als 15-Jähriger schrieb er:

Heute sah ich auf mein bisheriges Betragen gegen Gott und Menschen zurück und fasste den festen Entschluss, ein Christ und nicht ein wankelmütiger Schwärmer, klug, ohne Falsch und Menschenfeindlichkeit zu werden, gefällig gegenüber den Menschen, ohne mich nach ihren wahrhaft sündlichen Gewohnheiten zu richten. Ich weiß gewiss, Gott wird durch seinen heiligen Geist mein Herz leiten.

In dieser Gewissheit begann er sein Theologiestudium. Schon in den ersten Semestern spürte er eine wachsende spirituelle Unruhe. Die Ursache dafür sah er in seiner sanguinisch-depressiven Veranlagung. In einem Brief an seine Mutter zählte er seine Schwächen auf:

Mein sonderbarer Charakter, meine Launen, mein Hang zu Projekten und mein Ehrgeiz – alles Züge, die sich ohne Gefahr nie ganz ausrotten lassen.

In einem anderen Brief nach Hause schilderte er den inneren Konflikt zwischen seiner Sehnsucht nach religiöser Heimat und rationalistischer Gründlichkeit:

Zweifeln wir aber nicht gerade an dem am meisten, was wir wünschen? Wer hilft uns aus diesen Labyrinthen? – Christus.

Aber auch die Christusbindung wurde bei Hölderlin immer poröser. Bald richtete er seine Hoffnung, wie er seinem Bruder schrieb, auf das «Menschengeschlecht», vor allem auf «das Geschlecht der kommenden Jahrhunderte».

Die Parallelen zu Nietzsches Übermensch-Phantasien sind unübersehbar, ebenso zu dessen mentalem Zusammenbruch. Hölderlin war erst 35 Jahre alt, als eine schwere psychische Erkrankung ausbrach. Bis zu seinem Tod mit 73 Jahren wurde er nie mehr gesund.

Von einer ganz anderen psychischen Robustheit war ein Intellektueller, der den Glauben an Christus zum Zentrum seines Denkens machte. Er war neun Jahre älter als Ludwig Wittgenstein und ebenfalls britischer Professor. Allerdings unterrichtete er nicht in Cambridge, sondern an der Konkurrenz-Universität Oxford.

Die Rede ist von C. S. Lewis (1898–1963). Von Wittgenstein unterschied ihn auch, dass er die Grenzen des philosophisch Denkbaren akzeptierte und mit der Über-Vernünftigkeit religiöser Themen keine Probleme hatte.

Als Clive Staples Lewis einmal in einem studentischen Debattierclub einen apologetischen Vortrag hielt, fuhr ihm ausgerechnet Wittgensteins Lieblingsschülerin, die 28-jährige Elizabeth Anscombe, in die Parade. Sie war zwar wie C. S. Lewis eine überzeugte Christin und sympathisierte auch mit dessen apologetischen Büchern. Gerade hatte Lewis einen langen Essay über «Wunder» veröffentlicht. Elizabeth Anscombe wies ihn öffentlich auf einige logische Schwächen des Buches hin. Der fünfzigjährige Lewis nahm sich die Kritik zu Herzen, beendete seine Tätigkeit als apologetischer Schriftsteller und konzentrierte sich fortan aufs Schreiben von Romanen.

Heute gilt C. S. Lewis als einer der bedeutendsten christlichen Denker des 20. Jahrhunderts. Was ihn von selbstquälerischen Philosophen wie Kierkegaard, Heidegger und Wittgenstein unterschied, war sein Pragmatismus. Als gelernter Literaturwissenschaftler beschäftigte er sich mit Geschichten und Sachverhalten, verhedderte sich nicht in Grundsätzlichkeits-Erwägungen. Er nutzte seine denkerischen Kapazitäten auch als Glaubensinstrumente, so unhinterfragt wie seine Beine, wenn sie ihn in die Kirche trugen.

Aber noch etwas hatte er den drei großen Philosophen voraus: eine einschneidende Glaubenserfahrung. Mit Anfang dreißig waren ihm die Augen aufgegangen für eine höhere Realität. Seitdem konnte er sagen:

> *Ich glaube an das Christentum, weil ich glaube, dass die Sonne aufgegangen ist: nicht nur, weil ich es sehe, sondern weil ich dadurch alles andere sehe.*

C. S. Lewis erkannte das, was Hölderlin geahnt hatte: Wenn es eine perfekte Schnittstelle von Denken und Glauben gibt, von religiöser Verbundenheit und höchstem Realitätssinn, von spiritueller Heimkehr und kreativem Aufbruch in ein geistiges Abenteuer – dann liegt dieser Kristallisationspunkt in der Person Jesus Christus.

Lewis verdankte diese Erkenntnis nicht seinen analytischen Bemühungen. Er hatte mit 32 Jahren ein persönliches Damaskus-Erlebnis gehabt; ihm waren die Augen für eine höhere Wirklichkeit geöffnet worden. Er hatte das geschenkt bekommen, was Heidegger zeitlebens vermisste:

Eine Offenbarung.

3.
Offenbarung: Eingebung oder Einbildung?

Vergiss dein perfektes Opfer. Es ist ein Sprung in allem. Dadurch kommt das Licht herein.

Leonard Cohen, Anthem

Neulich berichtete eine Kollegin amüsiert von einem Bewerbungsgespräch. Als es um ihre Berufserfahrungen ging, hätte die Jobanwärterin mit den Augen rollend geseufzt: «Wissen Sie: Ich hab ja ALLES schon erlebt.»

Sie war 20.

Sie bekam den Job nicht.

Wäre sie 50 gewesen, hätte man ihr den Spruch vermutlich durchgehen lassen. Einem 80-Jährigen sowieso, aber der bewirbt sich halt nicht mehr. Dabei kann von «alles erlebt» in keinem Fall gesprochen werden. Die Bandbreite unserer Erfahrung, gerechnet auf die Gesamtheit des Seins, ist superschmal.

Wenn einer die Totalität aller Erkenntnisse für sich beanspruchen kann, dann nur Gott. Deshalb beten Menschen und richten ihr Leben aus an Weisungen aus heiligen Schriften, die ihren Vorfahren irgendwann offenbart wurden.

Tatsächlich?

Und wenn es solche Ansagen von oben gibt, wie ist damit umzugehen?

Normalerweise gelangen Informationen über unsere fünf Sinne an unser Vernunft-Bewusstsein: Wir hören, sehen, schmecken, fühlen, tasten. Gibt es darüber hinaus noch einen sechsten Sinn, mit dem wir nicht-physische Signale empfangen können? Oder ist ein solcher Sinn auch für religiöse Menschen nicht nötig, weil die höhere Macht innerhalb der Grenzen der natürlichen Erkenntnis mit ihnen kommuniziert?

Bei der Frage, woher wir wissen, was wir wissen, haben wir bereits die Natur abgehandelt. Nun geht es um die Über-Natur und um die Kernfrage, ob auch sie eine Weisheitsquelle ist.

Als einer der ersten echten Wissenschaftler gilt der Grieche Anaximander (610–547 v. Chr.). Er gab dem All den Namen «Kosmos», was so viel wie «Ordnung» bedeutet, und machte damit auch deutlich, wonach er forschte: Ordnungen, Regelmäßigkeiten, Vorhersehbarkeiten.

Er fand heraus, dass Blitz und Donner nicht von zornigen Göttern ausgelöst werden, sondern physikalische Ursachen haben. Er gründete seine Erkenntnisse auf Naturbeobachtungen. Die alten Mythen stellten ihn nicht mehr zufrieden. Über Denker wie ihn schrieb später Friedrich Nietzsche:

> *Wissenschaft entsteht, wenn die Götter nicht gut gedacht werden.*
>
> Wissenschaft und Weisheit im Kampfe

Weder Zeit noch Motivation für solche Überlegungen hatten zur gleichen Zeit die verschleppten Israeliten, die an den Flüssen von Babylon weinten. Wenn sie zum Himmel aufblickten, dann in der Hoffnung auf ein Zeichen ihres Gottes JHWH. Einem von ihnen, dem Priestersohn Hesekiel (ca. 620–570 v. Chr.), wurde tatsächlich ein solches Zeichen geschenkt. In einer Vision sah er Gottes Herrlichkeit und erfuhr eine göttliche Botschaft. Dieses Offenbarungserlebnis half den Israeliten, ihr Exil durchzustehen und am Ziel einer Rückkehr in die Heimat festzuhalten.

Wer in der Antike nach Erkenntnis suchte, wandte sich zuerst an höhere Mächte. Wenn es um die wirklich wichtigen Dinge des Lebens ging, übertrumpfte Offenbarung die Erfahrung um Längen.

Heute ist es logischerweise umgekehrt. Die Fragen «Ist da wer?» und

«Bitte melde dich» werden immer verhaltener gestellt. Und bei der Suche nach Antworten ist nicht mehr die Bibel oder eine andere religiöse Schrift die erste Anlaufstelle, sondern die Natur.

Das Äußerste, was der christliche Glaube von der Philosophie verlangen kann, ist, dass sie die Möglichkeit einer sich selbst offenbarenden göttlichen Wahrheit nicht ausschließt.

Karl Löwith, Wissen, Glaube und Skepsis

Aber wie, wenn überhaupt, offenbart sich Gott?

Schon Immanuel Kant (1724–1804) stützte in seiner «Kritik der praktischen Vernunft» seinen Glauben zuallererst auf die Natur und auf sein Gewissen:

Zwei Dinge erfüllen das Gemüt mit immer neuer und zunehmender Bewunderung und Ehrfurcht, je öfter und anhaltender sich das Nachdenken damit beschäftigt: Der bestirnte Himmel über mir, und das moralische Gesetz in mir.

Dass die Natur ein wichtiges Medium der göttlichen Selbstmitteilung ist, steht schon in der Bibel. Der Apostel Paulus schreibt in seinem Brief an die christliche Gemeinde in Rom:

Gott ist zwar unsichtbar, doch an seinen Werken, der Schöpfung, haben die Menschen seit jeher seine ewige Macht und göttliche Majestät sehen und erfahren können.

Römer 1,20

Viele Theologen schlugen in dieselbe Kerbe. Vor allem in der christlichen Mystik wurde der Offenbarungscharakter der Natur stark betont. Der Görlitzer Schuster und Selfmade-Philosoph Jakob Böhme (1575–1624) bekräftigte:

> *Du wirst kein Buch finden, wo du die göttliche Weisheit besser erforschen kannst, als wenn du auf eine blühende Wiese mit ihren vieltausenderlei Kräutern gehst. Da wirst du die wunderbare Kraft Gottes sehen, riechen und schmecken.*

Der pietistische Theologe Friedrich Christoph Oetinger (1702–1782) unterschied zwischen drei Arten der Gottesoffenbarung: der natürlichen, der biblischen und der persönlichen.

> *Ich musste drei Säulen haben, auf welchen mein Gebäude ruhen kann, nämlich erstens die Grundweisheit, welche ich aus der Natur vernehme, zweitens den Sinn und Geist der Heiligen Schrift und drittens die Führung Gottes mit mir nach diesem Grunde.*

Ob Gott existiert und sich uns mitteilt, ist heutzutage längst keine Selbstverständlichkeit mehr. Die entscheidenden Weichen in Richtung Offenbarungs-Skepsis wurden im 18. und 19. Jahrhundert gestellt, von radikalen Denkern wie Denis Diderot, Voltaire, David Hume.

Immerhin hatten sie formidable Gegner.

Wer im wissenschaftlichen Materialismus «Mordor» sieht (das Reich des Bösen im «Herrn der Ringe») und in Diderot, Voltaire, Hume so etwas wie die Schergen Saurons (des Herrschers von Mordor), der wird starke Sympathien haben für die tapferen Denker, die sich wie die Hobbits in der Tolkien-Romantrilogie der Vernunftgläubigkeit entgegenstellten.

Damals ging es nicht um die Frage, ob es eine göttliche Macht gibt. Davon gingen auch die allermeisten Glaubensskeptiker aus. Bei ihnen waren die Deisten gegenüber den Atheisten in der Mehrzahl. Beide Gruppen bezweifelten jedoch, dass diese höhere Macht sich Menschen als persönlicher Gott offenbarte – und dass solche Offenbarung verlässlich in der Bibel und durch die Bibel erfolge, stellten sie in Abrede.

Gegen solcherlei Darstellung und Bekundung der Offenbarungs-

Skepsis wiederum gingen die drei Persönlichkeiten vor, die ich auf den folgenden Seiten vorstellen werde: Johann Georg Hamann (1730–1788), Friedrich Heinrich Jacobi (1743–1819) und Friedrich Wilhelm Joseph Schelling (1775–1854).

Vor allem die ersten zwei sind außerhalb von Fachkreisen kaum noch bekannt. In der christlichen Apologetik, die seit hundert Jahren von englischsprachigen Autoren dominiert wird, spielen sie keine Rolle mehr. Zu Unrecht. Ihre Argumente haben nichts von ihrer Überzeugungskraft eingebüßt.

Ihr Schreibstil allerdings schon.

Das gilt vor allem für den Pionier der christlichen Vernunftkritik, Johann Georg Hamann. Der Freund von Immanuel Kant kam wie der große Philosoph aus Königsberg. Er drückte sich so umständlich aus, dass seine Schriften nur mit größter geistiger Anstrengung verstanden werden konnten.

Die Verworrenheit seines Ausdrucks schreckte viele Leser ab. Wer sich aber die Mühe machte, seinen Gedankengängen zu folgen, war fasziniert. Als dunkle Gegenstimme zum Aufklärer Kant, als «Magus aus dem Norden», wurde er bei philosophisch interessierten Christen gefeiert.

Hamanns Stil war nicht Marotte, sondern philosophisches Programm. Er war davon überzeugt, dass die Wirklichkeit insgesamt so undurchschaubar ist, dass sie mit der Vernunft nicht erfasst werden kann, und dass die Sprache, gerade wenn sie leicht verständlich ist, eine trügerische Sicherheit suggeriert.

Das Licht der Aufklärung war für Hamann nur ein schwaches Kerzenflämmchen; die entscheidenden Erkenntnisblitze konnte nur Gott bewirken.

Hinter Hamanns Überzeugung stand ein persönliches Offenbarungserlebnis. Während sich die Intellektuellen seiner Zeit in großer Zahl vom orthodoxen Christentum abwandten, war er den entgegengesetzten Weg gegangen. Als junger Mann hatte er in einer depressiven Phase eine Gottesbegegnung gehabt, von der er den Rest seines Lebens zehrte. Anders als Kant, der zwar spät, aber dann richtig berühmt wurde, schaffte es Hamann nie zu einer festen Professorenstelle.

Ein Vorzeigetyp war er auch sonst nicht: Er hatte einen Sprachfehler, war kränklich und von einem hässlichen Hautausschlag befallen, musste seine sechsköpfige Familie mit einem öden Job als Zollbeamter über Wasser halten. Ein Musterchrist war er auch nicht. Weil er sich im Herzen verheiratet fühlte mit seiner großen Liebe, die ihm nach seiner Bekehrung den Laufpass gegeben hatte, kam die Hochzeit mit einer anderen Frau für ihn nicht in Frage. Stattdessen lebte er mit der Mutter seiner Kinder in wilder Ehe, für damalige Verhältnisse ein ziemlicher Skandal.

Anders als der Eigenbrötler Kant hatte Hamann einen großen Freundeskreis, der über das ganze deutschsprachige Europa verstreut war. Die schönsten Zitate des überzeugten Lutheraners findet man in seinen Briefen; hier drückte er sich, anders als in seinen Büchern, verständlich aus. Immer wieder kam er auf die Frage zu sprechen, auf welche Grundlage wir unsere Erkenntnisse stützen können:

- *Die Natur ist ein Buch […]. Gesetzt wir kennen alle Buchstaben darin so gut wie möglich, wir können alle Wörter syllabieren und aussprechen, wir wissen sogar die Sprache, in der es geschrieben ist: Ist das alles schon genug, [um] ein Buch zu verstehen, darüber zu urteilen?*
- *Es ist ein größerer Atheismus, Gottes Dasein beweisen als leugnen zu wollen.*
- *Gott, Natur und Vernunft haben eine so innige Beziehung auf einander, wie Licht, Auge und alles, was jenem dieses offenbart.*
- *Bei mir stellt sich nicht so sehr die Frage: Was ist Vernunft? Sondern vielmehr: Was ist Sprache? […] Daher kommt es, dass man Wörter für Begriffe, und Begriffe für die Dinge selbst hält.*

- *Glauben geschieht so wenig durch Gründe wie Schmecken und Sehen.*
- *Ein durstiger Ehrgeiz nach Wahrheit und Tugend, und eine Eroberungswut aller Lügen und Laster […]: hierin besteht der Heldengeist eines Weltweisen.*
- *Es gibt Zweifel, die mit keinen Gründen beantwortet, sondern mit einem «Bah, halt's Maul» abgewiesen werden müssen.*
- *Angenommen, dass es eine gewisse Gotteserkenntnis gibt – sollten wir uns nicht an einer ungewissen begnügen können? […] Nicht unsere Liebe, sondern seine unaussprechliche Liebe im Sohn der Liebe ist der Mittelpunkt – die Sonne unseres Systems.*

Erst gegen Ende seines nur 57-jährigen Lebens sprach sich sein Genius herum. Seine Bewunderer baten ihn um Ratschläge, auch um seelsorgerliche Tipps. Der schönen katholischen Fürstin Amalie von Gallitzin (1748–1806) half er aus einer Lebenskrise, indem er sie von ihrem geistlichen Perfektionismus kurierte. Ihr empfahl er:

> *Man muss lernen, die eigene Nichtigkeit zu ertragen und auf Gottes Gnade zu vertrauen. Man tue, was einem richtig scheint, und lasse es dann auf sich beruhen. Zu sehr auf die eigene Tugend bedacht zu sein, ist furchtbar anmaßend und eine Mauer gegen Gott.*

Dem umtriebigen Schweizer Pfarrer Lavater riet Hamann zu «mehr Diät in der Arbeit, mehr Umgang mit Fressern und Weinsäufern». Einem anderen engen Freund, dem aufklärerischen Pfarrer Johann Gottfried Herder, gab er den Tipp:

> *Denken Sie weniger und leben Sie mehr.*

Zu den größten Hamann-Fans gehörte ein gutsituierter und gutaussehender Unternehmer aus Düsseldorf, Friedrich Heinrich Jacobi, der auch mit Matthias Claudius eng befreundet war. Wie Hamann stemmte sich Jacobi gegen den grassierenden Kult der Vernunft. Anders als der Königsberger aber nicht mit dem Florett, sondern mit der Axt.

Wo Hamann ironisch kommentierte, debattierte Jacobi heftig drauflos. Er trat einen Pantheismus-Streit um den kurz zuvor verstorbenen Dichter Lessing los, anschließend einen Atheismus-Streit um den Philosophen Fichte.

Knallige Feuilleton-Auseinandersetzungen waren auch deshalb Jacobis Metier, weil ihm aufgrund chronischer Schmerzen für langwierige Buchprojekte die Kraft fehlte. Seine denkwürdigsten Zitate finden sich, wie bei seinem Mentor Hamann, in Briefen. Immer wieder betont er, dass die beste Grundlage unseres Denkens der Glaube an einen persönlichen Gott ist, und dass diesem Glauben eine höhere Offenbarung zugrunde liegt. Alle anderen Bestrebungen zielen seiner Meinung nach ins Leere.

- *Hat der Mensch Vernunft – oder hat die Vernunft den Menschen?*
- *Der Mensch sucht die Wahrheit, weil ihn die Unwahrheit tötet.*
- *Alle Vorurteile ablegen, heißt: alle Grundsätze ablegen. Wer keine Grundsätze hat, wird theoretisch durch Einfälle regiert.*
- *Das Geschäft der Philosophie ist das Aussondern und systematische Zusammenstellen dessen, was sich von selbst versteht.*
- *Ich habe den Eindruck, unsere Philosophie ist auf einem schlimmen Abweg, da sie über dem Erklären der Dinge die Dinge selbst zurücklässt.*
- *Vertilge den ursprünglichen Glauben, und alle Wissenschaft wird hohl und leer; [sie] kann wohl sausen, aber nicht reden und antworten.*
- *Das ist mein Gedanke: dass verworrenes Gefühl des Unsichtbaren noch immer besser als ganz ertötetes Gefühl desselben ist.*

- *Die gesamte Natur aber, der Inbegriff aller bedingten Wesen, kann dem forschenden Verstande nicht mehr offenbaren, als was in ihr enthalten ist.*
- *Weil der Mensch nur Maschinen machen kann, so ist er geneigt, eine göttliche Vorsehung zu leugnen; denn er findet sie nicht als Maschine.*
- *Der Mensch hat nur diese Wahl: entweder alles aus Einem oder alles aus Nichts herzuleiten.*
- *Mich lehren Erfahrung und Geschichte, dass des Menschen Tun viel weniger von seinem Denken als sein Denken von seinem Tun abhängt; dass seine Begriffe sich nach seinen Handlungen richten und sie gewissermaßen nur abbilden.*

Jacobi litt darunter, dass er selbst den Zwiespalt zwischen Glauben und Denken nicht überwinden konnte. Im Unterschied zu Hamann erlebte er keinen emotionalen Durchbruch, bei dem sich die kognitive Spannung auflöste.

> *Licht ist in meinem Herzen, aber sowie ich es in den Verstand bringen will, erlischt es. Welche von beiden Klarheiten ist die wahre? Die des Verstandes, die zwar feste Gestalten [sieht], aber hinter ihnen nur einen bodenlosen Abgrund zeigt – oder die des Herzens, welche zwar verheißend aufwärts leuchtet, aber bestimmtes Erkennen vermissen lässt? Kann der menschliche Geist Wahrheit ergreifen, wenn nicht in ihm jene beiden Klarheiten zu einem Lichte sich vereinigen? Und ist diese Vereinigung anders als durch ein Wunder denkbar?*

Diese innere Spannung versuchte Jacobi dadurch zu überwinden, dass er sie nach außen entlud. Man könnte auch sagen: Er war streitlustig. Dabei legte er sich auch mit Zeitgenossen an, die eigentlich auf seiner Seite standen, unter anderem mit dem jungen Philosophen Schelling. Jacobi hatte Schelling im Verdacht, eine gottferne Naturphilosophie zu entwickeln. Zwischen beiden lagen 32 Jahre, deshalb erlebte Jacobi nicht, dass Schelling sich immer mehr einem traditionellen Glaubens- und Gottesverständnis annäherte.

Am Anfang seiner Karriere galt der schwäbische Pfarrerssohn Schelling tatsächlich als philosophisches Enfant terrible. Von der Tübinger Hochbegabten-WG, in der Schelling zusammen mit Hegel und Hölderlin gelebt hatte, war bereits die Rede. Schelling war der Jüngste der drei und stellte die beiden Kommilitonen in puncto Berühmtheit zunächst in den Schatten.

Schon mit Mitte 20 bekam Schelling eine feste Professur in der damaligen Hauptstadt der deutschen Romantik, Jena. Nachgeholfen hatte Goethe persönlich, der von der Intelligenz und der Persönlichkeit des jungen Mannes beeindruckt war.

Auch mit seinem Liebesleben sorgte Schelling für Aufmerksamkeit. Das attraktive Philosophie-Wunderkind verliebte sich in eine skandalumwitterte Schönheit: in die sieben Jahre ältere, bereits zum zweiten Mal verheiratete Dichter-Muse Caroline Schlegel (1763–1809); sie ließ sich scheiden und ging mit Schelling die dritte Ehe ein.

Die angebliche Femme fatale entpuppte sich für den Schwaben als echter Segen. Durch den Einfluss der hochgebildeten Professorentochter veränderte sich das Sinnen des brillanten Vordenkers: weg von der damals populären Vergötzung des menschlichen Geistes, hin zur Natur, zur Liebe, zu Gott, zur Aktion. Die neue Denkhaltung machte sich auch in seinen Schriften bemerkbar:

- *Der Mensch ist zum Handeln geboren. Je weniger er aber über sich selbst reflektiert, desto tätiger ist er.*
- *Die bloße Spekulation also ist eine Geisteskrankheit des Menschen.*
- *Der ganze Geist des Christentums ist der des Handelns.*
- *Der Geist ist noch nicht das Höchste. […] Die Liebe aber ist das Höchste.*
- *Liebe ist der Antrieb zu aller Entwicklung. Liebe bewegt das Urwesen zur Aufgebung der Verschlossenheit.*

Nach nur sechs Jahren war Schelling, erst 33, wieder Witwer. Der plötzliche Tod seiner Frau verstärkte seinen Perspektiv-Wechsel in Richtung Ewigkeit. Der Kreis zurück zu seiner frommen Kindheit schloss sich endgültig mit seinem letzten großen Werk.

Schon der Titel, «Philosophie der Offenbarung», war ein Faustschlag ins Gesicht der damaligen intellektuellen Mode. Während sein Studienfreund Hegel den Geist zum Ausgangspunkt und Austragungsort aller Wahrheitssuche machte, stellte Schelling die göttliche Eingebung an den Anfang. Damit stand er quer zum universitären Zeitgeist, aber voll auf Linie des konservativen Preußenkönigs Friedrich Wilhelm IV. (1795–1861). Zwar war Schelling mittlerweile pensionsreif; der Monarch spendierte ihm trotzdem eine Professur und den größten Hörsaal Berlins.

Die Offenbarungs-Vorlesungen wurden zum akademischen Mega-Event. Im randvollen Auditorium drängelten sich am 15. November 1841 viele der klügsten Köpfe ihrer Zeit, unter ihnen auch Søren Kierkegaard. Da Schelling sich wochenlang mit Vorbemerkungen beschäftigte, riss dem Dänen bald der Geduldsfaden. Er schwänzte den Rest der Vorlesungen, genau wie die meisten anderen Neugierigen. Sie verpassten dadurch den Höhepunkt der auf 62 Vorlesungen angelegten Seminarreihe: die Selbstoffenbarung Gottes in Jesus Christus, bezeugt durch seine Auferstehung von den Toten, auf der sich auch die christliche Ewigkeitshoffnung gründet. Schelling dozierte:

- *Die äußere Geschichte ist nur ein Stoff, in welchen ein höheres Samenkorn gelegt ist, das aus einer höheren Welt abstammt.*
- *Die Auferstehung Christi ist ein unschätzbares, ja das schätzbarste [= das am meisten zu schätzende] Faktum, das man keinen Grund hat, sich rauben zu lassen. […] Ohne Voraussetzung dieses Faktums möchte schwerlich der augenblickliche Heroismus der Apostel, das Wunder der Erhaltung und Ausbreitung des Christentums in den ersten Zeiten zu begreifen sein.*

- *Nur in seiner Zukunft kann das menschliche Bewusstsein wahre Ruhe finden. Auch diese Hoffnung verdanken wir Christus, dessen Auferstehung uns berechtigt, uns eines neuen Himmels [...] zu erfreuen.*

Schelling übersetzte das in Philosophenduktus, was die meisten einfachen Deutschen damals glaubten. Dem Gelehrten-Mainstream entsprach Schellings Rückkehr zu seinen religiösen Wurzeln aber ganz und gar nicht.

Ein junger Russe, Stephan Djunkowski, wollte es genau wissen, nämlich, «ob Schelling die großen Fundamentalfragen der Philosophie, wie die Existenz Gottes, die Unsterblichkeit der Seele, die Göttlichkeit Jesu Christi, die Göttlichkeit der christlichen Offenbarung, im Grunde zulasse oder nicht». Er bat Schelling um eine Audienz und legte ihm den Fragenkatalog vor.

Der berühmte Philosoph reagierte nicht etwa pikiert, sondern gab ein umfassendes Glaubensbekenntnis ab: «So erkläre ich Ihnen denn, dass ich niemals die drei ersten von Ihnen aufgestellten Punkte im Herzen geleugnet habe.» Nur die Frage der «Göttlichkeit» der Bibel wollte er nicht mit einem «Ja» beantworten, «denn die Theologen selbst, mit Einschluss der Kirchenväter, haben darüber gestritten».

Gänzlich froh stimmte Schelling den religiösen Djunkowski mit seiner abschließenden Feststellung:

Eine vierzigjährige Erfahrung hat mir [gezeigt], dass man, um ein guter Philosoph zu sein, ein guter Christ sein muss.

Die höchste Offenbarung war für Schelling eben kein Buch, sondern ein Ereignis: das Erscheinen Gottes als Christus.

Tatsächlich liegt hier ein wesentlicher Unterschied zwischen dem christlichen Glauben und den anderen großen Weltreligionen.

Hinduismus und Buddhismus sind, auch wenn der Begriff widersprüchlich klingt, Erkenntnisreligionen. Die Veden («Wissen») der indischen Weisen und die Lehren des Buddha handeln vom Lauf der Welt und vom Sinn des Lebens. Gottheiten spielen eine untergeordnete Rolle. Wenn überhaupt, stehen sie mitten im natürlichen Kreislauf und nicht jenseits von ihm.

Der Islam ist eine Buchreligion, in der sich Allah wörtlich durch den Koran («Vortrag») mitteilt.

Das Christentum ist zuallererst eine Ereignisreligion. Seine zentralen Inhalte beruhen auf mehr oder weniger nachprüfbaren historischen Sachverhalten. Wie das Judentum geht das Christentum davon aus: Das Heilswirken Gottes wird nicht imaginiert; es ist passiert. Bevor Gott detailliert spricht, zeigt er sich: vor dem Exodus in einem brennenden Dornbusch, nach der Errettung der Menschheit am Kreuz als Auferstandener.

Deshalb rückt auch das Apostolische Glaubensbekenntnis konkrete Ereignisse in den Mittelpunkt: die Menschwerdung Gottes, die Kreuzigung und die Auferstehung.

Dass diese Ereignisse sich tatsächlich zugetragen haben, kann man glauben oder bezweifeln. Die Beweisführung zur Frage, ob das Oster-Event tatsächlich stattgefunden hat, ist abgeschlossen. In meiner Jesus-Weltgeschichte bin ich ausführlich darauf eingegangen. Man kann die Indizien für überzeugend halten oder für unzureichend. Wie man sich dazu verhält, ist am Ende eine Glaubensentscheidung.

Komplizierter ist es mit den biblischen Schriften, deren Inspiration und Verbindlichkeit. Die Bibel ist ohne Zweifel das am höchsten geschätzte Buch der Welt, aber auch ein hochumstrittenes. Sie löst die größte Bewunderung aus, sorgt aber auch immer wieder für Verblüffung, wenn nicht sogar Verstörung.

> *Was für ein Buch ist die Heilige Schrift, welche wunderbaren Kräfte werden dem Menschen durch sie verliehen! Sie ist gewissermaßen ein Bild der Welt und des Menschen und der menschlichen Charaktere,*

und alles ist darin benannt und ausgewiesen für alle Ewigkeit. Und wie viele Geheimnisse sind darin enthüllt und aufgedeckt.

Fjodor Dostojewski

Das Evangelium ist ganz und gar von Widersprüchen durchwirkt, nicht von äußeren, nicht von historischen und faktischen Widersprüchen, sondern von inneren, von solchen, die sich, wie der moderne Mensch sagen würde, in Stimmungen und «Idealen» manifestieren. Was in einem Kapitel zur höchsten Pflicht erhoben wird, findet sich in einem anderen Kapitel zu einem unwürdigen Geschäft herabgemindert.

Leo Schestow

Im Glaubensbekenntnis werden die biblischen Schriften gar nicht erwähnt. Das ist nicht verwunderlich, denn der biblische Kanon war zu der Zeit seiner Ausarbeitung formell noch nicht fixiert. Dass die biblischen Schriften alle Informationen enthalten, die für den Glauben wichtig sind, stand damals dennoch außer Frage. Ob sie tatsächlich «heilig» und von Gott inspiriert sind, kann ebenso wenig wie die Auferstehung bewiesen werden.

Aber bei anderen Fragen zur Glaubwürdigkeit der Bibel überlagern sich Glaubens- und Wissensfragen.

Um nachprüfbare Faktenbehauptungen geht es, wenn von der Entstehung der biblischen Schriften die Rede ist. Auch die Feststellung, sie seien widerspruchslos und fehlerfrei, ist zumindest theoretisch falsifizierbar und fällt damit in den Zuständigkeitsbereich der Wissenschaft. Hier geht es dann nicht um persönliche Glaubensfestigkeit, sondern um die Plausibilität von Argumenten.

Es ist diese Verquickung von Glauben und Denken, von Offenbarung und Erfahrung, die in den letzten Jahrhunderten so viel Zündstoff in die Debatte gebracht hat. Während die naturgemäß progressive Wissenschaft der Skepsis verpflichtet ist, hat die naturgemäß konservative Religion die Glaubensstärkung zum Ziel. Der Geist wächst durch Kritik, das Vertrauen nimmt durch Bestätigung zu. Risikobereiter Verstand trifft auf verwundbares Herz. Und anders als im Streit um die Auferstehung, in der sich die Lager von Gläubigen und Ungläubigen noch halbwegs trennscharf unterscheiden lassen, geht der Riss quer durch die Gemeinden, wenn es um die Bibel geht.

Es fällt auf, dass die radikalste Bibelkritik immer wieder von einzelnen Wissenschaftlern geübt wurde. Dagegen hat der Bibelfundamentalismus seine stärksten Bataillone nicht in der Forschung, sondern in den Leitungsgremien von Institutionen, Bewegungen und Netzwerken. Die einen «trauen sich was», ohne Rücksicht auf Glaubensverluste; die anderen haben die seelische Stabilisierung der Gläubigen im Fokus, manchmal aber auch nur den eigenen Machterhalt.

Entsprechend hitzig sind die Auseinandersetzungen.

Aus eigener Erfahrung kann ich sagen: Der Umgang mit der Bibel als Offenbarungsquelle ist ebenso grüne Weide wie vermintes Gelände.

Als glaubender und denkender Mensch befinde ich mich selbst in einer zwiespältigen Situation. Erst vor Kurzem habe ich bei einer Predigt gequält die Stirn gerunzelt, als ein Pfarrer die Bibel mit Süßigkeiten verglich. Wie Schokolade müsse man sich ihren Inhalt im Mund zergehen lassen. Der Geistliche sprach außerdem noch von der Bibel als einem «Liebesbrief Gottes» an uns. Da hatte ich allerdings gerade über einige Passagen gegrübelt, die mir eher wie Schmirgelpapier im Gaumen kratzten …

Ich meine nicht die klassischen «Kann das wirklich so passiert sein?»-Fragen: Wie ist das mit dem Universum mit seinen hundert Trilliarden Sternen, die laut Schöpfungsbericht zwei Tage *nach* der Erde geschaffen wurden – und das alles erst vor etwa 6000 Jahren? Kann beim Sintflutregen das Wasser tatsächlich innerhalb von 40 Tagen bis auf den höchsten Berg angestiegen sein, also 8848 Meter hoch, 15 Meter pro Stunde, mit einem Gesamtvolumen, das alle Ozeanvorräte übersteigt, und wohin ist es anschließend innerhalb weniger Tage wieder abgelaufen?

Was mich als jungen Christen irritiert hat, bereitet mir heutzutage kaum noch Kopfzerbrechen. Ich sage mir: Die scharfe Trennung zwischen Historiographie und Poesie war den bronzezeitlichen Autoren fremd. Sie haben Bilder benutzt, komplexe Vorgänge verknappt, mehr Wert auf den Sinngehalt als auf nachprüfbare Fakten gelegt, die Welt so dargestellt, wie sie damals wahrgenommen wurde.

Weitaus problematischer finde ich Bibelstellen, in denen moralisch eindeutig verwerfliche Handlungen als gottgewollt dargestellt werden. Vielleicht liegt das daran, dass ich mit der Zeit empathischer geworden bin. Aber manche Geschichten, die ich früher achselzuckend zur Kenntnis genommen habe, empören mich mittlerweile geradezu.

Wenn ich die Bibel von Anfang bis Ende durchlese, mache ich immer dieselbe Erfahrung: Nach den überwiegend erbaulichen Passagen der ersten beiden Mose-Bücher versinke ich im Sand der Sinai-Wüste und stolpere durch die Trümmer der zerstörten kanaanitischen Siedlungen. Manche Episoden lesen sich für mich wie Horrorgeschichten.

Dabei grusele ich mich eigentlich gerne.

Eine meiner liebsten Horrorstorys heißt «Die Lotterie» und wurde 1948 von der US-Schriftstellerin Shirley Jackson (1916–1965) veröffentlicht. Darin geht es um einen Tag im Leben einer Familie in einer Landgemeinde. Am Anfang sind Vater, Mutter und Kinder aufgekratzt, denn die jährliche «Lotterie» steht bevor. Erst am Ende der Geschichte wird der schauerliche Zweck der Lotterie klar: Ausgelost wird ein Opfer, das gesteinigt werden soll. So will es der dörfliche Fruchtbarkeitskult. Diesmal trifft es die Mutter, Tessy Hutchinson. Während die Nachbarn und ihre eigenen Familienmitglieder anfangen, sie mit Steinen zu töten, kreischt Tessy: «Das ist nicht fair, das ist nicht richtig.»

Genau das denke ich auch bei der biblischen Geschichte von Achan im Buch «Josua». Bei der Eroberung der kanaanitischen Stadt Jericho war der Israelit schwach geworden. Er hatte sich zwar an einem Massaker an der einheimischen Bevölkerung beteiligt, sich aber anschließend nicht an das Beuteverbot gehalten. Stattdessen hatte er sich einen Luxusmantel und eine hübsche Summe Geld unter den Nagel gerissen.

Aber seine Tat kommt ans Licht. Wie in der Horror-Kurzgeschichte wird er durch ein Losverfahren als Schuldiger ermittelt. Er, seine Frau und die Kinder werden anschließend gesteinigt, die Leichen verbrannt.

Ich habe die Geschichte schon als Kind gehört. Damals war der Begriff «Steinigung» für mich ziemlich abstrakt. Heute schaudert es mich beim Gedanken daran.

Wie gesagt: Ich mag Horrorstorys. Aber nicht in der Bibel.

Noch verstörender finde ich das, was die Bibel im 4. Buch Mose über das Schicksal der Midianiter erzählt. Mit meiner Reaktion bin ich nicht alleine. Vielen aufmerksamen Bibellesern geht es ebenso.

> *Weder in der Geschichte der Urvölker noch in der Geschichte der Zivilisation gibt es etwas, das totaler und gnadenloser ist als der Feldzug des Vaters der Barmherzigkeit unter den Midianitern.*
>
> Mark Twain, Briefe von der Erde

Die Ereignisabfolge ist so widersprüchlich wie schockierend: Bei den Midianitern handelte es sich um ein Volk von Wüstennomaden. Sie hatten Mose nach dessen Flucht aus Ägypten Asyl gewährt, ihn wie einen Verwandten behandelt, ihm sogar die Tochter des Priesters zur Frau gegeben. Nach dem Exodus stehen Mose seine midianitischen Verwandten mit Rat und Tat zur Seite. Als sein Schwiegervater wieder von dannen zieht, verabschiedet sich Mose von ihm mit einem Kuss. In dieser Geste liegt etwas besonders Zärtliches, weil es der letzte Kuss ist, von dem in der Thora die Rede ist. Der Kuss symbolisiert innige Verbundenheit.

Aber schon ein paar Jahrzehnte später dreht sich das Blatt. Das gelobte Land ist in Sichtweite. Mose steht kurz vor dem Ende seiner Mission. Einen letzten göttlichen Auftrag gibt es noch. Er betrifft den

Stamm, mit dem Mose so eng verbunden ist. Weil midianitische Frauen israelische Männer zum Sex und zum Götzendienst verführt haben, ordnet Gott urplötzlich die Total-Liquidation des Stammes an. Dabei ist nicht von ein paar Dutzend Personen die Rede, sondern von Hunderttausenden.

Mose und das Volk Israel schreiten zur Tat. Sollten die Zahlen korrekt sein, handelt es sich um eines der furchtbarsten Massaker der gesamten Menschheitsgeschichte. Alle Männer, Frauen und männlichen Kinder werden totgeknüppelt, abgestochen, niedergemetzelt.

Als es den mordenden Israeliten zu viel wird und sie mit dem Abschlachten aufhören, treibt Mose sie erneut an. Niemand soll übrigbleiben – bis auf die midianitischen Jungfrauen, 32.000 insgesamt. Diese Teenager-Mädchen werden zum Sklavendienst verurteilt, an die israelitischen Männer verteilt, viele von ihnen vermutlich sexuell schwer missbraucht.

Ein paar Kapitel später predigt Mose dann schon wieder: «Gott liebt die Ausländer» (5. Mose 10,19).

Das Kapitel «Midianiter» ist damit allerdings noch nicht abgeschlossen. Ein paar hundert Jahre später tauchen sie im Buch «Richter» wieder auf: als Nachbarn der Israeliten, die fünfmal so bevölkerungsreich sind und immer wieder plündernd ins Land einfallen. Von einem vorhergegangenen Genozid ist da keine Rede. Es scheint, als wäre alles nur ein böser Traum gewesen, als hätte es das Massaker nicht gegeben.

Hoffentlich, denke ich.

Ich will nicht missverstanden werden. Solche bestürzenden Passagen sind in der Bibel die Ausnahme. Der Gesamttrend der biblischen Schriften zeigt in Richtung Gewaltverzicht und Liebe. Die Fluchworte werden immer weniger, die Segenswünsche immer zahlreicher. Am Ende opfert Gott sich selbst und löst damit die Gewaltspirale ein für alle Mal auf.

Was ist dann aber mit dem Anspruch, alle biblischen Schriften seien

Gottes Wort und auch die verstörenden Passagen von zeitloser Relevanz?

Die meisten Christen der letzten zweitausend Jahre sind davon ausgegangen. Teilweise mit höchst problematischen Folgen, etwa in Kriegs- und Krisenzeiten, wenn die folgenden Verse als Tötungsmandate interpretiert wurden: «Du sollst keine Hexe am Leben lassen» (2. Mose 22,17), «Verflucht ist, wer sein Schwert aufhält und nicht Blut damit vergießt» (Jeremia 48,10), «Der Gerechte wird sich freuen, wenn er Gottes Rache sieht; er wird waten im Blut des Gottlosen» (Psalm 58,11), «Wohl dem, der deine jungen Kinder nimmt und sie am Felsen zerschmettert» (Psalm 137,9).

Wer darin bloße rhetorische Zuspitzungen sieht, täuscht sich. Man darf nicht vergessen: Kreuzzüge, Inquisition, Hexenverfolgung wurden mit solchen Bibelpassagen legitimiert. Die Gesamtopferzahl biblisch begründeter Verbrechen, Millionen von Menschen, ist zu enorm, um den damaligen Exegeten bloß unsaubere Textarbeit vorzuwerfen, aber unverdrossen weiter darauf zu pochen, dass Gott sich in der Bibel immer klar und widerspruchsfrei offenbart.

Die Bibel liefert keine Anleitung zum Verständnis gewaltpositiver Bibelstellen. Was davon als Ansage, als Anregung oder gar als Abschreckung zu verstehen ist, bleibt Interpretationssache.

Ich bin allerdings davon überzeugt, dass es zu vielen problematischen Passagen einen klugen Verstehens-Zugang gibt, einen sogenannten «hermeneutischen Schlüssel».

Aber den verrate ich erst später. (Ab Seite 269.)

Zunächst bleibt die Frage:

Wo fängt ein weiser Umgang mit der Bibel an?

Bei uns selbst.

Die intellektuellen Verzerrungs-Mechanismen, die ich im letzten Kapitel beschrieben habe, beeinflussen auch unseren Umgang mit der Bibel. Wir können nicht aus unserer Haut und unserer Zeit, und deshalb ist jede Interpretation abhängig von unserer inneren Konstitution und unserem äußeren Kontext. Die besten Absichten immunisieren nicht gegen Bestätigungs- und Negativitätsvorurteile, gegen Verlustaversion und Verfügbarkeitsheuristik. So wie wir die Welt nicht an sich wahrnehmen, sondern als Wille und Vorstellung, so treten wir auch an die Heilige Schrift heran.

Das traditionelle Sender-Empfänger-Kommunikationsmodell, wonach eine Botschaft unmittelbar zwischen Sender und Empfänger ausgetauscht wird, ist obsolet. Es kommt auch auf das übertragende Medium – in diesem Fall: die Bibel – an und auf die Entschlüsselungskompetenz des Adressaten, also von uns selbst.

Wer darauf setzt, dass der Heilige Geist eine ungestörte Weitergabe garantiert, muss sich von der Kirchengeschichte eines Besseren belehren lassen.

> *Wir beide lesen die Bibel Tag und Nacht, aber du liest sie schwarz und ich lese sie weiß.*
>
> William Blake, Die Hochzeit von Himmel und Hölle

Der Dichter Blake meinte damit die völlig unterschiedlichen Auslegungen identischer Texte durch wohlmeinende Christen.

Das liegt in der Natur der Sache bzw. der Bibel.

Wenn Gott mich gefragt hätte, wie man die vielen Streitereien hätte vermeiden können, dann hätte ich ein paar praxistaugliche Tipps gehabt:

Ich hätte eine Pressekonferenz abgehalten, die einzelnen Bücher und deren Autoren präsentiert, im Vorfeld alle Unstimmigkeiten durch ein akribisches Lektorat ausgemerzt und die finale Edition in einem Safe aufbewahrt, um immer den Originaltext parat zu haben.

Die Heiligen Schriften sind bekanntlich anders in die Welt gekommen. Und, da bin ich als offenbarungsgläubiger Christ sicher: Gott hat sich etwas dabei gedacht. Auch dabei, der Menschheit kein kompaktes und fertig redigiertes Buch auszuhändigen.

Die Entwicklung der verschiedenen als inspiriert eingestuften Schriften zu einem abgeschlossenen Kanon dauerte Jahrhunderte. Über die meisten der darin enthaltenen Schriften bestand Konsens, es gab aber auch Wackelkandidaten – im Alten Testament etwa das «Buch Esther» und die sogenannten «Apokryphen», im Neuen Testament einige kurze Briefe und das Buch der Offenbarung.

Eine hundertprozentige Einmütigkeit darüber, welche Schriften in den Kanon gehören und welche nicht, gibt es in der Weltchristenheit bis heute nicht. Das heißt: Über den Kern und den Großteil der Bibel besteht weitgehend Konsens; an den Rändern des Kanons hört die Einstimmigkeit aber auf.

Das führt zwangsläufig zu der Frage: Wie kann ein Buch, bei dem nicht zu 100 Prozent klar ist, was überhaupt drinsteht, zu 100 Prozent irrtumslos sein? Eine fundamentalistische Schriftlehre, bei der die Brandmauer gegen Häresie auf der Unfehlbarkeit der Bibel errichtet wird, fällt schon hier in sich zusammen.

Nicht selbstverständlich ist auch die pauschale Etikettierung der Bibel als «Gottes Wort». Wenig deutet darauf hin, dass neutestamentarische Briefeschreiber wie Judas und Jakobus ihre Texte als unfehlbare Botschaften von Gott verstanden.

Die Jahrhunderte dauernde Transformation vordergründig normaler Briefe zunächst in «inspirierte» Schriften, dann in als «heilig» eingestufte Texte und schließlich zu einem unantastbaren «Gotteswort» ist immer noch erklärungsbedürftig. Und zwar nicht nur aus Gründen der wissenschaftlichen Sorgfalt, sondern auch der theologischen Korrektheit. Jesus Christus hat seine Sätze nicht in Stein gemeißelt, sondern hat in den Sand geschrieben – und in die Herzen seiner Zuhörer. Er hat seinen Jüngern den Heiligen Geist versprochen, nicht einen schriftlichen Leitfaden.

Wer die Frage aufwirft, ob einzelne biblische Passagen tatsächlich Gottes höchsteigene Botschaften an uns sind oder in ihnen nicht auch allzumenschliche Begrenztheiten durchschimmern, muss sich deshalb nicht Unglauben vorwerfen lassen. Die Berufung auf die Autorität der frühen Kirche bei der Zusammenstellung des Kanons taugt jedenfalls nicht angesichts ihrer offensichtlichen Fehlbarkeit in anderen Angelegenheiten.

Das alles ist nicht neu, sondern wird von Christen seit jeher diskutiert. Bereits unter den Christen der ersten Jahrhunderte gingen die Meinungen darüber auseinander, ob etwa die Schöpfungs- und Sündenfallgeschichten auch allegorisch interpretiert werden konnten. Der bedeutendste Theologe des 3. Jahrhunderts, Origenes (185–253), schrieb darüber:

> *Über Adam und über seine Sünde werden das philosophische Verstehen die gewinnen, die wissen, dass in der hebräischen Sprache Adam Mensch bedeutet und dass an den Stellen, die scheinbar von Adam handeln, Moses die Wesenslehre vom Menschen entwickelt.*

Der griechische Kirchenvater Gregor von Nyssa (335–394) sah in dem Vers: «die Erde lasse Gras hervorsprossen», einen Hinweis auf einen allmählichen Schöpfungsprozess.

Dass die Bibel zu zentralen Glaubensfragen keine eindeutigen Antworten lieferte, bemerkte der hochmittelalterliche Star-Theologe Abaelard (1079–1142, eigentlich: Pierre Abaillard). In seinem Buch «Sic et non» («Ja und Nein») listete er 158 strittige Themen auf. Hatte der Mensch einen freien Willen oder nicht? Bestimmte Gott alle Geschehnisse im Voraus? Woher kam das Böse?

Zu all diesen Fragen gab es in der Kirchengeschichte ganz unterschiedliche Auffassungen, jeweils mit biblischer Begründung. Pierre Abaillard sah darin aber keinen Anlass, die biblischen Nachforschungen einzustellen. Im Gegenteil:

> *Der erste Schlüssel zur Weisheit ist beharrliches und ständiges Fragen. [....] Durch den Zweifel kommen wir zur Suche, durch die Suche erkennen wir die Wahrheit.*

Kein Christ – dafür umso besser im sogenannten «Alten Testament» bewandert – war der jüdische Gelehrte Mosche ben Maimon, auch bekannt als Maimonides (1138–1204). Für einen Schüler, der durch philosophische Schriften in eine Glaubenskrise geraten war, verfasste Maimonides einen «Ratgeber für die Zweifelnden». Darin beschrieb er vier Gründe, die das Bibellesen behinderten:

> *Der eine Grund ist die Herrschsucht und die Rechthaberei. Sie hindern den Menschen daran, die Wahrheit zu erkennen, so wie sie ist. Der zweite ist die Schwierigkeit der zu erkennenden Sache. Der dritte ist die unzulängliche Geisteskraft dessen, der die Wahrheit erkennen will. Der vierte ist die Angewöhnung und die Erziehung. Denn es liegt in der Natur der Menschen, das zu lieben und sich anzueignen, woran sie sich gewöhnt haben. Deshalb sträubt sich der Mensch, die Wahrheit zu erkennen, und bleibt seinen alten Vorstellungen zugeneigt.*

Mit ganz ähnlichen Fragen beschäftigte sich zur selben Zeit der islamische Aristoteles-Experte Ibn Ruschd (1126–1198). In seinem Traktat «Die entscheidende Abhandlung» unternahm er den Versuch, Religion und Philosophie miteinander zu versöhnen. Dabei machte er Vorschläge zu einer differenzierten Auslegung des Korans, die auch für Christen und ihren Umgang mit der Bibel hilfreich sind.

> *Wer nicht zu den wissenschaftlich gebildeten Leuten gehört, der kann die heiligen Schriften natürlich nach ihrem äußeren Wortlaut verstehen. Sie anders zu interpretieren wäre in einem Fall, wo Unglaube die Folge ist, tatsächlich Unglaube. Daraus ergibt sich, dass für diejenigen Menschen, deren Pflicht es ist, ihren Glauben auf den äußeren Wortlaut zu stützen, die abstrakte Interpretation in der Tat Unglaube bedeutet, weil sie eben zum Unglauben führt. Wer von den Höhergebildeten einem solchen Menschen den inneren Sinn zeigen will, der*

stiftet ihn zum Unglauben an, und wer zum Unglauben anstiftet, der ist selbst ein Ungläubiger.

Standen im Mittelalter noch Interpretationsfragen im Vordergrund, rückte in der Neuzeit, also ab ca. 1500, der Bibeltext an sich in den Fokus der Debatte. Mit der Erfindung der Buchdruckerkunst kamen immer mehr Bibelabschriften in Umlauf, zunächst vorwiegend auf Lateinisch.

Eine neue Übersetzung, basierend auf dem griechischen Urtext, veröffentlichte 1516 der berühmteste Gelehrte der westlichen Christenheit, Erasmus von Rotterdam. In seinem Vorwort räumte er ein:

Ich würde wünschen, dass sich in den Heiligen Schriften nichts Verderbtes, nichts Unstimmiges fände. Aber mein Wunsch entspricht leider nicht den Tatsachen.

Erasmus war ein vorsichtiger Mann und beließ es bei solchen Andeutungen. Ein Jahr nach seiner Veröffentlichung startete Martin Luther (1483–1546) mit dem Wittenberger Thesenanschlag den Reformationsprozess. Er übersetzte die Bibel ins Deutsche und versetzte dadurch auch Nicht-Theologen in die Lage, die Bibel alleine zu interpretieren. An die Stelle der kirchlichen Lehrautorität rückte das «Sola Scriptura»-Prinzip.

Dreihundert Jahre später klagte der im reformierten Glauben erzogene Pädagoge Johann Heinrich Pestalozzi (1746–1827) über die negativen Folgen – nämlich eine übermäßige Buchstabenfixierung und eine Missachtung der göttlichen Offenbarung in Natur und Geschichte:

Das Übel kommt von der Reformation her. Sie hat die Masse des Volks über unverstandene Worte schwatzen gelehrt und wie vielleicht keine Weltepoche den Unterricht bei allen Menschen und selbst bei den kleinsten Kindern von der Natur abgelenkt […]. Sie hat durch

Auswendiglernen und Erklärungen von deutlich scheinenden Begriffen Kinder und Lehrer zugleich getäuscht und glauben gemacht, sie verständen das, wovon sie im Grund keinen einzelnen Teil kannten.

Die Reformatoren hatten eine ihrer wichtigsten Aufgaben darin gesehen, die Bibel in möglichst verständlicher Übersetzung in möglichst viele Hände zu bringen. Daran knüpfte sich die Hoffnung, die Bibelverbreitung würde automatisch die erhoffte heiligende Wirkung entfalten. Stattdessen verstärkten sich die Spaltungstendenzen, geriet die Realisierung der von Christus gegenüber seinen Jüngern gebotenen Einmütigkeit in noch weitere Ferne.

Auf der ganzen Erde gibt es kaum ein verwickelteres Labyrinth als die christliche Religion. (Johann Amos Comenius, Das einzig Notwendige)

Taugte die Bibel tatsächlich als alleinige religiöse Richtschnur? Das bezweifelten reformatorische Freigeister wie Sebastian Franck (1499–1543), ein Ex-Priester, Prediger, Autor und Buchdrucker. Er hatte während des Theologiestudiums Luther entdeckt, verübelte dem Wittenberger aber dessen Unterstützung der Machthaber im Krieg gegen die Bauern. Auch Luthers Betonung einer wörtlichen Schriftauslegung sah er kritisch. Vieles in der Bibel sei nun einmal widersprüchlich. Deshalb komme es umso mehr auf die richtige Einstellung des Bibellesers an.

Ausführlich untermauerte Franck diese These in seinem 1534 erschienenen Buch «Paradoxa»:

Gott hat absichtlich den Buchstaben der Schrift so missverständlich gestaltet, in die Feder angegeben und diktiert und seinen Sinn mit dem Buchstaben zugedeckt, damit wir nicht, daran vergnügt, einen Abgott daraus machen, den wir in allen Glaubensfragen um Rat

> *fragen, sondern dass […] wir seiner [d. h. Gottes] immerzu bedürfen und er das Schwert in der Hand behalte und allein Meister und Lehrer bleibe. […] Wir sehen, wie die Pharisäer mit dem Buchstaben sich verfahren haben. Und doch wollen wir aus dem Schaden anderer Leute nicht klug werden, noch verstehen, was Paulus so klar heraus sagt: Der Buchstabe tötet. […] Wer wissen will, was in einem Tempel ist, darf nicht draußen bleiben und allein davon lesen und sagen hören. Das ist alles ein totes Ding. [Nein,] er muss rein gehen und selbst erfahren und besichtigen. Dann erst lebt alles. Und dieses Im-Geist-Sehen und Im-Geist-Erfahren heißt: die Schrift glauben.*

Während Sebastian Franck seine Worte auf Luther und dessen sich zur neuen Orthodoxie verfestigende Bibellehre münzte, setzte sich der Franzose Sebastian Castellio (1515–1563) mit seinem Landsmann Jean Calvin (1509–1564) auseinander. Castellio war entsetzt darüber, dass der nach Genf ausgewanderte Reformator sich theologischen Abweichlern gegenüber nicht toleranter verhielt als die Päpste in Rom gegenüber vermeintlichen Ketzern.

Auch Calvins Betonung der biblischen Unfehlbarkeit sah Castellio kritisch. Sein letztes Buch handelte von der «Kunst des Zweifelns und Glaubens, des Nichtwissens und Wissens». Darin behauptete er …

> *… dass in der Heiligen Schrift manches enthalten ist, was absurd und der Majestät Gottes wenig angemessen erscheint, […] dass die Heilige Schrift sich hier und da selbst zu widersprechen scheint [und] dass diejenigen, die Wortspalterei treiben und alles bis ins Kleinste zur Übereinstimmung bringen wollen, gerade das nicht erreichen, wonach sie streben.*

Franck und Castellio kamen trotz ihrer forschen Worte mit dem Leben davon.

Schlechter erging es dem Philosophen Giordano Bruno (1548–1600). Tatsächlich waren seine Thesen auch radikaler, vermutlich sogar häretisch; eine Entschuldigung dafür, ihn öffentlich in Rom zu verbrennen, ist es nicht. Ziemlich plausibel sind jedenfalls die Gründe, die er in seinem philosophischen Dialog «Das Aschermittwochsmal» einem der Protagonisten in den Mund legt. Es geht um die immer noch aktuelle Frage, ob etwa der biblische Schöpfungsbericht überhaupt naturwissenschaftlich verstanden werden will.

Wenn die Götter sich herabgelassen hätten, uns in den Naturwissenschaften zu unterweisen, so wie sie uns in ihrer Güte die Vorschrift des guten Handelns gegeben haben, dann würde ich lieber ihren Offenbarungen Glauben schenken, als mich auf meine eigenen Gründe und Überlegungen zu verlassen. Doch die heiligen Bücher dienen, wie jeder deutlich sehen kann, unserem Verstande nicht mit Beweisen und Spekulationen über die natürlichen Dinge, als gehe es um Philosophie. Sie wollen durch sittliche Gebote für das Heil unserer Seele und unseres Herzens sorgen.

Ganz ähnlich äußerte sich ein paar Jahre später Galileo Galilei (1564–1642) in einem Brief an die heimliche Regentin der Toskana, Christine von Lothringen (1565–1637). Sie war verwirrt durch eine Geschichte im biblischen Josua-Buch, in der die Sonne auf göttlichen Befehl stillsteht. War das überhaupt möglich, zumal, wenn die Erde sich um die Sonne dreht und nicht umgekehrt? Luther hatte das bejaht. Der Universalgelehrte Galileo war anderer Ansicht:

Ich bin der Meinung, dass die Autorität der Bibel dazu bestimmt ist, die Menschen von jenen Artikeln und Behauptungen zu überzeugen, die über alle menschliche Vernunft hinausgehen und weder durch die Wissenschaft noch durch irgendein anderes Mittel glaubhaft gemacht werden können als durch den Mund des Heiligen Geistes selbst. […]

Ich fühle mich nicht gezwungen zu glauben, dass derselbe Gott, der uns mit Sinnen, Vernunft und Verstand ausgestattet hat, beabsichtigt hat, auf ihren Gebrauch zu verzichten.

Nach dem Dreißigjährigen Krieg, der die Autorität der Kirchen nachhaltig beschädigt hatte, ging die Debatte weiter. Allerdings verlagerte sich der Schwerpunkt immer mehr weg vom grundsätzlichen Bibelverständnis, hin zum Kleingedruckten.

Den Anfang machte ein geborener Außenseiter, der bereits erwähnte Privatgelehrte Benedikt de Spinoza. Aus der jüdischen Gemeinde war er wegen frecher Äußerungen hinausgeflogen, freundete sich danach mit missionierenden Quäkern aus England an. Er sympathisierte durchaus mit dem christlichen Glauben, vor allem mit den Lehren Jesu Christi. Allerdings nahm er sich die Freiheit heraus, die Bibel hinsichtlich ihrer historischen Zuverlässigkeit auf den Prüfstand zu stellen:

Wer die Autorität der heiligen Schrift beweisen will, ist also gehalten, die Autorität jedes einzelnen Buches darzutun, und es genügt nicht, den göttlichen Charakter nur eines dieser Bücher glaubhaft zu machen.

Ein paar Jahre später veröffentlichte der französische Priester Richard Simon (1638–1712) die erste «Historische Kritik der Texte des Neuen Testaments». Vor allem interessierte ihn die Entstehung der einzelnen Bücher. Als Erster formulierte er die mittlerweile unter Theologen verbreitete Auffassung, dass die Bibel als solche nicht «Gottes Wort» sei, sondern es lediglich enthalte.

In dieselbe Richtung gingen die Untersuchungen des deutschen Theologen Johann Salomo Semler (1725–1791). Er beschäftigte sich mit der Entstehung des biblischen Kanons. Dabei entdeckte er, dass es bei der Auswahl der Schriften durchaus menschlich zugegangen war. Auch er kam zu dem Schluss:

Heilige Schrift und Wort Gottes ist gar sehr zu unterscheiden.

Auf seinem Sterbebett ließ Semler der Nachwelt ausrichten, er sterbe als guter und bekennender Christ, aber eben auch als akribischer Wissenschaftler. Als solcher hatte er erkannt:

> *Es ist nichts als Unwissenheit in der Geschichte, dass christliche Religion mit der Bibel verwechselt wird. Als ob es keine Christen gegeben hätte, als es noch keine Bibel gab; als ob die weniger gute, fromme Christen hätten sein können, die von vier Evangelien nur eins, und von so und so viel Briefen nur einige kannten. Vor dem vierten Jahrhundert ist an ein vollständiges Neues Testament, wie wir es haben, noch gar nicht zu denken gewesen. Und doch hat es immer echte Christus-Schüler gegeben.*

Mit der Aufklärung wurden solche Ansichten endgültig mehrheitsfähig.

Eine wichtige Rolle spielten Fortschritte in der Geschichts- und Sprachwissenschaft. Noch wichtiger war aber die immer größere Meinungsfreiheit. Wer sich kritisch mit einzelnen Bibeltexten auseinandersetzte, landete nicht wie früher im sozialen Abseits oder gar am Pranger.

Ab dem 18. Jahrhundert verabschiedeten sich, wie bereits geschildert, reihenweise Pastorensöhne vom orthodoxen Glauben ihrer Vorfahren. Einer von ihnen war Gotthold Ephraim Lessing.

Wer seine Geburtsstadt, das sächsische Kamenz, besucht, bekommt eine Vorstellung von seiner tiefreligiös geprägten Kindheit. Sein Vater predigte in der Marienkirche, die auf dem höchsten Punkt der Stadt steht. Etwas darunter lag das Pfarrhaus. Wenn der kleine Gotthold den Kopf in den Nacken legte, sah er auf zum Kirchturm. Wenn er talwärts blickte, sah er die Häuser der Stadtbewohner. Eben diese Welt entfaltete eine immer größere Anziehungskraft auf ihn. Gleichzeitig beschäftigte er sich sein ganzes Leben lang leidenschaftlich mit der Frage nach der Autorität der Bibel. Wie konnte er ihren Inhalt als direkte Ansage an sich selbst begreifen, wenn die einzelnen Texte doch in einer ganz anderen Zeit für ein ganz anderes Publikum geschrieben waren?

In einer Schrift «Über den Beweis des Geistes und der Kraft» klagte er:

> *Das, das ist der garstige breite Graben, über den ich nicht kommen kann, so oft und ernstlich ich auch den Sprung versucht habe. Kann mir jemand hinüber helfen, der tue es; ich bitte ihn, ich beschwöre ihn. Er verdient einen Gotteslohn an mir!*

Wenige Jahre vorher war Lessing auf den unveröffentlichten Nachlass eines angesehenen Orientalisten gestoßen. Hermann Samuel Reimarus (1694–1768) hatte bis zu seinem Tod als Vorzeige-Christ gegolten. Er hatte sogar apologetische Schriften über den Glauben verfasst. Doch im Geheimen hatte er sich mit verbissener Energie an der Bibel abgearbeitet. Unbemerkt von seiner Umwelt verfasste er eine apologetische Schrift für sich selbst, den am Glauben Zweifelnden. Er nannte sie «Apologie oder Schutzschrift für die vernünftigen Verehrer Gottes».

Nacheinander behandelte Reimarus alle biblischen Stellen, die ihm Kopfzerbrechen bereiteten.

Er überlegte, woher die in der Arche geretteten Biber frisches Laub und Baumrinden für ihre Ernährung bekamen und wie Noah die Süßwasserversorgung in dem versiegelten Kahn sicherstellte.

Er rechnete durch, wie lange eine Million Menschen brauchen würden, um geordnet das Rote Meer zu durchschreiten, und wie lange es beim auf zwei Millionen Menschen angewachsenen Volk Israel dauerte, um die Stadt Jericho zu umkurven.

Meistens kam er zu dem Schluss, dass es sich hier um faktische Unmöglichkeiten handelte.

Auf mehr als tausend Seiten erstreckte sich seine Abrechnung. Sein Ärger richtete sich vor allem gegen das lutherisch-orthodoxe Kirchen-

Establishment, das so tat, als sei die Bibel ein Werk aus einem Guss. So kam es Reimarus nämlich ganz und gar nicht vor, gerade in den zentralen Fragen nach ewigem Heil und endlosen Höllenqualen.

> *Wie kommt es denn, da das allerweiseste und gütigste Wesen uns eine seligmachende Kenntnis offenbaren wollte, dass die Heilslehren nicht auch so ordentlich deutlich und bestimmt vorgetragen sind? Warum ist alles, was zu einerlei Glaubenslehren oder Lebenspflichten gehört, nicht an einem Ort zusammengestellt, sondern durcheinandergeworfen, zerrissen und zerstreut, dass man es in so vielen Winkeln der Schrift erst mühsam aufsuchen und an seine gehörige Stelle bringen muss?*

Weil Lessing damals als unterbeschäftigter Bibliotheksverwalter in Wolfenbüttel gerade nichts Besseres zu tun hatte, vertiefte er sich in die voluminöse Reimarus-Tirade. Nach seinem Geschmack ging Reimarus mit seiner Kritik, die auch den Glauben an die Auferstehung mit einschloss, zu weit.

Aber Lessing juckte es dennoch in den Fingern.

Öffentliche Kontroversen reizten ihn!

Sie dienten schließlich der Wahrheitsfindung, und der fühlte er sich zuallererst verpflichtet. Also veröffentlichte Lessing einige Passagen der Reimarus-Schrift als «Fragmente» eines anonymen Autors.

Der Aufschrei war gewaltig.

Die Vehemenz der Anklagen erschütterte den Sohn des toten Verfassers, Johann Reimarus. In einem Brief an Lessing verteidigte er seinen Vater. Gott selbst lade zur Bibelkritik ja förmlich ein:

> *Wenn zum Beispiel eine Offenbarung in den Wolken geschrieben wäre oder in einem Felsen wüchse, so würde ein [Mensch] leicht überzeugt, dass es etwas Göttliches sei. […] Da es aber Gott nicht gefallen hat, uns eine unmittelbare Schrift zu geben oder eine Schrift, die an-*

ders als andere Schriften aussieht oder bezeugt ist, so untersucht [der Mensch] diese Schrift.

Von dem «Fragmenten-Streit» erfuhr auch der englische Pfarrerssohn Samuel Taylor Coleridge (1772–1834), als er gegen Ende des Jahrhunderts Deutschland bereiste. Er gilt heute als einer der bedeutendsten Lyriker der Romantik. Im Opiumrausch gedichtete Zeilen wie «In Xanadu did Kubla Khan / A stately pleasure-dome decree» («In Xanadu ließ Kubla Khan / Ein prächtiges Lustschloss sich erbaun») haben moderne Popgruppen wie «Frankie Goes to Hollywood» inspiriert.

Coleridge war bei seiner Deutschlandtour Mitte 20 und befand sich in einer Glaubenskrise. Die anglikanische Kirche schien ihm verknöchert, ihr Schriftverständnis antiquiert. Coleridge war überzeugt:

Derjenige, der sich zum Grundsatz macht, das Christentum mehr als die Wahrheit zu lieben, wird schließlich seine eigene Sekte mehr lieben als das Christentum, und am Ende vor allem sich selbst.

Später fand der Poet zu seinem Glauben zurück. Ganz auf die konservative Linie wollte er dennoch nicht einschwenken. Nach seinem Tod erschienen seine «Bekenntnisse eines forschenden Verstandes». Darin bekannte Coleridge, dass der Weg zurück zur Bibel für ihn mit Dornen bepflanzt gewesen war. Doch schließlich war es zu einem Durchbruch gekommen:

Eine Schwierigkeit nach der anderen wurde überwunden, seit ich begann, die Heilige Schrift mit freiem und unvoreingenommenem Geist zu studieren.

Dabei kam er zu dem Schluss, dass die Bibel zwar allerhöchste Wertschätzung verdiene, aber eben auch eine differenzierte Betrachtung erfordere.

Die Zeit der Entstehung und des Abschlusses des Kanons ist unbekannt; die Ausleser und Kompilatoren sind unbekannt. […] Die Bibel, abgesehen von den darin enthaltenen Wahrheiten, Lehren und geistlichen Erfahrungen, zum Gegenstand eines besonderen Glaubensartikels zu machen, halte ich für eine unnötige und nutzlose Abstraktion, die in zu vielen Fällen dazu führt, dass der lebendige Glaube, der durch das Hören kommt, durch eine unfruchtbare Akzeptanz des Buchstabens ersetzt wird.

Der schottische Pfarrer George MacDonald (1824–1905) stieß mit einem ähnlichen Bibelverständnis auf Ablehnung. Er hängte daraufhin seinen Talar an den Nagel und verlegte sich erfolgreich auf das Schreiben von Romanen. Nebenbei verfasste er Predigten, die er nie von irgendeiner Kanzel vortrug, stattdessen aber in Buchform veröffentlichte. In einer dieser «ungehaltenen Predigten» behauptete er:

Die Bibel erhebt nirgends den Anspruch, DAS Wort, DER Weg und DIE Wahrheit zu sein. Die Bibel führt uns zu Jesus, der unerschöpflichen, sich immer weiter entfaltenden Offenbarung Gottes.

Prägenden Einfluss hatten solche Aussagen auf C. S. Lewis. Der Oxford-Professor sah in George MacDonald seinen wichtigsten spirituellen Mentor. Wenn er in Briefen nach seiner Haltung zur Bibel gefragt wurde, äußerte er sich stets im Sinne von MacDonald.

- *Christus selbst, nicht die Bibel, ist das wahre Wort Gottes.*
- *Ich selbst bin kein Fundamentalist, wenn Fundamentalismus bedeutet, dass man von vornherein die Aussage «Jede Aussage der Bibel ist im wörtlichen, historischen Sinne vollkommen wahr» als Glaubensgrundlage akzeptiert.*
- *Wenn man die Bibel als Ganzes nimmt, sieht man einen Prozess, in dem etwas, das in seinen frühesten Stufen […] kaum moralisch*

> *und in mancher Hinsicht den heidnischen Religionen nicht unähnlich war, allmählich geläutert und aufgeklärt wird, bis es zur Religion der großen Propheten und unseres Herrn selbst wird. Dieser Prozess ist die größte Offenbarung des wahren Wesens Gottes.*

Diese kurze Anthologie spiegelt längst nicht die ganze Geschichte der Auseinandersetzung um die angemessenste Bibel-Hermeneutik wider. Ich verzichte darauf, ausführlich die radikalen Offenbarungskritiker zu zitieren: Theologen und Philosophen, die im Glauben statt einer Antwort auf eine göttliche Ansprache nur eine Gefühlsregung oder eine Wunschprojektion sahen. Solche fundamentalen Angriffe führten wiederum zu fundamentalistischen Gegenreaktionen.

Die Zeit zwischen 1850 und 1950 gilt als «Jahrhundert des Fundamentalismus». Der Vatikan verkündete im Kampf gegen den Modernismus das Dogma von der päpstlichen Unfehlbarkeit in Lehrfragen, während in den USA evangelikale Theologen zum Kampf für die Unfehlbarkeit der Bibel aufriefen.

Der Kampf für die Irrtumslosigkeit der Heiligen Schrift wurde begünstigt von einem typisch amerikanischen geistigen Klima. Nachdem die philosophischen Anregungen bisher durchweg aus Europa gekommen waren, etablierte sich an den US-Universitäten eine eigene Denkrichtung: die Philosophie des Pragmatismus. Ein wissenschaftliches Konzept musste sich danach vor allem daran messen lassen, was es praktisch bewirkte. Und hier lag – und liegt immer noch – die zweifelsfreie Stärke glasklarer Unfehlbarkeits-Beschlüsse:

Sie sorgen für Eindeutigkeit, fördern das Vertrauen in die göttliche Offenbarung und stärken den Corpsgeist gegen die Anfeindungen des liberal-relativistischen Zeitgeists.

Finanzielle Unterstützung bekamen die pragmatischen Schrift-Fundamentalisten passenderweise von Geschäftsleuten. Es war ein kalifornischer Ölmagnat, Lyman Stewart (1840–1923), der 1912 eine Kampagne zur Verteidigung der biblischen «Fundamentals» bezahlte.

Die PR-Aktion passte auch sonst in die Zeit. Weltweit stand ein konservatives Rollback auf der Agenda. Zwei Jahre zuvor hatte der Papst alle katholischen Priester zum Antimodernisten-Eid verpflichtet. Noch weiter entfernt, im Zentrum der muslimischen Welt, überließ der Herrscher des neugegründeten Saudi-Arabien 1912 den erzkonservativen Wahabiten die religiöse Kontrolle über sein Land.

Religiöser Bekenntniseifer war also global im Trend.

In den optimistischen 1920er Jahren schien es dann wieder, als würden Offenbarungsleugner und liberale Skeptiker trotz allem die Oberhand behalten. Aber nach dem kläglichen Scheitern aller säkular-humanistischen Fortschritts-Illusionen im Zweiten Weltkrieg feierten die missionarisch hochaktiven Unfehlbarkeits-Verfechter ein eindrucksvolles Comeback.

Mittlerweile schlägt das Pendel wieder in die andere Richtung aus. Dabei hat sich der argumentative Elan beider Seiten – sowohl der Offenbarungs-Minimalisten wie auch der Offenbarungs-Maximalisten – gelegt. Im digitalen, hochindividualistischen, audiovisuell geprägten 21. Jahrhundert ist gründliche Textarbeit ohnehin passé. Die westliche Christenheit leidet weniger an Anfeindungen als an Indifferenz, weniger an Bibelkritik als an Bibellegasthenie.

Aber welcher Zugang zur «Offenbarungsquelle Bibel» ist dann der richtige?

Es wäre anmaßend und unweise, eine verbindliche Antwort auf die Frage zu geben. Die meisten Theologen, konservative wie progressive, sind sich einig: Die Bibel schließt sich nicht von selbst auf. Es bedarf des richtigen Verständnis-Zuganges, es braucht einen hermeneutischen Schlüssel.

Nach genau diesem Schlüssel suchte Georg Forster (1754–1794). Er war ein Kind der Sturm-und-Drang-Periode, kam auf halber Strecke zwischen Goethe und Schiller zur Welt. Die Lust auf Entdeckungen hatte er von seinem Vater, einem lutherischen Pfarrer, mitbekommen.

Er war erst 17 Jahre alt, als Vater und Sohn gemeinsam beim berühmten Forscher Captain Cook anheuerten und mit ihm auf Weltreise gingen. Nach seiner Rückkehr war der junge Georg ein Salon-Superstar. Die Adeligen und Gebildeten rissen sich um seine Berichte aus der Südsee. Er selbst fasste aber in der alten Heimat nicht mehr Fuß. Er heiratete ein Flittchen, fand keine lukrative Anstellung, engagierte sich schließlich eher aus Verzweiflung denn aus Überzeugung bei der Französischen Revolution. Er starb mit nur 39 Jahren.

Aus seinen Tagebucheinträgen und Briefen geht hervor, dass der Glaube bis zuletzt eine wichtige Rolle in seinem Leben und Denken spielte. Er lehnte die philosophierende Verwässerung des Evangeliums ab, ebenso aber auch die lutherische Bibel-Orthodoxie. Den alles erklärenden Zugang fand er einzig im auferstandenen Jesus und in dessen Agape-Verkündigung.

Kurz vor Ausbruch der Französischen Revolution schrieb er:

Christus endlich versuchte es nie, die Gottheit begreiflich zu machen. Das einzige Bild, das er sich erlaubt, und zugleich das hinreißendste, war die Liebe. Er empfahl Glauben an Gott, und Vertrauen auf die Liebe dessen, der selbst lauter Liebe ist; und er versprach in diesem Glauben eine Vereinigung, durch welche Erkenntnis allein möglich wird. Damit öffnete er eine Tür, zur Beruhigung aller, die sich an ihrer Unwissenheit und an der Hingebung in das Bewusstsein einer alles erfüllenden Realität begnügen; und zur ausschweifendsten Schwärmerei aller, die sich einer zügellosen Einbildungskraft überlassen, weil sie die Vernunft als Richterin des Unendlichen verwerfen, und nicht zugleich gewahr werden, dass auch der Einbildungskraft der Eingang in jenes Heiligtum nicht offen steht. Wer also für Offenbarung empfänglich ist, der freue sich ihrer; wer sich ohne Offenbarung nicht zu raten weiß, der bitte um Glauben oder um Geduld, und hüte sich vor Schwärmerei.

Jesus Christus als höchste Gottesoffenbarung, die einerseits in der Bibel dokumentiert ist, über die andererseits die Bibel interpretiert wird – dieser «hermeneutische Schlüssel» ist weder heute neu, noch war er es im 18. Jahrhundert. Schon der Apostel Paulus stellte fest:

In Christus sind alle Schätze der Weisheit und der Erkenntnis verborgen.

Kolosserbrief 2,3

Die christozentrische Bibellesart war das wichtigste Anliegen des reformierten Schweizer Theologen Emil Brunner. 1941 schrieb er in seinem Buch «Offenbarung und Vernunft»:

Der Glaube des Christen hat keinen anderen Gegenstand als Jesus Christus. […] Der Glaube ist der Empfang der in diesem «Wort» sich selbst schenkenden Liebe dessen, der unser unbedingter Herr ist. […] Dieser echt biblische Glaubensbegriff ist in der Kirche schon früh verloren gegangen. […] Aus dem personalen Subjekt-Subjekt-Verhältnis ist ein Objekt-Subjekt-Verhältnis geworden. […] Das Analogon zum echt biblischen Glauben ist nicht das Hinnehmen der Aussage eines zuverlässigen Gewährsmannes, sondern das Vertrauensverhältnis zum anderen Menschen selbst, das zwischenmenschliche Personenverhältnis. […] Solange wir es mit «etwas» zu tun haben, bleiben wir die Herren.

Der weise Zugang zur biblischen Offenbarung geht über Jesus. So bescheiden Jesus oft auftrat: Er selbst erhob den Anspruch auf größtmögliche Weisheit.

Hier steht einer, der mehr bedeutet als Salomo.

Lukas 11,31

Wie hält es also Jesus mit den heiligen Schriften?

Ich verzichte darauf, seine verschiedenen Aussagen aneinander zu reihen, besser noch: sie gegeneinander zu stellen. Denn er bekräftigt zwar wiederholt, dass die «Schrift» nach wie vor unverändert gilt. Aber gleichzeitig relativiert er immer wieder einzelne Aussagen und stellt ihnen neue Ansagen entgegen. Es fällt auch auf, dass er zwar reichlich aus prophetischen Büchern zitiert, vorwiegend aber Segenssprüche und nicht Verfluchungen. Mit anderen Worten:

Jesus interpretiert die Bibel kreativ.

Und seine eigenen Lehraussagen?

Ein systematisches Lehrgebäude hat er nicht hinterlassen. Er bevorzugt Gleichnisse gegenüber theoretischen Abhandlungen, äußert sich oft rätselhaft, bleibt bei Fragen nach der Zukunft der Welt und dem jenseitigen Leben vage. Deshalb sind die Theologen der vergangenen Jahrhunderte immer wieder der Versuchung erlegen, die Lücken aufzufüllen, die Rätsel zu lösen, die Unklarheiten zu beseitigen.

Das ist nicht ganz unproblematisch. Vielleicht widerspricht der menschliche Wunsch nach beruhigender Klarheit ja dem göttlichen Plan, die christlichen Gemüter wacher und aktiver bleiben zu lassen.

Der Philosoph Henri Bergson unterschied deshalb in seinem zweitletzten Werk «Die beiden Quellen der Moral und der Religion» zwischen statischen und dynamischen Glaubenshaltungen. Die einen führten zu Passivität und Sterilität, die anderen zu Vitalität und Kreativität.

Der Irrtum besteht darin, dass man glaubt, man käme durch Vermehrung oder Vervollkommnung vom Statischen zum Dynamischen. […] In Wahrheit könnten wir, wenn wir des Fortlebens [nach dem Tod] absolut sicher wären, gar nicht mehr an etwas anderes denken. Die Vergnügungen würden weiterbestehen, aber matt und farblos sein.

Auch aus der Verhaltenspsychologie ist bekannt, dass Rätsel unsere innere Anteilnahme verstärken und dass unklare Belohnungen reizvoller sind, als wenn man genau weiß, welche Preise winken.

Für den Philosophen Karl Jaspers (1883–1969) liegt hier eine besondere Stärke des Christentums:

> *Die biblische Religion ist ausgezeichnet durch die Fülle des Widersprechenden, des polar Gespannten und des Dialektischen. Nicht durch den Willen allein, sondern durch die ständige Bereitschaft, für das Widersprechende sich offen zu halten, kann die vorantreibende Energie der Spannung erhalten oder kann sie wiedergewonnen werden, wo sie verloren ging,*

Auch sein spanischer Kollege José Ortega Y Gasset (1883–1955) hielt die Zweifelhaftigkeit von Glaubensinhalten für essenziell. Dadurch sei der Mensch gezwungen, seinen Verstand schöpferisch einzusetzen.

> *Solange er glaubt, pflegt er ihn nicht zu gebrauchen, weil das Denken eine mühsame Anstrengung ist. Aber wenn er in Zweifel gerät, greift er nach ihm wie nach einem Rettungsring. Die Lücken in unseren Glaubensgewissheiten sind also der Lebensraum, in dem die Ideen sich entfalten können.*

Eine solche Ambiguitätstoleranz hat natürlich auch etwas mit der relativen Sicherheit und Planbarkeit unseres Zeitalters zu tun. Die Menschen des Mittelalters hatten angesichts der hohen Sterblichkeit und der teilweise chaotischen Lebensbedingungen ein höheres Ordnungsinteresse. Große Theologen wie Luther und Calvin, die die Tür zur Neuzeit aufstießen, standen selbst noch mit beiden Beinen in der Alten Welt. Wir dagegen haben zumindest in religiösen Fragen einen ausgeprägten Mut zur Lücke entwickelt. Und darin liegt auch eine Stärke.

Bei einer Sinfonie von Mahler käme auch kein Musikfreund auf die Idee, dass das Klangerlebnis reicher wird, wenn man die Dissonanzen eliminiert. Und wie bei einem Klassik-Musikstück die kontrapunktischen Elemente die Gesamtschönheit erzeugen, fügt sich in der Bibel das zusammen, was eigentlich nicht zusammengehört. Spannungen sind nicht dazu da, eliminiert zu werden, sondern produktiv zu einer Auflösung auf höherer Ebene zu führen. Von dem, was Nikolaus von Kues «Coincidentia Oppositorum» nennt, wimmelt es in der Bibel.

Viel zu wenig beachtet wurden unter anderem die folgenden Paradoxien:

- *YHWH offenbart sich in den 613 Geboten der Thora als Gott, dem an einwandfreiem Lebenswandel gelegen ist. Dessen ungeachtet gibt es in der Bibel mehr positive Geschichten von Huren als von Hohepriestern. Und bei den Menschen, die Gott als seine Botschafter und Regenten beruft, handelt es sich fast ausschließlich um wilde Kerle (Jakob), Heißsporne (Mose), Playboys (David, übersetzt «Gottes Liebling»), Wankelmütige (Petrus). Die katholische Kirche, die das Papsttum auf den «Felsen» Petrus gründet, vergisst dabei, dass dieser Felsen sich im Neuen Testament durchgängig und auch nach der Ausgießung des Heiligen Geistes als emotionaler Wackelpudding präsentiert, eher aus Gelee als aus Stein.*
- *Gott leistet der Verfehlung der von ihm proklamierten Ziele selbst Vorschub und wirft damit die Frage nach seiner eigentlichen Agenda auf. Warum steht der fluchbringende «Baum der Erkenntnis» nicht jenseits des Gartens, sondern mittendrin? Warum wird das zur heiligen Absonderung aufgerufene Volk Israel nicht sicherheitshalber in eine entfernte Wüstenregion oder in den Himalaya verpflanzt, sondern auf eine geopolitische Hauptverkehrskreuzung, in der die Begegnung, Reibung, Vermischung mit fremden Völkern zwangsläufig ist? Und warum schickt Jesus seine Nachfolger nicht ins mönchische Exil, sondern mitten ins Weltgetümmel, wie «Schafe unter Wölfe»? Wohl kaum, um sie dort in abgeschotteten Jüngerschaftsclustern sich selbst versorgen zu lassen.*
- *Die Thora verurteilt Inzest als todeswürdige sexuelle Verfehlung. Sie deutet aber zweimal an, dass die Stammeltern Israels, Abraham*

und Sarah, Geschwister waren, d. h. denselben Vater hatten. Auch die weitere Genealogie des jüdischen Volks ist geprägt von sexueller Devianz und ethnischer Diversität. Sämtliche Frauen, die der Evangelist Matthäus auflistet, «schafften» zumindest zeitweise «an» (Tamar und Rahab), stammten aus zur Ausrottung bestimmten Völkern (Rahab und Ruth) oder machten sich des Ehebruchs schuldig (wie die ziemlich durchtriebene Bathseba, deren Parallelen zu Lady Macbeth viel zu selten beleuchtet werden; die Aufsteigerin Bathseba war vermutlich nicht unschuldig an der Ermordung ihres ersten Ehemanns; später half sie ihrem Sohn Salomo, mit blutigen Mitteln an die Macht zu kommen). Ausgerechnet aus dieser anrüchigen Linie geht Jesus hervor.

Was sagen diese Paradoxien aus? Dass Gott gnädig über Fehler hinwegsieht? Oder steht dahinter nicht vielmehr ein göttliches Wachstumsprinzip? Leben entwickelt sich nicht in der Paarung gleichartiger Vollkommenheiten, sondern durch die Vereinigung von Unvollkommenheiten.

Deshalb wird die Intention der biblischen Offenbarung verfehlt, wenn man nach dem «Entweder-oder»-Prinzip in jeder Schrift die klare Linie sucht. Oft ergibt erst die parallele Lektüre unterschiedlich ausgerichteter Texte den richtigen «Sowohl als auch»-Eindruck.

Wenn im Buch Esra die Ausgrenzung der Fremden gefordert wird, muss man dazu das Buch Ruth mit der genau konträren Stoßrichtung lesen.

Die Einheitsbeschwörungen des Apostels Johannes in seinem Evangelium und seinen Briefen stehen in krassem Gegensatz zum Reinheits-Furor des Apokalyptikers Johannes; der richtige Sinn entsteht in der Gesamtschau beider Texte.

Die Bibel ist ein vielschichtiges Buch. Deshalb empfahl Origenes auch, bei der Exegese nach einem vierfachen Schriftsinn zu suchen: einem buchstäblichen, einem allegorischen, einem ethischen und einem prophetischen. Für Origenes konnten die heiligen Schriften nie mehr sein als ein Abglanz der göttlichen Herrlichkeit; eine Art göttlicher Babysprech für kindliche Menschengemüter.

> *Je weiter wir im Lesen fortschreiten, umso höher türmt sich uns der Berg der Geheimnisse. […] Paulus scheint mir so zu reden, wie wenn ein treuer und kluger Diener von einem großen König, seinem Herrn, in die königliche Schatzkammer eingeführt würde, und es würden ihm verschiedene weiträumige Gemächer gezeigt, mit vielfachen und ungewissen Ausgängen. […] Dabei werden alle diese Dinge alle nur bei halbgeöffneter Tür aufgeschlossen.*

Was die Offenbarung angeht, sind wir dem Apostel Paulus zufolge «im Glauben» unterwegs; was die Erfahrung angeht, «im Schauen».

> *Jetzt sehen wir nur ein undeutliches Bild wie in einem trüben Spiegel. Einmal aber werden wir Gott von Angesicht zu Angesicht sehen. Jetzt erkenne ich nur Bruchstücke, doch einmal werde ich alles klar erkennen, so deutlich, wie Gott mich jetzt schon kennt.*
>
> 1. Korinther 13,12

Anders als der Koran ist die Bibel kein monologischer Vortrag, sondern eine dialogisch ausgerichtete Textsammlung. Autoren ergänzen und verstärken einander, dekonstruieren sich aber manchmal auch gegenseitig.

Wenn sich ein biblischer Autor auf den ersten Blick selbst widerspricht (Prediger 4,2: «Da pries ich die Menschen, die gestorben waren, mehr als die Lebendigen»; Prediger 9,4: «Ein lebendiger Hund ist besser als ein toter Löwe»), wird damit in Wirklichkeit ein Meinungskorridor eröffnet, der zum Fragen und Diskutieren anregt.

Wie mit der «Wahrheit» wird man mit der Bibel nie fertig. Wie bei einem anderen göttlichen Wunderwerk, dem Zell-Organismus, kommt es weniger darauf an, was die Bibel ist, als vielmehr darauf, was sie hervorbringt.

Hilfreich sind die Ausführungen des Philosophen Hans-Georg Gadamer (1900–2002) zum richtigen Textverständnis. In seinem Standardwerk «Wahrheit und Methode» erklärt er, welche Lesehaltung besonders erkenntnisfördernd ist: die fragende Haltung.

> *Fragen heißt offenlegen und ins Offene stellen. Gegen die Festigkeit der Meinungen bringt das Fragen die Sache mit ihren Möglichkeiten in die Schwebe. Wer die «Kunst» des Fragens besitzt, ist einer, der sich gegen das Niedergehaltenwerden des Fragens durch die herrschende Meinung zu wehren weiß.*

Schließlich entspricht die offene Lesehaltung auch dem göttlichen Liebes-Angebot. Wer liebt, ist bereit für Überraschungen.

Auf das Verhältnis von Gott und Mensch trifft das zu, was der Schweizer Schriftsteller Max Frisch (1911–1991) in seinem Tagebuch über die Liebe geschrieben hat:

> *Eben darin besteht ja die Liebe, das Wunderbare an der Liebe, dass sie uns in der Schwebe des Lebendigen hält, in der Bereitschaft, einem Menschen zu folgen in allen seinen möglichen Entfaltungen. [...] Die Liebe befreit es aus jeglichen Bildern. Das ist das Erregende, das Abenteuerliche, das eigentlich Spannende, dass wir mit den Menschen, die wir lieben, nicht fertig werden: wie wir sie lieben; solange wir sie lieben.*

Die Bibel ist keine finale Gottesoffenbarung, die bloß abgenickt und befolgt werden will. Sie ist, geistlich gesehen, ganz Wahrheit, aber nicht die ganze Wahrheit.

Einige Kernbestände des christlichen Glaubens werden in der Bibel überhaupt nicht explizit eingeführt. Die Idee eines unsterblichen

Persönlichkeitskerns, die Erwartung jenseitiger Strafen in Himmel und Hölle, die Vorstellung eines auf satanischer Täuschung beruhenden «Sündenfalls» – all das sucht man im Alten Testament vergeblich, um es im Neuen Testament schon als Selbstverständlichkeit vorzufinden. Diese Glaubensvorstellungen waren in der Zwischenzeit hereingesickert, vermutlich beeinflusst durch den Kontakt mit Persern und Griechen.

Auch das Trinitätsdogma entstand erst in den Jahrhunderten nach Christus, ebenso wie der biblische Kanon.

Es bleibt spannend.

Geht die Offenbarungsgeschichte Gottes also weiter?

Davon überzeugt war einer der bedeutendsten Kirchenväter, Gregor von Nazianz (329–390). In einer Zeit, in der Häretiker in Konstantinopel den Ton angaben, hielt er als Leiter einer kleinen Gemeinde dagegen. Seine Predigten, die er teilweise in einem dunklen Kellerlokal hielt, fanden weit über die oströmische Metropole hinaus Gehör.

Berühmt geworden ist seine Predigt «Über den Heiligen Geist». Darin vergleicht Gregor die beiden biblischen Testamente mit «Erdbeben», heute würde man vermutlich eher von «Transformationskatalysatoren» reden. Das Alte Testament brachte die Transformation vom Götzendienst zum Gottesgesetz, das Neue Testament vom Gesetz zum Evangelium.

Damit sei Gottes Plan mit der Menschheit aber nicht abgeschlossen, erklärte Gregor. Ein drittes Erdbeben sei in vollem Gange, die fortlaufende Selbstoffenbarung Gottes in der Ära des Heiligen Geistes:

Jetzt wohnt der Heilige Geist unter uns und gewährt uns eine deutlichere Offenbarung seiner selbst. Denn es wäre nicht ohne Risiko gewesen in einer Zeit, in der die Gottheit des Vaters noch nicht bekannt war, den Sohn in aller Deutlichkeit zu verkünden, oder in einer Zeit, in der der Sohn noch nicht aufgenommen war, auch noch den Heiligen Geist, um es überspitzt zu sagen, aufzubürden. […] Der Heiland hatte seine Jünger zwar schon mit vielen Lehren erfüllt, aber es gab noch etwas, was sie zum damaligen Zeitpunkt nach seinen eigenen Worten noch nicht ertragen konnten und was ihnen, vielleicht aus den oben genannten Gründen, verborgen blieb. Dies alles werde uns wiederum vom Geist beigebracht werden, sobald er in uns Wohnung genommen habe.

Gregor von Nazianz bezog sich auf das, was Jesus laut Johannes-Evangelium in seiner großen Abschiedsrede vor der Kreuzigung erklärt hatte.

Ich hätte euch noch viel mehr zu sagen, doch jetzt würde es euch überfordern. Wenn aber der Geist der Wahrheit kommt, hilft er euch dabei, die Wahrheit vollständig zu erfassen.

Johannes 16,12–13

Beim Pfingstfest im Jahr 30 n. Christus wurde das Versprechen erfüllt. Die neue Zeit der Unterweisung durch den Heiligen Geist begann.

2000 Jahre später stellen sich wichtige Fragen:

Was haben Christen in der Schule des Heligen Geistes gelernt?

Was hat sich bewährt?

Was hat sich als destruktiv erwiesen?

Womit ist dem Liebesgebot Christi am besten entsprochen worden?

Kirchengeschichtliche Betrachtungen gibt es massenweise. Aber Bücher über die nachweislichen Lernerfolge der Christenheit sind Mangelware.

Wer an eine göttliche Offenbarung glaubt, darf den Wert der Erfahrung deshalb nicht geringer schätzen. Dafür ist die Geschichte da: um aus ihr zu lernen.

Es wird Zeit, die Augen aufzumachen und den Tatsachen ins Gesicht zu sehen. Dafür müssen wir uns umdrehen. Wir müssen erst zurückschauen, um sicher in die Zukunft zu gelangen.

Das gilt nicht nur für theologische Auseinandersetzungen. Gerade für die gesellschaftspolitische Entwicklung der nächsten Jahre können wir aus der Geschichte viel lernen.

Erfahrungen ergeben sich von selbst.

Die Lehren daraus muss man selbst ziehen.

4.
Erfahrung: Da war doch was …

Die Vergangenheit ist niemals tot. Sie ist noch nicht einmal vergangen.

William Faulkner, Requiem für eine Nonne

Elton John wusste Bescheid: «Sorry seems to be the hardest word» (Entschuldigung scheint das schwierigste Wort zu sein). Deshalb hielt sich Edith Piaf (1915–1963) nicht lange damit auf, sondern bestand darauf: «Je ne regrette rien» (Ich bereue nichts). Viel Zeit zur Reue hatte sie auch nicht. Sie starb mit nur 47 Jahren.

Ein Ausweis für Klugheit ist die Behauptung so oder so nicht. Eher für Bequemlichkeit.

Denn wer nichts bereut, hat nichts gelernt. Erst die Abwendung vom Alten gibt uns manchmal den nötigen Schwung nach vorne. Deshalb sind Konvertiten wie der Apostel Paulus oft die großen Veränderungs-Beschleuniger. An ihnen zeigt sich die positive Kraft der negativen Emotionen.

Wer immer gut drauf sein will und dafür Gefühle der Reue unterdrückt, bringt sich um einen der stärksten Wachstumskatalysatoren. Zerknirschung über vergangene Irrtümer hilft uns bei Entscheidungen. Erfolgreiche Kulturen verfügen deshalb über eine ausgeprägte Fehlerkultur. Sie lernen aus den Lektionen der Geschichte, durchbrechen destruktive Muster, stellen sich neu auf für die Zukunft.

Die Erfahrung – die persönliche wie die allgemeine – ist eine der wichtigsten Erkenntnisquellen. Wie wir diese Ressource nutzen, darin unterscheidet sich die törichte Spreu vom Weisen.

Es ist ganz wahr, was die Philosophie sagt, dass das Leben rückwärts verstanden werden muss. Aber darüber vergisst man den andern Satz, dass vorwärts gelebt werden muss.

Søren Kierkegaard, Tagebücher

Diese Spannung zwischen Rückwärtsverstehen und Vorwärtsleben ist im Hinblick auf unsere bevorstehenden Herausforderungen besonders heftig. Wir sind mit Fragen konfrontiert, die unseren Erfahrungshorizont weit übersteigen.

Keine Gesellschaft musste sich bisher ernsthaft auf ein Szenario vorbereiten, in dem theoretisch der Klimawandel weite Teile der Welt unbewohnbar macht oder die Künstliche Intelligenz die ganze Menschheit auslöscht.

Aber dafür verfügen wir über einen kollektiven Erfahrungsschatz, der so groß ist wie nie zuvor. Vielleicht helfen uns doch die Lehren aus der Vergangenheit, um uns für die Gefahren der Zukunft zu wappnen.

Das Interesse an den Lehren aus der Geschichte ist in Krisenzeiten immer besonders groß. Eines der bekanntesten universalhistorischen Bücher überhaupt ist «Der Untergang des Abendlandes» von Oswald Spengler (1880–1936). Es erschien 1918, pünktlich zum Untergang der Alten Welt, und avancierte zum meistgelesenen Buch der 20er Jahre. Spenglers Verfallsgeschichte korrespondierte mit den Abstiegsängsten vieler Zeitgenossen.

Obwohl ich persönlich weder Weltkrieg noch Weltwirtschaftskrise erlebt habe, interessieren mich seit jeher episch angelegte Geschichtsbetrachtungen. Wie verlaufen die großen Entwicklungslinien der Menschheit? Welche Muster gibt es, die sich ständig wiederholen und entweder zu Aufstieg oder Niedergang führen? Welche Erfolgsrezepte haben unsere Vorfahren beim Umgang mit Krisen entwickelt?

Ich war gerade in die elfte Klasse gekommen, als ein Buch über den «Aufstieg und Fall der großen Mächte» erschien. Darin ging der Autor

Paul Kennedy (geboren 1945) der Frage nach, warum jede Führungsmacht irgendwann ins Hintertreffen geriet. Seine Studie bezog sich vor allem auf die militärische Seite des Erfolgs. Die Grundthese ist aber auf alle gesellschaftlichen Bereiche zu übertragen:

Passend zum psychologischen Prinzip der Verlustaversion neigen Staaten dazu, ihre Ressourcen einseitig in den Machterhalt zu stecken und dabei Zukunfts-Investitionen zu vernachlässigen.

Sie leisten sich überteuerte Armeen.

Und einen Sozialstaat, der viel kostet.

Mehr, als die Wirtschaft einbringt.

Ansprüche übersteigen Kapazitäten.

Irgendwann ist der Haushalt erschöpft.

Der Staatsapparat überdehnt.

Abstieg ist die notwendige Folge.

Paul Kennedy ist auch skeptisch im Hinblick auf die langfristige Friedensfähigkeit der menschlichen Spezies.

> *Jene, die glauben, dass die Menschheit nie mehr so töricht wäre, sich auf einen weiteren ruinösen Krieg zwischen großen Mächten einzulassen, sollten sich daran erinnern, dass dieser Glaube auch im 19. Jahrhundert weitverbreitet war.*

Die Erkenntnis, dass auf Aufstieg der Fall folgt, ist so alt wie die Geschichtsschreibung überhaupt. Wenn eine Gesellschaft zu satt wird, wird sie von hungrigeren Rivalen überflügelt: die Perser von den Griechen, die Athener von den Spartanern, die Römer von den Hunnen und Vandalen. Und in der Science-Fiction-Geschichte «Die Zeitmaschine» von H. G. Wells (1866–1946) die vergeistigen Eloi von den erdigen Morlocks.

Auf die Frage, worauf Stärke und Schwäche einer Gesellschaft konkret beruhen, gibt es unterschiedliche Antworten.

Faszinierend finde ich die Studien eines weiteren britischen Universalhistorikers, Arnold Toynbee (1889–1975). Auf Tausenden von Seiten und in zwölf Bänden hat er den «Gang der Geschichte» untersucht. Für ihn besteht die Geschichte in einer Abfolge von Herausforderungen. Wie Staaten auf diese Herausforderungen reagieren, entscheidet darüber, ob sie auf- oder absteigen.

Nach Toynbees Meinung kommt es dabei besonders auf die «kreativen Minderheiten» an. Er meint damit jene gesellschaftlichen Gruppen, deren Mitglieder aufgrund ihrer Bildung und Begabung besonders gut im Lösen komplexer Probleme sind, zum Beispiel Wissenschaftler, Unternehmer, Politiker.

Da aber schöpferische Kraft nicht einfach von einer Generation an die nächste übertragen werden kann, degeneriert die kreative Potenz allmählich. Statt sich zu hinterfragen oder andere Gruppen zum Problemlösen heranzuziehen, klammert sich die «kreative Minderheit» an ihre Vormachtstellung. Statt auf Leistung setzt sie auf Einschüchterung und Druck. Toynbee schreibt:

> *Die Geschichte zeigt, dass, wenn in einer Gesellschaft die kreative Minderheit zu einer dominanten Minderheit herabsinkt und versucht, mit Gewalt eine Position zu halten, die sie nicht mehr verdient, die von ihr beherrschte Mehrheit aufhört, die Minderheit zu bewundern und nachzuahmen, und sich stattdessen gegen sie auflehnt.*

Ein amerikanischer Kollege von Toynbee, Will Durant (1885–1981), bringt das Niedergangphänomen in seinem Buch «Fallen Leaves. Last Words on Life, Love, War, and God» auf einen noch einfacheren Punkt:

> *Es gibt nur eine historische Tatsache, die sicher ist, und sie heißt Dekadenz; genau wie es nur eine Tatsache im Leben gibt, die sicher ist, nämlich den Tod.*

«Klio-Dynamik» nennt der Amerikaner Peter Turchin (geboren 1957) das von ihm selbst begründete wissenschaftliche Gebiet. «Klio» meint die altgriechische Muse der Geschichtsschreibung. Turchin versucht komplexe historische Entwicklungen mathematisch zu erfassen.

In seinem Buch «End Times» beschäftigt er sich vor allem mit der Rolle gesellschaftlicher Eliten. Nach seiner Auffassung fängt der staatliche Fisch immer am Kopf an zu stinken. Die Abwärtsspirale dreht sich von oben her. Die Eliten verlieren mit der Zeit den Kontakt zur normalen Bevölkerung.

Gefährlich wird es aber erst, wenn die breiten Massen sich unter der Wohlstandsentwicklung abgehängt fühlen. Turchin zufolge ist eine solche Entwicklung unvermeidlich, weil Kapital immer schneller wächst als Wirtschaftskraft. An der gesellschaftlichen Basis wächst daraufhin der Unmut.

Was jetzt noch fehlt, sind charismatische Führungsfiguren, die sich an die Spitze der unzufriedenen Mehrheit stellen. Diese Anführer des Aufstands gehören, so Turchin, qua Talent eigentlich selbst zur Elite, sind im Wettbewerb um die Spitzenjobs aber zu kurz gekommen: Menschen wie Robespierre in der Französischen Revolution, Lenin in der Russischen Revolution – und irgendein aktueller Nobody in der bevorstehenden großen Krise.

> *Die Geschichte lehrt uns, dass das qualifizierte Prekariat die gefährlichste Klasse für gesellschaftliche Instabilität ist. Die Überproduktion von jungen Menschen mit höheren Abschlüssen war in der Geschichte der wichtigste Faktor für gesellschaftliche Umwälzungen. […] Die wirklich gefährlichen Revolutionäre sind frustrierte Elite-Aspiranten.*

Turchin geht davon aus, dass sich viele westliche Gesellschaften in einem vorrevolutionären Stadium befinden. Was für diese Annahme spricht: Tatsächlich klafft die Wohlstandsschere im 21. Jahrhundert immer weiter auseinander, sinkt das Vertrauen der Wähler in ihre parlamentarischen Vertreter rapide, machen immer neue Polit-Influencer abseits des etablierten Parteien-Apparats Karriere.

Aber der Weg ins Chaos und in den Gesellschaftskollaps ist nicht vorherbestimmt. Die Lehren aus der Geschichte sind eindeutig: Das politische Establishment muss sich stärker als bisher um jene Teile der Bevölkerung bemühen, die sich ausgegrenzt und abgehängt fühlen. Die verkrusteten Parteien-Apparate müssen sich öffnen für Talente, die aufgrund von Seilschaften, Proporz und Quoten außen vor geblieben sind. Und die wirtschaftliche Ungleichheit darf nicht weiter zunehmen.

Klingt einfach?

Ist es natürlich nicht.

Aber die Erfahrung lehrt, dass die Alternative zu diesen erfahrungsbasierten Lösungen katastrophal ist.

Umkehr ist also angesagt.

Oder auf Bibeldeutsch: Buße.

Damit bin ich bei einer Gruppe gelandet, die gesellschaftspolitisch eine immer geringere Rolle spielt, auf die es aber in der Zukunft ankommen wird.

Ich meine die Christen.

Für den sozialen Zusammenhalt ist Religion von entscheidender Bedeutung: als Kitt und Katalysator. Ich werde darauf im letzten Teil des Buches noch ausführlicher eingehen.

Zum jetzigen Zeitpunkt sehe ich die Zukunftsfähigkeit der Kirchen und ihrer Mitglieder skeptisch. Warum? Weil ich finde, dass wir Christen unsere Hausaufgaben nicht gemacht haben. Wir haben zu wenig aus der zweitausendjährigen Geschichte des Christentums gelernt.

Und wenn doch, dann nur sehr einseitig.

Anschaulich gemacht wird das Problem durch einen alten Western-Film.

Als eingefleischter Fan des Genres bin ich überzeugt davon, dass Western nicht von gestern sind, sondern zeitlos aktuell. Oft spielt die

Handlung in einem Kaff an der Grenze zur Wildnis; die Bewohner werden drangsaliert von Banditen und hoffen, dass endlich mal ein vernünftiger Sheriff vorbeikommt, die Bösen erledigt und sich dann rechtzeitig in Richtung Sonnenuntergang verabschiedet.

Die Lage, in der wir uns momentan befinden, ist gar nicht so anders.

Die Geschichte des Westernfilms lässt sich grob in zwei Epochen unterteilen: die Western der Jahre bis ungefähr 1950, und die, die danach kamen. Die Filme der zwei Epochen unterscheiden sich vor allem in puncto Realismus. Bei den frühen Western sind nicht nur die Bilder schwarzweiß, sondern auch die Handlungen: Gut gegen Böse, Helden gegen Schurken, Cowboys gegen Indianer, wobei die Guten oft die Cowboys sind. Am Schluss steht meistens der Shoot-out; der Bad Guy bleibt in der Regel tot am Boden liegen.

Irgendwann kam das Publikum dahinter, dass der wahre Wilde Westen moralisch diffuser war, wild eben. Mit den Technicolor-Farben kamen auch mehr Zwischentöne in die Drehbücher. Vor allem einige Western der fünfziger und sechziger Jahre gelten als «Edelwestern». Weil sie noch immer eine grandiose Aura hatten, aber schon weit wirklichkeitsnäher waren.

Meinen Lieblings-Edelwestern habe ich bereits einmal erwähnt, in meiner Auflistung der besten Filme des Jahres 1962. «Der Mann, der Liberty Valance erschoss» handelt von der Verwandlung historischer Ereignisse in Mythen – und der Gefahr, dass die Wahrheit dabei auf der Strecke bleibt.

Ein erfolgreicher Politiker, gespielt von James Stewart, besucht die Kleinstadt, in der seine Karriere begann. Dort hat er vor 25 Jahren einen berüchtigten Kriminellen namens Liberty Valance zur Strecke gebracht und damit den Grundstein für seine Laufbahn gelegt. Er wird dort immer noch als Held verehrt.

Im Interview mit einem Journalisten gesteht der Politiker, dass die Darstellung der Ereignisse gefaked war. Tatsächlich hat nicht er den Unhold erschossen, sondern ein befreundeter Revolverheld, dargestellt von John Wayne. Der Politiker ermutigt den Journalisten, die Fakten geradezurücken. Aber der Journalist lehnt ab mit der Begründung:

> *Wenn die Legende zur Tatsache wird, dann muss man die Legende drucken.*

So ist es mit vielen angeblich historischen Tatsachen. Die Geschichte hat die Tendenz, sich die Sieger als Chronisten heranzuziehen. Und die lügen oft wie gedruckt. Deshalb kam der Philosoph Schopenhauer zu dem fatalistischen Schluss:

> *Zu den [...] wesentlichen Unvollkommenheiten der Geschichte kommt noch, dass die Geschichtsmuse Klio mit der Lüge so durch und durch infiziert ist, wie eine Gassenhure mit der Syphilis.*

Das gilt, ähnlich wie in «Der Mann, der Liberty Valance erschoss», für viele Helden- und Heiligengeschichten. Sie sind auf Erbaulichkeit ausgerichtet. Schwarze Flecken werden wegretuschiert. Abschreckende Beispiele gibt es ja genug. Vorbilder sind dagegen rar. Wohlmeinende Christen verfahren nach dem bewährten Spendenakquise-Prinzip karitativer oder missionarischer Organisationen: «Only sell success» – «Verkaufe nur Erfolg!» Der oftmals ernüchternde Blick hinter die Kulissen wird anderen überlassen.

Der italienische Autor Giovanni Boccaccio (1313–1375) beginnt das «Dekameron», seine frivole Hundert-Geschichten-Sammlung aus der Zeit der großen Pest, mit einer bissigen Satire auf den damaligen Heiligenkult.

Ein komplett amoralischer Lüstling, laut Boccaccio «der schändlichste Mensch, der vielleicht je geboren war», stirbt während einer Reise. Ciapperello von Prato, so heißt der Unhold, legt vorher einem Pater gegenüber eine Beichte ab. Weil der naive Pater ihn nicht kennt, nutzt Ciapperello die Gelegenheit, ihn nach Strich und Faden zu belügen. Er stellt sich als hochsensiblen Tugendausbund dar. Der Pater glaubt ihm und gibt ihm ein Ehrenbegräbnis. Die Predigt löst einen fanatischen Heiligenkult aus.

Die Reden des Paters, denen die Gemeinde vollkommenen Glauben schenkte, bemächtigten sich in solchem Maße der frommen Herzen der Versammlung, dass alle, sobald der Gottesdienst zu Ende war, sich untereinander stießen und drängten, um dem Toten Hände und Füße zu küssen. Die Kleider wurden ihm auf dem Leibe zerrissen; denn jeder hielt sich für glücklich, wenn er einen Fetzen davon haben konnte. In der Tat mussten die Mönche den Körper den ganzen Tag über ausstellen, dass ihn jedweder nach Gefallen beschauen konnte. In der folgenden Nacht wurde er in einer Kapelle ehrenvoll in einem Marmorsarge bestattet, und schon am Tage darauf fingen die Leute an, den Toten zu besuchen, zu verehren und Lichter anzuzünden. Mit der Zeit gelobten sie ihm Opfergaben und begannen dann, ihrem Versprechen gemäß, Wachsbilder aufzuhängen. Der Ruf seiner Heiligkeit und seine Verehrung wuchsen so sehr, dass nicht leicht jemand in irgendeiner Gefahr einen anderen Heiligen anrief als Sankt Chapelet, wie sie ihn nannten und noch heute nennen, und allgemein wird versichert, dass Gott durch ihn gar viele Wunder getan habe und deren noch täglich an jedem tue, der die Fürsprache dieses Heiligen andächtig erbitte. So lebte und starb Herr Ciapperello von Prato und wurde ein Heiliger.

Heute, im Zeitalter der totalen Transparenz, sind solche posthumen Weichzeichnungen nicht mehr ohne Weiteres möglich. Alles kommt irgendwann raus und ist dann im Internet auf ewig abrufbar.

Dafür tut man sich angesichts der Informationsfülle insgesamt mit dem Erinnern schwer. Das grelle Jetzt stiehlt dem verblassenden Damals die Show.

Fake History ist schlimm.

No History ist auch nicht besser.

Wer nicht aus den Fehlern der Vergangenheit lernt, muss sie dauernd wiederholen.

Dass weise Menschen sich dadurch auszeichnen, dass sie bei der Geschichte in die Schule gehen, ist schon von vielen bedeutenden Dichtern betont worden. Samuel Taylor Coleridge seufzte:

Wenn die Menschen aus der Geschichte zu lernen vermochten, welche Lehren könnte sie uns erteilen! Aber Leidenschaft und Parteigeist machen unsere Augen blind, und das Licht, das die Erfahrung spendet, ist eine Laterne am Heck, die nur die Wellen hinter uns erleuchtet.

Der mit ihm befreundete Dichter-Philosoph Friedrich Schlegel (1772–1829) gab dem Job des Geschichtsschreibers sogar einen sakralen Anstrich.

Der Historiker ist ein rückwärtsgewandter Prophet.

So wie der Prophet gegenwärtige Offenbarungen Gottes mitteilt, so der Historiker vergangene. Er liest die Geschichte wie ein Theologe die Bibel – auf der Suche nach dauerhaften Wahrheiten.

Als gelerntem Historiker schmeichelt mir diese Einschätzung natürlich. Ich weiß aber auch um die Tücken der Vergangenheitsanalyse. Sie fangen damit an, dass sich Erkenntnisse früherer Generationen nicht ohne Weiteres auf uns übertragen lassen. Der englische Dichter L. P. Hartley (1895–1972) warnte deshalb:

Die Vergangenheit ist ein fremdes Land. Dort gelten andere Regeln.

Ähnlich skeptisch war der deutsch-jüdische Kulturwissenschaftler Victor Klemperer (1881–1960). Er erlebte die Nazi-Diktatur als ein Ereignis ohne historische Parallele. Hitler war ja gerade deshalb an die

Macht gekommen, weil er sich nicht an alte Skripte hielt und seine Bosheit überkommene Vorstellungen sprengte. Am 22. Juni 1942, auf dem Höhepunkt des Holocausts, notierte Klemperer in sein Tagebuch:

> *Niemand kann aus der Geschichte lernen, weil sich nichts wirklich und ganz und ohne Variante wiederholt. Vielleicht ist Geschichtskenntnis geradezu schädlich: Sie macht befangen.*

Klemperers Pessimismus ist verständlich. Deutschland war 1933 in der Geschichtswissenschaft einsame Weltspitze gewesen. Und trotzdem begab sich das Land auf eine Höllenfahrt sondergleichen.

Wer in schlimmen Verhältnissen lebt und frühere Zeiten für glücklicher hält, sieht die Lernfähigkeit der Menschen logischerweise skeptisch. In der Antike und im Mittelalter trauerte man eher über den Verlust der guten alten Zeiten, als dass man die neuen herbeisehnte. Warum sollte man aus der Geschichte lernen, wenn diese ohnehin bald zu Ende gehen würde?

Typisch für die damalige Geisteshaltung sind die Einträge in der Chronik des Bischofs Thietmar von Merseburg (975–1018). Er ging wie die meisten seiner Zeitgenossen davon aus, dass unter den früheren Herrschern alles besser gewesen war.

> *Alle Tugenden glänzten, solange sie lebten. Nach ihrem Tod verblassten sie stark. […] Sie schätzten die neue Art zu denken und zu handeln ganz und gar nicht und folgten ihr auch nicht, sondern blieben bis an ihr Lebensende auf dem geraden Weg der Wahrheit und der Gerechtigkeit.*

Doch mit besseren Ernten, florierendem Handel und Fortschritten in der Medizin hellte sich die Zukunft auf. Nun wertete man die Geschichte als Aufbauzeit, die man glücklich hinter sich gelassen hatte, für deren Anstrengungen man aber immerhin dankbar war.

Als der 29-jährige Friedrich Schiller (1759–1805) zum Professor in Jena berufen wurde, stellte er sich für seine erste Vorlesung die Frage: «Was heißt und zu welchem Ende studiert man Universalgeschichte?» Seinen Zuhörern im randvollen Auditorium schärfte er ein, in welch privilegierter Lage sie sich befanden:

> *Unser menschliches Jahrhundert herbeizuführen haben sich – ohne es zu wissen oder zu erzielen – alle vorhergehenden Zeitalter angestrengt. Unser sind alle Schätze, welche Fleiß und Genie, Vernunft und Erfahrung im langen Alter der Welt endlich heimgebracht haben.*

Mittlerweile hat sich das Bild der Vergangenheit in der akademischen Welt wieder verdüstert. Die Vergangenheit, zumal in der westlichen Welt, gilt manchen besonders Progressiven als eine lange Ära des Grauens, als Brutstätte von Rassisten und Kolonialisten, als Hort des Patriarchats und des Klerikariats, dessen toxische Ausdünstungen bis in unsere Zeit hineinstinken. Auch unter Christen werden immer mehr Stimmen laut, die eine Aufarbeitung historischer Verfehlungen fordern.

Es gibt aber auch die gegenläufige Tendenz, die letzten 2000 Jahre nostalgisch zu verklären, sich an Märtyrergeschichten zu berauschen und die sozialen Errungenschaften zu betonen: die Waisen- und Krankenhäuser, die Initiativen zur Abschaffung der Sklaverei und zur Beendigung von Kriegen, dazu die Errungenschaften in den schönen Künsten, die Kathedralen und Oratorien.

Weil die anderen ihre Kritik oft mit Kirchenaustritten untermauern, dominiert bei den Übriggebliebenen tendenziell ein allzu verklärter Blick in den Rückspiegel. Dem Negativitäts-Vorurteil der Progressiven begegnen Konservative mit einem Positivitäts-Vorurteil. Man kennt Augustinus, Franz von Assisi, Thomas von Aquin, weiß aber vom Blutbad bei der Eroberung Jerusalems und vom Massaker an den Albigensern nur so viel, dass da mal was war.

Gerade konservative Christen tappen oft in die Falle einer retrospektiven Situationsethik. Während Konservative bei Progressiven schnell mit dem Vorwurf der Zeitgeist-Verhaftung zur Stelle sind, sehen sie über die krassesten Verfehlungen verstorbener Gottesmänner gnädig hinweg.

Befürwortung der Sklaverei?

«War halt früher so.»

Aufhetzung zu Krieg und Unterdrückung?

«Das muss man aus der damaligen Zeit verstehen.»

Ausbeutung der Höllenängste furchtsamer Menschen, um sie zu Gehorsam zu zwingen?

«Es war ja gut gemeint.»

Unterdrückung von Frauen, Drangsalierung von Kindern, Ausgrenzung von Minderheiten?

«Im Islam war es noch viel schlimmer.»

Massaker an wehrlosen Gegnern?

«Aber die Azteken erst!»

Dreißigjähriger Krieg?

«Nichts im Vergleich zu Hitler, Stalin, Pol Pot ...»

Aus der Bibel wird man solche Reaktionen kaum entnehmen können. Die alttestamentarischen Propheten waren in puncto Nestbeschmutzung unübertroffen. Sie ließen ihren israelischen Zuhörern keinen Whataboutismus durchgehen, keinen entschuldigenden Verweis darauf, dass die Nachbarvölker es ja noch viel schlimmer getrieben haben.

Verfehlungen wurden gnadenlos benannt.

Jesus geht sogar noch weiter.

Er kritisiert die fromme Elite des Landes.

Mit den bekannten Worten:

Urteilt nicht über andere, damit Gott euch nicht verurteilt. Denn so wie ihr jetzt andere richtet, werdet auch ihr gerichtet werden. Und mit dem Maßstab, den ihr an andere anlegt, werdet ihr selbst gemessen werden. Warum siehst du jeden kleinen Splitter im Auge deines Mitmenschen, aber den Balken in deinem eigenen Auge bemerkst du nicht?

Matthäus 7,1–3

Eine treffende Analogie für die partielle Blindheit vieler Christen findet sich im Werk eines oft verkannten deutschen Großdenkers.

Otto Waalkes (geboren 1948).

Nicht nur, weil er wie mein Vater ein Friesenjunge ist, bin ich ein Fan seines Œuvres. Voller unterschätzter Weisheit steckt sein Film-Debüt «Otto – Der Film» (1985). In einer Sequenz des Films leiht sich der klamme Titelheld bei einem Kredithai eine hohe Geldsumme. Als Otto die Vertragsbedingungen lesen will, zieht ihm der Kredithai das Papier unter der Nase weg.

Kredithai: *Das Kleingedruckte sollten Sie besser nicht lesen.*
Otto: *Warum denn nicht?*
Kredithai: *Das ist schlecht für die Augen.*

Wie Otto in dem Film fürchten manche Christen, an spiritueller Sehschärfe zu verlieren, wenn sie sich mit den dunklen Aspekten der Kirchengeschichte beschäftigen.

Dagegen bin ich der Auffassung, dass eine schonungslose Bilanz nötig ist. Wir brauchen nicht nur einen erbaulichen, sondern auch einen forensischen Zugang zu unserer Vergangenheit.

Das Wort «forensisch» leitet sich aus der römischen Praxis ab, Rechtsfragen auf dem Forum zu behandeln, also in aller Öffentlichkeit. Auch Christen sollten in aller Öffentlichkeit die Leichen aus ihren Kellern ausgraben, bevor in nicht allzu ferner Zukunft die Künstliche Intelligenz die Archive ausweidet.

Die Errungenschaften der letzten zweitausend Jahre sollen natürlich nicht unter den Tisch fallen. Über sie habe ich ausführlich in meiner «Jesus-Weltgeschichte» geschrieben. Diesmal aber geht es um Weisheit, und die resultiert nun mal eher aus Zerknirschung als aus Freudengeheul.

Wer wissen will, was in der Kirchengeschichte schiefgelaufen ist, findet den entscheidenden Schlüssel dazu schon in den drei synoptischen Evangelien, also bei Markus, Matthäus und Lukas. Ich meine die Geschichte von der Versuchung Christi.

Darin lockt der Satan Jesus mit drei Ködern: mit materiellen Gütern (Steine zu Brot), mit gesellschaftlichem Status (durch eine spektakuläre Wunderperformance auf dem Tempel), mit Herrschaft über die Welt.

Jesus widersteht in allen drei Fällen.

Der Teufel verzieht sich.

Er versucht es stattdessen seit zweitausend Jahren …

… bei der Kirche.

Mit atemberaubendem Erfolg.

Wenn die Geschichte etwas beweist, dann dieses:

Viele Christen können nicht genug kriegen von Geld, Status, Macht.

Sie machen immer wieder die schmerzhafte Erfahrung, dass der Heilige Geist nicht immun macht gegen die Sehnsucht nach Komfort, Prominenz und Einfluss.

Klar, Christen leisteten sich über die Jahrhunderte auch schlimme sexualethische Schnitzer, waren zuweilen träge und fresswütig. Aber diese angeblichen «Todsünden» verblassen in der Gesamtschau gegenüber den «großen Sünden» (O-Ton Bonhoeffer) der Gier, des Stolzes, der Herrschsucht.

In einigen historischen Vignetten will ich Licht ins buchstäbliche Dunkel einiger Kirchenepochen werfen. Wer Erbauung sucht, sollte die folgenden Seiten überspringen.

Weiser wird's dann allerdings nicht.

Also zu den Sachen, den nicht so schmeichelhaften.

Lange bin ich selbst rein gefühlsmäßig davon ausgegangen, die

Christen der ersten Jahrhunderte seien vorwiegend durch innere Geschlossenheit aufgefallen. Schließlich hatte ja auch Jesus als Erkennungszeichen seiner Nachfolger vorgegeben, dass sie untereinander Liebe praktizierten.

Anfänglich mag das anschließend auch der Fall gewesen sein. Im 3. Jahrhundert war es jedoch mit der Einmütigkeit vorbei, jedenfalls in den Zentren des römischen Imperiums. Kurz vor der letzten großen Verfolgungswelle unter dem Kaiser Diokletian (236–312) lagen die Leiter der Kirchenprovinzen miteinander im öffentlichen Clinch. Der Christ und Chronist Eusebius (260–339) geht im achten Buch seiner Kirchengeschichte ausführlich darauf ein. In den dauernden Streitereien sah er sogar einen Anlass für die Drangsalierung durch den Staat.

> *Da infolge zu großer Freiheit unser Sinn zu Stolz und Lässigkeit sich kehrte, indem der eine den andern beneidete und beschimpfte und wir uns, wenn es sich so traf, im Wortstreit wie mit Schwert und Speer bekämpften, Vorsteher mit Vorstehern zusammenstießen und Laien gegen Laien sich erhoben, niedrigste Heuchelei und Verstellung den höchsten Grad ihrer Bosheit erreichten, da begann das göttliche Strafgericht. […] Diejenigen, die wir für unsere Hirten hielten, schoben das Gesetz der Gottesfurcht beiseite und entbrannten in Eifersüchteleien gegeneinander. Streit und Drohung und Neid und gegenseitigen Groll und Hass zu mehren, war all ihr Tun. Leidenschaftlich verteidigten sie gleich weltlichen Herrschern ihre Machtgier.*

Mit dem Ende der Verfolgung unter Kaiser Konstantin (270–336) und seinen Nachfolgern verschlimmerten sich die Zustände noch. Vor der Wahl des Glamour-verliebten Papst Damasus, des «Diamantenen» (305–384), kam es zu heftigen Straßenschlachten zwischen seinen Anhängern und seinen Gegnern. Dabei starben an einem Tag 137 Menschen.

Noch unbarmherziger gingen manche Christen gegen ihre ungläubigen Nachbarn vor. Mit der kaiserlichen Unterstützung im Rücken entfiel die Notwendigkeit, sich argumentativ mit ihnen auseinanderzusetzen. Der Philosoph Karl Popper sah die Entwicklung zum Staatskirchentum deshalb zwiespältig:

> *Es erhebt sich die Frage, ob diese offizielle Anerkennung der Kirche nicht ein genialer politischer Schachzug von Seiten der herrschenden Mächte war, der den Zweck hatte, den ungeheuren moralischen Einfluss einer Religion zu brechen.*

Wer die Macht hat, setzt sie in der Regel auch ein. Zwingen ist leichter als überzeugen. Die unzähligen Religionen und Kulte verschwanden nicht von allein. Die Christen halfen nach, oft mit Gewalt. Randalierende Mönche zogen durchs Land und demolierten Tempel und Synagogen.

Bis heute für Entsetzen sorgt die Ermordung der ägyptischen Philosophin Hypatia (355–415). Ihre neoplatonistische Überzeugung entsprach in vielfacher Hinsicht sogar dem Credo der Christen; der ungefähr gleichaltrige Augustinus (354–430) war über den Neoplatonismus zum christlichen Glauben gekommen. Dennoch wurde Hypatia von einem christlichen Mob nackt ausgezogen und anschließend massakriert.

Bereits vorher war das Christentum im ganzen Römischen Reich zur einzig zulässigen Religion erklärt worden. Hatten christliche Vordenker wie der Konstantin-Lehrer Lactantius (240–320) noch allgemeine Religionsfreiheit propagiert, war davon nun keine Rede mehr.

In einem Brief aus dem Jahr 408 bekannte sich Augustinus zum Einsatz von Gewalt gegen Ketzer und andere Kirchengegner – zum Teil mit abstrusen Argumenten.

> *Denn wenn jemand sähe, wie sein Feind, durch ein gefährliches Fieber wahnsinnig geworden, dem Abgrund zuliefe, würde er da nicht Böses mit Bösem vergelten, wenn er ihn so laufen ließe? […] Hat nicht auch Sara nach der ihr zustehenden Gewalt der widerspenstigen Magd Schmerz zugefügt?*

Im Jahr 532 wurde der letzte Nagel in den Sarg der alten antiken Geisteswelt geschlagen. Die Platonische Akademie in Athen, die berühmteste philosophische Kaderschmiede der Welt, musste dichtmachen.

Das alles sollte man sich vor Augen halten, wenn man sich zu Recht über die Diskriminierungen aufregt, denen Christen in aller Welt, zunehmend auch in der westlichen, ausgesetzt sind. Nicht Freiwilligkeit, sondern Druck und Zwang prägten weit über tausend Jahre lang das religiöse Klima im christlichen Abendland.

Ich kann mich noch gut an den Auftritt von Benedikt XVI. (1927–2022) im Bundestag erinnern. Als inoffizieller «Kirchenbeauftragter» im ARD-Hauptstadtstudio durfte ich seine Rede live im Fernsehen kommentieren. Die schriftliche Version der Rede hatte ich bereits vorher bekommen. Mehrfach unterstrichen hatte ich mir ein Augustinus-Zitat.

> *Nimm das Recht weg – was ist dann ein Staat noch anderes als eine große Räuberbande?*

Der Papst ermahnte die Politiker, ihre Gesetzgebung nicht nach bloßen Stimmungen auszurichten, sondern nach den von Natur und Vernunft diktierten Regeln.

Meiner Meinung nach ging Benedikt dabei nicht hart genug mit der Kirche selbst ins Gericht. Immer wieder führten sich Kirchengremien nicht viel besser auf als kriminelle Gangs. Ein Kirchenkonzil ging sogar als «Räubersynode» in die Geschichte ein.

Zeitweise glich der Vatikan einer großen «Räuberbande» – unter den mafiösen Renaissance-Dynastien der Borgias, Medici, Della Rovere. Die Lektüre der Geschichte aller 267 Päpste beschert ebenso viele Cringe-Momente wie Glücksgefühle. Manche Petrus-Nachfolger waren begnadete Seelenhirten, unter anderen blühten Vetternwirtschaft und Korruption.

Schlimmster Verbrechen gegen die Menschlichkeit schuldig machte sich ein Papst, der sich selbst «der Unschuldige» nannte. Innozenz III. hieß eigentlich Lotario di Segni (1161–1216). Als Adeliger war er das Herrschen gewöhnt. Was er von seinen Subjekten hielt, zeigte er in seiner Schrift «Vom Elend des menschlichen Daseins». Er verfasste sie mit Mitte 30, kurz bevor er, in vergleichsweise jungen Jahren, zum Papst gewählt wurde.

Aus Erde geformt ist der Mensch, empfangen in Schuld und geboren zur Pein. Er handelt schlecht, gleichwohl es ihm verboten ist, er verübt Schändliches, das sich nicht geziemt, und setzt seine Hoffnung auf eitle Dinge […]. Er endet als Raub der Flammen, als Speise der Würmer, oder er vermodert.

Genau entgegengesetzt war sein päpstliches Selbstbild. Innozenz begnügte sich nicht mit dem Rang eines Nachfolgers von Petrus. Er bezeichnete sich als Statthalter Christi …

… in die Mitte gestellt zwischen Gott und Mensch, diesseits Gottes, aber jenseits des Menschen, weniger als Gott, aber mehr als der Mensch; einer, der alle richtet, aber von niemandem gerichtet wird.

Bei der Krönung fügte Innozenz sich selbst ein neues Machtsymbol hinzu: Neben Zepter, Schwert und Krone hielt er auch noch eine goldene Weltkugel in der Hand.

Er ging als vermutlich mächtigster Papst überhaupt in die Geschichte ein. Gutgeschrieben werden ihm einige Kirchenreformen und die Anerkennung des Franziskanerordens.

Doch die Liste der Schandtaten ist weit länger. Er veranlasste, dass Juden sich mit einem gelben Fleck auf der Kleidung kenntlich machen mussten; er rief zu einem neuen Kreuzzug auf, der in einem Massaker an der christlichen Bevölkerung von Konstantinopel mit etwa zweitausend Todesopfern endete; er befahl die Ausrottung der Albigenser-Stadt Bézier, bei der mindestens 20.000 Menschen umkamen.

In seine Fußstapfen trat der nächste «Unschuldige» auf dem Papstthron. Innozenz IV. führte 1251 die Folter bei Inquisitionsverfahren ein.

Aus «Selig seid ihr, wenn ihr verfolgt werdet» wurde «Selig seid ihr, wenn ihr verfolgt».

Im christlichen Mittelalter war das effektivste Argument das Totschlagsargument; die damalige Variante der Cancel Culture war die Kopf-ab-Kultur. Das Ausmaß der Verrohung der Sitten nach der Jahrtausendwende kennen wir aus Romanen und Spielfilmen. Wenn ein Unterweltboss im Film «Pulp Fiction» (1994) als Rache-Maßnahme ankündigt: «I'ma get medieval on your ass» (die Übersetzung überlasse ich dem Leser), dann weiß jeder ungefähr, was gemeint ist.

Über die Brutalität des mittelalterlichen Alltags dürfen auch Kathedralen und Heiligenbiografien nicht hinwegtäuschen. Die frommen Anstrengungen, die damals zur Erlangung des Seelenheils unternommen wurden, fanden vor dem Hintergrund bestialischer Verirrungen statt.

Wir alle haben schon einmal von Johanna von Orléans (1412–1431) gehört, der heiligen Kämpferin für ein freies Frankreich. Aber wer kennt ihren tapfersten Ritter, Gilles de Rais (1405–1440)? Besser nicht googeln, man könnte schlaflose Nächte bekommen.

Nachdem Gilles die Jungfrau auf ihrem Triumphzug begleitet hatte, wurde er Zeuge ihrer Festnahme. Johannas anschließende Verbrennung stürzte ihn in eine Depression. Weil er auch noch knapp bei Kasse war und Gott ihm nicht aus dem finanziellen Schlamassel helfen wollte, wandte sich Gilles dem Satan zu. Ihm zu Ehren entführten er und seine Handlanger mehr als 140 Kinder, vor allem Jungen. In den Verliesen von Gilles' Schlössern, wo man ihre Schreie nicht hören konnte, folterten sie die Kinder auf unvorstellbar grausame Art zu Tode.

Acht Jahre lang gehorchte Gilles seinem immer größer werdenden Blutdurst, bis er geschnappt, verurteilt und geköpft wurde. Vorher beichtete er seine Sünden und bekam Absolution erteilt. Sein teuflischer Sadismus war das schwarze Spiegelbild von Johannas vermeintlich gottgefälligem Kampfesmut.

Das Faust- und Schwertprinzip hatte sich insgesamt durchgesetzt.

Und von der Aufforderung Christi, die andere Backe hinzuhalten, war nicht mehr viel übrig.

In den Evangelisten-Berichten gibt es bezeichnenderweise fast kein einziges Beispiel dafür, dass Jesus seine Anhänger disziplinarisch in den Senkel stellte oder gar körperlich züchtigte. Bis auf die symbolhafte Tempelreinigung griff er auch bei seinen Gegnern nicht zu Gewalt, drohte sie ihnen auch nicht an. Nach seiner Auferstehung verzichtete er auf einen Rachefeldzug gegen die, die ihn ans Kreuz gebracht hatten.

Vielmehr rief Jesus seine Anhänger dazu auf, gewaltsamen Auseinandersetzungen, wenn möglich, aus dem Weg zu gehen.

Wie war es dann möglich, dass kriegerische Handlungen von vielen Päpsten nicht nur toleriert, sondern propagiert wurden?

Das fragte sich auch Erasmus von Rotterdam in seinem «Lob der Torheit»:

Nun ist der Krieg eine so fürchterliche Rohheit, dass er den Bestien, aber nicht den Menschen ansteht; ist ein so toller Wahnsinn, dass auch die Dichter ihn von den Furien gesandt sein lassen; ist eine so verheerende Pest, dass er alles, was das sittliche Leben verseucht, auf die Menschheit mit einem Mal loslässt; ist eine so brutale Gewalttat, dass die schlimmsten Räuber ihn gewöhnlich am besten führen; ist ein so widergöttliches Tun, dass er mit Christus nicht das Geringste zu schaffen hat – und doch vergessen die Päpste darüber alles und gehen auf in ihren Kriegen.

Obwohl Luther das Papsttum für seine militärischen Ambitionen kritisierte, hielt auch er Gewalt für ein legitimes Mittel bei der Durchsetzung kirchlicher Interessen.

Die wahre Kirche kann nicht ohne Blutvergießen wachsen und erhalten werden.

Verständlich werden solche Einlassungen, wenn man Luthers eigene Kindheitserfahrungen berücksichtigt. In seinen Briefen und Tischgesprächen berichtet er immer wieder davon, seine Eltern hätten ihn brutal «gestäubt», das heißt: verprügelt.

Meine Mutter stäupte mich um einer einzigen Nuss willen bis aufs Blut. Und so haben sie mich mit ihrer strengen Zucht zuletzt ins Kloster getrieben.

Ähnlich wie die Katholiken gingen die Protestanten gewaltsam gegen Glaubensabweichler vor. Zahlreiche Wiedertäufer wurden hingerichtet. Und die Puritaner, die in England diskriminiert worden waren, drehten nach ihrer Ankunft in Nordamerika den Spieß um: Nun waren *sie* es, die den Quäkern das öffentliche Predigen verboten. Vier renitente Quäker wurden um das Jahr 1660 in Boston sogar exekutiert.

Überkonfessionell brachen alle Dämme der Grausamkeit zwischen dem 15. und 17. Jahrhundert bei der Verfolgung angeblicher Hexen. Hier ging es nicht nur um deren persönliches Seelenheil. Ihnen wurde vorgeworfen, im Auftrag des Satans Tod und Verderben über ihre

Nachbarn zu bringen. Dem musste mit allen zur Verfügung stehenden Foltermitteln Einhalt geboten werden.

Unsanft an diese düstersten Kapitel der Kirchengeschichte erinnert hat mich in der letzten Adventszeit ein Lied. Unterstützt von Posaunen schmetterte ich «Heiland, reiß die Himmel auf!» Laut Gesangbuch wurde der Text im Jahr 1622 von Friedrich Spee gedichtet. Den Namen kannte ich noch aus den Frühneuzeit-Vorlesungen im Studium.

Der musisch begabte Jesuit hatte in seiner Schrift «Cautio Criminalis» (übersetzt: «Rechtliche Bedenken») gegen die Hexenprozesse protestiert, als einer der ersten Kleriker überhaupt. Friedrich Spee kannte sich in der Materie aus. Er hatte viele Verurteilte auf dem Weg zum Scheiterhaufen seelsorgerlich begleitet. Aufgrund der Gespräche war er davon überzeugt, dass alle von ihnen unschuldig gestorben waren.

Aus Angst, als Komplize verhaftet zu werden, veröffentlichte Spee die Schrift zunächst nur anonym. Er konnte nicht verhindern, dass zur gleichen Zeit seine Schwägerin Anna als «Hexenkönigin von Bruchhausen» abgeurteilt wurde. «Gott möge ihr beistehen in ihrer Unschuld, er möge ein Zeichen tun!», soll er immer wieder geschrien haben, während die Hexenrichter sie auf einen Folterstuhl mit eisernen Stacheln pressten, ihre Knochen mit Beinschrauben brachen, sie mit den Armen über dem Kopf zusammengebunden nach oben zogen und dort stundenlang baumeln ließen.

Die 40-Jährige gestand schließlich und wurde verbrannt.

Besonders erschüttert hat mich ein Bericht, der am Ende von Ricarda Huchs monumentaler Geschichte des «Dreißigjährigen Kriegs» steht. Dort beschreibt sie die letzte Hexenverbrennung in Aachen im Jahr 1649. Das Opfer war ein 13-jähriges Waisenmädchen. Sie kam aus einer Familie von kleinkriminellen Landstreichern. Mit solchem «Gesindel» machte man damals kurzen Prozess. Ihr Vater und ihre vier Brüder wurden zu Tode gerädert, die Mutter erschossen.

Weil bereits die Mutter im Verdacht der Hexerei gestanden hatte, wurde die alleine übrig gebliebene Tochter als Komplizin verhaftet. Sie war 9 oder 10 Jahre alt und damit, selbst nach damaligen Vorstellungen, zu jung für eine Verurteilung. Also wartete man ein paar Jahre, bis man sie verhörte, und entschied dann auf «schuldig».

Ich habe mich in einer Aachener Chronik davon versichert, dass sich die folgende Schilderung von Ricarda Huch tatsächlich so ähnlich zugetragen hat. Sie schreibt über die letzten Minuten im kurzen Leben des Mädchens:

> *Als sie ins Freie traten, schauderte die Kleine zuerst und bedeckte die Augen mit den Händen; aber allmählich, während sie, zwischen den Turmwartsleuten sitzend, auf dem Karren durch die Stadt fuhr, gewöhnte sie sich, hielt die dünnen Hände in das Licht und sah zu, wie die frische Luft ihre losen Haare hob. Es waren nicht viele Zuschauer in den Straßen; denn seit mehreren Jahren hatten keine Hexenbrände mehr stattgefunden, und dieser vereinzelte Fall war nicht recht bekannt geworden. Auch von der Richterschaft waren zur Ersparnis der Tagegelder nur wenige da, und die Holzhütte, in der das Kind verbrannt werden sollte, war klein, weil das Holz teuer war und die Stadt die Kosten tragen musste. Beim Anblick der Wiesen, die sich vor dem Tore ausbreiteten, stieß das Kind einen schwachen Freudenruf aus; denn es glaubte den Schauplatz seiner schönen Träume vor sich zu sehen. Voll staunenden Entzückens deutete es mit der Hand auf die gelben Blumen, die wie Strahlenbüschel aus der Erde schossen, auf eine Schafherde, die am Rande des freien Platzes hinging, und auf die Holzhütte, an die ein paar Männer Feuer anzulegen beschäftigt waren. «Ist da meine Mutter?», fragte es. Der Turmwart und seine Frau weinten und vermochten nur zu nicken; laut schluchzend sahen sie der kleinen weißen Gestalt nach, wie sie unsicheren Schrittes, zaghaft und feierlich, über das Gras hinging und in der qualmenden Hütte verschwand.*

Es dauerte ein paar Jahrzehnte, bis die Teufelszauberparanoia auch die puritanisch geprägten Kolonien in Nordamerika ergriff. 1692 wurden in Salem, unweit des heutigen Boston, zwanzig Menschen hingerichtet. Die meisten hatten vorher unter Druck und Folter gestanden. Einem hartnäckig Leugnenden wurden so lange Steine auf die Brust getürmt, bis sein Brustkorb davon zerquetscht wurde. Ein prominenter Unterstützer der Anklage war der beliebte Prediger und Theologe Cotton Mather (1663–1728), den sein Biograf «den ersten amerikanischen Evangelikalen» nennt.

Die biblische Begründung für die Justizmorde fanden die zweifellos wohlmeinenden Christen im Alten Testament.

Dort wurden auch all diejenigen fündig, die Anregungen für eine gottgefällige Staatsordnung suchten.

Jean Calvin und seine Mitstreiter wollten auf biblischer Grundlage eine Musterstadt errichten. Dass Ketzer darin nicht geduldet werden konnten, verstand sich von selbst. Der Dreieinigkeitsleugner Michel Servet (1511–1553) wurde öffentlich verbrannt – auf feuchtem Holz, damit die Qual länger dauerte. Während er in Flammen aufging, brüllte er Gebete an «Jesus, Sohn des ewigen Gottes». Dass er Jesus nicht korrekterweise selbst als «ewigen Gott» bezeichnete, war ihm zum tödlichen Verhängnis geworden.

Außer dem Lästern Gottes stand in Genf auch auf das Verfluchen der eigenen Eltern die Todesstrafe. Die gleiche Sanktion gab es beim Ehebruch; mehrere Genfer und Genferinnen wurden wegen dieses Delikts geköpft oder ertränkt. Für vorehelichen Sex gab es Geldbußen und Haftstrafen.

Einen Imageschaden erlitt die Stadt dadurch vorerst nicht. Vielmehr wurde im Umland anerkennend registriert, dass die Anzahl der unehelich geborenen «Bastarde» zwischen 1550 und 1560 von 1 auf 0,1 Prozent zurückging.

Calvins Straßburger Glaubensgenosse Martin Bucer (1491–1551) wollte den drakonischen Maßnahmenkatalog auch nach England exportieren. In einem für den 12-jährigen König Edward VI. (1537–1553) bestimmten Buch legte er dar, welche Regeln im «Königreich Christi» zu gelten hatten. Blasphemie, schlimmer Ungehorsam den Eltern gegenüber, Sonntagsarbeit und Ehebruch sollten mit dem Tod bestraft werden.

Bucer legte dabei Wert auf die Feststellung, dass es bei der Vollstreckung dieser Strafen keinen Spielraum gab. Keine Gnade für Übeltäter – das habe Gott selbst in seinem unfehlbaren Wort angeordnet.

Durch das verantwortungsbewusste Handeln aller guten Menschen sind diese Schädlinge aus der menschlichen Gesellschaft auszurotten, nicht weniger als wilde Wölfe, Löwen, Tiger, Drachen und Krokodile, die gelegentlich die Menschen angreifen, um sie zu zerreißen und zu verschlingen. […] Denn die Natur aller Menschen ist von Geburt an so verdorben und hat eine solche Neigung zu Verbrechen und Bosheit, dass sie von den Lastern abgerufen und abgehalten und zu den Tugenden eingeladen und gezwungen werden muss.

Der König starb schon mit 15 Jahren. Es dauerte fast hundert Jahre, bis Bucers Vorschläge tatsächlich beinahe umgesetzt wurden: unter dem «Parlament der Heiligen». Ein paar Monate lang, vom Juli bis Dezember 1653, bestimmten puritanische Abgeordnete das politische Geschick des Landes. Auch sie ordneten für Ehebruch und Sonntags-Entheiligung die Todesstrafe an, verboten Theateraufführungen und ließen Gasthäuser schließen.

Das spaßfreie Regime konnte sich nicht lange halten. Bald kehrten die alten Verhältnisse zurück, für unsere Vorstellungen immer noch streng, lax aus Sicht der Extrafrommen. Sonderlich nachhaltig waren deren Vorschriften jedenfalls nicht.

Was die Menschen des 17. Jahrhunderts von uns unterscheidet, ist vor allem deren höhere Toleranz für körperliche Schmerzen und, damit verbunden, die höhere Gewaltbereitschaft. Durch eine tiefe Frömmigkeit zeichneten sich, trotz regelmäßiger Gottesdienstbesuche, nur wenige aus.

Ein ungeschminktes Bild auf die barocke Epoche erlauben die Tagebücher eines hohen Beamten, Samuel Pepys (1633–1703). Schonungslos offen erzählt er davon, was ihn bewegt. Oft ist das sein schlechter Stuhlgang oder die neue Garderobe seiner Frau. Ein paar Tagebuch-Auszüge gebe ich wieder, um deutlich zu machen, dass auch in einer Gesellschaft mit 100-prozentiger Taufquote die Sittsamkeit nicht sonderlich ausgeprägt war.

- *Heute Morgen stellte ich fest, dass ziemliche Unordnung im Haus herrschte. Ich nahm einen Besen und verprügelte die Magd so lange, bis sie schrie. Darüber ärgerte ich mich; als ich ging, hatte sie sich wieder beruhigt.*
- *Zur Kirche, die Predigt leidlich überstanden.*
- *Der Klerus ist so arrogant, dass alle Leute, die ich kenne, laut darüber klagen. Kurz, wohin ich gehe, gibt es nirgendwo Zufriedenheit unter den Menschen.*
- *In die Kirche. Ein simpler Bursche predigte über Kirchenmusik und geißelte den Brauch, dass die Männer in der Kirche ihre Hüte aufbehalten. Den größten Teil der Predigt schlief ich jedoch.*
- *In der überfüllten Kapelle von Westminster in Anwesenheit des Königs eine sehr ehrliche Predigt gehört, unter anderem gegen die Sünde des Ehebruchs, was dem König zu denken gegeben haben wird.*
- *Ich habe kürzlich einen Eid geschworen, nicht mehr zu trinken und nicht mehr ins Theater zu gehen; die Auswirkungen sind sehr positiv.*
- *Viel Gerede im Volk; einige Fanatiker behaupten, das Ende der Welt stehe bevor, am nächsten Dienstag werde es eintreten.*
- *Las nach dem Gottesdienst meine Gelübde noch einmal durch. Sehr zufrieden mit mir.*

- *Fürchte, dass ich die Herrschaft über meine Frau verliere. Sie hat offenbar keine Freude mehr an mir und gibt sich auch keine Mühe mehr, mir zu gefallen.*
- *Ärgerlich über meine Frau, die sich den Urin von jungen Hunden ins Gesicht geschmiert hat.*
- *Sehr unzufrieden mit der Dienerschaft. Befahl meiner Frau, sehr zum Unwillen der Hausbewohner und der Nachbarschaft, unsere kleine Magd zu verprügeln. Wir sperrten sie dann in den Keller, wo sie die Nacht über liegen blieb.*
- *Amüsierte mich in der Kirche mit meinem Fernglas, durch das ich das große Vergnügen hatte, eine große Zahl attraktiver Frauen zu beobachten. Mit dieser Beschäftigung und einem kurzen Nickerchen überstand ich den Gottesdienst leidlich. Ging danach zu Mrs. Martin und machte mir ihr, was ich wollte.*

Früher war alles besser?

Ähem … Nein.

Von Zuständen wie in der Steinzeit oder mindestens dem Mittelalter wird oft geredet, wenn es um die afghanischen Taliban oder die iranischen Mullahs geht. Als Reporter habe ich selten so viel Resonanz bekommen wie auf meine Berichterstattung über Asia Bibi. Die pakistanische Familienmutter war wegen angeblicher Blasphemie gegen den Propheten zum Tode verurteilt worden.

Schließlich sprach das oberste Gericht von Pakistan sie frei. Aber die Empörung über das Blasphemie-Gesetz, das so ähnlich auch in Afghanistan gilt, bleibt. Wie kann man Menschen nur für Meinungsäußerungen aufhängen, meistens auch nur aufgrund von schwachen Indizien?

Ein besonders krasser Fall betrifft Jussuf Ali. Er war als Vollwaise aufgewachsen, hatte schon als junger Mensch Zweifel an der Existenz Allahs. Obwohl er häufig betete und intensiv im Koran las, wollte sich keine Glaubensgewissheit einstellen.

Als Student fielen ihm freidenkerische Schriften in die Hand. Einem

Kommilitonen gegenüber äußerte er freimütig die Zweifel, die ihn plagten. Er stellte sogar die göttliche Berufung Mohammeds in Frage. Der Mitstudent denunzierte ihn. Es kam zum Blasphemie-Prozess. Weil er arm war, konnte sich Jussuf keinen Verteidiger leisten. Er stritt alle Vorwürfe ab. Lediglich seine Glaubenszweifel räumte er ein.

Aussage stand gegen Aussage. Weil Jussuf bisher nie straffällig geworden war, wollten die Richter Milde walten lassen. Aber die geistlichen Führer des Landes wollten unbedingt ein Exempel statuieren. Die Mullahs bestanden auf der Todesstrafe. Trotz aller flehentlichen Gnadengesuche wurde der 20-Jährige auf einem öffentlichen Platz erhängt. Tausende Schaulustige sahen zu. Während ihm der Henker die Schlinge um den Hals legte, umklammerte er laut betend einen Koran.

Zwei Informationen bin ich schuldig: die Stadt und das Jahr, in dem der Skandalprozess stattfand.

Edinburgh, 1697.

Wie bitte?

Okay, ich muss etwas richtigstellen:

Jussuf Ali hieß tatsächlich Thomas Aikenhead (1676–1697).

Der Rest des Falles ereignete sich so, wie geschildert. Edinburgh war damals das religiöse Zentrum der reformiert-puritanischen Welt. Weil dort Weihnachten als heidnisches Fest abgelehnt wurde, konnte das Urteil am Heiligabend gefällt werden. Zwei Wochen später, am 8. Januar 1697, wurde es vollstreckt.

Eigentlich war die Todesstrafe für Blasphemie in Schottland erst nach zweimaliger Verwarnung fällig. Einige Richter plädierten deshalb für Milde. Sie verwiesen den Fall an die Generalsynode der Presbyterianischen Kirche. Aber die Erben von Calvin und Bucer kannten keine Gnade. Also trat der junge Student seinen letzten Gang an. Bis zuletzt beteuerte er seine Unschuld. Vor Angst schlotternd bestieg er das Galgenpodest.

Die Hinrichtung dieses zweifelnden Thomas war die letzte Blasphemie-Exekution in Großbritannien. Aber im Rest der Welt gab es bis dahin und auch danach noch zigtausend andere Enthauptungen, Erschießungen, Ertränkungen, Erdrosselungen, Vierteilungen und Verbrennungen – als Strafe für Gotteslästerung.

Als Indien-Korrespondent hat mich ein Fall besonders interessiert. Er ereignete sich 1543, kurze Zeit nach der Ankunft katholischer Funktionäre im Süden des Landes. Sie wollten nicht nur die Frohe Botschaft predigen, sondern auch bei den alteingesessenen «Thomas-Christen» (die angeblich vom Apostel Thomas missioniert worden waren) nach dem Rechten sehen, d. h. nach dem rechten Glauben.

1543 machten sie eine schlimme Entdeckung. Ein jüdischer Medizinstudent, Jeronimo Dias, hatte sich zwar taufen lassen, aber seinen alten Glauben behalten. Er hatte sogar in einem Gespräch die Gottessohnschaft Jesu in Frage gestellt. Ihm wurde der Prozess gemacht. Ein Pater konnte ihn zu einem Reuegeständnis überreden. Gnadenhalber wurde der Student zuerst mit der Garotte erwürgt, bevor der Scheiterhaufen in Flammen aufging.

Was wohl Thomas und die anderen Apostel dazu gesagt hätten? Jedenfalls nichts Zustimmendes. In der Bibel kommt das Wort «Ketzer» nur ein einziges Mal vor, in einem Paulus-Brief. Der Apostel rät seinem Schüler Titus, sich nicht mit ketzerischen Menschen näher einzulassen.

Wie Christen der folgenden Jahrhunderte daraus ein Mandat zum Töten machen konnten, kann zwar historisch erklärt werden, bleibt aber dennoch skandalös.

Ebenso wie die Beteiligung von Christen an der millionenfachen Versklavung von Afrikanern. Sie wurden gekidnappt, unter unmenschlichen Bedingungen über den Atlantik verfrachtet, auf Feldern zur Zwangsarbeit abgerichtet.

Anders als in der muslimischen Welt, wo der Sklavenhandel unbeanstandet bis ins 20. Jahrhundert praktiziert wurde, kriegte die westliche Welt im 19. Jahrhundert die Kurve. Überzeugte Christen hatten daran einen entscheidenden Anteil. Wie bei der Beendigung der Inquisition und der Hexenprozesse kam die Einsicht aber ziemlich spät.

Auch bei den Kolonialverbrechen, die alleine im Kongo bis zu zehn Millionen Menschenleben kosteten, muss die Christenheit sich Vorwürfe gefallen lassen: zumindest, dass man nicht lautstark genug gegen die Ausbeutung der Kolonien protestierte.

Zur gleichen Zeit gab es in der westlich-christlichen Welt einen materiellen Aufschwung sondergleichen, mit einigem zeitlichen Verzug auch große humanitäre Fortschritte. Daran waren Christen beteiligt, bei weitem aber nicht als Solo-Akteure. Gerade allzu große persönliche Religiosität stand manchmal einem gesunden politischen Pragmatismus im Weg.

Wenn man die Liste der amerikanischen Präsidenten durchgeht, fallen die besten unter ihnen nicht durch ihre klaren christlichen Überzeugungen auf. George Washington, John Adams, Thomas Jefferson tendierten zu einer eher allgemeinen Gottgläubigkeit. Abraham Lincoln gehörte weder einer Kirche an, noch war er getauft. Die Feuer-und-Schwefel-Predigten, denen er als Kind ausgesetzt gewesen war, hatten ihm den Glauben verleidet.

Als erster evangelikaler US-Präsident gilt der Presbyterianer Andrew Jackson (1767–1845). Der wohlhabende Sklavenhalter blieb vor allem durch sein brutales Durchgreifen gegenüber Indianern im Gedächtnis.

Das klarste Christusbekenntnis schützt nicht vor katastrophalen politischen Fehleinschätzungen. Wenn es eine Zeit gab, wo man sich über die Frömmigkeit der Staatsoberhäupter freuen könnte, dann waren es die Jahre vor dem Ersten Weltkrieg. Wilhelm II. war ein passionierter Laienprediger, Nikolaus II. der religiöseste aller Zaren, Kaiser Franz Joseph I. streng katholisch, der englische König George V. ein eifriger Bibelleser, und mit dem US-Präsidenten Woodrow Wilson saß mal wieder ein Evangelikaler im Weißen Haus. Bei einem solchen Line-Up konnte nichts schiefgehen. Sollte man meinen. Trotzdem sorgten sie alle mit dafür, dass die Welt förmlich explodierte und 17 Millionen Menschen unter den Trümmern begraben wurden.

Aus der Asche der Alten Welt erhob sich der dämonische Phoenix der Nazi-Diktatur. «Hier spricht der Antichrist», soll meine Großmutter immer wieder geflüstert haben, wenn Hitler eine seiner Radio-Tiraden vom Stapel ließ.

Aber was wurde von christlicher Seite tatsächlich gegen Hitler unternommen?

In meiner 80er-Jahre-Jugendzeit, in der Apokalypse-Prediger eine baldige «Entrückung» vorhersagten, war der Antichrist Dauerthema. Und damit die Frage, wie sich Christen gegenüber einem verführerischen Erzbösewicht verhalten würden.

Die Frage erübrigt sich.

Denn mit Hitler ist eine Antichrist-Variante bereits auf den Plan getreten. Er hatte sich als wichtigstes Ziel gesetzt, Gottes auserwähltes Volk auszurotten. Er hatte JHWH den Krieg erklärt. Und was hatten die Christen dagegen getan, in Deutschland und im Rest der Welt?

Viel zu wenig, viel zu spät.

Während heutzutage an Schulen und Universitäten, in Kultur und Medien das kollektive Scheitern während der Nazi-Zeit Dauerthema ist, fehlt nach wie vor eine gründliche Aufarbeitung unter hochreligiösen Christen. Man versteckt sich hinter dem Erbe einzelner Widerstandskämpfer wie Bonhoeffer, Graf von Galen, den Scholl-Geschwistern oder der niederländischen Juden-Retterin Corrie ten Boom. Als ob sie nicht die große Ausnahme gewesen wären.

Viel zu selten sieht man der bedrückenden Tatsache ins Gesicht:

Der Antichrist-Ernstfall ist bereits eingetreten.

Die Christenheit hat versagt.

Wie konnte das passieren?

An einer zu großen Säkularisierung der Gesellschaft, jedenfalls im Vergleich zu heute, hatte es jedenfalls nicht gelegen. Als Hitler an die Macht kam, gab es in Deutschland 62 Millionen Kirchenmitglieder, das waren satte 95 Prozent der Bevölkerung. Die Worte von Bischöfen und Pfarrern galten viel. Aber die Geistlichen warnten damals lieber vor der Gefahr des Kommunismus und sahen den Feind, je nach Konfession, eher bei den Protestanten oder Katholiken. Auf die Juden waren die wenigsten gut zu sprechen.

Kein gutes Wort hatten bibeltreue Evangelische für theologisch liberale Professoren wie Rudolf Bultmann übrig. Sein 1941 proklamiertes Bibel-Entmythologisierungs-Programm sehe ich selbst auch sehr kritisch. Trotzdem wünsche ich rückblickend, er hätte 1924 den begehrten Tübinger Lehrstuhl für «Neues Testament» bekommen. Die württembergischen Pietisten jedoch waren gegen seine Berufung.

Bultmann erhielt eine Absage und ging nach Marburg. Zwei Jahre später bekam der als konservativ eingestufte Theologe Gerhard Kittel den Posten. Die Tübinger Traditionalisten atmeten auf. Die Gefahr, dass ihre Theologie-Fakultät nach links abdriftete, war gebannt.

Stattdessen ging es nach 1933 dann scharf nach Rechtsaußen. Gerhard Kittel (1888–1948) entpuppte sich als größter Judenfeind unter allen deutschen Theologen, bis dahin, dass er sich an der geistigen Vorbereitung der «Endlösung» beteiligte. Als stolzes NSDAP-Mitglied ließ er noch 1942 verlauten, das Judentum sei eine «Krankheit am deutschen Volkskörper», die ausgemerzt gehöre.

Während die Katholiken sich eher an Rom als an Berlin orientierten und sich innerhalb der evangelischen Kirche rund 7000 Pfarrer zur Hitler-kritischen «Bekennenden Kirche» zählten, waren die meisten Freikirchen um ein harmonisches Verhältnis zu den neuen Machthabern bemüht. Manche Prediger feierten Hitler als gottgesandten Beschützer gegen den Kommunismus, als Retter in der Tradition des altpersischen Königs Kyros. An den antisemitischen Maßnahmen der Regierung gab es keine offene Kritik. Auch nicht aus dem christlichen Ausland.

Einflussreiche evangelikale Verbände wie die amerikanischen Südbaptisten konnten sich auch schlecht negativ äußern, weil sie ja im eigenen Land die Rassentrennung unterstützten. Das änderte sich auch nicht, als die Nazis die Juden immer grausamer verfolgten. Der baptistische Historiker Lee Spitzer schreibt:

Der leitende Missionar der Southern Baptists in Europa vertrat selbst eine rassistische Haltung und ignorierte die Notlage der Juden. Die Betonung der Southern Baptists auf Evangelisation im Gegensatz zu sozialem Handeln erlaubte es ihnen, auf sozialen Protest zu verzichten. Ihr theologischer Antisemitismus förderte die Vorstellung, die jüdischen Opfer der Naziverfolgung hätten die Bedingungen selbst geschaffen, die zu ihrer Drangsalierung führten.

In den amerikanischen Kirchengemeinden brachten Sammelaktionen für notleidende Juden nur wenige Dollar ein. Dabei war die Spendierbereitschaft der dortigen Evangelikalen eigentlich sehr groß. Aber sie galt damals vor allem der China-Mission. Das seit Jahrzehnten verfolgte Ziel, das asiatische Riesenreich für Jesus zu gewinnen, versperrte den Blick für die Ungeheuerlichkeiten, die in Europa vor sich gingen. Bis zum Kriegsende gab es in den einschlägigen US-Glaubenszeitschriften so gut wie keine Berichte über den Völkermord an den Juden.

Eine Ausnahme bildeten die liberale Ostküsten-Kirche und die Freikirche der Quäker. Sie drängten auch darauf, die Einreisehürden für verfolgte Juden abzubauen. Doch die meisten evangelikalen Christen waren dagegen, die Asylquote vorübergehend zu erhöhen.

Der Historiker David S. Wyman kommt in seiner Studie «Das unerwünschte Volk. Amerika und die Vernichtung der europäischen Juden» zu dem Fazit:

Die Ausrottung der Juden war den Nazis so viel wert, dass sie bereit waren, dafür den Preis einer gewissen militärischen Schwächung zu bezahlen. Dagegen war die Bereitschaft der USA und ihrer Verbündeten, etwas für die Rettung der Juden zu opfern, nahezu gleich null.

7000 Kilometer von der amerikanischen Küste entfernt, in Rom, fand kurz vor Weihnachten 1942 eine Gala-Filmpremiere statt. Eingeladen hatte der Vatikan. Der Film handelte vom amtierenden Papst Pius XII.

(1876–1958). Es war die bis dahin aufwändigste Dokumentation dieser Art, so lang wie ein Spielfilm, mit kostspieligen Luftaufnahmen und pompöser Musik.

Der Film beginnt mit Impressionen aus der Stadt. Eine sonore Stimme verkündet: «In den Augen der gesamten christlichen Menschheit versinnbildlicht Rom das nie wankende Monument der Wahrheit und des ewigen Lebens, das Christus in der Welt errichtet hat» – gemeint ist der Papstthron.

Der Filmtitel hieß «Pastor Angelicus», übersetzt: Engelshirte. Und der Off-Text erklärt, warum: «Diese Bezeichnung ist für die Sendung Pius XII., die er in einer tragischen Zeit zu erfüllen hat, bedeutungsvoll geworden.»

Der Rest des PR-Films zeigt den Papst, wie er sich selbst sieht: als eifriger Leser, als arbeitswütiger Aktenverschlinger, als himmelsgesandter Diplomat in Friedensmission. Als «Papst, vor dessen Thron die Mächtigsten der Erde knien» wird er beschrieben. Er empfängt Regierungschefs und Könige, lässt sich die Hand küssen, trifft aber auch einfache Menschen, auch Kriegsflüchtlinge.

Zur selben Zeit hat der Weltkrieg seinen mörderischen Höhepunkt erreicht. In Polen sind die Nazis von Massenerschießungen zu Massenvergasungen übergegangen. Aus ganz Europa fahren Güterzüge in die Vernichtungslager, vollgepackt mit Juden, deren einzige Bestimmung die Ermordung ist.

Pius XII. ist vermutlich bestens informiert. Die katholische Kirche in Polen weiß genau Bescheid über die unglaublichen Verbrechen, die Kirchenfunktionäre in den anderen europäischen Ländern ebenfalls.

Aber über die Lippen von Pius XII. war bisher nicht ein einziges anklagendes Wort gekommen. Auch überzeugte Katholiken wie der Publizist Theodor Haecker (1879–1945) konnten Pius' Schweigen nicht nachvollziehen. Der tieffromme Kierkegaard-Übersetzer, der auch die «Weiße Rose» inspirierte, notierte in seinen «Tag- und Nachtbüchern»:

- *23.6.1940: Pius XI., der alte Mann, wusste immer mehr in seinen letzten Tagen, dass heute der Teufel los ist, buchstäblich und in allem Ernst. Pius XII. scheint das leider nicht zu wissen. Die Stunde des Bösen ist die Stunde, da die Wächter blind sind.*
- *6.7.1941: Das Pathos des prophetischen Amtes der Kirche fehlt.*

In dem von Pius XII. in Auftrag gegebenen Film ist nur ganz allgemein vom Kriegsleid die Rede. Der Film macht deutlich, dass Pius XII. sich auf keine Seite schlagen will. Italien steht schließlich unter faschistischer Herrschaft, und bisher haben Kirche und Regierung sich gut vertragen. Warum das aufs Spiel setzen?

Ohnehin liegen die Stärken von Eugenio Pacelli, wie der Papst bürgerlich heißt, eher auf diplomatischem Gebiet. Er ist ein versierter Dealmaker, keine Kämpfernatur wie später Papst Johannes Paul II.

Während der Filmpremiere ist Pius im Kopf vermutlich bei seiner bevorstehenden Weihnachtsansprache. Die ganze Anti-Hitler-Welt hofft, dass er endlich klare Worte finden wird.

Seine Rede ist fünftausend Wörter lang und dauert 45 Minuten. Erst ganz am Schluss lassen einige Sätze aufhorchen. Der 66-jährige Papst spricht von Hunderttausenden, die nur wegen ihrer Nation oder ihrer Rasse getötet werden.

Eine flammende Anklage ist das nicht. Es klingt eher, als wolle der Papst sich gegenüber der Nachwelt absichern. Der kurze Kommentar bleibt ziemlich folgenlos. In den nächsten Jahren werden auch die römischen Juden in die Todeslager deportiert. Zugegeben: Pius XII. rettet einige von ihnen, allerdings vor allem getaufte Juden.

«Ich hätte mehr herausholen können», ächzt am Ende von «Schindlers Liste» der nicht sonderlich fromme Titelheld Oskar Schindler. Tausend Juden hat der deutsche Unternehmer gerettet, aus seiner Sicht zu wenige.

Auch wenn man ein eingefleischter Papst-Versteher ist: Man kann Pius XII. posthum nicht die Fragen ersparen, ob er für die Holocaust-

Opfer nicht viel mehr hätte tun können; ob er Hitler gegenüber nicht hätte viel vollmächtiger auftreten müssen; ob er nicht weit unter seinem eigenen Anspruch als «Engelshirte» geblieben ist.

Ähnliche Fragen kann man an viele Christen der Jahre 1933–1945 richten. Wie der Priester und der Tempeldiener im Gleichnis vom barmherzigen Samariter machen sie einen Bogen um die Opfer. Während sie Gottesdienste und Bibelgesprächskreise abhielten, rollte ein Todeszug nach dem anderen quer durch Deutschland.

Dieses Versagen wurde auch von ganz normalen Gläubigen wahrgenommen. Bände über die Situation in Deutschland sprechen die Tagebücher von Anna Haag (1888–1982), einer württembergischen Schriftstellerin.

- *30.10.1941: Ich bin religiös. Aber wenn ich sehe, wie ein Glaube die Menschen so verwirren kann, dass sie dem Grauenvollsten gegenüber versöhnlich gestimmt werden, dann muss ich diesen Glauben als verwerflich bezeichnen, selbst wenn er sich als «Christentum» ausgibt.*
- *7.12.1941: Bei uns geht es ja leider offenbar nicht um das Christentum, um die christliche Ethik mit ihrer Lehre von der Liebe, der Barmherzigkeit und Duldsamkeit, sondern es geht um die Kirche und ihre Pfarrer.*
- *9.1.1942: Die Frommen in unserer «Volksgemeinschaft» beruhigen sich über das, was heute in Namen des deutschen Volkes geschieht. Sie sagen «Gott hat uns als furchtbares Werkzeug ausersehen. Wir müssen Gottes Willen tun. Es fällt uns schwer, aber wir wollen und müssen Gott gehorchen und die ‹Mission› erfüllen, die er uns zugedacht hat.» Was für ein verzwirbeltes Denken.*
- *27.2.42: Ich hatte einen Besuch von einer sehr frommen Frau. Unter Schaudern erzählte sie einige ihr bekannt gewordene Einzelheiten über die Schandtaten gegen Juden, Polen und Russen. Aber*

sie kann sich nicht entschließen zu wünschen, dass Deutschland den Krieg verliere. Als Grund gibt sie Furcht vor der Rache der Juden an! Wie soll man da noch auf die «Christen» hoffen dürfen in Deutschland! Ihre Angst und Feigheit ist stärker als ihr Christentum und ihr Sinn für Gerechtigkeit.

- *29.6.1942: Nichts bringt den Deutschen so sehr aus dem Gleichgewicht wie schmale Rationen. Die Judenmassaker, die Misshandlung und Aufopferung der Polen, der Russen, das Vorhandensein von Konzentrationslagern, die Entziehung aller persönlichen Freiheit: all das hat ihn zunächst nicht erschüttert.*
- *13.4.1945: Unsere Nachbarn rundum vergraben ihre Kostbarkeiten, verbrennen Hitler-Bilder, Partei-Korrespondenzen, Uniformen aller Art.*

Noch erschütternder ist es, wenn man einen Perspektivwechsel vornimmt und die Tagebücher jüdischer Opfer liest. Nicht nur das Grauen rückt damit näher, sondern auch Gott. Schließlich ist in der Bibel immer wieder davon die Rede, dass Gott Partei für die Schwachen und Unterdrückten ergreift, dass er nicht bei denen ist, die lautstark seinen Namen beschwören, sondern bei denen, die seine Liebesgebote erfüllen.

Als «polnische Anne Frank» wird die junge Jüdin Renia Spiegel bezeichnet. Sie führte vom Überfall Deutschlands auf Polen bis zu ihrem Tod mit 18 Jahren ein Tagebuch.

Renia lebte nur 70 Kilometer entfernt von meinen Großeltern, die später als Vertriebene nach Deutschland kamen. Auch deshalb fühle ich mich von ihrem Tagebuch stark angezogen. Beim Durcharbeiten ist mir aufgefallen, dass Renia nahezu jeden Eintrag mit einer Bitte um göttlichen Beistand beendet.

Zunächst bedeutet der Kriegsausbruch für sie nur, dass ihr Dorf infolge des Hitler-Stalin-Pakts unter sowjetische Kontrolle kommt. Doch kurz nach dem deutschen Angriff auf Russland marschiert die Wehrmacht vor ihrer Haustür ein, und ein unvorstellbares Grauen beginnt. Ihre eigene moralische Stärke zeigt sich darin, dass sie sogar mit den Tätern mitfühlt.

- *28.7.1941: Jeden Morgen ziehen Abteilungen mit verwundeten Deutschen vorbei. […] Ich habe Mitleid mit ihnen. Ich habe Mitleid mit diesen jungen, müden Burschen, die es weit haben bis in die Heimat, bis sie wieder bei ihren Müttern, Frauen, vielleicht bei ihren Kindern sind. Auch für sie betet jemand voller Inbrunst und vergießt Tränen in schlaflosen Nächten.*
- *25.8.1941: Heute leide ich, aber ich danke dir, Gott, dass du mir in diesen schrecklichen, stürmischen Kriegstagen einen hellen, leuchtenden Lichtstrahl geschickt hast. Ich schreibe, was ich empfinde, und das ist tiefe, echte, ewige Dankbarkeit.*
- *8.12.1941: Blut wird vergossen, Städte werden zerstört, Menschen sterben. Es herrscht schreckliche Armut, Typhus. Gott, beende diesen furchtbaren Krieg! Erlaube uns, den Frieden gesund zu erleben! Jetzt beten alle und glauben, dass nur noch eine höhere Macht uns vor dem Bösen beschützen kann – und das ist Gott.*
- *9.5.1942: Ich dachte noch über die Nichtigkeit des Lebens angesichts der Ewigkeit nach, und das beruhigte mich.*
- *7.6.1942: Wo ich auch hinschaue, fließt Blut. So furchtbare Pogrome. Es wird getötet, gemordet. Gott, ich weiß nicht, wie oft ich dich schon demütig angefleht habe. Hilf uns, rette uns! Gott, lass uns leben, ich flehe Dich an, ich will leben! Ich hatte so wenig vom Leben, nichts. Ich will nicht sterben, ich fürchte mich vor dem Tod!*
- *15.6.1942: Allmächtiger Gott, halte deine schützende Hand über denen, die glauben und deine Fürsorge brauchen.*
- *25.7.1942: Er wird uns retten. Höre Gott Israels, rette uns, hilf uns. Gott, ich begebe mich einzig in deine Obhut. Du wirst mir helfen in der Not.*

Fünf Tage nach diesem letzten Eintrag wurde Renia Spiegel erschossen. Sie hatte sich vor der Deportation in ein Vernichtungslager versteckt. Ein deutscher Soldat hatte sie aufgespürt. Er tötete das Mädchen sofort.

Mittlerweile weltberühmt sind die Tagebücher der zehn Jahre älteren niederländischen Jüdin Etty Hillesum (1914–1943). Von ihr geht eine besondere Faszination aus. Ihr Leben und Denken waren von einigen bemerkenswerten Spannungsfeldern geprägt:

Zwischen einer großen Liebessehnsucht und einer starken erotischen Impulsivität …

Zwischen ihrer jüdischen Herkunft und ihrer Begeisterung für Jesus und das Neue Testament …

Zwischen der sich zuspitzenden äußeren Not und ihrem inneren Durchbruch zum freudvollen Dienst für ihre Mitmenschen …

Sie schlug Fluchtangebote aus, um das Schicksal der Amsterdamer Juden zu teilen. Ihr Lieblingsvers kam aus dem Matthäus-Evangelium: «Setzt euch zuerst für Gottes Reich ein und dafür, dass sein Wille geschieht. Dann wird er euch mit allem anderen versorgen» (Matthäus 6,33).

- *20.7.1942: Mein Gott, diese Zeiten sind zu hart für so zerbrechliche Menschen wie mich. Ich weiß, dass danach wieder andere, humanere Zeiten kommen werden. Ich möchte so gern am Leben bleiben, um all die Menschlichkeit, die ich trotz allem, was ich täglich mitmache, in mir bewahre, in diese neuen Zeiten hinüber zu retten.*
- *17.9.1942: Wie groß ist doch die innere Not deiner Geschöpfe auf dieser Erde, mein Gott. Ich danke dir, dass du so viele Menschen mit ihren Nöten zu mir kommen lässt.*
- *23.9.1942: Wir müssen durchdrungen sein von dem Gedanken, dass jeder Funken Hass, den wir zu der Welt hinzufügen, sie noch unwirtlicher macht, als sie ohnehin ist.*

- *9.10.1942: Eigentlich sind das die einzigen Liebesbriefe, die man schreiben sollte: Liebesbriefe an Gott.*

Ab dem Sommer 1943 ist Etty Hillesum im «Judendurchgangslager» Westerbork interniert. Hier sieht sie, wie ein Zug nach dem anderen in Richtung der Vernichtungslager losgeschickt wird.

- *3.7.1943: Eigentlich würde ich am liebsten schnell nach Polen kommen, dann habe ich es umso rascher überstanden, in drei Tagen bin ich tot, es hat ja doch keinen Sinn mehr, dieses menschenunwürdige Dasein fortzusetzen. […] Das Leben ist etwas Herrliches und Großes, wir müssen später eine ganz neue Welt aufbauen […] und jedem weiteren Verbrechen, jeder weiteren Grausamkeit müssen wir ein weiteres Stückchen Liebe und Güte gegenüberstellen, das wir in uns selbst erobern müssen. Wir dürfen zwar leiden, aber wir dürfen nicht darunter zerbrechen.*
- *18.8.1943: Du hast mich so reich gemacht, mein Gott, lass mich auch mit vollen Händen davon austeilen. Mein Leben ist zu einem ununterbrochenen Zwiegespräch mit dir, mein Gott, geworden.*

Im September besteigt Etty Hillesum mit ihrem Tagebuch, ihrer Bibel und einem Tolstoi-Werk den Todeszug. Ein Freund berichtet, sie habe den Zurückbleibenden mit einem fröhlichen «Taaag» zugewunken. Sie strengte sich bis zuletzt an, Fröhlichkeit zu verbreiten.

Ihre Eltern starben entweder schon während der Fahrt oder wurden sofort nach der Ankunft in Auschwitz vergast. Etty Hillesum wurde am 30. November 1943 ermordet.

Zu dieser Zeit hoffte Anne Frank (1929–1945) noch, dass die Deutschen ihr Versteck nicht aufspüren würden. Auch in ihrem Tagebuch fällt auf, dass der Glaube an Gott dort eine große Rolle spielt.

- *30.10.1942: Manchmal glaube ich, dass Gott mich auf die Probe stellen will, jetzt und auch später.*
- *30.1.1944: Meine Angst war verschwunden. Ich sah hinauf zum Himmel und vertraute auf Gott.*
- *31.3.1944: Gott hat mich nicht allein gelassen und wird mich nicht allein lassen.*
- *5.4.1944: Darum bin ich Gott so dankbar, dass er mir bei meiner Geburt schon eine Möglichkeit mitgegeben hat, mich zu entwickeln und zu schreiben, also alles auszudrücken, was in mir ist.*
- *11.4.1944: Keiner von uns hat sich je in solch einer Gefahr befunden wie in dieser Nacht. Gott hat uns beschützt. Wer hat uns Juden zu einer Ausnahme unter allen Völkern gemacht? Wer hat uns bis jetzt so leiden lassen? Es ist Gott, der uns so gemacht hat, aber es wird auch Gott sein, der uns aufrichtet. Wenn wir all dieses Leid ertragen und noch immer Juden übrigbleiben, werden sie einmal von Verdammten zu Vorbildern werden. Wer weiß, vielleicht wird es noch unser Glaube sein, der die Welt und damit alle Völker das Gute lehrt, und dafür, dafür allein müssen wir auch leiden.*
- *1.8.1944: Ich habe große Angst, dass alle, die mich kennen, wie ich immer bin, entdecken würden, dass ich eine andere Seite habe, eine schönere und bessere. Ich habe Angst, dass sie mich verspotten, mich lächerlich und sentimental finden, mich nicht ernst nehmen.*

An diesem Tag endet das Tagebuch. Drei Tage später werden Anne und ihre Familie verschleppt. Sie ist 15 Jahre alt. Etwas mehr als ein halbes Jahr später kommt sie im KZ Bergen-Belsen um.

Es gab natürlich auch die guten Deutschen: die Judenretter, die Widerstandskämpfer, die barmherzigen Samariter. Viele von ihnen hatten eine christliche Motivation, dabei aber oft keine sonderlich intensive Kirchenbindung.

Ein Allerwelts-Kirchenmitglied war der Handelsvertreter John Rabe (1882–1950). Er ging als «guter Deutscher von Nanking» in die Geschichte ein. Während der japanischen Invasion half er bei der Rettung von 200.000 Chinesen. Am Heiligabend des Jahres 1937 schrieb er in sein Tagebuch:

Diese entsetzliche Not, in die wir alle hier geraten sind, hat uns den Kinderglauben zurückgebracht. Nur ein Gott kann mich gegen die Horden schützen, die schändend, mordend und brandstiftend hier ihr Spiel treiben.

Ein Hitler-Anhänger blieb er trotzdem und wuchs, nach seinem Tagebuch zu urteilen, spirituell nie über den «Kinderglauben» hinaus. Er hatte den Katechismus nicht im Kopf, aber das Herz am rechten Fleck.

Durchaus kritisch gegenüber der Kirche war der Hitler-Attentäter Graf von Stauffenberg (1907–1944) eingestellt. Immer wieder beklagte er sich über Christen, «die vor lauter Christentum sich nicht entschließen konnten, das Rechte zu tun».

Sein Bruder Berthold erklärte beim Gestapo-Verhör:

Mein Bruder und ich sind der Meinung, dass aus dem Christentum heraus kaum noch etwas Schöpferisches kommen konnte.

Zu den positiven Ausnahmen gehörten neben bekannten Persönlichkeiten wie Dietrich Bonhoeffer, dem «Prediger von Buchenwald» Paul Schneider und dem Berliner Dompropst Bernhard Lichtenberg auch ein Lehrer meines Vaters. Der Pfarrer und Bonhoeffer-Weggefährte Horst Thurmann (1911–1999) hatte öffentlich die Judenverfolgung kritisiert. Dafür kam er bis zum Kriegsende in den berüchtigten «Priesterblock» im KZ Dachau.

Eine Erwähnung verdient auch «der Mann, der tausend Tode starb», Harald Poelchau (1903–1972). Der Schüler und Freund des Theologen

Paul Tillich arbeitete von 1933 bis zum Kriegsende als Gefängnispfarrer in Berlin. Er war unter anderem dafür zuständig, Hinrichtungskandidaten geistlich zu betreuen. Den zum Tode verurteilten Widerstandskämpfern half er dabei, mit ihren Familienangehörigen zu kommunizieren. Auch die verfolgten Juden unterstützte er, so gut er konnte.

Durch seine Hilfe konnte die ältere Tochter des Schriftstellers Jochen Klepper ausreisen. Außerdem bewahrte er Juden vor der Deportation, indem er Verstecke für sie organisierte. Dafür bekam er vom Staat Israel die Auszeichnung als «Gerechter unter den Völkern». Der Ehrentitel wird an Nichtjuden verliehen, die während der Nazi-Zeit ihr Leben riskiert haben, um Juden vor dem Holocaust zu retten.

Bis auf den heutigen Tag wurde die Auszeichnung an mehr als 27.000 Einzelpersonen verliehen. Nach heutigem Stand kommen davon nur 641 aus Deutschland, nicht einmal 2,5 Prozent.

Wie viele überzeugte Christen darunter sind, ist schwer zu ermitteln. In der offiziellen Begründung ist in weniger als 60 Fällen von einer christlichen Motivation die Rede. Sucht man nach deutschen «Gerechten unter den Völkern» mit einem freikirchlichen Hintergrund, muss man schon sehr gründlich suchen. Ich bin auf lediglich zwei Fälle gestoßen. 2! Von damals fast 80.000.000 Deutschen.

Natürlich gibt es immer auch viele Beispiele heroischer Aufopferungsbereitschaft. Einige davon sind kaum bekannt.

Ich habe erst in jüngster Zeit von der tapferen Katharina Staritz (1903–1953) erfahren. Tapfer war sie eigentlich gar nicht, jedenfalls nicht ihrer Natur nach. Ihre Schwester beschrieb sie als außerordentlich furchtsames Wesen, das schon von bellenden Hunden in Panikattacken versetzt wurde. Umso bemerkenswerter ist ihr couragiertes Eintreten für Judenchristen.

Als erste Frau überhaupt hatte Katharina Staritz in Marburg den Theologie-Doktortitel erworben. Die gebürtige Breslauerin war eng mit dem gleichaltrigen Schriftsteller Jochen Klepper befreundet, der ebenfalls aus Schlesien stammte und mit einer Jüdin verheiratet war.

In den 30er Jahren kehrte sie als Stadtvikarin nach Breslau zurück. Im Auftrag der Bekennenden Kirche leitete Katharina Staritz eine «Hilfsstelle für evangelische Nichtarier», also für getaufte evangelische Juden. Hundert von ihnen half sie bei der Ausreise.

Als die deutschen Juden immer brutaler aus dem öffentlichen Leben gedrängt wurden, schließlich Anfang September 1941 sogar zum Tragen eines Judensterns gezwungen wurden, wollte Katharina Staritz nicht länger schweigen. Man kann sich ausmalen, wie viel Mut sie zusammennehmen musste, um am 12. September 1941 das folgende Rundschreiben an alle Breslauer Pfarrer zu verschicken.

Unter anderem schrieb sie:

Es ist Christenpflicht der Gemeinden, [jüdische Christen] nicht etwa wegen der Kennzeichnung vom Gottesdienst auszuschließen. Sie haben das gleiche Heimatrecht in der Kirche wie die anderen Gemeindemitglieder und bedürfen des Trostes aus Gottes Wort besonders. […] Es ist auch zu überlegen, ob nicht wenigstens in der ersten Zeit diese gekennzeichneten Christen auf ihren Wunsch von Gemeindegliedern zum Gottesdienst abzuholen wären, da einige mir gegenüber schon geäußert haben, sie wüssten nicht, ob sie nun noch wagen dürften, in die Kirche zu gehen.

Die Reaktion der braunen Diktatur folgte umgehend. In der Nazi-Presse wurde Katharina Staritz deutschlandweit als landesverräterische «Frau Knöterich» diffamiert. Die Breslauer Kirchenleitung kündigte ihre Anstellung und verbot Juden fortan kategorisch, evangelische Kirchen und Friedhöfe zu betreten.

Wenig später folgten die Verhaftung der 38-Jährigen und ihre Internierung im KZ Ravensbrück. Hier leistete sie weiter heimlichen Widerstand, feierte mit anderen Frauen verstohlen Gottesdienste. In ihren Erinnerungen schreibt sie darüber:

> *In unserer Freistunde, wenn wir auf der Lagerstraße auf- und abgingen, […] mussten wir immer zu fünft in einer Reihe gehen. Aber es durfte nicht bekannt werden, was wir sprachen. Ich ging in der Mitte von drei Fünferreihen. Lange konnte dieser Gottesdienst nicht sein, und ich nahm als Text stets ein Wort, das wie für unsere Lage geschrieben schien.*

Sie verfasste in dieser Zeit auch Gedichte, die ihr Selbstverständnis ausdrücken: als «Widerschein» der göttlichen Liebe tätig zu sein.

> *Die Bahn ein schimmernd' Schifflein zieht im weiten blauen Raum / um Bug und Kiel aufbrausend sprüht der lichten weißen Wolken Schaum. / Und nächtlich leuchtet, silberrein das Segel lieblich mild, / des großen Lichtes Widerschein, draus alles Erdenleben quillt. / So lass auch, Herr, mein Leben sein, hab' ich doch Eignes nicht / ein stiller froher Widerschein von deiner ewgen Liebe Licht.*

Nach dem Krieg und neun Jahre nach ihrem Rausschmiss bekam Katharina Staritz eine neue Stelle bei der Evangelischen Kirche: die erste Pfarrstelle für eine Frau überhaupt. Drei Jahre später, am 3. April 1953, starb sie an Krebs. Ihr Beispiel lehrt einmal mehr:

Moralische Größe existiert nur individuell, nicht institutionell.

Was aber nun soll dieser historische Exkurs mit seinen überwiegend ernüchternden, desillusionierenden Eindrücken?

Ich ziehe daraus sechs Lehren:

Erstens: Der Blick in die Vergangenheit kann uns dabei helfen, uns zu verbessern.

Wie schon in der Bibel ist das beste Beispiel oft das abschreckende Beispiel. Es war früher nicht alles schlechter, aber schon gar nicht alles besser, weder materiell noch moralisch. Wir dürfen weder auf unsere Vorfahren herabsehen, noch uns von Minderwertigkeitskomplexen lähmen lassen. Wir stehen nicht auf den Schultern von Giganten, sondern sind nur die nächsten Etappenläufer im rumpeligen Staffelrennen der Geschichte.

Zweitens: Gute Absichten, Ideologien und Glaubensbekenntnisse, Eidesschwüre und Salbungen schützen nicht vor schlimmen Fehlern.

Macht ist so nötig, wie sie gefährlich ist.

Nur wer sie scheut, hat sie verdient.

Drittens: Weil jeder seine Gründe hat und politische Korrektheit relativ ist, kommt es am Ende auf die Qualität des Lebens und der Liebe an.

Erfolgreich ist, was das Wohlergehen der Menschen und ihre liebevollen Beziehungen untereinander verstärkt. Genau wie in Lessings Ring-Parabel der Ring «vor Gott und Menschen angenehm» macht, so zeigt sich wahre historische Größe in den Glücksspuren, die sie hinterlässt.

Viertens: Bei allen Rückschlägen zeigt der Pfeil der Geschichte aufwärts.

Die Lebens- und Liebesverhältnisse haben sich in den letzten Jahrtausenden verbessert. Daran haben Christen einen erheblichen Anteil. Sie sind aber auch Nutznießer von Entwicklungen, die bereits in der heidnischen Antike angestoßen wurden und die in den letzten Jahren von nicht sonderlich frommen Menschen verstärkt wurden.

Fünftens: Demut ist angebracht.

Keine Interessensgruppe hat ein nachweisliches Monopol auf «Menschheitsglück». Alle Religionen und Ideologien haben zu viel Dreck am Stecken, als dass ihre Anhänger mit dicker Hose, breiter Brust und großer Klappe auftreten könnten. Als Mitglieder im «Team Human» sind alle aufgerufen, weiter an einer lebenswerten Welt zu arbeiten – was nicht ausschließt, dass man als Christ nicht auch eine bessere jenseitige Welt im Blick hat. Bei aller berechtigten Kritik an den Verbrechen, die im Namen Jesu verübt wurden, darf man sich allerdings auch in Erinnerung rufen: Noch weit giftiger als das natürliche «Opium» der Religion sind die synthetisierten Toxine säkularistischer Heilsversprechen.

Dieses Eingeständnis machte sich der liberal-christliche Literaturexperte Hermann Stresau auf dem Höhepunkt des Hitler-Terrors. Am 21.11.1943 notierte er in sein Tagebuch:

> *«Opium fürs Volk», behaupteten früher die aufgeklärten, bürgerlichen Sozialisten. Das ist gar nichts gegen die weltlichen Ideologien. Zu was für einem Opiat diese werden können, das sieht man bei uns. Es hat aus einem Volk eine völlig willenlose Herde gemacht.*

Sechstens: Neubesinnung und Neugier sind angesagt.

Einige theologische Lichtgestalten werfen bei genauerem Hinsehen ziemlich dunkle Schatten. Andererseits ist es höchste Zeit, unkonventionelle und seinerzeit umstrittene Christen wie Origenes, Pierre Abaillard, Joachim von Fiore, Meister Eckhart, Sebastian Franck wiederzuentdecken; und in diesem Zusammenhang auch den völlig in

Vergessenheit geratenen Gottfried Arnold (1666–1714). Der mystisch veranlagte Frühpietist wurde, damals 30-jährig, als Theologieprofessor an die Universität Gießen berufen. Das «ruhmsüchtige Vernunftwesen» seiner Kollegen stieß ihn ab. Er kündigte. Auf der Suche nach Glaubensvorbildern verließ er den lutherischen Mainstream. Er stieß auf Männer wie Franck und machte sie zu den Helden einer «Unparteiischen Kirchen- und Ketzerhistorie».

Darin kam er zu dem Schluss:

Aus [der] bitteren Wurzel der Eigenliebe hat sich der ganze Baum des Irrtums und falschen Christentums in so viele hundert Äste, Zweige und Früchte der Ketzereien, Spaltungen, Sekten und Haufen durch die ganze Welt ausgebreitet.

Später kehrte Arnold zurück in den Pfarrdienst. Am Pfingstfest 1714 stürmte ein Rekrutierungskommando des preußischen Königs Friedrich Wilhelm I. seinen Gottesdienst. Mit Gewalt wurden einige junge Gottesdienstbesucher zum zwangsweisen Soldatendienst verschleppt. Arnold erlitt einen Nervenzusammenbruch und starb zehn Tage später. Sein Werk und sein Leben sind heute nahezu unbekannt.

Das gilt auch für viele Schriften begnadeter Theologinnen. Ausgeschlossen vom Lehramt, verfassten sie ihre Texte hinter Klostermauern, am Küchentisch, in Privatgemächern, auf Reisen: Frauen wie Katharine Bushnell, Christine de Pizan, Margaret Fell, Anne Hutchinson, Juliana von Norwich, Margery Kempe, Marguerite Porete, Anna Maria von Schürmann.

Dringend nötig ist nicht nur eine kirchenhistorische #MeToo-Aufarbeitung der Frauenunterdrückung …

… sondern auch eine #SheToo-Aufwertung des theologischen Nachlasses von Frauen. Hildegard von Bingen, Christina Rosetti, Emily Dickinson, Dorothy Sayers, Simone Weil setzen in ihrer Beschäftigung mit der Bibel ganz andere Akzente als ihre männlichen Zeitgenossen. Man kann gespannt sein auf die Ergebnisse, wenn beide Traditionsstränge enger miteinander verknüpft werden.

Jedes Zeitalter braucht eine frische Sicht auf seine Vergangenheit. Wir benötigen neue Geschichts-Narrative – vor allem solche, die helfen, die aktuellen Erfahrungen historisch einzuordnen.

Ein Meister in dieser Kunst war Egon Friedell (1878–1938). Kurz vor dem Beginn der Nazi-Diktatur erschien seine «Kulturgeschichte der Neuzeit». Darin beschäftigte er sich mit der geistigen Entwicklung Europas seit dem Mittelalter.

Sein Zugang war eher schriftstellerisch-phantasievoll als faktenorientiert-penibel. Ihn interessierten die großen Zusammenhänge, und er scheute sich nicht vor kühnen Behauptungen: zum Beispiel, dass in jeder großen Krise der Keim zu einer Neugeburt steckt. Er kannte sich damit aus, war selbst der personifizierte Zusammenfall von Gegensätzen: ein Fabrikantensohn, der lieber schrieb und schauspielerte, als sich unternehmerisch zu betätigen; ein Jude, der sich im katholischen Österreich evangelisch taufen ließ; ein Traditionsbewusster, der den Fortschritt begrüßte; ein Liebessehnsüchtiger, den seine Mutter als Kleinkind verlassen hatte und der vergeblich nach der Frau fürs Leben suchte; ein sprachgewaltiger Bewahrer der deutschen Kultur, den die Nazis bei ihrem Einmarsch in Österreich dazu brachten, aus dem Fenster in den Tod zu springen. Um niemanden zu verletzen, bat er vorher die Passanten: «Treten Sie zur Seite.»

Von Egon Friedell habe ich einen der wichtigsten Schlüsse aus der Geschichte gelernt. Obwohl er sein Buch resignativ mit dem «Sturz der Wirklichkeit» beendet, war er überzeugt, dass die Menschen sich wieder aufraffen würden.

Die Geschichte macht nicht nur demütig, sie macht auch hoffnungsfroh. Und sie lehrt, dass Untergänge auch Übergänge sind.

- *Die geistige Geschichte der Menschheit besteht in einer fortwährenden Um-Interpretierung der Vergangenheit.*
- *Ein Zeitalter, das nicht seinen Helden findet, ist pathologisch, seine Seele ist unterernährt.*

- *Man kann, wenn man will, das Mittelalter die Pubertätszeit der mitteleuropäischen Menschheit nennen, die tausendjährige Psychose der Geschlechtsreife. […] Der entscheidende Grundzug des Pubertätsalters besteht jedoch darin, dass es fast jeden Menschen zum Dichter macht. Worin unterscheidet sich nun die dichterische Anschauung sowohl von der wissenschaftlichen als von der praktischen? Dadurch, dass sie die ganze Welt der Erscheinungen symbolisch nimmt. Und genau dies war der beneidenswerte Zustand der mittelalterlichen Seele. Sie erblickte in allem ein Symbol.*
- *Zunächst kann es ja selbst dem philiströsesten Denken kaum zweifelhaft sein, dass jeder Mensch durch Krankheitszustände lernt: Der kranke Organismus ist unruhiger und darum lernbegieriger; empfindlicher und darum lernfähiger; ungarantierter und darum wachsamer, scharfsinniger, hellhöriger; in dauernder Gewohnheit und Nachbarschaft der Gefahr lebend und darum kühner, unbedenklicher, unternehmender; näher der Schwelle der jenseitigen Seelenzustände und darum unkörperlicher, transzendenter, vergeistigter.*
- *Alles Denken ist Wiederholung; aber in zunehmender Verdichtung. Alle höheren Bewusstseinsstufen sind Reproduktionen früherer Vorstellungsreihen in einer wesentlich gedrängteren, kristallisierteren Form. Konzentration ist das Merkmal steigender Kulturentwicklung: Wenn es einen geistigen Fortschritt gibt, so ist er hier zu suchen. Aber dieser Übergang in einen immer festeren Aggregat-Zustand bedeutet stets auch eine qualitative Veränderung; und darum kann man ebenso gut sagen: Denken ist niemals Wiederholung.*

Wer weiß, vielleicht steht uns ein neuer «Sturz der Wirklichkeit» bevor. Oder der Übergang in eine von Computer-Manipulationen bestimmte Scheinwelt. Die Erfahrung sollte uns dabei helfen, den richtigen Weg zu finden.

Zwischenstopp
Der Weisheit dritte Schlüsse

Auf die richtigen Quellen kommt es an. Davon kann ich selbst ein Lied singen, seit ich mich als 21-Jähriger im Coca-Cola-Museum von Atlanta krankgetrunken habe. Dort klärte nicht nur eine Ausstellung über die Geschichte des braunen Softdrinks auf. Es gab auch jede weltweit verfügbare Limonade der Coca-Cola Company zu trinken. Und zwar gratis, was für mich als armen Studenten besonders attraktiv war. Ich kippte mir die überzuckerten Getränke literweise rein.

Am Ende war mir so schlecht, dass ich mir am liebsten den Magen hätte leerpumpen lassen. Ein paar Tage Diät reichten aber, um mich zu kurieren.

Mit der Wirklichkeit ist es wie mit dem Wasser. Pur schmeckt beides vielleicht nicht am besten, tut uns aber besonders gut.

Nach meinem Urteil ist das größte Verdienst des Forschers: Dasein zu enthüllen. (F. H. Jacobi an J. G. Hamann, 1783)

Wer weise sein will, stellt sich dem Leben, wie es ist, nicht wie es sein sollte. Der Blick in die Natur, in die Geschichte, in die Bibel klärt uns über unser Wesen auf. Allerdings gibt es, anders als beim Wasser, die Wirklichkeit nie ohne Zusatzstoffe. Dafür sorgen unsere Hirnprozessoren. Immerhin kann man sich bemühen, die Verzerrungseffekte zu minimieren.

Weisheit geht aber weit über Faktensammlung hinaus.

Deutlich geworden ist mir das bei meinem letzten Kino-Erlebnis:

«Oppenheimer». In der spektakulären Leinwandbiografie geht es um den Atomphysiker, der mitverantwortlich war für den Tod von mehr als hunderttausend Japanern. Der Film lieferte einige interessante Hintergrundinformationen über Oppenheimers Motive und über sein wissenschaftliches Umfeld.

Mir ist von den Details der Handlung nur wenig in Erinnerung geblieben. Was mich am meisten beeindruckte, war die Schönheit des Films. Der Regisseur Christopher Nolan ließ mich Anteil nehmen an der Faszination des Abgründigen und Schrecklichen. Nolan hatte aus denselben Quellen geschöpft wie die Sachbuchautoren, die sich mit Oppenheimer beschäftigt hatten. Sein Film leistete aber etwas, was Texte nur schwer bewirken können: ein emotionales Verständnis des großen Rätsels, das unser Leben darstellt.

Auch wenn wir noch so intelligente Naturstudien, Geschichtserforschungen und Bibelauslegungen betreiben:

Wir werden nie aufhören, uns verwundert am Kopf zu kratzen.

Meine eigene Existenz ist für mich ein riesiges Paradox. Denn wenn alles gut gegangen wäre, würde es mich nicht geben. Die Geburt meiner Eltern und ihr späteres Zusammentreffen sind Folgen des Zweiten Weltkriegs. Wenn Adolf Hitler nicht beschlossen hätte, Polen zu überfallen, dann hätten sich nicht die schrecklichen Dinge ereignet, die in zweiter Generation zu meiner Geburt geführt hätten.

Ich bin einerseits dankbar, dass es so gekommen ist, auch wenn ich andererseits wünsche, dass Hitler am 30. Januar 1933 nicht zum Reichskanzler ernannt worden wäre. Ich bin ein personifiziertes Resultat des Zusammenfalls der Gegensätze, der «Coincidentia Oppositorum».

Darin liegt eine zentrale Botschaft dieses Buchteils.

In Geschichte und Gegenwart gibt es kaum Schwarz und Weiß, sondern überwiegen die Grautöne. Ich leugne nicht, dass es das Licht gibt – aber es liegt vor uns und kann in diesem Leben nur erstrebt, aber nie vollkommen erfasst werden.

Deshalb müssen wir uns lösen von allzu vereinfachenden Weltbetrachtungen, vor allem von falschen Dichotomien wie «Vernunft vs. Glaube» und «Humanismus vs. Christentum». Nach wie vor gibt es Geschichtsnarrative, die einen Siegeszug des Diesseitigkeits-Denkens proklamieren. Und es gibt als Reaktion darauf die Verfallserzählungen, in denen sich die westliche Kultur seit der Renaissance auf dem absteigenden Ast befindet.

Die Tendenz, die Geschichte zu schwarz oder zu weiß zu lesen und die Menschheit zu über- oder unterschätzen, ist nicht neu.

Als einer der ersten Agnostiker gilt der Philosoph Protagoras (490–411 v. Chr.). Wie ein moderner Influencer ließ er sich von reichen Griechen für sein Expertenwissen bezahlen. Seine zentralen Thesen passten zum damaligen Fortschrittsoptimismus. Protagoras lehrte:

- *Der Mensch ist das Maß aller Dinge.*
- *Was die Götter angeht, so ist es mir unmöglich zu wissen, ob sie existieren oder nicht.*

Seine Anfänge als Philosoph fielen in eine Boom-Ära. Die Perser waren geschlagen, die Athener unter dem Staatsmann Perikles auf dem Gipfel ihrer Macht. Aber dann setzte ein gesellschaftspolitischer und militärischer Abwärtstrend ein. Die Folge davon war eine philosophische Neubesinnung. Bei Sokrates, Platon, Aristoteles ging es wieder um höhere Ideale und auch um die Anerkennung höherer Mächte. Das materialistisch-humanistische Weltbild eines Protagoras verlor an Anziehungskraft.

Auch heute stimmen radikal säkulare Humanisten immer wieder Abgesänge auf die Religion an. In Anbetracht des allgegenwärtigen spirituellen Hungers klingen die Abgesänge aber immer mehr nach Oldies – und dort vornehmlich nach B-Sides.

Dicke Kratzer haben auch die Niedergangs-Platten, die lange Zeit bei evangelikalen Christen in Dauerrotation liefen. Einige der größten weltanschaulichen «Hits» des späten 20. Jahrhunderts stammen von Francis Schaeffer (1912–1984). Die Schriften des presbyterianischen US-Theologen waren für mich so etwas wie eine Einstiegsdroge in die Geschichtswissenschaften. Irgendwann in meiner Pubertät fiel mir sein bekanntestes Buch in die Hände, «Wie können wir denn leben? Aufstieg und Niedergang der westlichen Kultur».

Bei mir war zu jener Zeit gerade die Hautkrankheit Neurodermitis ausgebrochen, dazu hatte ich Akne und eine kratzige Stimme. Dass die Dinge abwärtsgehen, war für mich folglich Alltagserfahrung.

Schaeffer zog die Linien noch etwas weiter als bis zu meinem Stimmbruch, nämlich bis zum Mittelalter. Damals, so Schaeffers These, hätte das Abendland den Weg des Offenbarungsglaubens verlassen. Angefixt von der Vernunftphilosophie des Aristoteles hätten sie sich selbst ins Zentrum gerückt, Gott außen vor gelassen. Die Folge dieses Abfalls seien Anarchie, Chaos und schließlich Tyrannei.

Der moderne Mensch wird so in zunehmendem Maße auf die Annahme einer manipulierenden, autoritären Regierung vorbereitet.

Schaeffer veröffentlichte sein Buch vor fast 50 Jahren, im Jahr 1976. Er prophezeite dem Westen einen baldigen wirtschaftlichen Kollaps, den Übergang des Kalten Krieges in eine heiße militärische Auseinandersetzung zwischen West und Ost, innerstädtische Gewaltexzesse, soziale Revolten, Nahrungsmittelverknappung. Als einzigen Ausweg beschrieb er eine Rückkehr zu den biblischen Ordnungsprinzipien. Nur auf dieser Grundlage sei «Freiheit ohne Chaos» möglich.

Unter solchen Umständen scheint es nach dem natürlichen Ablauf der Dinge nur zwei Alternativen zu geben. Erstens: eine aufgezwungene Ordnung. Oder zweitens: Unsere Gesellschaft kehrt zu der Grundlage zurück, die eine Freiheit ohne Chaos einmal ermöglicht hatte.

Aber wann war eine solche Situation tatsächlich der Fall gewesen?

Das fragte ich mich ein paar Jahre später, nachdem ich mit dem Geschichtsstudium begonnen hatte. Ich beschäftigte mich mit antiker, mittelalterlicher, frühneuzeitlicher Geschichte. Ich konnte aber nirgends Anhaltspunkte dafür finden, dass es jemals eine bibeltreue Gesellschaftsordnung gegeben hatte, in der «Freiheit ohne Chaos» verwirklicht worden war.

Selbst in der Bibel ist nirgendwo von goldenen Zeiten die Rede. Sogar in der Paradieserzählung folgt auf die Schöpfung nahtlos der Sündenfall. Stattdessen erkannte ich, dass die humanistischen Fortschritte der letzten Jahrhunderte nicht von der Hand zu weisen waren: der Übergang von einer tribalistischen Ehrkultur zu einer individualistischen Würdekultur, vom Krieg als Normalzustand zu langen Friedenszeiten, von der Mangel- zur Überflussgesellschaft, von der Despotie zur Demokratie, von der Zensur zur Meinungsfreiheit.

Seitdem verstaubte «Wie können wir denn leben?» in meinem Bücherschrank. Erst jetzt habe ich es wieder hervorgekramt: als Beleg für Weisheitslehren, die nicht die nötigen Quellen anzapfen.

Noch immer wird Francis Schaeffer in manchen christlichen Kreisen als Großdenker verehrt. Er war nach dem Krieg im missionarischen Auftrag nach Europa gekommen. An seiner fundamentalistischen Agenda ließ er aber von Anfang an keinen Zweifel. Gleich zu Beginn seiner fast 20-jährigen Zeit auf dem Kontinent legte er sich mit dem um einiges älteren Karl Barth (1886–1968) an. Nassforsch kritisierte Schaeffer den berühmten Theologen für dessen angeblich liberales Bibelverständnis.

Der ansonsten friedfertige Barth reagierte mit einem giftigen Brief:

Sie und Ihre Freunde haben sich entschieden, einen Typus von Theologie zu pflegen, der in einer Art Kriminologie besteht. Sie leben von der Ablehnung und Diskriminierung jedes einzelnen Mitgeschöpfes, dessen Auffassung nicht ganz mit Ihren eigenen Ansichten und Aus-

sagen identisch ist. Sie aber «wandeln auf dem festen Felsen der Wahrheit».

Schaeffer lernte seine Lektion. Er mied künftig theologische Fachkreise, konzentrierte sich auf Studenten. Nahe des Genfer Sees gründete er die Wohngemeinschaft L'Abri. Mit einem intellektuell anregenden Programm wollte er hier junge Leute für den christlichen Glauben begeistern. Dabei profitierte er ebenso von den Studenten wie diese von ihm. Aus den Gesprächen über große Philosophen bekam er Anregungen für seine Bücher. Die restlichen Informationen bezog er vorwiegend aus Zeitschriftenartikeln, wie sein Biograf Barry Hankins berichtet:

Es ist höchst unwahrscheinlich, dass Schaeffer jemals Hegel, Kant, Kierkegaard und die anderen modernen Denker, die er später in seinen Vorlesungen und Büchern kritisieren sollte, tatsächlich gelesen hat.

Schaeffer hatte sich also gar nicht die Mühe gemacht, zu einigen wichtigen Quellen des Verstehens vorzudringen. Er war kein Wissenschaftler, sondern ein begnadeter Geschichtenerzähler, weniger Forschungsreisender als Missionar. Bei seinem Publikum punktete er durch die Schönheit und Schlüssigkeit seiner Argumente, nicht durch deren solide Faktenbasis.

Viel entscheidender als Fachwissen war aus Schaeffers Sicht ohnehin die richtige «Weltanschauung». Das Wort taucht in seinen Büchern inflationär auf. Diese Weltanschauung speiste sich nicht aus mühevollem Quellenstudium. Sie ergab sich aus seiner Prägung und der daraus resultierenden Haltung.

Dieser Ansatz ist, wie ich im Kapitel «Bewusstsein» beschrieben habe, allzu menschlich:

Wir denken, was wir wollen.

Und wir wollen, was wir lieben.

Die weise Alternative dreht dieses Procedere um. Dann sind wir nicht von vornherein festgelegt, sondern zugänglich für neue Sachverhalte, korrigieren nötigenfalls unsere Einstellungen, präzisieren unsere Ziele.

Und dann?

Der Schluck aus der Weisheitspulle ist schließlich kein Selbstzweck. Weil das Leben nur im Vorwärtsgang gelebt werden kann, ist es wichtig, die richtigen Destinationen anzusteuern.

Quo vadis, also?

Die weise Richtung ist klar.

Hin zu mehr Stärke, Liebe, Sinn.

Und auf ins Paradies.

Das Themenspektrum des nächsten Teils.

Vierter Teil
Die Ziele der Weisheit

Vierter Teil
Die Ziele der Weisheit

Intro

Manchmal nervt auch der beste Job. Neulich habe ich bei einem Freund über einen besonders arbeitsintensiven Auftrag gestöhnt. Er hatte eine Weisheit für mich parat, die ich noch nicht kannte.

Fünf Minuten Dummstellen erspart eine Stunde Arbeit;
eine Stunde Dummstellen einen ganzen Tag.

Klang plausibel. Ich habe den Auftrag trotzdem ausgeführt. Vielleicht, weil ich nicht das Ziel habe, möglichst entspannt durchs Leben zu kommen. Die Befriedigung durch Leistung und die Anerkennung durch andere ist mir wichtig, wie vermutlich den meisten Menschen. Keiner soll mir nachsagen können, dass ich mich vor der Pflicht wegducke.

Aber was, wenn das völlig egal ist? Wenn wir uns den Nutzen der positiven Resonanz nur einbilden? Wenn in diesem Leben nur Lustmaximierung und Schmerzvermeidung zählen und danach nichts kommt? Wenn wir die Hauptdarsteller in einer Tragödie sind, die auf das Nichts zusteuert? Und wenn dadurch alles nichts wert ist?

Solche nihilistischen Gedanken haben schon den Autor des biblischen «Prediger»-Buches geplagt. Gleich im ersten Kapitel lamentiert er:

Alles ist vergänglich und vergeblich, nichts hat Bestand, ja, alles ist vergebliche Mühe! Der Mensch plagt sich ab sein Leben lang, doch was bringt es ihm ein? Hat er irgendeinen Gewinn davon? […] Ich gab mir viel Mühe, alles auf der Welt mit meiner Weisheit zu erforschen und zu begreifen. Doch was für eine große Last ist das! Gott hat sie den Menschen auferlegt, sie sollen sich damit abmühen! Ich beobachtete, was die Menschen auf dieser Welt tun, und erkannte: Alles ist vergebliche Mühe – gerade so, als wollte man den Wind einfangen. […] Dann dachte ich darüber nach, was die Weisheit eigentlich ausmacht und worin sie sich von Unvernunft und Verblendung unter-

scheidet. Doch ich musste erkennen: Wer das begreifen will, kann genauso gut versuchen, den Wind einzufangen! Denn je größer die Weisheit, desto größer der Kummer; und wer sein Wissen vermehrt, der vermehrt auch seinen Schmerz.

In der Philosophie ist von «Nihilismus» erst seit etwas mehr als zweihundert Jahren die Rede, zum ersten Mal in einem Brief von Friedrich Heinrich Jacobi. Der christliche Aufklärungskritiker sah darin die notwendige Konsequenz einer Vernunft-Überhöhung und Offenbarungs-Skepsis.

In den folgenden Jahrzehnten wurde der radikale Nihilismus zur intellektuellen Mode. In den Romanen von Dostojewski tauchen seine Vertreter reihenweise auf, meistens mit sehr unheilvollen Folgen.

Man kann unterscheiden zwischen überzeugten und unfreiwilligen Nihilisten. Letztere würden zwar gerne an einen höheren Sinn glauben, können ihn aber nicht finden. Zu ihnen gehört der rumänische Philosoph Emil Cioran (1911–1995).

Der Sohn eines orthodoxen Priesters begann als junger Mann, an der Realität Gottes zu zweifeln. Seine Sinnsuche führte ihn zum Faschismus, der ihn ebenfalls enttäuschte. Übrig blieb ein tiefer Pessimismus. In Schriften wie «Das Buch der Täuschungen», «Auf den Gipfeln der Verzweiflung» und der «Lehre vom Zerfall» beschwor Cioran wortreich die Hoffnungslosigkeit des Seins.

Nur an einigen Stellen ließ er durchblicken, dass er mit dem Glauben an Gott noch nicht vollständig abgeschlossen hatte.

Viele von Ciorans Beobachtungen sind, trotz aller von ihm beschworenen Hässlichkeit des Lebens, schön zu lesen. Sie treffen buchstäblich ins Schwarze.

Für alle, die genervt sind von pausbäckigen Macher-Slogans, können sie sogar eine therapeutische Wirkung entfalten.

- *Jeder Mensch ist sein eigener Bettler.*

- *Melancholie ist eine Religiosität ohne das Bedürfnis nach Absolutem.*
- *Eine durch die Lüfte irrende Schneeflocke ist ein zerreißenderes Sinnbild der Vergeblichkeit als ein Leichnam.*
- *Grauen ist Zukunftsgedächtnis.*
- *Leben und Ich sind zwei Parallelen, die sich im Tod treffen.*
- *Das Experiment Mensch ist gescheitert. Es ist eine Sackgasse.*
- *Wer nicht am Unerträglichen des Lebens gelitten, hat nie gelebt.*
- *Wenn es darum geht, zwischen Irrtümern zu wählen, dann bleibt Gott trotz allem der trotzreichste, der alle Wahrheiten überleben wird.*
- *Jede Müdigkeit verbirgt eine Gottessehnsucht. Nachdem du die Philosophen gelesen hast, kehrst du zur absoluten Kindheit des Geistes zurück, murmelst ein Gebet und schlüpfst darin unter.*
- *Wie können denn jene, die nichts bedauern, zum Himmel schauen?*
- *Durch jede Träne sieht uns Gott.*

Ich kenne allerdings viele kluge Menschen, die auch ohne einen höheren Sinn auszukommen scheinen.

Ziellos sind sie deshalb keineswegs.

Gesund, reich und geliebt zu sein:

Aus ihrer Sicht ist das erstrebenswert genug.

Vielleicht haben sie ja recht.

Mal sehen: In welche Richtungen schlägt die Nadel des Weisheitskompasses aus?

1. Stärke: Warum es *doch* auf die Größe ankommt

In der Natur gibt es weder Kuchen noch Empfang. / In der Natur, da hat die Liebe keine Chance. / In der Natur, da haben die Tiere keine Angst. / Da gehst du einfach lang und krepierst dann irgendwann.

Deichkind, In der Natur

Es ist eine der bekanntesten Szenen im «Jäger des verlorenen Schatzes». In Kairo bekommt es Indiana Jones mit einem technisch brillanten Schwertkämpfer zu tun. Die schwarz vermummte Gestalt fuchtelt wild mit der Waffe vor dem übermüdeten Helden herum. Eine gefühlte Ewigkeit lang.

Bis Indiana Jones die Geduld verliert, seinen Revolver zieht und den Angreifer wegballert.

Die Szene stand ursprünglich gar nicht im Drehbuch. Dass Indiana Jones kurzen Prozess machte, statt sich ein durchchoreographiertes Duell mit dem Schwertkämpfer zu liefern, war eine Notlösung, um Zeit und Geld zu sparen.

Wirklichkeitsnäher war es allemal. Warum sollte sich Indiana Jones auf das Niveau seines Herausforderers begeben, statt von seiner technischen Überlegenheit Gebrauch zu machen!

That's life: Ausrüstung schlägt Anstrengung.

Es gewinnt, wer die größere Kanone hat.

Die Analogie kam mir unwillkürlich in den Sinn, als ich im Spätsommer 2021 durch Kabul fuhr. An jeder Straßenkreuzung standen schwer bewaffnete Taliban. Sie hatten die Kontrolle über Afghanistan gewonnen. Nach und nach machten sie alle Menschenrechts-Fortschritte der letzten zwanzig Jahre zunichte. Die Frauen fingen wieder an, sich voll zu verschleiern.

Der «Garten des Friedens und der Hoffnung», den ich im deutschen Fernsehen vorgestellt hatte, war zugesperrt. Verwaist war auch das Musikinstitut, an dem das afghanische Mädchenorchester geprobt hatte; die jungen Frauen waren entweder ins Ausland oder zu ihren Eltern in die weit entlegenen Provinzen geflüchtet.

Als ich über die wenigen Protestdemonstrationen in der Hauptstadt berichten wollte, wurde mein Kameramann übel zusammengeschlagen. Ich selbst musste mich mehrfach verhören lassen. Bei der deutschen oder amerikanischen Botschaft beschweren konnte ich mich nicht mehr. Die waren aufgelöst, genauso wie auch die afghanische Armee. Nun herrschten die alten Machthaber, deren Anführer international gesuchte Terroristen waren.

Und warum? Weil sich die Taliban als stärker als ihre Gegner erwiesen hatten. Nun kontrollierten sie das 35-Millionen-Menschen-Land mit den Waffen, die sie kampflos erbeutet hatten.

Dass die Taliban wieder am Hindukusch regieren, war nicht die einzige neue Entwicklung der letzten Jahre. Im Januar 2023 besuchte ich zum ersten Mal seit Ende 2018 wieder Indien. Vier Jahre lang hatte ich dort als Korrespondent gelebt. In der Zwischenzeit waren noch mehr Hochhäuser, Schnellstraßen, Einkaufszentren und Flughäfen errichtet worden. Kein Tag verging, an dem nicht eine große Zeitung das «Wachstum» des Landes beschwor.

Für die Bevölkerungszahl galt das allemal. Indien überrundete China als menschenreichstes Land der Welt. In puncto Wirtschaftsstärke ging es aber ebenfalls aufwärts. Damit veränderte sich die internationale Machtbalance. Die Zeit, wo die Deutschen den Indern in Sachen Menschenrechte irgendwelche Vorschläge, geschweige denn Vorschriften machen konnten, war endgültig vorbei.

«Bitte, bitte, lasst uns Freunde sein», titelte der SPIEGEL höhnisch, als Bundeskanzler Scholz seinen Amtskollegen Modi besuchte. Neuerdings musste Deutschland sich bemühen, Indien als Verbündeten und Wirtschaftspartner zu behalten.

Und warum? Weil Indien als Weltmacht mehr in die Waagschale zu werfen hat als die Regionalmacht Deutschland. Früher hatte man uns für unsere Leistungsstärke bewundert: beim Maschinenbau wie beim Fußball. Der Lack blättert zunehmend ab. Beim Fußball sowieso.

Vor meiner Zeit als Südasien-Korrespondent, also 2014, hatte die deutsche Fußball-Nationalmannschaft gerade ihre vierte Weltmeisterschaft gewonnen. Vor dem Brandenburger Tor veralberten die siegreichen Kicker mit dem «Gaucho-Tanz» die unterlegenen Argentinier.

Deutschland war ganz oben.

Gewesen.

Bei den nächsten zwei Weltmeisterschaften flog das deutsche Team so früh raus wie noch nie zuvor. Sportjournalisten waren nicht lange um eine Antwort verlegen. «Die Gier war weg», resümierten sie. Die Gegner hätten mehr Erfolgshunger als die Deutschen und eine größere Siegermentalität an den Tag gelegt.

Die anderen Teams waren stärker, weil sie es nötiger hatten als die satten Deutschen. Deshalb flogen die Deutschen auch 1994 bereits im Viertelfinale raus, obwohl sie wegen der Wiedervereinigung den vielleicht besten Kader aller Zeiten hatten.

Dabei hatte Trainer Franz Beckenbauer nach der gewonnenen Weltmeisterschaft 1990 noch getönt: «Auf Jahre hinaus wird unsere Nationalmannschaft unschlagbar sein.»

Bis zum nächsten Titel dauerte es dann 24 Jahre. Und mittlerweile habe ich meine Zweifel, ob ich überhaupt noch einen deutschen WM-Triumph erleben werde.

2023 musste auch das Frauen-Fußballteam nach der Vorrunde die Koffer packen. Die Nerven hatten nicht mitgespielt, Robustheit und Durchsetzungsvermögen haben gefehlt. Die Fans fragten sich: Wo waren die berühmten deutschen Turnier-Tugenden geblieben? Hatte man früher den beinharten deutschen Vorstoppern noch zugerufen: «Kein Mensch, kein Tier, die Nummer vier!», verloren sie nun reihenweise wichtige Zweikämpfe.

Womöglich tatsächlich eine Folge der Sattheit.

Schon in der Bibel steht:

Hunger treibt den Menschen an; er muss arbeiten, um satt zu werden.

Sprüche 16,26

Für Nietzsche basierte aller Erfolg auf dem folgenden «ersten Grundsatz»:

Man muss es nötig haben, stark zu sein: Sonst wird man's nie.

Neben dem Erkenntnisproblem und dem Umsetzungsproblem gibt es eben auch das Willensproblem.

Nach oben schafft es nur, wer es unbedingt will.

Wenn man sich die internationalen Vergleichsstatistiken bei Patent-Anmeldungen anguckt oder die Rankings von Schulen und Universitäten, ist Deutschland auch dort von der Weltklasse weit entfernt. Gleichzeitig werden die Noten hierzulande besser, kommen immer mehr Schüler durch die Prüfungen. Außer bei den Fahrprüfungen, also da, wo man aus Sicherheitsgründen die Standards nicht aufweichen kann. Da steigt die Durchfallquote.

Sonderlich beeindruckt davon scheint die Generation Z (die ich in meinem Buch «Übermorgenland» die «Generation Hanno» getauft habe, nach dem tragischen letzten Erben in der «Buddenbrooks-Saga») nicht zu sein. Umfragen zufolge sorgt sie sich weit mehr um die persönliche Work-Life-Balance als um Deutschlands Wettbewerbsfähigkeit.

Warum schreibe ich das alles? Weil ich eine Binsenweisheit zurück ins Gedächtnis rufen will: Im menschlichen Leben geht es wie in der gesamten Natur auch um Stärke. Man muss kein Sozialdarwinist sein, um zu erkennen, dass die «Fitten» in der Welt länger und besser leben.

Das war auch die Meinung von Bob Dylan. Nach drei frommen Alben, in denen er inbrünstig von christlichen Werten gesungen hatte, kehrte er 1983 mit «Infidels» (Ungläubige) zu seinen skeptischeren Wurzeln zurück. In «Union Sundown» textet er, dass im normalen Leben leider nicht das Gebot der Nächstenliebe befolgt wird, sondern dass dort das Gesetz der Straße und des Dschungels gilt.

Die Demokratie regiert nicht die Welt. Krieg' das besser in deinen Kopf. Die Welt wird von Gewalt regiert. Aber das sagt man wohl lieber nicht.

Die Einschätzung ist vielleicht, wie vieles von Dylan, etwas überspitzt formuliert. Am Ende gibt es doch gewiss mehr Kooperation als Konfrontation. Dennoch bin ich davon überzeugt, dass so etwas wie das Gesetz der sozialen Schwerkraft existiert.

In der Physik gilt: je größer die Masse, desto stärker die Anziehungskraft. Im zwischenmenschlichen Bereich kommt es natürlich nicht auf das Körpergewicht an, sondern auf die soziale Substanz. Wir nennen diejenigen Menschen «attraktiv», die schön, reich, berühmt sind. Eben, weil sie anziehend auf uns wirken.

Man ist nicht so schön, stark und schlau, wie man sich fühlt.

Sondern wie die anderen einen wahrnehmen.

Erfolg macht sexy.

Davon habe ich mir in meiner Zeit als Hauptstadtkorrespondent bei den vielen Partys und Empfängen ein Bild machen können. Wenn man wissen wollte, wo sich die Bundeskanzlerin oder einer ihrer Minister aufhielt, musste man nur nach den Menschentrauben Ausschau halten. So wie die Motten vom Licht angezogen werden, suchen wir instinktiv die Nähe zu Zeitgenossen, die einen höheren Status als wir selbst haben; Zeitgenossen, die mehr Geld und mehr Einfluss haben oder die ganz einfach blendend aussehen.

Wissenschaftler haben herausgefunden, dass wir sogar mehr Geld für wohltätige Zwecke spenden, wenn eine attraktive Person in unserer Nähe ist.

Im gesellschaftlichen Verkehr ist die Schönheit ein großer Vorzug:
Wie nichts anderes vermag sie die Menschen zueinander zu führen.
Michel de Montaigne, Essays

Eng verwandt mit dem Gesetz der sozialen Anziehung ist das Gesetz der sozialen Ansteckung. Meinungen und Einstellungen sind so übertragbar wie Krankheiten.

Wir sind, mit wem wir zusammen sind.

Aber die Ansteckungswahrscheinlichkeit ist nicht bei allen Menschen gleich. Es gibt die «Superspreader», die sozialen Virenschleudern. Sie sind bei der Verbreitung von Ansichten so effektiv, weil sie so viele Kontakte haben, heutzutage vor allem durch ihre Fernsehsendungen und Podcasts. Ihre Popularität und ihr Renommee sorgen dafür, dass Leute sich von ihnen etwas sagen lassen.

Gute Absichten alleine reichen nicht. Wer wirksam sein will, muss erst groß und stark werden. Das ist bei zwischenmenschlichen Kontakten der Fall, aber eben auch in der großen Weltpolitik.

Stärker schlägt Schwächer.

Oben schlägt Unten.

Ohne Mitleidsbonus für Nachzügler.

Diese harte Lektion werden erfolgsverwöhnte Staaten wie Deutschland in den nächsten Jahren lernen müssen.

Dabei helfen keine Parolen wie «Runter von der Hängematte» und «Ärmel hochkrempeln». Die Erfolgsbremsen sind in der Regel struktureller Natur. Es sind die gesellschaftlichen Anreizsysteme, die darüber bestimmen, wie viel Energie mobilisiert und wie sie kanalisiert wird.

Strukturreformen sind wiederum schwierig, weil sich verschiedene Interessen entgegenstehen. Für sich genommen sind diese Interessen alle nachvollziehbar, sie blockieren sich nur gegenseitig.

Aufgelöst wird die Blockade manchmal erst, wenn es zu spät ist.

Wir sind Opfer von naturgesetzlichen Wachstumsblockern.

Einerseits von Trägheit: Was nicht muss, verändert sich nicht.

Und andererseits von Entropie: Jede Ordnung zerfällt, wenn sie sich selbst überlassen bleibt.

Ich habe idealistische Freunde, die einen relativen Abstieg Deutschlands nicht sonderlich bedauern. Sie finden, dass wir lange genug eine Pole-Position hatten. Nun überholen uns die anderen. No big deal. Man muss auch gönnen können. Lass halt mal die anderen ran.

Blöd nur, dass die anderen dann auch die Spielregeln bestimmen.

Opposition ist Mist.

Dieser Spruch des früheren SPD-Vorsitzenden Franz Müntefering ist Christen schon seit vielen Jahrzehnten vertraut.

Mehr als tausend Jahre lang saßen ihre Vertreter auf den Richterstühlen. Nun finden sie sich im Abseits wieder, wenn nicht sogar auf den Arme-Sünder-Bänken. Der Einfluss schwindet immer mehr.

Die Frage stellt sich, wie das Christentum überhaupt die Welt umkrempeln konnte. Im Gegensatz zum Buddhismus, Islam und Hinduismus war die christliche Religion ein krasses Unterschichten-Phänomen und fast dreihundert Jahre weit entfernt von den Hebeln der Macht. Eine derart nachhaltige Bottom-up-Bewegung hat es vorher und nachher nicht gegeben.

Der ausschlaggebende Unterschied hat fünf Buchstaben: Jesus. Er besetzte zwar keine politische Schlüsselposition, dafür hatte er Vollmacht, das heißt: spirituelle Autorität, griechisch: Exousia.

Diese Vollmacht ließ ihn zum unwiderstehlichen Gravitationsfeld werden, vor seinem Tod und nach seiner Auferstehung. Seine charismatische Ausstrahlung sorgte dafür, dass er jede Konversation dominierte. Es waren nie seine Gegner, die den Gesprächsverlauf bestimmten, sondern immer Jesus. Wenn er einen Raum betrat, gingen förmlich die Lichter an, leuchteten die Gesichter, war eine geradezu elektrische Spannung spürbar.

In abgeschwächter Form verfügen auch einzelne Jesus-Nachfolger über eine Ausstrahlung, die die normalen Kräfteverhältnisse aushebelt. Eine solche Sonderbegabung hatte zweifelsohne Papst Johannes Paul II. (1920–2005).

Was ihn zum Vorbild für Millionen machte, war das Prall-Lebendige an seiner Persönlichkeit. Er war kein abgehobener Geistes- und Gremientyp, sondern ein volksnaher Vollmensch: in seiner Jugend ein passionierter Sportler, Tänzer und Schauspieler, später ein Untergrundaktivist und Studentenpfarrer, ein geborener Performer, der ein Gespür für erinnerungswürdige Bilder hatte.

Auf die Idee, bei Länderbesuchen den Erdboden zu küssen, war vor ihm kein Papst gekommen.

Dennoch waren es nicht Karol Wojtyłas Gesten und Reden, die den Kalten Krieg beendeten, sondern Ronald Reagans Rüstungsoffensive und Michail Gorbatschows Einlenken.

Unter normalen Umständen sind alle Versuche, die Machtverhältnisse aus einer Position der Schwäche heraus zu verändern, zum Scheitern verurteilt. Alphatypen lassen sich von Alphatypen überzeugen. Betatypen beeindrucken in der Regel nur ihresgleichen oder Leute, die zu ihnen aufschauen.

Diese ernüchternde Erfahrung machte im letzten Jahrhundert der amerikanische CVJM-Funktionär Frank Buchman (1878–1961). Er rief eine Bewegung ins Leben, die heute kaum noch bekannt ist, in den 1920er und 1930er Jahren aber der Inbegriff einer evangelikalen Avantgarde war: die «Oxford Group» (ab 1938: «Moralische Aufrüstung»).

Mit dem Versprechen, durch Persönlichkeitsveränderung eine Weltveränderung zu bewirken, wandte sich Buchman gezielt an Entscheidungsträger und VIPs. Es gelang ihm, einige kluge Köpfe wie den Schweizer Theologen Emil Brunner (1889–1966) für seine Sache zu gewinnen. Aber er hatte höhere Ziele bzw. Zielobjekte. Er wollte keine Geringeren als Mussolini und Hitler missionieren.

Vergeblich bemühte er sich um Audienzen bei den beiden Staatschefs. «Die Oxfordbewegung war naiv genug, den Versuch zu machen, Hitler zu bekehren», schrieb am 11.9.1934 Dietrich Bonhoeffer. Er sah darin «eine lächerliche Verkennung dessen, was vorgeht».

Buchman gab nicht auf. Wenn er selbst schon keinen Zugang zur Reichskanzlei oder zum italienischen Regierungspalast bekam, konnte vielleicht einer seiner Schützlinge dahin gelangen. Große Hoffnungen setzte Buchman auf eine holländische Adelige, die nach einer wilden Jugend über die Oxford Group zum christlichen Glauben gefunden hatte.

Die hübsche Baronin Julia Op ten Noort (1910–1994) war erst Mitte 20, als sie zur Leiterin der niederländischen Sektion der Oxford Group aufstieg. Immerhin schaffte sie es, zur heimlichen Nummer 2 im Nazi-Staat vorzudringen, dem zehn Jahre älteren SS-Chef Heinrich Himmler (1900–1945).

Es folgte eine dramatische Bekehrung – allerdings von ihr selbst. Die Baronin entwickelte sich zur glühenden Nationalsozialistin, so weit, dass sie die Rassenideologie durch eigenen Nachwuchs fördern wollte. In einer «Lebensborn»-Klinik brachte sie ihren unehelichen Sohn Heinrich zur Welt; Gerüchten zufolge hatte er von Himmler nicht nur den Vornamen, sondern auch die Gene.

Weit erfolgreicher war Frank Buchman mit einer Initiative, die eher am entgegengesetzten Rand des gesellschaftlichen Kraftspektrums angesiedelt war. Ein amerikanischer Geschäftsmann konnte mithilfe der Oxford Group seine Alkoholsucht besiegen und gründete daraufhin die «Anonymen Alkoholiker». Auch wenn Christen es nicht gerne wahrhaben wollen: Sie sind bessere Armenärzte als Promicoaches.

Um mehr Einfluss sollte man sich trotzdem bemühen. Zum Glück gibt es bewährte Techniken, die auch von Verkäufern oder Lobbyisten angewandt werden. Diese Einflussbooster, die bei der Verbreitung von Produkten oder Ideen helfen, lassen sich in drei Kategorien unterteilen.

1. Beim Produkt bzw. beim Anliegen sollte ein ausgewogenes Verhältnis von «Neuigkeit» und «Ähnlichkeit» vorliegen. Menschen sind einerseits von Neugier angetrieben, andererseits sympathisieren sie mit dem, was ihren vorgefassten Meinungen entspricht. Negativ formuliert: Die alte Leier ödet an, radikal Anderes schreckt ab. Am einflussreichsten ist, wer am Bewährten anknüpft und gleichzeitig ein brandneues Upgrade verspricht.
2. Willst du gelten, mach dich selten – das gilt auch für Güter und für Ideen. Wir geben Bares lieber für Rares als für Allerweltkram. Ein Angebot ist attraktiver, wenn es in begrenzter Stückzahl und zeitlich befristet vorliegt. Was einem nicht wegzulaufen droht, ist auch keinen Sprint wert.
3. Es geht nicht darum, einen Fuß in die Tür eines potenziellen Kunden zu bekommen, sondern darum, den Kunden dazu zu bringen, seinen Fuß in unsere Tür zu setzen. Wer bereits einen Schritt gemacht hat, lässt nämlich oft auch einen zweiten folgen. Weil der erste Schritt entscheidet, sollte die Hemmschwelle niedrig und das Rücktrittsrisiko gering sein. Kierkegaard hatte unrecht: Der Glaube macht keine Sprünge, sondern Trippelschritte. Was nach einer 180-Grad-Wende aussieht, ist oft nur die letzte von vielen kleinen Weiterdrehungen.

Was aber, wenn man schwach ist und trotz aller Bemühungen ohne Einfluss bleibt?

Dann kann man immerhin an der eigenen Widerstandsfähigkeit arbeiten. Mittlerweile hat sich herumgesprochen, wie wichtig psychische Resilienz ist. Deshalb sollen Kinder und Jugendliche nicht in Watte gepackt werden, sondern durch dosierte Krisenerfahrungen ein gesundes seelisches Abwehrsystem aufbauen. Oft hilft als Schutz gegen Scheitern auch schon, die eigenen Ansprüche zu reduzieren. Wer weniger hat, hat auch weniger zu verlieren.

Ein vielgelesener Meister der Unglücksprophylaxe und des Ohnmachtsmanagements ist Epiktet (50–138). Er war ungefähr 14 Jahre alt, als der Apostel Paulus starb. Vielleicht kannten sich die beiden sogar. Epiktet arbeitete als Sklave im Umfeld des Kaiserpalastes, und von Paulus ist bekannt, dass er dort einige christliche Freunde hatte.

Als Erwachsener bekam Epiktet die Freiheit geschenkt. Seine zweite Lebenshälfte verbrachte er als eine Art «Life Coach» in Nordgriechenland. Als Stoiker lehrte er, wie man unter bösen Umständen ein guter Mensch bleibt und wie man materiellen Mangel mit einem reichen Seelenleben kompensiert.

Wer innerlich stark werden will, sollte sich die eine oder andere teure «Meisterklasse Mindfulness» sparen und dafür lieber bei Epiktet in die Schule gehen.

Hier ein Auszug aus seinem Repertoire:

- *Du musst dich im Leben wie bei einem Gastmahl verhalten. Wird etwas herumgereicht und kommt es zu dir, streck die Hand aus und nimm ein bescheidenes Teil. Wenn etwas, das du gerne hättest, an dir vorbeigeht, konzentriere dich nicht darauf, sondern warte, bis du an der Reihe bist. Verhalte dich so auch im Hinblick auf Familienplanung, Liebe, Karriere, Besitz.*
- *Man darf das Schiff nicht an einen einzigen Anker und das Leben nicht an eine einzige Hoffnung binden.*
- *Mit der Bildung ist es wie mit dem Gold: Beides behält unabhängig von Zeit und Ort seinen Wert.*
- *Nicht die Dinge selbst, sondern die Meinungen über die Dinge beunruhigen die Menschen.*
- *Mach dir bewusst, dass nicht der dich herabsetzt, der dich kritisiert oder dich schlägt, sondern es an dir liegt, darin eine Schande zu sehen oder nicht.*

- *So wie die Sonne nicht auf Lob und Bitten wartet, um aufzugehen, sondern eben leuchtet und aller Welt nützt, so darfst auch du weder Schmeichelei noch Beifall brauchen, um Gutes zu tun.*
- *Wenn du Weisheit lernen willst, so musst du darauf gefasst sein, dass man dich auslachen wird und dass viele spottend sagen werden: «Da kommt ja der Philosoph!»*
- *Bevor du dich selbst einen Philosophen nennst, solltest du dich erst wie einer verhalten. So wie du bei einem Gastmahl nicht davon reden sollst, wie man richtig isst, sondern es einfach tun sollst.*
- *Weise ist, wer nicht bedauert, was er nicht hat, sondern wer sich an dem freut, was er hat.*

Der Klügere gibt aber nicht immer nach, schon gar nicht, wenn dadurch dem Bösen Vorschub geleistet wird.

Wenn in der Bibel von «Feindesliebe» die Rede ist, dann ist damit keine «Bösenliebe» gemeint. Auch das Wort «Feind» ist problematisch, wie der Philosoph Hans Blumenberg (1920–1996) bemerkt hat.

> *Niemand kann seine Feinde lieben, dann wären sie nicht seine Feinde, obwohl er sich dazu zwingen kann, sich ihnen gegenüber zu verhalten, als wären sie es nicht, was für die Betroffenen auf dasselbe hinauskommt.*

Vielleicht sollte man lieber von «Gegnerliebe» reden.

Für den Umgang mit moralisch destruktiven Kräften und Persönlichkeiten gilt, was Dietrich Bonhoeffer mit «dem Rad in die Speichen fallen» umschrieben hat. Er war angesichts des Nazi-Terrors der Überzeugung, man dürfe der Geschichte nicht stoisch ihren Lauf lassen. Intervention sei angebracht.

Die historische Erfahrung wie die Kriminologie geben Bonhoeffer recht. Mörderische Regimes folgen derselben perversen Logik wie Serienkiller. Je höher die Leichenberge anwachsen, desto tiefer sinkt die

Hemmschwelle. Fehlender Widerstand ermutigt soziopathisches Verhalten und intensiviert den Blutrausch.

Manchmal kommt man nur über Kampf zum Ziel. Diese Erfahrung machte auch der Schriftsteller Alexander Solschenizyn (1918–2008). Die Jahre im stalinistischen Gulag hatten ihn gelehrt:

Mit den Kommunisten ist es nicht viel anders als mit dem Banditenmilieu im Lager und im Gefängnis: Zeigst du Härte, gibst du nicht nach – werden sie selbst zurückweichen; vor der Härte haben sie Respekt.

Wer sich auf solche Kämpfe einlässt, kommt weder äußerlich noch innerlich ungeschoren davon. Auch das wird in den Edelwestern deutlich, als deren Fan ich mich bereits geoutet habe. Bereits ein halbes Dutzend Mal habe ich etwa den Film «Nackte Gewalt» (1953, Regie: Anthony Mann) gesehen.

Wieder spielt James Stewart die Hauptrolle: einen von Frau und Freunden enttäuschten Ex-Soldaten, der nun als Kopfgeldjäger hinter Banditen her ist und dabei allmählich seine eigene Menschlichkeit einbüßt, bis ihn am Ende die Liebe doch wieder zum guten Menschen macht. Friedrich Nietzsche, der seine eigenen moralischen Skrupel am liebsten abgetötet hätte, brachte den Konflikt in «Jenseits von Gut und Böse» auf den Punkt:

Wer mit Ungeheuern kämpft, mag zusehen, dass er nicht dabei zum Ungeheuer wird. Und wenn du lange in einen Abgrund blickst, blickt der Abgrund auch in dich.

Ich selbst habe bisher nur wenig Tuchfühlung mit destruktiven Menschen gehabt. Meistens war dazwischen noch ein Mikrofon. Statt die Machthaber und Mullahs, die ich interviewte, in die Schranken zu weisen, habe ich ihnen artig Fragen gestellt. Erstens, weil das mein Job ist, zweitens, weil ich offene Konflikte scheue.

Als harmoniebedürftiger und zugleich debattierfreudiger Mensch werde ich von verbalen Auseinandersetzungen oft auf dem falschen Fuß erwischt. Mein Gehirn schüttet Stresshormone aus, meine Gedanken fließen zäh, mein Mund galoppiert unbeaufsichtigt vorneweg und sagt Dinge, die ich anschließend bedaure.

Ich weiß, dass Streit mir nicht guttut.

Für Machtausübung gilt das Gleiche.

Ich kenne ihre toxische Wirkung.

Man hat Macht über andere Menschen, wenn man sie zwingen kann, das zu tun, was man will. «Basta!» statt «Könntest du dir vorstellen …?»

In Deutschland geht laut Verfassung alle politische Macht vom Volk aus, das heißt in der Praxis: von seinen gewählten Abgeordneten. In der Panik der Corona-Krise wurde das Parlament bei einigen wichtigen Entscheidungen außen vor gelassen. Das sorgte in Teilen des Volks für Verdruss, auch wenn es vermutlich nötig war. Man kann nicht jede Entscheidung im Konsens treffen und eine Gesellschaft nicht mittels Stuhlkreis-Diskussionsrunden führen.

Macht ist so notwendig wie problematisch.

Sie spielt eine negative Hauptrolle in der «Geschichte des Peloponnesischen Krieges», dem wichtigsten Historienwerk der griechischen Antike. Thukydides (454–399 v. Chr.) ging darin vor allem einer Frage nach:

Wie konnte es passieren, dass die fortschrittlichen Athener gegen die traditionalistischen Spartaner den Kürzeren zogen? Die Antwort von Thukydides fiel eindeutig aus: Das individuelle Machtstreben hatte den gesellschaftlichen Zusammenhalt aufgezehrt.

An all dem war die Herrschsucht schuld, die sich in Habgier und Ehrgeiz äußerte.

«Geh mir aus der Sonne», soll der Tonnen-Philosoph Diogenes (413–323 v. Chr.) Alexander dem Großen zugerufen haben. In den Worten steckt eine tiefe Wahrheit: Macht kann schwere Schatten auf unser Erkenntnisvermögen werfen.

Das denke ich bei jedem Parteitag. Aus den Delegierten rekrutieren sich unsere Volksvertreter. Sie haben den festen Vorsatz, das gesellschaftliche Zusammenleben positiv zu gestalten. Und doch höre ich nirgendwo so viel üble Nachrede; über die politischen Gegner, klar, aber auch über die eigenen Parteifreunde. Macht macht gehässig.

Von einem deutschen Ministerpräsidenten wurde berichtet, er habe über einen Nachwuchsstar und potenziellen Rivalen aus seiner eigenen Partei gesagt: «Guter Mann. – Müssen wir kaputtmachen.»

Wo Geld, Status, Macht im Spiel sind, verrohen die Sitten. Das kann man bei Tolkiens «Herr der Ringe» nachlesen, bei Wagners «Ring der Nibelungen» nachhören und auch in der Bibel bestätigt finden. Was Macht aus guten Menschen macht, zeigt dort keine Geschichte besser als die Saga der Dynastien von Saul und David, die in den beiden «Samuel»-Büchern und im ersten Buch der «Könige» erzählt wird.

Die Menschenschilderungen in der Filmtrilogie «The Godfather» («Der Pate») und der TV-Serie «Succession» wirken im Vergleich dazu geradezu weichgezeichnet. Die drei Protagonisten Saul, David und Salomo starten alle als Idealisten. Ihr Charakter verändert sich mit jedem Jahr, in dem sie auf dem Thron sitzen – zum Negativen.

Eines der größten Rätsel, die mir die Bibel aufgibt, findet sich im dritten Kapitel des ersten «Könige»-Buches. Dort erbittet sich Salomo von Gott nichts anderes als Weisheit. Zum Dank gibt Gott ihm obendrein noch «Ruhm und Reichtum, so viel wie kein anderer König hat».

Beides wird Salomo zum Verhängnis.

Mittlerweile ist durch zahlreiche soziale Experimente erwiesen, dass Macht den Charakter negativ verändert, Narzissmus fördert und Empathie reduziert. Offen ist allerdings, ob alle Menschen gleich gefährdet sind. Verdirbt Macht den Charakter – oder haben diejenigen, die sich nach Macht ausstrecken, von vornherein ein Charakterproblem?

Oft zitiert wird in diesem Zusammenhang das Stanford-Gefängnis-

Experiment aus dem Jahr 1971. Dabei nahmen 24 amerikanische Studenten an einem Rollenspiel teil, bei denen die eine Hälfte von ihnen Wärter, die andere Hälfte Häftlinge spielen sollte. Das Experiment geriet außer Kontrolle, weil die «Wärter» ihre Macht zunehmend sadistisch ausübten.

Die wissenschaftlichen Veranstalter sahen darin einen Beleg für ihre Ausgangsthese, dass Bösartigkeit eine Frage der Umstände ist.

Mittlerweile wird diese These in Frage gestellt. Kritiker weisen darauf hin, dass in der Ausschreibung bereits von einem «psychologischen Gefängnisexperiment» die Rede war und ausschließlich männliche Kandidaten gesucht wurden. Der Aufruf wandte sich also unverblümt an Fans von Machogehabe und Machtspielen. Angehende Krankenschwestern und Kindergärtner meldeten sich daraufhin wohl kaum. So gesehen lassen sich aus dem Experiment zwei neue Schlussfolgerungen ableiten:

- Macht kriegt eher, wer sie will.
- Wer Macht will, kann am wenigsten damit umgehen.

Mir fallen noch einige andere Macht-Maximen ein:

- Macht macht einsam. Weil Abhängigkeit und Freundschaft einander im Weg stehen.
- Macht macht blind. Weil man von Ja-Sagern umgeben ist, die einem den Blick für die Realität verstellen.
- Macht macht süchtig. Weil man sich ans Ansagen gewöhnt und das Argumentieren verlernt. Im schlimmsten Fall ähnelt man dem bösen Ex-Hobbit aus dem «Herr der Ringe», Gollum; von dem weisen Gandalf, der sich dem Zugriff der Macht entzogen hat, ist man jedenfalls weit entfernt.
- Macht macht schwach. Weil irgendwann alle Macht zu Ende geht und man dann keine Freunde mehr hat, die einen stützen.

Zum Paradoxon, dass jede Macht den Keim zu ihrer Zerstörung in sich trägt, passt die «Dialektik der Aufklärung». Das gleichnamige Buch wurde von den deutsch-jüdischen Philosophen Theodor Adorno (1903–1969) und Max Horkheimer (1895–1973) im kalifornischen Exil verfasst.

Die beiden Marxisten stellten sich die Frage, warum die modernen Menschen trotz aller aufklärerischen Ideologien so unfrei und fremdbestimmt blieben – und warum sich alle geistigen Erhellungen irgendwann eintrübten.

Die Ursache dafür sahen Adorno und Horkheimer im verborgenen Expansionsstreben aller Denkrichtungen. Wissen wird, sobald es etabliert ist, zu Herrschaftswissen. Andere Meinungen werden mehr oder weniger subtil ausgegrenzt, die Menschen indoktriniert und manipuliert, freie Diskurse unterbunden. Aus demselben Grund schlägt jede Befreiung irgendwann in Knechtschaft um. Aus «Toleranz für alle» wird erst «Keine Toleranz den Intoleranten» und schließlich «Keine Toleranz für niemanden».

Macht hat die Tendenz, zum Selbstzweck zu werden. In George Orwells Roman «1984» erklärt der Repräsentant des alles beherrschenden «Big Brother»-Regimes:

> *Die «Partei» will die Macht ausschließlich um ihrer selbst willen. Wir sind nicht am Wohl der anderen interessiert, sondern einzig und allein an der Macht. Nicht Reichtum oder Luxus oder langes Leben oder Glück: nur Macht, reine Macht. […] Wir wissen, dass niemand jemals die Macht mit der Absicht ergreift, sie wieder abzugeben. Macht ist kein Mittel, sie ist ein Ziel. Man errichtet keine Diktatur, um eine Revolution zu sichern; man macht die Revolution, um die Diktatur zu errichten. Der Zweck der Verfolgung ist die Verfolgung. Der Gegenstand der Folter ist die Folter. Das Ziel der Macht ist die Macht.*

Wir Deutschen haben den satanischen Charakter des Willens zur bösen Macht in den Jahren 1933 bis 1945 aufs Schrecklichste kennen gelernt.

Heutzutage haben wir deshalb eher Ohnmachtsprobleme.

Spätestens seit der #MeToo-Debatte ist Testosteron in Verruf, Machtfülle suspekt, dafür Kontrolle und Transparenz angesagt. Außerdem weiß inzwischen jede und jeder, dass Führungspositionen stressen und Druck krankmacht.

«Wer will sich das noch antun?», höre ich oft, wenn es um Leitungsfunktionen geht, für die keine adäquaten Bewerber gefunden werden. Politische Ämter sind eh out. Bewusst oder unbewusst haben wir eine wichtige Lektion der Nikomachischen Ethik von Aristoteles gelernt:

Die Glückseligkeit liegt zum großen Teil in der Muße. [...] Die Politik verträgt sich nicht mit der Muße.

Meine Freude über diesen Erkenntnisfortschritt ist begrenzt. Ich wette, dass es nicht lange dauert, bis in Deutschland der Ruf nach unbequemen Machertypen wieder laut wird. Je schlimmer die Krise, desto größer die Nachfrage nach Rettern.

Meistens findet sich dann ein Roosevelt oder Churchill, die sich das halbwegs gerne «antun»; an Leute vom Schlag eines Napoleon oder gar eines Hitler will ich lieber gar nicht denken.

Die Krise ist sowohl Chance als auch Gefahr. Ihren ambivalenten Charakter hat keiner besser beschrieben als Jacob Burckhardt (1818–1897). Der Schweizer Historiker und Pfarrerssohn war eigentlich für die leisen und sorgfältig recherchierten Töne bekannt. Zu seinem beliebtesten Buch wurde eines, das er gar nicht geschrieben hatte, sondern das nach seinem Tod aus seinen Vorlesungsmanuskripten zusammengestellt wurde: unter der markanten Überschrift «Weltgeschichtliche Betrachtungen».

Manches davon klingt, als hätte er die heftigen Umbrüche des kommenden 20. Jahrhunderts vorausgesehen.

Die Krisen räumen auf: zunächst mit einer Menge von Lebensformen, aus welchen das Leben längst entwichen war und welche sonst mit ihrem historischen Recht nicht aus der Welt wegzubringen gewesen wären. Sodann aber auch mit wahren Pseudo-Organismen, welche überhaupt nie ein Recht des Daseins gehabt und sich dennoch im Laufe der Zeit auf das Stärkste bei dem ganzen übrigen Leben assekuriert, ja hauptsächlich die Vorliebe für alles Mittelmäßige und den Hass gegen das Ungewöhnliche verschuldet hatten. Die Krisen beseitigen auch die ganz unverhältnismäßig angewachsene Scheu vor «Störung» und bringen frische und mächtige Individuen empor. […] Dagegen umspinnt in ganz ruhigen Zeiten das Privatleben mit seinen Interessen und Bequemlichkeiten den zum Schaffen angelegten Geist und raubt ihm die Größe; vollends aber drängen sich die bloßen Talente an die erste Stelle, daran kenntlich, dass ihnen Kunst und Literatur als Spekulationszweige gelten, als Mittel, Aufsehen zu erregen, und dass ihnen die Ausbeutung ihrer Geschicklichkeit keine Beschwerde macht, weil ihnen kein Überquellen des Genius im Wege ist. Und oft nicht einmal das Talent. […] Das große Individuum übersieht und durchdringt jedes Verhältnis, im Detail wie im Ganzen, nach Ursachen und Wirkungen.

Burckhardt war allerdings weit davon entfernt, in Erwartung solcher «großen Individuen» in Jubelstürme auszubrechen. Er wusste um die Gefahren des Machtmissbrauchs.

Das Allerseltenste aber ist bei weltgeschichtlichen Individuen die Seelengröße. Sie liegt im Verzichtenkönnen auf Vorteile zugunsten des Sittlichen, in der freiwilligen Beschränkung nicht bloß aus Klugheit, sondern aus innerer Güte, während die politische Größe egoistisch sein muss und alle Vorteile ausbeuten will. Verlangen kann man sie a priori nicht, weil, wie schon gesagt, das große Individuum nicht als Vorbild, sondern als Ausnahme hingestellt ist; die historische Größe betrachtet aber von vornherein als erste Aufgabe, sich zu behaupten und zu steigern, und Macht bessert den Menschen überhaupt nicht.

Wie findet der Mensch das richtige Maß zwischen Schwäche, Stärke und Übermut, zwischen Ohnmacht, Macht und Willkürherrschaft?

Um diese Frage ging es auch in dem schriftlichen Disput, den sich ein junger Berliner Pastor, Ernst Jahn (1893–1969), und der berühmte österreichisch-jüdische Psychologe Alfred Adler (1870–1937) lieferten. Ihre unterschiedlichen Ansichten veröffentlichten sie in dem Buch «Religion und Individualpsychologie». Es erschien 1933, fast zeitgleich mit dem Beginn der Nazi-Diktatur.

Adler stellte die menschlichen Minderwertigkeitsgefühle in den Mittelpunkt seiner Texte. Für ihn zielten alle individuellen Bemühungen darauf ab, Schwächen zu kompensieren und zu einer gesunden Stärke zu finden.

Pastor Jahn stimmte ihm in vielem zu. Er störte sich jedoch am allzu positiven Menschenbild des Psychologen. Er warf ihm vor, die Schattenseiten des Strebens nach Stärke zu verharmlosen.

Adlers Individualpsychologie hat den Menschentypus, der unter der Überlast von Hemmungen zusammenbricht, meisterlich beschrieben. Darüber darf aber nicht der andere Typus vergessen werden, dem die elementaren Hemmungen fehlen: der Typus der Hemmungslosen. Ich bin überzeugt, dass die Individualpsychologie ihre letzten Erkenntnismöglichkeiten erst dann ausschöpfen wird, wenn sie den Typus des Hemmungslosen mit derselben Meisterschaft analysiert wie den Typus des Übergehemmten.

Ein Jahr später emigrierte Alfred Adler in die USA. Von dort konnte er das Unheil beobachten, das zwei Hemmungslose in Europa anrichteten: Hitler gegen die Juden und Stalin gegen alle echten und eingebildeten Gegner. Adlers Tochter, eine überzeugte Kommunistin, landete in einem russischen Gulag und starb dort.

Kein Geringerer als der vielleicht bedeutendste Philosoph überhaupt, Platon (428–348 v. Chr.), machte die Machtfrage zu seinem Lebensthema. Es reichte ihm nicht, über das gute Leben zu schreiben und zu lehren, er wollte es mitgestalten helfen.

Aber alle drei Anläufe endeten kläglich, der erste sogar tödlich.

Als Jung-Erwachsener erlebte er, wie sein Mentor Sokrates wegen jugendgefährdendem Verhalten hingerichtet wurde.

Als Vierzigjähriger wollte er zusammen mit dem mächtigsten Mann seiner Zeit, Dionysios von Syrakus (430–367 v. Chr.), den idealen Staat verwirklichen. Doch bald wurde der Idealist dem Diktator unbequem; gnädigerweise richtete er ihn nicht hin, sondern verkaufte ihn nur als Sklaven.

Den dritten Versuch erlebte Platon mit über siebzig Jahren aus der Ferne. Einer seiner Schüler, der Dionysios-Schwiegersohn Dion, hatte in Syrakus die Macht übernommen. Platon sah nun endlich die Zeit gekommen für den perfekten Staat. Doch kurz nach dem Regierungsantritt wurde Dion ermordet. Platon verfasste daraufhin seinen traurigsten Text, den sogenannten «Siebten Brief». Darin verkündete er den endgültigen Abschied vom politischen Geschäft:

> *Da entschloss ich mich, zwar nicht von der Theorie über die etwaige Verbesserung dieser politischen Zustände und der Staatsverfassung überhaupt abzulassen, in Bezug aber auf die praktische Tätigkeit in der Politik auf bessere Zeiten zu warten.*

Den Frust über das permanente Scheitern verarbeitete Platon in seinem letzten Werk, den «Gesetzen». Der Titel enthält bereits das philosophische Programm. Er verabschiedete sich von der Vorstellung, dass das Wohlergehen eines Staates von hervorragenden Führungspersönlichkeiten abhängt. Seine Erfahrungen hatten ihn gelehrt, dass auf keinen Menschen Verlass ist, und wenn doch, die Umstände alles zunichtemachen.

Stattdessen setzte Platon nun auf die richtige Staatsordnung, die «Gesetze». Nicht auf Kompetenzen und Absichten, sondern auf gesunde Strukturen sollte es ankommen. Die Hetero-Ehe sollte für alle griechischen Männer ab 35 Jahren verpflichtend sein. Blasphemie sollte bestraft werden.

Viele von Platons lebensklugen Einsichten in den «Gesetzen» sind auch heute noch von Relevanz:

Über die Menschen:

- *Was wünschen sich die Menschen am meisten? Erstens Gesundheit, zweitens Schönheit, drittens Reichtum, dazu noch tausend andere Dinge, unter anderem gute Augen und ein gutes Gehör, vor allem aber unbegrenzte Macht, damit sie machen können, was sie wollen. Als Gipfel des Glücks gilt, davon alles auf einmal – und zwar sofort – zu haben, und dazu noch ewig zu leben.*
- *Wenn man einem Menschen zu viel Macht anvertraut, ist es dasselbe, wie wenn man ein kleines Schiff mit einem übergroßen Segel ausstattet oder einen schmächtigen Körper mit zu viel Nahrung vollstopft. Das Schiff kentert, der Vollgefressene wird krank und der absolut Mächtige wird ungerecht.*
- *Wer sich selbst zu sehr liebt, hält seine eigene Unwissenheit für Weisheit und glaubt, auch wenn er gar nichts weiß, dass er über alles Bescheid weiß. Deshalb lässt er sich immer wieder zu Fehlern verleiten. Stattdessen sollte jeder sich vor allzu großer Selbstliebe hüten und Leuten nacheifern, die besser sind.*

- *Das höchste Gut bei den Göttern und bei den Menschen ist die Wahrheit; wer zufrieden und glücklich sein will, muss vor allem wahrhaftig sein. Nur wer wahrhaftig ist, ist auch treu und zuverlässig. [...] Wer treulos und unzuverlässig ist, der wird im Alter völlig vereinsamt sein.*

Über Gott:

- *Ich habe noch keinen getroffen, der an seinem Atheismus bis ins hohe Alter festhält. Ich kenne allerdings einige, die zwar an Götter glauben, aber nicht, dass die sich auch um uns Menschen bekümmern. Wieder andere glauben, man könne den Willen der Götter durch Gebete und Opfer umstimmen. Wer sich selbst eine Meinung bilden will, sollte gründlich nachdenken und den Rat weiser Menschen einholen.*
- *Nicht der Mensch, sondern Gott ist das Maß aller Dinge.*
- *Wer Gott gefallen will, muss sich anstrengen, Gott ähnlich zu werden. Dazu gehört, dass man sich maßvoll und besonnen verhält. Wer gierig und impulsiv handelt, sündigt gegen Gottes Willen.*

Über Staat und Gesellschaft:

- *Die beste Erziehung besteht nicht in Zurechtweisungen, sondern im Vorbild.*
- *Ein guter Richter wird sein Urteil nicht nach der Meinung der Mehrheit und dem Lärm der Menge richten.*
- *Ein Staat, in dem das Gesetz der Willkür eines Herrschers unterworfen ist, geht unter.*
- *Man sollte Unter-18-Jährigen per Gesetz jeden Alkohol verbieten und für Unter-30-Jährige nur maßvollen Alkoholkonsum genehmigen.*
- *Ob ein Land einen Krieg gewinnt oder verliert, sagt wenig über die Qualität seiner Verfassung aus, dafür viel über seine militärische*

Stärke. Es ist nun einmal so, dass die kleineren Staaten von den größeren besiegt werden.

- *Wenn ein Reich zerfällt, dann durch nichts anderes als sich selbst.*
- *Wer die Staatsordnung gefährdet, ist fast ebenso schlimm wie der, der die Götter lästert.*
- *Worin besteht die größte Dummheit? [...] Darin, dass man das Schöne und Gute nicht fördert, sondern stattdessen das Schlechte und Falsche. [...] Bürgern, die in dieser Hinsicht unverständig sind, darf man kein Regierungsamt anvertrauen. Vielmehr muss man sie als unverständig verachten, auch wenn sie noch so geschickte Redner, Künstler oder Geistesgrößen sind.*
- *Das Unheil nahm seinen Anfang bei den Künstlern, die zwar Talent hatten, aber keinen Sinn für das Richtige. Sie berauschten sich an ihren eigenen Wünschen und an denen des Publikums. [...] So verabschiedete man sich allmählich vom Streben nach Exzellenz und orientierte sich nur noch am Massengeschmack [...] Am Ende stand der Irrglaube, jeder sei sein eigener Experte, außerdem eine Verachtung der Gesetze und eine allgemeine Anarchie.*

Der letzte Absatz bedarf einer Erklärung:

Platon stand mit den Künstlern, wie man sieht, auf Kriegsfuß. Man kann es ihm nicht verdenken. Alle raffinierten Tragödien und Komödien, alle opulenten Festspiele und Musikwettkämpfe hatten nicht verhindert, dass Athen untergegangen war. Weil Künstler gemäß Platons Meinung auf Ekstase statt auf Maß setzten, auf Stimmung statt auf Vernunft. Sie untergruben die Stabilität des Staates, statt ihn zu stützen.

Lag Platon damit richtig? Oder war er mit zunehmendem Alter einfach immer reaktionärer geworden?

Mittlerweile gibt es kaum noch jemanden, der der Philosophie ein Weisheitsmonopol gegenüber der Poesie geben würde. Beide beleuchten das Leben von unterschiedlichen Seiten und haben unterschiedliche Vorschläge zu seiner Bewältigung. Den Königsweg zu individueller und institutioneller Stärke kennen beide nicht.

Vielleicht, weil er gar nicht existiert, jedenfalls nicht über einen begrenzten Zeithorizont hinaus.

Alles entsteht, alles vergeht. Das Leben ist biologisch gesehen ein Bergauf-Rennen ohne Gipfelankunft. Der Weg wird immer steiler, und auf den letzten Metern gibt der Körper den Dienst auf. Genauso blühen Gesellschaften auf und kollabieren wieder.

Die stärkste Macht ist ohnehin keine persönliche.

Es ist die Macht der Umstände.

Wir verhalten uns im Stress anders als in der Freizeit, unter Beobachtung anders als alleine, gesund anders als krank.

Gesellschaften funktionieren genauso.

Bei der Debatte über geistige Strömungen und deren Auswirkungen wird oft übersehen, dass Meinungen nicht am grünen Professorentisch gebastelt werden.

Die Frage der sexuellen Freizügigkeit etwa wurde nicht nur von links-libertinären Philosophen wie Jean-Paul Sartre (1905–1980) und Simone de Beauvoir (1908–1986) theoretisch aufgeworfen. Sie wurde faktisch virulent, als Frauen auf den Arbeitsmarkt drängten, der ökonomische Wert der Jungfräulichkeit sank und schließlich die Pille auf den Markt kam. Die klassische christliche Sexualmoral geriet zunehmend ins Hintertreffen, weil sie für die allermeisten Menschen zu wenig attraktiv und zu anstrengend war. Und weil die Institutionen, die für sie eintreten, zu schwach waren. Die Ursachen sind wieder mal:

Erstens Trägheit.

Zweitens Entropie.

Sonst noch was Neues?

Wie wär's mit der Kraft des Heiligen Geistes? Christen hoffen schließlich auf eine übernatürliche Stärke. Darum bitten sie regelmäßig in ihren Gebeten.

Der Einwand ist korrekt. Im Kapitel über das Ziel eines sinnvollen

Lebens werde ich ausführlicher darauf eingehen. Allerdings lehrt die Erfahrung (siehe Teil 3, Kapitel 4 über die «Erfahrung»), dass das Gesetz der Schwerkraft auch für Christen gilt. Das tugendhafte Leben, was auch immer man darunter versteht, erfordert eine erhebliche Willensanstrengung. Es fällt überdies leichter in der Gruppe als alleine. Dann wappnet immerhin die Angst vor Ansehensverlust gegen die Versuchung.

Es gibt aber auch eine Anziehungskraft des Guten. Ausgerechnet der Machttheoretiker schlechthin, Machiavelli, weist darauf hin. In seiner Ratgeberschrift an einen anonymen «Herrscher» (ursprünglicher Adressat war der Papst) behauptet der erz-zynische Diplomat:

> *Die Menschen werden hauptsächlich von zwei Haupttrieben beherrscht: von Liebe und Furcht. Es beherrscht sie also gleichermaßen derjenige, der ihre Liebe gewinnt, wie der, der ihnen Furcht einflößt. Ja, meistens findet sogar der, der ihnen Furcht einflößt, mehr Folgsamkeit und Gehorsam.*

Hat Machiavelli recht? Gibt es neben dem Überlebensinstinkt auch einen Liebesinstinkt? Und wer ist tatsächlich der Stärkere der beiden?

Vorsicht: Spoiler.

Tatsächlich ist es … die Liebe.

2.
Lieben: All You Need Is Agape

Ich schließ die Augen, und ich atme tief ein.
Nichts könnte gerade besser sein.
Ich fühl mich frei
Und ich fühl mich verbunden.

Klee, Kopfüber

Was haben die meistbejubelten TV-Serien der letzten Jahre gemeinsam? Ich denke an «Die Sopranos», «Mad Men», «Breaking Bad», «Game of Thrones», «Better Call Saul», «Succession». Sie alle handeln in der einen oder anderen Art davon, was Macht aus Menschen macht.

Nichts Gutes, stellt sich im Verlauf der Serien heraus. Die Helden werden immer mehr zu Anti-Helden. Oft reden sie sich ein, dass sie eigentlich das Gute wollen, um sich dann immer wieder doch für die dunkle Seite zu entscheiden oder von den Umständen dahin getrieben zu werden. Der Sog der Tiefe ist stärker als die Anziehungskraft des Guten.

That's life, könnte man sagen. Wir sind programmiert auf den nackten Kampf ums Dasein, und alle Kuscheleinheiten zwischendurch dienen nur dazu, uns zum Weiterkämpfen zu motivieren.

Ich erhebe Einspruch.

Ich finde die düstere Menschenschilderung der oben genannten Serien unrealistisch. Weihnachts-Schmonzetten wie «Tatsächlich … Liebe» (2003, Regie: Richard Curtis) sind näher an der Wirklichkeit. Weil sie zeigen, was Menschen am meisten bewegt – und zwar zum Guten;

längst nicht immer, aber immer öfter, historisch gesehen. Die primäre menschliche Mission ist die Liebe.

> *Nicht zu hassen, zu lieben bin ich da.*
>
> Sophokles, Antigone

Menschenpack schlägt sich, Menschenpack verträgt sich, aber das Sich-Vertragen überwiegt auf lange Sicht. Sonst wäre unsere Spezies gar nicht über ihre Anfänge in den Zeiten von Eis und Stein hinausgekommen.

Was der Homo sapiens Affen und anderen Tieren voraushat, ist die bemerkenswerte Fähigkeit zur Kultur erschaffenden Kooperation. Dabei zeigen wir uns seit Urzeiten nicht nur deshalb von unserer freundlichen Seite, damit wir im Fall einer Mammut-Attacke Verbündete haben. Unser Gehirn belohnt liebevolle Interaktionen mit den höchsten Glücksgefühlen. Deshalb sehnen wir uns nach positiver Resonanz.

In vielem, was wir tun, steckt ein Schrei nach Liebe. Sie macht uns stark, und wir wollen umgekehrt stark sein, um geliebt zu werden.

Das zu vergessen, war der schwerste Fehler des unglücklichen Friedrich Nietzsche. Wie zuvor bereits beschrieben, war seine Übermensch-Pose den lieblosen Umständen geschuldet. Er machte aus der eigenen Not eine Untugend.

In seiner «Philosophie der Zukunft», der er den programmatischen Titel «Jenseits von Gut und Böse» gab, proklamierte er den Abschied vom christlichen Nächstenliebe-Prinzip:

> *Es hilft nichts: Man muss die Gefühle der Hingebung, der Aufopferung für den Nächsten, die ganze Selbstentäußerungs-Moral erbarmungslos zur Rede stellen und vor Gericht führen.*

Wohin er damit kam, macht er auf erschütternde Weise in seinem allerletzten Buchprojekt klar. In der autobiografischen Schrift «Ecce homo» hatten die einzelnen Kapitel Überschriften wie «Warum ich so weise bin», «Warum ich so klug bin», «Warum ich so gute Bücher schreibe». Das Eigenlob war nötig, weil die gewünschte Resonanz bisher ausgeblieben war. Nietzsche dürstete förmlich nach Zuspruch.

Das verdeutlichen auch seine Briefe aus dieser Zeit. Mit beinahe kindlicher Begeisterung berichtete er seinen wenigen verbliebenen Freunden davon, dass er neuerdings Fans in Kopenhagen und sogar den Vereinigten Staaten hatte.

Ohne warme Worte konnte er nicht leben.

Das Ideal vom taffen Einzelkämpfer ist auch in der Sozialpsychologie passé. Die viel gepriesene Ich-Stärke ist eigentlich Wir-Stärke. Die Grundlagen für seelische Robustheit werden bereits in der Kindheit gelegt: durch die Bejahung, die wir von Eltern und Geschwistern erfahren.

Auch später sind wir am stärksten in der Gruppe. Resilient gegenüber dem Druck der Mehrheit ist vor allem derjenige, der Teil einer verschworenen Minderheit ist.

Manch einer lebt völlig allein und hat weder Kinder noch Geschwister. Trotzdem arbeitet er ohne Ende und ist nie zufrieden mit seinem Besitz. Aber für wen mühe ich mich dann ab und gönne mir nichts Gutes mehr? Das ist doch unsinnig, so vergeudet man nur seine Zeit! Zwei haben es besser als einer allein, denn zusammen können sie mehr erreichen. Stürzt einer von ihnen, dann hilft der andere ihm wieder auf die Beine. Doch wie schlecht steht es um den, der alleine ist, wenn er hinfällt! Niemand ist da, der ihm wieder aufhilft! Wenn zwei in der Kälte zusammenliegen, wärmt einer den anderen, doch wie soll einer allein warm werden? Einer kann leicht überwältigt werden, doch zwei sind dem Angriff gewachsen. Man sagt ja auch: «Ein Seil aus drei Schnüren reißt nicht so schnell!»

Prediger 4,8–12

Alle Natur ist Verbindung, alles Leben ist Begegnung. Vielen depressiven Erfahrungen liegen deshalb Bindungsstörungen zugrunde. Die heutige Ära des Möchtegern-Einzelkämpfertums ist daher auch eine Ära der Einsamkeit. Anders als im Song von Marius Müller-Westernhagen gilt nicht «Freiheit ist das Einzige, was zählt». Sichere und liebevolle Bindungen sind von noch größerer Bedeutung.

Nichts anderes ist die Hauptlehre der längsten Studie zum menschlichen Wohlbefinden, der «Harvard Grant Studie». Sie begann 1938 mit 64 männlichen Harvard-Studenten; später wurde die Gruppe auf 268 erweitert. Die meisten dieser Menschen kamen aus guten Familien, Zugang zur bestmöglichen Bildung hatten sie alle, die Tore zum gesellschaftlichen Erfolg standen ihnen weit offen.

Man müsste meinen, dass sie ihre Befriedigung im Job oder im Anhäufen von Statussymbolen gefunden hätten. Die Quintessenz, die der Projektleiter George E. Vaillant 2012 aus den unzähligen Interviews zog, war aber eine andere.

> *Glück ist Liebe. Punkt.*

Zehn Jahre später, 2022, gab Vaillants Nachfolger Robert Waldinger seine eigene Zusammenfassung der Studienergebnisse heraus. Sie deckten sich nahezu vollständig mit den Erkenntnissen seines Vorgängers.

> *In all den Jahren, in denen diese Menschen untersucht wurden, sticht ein entscheidender Faktor hervor durch seine kontinuierliche Verknüpfung mit körperlicher und geistiger Gesundheit und Langlebigkeit. Im Gegensatz zu dem, was viele Menschen denken, ist es nicht die berufliche Leistung, der Sport oder die gesunde Ernährung. Verstehen Sie uns nicht falsch, diese Dinge sind wichtig (sehr wichtig). Aber eine Sache beweist immer wieder ihre umfassende und dauerhafte Bedeutung: gute Beziehungen. […] Gute Beziehungen halten uns gesünder und glücklicher. Punkt.*

Umgekehrt wirkte sich nichts so negativ auf die Glücksfähigkeit von Menschen aus wie eine lieblose und chaotische Erziehung.

Ganz ohne aufwändige Tests war ungefähr 200 Jahre zuvor der Philosoph Johann Gottlieb Fichte (1762–1814) zu einem ganz ähnlichen Ergebnis gekommen. In seiner «Anweisung zum seligen Leben» schrieb er 1806:

Das Leben ist Liebe, und die ganze Form und Kraft des Lebens besteht in der Liebe und entsteht aus der Liebe.

Noch ein paar tausend Jahre weiter zurück erklärten die biblischen Schriften die Liebe zum Zentrum der menschlichen Existenz. Das Gebot «Liebe deinen Nächsten wie dich selbst» findet sich nahezu exakt in der Mitte der Thora, also den grundlegenden alttestamentarischen Mose-Büchern. Und an der Schnittstelle von Altem und Neuem Testament unterstreicht das Buch des «Hohelieds» den Wert der Liebe:

Unüberwindlich wie der Tod, so ist die Liebe, und ihre Leidenschaft so unentrinnbar wie das Totenreich! Wen die Liebe erfasst hat, der kennt ihr Feuer: Sie ist eine Flamme des Herrn! Mächtige Fluten können sie nicht auslöschen, gewaltige Ströme sie nicht fortreißen. Böte einer seinen ganzen Besitz, um die Liebe zu kaufen, so würde man ihn nur verspotten.

Hohelied 8,6–7

Die buddhistische Lehre, dass Bindungen Leid verursachen, stimmt zwar. Bindungen führen aber noch mehr zu Glück und Fortschritt, während Bindungslosigkeit Unglück und Stillstand bedeutet.

Wir sehen und pflegen selbst da Verbundenheit, wo sie uns objektiv gar nichts bringt. Wir freuen uns nicht nur darüber, wenn andere für uns da sind. Wir wollen auch für andere da sein. Gegenseitig bieten wir uns Zuflucht vor den Stürmen der Welt bzw. im Zeitalter der gnadenlosen sozialen Medien «Shelter from the shitstorm».

Wir sind eins, aber wir sind nicht gleich. Wir dürfen einander tragen.

U2, One

In den vergangenen Jahrtausenden sind wir besser darin geworden. Der zivilisationshistorische Trend geht von «einander abschlachten» zu «einander tragen».

In der biblischen Urgeschichte gibt es unter den ersten vier Menschen Mord und Totschlag. Heute sind fast acht Milliarden Menschen auf überwiegend friedliche Weise miteinander verbunden. Nach wie vor gibt es schreckliche Kriege und andere zwischenmenschliche Verbrechen. Aber der Zeitvektor zeigt eindeutig in Richtung Zusammenarbeit. Menschen lernen immer besser: Kontrolle ist gut, aber Vertrauen ist besser, jedenfalls kostengünstiger und synergetisch effektiver.

Es ist erst ein paar Jahrhunderte her, dass deutsche Reisende beim Eintritt in jedes kleine Fürstentum vernommen und gefilzt wurden. Heutzutage kann ich mit dem Reisepass visumsfrei in fast 90 Prozent aller Staaten auf der Welt einreisen, ich kann in Echtzeit mit Freunden in Indien und den USA kommunizieren; Waren aus aller Herren Länder konsumiere ich eh schon. Mit Hilfe der Künstlichen Intelligenz sind Simultanübersetzungen kein Problem mehr. Die Verständigungsbarrieren fallen. Die babylonische Sprachverwirrung kommt an ein Ende; das Pfingstwunder ist – linguistisch gesehen – bald immer und überall.

Über-erfüllt ist das erste göttliche Gebot an den Menschen.

Vermehrt euch, bevölkert die Erde und nehmt sie in Besitz!

1. Mose 1,28

Dass diese Inbesitznahme viele Kollateralschäden mit sich bringt, kann nicht geleugnet werden. Deshalb ergänzt Jesus den Schöpfungsauftrag mit dem Missionsauftrag:

> *Geht hinaus in die ganze Welt und ruft alle Menschen dazu auf, meine Jünger zu werden! Tauft sie auf den Namen des Vaters, des Sohnes und des Heiligen Geistes! Lehrt sie, alles zu befolgen, was ich euch aufgetragen habe.*
>
> Matthäus 28,19–20

Die Konkretisierung dieses Auftrags findet sich erstens im doppelten Liebesgebot …

> *«Du sollst den Herrn, deinen Gott, lieben von ganzem Herzen, mit ganzer Hingabe und mit deinem ganzen Verstand.» Das ist das erste und wichtigste Gebot. Ebenso wichtig ist aber ein zweites: «Liebe deinen Mitmenschen wie dich selbst.»*
>
> Matthäus 22,37–39

… und zweitens in der großen Abschiedsrede von Jesus vor seiner Kreuzigung.

> *Ich gebe euch jetzt ein neues Gebot: Liebt einander! So wie ich euch geliebt habe, so sollt ihr euch auch untereinander lieben. An eurer Liebe zueinander wird jeder erkennen, dass ihr meine Jünger seid.*
>
> Johannes 13,34–35

Trotz aller Fehltritte und Rückschläge: Es ist nicht zu bestreiten, dass die Ausbreitung des Christentums erheblich zu einer Ausweitung der Kooperationszone beigetragen hat. Zunächst vor allem in Europa. Das Christentum war Klebstoff und Klammer, um ganz unterschiedliche Völker in einem Kulturraum zusammenzufassen.

Schließlich exportierten sie ihre Vorstellungen von Handel, Diplomatie und Meinungsaustausch in alle Welt. Auf die Kolonialverbrechen, die dabei verübt wurden, habe ich schon hingewiesen. Noch nachhaltiger waren aber christliche Ideale, die weltweite Verbreitung fanden: Caritas für die Schwachen, Solidarität mit den Zukurzgekommenen.

Zu den schönsten Erfahrungen meiner Reportertätigkeit im Ausland gehörten die Reaktionen auf meine Krisenberichte. Nach dem Erdbeben in Nepal war mein E-Mail-Fach voll von Zuschauer-Anfragen, wie sie den Opfern am besten helfen könnten.

Überwältigt hat mich auch die Resonanz auf einen Beitrag über einen afghanischen Familienvater. Er hatte keine Arbeit und stand vor der Frage, ob er einen seiner Söhne an eine wohlhabende Familie verkaufen sollte. Bereits Minuten nach der Ausstrahlung bekam ich die ersten E-Mails mit Hilfsangeboten. Einige Zuschauer wollten dem Vater sogar ein Auto kaufen, damit er als Taxifahrer seine Familie ernähren konnte.

Zur selben Zeit berichteten viele deutsche Medien über die Gefahr einer Wirtschaftsrezession in Deutschland. Doch die hilfsbereiten Zuschauer sorgten sich nicht nur darum, wie sie ihre Ersparnisse zum eigenen Nutzen anlegen konnten; sie wollten damit 6500 Kilometer entfernten Menschen helfen. Sie spekulierten auch nicht auf einen Image-Gewinn. Einige legten sogar Wert darauf, als Spender anonym zu bleiben.

«All You Need Is Love», «Love Is the Answer», «The Message Is Love» – diese Pop-Mantras setzen sich zunehmend auch in der Berufswelt durch. Raubtiermethoden sind out, Kollaboration und Kooperation schwer angesagt.

Beim Wettbewerb um Ideen und Talente liegen die Unternehmen vorne, die auf positive Anreize statt auf Druck setzen, die Risikobereitschaft belohnen, eine Kultur des freundschaftlichen Miteinanders fördern. Respekt verdienen sich Vorgesetzte nicht nur durch Kompetenz, sondern auch durch Wärme. Wir vertrauen Menschen eben nicht nur, weil sie wissen, wo es langgeht; sie müssen uns auch das Gefühl geben, dass sie es gut mit uns meinen und uns mitnehmen wollen.

Arbeit ist aber Arbeit, und «deal friends» sind in den seltensten Fällen auch «real friends». Unsere wichtigsten Beziehungen sind nicht unsere professionellen, sondern unsere privaten.

Kaum überschätzt werden kann der Wert der Freundschaft. Michel de Montaigne definiert Freundschaft als die «Übereinstimmung zweier Willen». Er knüpft damit an Aristoteles an, der in seiner «Nikomachischen Ethik» geschrieben hatte:

> *Vollkommen ist die Freundschaft der Tugendhaften und an Tugend Ähnlichen. Diese wünschen einander gleichmäßig das Gute.*

In derselben Schrift listet Aristoteles die positiven Effekte freundschaftlicher Beziehungen auf.

> *Dem jungen Menschen ist die Freundschaft eine Hilfe, dem Greis verhilft sie zur Pflege, den Erwachsenen unterstützt sie zu edlen Taten.*

Auch wenn Freundschaften gerade nichts mit Geld und Gewinn zu tun haben sollten, sind sie ein lukratives «Investment». Wer viele enge Freundschaften (eine Idealzahl liegt laut Sozialpsychologen bei fünf) und dazu noch oberflächliche Freundschaften (die Obergrenze liegt bei 150) knüpft, häuft soziales Kapital an.

Wissenschaftler versichern uns, dass gute Freundschaften gesundheitsfördernd sind und lebensverlängernd wirken. Für bessere Laune sorgen sie allemal.

Allerdings sind Freundschaften nicht nur eine Frage des Willens. Was nicht passt, kann nicht immer passend gemacht werden. Allem Inklusionshype zum Trotz bevorzugen Menschen instinktiv Homogenität gegenüber Diversität. Gleich und gleich zieht sich zwar erotisch weniger an, gesellt sich aber lieber.

Zuverlässige Freundschafts-Booster sind daher:

- gleiche Sprache
- ähnliche soziale Herkunft und Ausbildung
- Übereinstimmungen bei Hobbys und Weltanschauungen
- gleicher Humor und Musikgeschmack

Die Gründe dafür liegen auf der Hand. Wir sind gerne mit Leuten zusammen, bei denen wir sein können, wie wir sind, und die uns verstehen, wie wir sind. Das mindert den Stress und verstärkt die gegenseitigen Resonanzeffekte.

Je krisenhafter die Zeiten, desto größer der Bedarf an beruhigenden Beziehungen. Wenn es dunkel wird, brauchen wir Leute an unserer Seite, auf die wir uns blind verlassen können.

> *Treulos ist, wer Lebewohl sagt, wenn die Straße dunkel wird.*
>
> J. R. R. Tolkien, Der Herr der Ringe, Band 1: Die Gefährten

Die mit Abstand wichtigsten Beziehungen sind aber nicht die freundschaftlichen, sondern die familiären. Die Konstellation Mann-Frau-Kind(er) ist so relevant wie immer. Nur nimmt der Glaube an die Tragfähigkeit dieser Konstellation allmählich ab.

Dabei sind die Voraussetzungen für wahre Liebe eigentlich so gut wie nie. In den Verhältnissen zwischen Männern, Frauen und ihrem Nachwuchs hat es in den letzten zweihundert Jahren entscheidende Durchbrüche zum Besseren gegeben. Sie sind gleicher, freier, nicht zuletzt gewaltfreier geworden.

Paradoxerweise scheint es, als würde der Kampf der Geschlechter immer hitziger ausgefochten und würden die Erziehungssorgen eher größer als kleiner. Was läuft da schief?

Zum Beispiel, dass man sich nicht damit zufriedengibt, die Macht-Ungleichheiten zwischen den Geschlechtern zu nivellieren, sondern überhaupt alle Unterschiede negiert oder zumindest relativiert. Dabei sind Polaritäten naturgegeben und kreativ produktiv und manche traditionellen Sitten gar nicht so verkehrt.

Im tiefsten Inneren wissen das auch radikale Sozialrevolutionäre. Ich kenne keinen, der sich beim Film «Titanic» (1997, Regie: James Cameron) darüber beschwert, dass Jack als Kavalier alter Schule für Rose stirbt, statt sich umgekehrt von ihr über Wasser halten zu lassen.

Seit die Liebe mehr oder weniger frei ist, können wir auch unseren Gefühlen freieren Lauf lassen. Lang unterdrückte Sehnsüchte können offen ausgelebt werden, verborgene Ängste dürfen Tageslicht schnuppern. Das führt immer wieder zu Zerreißproben, wie es sie früher nur auf Theaterbühnen gab.

Manche Geschichten in meinem Bekanntenkreis erinnern mich an eine bekannte Komödie von Heinrich von Kleist (1777–1811): Das «Käthchen von Heilbronn» verfolgt bis zur Selbstaufgabe ihre Liebe zum zunächst abweisenden Friedrich Wetter Graf vom Strahl.

Noch aktueller ist der Plot eines anderen Kleist-Dramas, «Penthesilea». Darin ist es die Angst vor Ich-Verlust, die eine Amazonenkönigin dazu bringt, den von ihr eigentlich heiß begehrten Achilles zu töten. Ganz so weit treiben es auch die ärgsten Beziehungsparanoiker nicht, zumindest nicht in meinem Umfeld. Sie legen auch nicht wie der bipolare Kleist Hand an sich selbst und erschießen sich. Aber Schlussmachen, weil man keine Schwäche zulassen will, kommt schon vor.

Wie viel Liebe ist zu viel?

Wie viel zu wenig?

Und wo gibt es sie überhaupt?

Solche Fragen haben unsere viel stärker fremdbestimmten Vorfahren kaum gestellt, und manchmal kommt mir der Verdacht, dass das gar nicht so schlecht war. Die romantische Liebe ist von einer kaum erfüllbaren Verheißung zu einem kaum lösbaren Problem geworden.

Eine originelle Illustration des modernen Dilemmas bietet ein Film, der von Kritikern regelmäßig zu den besten aller Zeiten gezählt wird: «Die Spielregel» (1939, Regie: Jean Renoir). Der französische Spielfilm, der kurz vor Ausbruch des Zweiten Weltkriegs fertiggestellt wurde, handelt von romantischen Techtelmechteln auf einem Schloss. Die Gefühle gehen munter durcheinander, Leidenschaften branden auf, Ehen stehen vor dem Aus.

Wie sich herausstellt, handelt es sich für die meisten Gäste nur um ein Spiel. Vorrang haben für sie ihre gesellschaftlichen Verpflichtungen. Für sie alle geht das Leben nach dem Wochenende ohne große Veränderungen weiter. Auf der Strecke bleibt nur der einzige Außenseiter der Feiergesellschaft, ein zurückgekehrter Nationalheld. Er hat den Fehler gemacht, echte Liebesgefühle zu entwickeln. Er stirbt durch einen Unfall. Die ernüchternde Lektion des Films lautet:

In der Welt gibt es eine schreckliche Sache: dass jeder seine Gründe hat.

Die Gründe anderer Menschen sind oft rätselhaft. Das kollidiert mit der Grundvoraussetzung gelingender Beziehungen:

Vertrauen.

Zu Fatalismus besteht aber kein Anlass. Ich bin immer positiv überrascht davon, wie viele Beziehungen trotz aller Schwierigkeiten klappen. Professionelle Partnerschaftshilfe gibt es schließlich auch jede Menge: Podcasts und Bücher, Seminare und Therapiesitzungen. Darin werden immer wieder die folgenden Erkenntnisse formuliert und variiert:

- Die wichtigste Beziehungsvorbereitung findet in der Kindheit statt. Der Trost und die Traumata, die man dort bekommen hat, prägen einen das Leben lang. Wer viel Liebe bekommen hat, kann davon auch mehr weitergeben.

- Umgekehrt gilt: Verletzte Menschen verletzen Menschen tendenziell eher. Aber der Mensch ist auch lernfähig und wandelbar. Gute und schlechte Beziehungen sind nicht schicksalhaft vorbestimmt, sondern auch Willenssache.
- Die stärksten Effekte in der romantischen Liebe sind Anziehungskraft und Trägheit. Wir begehren Menschen, die uns attraktiv erscheinen, und wir wollen gleichzeitig möglichst so bleiben, wie wir sind.
- Im Stadium der Verliebtheit ist die Veränderungsbereitschaft hoch, je länger die Partnerschaft dauert, desto mehr fallen wir in alte Muster zurück. Weil die Schmetterlinge im Bauch nur ein paar Monate, allenfalls ein paar Jahre lang flattern, das Beharrungs-Blei aber ein Leben lang schwer wiegt, sollte man bei der Partnerwahl die Kriterien «Ähnlichkeit» und «Freundschaftsfähigkeit» nicht unterschätzen.
- Geliebt fühlen wir uns auf die Dauer nur von jemandem, der unser *unverstelltes Ich* bejaht. Glücklich werden wir mit einer Person, die zu uns passt, und nicht mit einer, für die wir uns andauernd passend machen müssen.
- Positive Illusionen sind vor der Partnerwahl hinderlich, anschließend hilfreich.
- Man muss seinem Partner nicht zustimmen, aber zuhören; wo das auch nicht klappt, kann man sich mit einem Spruch von Johann Nestroy trösten: «Insofern Mann und Frau ein Leib sind, können auch beide zugleich reden.»

Wer seinen Kindern gute Voraussetzungen für eine spätere Partnerschaft mitgeben will, erzieht sie am effektivsten sanft-autoritär und liebevoll. Je älter sie sind, desto weniger autoritär.

Wenn alles eine Frage von Erziehung, Glück und Anstrengung ist: Was ist mit denen, die dabei zu kurz gekommen sind? Ist am Ende alles eine Frage von Schicksal und guten Umständen? Was ist mit dem

Wunder der Liebe, dem «Miracle of Love», das in so vielen Popsongs besungen wird?

Tatsächlich gibt es dieses Wunder:

Die Liebe, zu der wir uns nicht mühsam emporkämpfen müssen, sondern die zu uns herabsteigt.

In der Bibel wird diese Liebe «Agape» genannt:

Die selbstlose, ego-freie Liebe.

Von allen menschlichen Liebesformen ist sie am ehesten mit der Eltern-Liebe vergleichbar. Normale Eltern lieben ihre Kinder nicht für das, was sie sind, nicht für das, was sie leisten. Auch als Erwachsene sehnen wir uns nach dieser Liebe. Wer singt «All You Need Is Love», meint eigentlich «All You Need Is Agape.»

Reichlich naiv in dieser Hinsicht ist die Heldin des Romans «Wiedersehen in Howards End». Margaret Wilcox hat richtig erkannt, dass Menschsein im Miteinandersein besteht. Allerdings unterschätzt sie die Ängste und Vorbehalte, die dieses Miteinander erschweren. Konkret wünscht sie sich, dass ihr Ehemann und ihre Schwester besser miteinander auskommen. Leider harmoniert die zwanghafte Natur von Henry Wilcox gar nicht mit dem neurotischen Wesen von Margarets Schwester Helen. Margaret versucht, ihren Ehemann liebesfähiger zu machen.

> *Sie würde ihm nur den Heilsweg aufzeigen, der in seiner eigenen Seele und in der Seele eines jeden Menschen verborgen lag. Verbinde nur! Das war der ganze Inhalt ihrer Predigt. Verbinde nur die Prosa und die Leidenschaft, und beide werden erhöht, und die menschliche Liebe wird auf ihrem Höhepunkt gesehen werden. Lebe nicht länger in Bruchstücken. Verbinde nur! Töte das Tier und den Mönch in dir. Befreie dich aus der Isolation, die du für das Leben hältst.*

Margaret hat leicht reden. Sie ist eine unkomplizierte Frohnatur. Sie beißt sich an ihrem Mann die Zähne aus. Am Ende verlässt sie ihn.

Das erlösende Einwirken einer göttlichen Kraft bleibt aus. Das war ganz im Sinne des religionskritischen Autors des Romans, E. M. Forster (1879–1970). Der Glaube an ein vertikales Eingreifen Gottes war ihm fremd.

Ganz anderer Ansicht war der ungefähr gleichaltrige Martin Buber.

Die verlängerten Linien der Beziehungen schneiden sich im ewigen Du. Jedes geeinzelte Du ist ein Durchbruch zu ihm.

Ich und Du

Die «dreifache Schnur», in der wir uns mit unserem Mitmenschen und mit Gott verknüpfen, ist nicht nur ein frommer Wunsch. Religiöser Glaube ist beziehungsstabilisierend und glücksfördernd. Das bestätigen auch die Ergebnisse der Harvard-Grant-Studie:

Religiöser Glaube bleibt eine der größten Ressourcen des Wohlbefindens, die die Menschheit kennt.

Was ist tröstlicher als der Glaube an einen allmächtigen Gott, der Menschen liebevoll zugetan ist?

Nicht nur weil «Agape» ein griechisches Wort ist, kommt sie in der Bibel vorwiegend im Neuen Testament vor. Im Alten Testament offenbart sich Gott überwiegend gebieterisch und distanziert, obwohl es hier auch bemerkenswerte Ausnahmen gibt. Im Neuen Testament zeigt er sich in Jesus freundlich und nahbar. Das schließt einige Ehrfurcht einflößende Auftritte nicht aus. Zu einem gesunden Glauben gehört schließlich beides: das Anerkennen der Allmacht Gottes und das Bewusstsein, dass er mit dem «Look of Love» auf seine Kinder blickt. Aber der vertrauensvolle Zugang sollte im Vordergrund stehen.

In der Liebe ist keine Furcht.

1. Johannes 4,18

Religionspsychologen haben herausgefunden, dass sich unsere Gottesvorstellung auf unsere Gesundheit auswirkt. Wer sich von Gott geliebt fühlt, ist gesünder als jemand, der in Gott primär eine Kontroll- und Kritik-Instanz sieht.

Unser Gottesbild spiegelt sich auch in unserem Menschenbild wider. Derjenige, der zuallererst an einen richtenden Gott glaubt, neigt dazu, andere Menschen schneller zu verurteilen. Wo man hingegen eher Gottes liebende und vergebende Seite betont, ist auch das Verhältnis zu seinen menschlichen Geschöpfen eher von Milde und Freundlichkeit geprägt.

Für die folgende Feststellung gibt es keinen wissenschaftlichen Beleg; sie entspricht aber meiner persönlichen Erfahrung:

Der echte Glaube macht die Seele mit der Zeit heller.

Nicht nur das Verhältnis zu Gott wird warmherziger und vertrauensvoller, auch das mitfühlende Verständnis für die Mitmenschen nimmt zu.

Für die politische Entwicklungspsychologie gilt meiner Beobachtung nach das Gegenteil. Hier verabschiedet man sich mit dem Alter von naiven Gutmensch-Idealen und lernt die Bedeutung von Institutionen und Regeln zu schätzen. Auch wenn ich selbst nie «links» war, kann ich den Spruch nachvollziehen:

«Wer als junger Mensch nicht revolutionär oder irgendwie links ist, hat kein Herz; wer als alter Mensch nicht konservativ ist, hat keinen Verstand.»

Mit dem Glauben ist es genau umgekehrt: Als junger Christ schätzt man knallharte Ansagen und binäre Richtig-und-Falsch-Schemata. Als älterer Christ werden die Trennungslinien diffuser, dafür wird der Blick auf Gott und die Welt weicher.

Diese Entwicklung ist von keinem anderen als Jesus vorgezeichnet.

Während in den meisten Büchern des Alten Testaments Reinheit vor Einheit kommt, der Gehorsam der Liebe vorausgeht, verkehrt sich im Neuen Testament die Reihenfolge.

- «Gott beweist uns seine große Liebe dadurch, dass Christus für uns starb, als wir noch Sünder waren», schreibt der Apostel Paulus (Römer 5,8).
- Noch vor seiner Kreuzigung bezeichnet Jesus die Jünger als «seine Freunde». Auch der Jesus-Bruder Jakobus redet in seinem Brief (Kapitel 2,23) von einer «Freundschaft mit Gott». Damit grenzt sich das Christentum deutlich von der Gottesvorstellung ab, die griechische Philosophen wie Aristoteles hatten. In dessen Schrift «Magna Moralia» heißt es: «Es gibt keine Freundschaft mit Gott und mit Unbeseeltem: Denn Freundschaft ist da, wo es Gegenliebe gibt. Bei der Freundschaft mit Gott aber ist kein Raum für Gegenliebe, noch überhaupt für Liebe. Denn es wäre absurd, wenn jemand behauptete, er liebe den Zeus.»
- In der bereits erwähnten Abschiedsrede vor seiner Kreuzigung kündigt Jesus seinen Jüngern den «Heiligen Geist» an: «Der wird euch alles erklären.» (Johannes 14,26) Das erste Zeichen des Heiligen Geistes besteht darin, durch das Pfingstwunder die Sprachbarriere zwischen Menschen ganz unterschiedlicher Nationen aufzuheben und dadurch die Voraussetzung für Einheit zu schaffen.
- «Kinder, liebt einander», mahnt der Autor des Johannes-Evangeliums, vermutlich der gleichnamige Jünger, in einem Brief (1. Johannes 3,18). Als alter Mann soll er diese Aufforderung wie ein Mantra vor sich hingemurmelt haben; aus der Sicht des ehemaligen Donnersohns und Wüterichs Johannes war das Gebot des liebevollen Miteinanders der Kern der christlichen Ethik.
- Im Gleichnis vom «Unkraut unter dem Weizen» (Matthäus 13,24–30) warnt Jesus seine Jünger davor, sich auf das Eliminieren von Abweichungen zu fokussieren. Sie sollen das Unkraut und den Weizen nebeneinander wachsen lassen und das Aussieben Gott überlassen. Wer sich in dogmatischen Spitzfindigkeiten verliert, verliert den viel wichtigeren Kirchenauftrag aus den Augen: dem Rest der Welt die christliche Liebes-Ökologie vorzuleben. Gott liebt uns – und wir deshalb einander.

Gott als Menschenliebhaber!

Diese Entdeckung machte die amerikanisch-jüdische Schriftstellerin Joy Davidman (1915–1960), die in späten Jahren C. S. Lewis heiratete. Ich gebe zu: Ich bin ein Fan des Romans ihres Mannes. Ich meine damit aber nicht C. S. Lewis und seine gleichfalls ausgezeichneten Narnia-Romane. Ich beziehe mich auf «Gasse der Albträume» (Originaltitel: Nightmare Alley), das Werk von Davidmans Ex-Gatten William Lindsay Gresham, einem atheistischen Kommunisten.

Die Geschichte strotzt nur so von Pessimismus und Welt-Ekel. Eine Zirkus-Hilfskraft macht Karriere als religiöser Scharlatan. Schließlich endet er als alkoholsüchtiger Freak, der Hühnern zur Publikumsbelustigung die Köpfe abbeißt.

Gresham kannte sich mit Lebensversagern aus. Der Roman brachte ihm kurzen Ruhm und wurde kurz nach seinem Erscheinen aufwändig verfilmt (2021 kam eine neue Version ins Kino). Der Autor konnte sich aber nicht lange an seinem Ruhm freuen. Er war schwerer Alkoholiker, hatte zahlreiche Affären und vergraulte schließlich die tapfere Joy, ohne deren Mithilfe er den Roman gar nicht fertiggekriegt hätte. Schließlich brachte sich Gresham um.

Joy Davidman hatte verständlicherweise genug von hoffnungslosen Pessimisten. Sie sehnte sich nach einer hoffnungsvollen Perspektive. Durch Bücher von C. S. Lewis kam sie zum christlichen Glauben, wanderte mit ihren zwei Söhnen nach England aus, heiratete schließlich Lewis. Bald darauf starb sie tragischerweise an Krebs.

Noch vor der Eheschließung (mit der Lewis sie, zunächst ohne jede romantische Hinterabsicht, vor der drohenden Abschiebung in die USA bewahrte) schrieb sie ein Buch über die Zehn Gebote, «Rauch über dem Berg». Es endet mit dem Hinweis auf das 11. Gebot, das in seiner allumfassenden Bedeutung alle anderen Gebote überragt: «Liebt einander, wie Gott euch liebt.» In dieser Ansage liegt das Licht, das Joy Davidman am Ende ihrer eigenen Albtraum-Gasse entgegenstrahlte. Im Schlusskapitel ihres Buches schreibt sie:

Wir haben die zehn Gebote, die Verbote darstellen, im Schweiße unseres Angesichts und mit Trauer im Herzen angenommen. Aber die frohmachenden, befreienden Gebote Christi müssen wir noch lernen.

Die göttliche Liebe hilft bei dem wichtigsten Lebensziel, das die Lyrikerin und Nobelpreisträgerin Nelly Sachs (1891–1970) so umschreibt:

Das schwere Werk: Erde in Liebe verwandeln.

Die geniale, hochsensible und depressiv veranlagte Jüdin erlebte in Berlin den Aufstieg des Hitler-Regimes. Die Liebe ihres Lebens wurde von den Nazis ermordet. Ihrer Mutter und ihr gelang in letzter Minute die Ausreise nach Schweden. Dabei halfen ihr ihre beste Freundin, eine Christin, und die ebenfalls christliche schwedische Schriftstellerin Selma Lagerlöf.

Im Stockholmer Exil blieb Nelly Sachs ihrem Judentum treu, aber auch ihrer Leidenschaft für Jesus. Sein Evangelium der Liebe half ihr, den Schmerz statt in Bitterkeit in lyrische Schönheit zu verwandeln. Ihren kraftvollsten Ausdruck fand ihre Beschäftigung mit der göttlichen Liebe in den tagebuchartigen «Briefen aus der Nacht», die in den Jahren 1950 bis 1953 entstanden.

- *Nichts weiß ich. Nur Liebe. Der religionsgeschichtliche Vortrag war Abgrenzung. Und da weiß ich eben nichts. Christus in christlicher und jüdischer Beleuchtung. Geliebte Seele, Du weißt! Aber ich weiß nichts und verstehe immer weniger. Leide und liebe und sehne mich. Zu welcher Religion gehört das? Religion, dieses menschliche Gebäude um einen Glutkern. Um einen Seelenkern. Die einzelne Seele beginnt ihren leidenden Glaubensweg gerade an der Grenze, wo der Religionsforscher die Tür zumacht, den Riegel vorschiebt.*
- *Vielleicht muss man sich, um zu leben, festhalten lassen.*

- *Erst, wenn man Land verlassen hat, beginnen die Begegnungen.*
- *Erinnerung duftet. Präexistenz der Seele vor dem Sein.*
- *Die Juden sind ein eigensinniges Volk. Sie lehnen alle Erleichterungen ab, die ihnen Christus anbot. […] Christus ist glühende Intensität. Er ist so überreich göttlich ausgestattet, dass er überfließt und miterlösen kann. Aber das jüdische Volk muss seinen Weg der Erlösung noch einmal gehen in allen Variationen. Christus ist aus der Verborgenheit des Köchers ausgetreten (Jesaja 49,2), der heilige Jude ist darinnen verborgen. Aber die Nacht sank, als Christus starb, und auch Er war verborgen. In unserer Zeit wird alles ins Helle geredet. Ins künstliche Licht. Wohl, dass wir [Martin] Buber haben. Die Ungläubigen haben heute die erleseneren Begabungen. Die Gläubigen kommen mit wurzellosen Blumen, die sie in alte schöne Vasen stellen. Aber Buber weiß um die Geheimnisse. Vielleicht auch [Georges] Bernanos. Geheimnisse, die nur in äußerster Hingabe mit dem Leib aus der Haut der Verzweiflung geschlüpft, in der Sekunde «Nichts» zu träufeln beginnen.*
- *Der Wahnsinn sitzt wie ein Auge mit verborgenen Strahlen in der untersten Nacht. Will das weinende Universum der Liebe in falsches Kreisen zwingen.*
- *Zuweilen gehe ich in meinen Küchenschrank wie in ein Ruhegebiet ein. Ordne das blaue Glas und die Teller, die ich für wenig Geld in einem Warenhaus kaufte. Auch nähe ich eine Schleife auf ein altes Kleid. Pflanze eine Blume. Und oft sprechen wir alle Freundliches über unsere Wunden hinweg.*
- *Ohne Beweise zu lieben [ist] schwer. Christus strahlt Beweise aus. Alle Traurigkeit und die schneidendste Qual sind Versuche, die unwirkliche Haut zu zerreißen, auszufahren. Zuckungen der Auferstehung.*

Ganz ähnliche Gedanken äußerte Nelly Sachs in ihren späteren Briefen und Reden.

- *Wir alle sind Betroffene. Wir sind betroffen, auf Erden zu leben und die ungeheure Aufgabe durchzuführen, diesen Stern zu durchschmerzen – zu durchlieben –, bis er durchsichtig wird, von unserem gesagten oder ungesagten Wort durchzogen – dieser Geheimschrift, mit der wir ein unsichtbares Universum lesbar machen für ein göttliches Auge.*

  Dankesrede zur Verleihung des Merseburger Droste-Preises, 1960

- *Ich glaube an die Liebe, trotz der siebenundeinhalb Jahre unter Hitlers Gewalt durchlittener Qualen; die Liebe gab es auch da, sonst wäre die Hand, die ihnen heute dies schreibt, längst in Rauch aufgegangen.*

  Brief, 19.4.1961

- *Liebe ist die Quelle meines ganzen Werkes. Mein Glauben, dass der Mensch, ein jeder auf seine Art, dazu geschaffen ist, diese Materie zu durchleben, zu durchschmerzen, liebend durchsichtig zu machen, zieht sich als Grundgedanke durch alles, was ich schreibe.*

  Antwort in einem Fragebogen, 1968

Für Nelly Sachs ist Liebe sowohl Geschenk als auch Geheimnis.

Eher auf den Geschenk-Charakter der Liebe konzentriert haben sich die christlichen Denker, die ich auf den folgenden Seiten vorstelle. Der katholische Erweckungs-Theologe Johann Michael Sailer betätigte sich auch als geistlicher Ratgeber. Immer wieder unterstrich er die agapistische Essenz der christlichen Botschaft.

- *Liebe ist die einzige Christenschuld, die wir immer abtragen müssen und immer vollends abtragen können in alle Ewigkeit.*
- *Unser Gott ist DIE Liebe! Er macht das Herz leer – und bewohnt es.*

- *Die heilige Liebe heiligt die Vernunft, nicht die Vernunft die Liebe. Die Vernunft ist nur das Auge der Liebe und als solches heilig, weil sie im Dienst der heiligen Liebe ist. Wie das Maß deiner Innigkeit, so das Maß der wahren Freiheit.*
- *Wer [Gott] einen Augenblick liebt, dem ist er ewig dankbar, und wo er einmal Liebe geschmeckt hat, da lässt er sich nicht abweisen. Er kehrt immer wieder unter tausend Gestalten.*

Anders als Sailer stand Franz von Baader (1765–1841) nicht im kirchlichen Dienst. Er war Sohn eines königlichen Leibarztes, machte als Ingenieur und Naturwissenschaftler Karriere, war sozial engagiert und stieg in den Rang eines Ritters auf. Als eingefleischter Romantiker suchte er die unmittelbare Liebesbeziehung zu Gott, die sehnsuchtsvolle Seite der Agape, die er als «religiöse Erotik» bezeichnete.

Ähnlich wie Sailer geriet auch von Baader durch seinen Nonkonformismus in Konflikt mit der Amtskirche. Dem Vatikan stand er sogar ausgesprochen kritisch gegenüber.

Seine Liebes-Einsichten sind frei von jeder konfessionellen Enge, dafür geprägt von einer lebensklugen Anthropologie.

- *Der sich selbst liebende und sich selber bewundern Wollende sucht eigentlich nur durch Zeugnisse von anderen sich seine Zweifel an eigener Liebenswürdigkeit und Bewunderungswürdigkeit zu widerlegen, was ihm aber nie gelingt und wobei er innerlich doch immer leer ausgeht.*
- *Nicht der Dienst macht unfrei und erniedrigt, sondern nur jener Dienst, welcher Achtung und Liebe tilgt.*
- *Ohne Mitleiden ist kein Mitfreuen. Nicht nur lernt man in der Not den Freund und Geliebten kennen, sondern Freundschaft und Liebe wurzeln erst in Widerwärtigkeit und Not.*
- *Der Sturz des stolzen Luzifers ging Gott nicht zu Herzen, wohl aber der Fall des schwachen, durch Sinnlichkeit verführten Men-*

schen. Indem aber dieser Fall Gott zu Herzen ging, ging sofort die rettende, helfende Liebe von diesem seinem Herzen aus und fing mit der Menschwerdung (denn diese fing im Moment des Falls an) das Werk der Versöhnung an, [nämlich] der unauflösbaren Wiedervereinigung Gottes mit dem Menschen, und durch ihn mit der Welt; welches Werk die vorgehende Weltgeschichte im Großen wie die Geschichte des Lebens jedes einzelnen Menschen im Kleinen ist.

140 Jahre nach dem Bayern von Baader wurde der Schweizer Hans Urs von Balthasar geboren (1905–1988). Der Jesuit und Priester hatte nie einen Lehrstuhl inne, zählt aber zu den bedeutendsten Theologen des 20. Jahrhunderts. Im Zusammenspiel von Gott und Menschen sah er ein kosmisches «Theo-Drama», das einem finalen Happy End zustrebte, der Vereinigung in Liebe.

Seine zahlreichen Werke stecken voller zitierfähiger Einsichten, aus denen ich einige ausgewählt habe.

- *Ein Christ ist ein Mensch, der aus dem Glauben lebt.*
- *Die Liebenden wissen am meisten von Gott, ihnen muss der Theologe zuhören.*
- *Der Mensch kommt erst in der Begegnung zu sich, im Ereignis des Aug-in-Aug.*
- *Liebe will keinen anderen Lohn als Gegenliebe.*
- *Was von oben stammt, bedarf nicht der Ruhe, es braucht die Tiefe, es will die Erfahrung des Abgrunds.*
- *In ihm war kein Drang, denn er war selbst die Fülle. Licht war in ihm und Leben und Liebe ohne Begehrung, die sich der Leere erbarmte.*
- *Der Mensch will empor, das Wort aber will hinab.*
- *Göttlicher ist kein Streiter, als wer es sich leisten kann, durch Niederlage zu siegen.*

- *Jedes Herz ist schutzlos, weil es die Quelle ist, darum zielt jeder Feind auf das Herz.*
- *Liebe ist sich selbst verströmendes Leben.*
- *Die christliche Liebe ist nicht das Wort – auch nicht das letzte – der Welt über sich selbst, sondern das abschließende Wort Gottes über sich selbst und eben damit auch über die Welt. Im Kreuz liegt zunächst eine Durchkreuzung des Weltwortes durch ein ganz anderes Wort, das die Welt um keinen Preis hören will. Denn die Welt will leben und auferstehen, bevor sie stirbt, die Liebe Christi aber will sterben, um jenseits des Todes, im Tode, in der Gestalt Gottes aufzuerstehen. Diese Auferstehung im Tode lässt sich nicht vom todesflüchtigen innerweltlichen Leben annektieren, ausnützen, ins Schlepptau nehmen.*

Theodor Haecker sah in der christlichen Agape-Ethik den größtmöglichen Gegensatz zur NS-Ideologie. Dabei war er sich des unbändigen Charakters der Liebe bewusst. Ihre Verwirklichung konnte in Konflikt geraten mit staatlichen Gesetzen, sogar mit biblischen Geboten.

> *Gott ist so sehr die Liebe, dass man das Paradox wagen kann: Wenn einer wirklich liebt […], dann ist er auf der rechten Seite, auch wenn er auf der falschen ist.*

Es waren eher seelische Konflikte, die den jesuitischen Gelehrten Teilhard de Chardin (1881–1955) umtrieben. Wie vertrug sich der Glaube an die Unbedingtheit und Stärke der göttlichen Agape mit den gegenteiligen Erfahrungen von Leid, Schmerz und Zweifel?

In seinem Bekenntnisbuch «Mein Glaube», das er 1934 in China verfasste, versuchte sich de Chardin an einer Antwort.

> *Um diese mit der göttlichen Sonne so seltsam unvereinbare Dunkelheit zu rechtfertigen, erklären uns die Doktoren, der Herr verberge sich*

willentlich, um unsere Liebe zu prüfen. Man muss sich unheilbar in die Spielerei des Geistes verloren haben, man darf niemals in sich oder bei Anderen dem Leiden des Zweifels begegnet sein, um nicht zu spüren, wie hassenswert diese Lösung ist. Wir, mein Gott, deine Geschöpfe, wären vor dir verloren und geängstigt und riefen um Hilfe: und es würde dir genügen, um sie auf dich hinstürzen zu lassen, einen Strahl deiner Augen, die Franse deines Mantels zu zeigen, und du tätest das nicht? Die Dunkelheit des Glaubens ist meines Ermessens nur ein Sonderfall des Problems des Übels. Und um dessen tödliches Ärgernis zu überwinden, sehe ich nur einen möglichen Weg: nämlich anzuerkennen, dass Gott uns deshalb leiden, sündigen, zweifeln lässt, weil er uns nicht jetzt und mit einem Schlag heilen und sich zeigen kann. Und wenn er es nicht kann, so einzig deshalb, weil wir infolge des Stadiums, in dem das Universum sich befindet, einer größeren Organisation und eines helleren Lichtes noch nicht fähig sind.

Ob diese Spekulation zutrifft, ob sie überhaupt der biblischen Offenbarung entspricht, sei dahingestellt. Was mir an de Chardins Gedankenspiel imponiert, ist sein Glaube an die Finalität der Gottesliebe.

Die Schlussworte in diesem Kapitel gehören einem protestantischen Schriftsteller, den die Themen Liebe und Gott ein Leben lang beschäftigten. Anders als von Baader oder Balthasar kam Thornton Wilder (1897–1975) nie zu einer für ihn befriedigenden Harmonisierung.

Das lag auch an seiner streng religiösen Jugend. Sein Vater kam als Kongregationalist aus der puritanischen Tradition. Wie bei vielen Kindern aus frommem Elternhaus lernte Wilder erst die Antworten, bevor er die Fragen dazu verstand.

Seine Erfahrungen entfernten ihn immer weiter von einem naivvertrauensvollen Glauben. Er erlebte zwei Weltkriege, dazwischen die wilden Zwanziger Jahre.

Mit Anfang 50 wähnte Wilder sich vor dem religiösen Abgrund. In sein Tagebuch notierte er sein neues «Credo»:

Wir Menschen leben in einem Universum, das nicht weiß, dass wir da sind. Der Sonnenuntergang heute Abend war nicht für mich gedacht, und er hatte mir nicht mehr zu sagen als das, was ich in ihn hineinlas. Die Familien, die links und rechts von mir saßen, hatten sich auf ähnliche Weise in Babylon und Karthago versammelt, um sich zu vergnügen. Das Universum erklärt uns nicht, dass es aus Liebe oder durch unseren Geist erschaffen wurde.

Aber schon drei Jahre später machte er eine innere Kehrtwende, zog einen nebulösen Glauben dem Nichts vor.

Ich bin nun bereit, meine Ansichten zu ändern. Der Mensch, so wie er ist, hat keine andere Wahl, als zu glauben, beharrlich zu glauben, dass sich die Welt auf Liebe gründet – Liebe als Zuneigung. Was uns zur Hauptprämisse des Christentums zurückführt: Die menschliche Seele muss fühlen, dass sie geliebt wird.

Als er kurz vor seinem Tod nach seinem Glauben gefragt wurde, verweigerte Wilder ein klares Bekenntnis. Stattdessen verwies er auf den Roman, den er als 29-Jähriger geschrieben hatte und der seinen Weltruhm begründete: «Die Brücke von San Luis Rey».

Darin forscht ein Mönch im Auftrag der Kirche nach den spirituellen Ursachen eines Brückenkollapses. Lassen sich in den Biografien der fünf Opfer Hinweise darauf finden, warum Gott sie sterben ließ?

Nach langwierigen Recherchen kapituliert der Mönch. Er findet keinen Kausalzusammenhang zwischen dem Leben der Unglücklichen und ihrem Leiden. Die Kirche verbrennt ihn als Ketzer und vernichtet auch den Bericht. Eine Kopie fällt dem Erzähler in die Hände, der sich seinen eigenen Reim darauf macht:

Es gibt ein Land der Lebenden und ein Land der Toten, und die Brücke ist die Liebe, das einzige Überleben, der einzige Sinn.

Reicht das als Glaubens- und Existenzgrundlage? Schließlich kollabiert die Brücke nicht nur im Roman. Auch im wahren Leben lösen sich alle Liebesschwüre mit dem letzten Atemzug in Luft auf. Womöglich ist die Liebe tatsächlich nur ein Trick der Natur, die Menschen zur Fortpflanzung, zur Zusammenarbeit und anderen kreativen Hochleistungen anzutreiben.

Kein sonderlich tröstlicher Gedanke.

Nicht nur, weil er Pfarrerssohn war, wusste Nietzsche:

Alle Lust will Ewigkeit – will tiefe, tiefe Ewigkeit.

Also sprach Zarathustra

Ob dieses Bedürfnis erfüllbar ist oder nicht, darüber schweigen sich Philosophen neuerdings lieber aus. Es liegt ja auch abseits der erfahrbaren Wirklichkeit.

Ich finde, dass die Frage nach einem höheren Sinn und einer jenseitigen Wirklichkeit durchaus im Kompetenzfeld der Weisheit liegt.

In den beiden folgenden Kapiteln werde ich mich damit beschäftigen.

3.
Sinn: Darf's ein bisschen mehr sein?

Die notwendige Voraussetzung [um zum wahren Bewusstsein zu gelangen] ist, dass ein Mensch irgendwie mehr ist als seine «Eigenschaften», mehr als all die Emotionen, Bestrebungen, Geschmäcker und Konstruktionen, die er gerne «Mein Leben» nennt. Wir haben Grund zu der Hoffnung, dass ein Leben etwas mehr ist als eine solche Wolke von Partikeln, eine bloße Ansammlung von Tatsachen. Geh das Verstehbare durch, dann wirst du einsehen, dass nur das Unverständliche Licht spendet.

Saul Bellow, Herzog

Spätherbst 2022. Beim WM-Auftaktspiel der Fußballnationalmannschaft gegen Japan war ich bedient. Nicht erst nach der Niederlage, die schließlich zum Ausscheiden schon nach der Vorrunde führte, sondern schon vorher:

In den Reporter-Kommentaren und Interviews war dauernd die Rede von One-Love-Binden, Regenbogen-Fahnen, Toleranz-Gesten. Ich kam mir vor, als wäre ich beim «Wort zum Sonntag» gelandet. Ich bin Fußballfan, weil es eine herrliche Nebensache ist und die großen Daseinsfragen zwei Stunden lang außen vor bleiben. Ich dachte mir: Wenn schon der Fußball großen moralischen Sinn produzieren soll, muss der Bedarf tatsächlich sehr groß ist.

Ist er auch.

Und zwar nicht nur im Fußball.

Neulich lass ich das Lamento eines Filmkritikers. Er beklagte sich darüber, dass immer mehr Kinobesprechungen im Predigerton verfasst werden. Filme würden vor allem danach bewertet, ob sie einen Beitrag zu den aktuellen Sinndebatten liefern könnten. Aus Sicht des verwunderten Kritikers handelte es sich um einen klaren Fall von Kompensation. Weil die Kirchen immer leerer würden, müsste es nun andere Orte geben, an denen die Menschen ihre Sinnbedürfnisse befriedigen.

Das Kino halt. Oder eben das Fußballstadion.

Menschen sind unverbesserliche Sinnsucher. Ein voller Bauch reicht ihnen nicht. Auch der Kopf will auf seine Kosten kommen: mit Antworten auf die Fragen nach dem Woher, Wozu, Wohin. Und diejenigen, die nichts anstreben außer einem hedonistischen Wohlbefinden, sind am unglücklichsten von allen.

Die Sinnforscherin Tatjana Schnell (geboren 1971) kommt in ihrer Studie über die «Psychologie des Lebenssinns» zu dem Schluss:

> *Was Philosophen schon lange einfordern, hat die empirische Sinnforschung der letzten Jahre bestätigt: Die Auseinandersetzung mit sich selbst und der Sinnhaftigkeit des eigenen Handelns ist förderlich und manchmal notwendig für ein gelingendes Leben.*

Das bedeutet nicht, dass sich alle Menschen bewusst auf die Sinnsuche begeben. Wie ich in dem Kapitel über das menschliche Bewusstsein erläutert habe, ist das angestrengte Nachdenken instinktiv nie die erste Option. Wer mit sich und der Welt zufrieden ist, fragt nicht nach dem Warum. Wie bei Hiob stellen sich manche Fragen erst in der Krise.

Wenn die Sinnsuche an der Börse gehandelt würde, wäre jetzt die Zeit, jede Menge Aktien zu kaufen. Die Krise wird immer mehr zum Dauerzustand. Entsprechende Hochkonjunktur werden die davon ausgelösten Sinndebatten haben.

Die Frage nach dem Sinn des Lebens steht also immer unübersehbar im Raum.

Die Vernunft ist nicht auf der Suche nach Wahrheit, sondern nach Sinn.

Hannah Arendt, Vom Leben des Geistes

Und die Antwort?

Der Philosoph Markus Rüther (geboren 1982) hat eine «ethische Theorie» zum Lebenssinn entwickelt. Der Titel enthält bereits die wichtigste Aussage:

«Sinn» muss sich in der Wirklichkeit zeigen.

Muss praktisch sein.

Muss zum richtigen Tun anleiten.

Menschen interessieren sich nicht nur für Gründe. Sie brauchen auch Anleitungen. Es geht weniger um Reflexion als um Aktivität. Das Fazit von Markus Rüther lautet:

Das Leben einer Person ist genau dann sinnvoll, wenn sie Tätigkeiten ausübt, die auf Gegenstände ausgerichtet sind, die jenseits dieser Person liegen. […] Wer ein sinnvolles Leben führen will, sollte sich vor allem darum bemühen, wissenschaftliche, künstlerische, altruistische und moralische Tätigkeiten auszuüben, und daran interessiert sein, sich von unmoralischen Handlungen fernzuhalten.

Markus Rüther geht davon aus, dass man das eigene Leben mit Sinn füllen kann; dass es weniger auf Sinnsuche als Sinnproduktion ankommt.

Damit scheint Rüther auf einer Linie zu liegen mit dem Begründer der Sinntherapie, Viktor Frankl (1905–1997). Drei Jahre seines Lebens hatte der österreichische Jude in Konzentrationslagern verbracht. Er hatte erlebt, wie die meisten seiner engen Verwandten darin umkamen, unter anderem seine Frau. Trotzdem behauptete er nur wenige Monate nach seiner Befreiung in einem Vortrag über den «Sinn und Wert des Lebens»:

> *Tätig geben wir dem Leben Sinn, aber auch liebend – und schließlich: leidend. Denn wie ein Mensch zu den Einschränkungen seiner Lebensmöglichkeiten, soweit sie eben sein Handeln und Lieben betreffen, Stellung nimmt, wie er sich zu dieser Einschränkung verhält – wie er sein Leiden unter solcher Einschränkung auf sich nimmt –, in alldem vermag er noch Werte zu verwirklichen.*

Sinn wird demnach nicht gedacht, sondern gemacht.

Frankl selbst war ein religiöser Mensch und hielt den Glauben für eine wichtige Sinnquelle. Das unterscheidet ihn von den meisten heutigen Sinnforschern, die einen transzendenten Überbau ablehnen.

Der Philosoph Michael Hampe (geboren 1961) schlägt in seinem Buch über «Die Lehren der Philosophie» vor, die Suche nach einem jenseitigen Sinn einzustellen. Er plädiert dafür, sich ganz auf das Hier und Jetzt zu konzentrieren.

> *Das Tröstende und Sinnstiftende der Jenseitsvorstellung schwächt die Fähigkeit, dem Leben aus sich heraus einen Sinn zu geben. Das Vertrauen auf die bevorstehende, göttliche Sinnstiftung entlastet die Menschen von der Aufgabe, selbst sinnstiftend tätig zu sein. Auch diese Entlastung führt langfristig zu einer Schwächung der existentiellen Kreativität.*

Sinn als Do-It-Yourself-Projekt: Das ist auch die Position des amerikanischen Physikers Michio Kaku (geboren 1947). Er schließt seine etwas großspurig angekündigte «Suche nach der Theorie von Allem» mit der ziemlich ernüchternden Feststellung:

> *Letztlich, so glaube ich, erschaffen wir unseren eigenen Sinn im Universum.*

Dass es *den* Sinn des Lebens gibt, streitet der Philosoph Christian Uhle (geboren 1988) in seiner «Philosophischen Reise zum Sinn des Lebens» von vornherein ab. Stattdessen schlägt er vor, Sinnerfüllung in verschiedenen Bereichen zu finden.

Doch hilft das irgendwem?

Wenn jeder Mensch sich nicht nur seinen Sinn, sondern sogar seine vielfältigen Sinnerfüllungen selbst sucht, läuft das schließlich auf ein völliges Sinn-Chaos hinaus.

Christian Uhle nennt selbst vier krisenhafte Erfahrungen, die uns am Sinn des Lebens zweifeln lassen: «Zwecklosigkeit, Vergänglichkeit, Gleichgültigkeit, Getrenntheit». Mit seiner Therapie einer individuellen Sinnsuche, die keinen Zielpunkt jenseits des eigenen Lebenshorizonts hat, verschärft er das Problem aber nur.

Gilt nicht vielmehr: Der Sinn, den man sich selber gibt, ist von vornherein ein Un-Sinn?

Das Problem des Ur-Sinnsuchers Hiob liegt ja gerade darin, dass er keine äußeren Antworten auf seine inneren Sinnfragen findet. Angestrengteres Nachdenken verschärft das Problem nur. Dass Hiob sich nicht selbst umbringt, liegt schließlich daran, dass er sich noch an einen Rest-Sinn klammern kann.

Eins weiß ich: Mein Erlöser lebt.

Hiob 19,25

Der «Fall Hiob» wirft eine grundsätzliche Frage auf: Kann ein leidvolles Leben überhaupt ein sinnvolles Leben sein?

Zumindest instinktiv würden die meisten Menschen die Antwort verneinen. Im Glücklichsein sehen sie vielleicht nicht den höchsten, aber den zentralen Sinn des Lebens. Schließlich sind wir von der Natur darauf programmiert, schöne Momente zu suchen und schmerzhafte zu vermeiden. Wir bewerten Menschen danach, ob sie Glück im Leben haben, nicht nach dem Sinn, den sie damit verknüpfen.

Der amerikanische Freidenker Robert Ingersoll (1833–1899), der sich vom Evangelikalen zum radikalen Agnostiker gewandelt hatte, dichtete:

Glück ist das einzige Gut.
Die Zeit zum Glücklichsein ist jetzt.
Der Ort, um glücklich zu sein, ist hier.
Der Weg, glücklich zu sein, ist, andere glücklich zu machen.

Völlig anderer Meinung war Ingersolls Zeitgenossin Emily Dickinson. Die damals unbekannte Dichterin lebte zwar ausschließlich unter frommen Menschen. Als interessierte Zeitungsleserin registrierte sie aber den allmählichen Sinneswandel und den Siegeszug des Materialismus. Aus ihrer Sicht ergab sich daraus eine kosmische Orientierungslosigkeit.

Jene – die damals starben
Wussten wohin sie gingen –
Sie gingen zu Gottes rechter Hand –
Jene Hand ist nun amputiert
Und Gott ist nicht zu finden –
Die Abdankung des Glaubens
Macht das Verhalten klein
Lieber ein Irrlicht
Als gar kein Licht im Tal.

Manche antireligiösen Fortschrittsoptimisten erwarteten, dass sich die Frage nach einem höheren Sinn mit der Zeit von selbst erledigen würde. Aber das Gegenteil war der Fall. In der ersten Hälfte des 20. Jahrhunderts brach die Sinndebatte mit neuer Dringlichkeit auf.

Ein besonders feines Gespür für die Fragwürdigkeit der menschlichen Existenz hatte der tschechisch-jüdische Schriftsteller Franz Kafka. Entgegen seinem Image als kränklicher Grübler war Kafka ein geselliger Kulturfan (er liebte das Kino) und ein gutbezahlter Angestellter.

Dass er weder in der Liebe noch in der Literatur sonderlich erfolgreich war, lag an den überzogenen Ansprüchen an sich selbst. Das jedenfalls behauptet sein bester Freund Max Brod (1884–1968), der viele von Kafkas Schriften posthum veröffentlichte. Dazu gehörten auch die «Zürauer Aphorismen», mehr als hundert kurze «Betrachtungen über Sünde, Leid, Hoffnungen und den wahren Weg». Kafka hatte diese Gedanken bei einer selbstverordneten Kur im Winter 1917/1918 notiert. Er war damals Mitte 30 und dachte über den Sinn des Lebens nach.

Ähnlich wie vor ihm Kierkegaard, den er sehr schätzte, gelang es Kafka nicht, die Probleme des Lebens intellektuell aufzulösen. Unter den Zürauer Aphorismen (und in den parallel vollgekritzelten «Acht Oktavheften») finden sich dennoch einige bemerkenswerte Einsichten:

- *Von einem gewissen Punkt an gibt es keine Rückkehr mehr. Dieser Punkt ist zu erreichen.*
- *Vom wahren Gegner fährt grenzenloser Mut in dich.*
- *Du bist die Aufgabe. Kein Schüler weit und breit.*
- *Das Glück begreifen, dass der Boden, auf dem du stehst, nicht größer sein kann als die zwei Füße, die ihn bedecken.*
- *Der Geist wird erst frei, wenn er aufhört, Halt zu sein.*
- *Lass dich vom Bösen nicht glauben machen, du könntest vor ihm Geheimnisse haben.*
- *Der Dornbusch ist der alte Wegversperrer. Er muss erst Feuer fangen, wenn du weiterwillst.*
- *Der Weg zum Nebenmenschen ist für mich sehr lang.*

Ungefähr in der Mitte der Aufzeichnungen, als fünfzigster Aphorismus, findet sich so etwas wie ein Glaubensbekenntnis Kafkas:

> *Der Mensch kann nicht leben ohne ein dauerndes Vertrauen zu etwas Unzerstörbarem in sich, wobei sowohl das Unzerstörbare als auch das Vertrauen ihm dauernd verborgen bleiben können. Eine der Ausdrucksmöglichkeiten dieses Verborgenbleibens ist der Glaube an einen persönlichen Gott.*

Bei Kafka blieb dieser Glaube schwach ausgeprägt. Immer heftiger plagten Todesvorahnungen den Tuberkulosekranken. An seine damalige Geliebte, die 24-jährige Milena Polack, schrieb er im September 1920:

> *Man ist eben als biblische Taube ausgeschickt worden, hat nichts Grünes gefunden und schlüpft nun wieder in die dunkle Arche.*

In seinem letzten Roman «Das Schloss», wie auch «Der Verschollene» und «Der Prozess» unvollendet und zu Lebzeiten unveröffentlicht, stellt er das Leben als vergebliche Suche nach der eigenen Bestimmung dar. Der Roman ist meiner Meinung nach die beste belletristische Darstellung einer menschlichen Existenz, die einen höheren Sinn ahnt, aber diesen Sinn weder im Wissen noch im Glauben finden kann.

Im Mittelpunkt von «Das Schloss» steht sein Alter Ego, der gelernte Techniker K., der einen Job bei einem Schlossherrn antreten will. Der Roman beginnt mit den Worten:

> *Es war spätabends, als K. ankam. Das Dorf lag in tiefem Schnee. Vom Schlossberg war nichts zu sehen, Nebel und Finsternis umgaben ihn, auch nicht der schwächste Lichtschein deutete das große Schloss an.*

Näher wird K. dem Schloss nicht mehr kommen, klarer wird er es nicht sehen. Stattdessen irrt er im Dorf umher, knüpft brüchige Kontakte, gerät in Affären, folgt trügerischen Versprechungen, wird herumgeschubst, reibt sich psychisch auf und wird immer dann müde, wenn es drauf ankommt.

Von einer Jobzusage weiß im Dorf niemand etwas. Über den Palast und seinen Besitzer gibt es nur Gerüchte. Der einzige Zugang verläuft über den mysteriösen Schlossbürokraten Klamm, der seine Machtstellung selbstherrlich ausnutzt, aber K. schließlich auch nichts nützt.

Der Roman reißt – mitten in der Handlung – so abrupt ab wie kurz darauf Kafkas eigenes Leben. In der letzten Episode streitet sich K. mit seiner Hauswirtin. Die beiden hatten eine Affäre, aber die Wirtin hat mehr Lust auf den einflussreicheren Klamm. Sie schickt K. weg – mit den letzten Worten des Romans:

Vielleicht lasse ich dich holen …

Weggeschickt und nicht abgeholt. So kam sich Kafka vor, und so fühlen sich damals wie heute viele Menschen. Sie warten auf ein Stichwort, das ihnen ihre eigentliche Bestimmung verrät.

Ein literarischer Artverwandter von Kafkas «K.» ist Robert Musils «Mann ohne Eigenschaften». Der Österreicher Musil (1880–1942) fing seinen tausend Seiten langen Roman zur selben Zeit an, in der Kafka sein «Schloss» schrieb.

Auch der «Mann ohne Eigenschaften» blieb unvollendet, und auch hier hat der Held keinen Nachnamen. Er heißt Ulrich und ist genau wie K. ein Verlorener. Er verausgabt sich mit sinnlosen politischen Aktionen, beteiligt sich an ergebnislosen Debatten, stürzt sich in unsinnige Liebesbeziehungen. Sein Problem mit Gott ist, dass er dessen Gegenwart nicht erlebt.

Ohne Zweifel war er ein gläubiger Mensch, der bloß nichts glaubte: Seiner größten Hingabe an die Wissenschaft war es niemals gelungen, ihn vergessen zu machen, dass die Schönheit und Güte der Menschen von dem kommen, was sie glauben, und nicht von dem, was sie wissen.

Anders als die prinzipiell glaubensbereiten Kafka und Musil hatte die etwa gleichaltrige Virginia Woolf (1882–1941) mit dem Gott der Bibel abgeschlossen. Den christlichen Glauben hielt sie für rückständig und freiheitsfeindlich. Was blieb, war das Sehnen. In ihrem vielleicht bekanntesten Roman, «Die Fahrt zum Leuchtturm», erzählt sie von der Sinnsuche ihrer Heldin Lilly:

> *Als sie rastete und den Blick ziellos wandern ließ, stand abermals die alte Frage vor ihr, die unablässig den Himmel der Seele durchflog, die gewaltige, die allumfassende Frage, die sich in Augenblicken wie diesen, wenn sie die äußerste Anspannung der Kräfte lockerte, in den Vordergrund drängte, sie schwebte über ihr, verweilte über ihr, verdunkelte sich über ihr. Was ist der Sinn des Lebens? Das war alles, eine einfache Frage; eine, die einem mit den Jahren immer näher rückte. Die große Offenbarung war nie gekommen. Die große Offenbarung würde vielleicht auch nie kommen. Stattdessen gab es kleine tägliche Wunder, Erleuchtungen, unerwartet im Dunkeln entzündete Hölzchen.*

Ein enger Freund von Virginia Woolf, der Dichter T. S. Eliot (1888–1965), gab sich mit ein wenig Streichholzbeleuchtung nicht zufrieden. Kurz nach der Veröffentlichung von «Die Fahrt zum Leuchtturm» berichtete er der entsetzten Autorin, er habe eine Art Erleuchtung gehabt und sei zum Christentum konvertiert.

Virginia Woolf erklärte ihn daraufhin als für sie «gestorben».

Ein paar Jahre später schrieb Eliot das Theaterstück «Der Fels». Darin brachte er seine Überzeugung zum Ausdruck, dass nur der Glaube ein festes, kohärentes Sinn-Fundament bietet:

> *All unser Wissen bringt uns unserer Unwissenheit näher, all unsere Unwissenheit bringt uns dem Tod näher, aber die Nähe zum Tod nicht näher zu Gott. Wo ist das Leben, das wir im Leben verloren haben? Wo ist die Weisheit, die wir im Wissen verloren haben? Wo ist das Wissen, das wir in der Information verloren haben? Die Zyklen des Himmels in zwanzig Jahrhunderten bringen uns weiter weg von Gott und näher an den Staub.*

Zur gleichen Zeit riefen religionskritische Existentialisten in Frankreich ein Sinnsuche-Moratorium aus. Ein Jahr vor Ausbruch des Zweiten Weltkriegs veröffentlichte Jean-Paul Sartre seinen Roman «Der Ekel». Darin leidet sein Held Antoine an der Zufälligkeit und Irrelevanz seines Daseins.

> *Ich hatte kein Recht zu existieren. Ich war zufällig erschienen, ich existierte wie ein Stein, eine Pflanze, eine Mikrobe. Mein Leben wuchs auf Geratewohl und in alle Richtungen. Es gab mir manchmal unbestimmte Signale; dann wieder fühlte ich nichts als ein Summen ohne Bedeutung.*

Antoine überwindet seinen Ekel schließlich durch die Erkenntnis, dass man der Sinnlosigkeit immerhin eine sinnvoll empfundene Tätigkeit entgegensetzen kann, in seinem Fall: das Schreiben.

> *Man müsste hinter den gedruckten Wörtern, hinter den Seiten etwas ahnen, das nicht existierte, das über der Existenz wäre. Eine Geschichte zum Beispiel, wie es keine geben kann, ein Abenteuer. Sie müsste schön sein und hart wie Stahl und müsste die Leute sich ihrer Existenz schämen lassen.*

Für prinzipiell wider-sinnig bzw. absurd hielt Sartres jüngerer Kollege Albert Camus (1913–1960) das Leben. Er schwankte dabei zwischen den philosophischen Konsequenzen. In seinem «Mythos des Sisyphos», erschienen 1942, erörtert der damals 29-jährige Camus die befreiende Folge des Sinnverlusts.

> *Darin besteht die verborgene Freude des Sisyphos. Sein Schicksal gehört ihm. Sein Fels ist seine Sache. Ebenso lässt der absurde Mensch, wenn er seine Qual bedenkt, alle Götzenbilder schweigen. […] Sisyphos jedoch lehrt uns die höhere Treue, die die Götter leugnet und*

Felsen hebt. Auch er findet, dass alles gut ist. Dieses Universum, das nun keinen Herrn mehr kennt, kommt ihm weder unfruchtbar noch wertlos vor. Jedes Gran dieses Steins, jedes mineralische Aufblitzen in diesem in Nacht gehüllten Berg ist eine Welt für sich. Der Kampf gegen Gipfel vermag ein Menschenherz auszufüllen. Wir müssen uns Sisyphos als einen glücklichen Menschen vorstellen.

Fünf Jahre später veröffentlichte Camus seinen Roman «Die Pest». An seiner Auffassung, die Menschen müssten ohne vorgegebenen Sinnhorizont auskommen, hatte sich nichts geändert. Nun schien es aber, als mache Camus seinen Lesern schließlich doch ein Sinnangebot, wenn auch ein rein diesseitiges: sich auch ohne göttliches Mandat umeinander zu kümmern.

Ich sage nur, dass es auf dieser Erde Plagen und Opfer gibt und dass man sich, so weit wie möglich, weigern muss, auf Seiten der Plage zu sein.

Einen etwas anderen Blick auf die Sinnfrage warf Camus in seinen Tagebüchern. Hier gibt er sich deutlich unsicherer, fragender. Selbst die Möglichkeit einer Existenz Gottes schließt er nicht aus. In seinen eigenen Erfahrungen – der vaterlosen Kindheit, der Katastrophe des Zweiten Weltkriegs – sieht er zwar kaum Hinweise auf einen liebenden Gott. Die Sehnsucht danach kann der passionierte Dostojewski-Fan aber nicht leugnen.

In seinen letzten zehn Lebensjahren nehmen die Einträge zu, die auf einen persönlichen Sinn(es)-Wandel hindeuten.

- *Der Mensch von 1950: er f***te und las Zeitungen.*
- *Wer anfängt zu geben, verurteilt sich dazu, nicht genug zu geben, auch wenn man alles gibt.*
- *Ich warte geduldig auf die Katastrophe, die langsam wächst.*

- *Das Genie ist eine Gesundheit, ein überlegener Stil, eine gute Laune – aber auf dem Höhepunkt einer Zerrissenheit.*
- *Die Liebe in Gott ist offenbar die einzige, die wir ertragen, da wir stets uns selbst zum Trotz geliebt werden wollen.*
- *Ich habe für mein Leben keine andere Rechtfertigung gefunden, als dieses Streben zu schaffen. In beinahe allem Übrigen habe ich versagt.*
- *Jedes Mal, wenn man mir sagt, man bewundere den Menschen in mir, habe ich das Gefühl, mein Leben lang gelogen zu haben.*
- *Ich lese oft, ich sei Atheist, ich höre oft von meinem Atheismus reden. Aber diese Worte sagen mir nichts, sie haben keinen Sinn für mich. Ich glaube nicht an Gott, und ich bin kein Atheist.*
- *Anbetung. Das Rätsel der Welt.*
- *Wenn man nichts Anderes mehr weiß als dies: Ich möchte besser sein.*
- *Ich habe mich bemüht, wie alle Leute zu leben, allen Leuten zu gleichen. Ich habe gesagt, was nötig war, um zu vereinen, auch wenn ich mich getrennt fühlte. Und das Ergebnis war die Katastrophe. Jetzt irre ich durch die Trümmer, ich habe kein Gesetz, ich bin zerrissen, allein und bereit, es zu sein, ich finde mich mit meiner Besonderheit und meinen Unzulänglichkeiten ab. Und ich muss eine neue Wahrheit aufbauen – nachdem ich mein Leben lang in einer Art Lüge gelebt habe.*
- *Ich selbst bin es, der seit etwa fünf Jahren alles in Frage stellt, was ich geglaubt und wovon ich gelebt habe. Deshalb fühlen die Menschen, die meine Ideen geteilt haben, sich betroffen und grollen mir; aber nein, ich führe Krieg gegen mich.*
- *Ich habe mein Leben lang, sobald ein Mensch mir Zuneigung entgegenbrachte, alles getan, damit er sich zurückzog. […] Manchmal klage ich mich an, unfähig zu sein, jemand zu lieben.*

Albert Camus starb mit nur 46 Jahren bei einem Autounfall.

Vorher hatte er den Nobelpreis bekommen: für seinen letzten Roman, «Der Fall». Darin beklagt er unverhohlen die Folgen des allgemeinen Glaubensverlustes, die Verdrängung von Glaubensbekenntnissen durch hohle humanistische Phrasen.

> *Schauen Sie sich bloß unsere Moralisten an. Sie sind voll sittlichen Ernstes und Nächstenliebe und was sonst so dazugehört, und so trennt sie eigentlich nichts von den Christen. […] Ob sie nun Atheisten oder Frömmler sind, Materialisten in Moskau, Puritaner in Boston, alle sind sie Christen, vom Vater auf den Sohn. Aber eben, es gibt ja keinen Vater, kein Gebot mehr! Man ist frei und muss schauen, wie man sich aus der Affäre zieht. […] Sie erfinden schreckliche Regeln und errichten eilends Scheiterhaufen, um die Kirche zu ersetzen.*

Vierzig Jahre nach dem Tod von Camus veröffentlichte der methodistische US-Pastor Howard Mumma (1909–2004) ein Buch, in dem er seine Begegnungen mit Camus schilderte.

Angeblich besuchte Camus in den Jahren vor seinem Tod mehrfach die amerikanische Kirche in Paris, in der Mumma als Gastprediger wirkte. Die beiden trafen sich regelmäßig zu Gesprächen über Gott und die Welt. Darin bekannte Camus sein wachsendes Interesse an einem religiösen Glauben. Er habe begonnen, regelmäßig in der Bibel zu lesen. Mumma zitiert ihn mit den bekenntnishaften Worten:

> *Der Grund, warum ich zur Kirche gehe, ist, dass ich auf der Suche bin. Ich bin fast auf einer Pilgerreise – auf der Suche nach etwas, das die Leere füllt, die ich erlebe –, und niemand sonst weiß es. Sicherlich sehen die Öffentlichkeit und die Leser meiner Romane diese Leere, aber sie finden die Antworten nicht in dem, was sie lesen. Aber tief im Innern haben Sie recht – ich suche nach etwas, das mir die Welt*

nicht gibt. [...] Seit ich die Bibel lese, spüre ich, dass es etwas gibt – ich weiß nicht, ob es etwas Persönliches ist oder ob es eine große Idee oder ein starker Einfluss ist – aber es gibt etwas, das meinem Leben einen Sinn geben kann. Ich habe es sicherlich nicht, aber es ist da. Am Sonntagmorgen höre ich, dass die Antwort Gott ist. [...] Eine der Beobachtungen, die ich in der Bibel gemacht habe, ist, dass viele ihrer Protagonisten genauso verwirrt sind wie wir.

Bei ihrer letzten Begegnung im Sommer 1959 soll Camus sogar darum gebeten haben, getauft zu werden: allerdings nicht in einer Zeremonie, sondern ganz alleine. Mumma lehnte das mit dem Hinweis auf den Öffentlichkeitscharakter des Taufrituals ab.

Die historische Zuverlässigkeit der Prediger-Memoiren ist umstritten. Nachdem ich mich in Camus' letzte Schriften und seine Tagebücher vertieft habe, finde ich sie zumindest nicht unplausibel. Das trotzig-materialistische Ethos, das Camus in «Die Pest» beschrieben hatte, erwies sich in seinem eigenen Leben als keine tragfähige Lebensgrundlage.

Vor allem hat ein rein diesseitiger Humanismus dem größten Gegner des Menschen nichts entgegenzusetzen: dem Tod.

1898 malte sich der Science-Fiction-Pionier H. G. Wells (1866–1946) eine Mars-Attacke auf die Erde aus. Ziel der Aliens in «Der Krieg der Welten» ist, ganz modern, die Bodenschätze zu plündern. Dabei töten sie alle Menschen, die ihnen in den Weg kommen.

1978 feierte eine Musicalversion des Buches Premiere. Aus dem dazugehörigen Soundtrack wurden einige Hits ausgekoppelt (unter anderem der oft gemixte Instrumental-Klassiker «The Eve of the War»). Mein Lieblingssong auf der Platte heißt «The Spirit of Man» (Der Geist des Menschen). In dem schmissigen Pop-Duett beweint ein Pfarrer die Vernichtung der Menschheit. Er hat seinen Glauben an Gott verloren. Seine Frau muntert ihn auf mit den Worten:

Es muss etwas geben, wofür es sich zu leben lohnt!
Es muss etwas geben, wofür es sich zu kämpfen lohnt!
Es muss Dinge geben, für die es sich zu sterben lohnt!
Es muss sich nur einer mal aufrecht hinstellen.
Dann gibt es wieder Hoffnung –
Irgendwo im Geist des Menschen.

Was die Außerirdischen letztendlich besiegt, sind aber nicht die Menschen, sondern ganz einfache Bakterien.

Auf den «Spirit of Man» setzt auch Winston, der unglückliche Held von George Orwells «1984». Er und seine Geliebte Julia versprechen einander, nie die Liebe zueinander zu verlieren. Dann werden beide verhaftet und den Verhörmethoden des «Big Brother»-Regimes unterzogen. Bevor Winston in den berüchtigten «Raum 101» gebracht wird, gibt es einen bezeichnenden Dialog mit dem Folterschergen O'Brien. Winston behauptet, die Diktatur werde letztendlich einem höheren Prinzip zum Opfer fallen.

O'Brien: *Glaubst du an Gott, Winston?*
Winston: *Nein.*
O'Brien: *Was ist dann aber dieses Prinzip, das uns vernichten wird?*
Winston: *Ich weiß nicht. Der Geist des Menschen.*

Winstons eigener kämpferischer Geist bricht im «Raum 101». Er verrät Julia, gibt sich selbst auf. Die todbringende Tyrannei erweist sich als stärker als die menschliche Liebe.

George Orwell kannte nur zu gut die Grenzen der eigenen Belastbarkeit. Er bekannte sich zwar zu humanistischen Idealen. Sein Ehe-Alltag blieb davon allerdings unbeeinflusst: Er vernachlässigte und betrog seine Frau Eileen, von deren Gedicht «Ende des Jahrhunderts 1984» er die Idee zu dem Roman bekommen hatte.

Der Mensch kann sich nicht an den eigenen Haaren aus dem Sumpf der Trägheit und Hoffnungslosigkeit ziehen. Vor allem kann er sich nicht selbst Trost spenden.

Der Philosoph Odo Marquard war kein besonders bekenntnisfroher Christ. Über seine vielen Essays sind die Hinweise auf Gott sparsam verstreut. Er hielt auch nichts davon, der Sinnfrage die höchste Priorität einzuräumen. Sein sinn-diätetisches Motto war:

> *Der Sinn – und dieser Satz steht fest – ist stets der Unsinn, den man lässt.*

In typisch unaufdringlicher Manier warb er in seinem Aufsatz «Diätetik der Sinnerwartung» für den religiösen Glauben als wichtige Sinn-Ressource:

> *Gott ist – für den Religiösen – der, der noch da ist, wenn niemand mehr da ist. Der Nichtreligiöse glaubt, dass das nicht ausreicht: Kommunikativ scheint ihm der profane Spatz in der Hand besser als die Taube auf dem Dach auch dann, wenn diese Taube den Heiligen Geist symbolisiert. Aber Menschen – sterblichkeitsbedingt einsame Lebewesen – sind seinsmäßig nicht so gestellt, dass sie es sich leisten könnten, auf solchen Trost leichtfertig zu verzichten: Denn zweifellos gibt es Einsamkeitssituationen, in denen die Taube auf dem Dach – sozusagen – der einzige Spatz ist, den man noch in der Hand hat.*

Der psychologische Nutzen des Glaubens ist mittlerweile auch wissenschaftlich erwiesen.

> *Die Bedeutsamkeit des eigenen Handelns wird durch Religiosität und Spiritualität gestärkt. Wer an eine höhere Macht glaubt, die all unsere Schritte beobachtet – und unter Umständen später beurteilt –, der wird auch davon ausgehen, dass das eigene Handeln bedeutsam ist.*

[…] Nicht zuletzt sind Religion und Spiritualität in besonderem Maße dazu geeignet, Kohärenz zu stiften. Sie bieten eine vereinheitlichende Lebensphilosophie und vermögen es, auch leidvolle Erfahrungen sinnvoll in die eigene Biographie zu integrieren.

Tatjana Schnell, Psychologie des Lebenssinns

Dabei ist nicht jeder religiöse Glaube gleichermaßen Sinn-haltig. Die Psychologin Tatjana Schnell hat schlechte Nachrichten für spirituelle Individualisten, die sich ihren Glauben abseits von Dogmen und Gemeinschaften selbst gestalten wollen.

Die Nur-Spirituellen wiesen viel höhere Neurotizismuswerte auf. Sie waren überdurchschnittlich feindselig, gehemmt, depressiv und ängstlich. […] Anstatt auf starke Plausibilitätsstrukturen und Gemeinschaften zurückzugreifen, wie sie z. B. die Kirche bietet, will der nichtreligiöse spirituelle Mensch die Gültigkeit der eigenen Überzeugungen selbst erfahren. Wenn aber die eigene gefühlte Erfahrung der alleinige Maßstab ist, kann es leicht zu Überforderung und Unsicherheit kommen. Unsicherheit bezüglich der eigenen Weltanschauung wiederum scheint die Stressresilienz zu beeinträchtigen. […] Religiosität, die sich durch Beten, religiöse Bildung und aktive Mitgliedschaft in einer religiösen Organisation auszeichnet, steht in Zusammenhang mit guter Gesundheit, während alleiniges Beten mit schlechter Gesundheit korreliert.

Psychologisch im Nachteil sind auch die Anhänger von Religionen, die ohne persönliche Gottesvorstellung auskommen. Menschen sind soziale Wesen und tun sich schwer, mit einem *Prinzip* in Beziehung zu treten. Beim Glauben an «kosmische Kräfte» oder gar das «Universum» ergeben sich auch logische Probleme. Der Philosoph Ernst Tugendhat (1930–2023) weist in seinem Buch «Anthropologie statt Metaphysik» darauf hin …

... dass man nur einem Wesen dankbar sein kann, dem gegenüber es auch sinnvoll ist, etwas zu erbitten [...], und es ergibt keinen Sinn, ein nicht-personales Wesen um etwas zu bitten.

Was bringt das Pfeifen im dunklen All, wenn keiner zuhört und niemand antwortet?

Das Versprechen einer allumfassenden Resonanz steht im Zentrum des christlichen Glaubens. Gleich am Anfang der Bibel wird die Frage nach dem Ursprung und Wesen des Menschen geklärt.

Da nahm Gott, der Herr, etwas Staub von der Erde, formte daraus den Menschen und blies ihm den Lebensatem in die Nase. So wurde der Mensch ein lebendiges Wesen.

1. Mose 2,7

Der Mensch besteht nicht nur aus Materie. Ein Hauch von Ewigkeit wirkt in ihm. Deshalb kann er nicht davon ablassen, nach dem Atemspender zu suchen. Nach christlicher Überzeugung hat er sich in Jesus Christus persönlich offenbart.

Seine Erlösungstat, seine Liebesbotschaft, seine Paradiesverheißung erscheint mir unter allen Sinnangeboten konkurrenzlos attraktiv.

Warum tun sich gerade so viele intelligente Menschen aber derart schwer damit?

Neben persönlichen Enttäuschungen über das real existierende Christentum spielen spezifische Religionstemperamente eine wichtige Rolle. Denkertypen fürchten Kontrollverlust.

Ohne mich selbst als Musterbeispiel des Denkertypus vorzustellen, kann ich aus eigener Erfahrung behaupten: Mein Zugang zur Welt ist ziemlich un-spirituell, und das schließt die religiöse Sphäre mit ein. Ich sympathisiere mit der englischen Schriftstellerin Dorothy Sayers (1893–1957). Sie war wie ich Pastorenkind, allerdings wesentlich nonkonformistischer veranlagt als ich. In krassem Gegensatz zum damaligen Idealbild einer Tochter aus gutem Haus rauchte sie, fuhr Motorrad, bekam ein uneheliches Kind, schrieb Krimis.

Mit demselben Scharfsinn, mit dem ihr Romanheld Lord Peter Wimsey seine Fälle löste, beschäftigte sich Dorothy Sayers mit dem Glauben. Als 60-Jährige schrieb sie in einem Brief an den glaubensskeptischen Psychologen John Wren-Lewis:

> *Ich bin ganz ohne das, was man «inneres Licht» oder «spirituelle Erfahrung» nennt. Ich habe nie eine Bekehrung erlebt. Weder Gott, noch Engel, Teufel, Geist oder sonst etwas spricht zu mir aus der Tiefe meiner Psyche. […] Da ich weder durch Intuition noch durch meine Gefühle noch durch mein «inneres Licht» zu Gott gelangen kann […], bleibt nur der Verstand übrig. Und das ist eine ganz andere Sache. […] Der «leidenschaftliche Verstand» ist wirklich leidenschaftlich. Er ist der einzige Punkt, an dem bei mir die Ekstase eintreten kann. Ich weiß nicht, ob wir über den Verstand gerettet werden können, aber ich weiß, dass das für mich der einzige Weg ist.*

Wiedergefunden in diesen Zeilen hätten sich vermutlich die jüdischen Philosophen Hannah Arendt und Hans Jonas (1903–1993).

Beide waren schon jenseits der Sechzig, als sie sich voreinander als gottgläubig outeten. Auslöser war das gemeinsame Gespräch mit einer Katholikin. Hans Jonas schreibt in seinen «Erinnerungen»:

> *Sie nahm ein lebhaftes Interesse an mir und forderte mich mit der Frage heraus: «Glauben Sie an Gott?» So direkt bin ich das noch nie gefragt worden – und das von einer fast fremden Person! Ich sah sie erst etwas ratlos an, dachte nach und sagte – zu meiner eigenen Überraschung: «Ja!» Hannah zuckte zusammen – ich [erinnere mich] noch, wie sie mich fast erschrocken ansah. «Wirklich?» Und ich erwiderte: «Ja, letzten Endes ja. Was immer das bedeuten mag, die Antwort ‹Ja› kommt der Wahrheit näher als*

‹Nein›.» Kurze Zeit später war ich mit Hannah allein. Wieder kam das Gespräch auf Gott, und sie sagte: «Ich habe nie an einem persönlichen Gott gezweifelt.» Worauf ich sagte: «Aber Hanna, das wusste ich gar nicht. Und dann verstehe ich nicht, wieso du neulich an diesem Abend so befremdet reagiert hast.» Und sie antwortete: «Ich war so erschüttert, das aus deinem Mund zu hören, weil ich das nie gedacht hätte.» Also hatten wir uns beide gegenseitig mit diesem Eingeständnis überrascht.

Ich bin selbst immer wieder überrascht davon, wie unsicher und geziert ansonsten schlagfertige Denkertypen auf die Frage nach Gott antworten. Vielleicht deshalb, weil sie sich bei dieser Frage ihrer eigenen intellektuellen Grenzen bewusst werden:

Den höheren Sinn können sie nicht selbst produzieren.

Sie können ihn nur empfangen.

Der Kreis der anonymen Gottesverehrer ist gerade unter Intellektuellen größer, als es den Anschein macht.

Achtzig Prozent unserer Schriftsteller [würden] den Namen Gottes schreiben und preisen, wenn sie ihre Bücher bloß anonym veröffentlichen könnten.

Albert Camus, Der Fall

Die biblischen Autoren halten sich nicht lange mit theoretischen Sinn-Erörterungen auf. Die Existenz Gottes wird nicht einmal von Hiob angezweifelt. Entscheidend sind die Konsequenzen, die sich aus dem Dasein Gottes ergeben. Der Mensch ist dazu aufgerufen, den von Gott gestifteten Lebenssinn zu realisieren.

Wie das praktisch aussieht, erläutert eindrucksvoll der Apostel Paulus im Brief an die Christen in Thessaloniki. Die dortige Gemeinde existiert erst seit ein paar Monaten. Paulus hat sie gegründet. Inzwischen ist er vorbei am Olympus-Gebirge nach Athen gewandert, hat sich dort unter anderem mit Philosophen ausgetauscht, um schließlich in der Hafenmetropole Korinth zu landen.

Von dort unterweist er die Thessalonicher darin, ein sinnerfülltes Leben zu führen. In der Schlusspassage listet er die wichtigsten Maximen auf:

> *Weist die zurecht, die ihr Leben nicht ordnen. Baut die Mutlosen auf, helft den Schwachen und bringt für jeden Menschen Geduld und Nachsicht auf. Keiner von euch soll Böses mit Bösem vergelten; bemüht euch vielmehr darum, einander wie auch allen anderen Menschen Gutes zu tun. Freut euch zu jeder Zeit! Hört niemals auf zu beten. Dankt Gott, ganz gleich wie eure Lebensumstände auch sein mögen. All das erwartet Gott von euch, und weil ihr mit Jesus Christus verbunden seid, wird es euch auch möglich sein. Lasst den Geist Gottes ungehindert wirken! Wenn jemand unter euch in Gottes Auftrag prophetisch redet, dann geht damit nicht geringschätzig um. Prüft jedoch alles und behaltet das Gute! Das Böse aber – ganz gleich in welcher Form – sollt ihr meiden.*
>
> 1. Thessalonicher 5,14–22

Was ein sinnvolles Leben ausmacht, erklärt auch Jesus mehrmals in den Evangelien. Besonders kurz fällt seine Zusammenfassung im Gleichnis vom «Weltgericht» aus. Vor dem Richterstuhl Gottes treten die Menschen an, um ihre Lebensleistungen bewerten zu lassen. Am Ende entscheidet nicht philosophische oder theologische Einsicht darüber, was ein gelingendes Leben war, sondern die praktizierte Mitmenschlichkeit:

> *Was ihr für einen meiner geringsten Brüder oder für eine meiner geringsten Schwestern getan habt, das habt ihr für mich getan!*
>
> Matthäus 25,40

Nach dieser Einschätzung hat Kafkas jüngste Schwester Ottilie (1892–1943) ein besonders sinnvolles Leben geführt. Auch wenn es äußerst notvoll und tragisch endete. Franz Kafka hatte bei ihr Zuflucht gefunden, als er seine sinnsuchenden «Zürauer Aphorismen» niederschrieb.

Ottilie, von Kafka liebevoll «Ottla» genannt, heiratete einen seiner Arbeitskollegen, den katholischen Juristen Josef David. Er war statusbewusst, die gelernte Kinderpflegerin Ottla dagegen an Armenfürsorge interessiert. Die beiden stritten häufig.

Nach dem Einmarsch der Deutschen ließ sich Josef von Ottla scheiden. Damit unterschrieb er das Todesurteil seiner jüdischen Frau. Sie wurde kurz nach der Scheidung ins KZ Theresienstadt gebracht. Im Oktober 1943 erklärte sie sich dazu bereit, eine Gruppe jüdischer Waisenkinder auf dem Transport nach Auschwitz zu begleiten und sich mit ihnen vergasen zu lassen. Sie starb dort ungefähr zur selben Zeit wie Etty Hillesum.

Franz Kafka blieb der Nazi-Schrecken erspart. Er erlebte deshalb auch nicht, wie außer Ottla auch seine beiden anderen Schwestern ermordet wurden. Kafka quälte nur die eigene Existenz und deren unsichere Zielbestimmung.

Kurz bevor er mit nur 40 Jahren starb, stellte er noch eine letzte Kurzgeschichte fertig. Sie handelt von der pfeifenden Maus «Josefine».

Wie unschwer zu erkennen ist, meint Kafka mit Josefine sich selbst. Bei ihren Artgenossen genießt die Musiker-Maus durch ihre Kunstfertigkeit einen besonderen Status. Dabei ist ihr Pfeifen weder sonderlich schön, noch bringt es einen erkennbaren Nutzen. Trotzdem bildet sich Josefine auf ihre Kunst immer mehr ein.

Die anderen Mäuse wollen ihr narzisstisches Gebaren nicht akzeptieren. Sie zeigen ihr die kalte Schulter, wollen ihr keine Privilegien einräumen. In den letzten Sätzen der Geschichte zieht Kafka eine Bilanz aus Sicht der Mäuse – und damit auch über sein eigenes Leben als bis dato erfolgloser Literat und Vordenker:

Mit Josefine aber muss es abwärts gehn. Bald wird die Zeit kommen, wo ihr letzter Pfiff ertönt und verstummt. Sie ist eine kleine Episode in der ewigen Geschichte unseres Volkes, und das Volk wird den Verlust überwinden. […] Josefine aber, erlöst von der irdischen Plage, die aber ihrer Meinung nach Auserwählten bereitet ist, wird fröhlich sich verlieren in der zahllosen Menge der Helden unseres Volkes, und bald, da wir keine Geschichte treiben, in gesteigerter Erlösung vergessen sein wie alle ihre Brüder.

Ganz offensichtlich kam der Autor sich selbst vor, als würde er mit seiner Kunst unverstanden in einer dunklen Höhle vor sich hin pfeifen. Glaubte Kafka daran, dass es für ihn nach seinem Tod weitergehen würde? Oder blieb ihm nur der schwache Trost, dass seine Schriften doch noch ihre Leserschaft finden würden?

Auch wenn Kafka vermutlich nie etwas von der Poetin Emily Dickinson aus Massachusetts gehört hatte, hätte ihr folgendes Gedicht ihn sicher angesprochen. Wie die allermeisten der insgesamt fast 2000 Gedichte (allesamt ohne Titel) von Emily Dickinson wurde es erst nach ihrem Tod entdeckt. Die «Einsiedlerin von Amherst» beschreibt den Glauben, wie sie ihn erfahren hat: gefühlt real, aber nicht ganz zu greifen.

Diese Welt ist nicht das letzte Wort.
Etwas steht jenseits von ihr –
Unsichtbar, wie Musik –
Aber wirklich, wie Klang –
Es winkt, und es verwirrt –
Philosophie, weiß es nicht –
Und durch ein Rätsel, muss zuletzt –
Die Klugheit gehen –
Um es zu erraten, rätseln Gelehrte –
Um es zu gewinnen, haben die Menschen

Verachtung von Generationen
Und Kreuzigung, ertragen –
Der Glaube entgleitet – und lacht, und erhebt sich –
Errötet, ob jemand es sieht –
Zupft an einem Zweig des Beweises –
Und fragt ein Fuhrwerk nach dem Weg –
Viel Gebärde, von der Kanzel –
Starke Hallelujas rollen –
Betäuben lässt sich nicht der Zahn
Der an der Seele knabbert –

Unsichtbar, mysteriös, schmerzhaft: Emily Dickinson erlebte ihre Sinnsuche nicht als Spaß-Trip, eher als Via Dolorosa. Wenn sie von «Musik» spricht, schwingt darin aber die Hoffnung mit, dass sich die einzelnen Töne bei späterer Gelegenheit zu einem vollen Orchesterklang zusammenfügen. Sie kannte die Zusage des Apostels Paulus, dass sich eines Tages alle Sinnfragen erledigt haben werden.

Nicht, weil unser Denkapparat irgendwann stillgelegt wird.

Sondern weil wir vom Glauben zum Schauen übergehen.

Zielankunft Paradies.

4.
Paradies: Hinterm Horizont wird's heiter

Jemand schenkte mir ein paar kleine Blümchen.
Ich hab' sie in meiner Hand gehalten.
Stundenlang hab' ich sie angestarrt.
Ich hab's einfach nicht verstanden.
Betrügt euch selbst, wenn ihr wollt.
Haltet eure Hand schön ausgestreckt.
Ihr könnt die Blumen zurückhaben –
Ich nehme mir stattdessen das Land.

Frank Sinatra, I Will Drink the Wine

Eines der bekanntesten Gedichte des Poeten Friedrich Hölderlin (1770–1843) erschien 1798 in einer zeitgenössischen Frauenzeitschrift. Darin beschrieb der 28-Jährige den «Lebenslauf» mit einem lakonisch-schönen Vers:

Hoch auf strebte mein Geist. Aber die Liebe zog
schön ihn nieder. Das Leid beugt ihn gewaltiger.
So durchlauf ich des Lebens
Bogen und kehre, woher ich kam.

Wenige Jahre später verfiel Hölderlin nach einer manischen Schaffensphase dem Wahnsinn. In seinem Briefroman «Hyperion» hatte er sich überzeugt gezeigt, dem Leiden zumindest eine Zeit lang trotzen zu können.

Der echte Schmerz begeistert. Wer auf sein Elend tritt, steht höher. Und das ist herrlich, dass wir erst im Leiden recht der Seele Freiheit fühlen.

Sein sich allmählich umnebelnder Verstand machte Hölderlin einen Strich durch die kühne Rechnung. Das Elend hob ihn nicht höher, es zog ihn immer tiefer hinunter, degradierte ihn zum abhängigen Pflegefall.

An Hölderlin wird deutlich, was am Ende auf uns alle wartet. Der Absturz in Tod und Bedeutungslosigkeit. Auch wer dauernd in Sterne-Restaurants diniert, kriegt irgendwann nur noch Haferschleim runter. Schnabeltasse und Ernährungsschläuche statt Edelbesteck.

Wenn man von der durchschnittlichen Lebensdauer in den westlichen Industrienationen ausgeht, steht vom Tag der Geburt an fest:

Your life will self-destruct in 4,3 million minutes.

Oder 640.000 Stunden.

28.000 Tagen.

4000 Wochen.

Gar nicht so viel. Auf die Kürze und Endlichkeit des Lebens gilt es sich einzustellen.

Wenn Weisheit darin besteht, die Dinge von ihrem Ende her zu bedenken, dann hat Platon recht:

Philosophieren heißt sterben lernen.

Ganz ähnlich äußert sich im 90. Psalm der bedeutendste Held des Alten Testaments, Mose:

Gott, lehre uns bedenken, dass wir sterben müssen, damit wir klug werden.

Psalm 90,12

Anders als heutzutage, wo das «Carpe diem» im Vordergrund steht, das «Genieße den Augenblick!», war das «Memento mori» («Gedenke des Sterbens») über viele Jahrhunderte hinweg eine spirituelle Pflichtübung. Das zeigen unter anderem die damaligen privaten Aufzeichnungen.

1771 landete Johann Caspar Lavater mit der Veröffentlichung seines «Geheimen Tagebuchs» einen publizistischen Achtungserfolg.

Weil der Schweizer Pfarrer heute kaum noch bekannt ist, sind einige biografische Hinweise angebracht. Im 18. Jahrhundert gehörte er zu den bekanntesten Geistlichen des deutschsprachigen Raums. Er galt als Inbegriff eines zeitgemäß erweckten Christentums, bei dem sich Erdverbundenheit und Ewigkeitsfokussierung die Waage hielten.

Als Menschenfreund hatte er sich schon als knapp Zwanzigjähriger einen Namen gemacht. Kurz nach seiner Ordinierung zum Pfarrer hatte er zum Widerstand gegen einen korrupten Beamten aufgerufen. Mit seiner mutigen Protestaktion erinnerte er an seinen berühmten Landsmann Wilhelm Tell.

Lavater starb mit 59 Jahren, nachdem er sich zum Schutz der Zivilbevölkerung marodierenden Soldaten entgegengestellt hatte. Dazwischen sorgte er nicht nur als Theologe für Aufsehen, sondern auch als Hobby-Wissenschaftler. Sein Spezialgebiet war die Physiognomie: die Kunst, vom Äußeren auf das Innere eines Menschen zu schließen.

Ihn interessierte aber eben auch die jenseitige Welt. Als er sein «Tagebuch» verfasste, war er keine 30 Jahre alt. Und trotzdem geht es in beinahe jedem Eintrag um den Tod. Das Jahr hatte kaum begonnen, da dachte er schon ans Ende des Lebens.

> *1. Januar: Ich will des Morgens nie ohne Dank und Gebet zu Gott und ohne den Gedanken aufstehen, dass es vielleicht zum letzten Mal geschehe. […] 2. Januar: Ich erwachte um sechs Uhr; dachte an meine Sterblichkeit. […] 3. Januar: Ohne eine Empfindung der Dank-*

barkeit, ohne Gebet, ohne einen herzlichen Seufzer zu Gott bin ich aufgestanden – ohne an meine Sterblichkeit zu denken. […] 6. Januar: Bei der Bibelstelle «Lass mich oft an den Tod denken» fiel mir ein, dass ich mir doch so feierlich vorgenommen hatte, alle Morgen einige Augenblicke dem Andenken meiner Sterblichkeit zu widmen.

In diesem Tenor geht es bei Lavater das ganze Jahr weiter. Zum Ausgleich verfasste der Pfarrer in derselben Zeit eine Schrift, die noch populärer wurde als sein «Tagebuch». Sie entsprach auch mehr der Aufbruchstimmung der Sturm-und-Drang-Zeit und der anthropologischen Wende zu einem positiven Menschenbild.

Unter dem Titel «Aussichten in die Ewigkeit» beschrieb Lavater den Menschen als ein Gottesgeschöpf, das mit zunehmendem Alter und Reife seiner wahren Bestimmung ähnlicher wird, um nach dem Tod endgültig bei Gott zu sein:

Was ist der Mensch? – Ein freies, lebendiges, selbsttätiges Wesen, begabt mit empfindenden, denkenden, moralischen, physischen Kräften, die sich unendlich vervollkommnen lassen; ein Wesen, das vermögend ist, die größten Veränderungen in dem Zusammenhang aller Dinge zu bewirken und zu veranlassen, ein Wesen, das bestimmt ist, ohne Aufhören fortzudauern und ohne Aufhören tätig zu sein, bestimmt zu einer Vollkommenheit, die alle Begriffe übersteigt, und die allemal, so gering man sich dieselbe auch immer vorstellen würde, in dem Plan der Schöpfung von unbestimmt großer Wichtigkeit sein muss, weil sie ohne Aufhören fortwachsen soll, ein Wesen, das dem vollkommensten Wesen in dem unermesslichen Reiche der Gottheit, dem Gottmenschen [Jesus] ähnlich werden soll.

Lavater zeichnete mit seinem christlich-humanistischen Bekenntnis einen allgemeinen Trend vor. Mit der Zeit verlagerten sich die Erlösungshoffnungen vom Jenseits ins Diesseits.

Der Philosoph Hegel hielt sich zwar ein Leben lang für einen kirchentreuen Lutheraner. In seinen Schriften spielt die lutherische Gnadenlehre aber kaum eine Rolle, ebenso wenig die christliche Himmelsvorstellung.

> *Das Schöne, Heilige, Ewige, die Religion und Liebe sind der Köder, der gefordert wird, um die Lust zum Anbeißen zu erwecken. Nicht der Begriff, sondern die Ekstase, nicht die kalt fortschreitende Notwendigkeit der Sache, sondern die gärende Begeisterung soll die Haltung und fortleitende Ausbreitung des Reichtums der Substanz sein.*
>
> Phänomenologie des Geistes

Hegel sah Gottes Wirken insbesondere innerhalb der menschlichen Geschichte am Werk. Den Heiligen Geist nahm er weniger als tröstende, sondern vielmehr als treibende Kraft wahr, mit dem Ziel, die Menschheit ihrer eigenen Vervollkommnung entgegenzuführen. In seinen Vorlesungen zur «Philosophie der Geschichte» und zur «Philosophie des Rechts» sowie in seiner «Phänomenologie des Geistes» schrieb Hegel:

- *Dass die Weltgeschichte dieser Entwicklungsgang und das wirkliche Werden des Geistes ist, unter dem wechselnden Schauspiel ihrer Geschichten – dies ist die wahrhafte Theodizee, die Rechtfertigung Gottes in der Geschichte. Nur die Einsicht kann den Geist mit der Weltgeschichte und der Wirklichkeit versöhnen, dass das, was geschehen ist und alle Tage geschieht, nicht nur nicht ohne Gott, sondern wesentlich das Werk seiner selbst ist.*
- *Nicht das Leben, das sich vor dem Tode scheut und von der Verwüstung rein bewahrt, sondern das ihn erträgt und in ihm sich erhält, ist das Leben des Geistes.*
- *Das Wahre ist das Ganze. Das Ganze aber ist nur das durch seine Entwicklung sich vollendende Wesen.*

- *Der Dogmatismus der Denkungsart im Wissen und im Studium der Philosophie ist nichts anderes als die Meinung, dass das Wahre in einem Satze, der ein festes Resultat ist oder auch der unmittelbar gewusst wird, bestehe.*
- *Das Bekannte überhaupt ist darum, weil es bekannt ist, nicht erkannt.*
- *Wir müssen überzeugt sein, dass das Wahre die Natur hat, durchzudringen, wenn seine Zeit gekommen [ist], und dass es nur erscheint, wenn diese gekommen, und deswegen nie zu früh erscheint noch ein unreifes Publikum findet.*

Dem betulichen Weltgeist auf die Sprünge helfen wollten radikale «Neu-Hegelianer» wie Karl Marx und Friedrich Engels. Sie sahen die klassenkämpferische Selbsterlösung des Menschen in greifbarer Nähe.

Zu ihren Fans gehörte ein junger französischer Ex-Katholik, Léon Bloy (1846–1917). Mit Mitte 20 erlebte er, wie der Versuch einer neuen französischen Revolution kläglich scheiterte. Stattdessen marschierten die Deutschen in Paris ein.

Bloy verabschiedete sich von allen Erlösungshoffnungen und wandte sich wieder dem Christentum zu. Aber auch als Gläubiger litt er darunter, wie wenig von dem himmlischen Lichtschein auf die Welt reflektierte.

Die Weltgeschichte ist ein einziger Schmerzensschrei durch die Jahrhunderte. Es ist, als hätte keine Erlösung stattgefunden. Man wäre geneigt, es anzunehmen, wenn nicht in großen Abständen wundersame Geschöpfe auftauchten, die zu sagen scheinen, die All-Macht sei für eine unbestimmte Zeit gebunden, die höchste Gerechtigkeit sei vorübergehend gefesselt, und die Menschen guten Willens müssten ihrem Gott auf Vorschuss vertrauen.

Schrei aus der Tiefe

Der Fortschrittsoptimismus des 19. Jahrhunderts erwies sich spätestens mit dem Ersten Weltkrieg als nicht tragfähig. Die Leichenberge, die sich in ganz Europa und darüber hinaus auftürmten, übertrafen an tödlicher Konsequenz alles bisher Dagewesene.

Auch wenn es uns derzeit besser geht als allen Menschheitsgenerationen vor uns: Die Hoffnung darauf, dass sich in dieser Welt alles irgendwann zum Guten wendet, hat kaum noch jemand.

Endstation Shangri-La («Paradies auf Erden»)?

Eher Endstation Extinction («Auslöschung»).

Und selbst wenn die Menschheit sich unter Mithilfe der Künstlichen Intelligenz immer mehr perfektioniert, wenn in ein paar hundert Jahren Wohlstand und Frieden für alle garantiert ist – was hilft das denen, die jetzt leben?

Mir kommt bei diesen Fragen die Anfangssequenz aus dem «Jäger des verlorenen Schatzes» in den Sinn. In einem peruanischen Dschungel sucht Indiana Jones nach einer goldenen Götzenstatue. Er dringt in eine Höhle ein, bahnt sich an vielen Gefahren vorbei einen Weg in die Schatzkammer. Als er die Statue endlich in die Hände bekommt, aktiviert er damit einen geheimen Abwehrmechanismus.

Ein riesiger Stein kommt auf ihn zugerollt.

Indiana Jones muss um sein Leben rennen.

So ähnlich ist es mit *unserem* Leben.

Alle Erfolge sind trügerisch.

Irgendwann kommt das dicke Ende auf uns zugerollt.

Und anders als Indiana Jones, der zwar die Statue einbüßt, aber seine Haut rettet, schaffen wir es nicht lebendig ins Freie. Der Tod macht uns platt, erledigt unbarmherzig unsere irdische Existenz.

Die Zukunft ist schwarz, nicht pink.

Vor 15 Jahren habe ich mich schon mal auf die journalistische Suche nach einem verlorenen Schatz gemacht («Faithbook: Ein Journalist sucht den Himmel»). Damals ging es um das jenseitige Gottesreich und die traurige Tatsache, dass die Mehrheit der Bevölkerung nicht mehr daran glaubt. Ich habe mich damals der Minderheitenmeinung angeschlossen, zu der ich mich immer noch bekenne: Den Himmel gibt's echt. Unsere unstillbare Sehnsucht nach einem Ort der endlosen Freude und Gerechtigkeit ist ein Hinweis auf dessen reale Existenz.

Ich schließe mich einem Ausspruch von Schiller an:

Noch kein Philosoph mit aller Weisheit hat erforscht, warum der Trieb nach Glück in uns liegt und die Hoffnung auf Glück. Wenn der Glaube nicht in eine andere Welt deutete, so würde jene das Rätsel wohl auch nie lösen.

Nie gehört? Das könnte daran liegen, dass ich nicht Friedrich Schiller gemeint habe, sondern seine religiöse Frau Charlotte (1766–1826). Die Bemerkung steht in einem Brief, den sie als 46-Jährige schrieb.

Nicht nur die subjektive Sehnsucht, sondern auch objektive Indizien sprechen meiner Ansicht nach für ein Weiterleben nach dem Tod. Ich halte die Auferstehung Christi für plausibel und ihn deshalb für einen glaubwürdigen Augenzeugen. Ich kann, ehrlich gesagt, nicht verstehen, warum in den Kirchen so wenig vom Himmel gepredigt wird.

Ein unweiser Move, meiner Meinung nach.

Ich bin mehr denn je überzeugt davon, dass in den Kirchen die Kundschaft wegbleibt, weil die Jenseitshoffnung nicht mehr offensiv in den Schaufenstern beworben wird. Über Krieg und Frieden, Umweltzerstörung und Klimaschutz, Ausbeutung und soziale Gerechtigkeit reden auch unzählige andere Vereine und Gruppen.

Aber wer hat schon ewiges Leben im Angebot?

Dass das Thema Himmel von den intellektuellen Eliten zunehmend stiefmütterlich behandelt wird, hat mehrere Ursachen. Über das, was (noch) nicht ist, kann man sich nicht so gut auslassen wie über das, was existiert.

Der Vorhang zum Jenseits lässt sich trotz aller vereinzelten Nahtod-

Berichte nicht zur Seite schieben. Also konzentrieren wir uns darauf, was davor passiert. Philosophen beschäftigen sich mit dem Denkbaren. Deshalb tendieren sie notgedrungen in die Richtung von Hegel, der sich den Kopf nur über das Wirken Gottes in dieser Welt zerbrechen wollte.

Es gibt aber auch Ausnahmen wie Hegels WG-Mitbewohner, Freund und späteren Rivalen: Friedrich W. J. Schelling.

Der Pastorensohn fand über die Jenseitshoffnung zurück zum christlichen Glauben. Auslöser war der Tod seiner geliebten Frau Caroline. Als literarische Schmerzbewältigungs-Therapie schrieb Schelling einen philosophischen Dialog: «Clara, oder Zusammenhang der Natur mit der Geisterwelt». In dem Buch, das erst nach seinem Tod veröffentlicht wurde, diskutieren drei Freunde über die Frage nach dem ewigen Leben: ein Arzt, ein Pfarrer und die junge Witwe Clara, bei der nicht nur der erste Buchstabe an Caroline Schelling erinnert. Sie trauert um ihren Mann und ist überzeugt davon,

> *… dass in Freundschaft und Liebe etwas seiner Natur nach Ewiges liegt, und ein Band, das Gott geknüpft hat, weder Tod, ja Gott selbst nicht auflösen kann.*

Der rationalistische Arzt bestätigt, dass es aus naturwissenschaftlicher Perspektive keinen Einwand gegen ein ewiges Leben gibt. Und auch der Pfarrer stimmt in die Himmels-Apologetik ein. Er führt als wichtigstes Indiz die Liebe und deren Sehnsucht nach Dauerhaftigkeit an:

> *Das Mitgefühl, das schon hier eine himmlische Erscheinung, aber schwach und vielfach getrübt in seinen Äußerungen ist, muss dort einen ganz anderen Grad der Innigkeit erlangen. […] Ich aber werde mich nie überreden können, dass irgendetwas Vortreffliches, dessen Genuss auch das jetzige untergeordnete Leben bot, dort nicht noch viel herrlicher und reiner angetroffen werde.*

Schellings Sinneswandel sorgte in den philosophischen Salons des frühen 19. Jahrhunderts für viel Aufsehen. Noch erheblich größer war die allgemeine Verwunderung, als sich der freieste Denker überhaupt vom Spötter zum Beter bekehrte: Heinrich Heine (1797–1856) war Mitte 50, als er allen atheistischen und pantheistischen Verirrungen abschwor und sich zum Glauben an einen persönlichen Gott bekannte.

In einem Brief an seinen Verleger Gustav Kolb erklärte er den Meinungsumschwung:

> *Die Hauptsache besteht darin, dass ich schon längst eine große Abneigung gegen den deutschen Atheismus empfand, schon längst bessere Überzeugungen betreff der Existenz Gottes hegte und mit der Manifestation derselben eine geraume Zeit warten wollte, vielleicht, um dem lieben Gott eine Surprise zu machen.*

Kurz darauf outete sich Heine auch öffentlich. Im Vorwort zu seiner dritten und letzten Gedichtsammlung «Romanzero» schilderte er als Schlüsselerlebnis einen Besuch im Pariser Louvre. Dort war er vor der Statue der Venus von Milo zu Boden gesunken: überwältigt vom Bewusstsein, dass irdische Schönheit so vergänglich ist wie das eigene Erdenleben.

> *Wie sträubt sich unsere Seele gegen den Gedanken des Aufhörens unserer Persönlichkeit, der ewigen Vernichtung! Der Horror Vacui [deutsch: Scheu vor der Leere], den man der Natur zuschreibt, ist vielmehr dem menschlichen Gemüte angeboren. Sei getrost, treuer Leser, es gibt eine Fortdauer nach dem Tode.*

Davon war am Ende seines Lebens auch der vielleicht bedeutendste europäische Filmemacher des 20. Jahrhunderts, Ingmar Bergman (1918–2007), überzeugt. Der Pastorensohn hatte in seiner Kindheit die Schattenseiten des christlichen Glaubens erfahren. Sein Vater war von seinem Beruf, seine Mutter von der Ehe überfordert. Beide lebten dem jungen Ingmar eine Gottesbeziehung vor, die von Druck und Angst geprägt war. In seinen Memoiren erinnert sich der Regisseur:

Unsere Erziehung beruhte hauptsächlich auf Begriffen wie Sünde, Bekenntnis, Strafe, Vergebung und Gnade – sie waren konkrete Faktoren in den Beziehungen von Eltern und Kindern zueinander und zu Gott.

Viele seiner berühmtesten Filme handeln vom Schweigen Gottes und der Ohnmacht des Glaubens, unter anderem «Das siebente Siegel» (1957), «Die Jungfrauenquelle» (1960), «Wie in einem Spiegel» (1961), «Licht im Winter» (1962) und «Das Schweigen» (1963). In seinem letzten Kinofilm, dem Oscar-prämierten «Fanny und Alexander» (1982), feiert er geradezu den Abschied von den Glaubensvorstellungen seiner Kindheit.

Doch in den folgenden Jahren knüpfte er wieder daran an. Ein Grund dafür war der Krebstod seiner Frau Ingrid. Während er sie bei ihrem qualvollen Sterben begleitete, fand er Trost bei Kirchenbesuchen.

Später äußerte er die Hoffnung, sie nach dem Tod wiederzusehen. Er starb mit 89 Jahren. Ein paar Jahre später veröffentlichte seine Tochter Linn ein Buch mit Auszügen aus ihren letzten Gesprächen mit ihrem Vater. Darin legte er ein spätes Glaubensbekenntnis ab:

Er [Ingmar]: «Ich glaube an Gott, voll und ganz, erwarte aber nicht, Seinen Willen zu verstehen.» – Sie [Linn]: «Aber du hast an Gott gezweifelt?» – «Dieser ganze Unsinn, das ist jetzt vorbei, das hat sich erledigt, ich habe einfach keine Kraft und Zeit mehr, über Unglauben und Misstrauen und solche Sachen zu schwatzen.» – Sie: «Ist etwas Besonderes passiert, das dich dazu gebracht hat, nicht mehr zu zweifeln?» – «Das hat sich schrittweise entwickelt, peu à peu. Ich kann wohl sagen: Mein Erleben von Gottes Willen ist in der Zeit nach Ingrids Tod intensiv gewesen.»

Soviel ich weiß, war der Schwede mehr der Klassik als der Countrymusik zugetan. Aber er hätte vermutlich gerne den Song «Wayfaring Stranger» (Wandernder Fremder) gehört, den Johnny Cash (1932–2003) drei Jahre vor seinem eigenen Tod veröffentlichte:

Ich bin nur ein armer, wandernder Fremder, der durch die Welt da unten reist. Es gibt keine Krankheit, keine Mühsal oder Gefahr in dem hellen Land, in das ich gehe.

Mittlerweile ist die Vorstellung einer himmlischen Welt eher wahrscheinlicher geworden als unwahrscheinlicher. Ob in Physik-Fachdebatten oder in Computerspielen: Die Beschäftigung mit Paralleluniversen ist weit verbreitet, der Glaube an eine paradiesische Existenzsphäre also alles andere als abwegig.

Darüber hinaus spricht vieles dafür, in der Sehnsucht nach einer himmlischen Ewigkeit eine anthropologische Konstante zu sehen. Nicht nur Christen strecken sich nach dem Paradies aus, auch Muslime. Und aus vielen Gesprächen mit Hindus und Buddhisten weiß ich: Unter ihnen ist die Hoffnung auf ein irgendwie geartetes Weiterleben nach dem Tod mindestens ebenso verbreitet wie der Nirwana-Auslöschungsglaube.

Die Himmelssehnsucht entspricht dem menschlichen Überlebensinstinkt. Wir sind auf «Weiter so» programmiert.

Und nun sollte dieser individualisierte Gottesfunke, dieses Kunstwerk des Herrn, an dem die Gnade Gottes und die Freiheit des Menschen im schöpferischen Mysterium zusammen gearbeitet haben, sich auflösen, zugrunde gehen, im leeren Nichts verschwinden? Und ich sollte diese unheimliche Erfindung blinder Menschen ernst nehmen?! Nur gottlose Menschen konnten das erfunden haben.

Iwan Iljin, Das verschollene Herz

Das Nichts ist für uns so undenkbar wie das Nicht-mehr-Sein. Deshalb proklamiert der biblische Prediger:

Gott hat den Menschen die Ewigkeit ins Herz gelegt.

Prediger 3,11

Schon Platon formulierte Jenseitsvorstellungen, die den Glaubenswelten mittelalterlicher Menschen überraschend nahekommen.

Lesenswert ist auch eine Jenseitsreise, die ein anderer griechischer Philosoph, Plutarch (45–125), beschreibt. Sein Geburtsdatum fällt mit dem Beginn der Missionstätigkeit des Apostels Paulus zusammen. Die beiden trafen sich nie; in ihren Gedanken waren sie aber gar nicht so weit voneinander entfernt.

In seiner Schrift «Über die Seele» stellt sich Plutarch den Eintritt in die himmlische Welt folgendermaßen vor:

Dem Wanderer strahlt ein wundervolles Licht entgegen. Offenes Land und Wiesen nehmen ihn auf, voll von melodischen Stimmen, von Reigentänzen, von der Majestät sakraler Gesänge und heiliger Erscheinungen. Mitten unter ihnen wandelt der eingeweihte Mensch umher, endlich frei geworden von allen Verpflichtungen. Mit einem Kranz auf dem Haupt vollzieht er die heiligen Riten und genießt den Umgang mit frommen und heiligen Menschen. Er blickt herab auf den uneingeweihten, unreinen Haufen hier unten, wo Menschen in tiefem Schlamm und Nebel sich gegenseitig niedertrampeln und zusammendrängen, weil sie aus Furcht vor dem Tod den Glücksverheißungen des Jenseits misstrauen und in dieser elenden Lage verharren.

Plutarch liefert auch einen ziemlich plausiblen Grund dafür, dass Menschen das Jenseits nur erahnen, aber keine gesicherten Erkenntnisse darüber haben können.

Es haben nämlich die Götter das jenseitige Leben vor den Menschen verborgen. […] Nicht mit Fesseln aus Fleisch haben sie die Seele am Körper festgebunden, sondern eine Fessel warfen sie ihr um und ein Gefängnis haben sie für sie ersonnen: die Ungewissheit über das, was nach dem Ende kommt, und das mangelnde Vertrauen in dieser Hinsicht. Wenn sich die Seele auf das verlassen würde, was die Menschen nach dem Lebensende erwartet, dann könnte sie nämlich nichts mehr zurückhalten.

Zu den Vorstellungen einer besseren Welt gehört auch, dass es dort gerechter zugeht. Die biblischen Propheten und Psalmisten stört am irdischen Status quo kaum etwas so sehr wie das Missverhältnis zwischen Erfolg und Moral. Immer wieder ertönt die Klage über die Ausbeuter, die Bunga-Bunga-Orgien feiern, während ihre Opfer in der Gosse verrecken.

Den alttestamentarischen Liederdichter Asaph lassen diese Zustände sogar an Gott selbst verzweifeln:

Ich wäre beinahe gestrauchelt; es fehlte nicht viel, und ich wäre zu Fall gekommen. Denn ich beneidete die überheblichen Menschen: Ihnen geht es so gut, obwohl Gott ihnen gleichgültig ist. Ihr Leben lang haben sie keine Schmerzen, sie strotzen vor Gesundheit und Kraft. Sie müssen sich nicht abplagen wie andere Menschen, und die täglichen Sorgen sind ihnen ganz und gar fremd. Wie ein Schmuckstück tragen sie ihren Stolz zur Schau, ja, sie prahlen sogar mit ihren Gewalttaten. In ihren feisten Gesichtern spiegelt sich die Bosheit ihres Herzens wider. Mit Verachtung schauen sie auf andere herab und verhöhnen sie, mit zynischen Worten setzen sie jeden unter Druck. Sie tun, als kämen ihre Worte vom Himmel; sie meinen, ihre Sprüche seien für die ganze Menschheit wichtig. Darum läuft sogar Gottes Volk ihnen nach, gierig saugt es ihre Worte auf wie frisches Wasser. Denn diese eingebildeten Leute sagen: «Gott kümmert sich um nichts

– wie sollte er auch? Er thront weit oben und weiß nicht, was sich hier unten abspielt!» Selbstsicher und sorglos leben sie in den Tag hinein, ihr Vermögen und ihre Macht werden immer größer. War es denn völlig umsonst, dass ich mir ein reines Gewissen bewahrte und mir nie etwas zuschulden kommen ließ?

Psalm 73,2–13

Schließlich kriegt Asaph doch noch die Glaubenskurve. Ein Besuch im damaligen Tempel-Provisorium, dem Zelt mit der Bundeslade, flößt ihm neues Vertrauen in die göttliche Gerechtigkeit ein.

Schließlich ging ich in dein Heiligtum, und dort wurde mir auf einmal klar: Entscheidend ist, wie ihr Leben endet! Du stellst sie auf schlüpfrigen Boden und wirst sie ins Verderben stürzen. Ganz plötzlich wird sie das Entsetzen packen, sie werden ein Ende mit Schrecken nehmen. Wie ein Traum beim Erwachen verschwindet, so vergehen sie, wenn du dich erhebst, o Herr. Als ich verbittert war und mich vor Kummer verzehrte, da war ich dumm wie ein Stück Vieh, ich hatte nichts begriffen. Jetzt aber bleibe ich immer bei dir, und du hältst mich bei der Hand. Du führst mich nach deinem Plan und nimmst mich am Ende in Ehren auf. Herr, wenn ich nur dich habe, bedeuten Himmel und Erde mir nichts. Selbst wenn meine Kräfte schwinden und ich umkomme, so bist du, Gott, doch allezeit meine Stärke – ja, du bist alles, was ich brauche!

Psalm 73,17–26

In diesen Zeilen spiegelt sich noch kein voll entwickelter Himmelsglaube wider. Allenfalls dämmert eine solche Hoffnung langsam herauf.

Sehr viel klarer sieht der Autor des «Offenbarungs»-Buches die ewigen Dinge. An den Schlusspunkt seiner visionären Enthüllungen stellt er die Beschreibung einer neuen herrlichen Welt. Dort können sich die Gläubigen von allen Strapazen ausruhen.

> *Von nun an wird Gott selbst in ihrer Mitte leben. Er wird ihnen alle Tränen abwischen. Es wird keinen Tod mehr geben, kein Leid, keine Klage und keine Schmerzen; denn was einmal war, ist für immer vorbei.*
>
> Offenbarung 21,3–4

Anschließend schildert Johannes die Kehrseite dieser paradiesischen Verhältnisse: das Inferno.

> *Furchtbar wird es denen ergehen, die mich feige verleugnen und mir den Rücken gekehrt haben, die ein Leben führen, das ich verabscheue, den Mördern und denen, die sexuell unmoralisch leben, allen, die Zauberei treiben und Götzen anbeten, den Lügnern und Betrügern. Sie alle werden in einen See geworfen, der aus brennendem Schwefel besteht. Das ist der zweite, der ewige Tod.*
>
> Offenbarung 21,8

«Wer vom Himmel redet, darf von der Hölle nicht schweigen.»

In meiner Kindheit habe ich diesen Satz des Öfteren gehört. Ungewöhnlich oder gar neu war der Höllen-Verkündigungs-Imperativ nicht. In der Kirchengeschichte wurde meistens danach gehandelt bzw. gepredigt – und zwar weitaus phantasievoller, als es die Bibel hergibt.

Die posttraumatischen Belastungsstörungen durch Feuer-und-Schwefel-Tiraden sind nicht zu unterschätzen. Für mich liegt darin eine Erklärung für das mangelnde Interesse an «Aussichten in die Ewigkeit». Viele Menschen verbinden mit dem Jenseits deshalb keine «schönen Aussichten», weil ihren Vorfahren die Hölle allzu heiß gemacht wurde.

Zu lange und zu sorglos haben Christen mit dem Höllenfeuer gespielt. Der spirituelle Missbrauch, der damit betrieben wurde, wiegt schwer. Deshalb erlaube ich mir zu diesem Thema einen längeren Exkurs.

Ich bestreite nicht, dass auch Jesus von Gericht und Verdammnis gesprochen hat. Sonderlich zahlreich oder gar phantasievoll ausgeschmückt sind seine Höllen-Androhungen allerdings nicht. Anders als der Apokalyptiker Johannes verzichtet Jesus auf plastische Beschreibungen.

Und noch etwas fällt auf: Kein einziger seiner Höllen-Verweise richtet sich an das allgemeine Volk. Nur im engsten Jünger-Kreis sowie in der Auseinandersetzung mit den Pharisäern kommt er darauf zu sprechen.

Die mit Abstand drastischste Höllen-Rede Jesu findet sich im hinteren Teil des Matthäus-Evangeliums. Zwei Tage vor seiner Kreuzigung versammelt Jesus seine Jünger auf dem Ölberg. Dort erzählt er das Gleichnis vom Weltgericht. Jesus schildert eine Situation, in der die Menschen nach ihrem Tod in zwei Gruppen unterteilt werden: rechts die Schafe, die zur Herde des göttlichen Königs gehören, links die Ziegen. Über die Ziegen lautet Gottes Verdikt:

> *«Geht mir aus den Augen, ihr Verfluchten, ins ewige Feuer, das für den Teufel und seine Engel bestimmt ist! Denn ich war hungrig, aber ihr habt mir nichts zu essen gegeben. Ich war durstig, aber ihr habt mir nichts zu trinken gegeben. Ich war als Fremder bei euch, aber ihr habt mich nicht aufgenommen. Ich hatte nichts anzuziehen, aber ihr wolltet mir keine Kleider geben. Ich war krank und im Gefängnis, aber ihr habt mich nicht besucht.» Dann werden sie den König fragen: «Herr, wann haben wir dich denn hungrig oder durstig, ohne Unterkunft, ohne Kleidung, krank oder im Gefängnis gesehen und dir nicht geholfen?» Darauf wird ihnen der König antworten: «Ich versichere euch: Die Hilfe, die ihr meinen geringsten Brüdern und Schwestern verweigert habt, die habt ihr mir verweigert.» Und sie werden der ewigen Strafe ausgeliefert sein. Aber die Gottes Willen getan haben, erwartet unvergängliches Leben.*
>
> Matthäus 25,41–46

An dem Gleichnis fällt auf, dass die Menschen nicht nach ihren persönlichen Glaubensüberzeugungen beurteilt werden. Stattdessen geht es Jesus um Mitmenschlichkeit und unterlassene Hilfeleistung. Genau wie in einem anderen Gleichnis, in dem Jesus ein höllisches Feuer beschreibt – der Geschichte vom reichen Mann und dem armen Lazarus:

> *Schließlich starb der Bettler, und die Engel brachten ihn in den Himmel; dort durfte er den Ehrenplatz an Abrahams Seite einnehmen. Auch der reiche Mann starb und wurde begraben. Als er sich im Totenreich wiederfand, blickte er unter Qualen auf und erkannte in weiter Ferne Abraham mit Lazarus an seiner Seite. «Vater Abraham», rief der Reiche laut, «hab Mitleid mit mir! Schick mir doch Lazarus! Er soll seine Fingerspitze ins Wasser tauchen und damit meine Zunge kühlen. Ich leide in diesen Flammen furchtbare Qualen!»*
>
> Lukas 16,22–24

Jesus knüpfte mit dem Gleichnis an damals gängige Jenseitsvorstellungen an. Himmelsfreuden für die Guten, Höllenfeuer für die Bösen, das bekam man in den Synagogen häufig zu hören. Die Aussicht darauf, dass Gott die ungerechten Herrschaftsverhältnisse einmal umkehren würde, empfanden fromme Juden des 1. Jahrhunderts als überaus tröstlich.

Mittlerweile ist die Hölle, weit mehr noch als der Himmel, aus der Mode gekommen. Neuesten Umfragen zufolge glauben nur etwa 15 Prozent aller Deutschen an einen jenseitigen Ort der Strafen und Qualen, verglichen mit 30 Prozent, die an einen Himmel glauben.

In den skandinavischen Ländern ist die Höllenvorstellung noch weniger verbreitet als in Deutschland, in Süd- und Osteuropa etwas mehr. Bei nahezu hundert Prozent liegt der Anteil der Höllengläubigen hingegen in der muslimischen Welt.

Eine Sonderstellung unter den christlich geprägten Ländern nehmen die USA ein. Mehr als zwei Drittel der dortigen Bevölkerung glauben an einen Himmel, mehr als die Hälfte an eine Hölle. Unter konservativen Christen gibt es für das dortige Unterwelts-Regime sogar eine knackige Abkürzung.

ECT.

Das erinnert ein wenig an den ESC, den «European Song Contest»; bis auf die Tatsache, dass einige der dort präsentierten Lieder in manchen Ohren infernalisch klingen, gibt es aber definitiv keine Gemeinsamkeiten.

ECT steht für «Eternal Conscious Torment», zu Deutsch: ewige Folter bei vollem Bewusstsein.

Also die denkbar schlimmste Maximalstrafe überhaupt. Obwohl man darüber streiten kann, ob man sich das folgende Szenario überhaupt vorstellen kann, ohne irgendwann darüber depressiv oder verrückt zu werden: bohrende Zahnschmerzen, stechende Unterleibskrämpfe, rasendes Kopfweh, Übelkeit, Schwindel, Muskelzuckungen, höchstdosiert, unendlich.

Problematisch ist das ECT-Konzept nicht zuletzt deshalb, weil es automatisch die Himmelssehnsucht konterkariert. Dafür sorgt die bereits beschriebene Hirn-Tendenz, negativen Input viel stärker zu gewichten als positiven. Kritik verletzt uns stärker, als Lob uns aufbaut. Eine tote Fliege im Salat verleidet uns das komplette Geschmackserlebnis, während ein Salatblatt einen Haufen toter Fliegen auch nicht ansehnlicher macht.

Ich kann mich zum Beispiel gut an viele der Höllenstrafen erinnern, die Dante in seinem «Inferno» einfallsreich beschreibt: die Kessel mit kochendem Blut, die Wüsten aus feurigem Sand, die umherschwirrenden Drachen. Nach den Freuden, die Dante in seinem «Paradies» schildert, braucht man mich aber nicht zu fragen.

Alle längst vergessen.

Wer von der Hölle redet, kann sich die Himmelspredigt meistens sparen. Die Angst vor Schmerz reicht als Motivationshilfe vollkommen aus. Nicht von ungefähr empfiehlt Machiavelli allen Möchtegern-Herrschern, lieber auf Furcht als auf Liebe zu setzen.

Auch die Mafia kann davon ein Lied singen. Im Film «Der Pate» (1972) bittet Don Corleone einen Filmemacher, seinen Patensohn Johnny Fontaine eine Hauptrolle spielen zu lassen. Alles gute Zureden hilft nicht. Don Corleone kündigt ein härteres Vorgehen an. Das folgende Zitat gehört zu den berühmtesten der Filmgeschichte.

Ich werde ihm ein Angebot machen, das er nicht ablehnen kann.

Kurz darauf findet der Filmemacher beim Aufwachen den abgetrennten Kopf seines Lieblingspferdes neben sich im Bett. Johnny Fontaine bekommt die Hauptrolle. Das Angebot war unschlagbar.

Es spricht für die Größe, Liebenswürdigkeit und Wahrhaftigkeit der ersten Christen, dass sie auf die Unterbreitung solcher Abschreckungs-Angebote verzichtet haben.

Auch im Missionsbefehl Jesu an die Apostel findet sich kein Mandat, die Menschen mit Höllenandrohungen zur Nachfolge zu manipulieren. Die Jünger und ihre Glaubensgenossen hielten sich daran. Ich habe in der Chronik der christlichen Gründungsphase, der Apostelgeschichte des Lukas, die Anzahl von öffentlichen Ansprachen gezählt, in denen die Hölle vorkommt. Gekommen bin ich auf:

Null.

Die Apostel wussten, was sie *nicht* taten.

Die Höllendrohung ist die missionarische Nuklear-Option. Eben, weil sie so schrecklich effektiv sein kann. Aber eben auch zweischneidig. Welches Liebesgeständnis ist schon authentisch, wenn man dabei eine Pistole an die Schläfe gehalten bekommt?

Spätere Generationen von Christen waren weniger zartbesaitet. Wenn man sich mit der Geschichte der spätantiken, mittelalterlichen und frühneuzeitlichen Christenheit beschäftigt, bekommt man den Eindruck: Manche Prediger kriegten den Finger gar nicht mehr weg vom roten Knopf. Mit brachialen Drückerkolonnen-Methoden warben sie Kreuzzugsteilnehmer, erzwangen Ablässe, finanzierten Kirchengebäude.

Mit der Konsequenz, dass das geistige Klima nachhaltig verseucht wurde. Wenn nichts weniger als die Rettung vor ewiger Folter auf dem Spiel steht, ist alles erlaubt und Empathie ein überflüssiger Luxus.

Mit Schuld daran trägt einer der einflussreichsten Christen überhaupt: Augustinus. Damit meine ich nicht den «frühen» Augustinus: das nordafrikanische Rhetorik-Genie, das sich mit Anfang 30 bekehrte und zehn Jahre später mit seinem autobiografischen Bericht darüber, den «Bekenntnissen», einen Klassiker der religiösen Literatur verfasste.

Nein, es ist der «späte» Augustinus, dessen zunehmend düstere Sicht des Menschen die theologische Entwicklung der folgenden tausend Jahre negativ prägte. In seinem letzten Lebensdrittel verwandelte sich die Frohbotschaft in eine Drohbotschaft. Unter der Last des Bischofsamts, der Auseinandersetzung mit Sektierern und dem Ansturm der heidnischen Vandalen veränderte sich seine Sicht der diesseitigen und jenseitigen Dinge.

Eine wichtige Rolle spielte dabei auch die religionspolitische Situation. Parallel zur Bekehrung von Augustinus wurde die Religionsfreiheit im Römischen Reich abgeschafft, das Christentum als Glaube offiziell vorgeschrieben.

Es dauerte nicht lange, da forderten Kirchenfunktionäre – auch Augustinus selbst – bei der Verfolgung von theologischen Abweichlern staatliche Unterstützung an. Da war es nur konsequent, wenn Augustinus die menschliche Willensfreiheit grundsätzlich in Abrede stellte. Stattdessen betonte er die Erbsünde, die den Menschen zum Sklaven seiner Triebe machte (was sich unter anderem ja beim grundsätzlich sündhaften Sexualakt zeige), solange Gott ihn nicht in seine Gefolgschaft berief. Sündenfall und Errettung, Paradies und Inferno – alles war von Gott vorherbestimmt.

In seinem letzten großen Werk, dem «Gottesstaat», verwandte Augustinus ebenso viele Kapitel auf das Thema «Verdammnis» wie auf die himmlische Herrlichkeit. Seitenlang erklärte er, warum die höllische Pein ewig andauern würde und warum diese Bestrafung unbedingt angemessen war. Als Argument führte er unter anderem an:

> *Die ewige Pein wird ohne Zweifel kein Ende nehmen, weil ja auch das ewige Leben der Heiligen ohne Ende sein wird.*

Die harsche Lehre des Augustinus blieb nicht ohne Widerspruch. Als wortgewaltigster Kontrahent meldete sich ein junger Bischof aus der Nähe von Neapel zu Wort. Julian von Eclanum (386–455) hatte als Bischofssohn eine christliche Erziehung genossen und war glücklich verheiratet. Der Sinneswandel des nordafrikanischen Konvertiten entsetzte ihn. Was war mit Augustinus passiert?

Julian konnte sich dessen pessimistische Weltsicht nur so erklären, dass ihn sein früherer Sektenglaube eingeholt hatte. Als junger Mann hatte Augustinus zehn Jahre zu den Manichäern gehört. Deren Lehre war geprägt durch einen extremen Dualismus zwischen Körper und Geist, Licht und Dunkel. Diese Kategorien, so mutmaßte Julian, übertrug Augustinus auf das Christentum.

Besonders abgestoßen war Julian von der Behauptung, Gott würde alle ungetauften Kinder zur ewigen Höllenpein verurteilen. In einer theologischen Streitschrift wetterte Julian gegen den 32 Jahre älteren Kollegen.

> *Indem du sagst, Gott sei der Urheber des Bösen, hast du sowohl die Ehrfurcht vor ihm als auch die Hoffnung auf Rettung zerstört. […] Derselbe Gott, der uns geliebt und seinen Sohn für uns hingegeben hat, soll deiner Meinung nach Säuglinge für ihre Sündhaftigkeit zu ewiger Feuerqual verurteilen, obwohl er doch weiß, dass Kleinkinder noch gar kein moralisches Bewusstsein haben. Das ist doch Blasphemie! Für solche Aussagen müsstest du eigentlich exkommuniziert wer-*

den. [...] Deshalb sieh zu, dass du mit deinem Gottesbild aus der Kirche fortkommst. Es ist nicht derselbe Gott, an den die Kirchenväter, die Propheten und die Apostel geglaubt haben.

Julians Argumente fanden kaum Gehör. Auf Druck von Augustinus setzte der Kaiser ihn als Bischof ab und verbannte ihn aus Italien. Seine Schriften sind größtenteils verschollen und die verbliebenen Reste nur einem Fachpublikum bekannt.

Dafür ist Augustinus nach wie vor der mit Abstand am meisten gelesene und am häufigsten zitierte Kirchenvater. In seine Schriften vertiefte sich auch Simone Weil. Sie fragte sich anschließend, ob sich Augustinus mit seiner Prädestination-und-Höllen-Lehre nicht der einzig unverzeihlichen Sünde schuldig gemacht habe. Simone Weil bezog sich auf das Jesus-Wort «Wer etwas redet wider den Heiligen Geist, dem wird es nicht vergeben» (Matthäus 12,33). Die französische Philosophin sah genau diesen Tatbestand bei Augustinus erfüllt.

Es scheint, dass diese Lästerung darin besteht, zu behaupten, das Böse könne reines Gutes hervorbringen, oder reines Gutes könne Böses hervorbringen.

Auch im Mittelalter gab es bedeutende Denker, die Augustinus widersprachen. Der so geniale wie umstrittene Theologe Pierre Abaillard ging in seiner «Ethik» der Frage nach, welches jenseitige Schicksal Kinder und Heiden erwartete.

Warum man den kleinen Kindern oder den Menschen, denen der Glaube nicht verkündigt worden ist, den Nichtglauben an Christus als Schuld anrechnen soll, sehe ich nicht ein.

Trotz solcher zaghaften Einwände köchelte der feurige See im Mittelalter auf immer heißerer Flamme.

Wie stark die Höllenfurcht auf das Glaubensleben selbst der spirituellsten Persönlichkeiten eingewirkt hat, zeigen Frömmigkeits-Anleitungen wie Thomas von Kempens «Nachahmung Christi» oder Ignatius von Loyolas «Exerzitien». Vor der Himmels- kommt die Höllenmeditation. Die Leser sollen die ewigen Qualen imaginieren, die ihnen blühen, wenn sie vom rechten Pfad abweichen.

Mit der Reformation wurde die Himmelsplatzvergabe zwar teilweise dem Kirchenmonopol entrissen und demokratisiert. Dafür gab es eine radikale Verknappung der Platzanzahl – auf den kleinen Kreis der Erlösten bzw., im calvinistisch geprägten Europa, der «Erwählten».

In der Glaubenssystematik von Jean Calvin nehmen die strafrechtlichen Folgen der Sünde einen breiten Raum ein, was für einen ausgebildeten Juristen und Sohn eines Kirchenrechtlers nicht weiter verwunderlich ist.

In Calvins Mammutwerk, den «Institutionen», findet sich bezeichnenderweise kein einziges Kapitel über die Liebe Gottes. Stattdessen verkündet er als oberste theologische Maxime: «Dem Herrn muss sein Ruhm unverkürzt und unversehrt erhalten bleiben.»

Calvin zeigte sich in solchen Formulierungen als Kind seiner Zeit, die von einer Ehrkultur geprägt war. In solchen Kulturen kommt es besonders auf die Reputation an. Der Ruf eines Menschen entscheidet darüber, wie man sich ihm gegenüber verhält. Deshalb ist Status in Ehrkulturen von überragender Bedeutung. Das macht Calvins Bemühen, den unangreifbar erhabenen Status Gottes zu betonen, umso verständlicher.

Zur Reputation Gottes gehörte nach Calvins Verständnis auch dessen unfehlbarer Gerechtigkeitssinn, der die Maximal-Bestrafung aller Nicht-Bekehrten zwangsläufig nach sich ziehen musste. Wie der Ex-Augustiner-Mönch Luther war der Augustinus-Fan Calvin davon überzeugt, dass nur ein kleiner Teil der Menschheit erlöst würde, die Masse aber auf dem Weg in die XXL-Folter sei.

Von Höllenfurcht angefacht war auch die große amerikanische «Erweckung» im 18. Jahrhundert. Bis heute andauernde Berühmtheit erlangte die Predigt des reformierten Theologen und Pastors Jonathan Edwards (1703–1758) mit dem Titel «Sünder in den Händen eines zornigen Gottes».

Die Methodik war dieselbe wie bei Inquisitionsprozessen. Indem man die Folterinstrumente präsentierte, in diesem Fall die göttlichen Strafandrohungen, erhöhte man die Wahrscheinlichkeit von Geständnissen, in diesem Fall von Sündenbekenntnissen.

Einige der Zuhörer sahen sich aufgrund depressiver Veranlagungen außer Stande, die emotionale Katharsis einer Bekehrung durchzumachen. Weil sie die quälende Höllenfurcht nicht mehr ertragen konnten, brachten sie sich um – darunter Jonathan Edwards' eigener Onkel, der tiefgläubige Geschäftsmann Joseph Hawley.

In seinen letzten Lebensjahren missionierte Jonathan Edwards unter benachbarten Indianerstämmen. Es war dieselbe Zeit und Gegend, in welcher der Lederstrumpf-Roman «Der letzte Mohikaner» spielt. An allen Fronten wurde gekämpft: Huronen gegen Mohikaner, europäische Neuankömmlinge gegen amerikanische Ureinwohner, Engländer gegen Franzosen.

Um die abgebrühten Irokesengemüter mit dem Evangelium zu erreichen, griff Jonathan Edwards in die unterste Schublade des verbalen Abschreckungs-Arsenals. An einem kalten Februarmorgen des Jahres 1753 predigte Edwards etwa drei Stunden über das, was nicht-getaufte Irokesen in den ewigen Jagdgründen erwartete: unendliche Marterpfahlqualen.

Wie furchtbar wird es sein, wenn alle mächtigen Wellen und Wogen des Zorns Gottes über sie hinweggehen! Jedes Vermögen der Seele wird mit Zorn erfüllt sein, und jeder Teil des Körpers wird mit Feuer erfüllt sein. […] In diesem Ofen werden die Leiber der Gottlosen bis in alle Ewigkeit liegen und doch leben, und ihr Schmerzempfinden und ihre Qualen werden nicht geringer werden. Oh, wie voll werden

> *das Herz, die Eingeweide, das Gehirn, die Augen, die Zunge, die Hände und die Füße von Feuer sein, von diesem Feuer von so unvorstellbarer Heftigkeit! Wie voll wird jedes Glied, jeder Knochen, jede Ader und jede Sehne von diesem Feuer sein! […] Die Gottlosen werden, nachdem sie Millionen von Zeitaltern erlitten haben, gleichsam nur im ersten Punkt sein, nur am Anfang ihrer Leiden. Es wird kein Trost für sie sein, dass so viel vergangen ist, denn sie werden nicht weniger zu ertragen haben. Es wird nie eine Zeit kommen, in der das Vergangene im Vergleich zu dem, was kommen wird, nicht wie ein Punkt und wie nichts sein wird. Die Dauer ihrer Qualen lässt sich nicht durch Umdrehungen der Sonne, des Mondes oder der Sterne, durch Jahrhunderte oder Zeitalter messen. Sie werden weiter leiden, nachdem diese Himmel und diese Erde alt wie ein Kleid geworden sind, bis das ganze sichtbare Universum aufgelöst ist. Ja, sie werden durch Millionen von Zeitaltern, die dem Alter der Sonne, des Mondes und der Sterne entsprechen, in ihrem Elend verharren.*

Jonathan Edwards machte auch keinen Hehl aus seiner Überzeugung, dass alle Vorfahren seiner indianischen Zuhörer in der Hölle schmorten – ohne Aussicht auf Begnadigung.

Bis in die jüngste Vergangenheit unterbreiteten wohlmeinende Christen ihren Zuhörern weitere solche «Angebote, die sie nicht ablehnen konnten». Bei seinem mehrwöchigen «Crusade» von Los Angeles, mit dem Billy Graham (1918–2018) im Jahr 1949 seine Weltkarriere als Evangelist startete, las er die berühmt-berüchtigte Predigt von Jonathan Edwards über «Sünder in den Händen eines zornigen Gottes» an einem Abend wortwörtlich vor.

Noch 2021 kürte das einflussreiche evangelikale «World»-Magazin eine flammende Höllen-Apologetik zum «Buch des Jahres». Beim Autor Scott Christensen handelt es sich um den ansonsten nicht weiter bekannten Pastor einer fundamentalistischen texanischen «Bibel-Kirche».

Mit seinem Buchtitel «What about Evil?» («Was ist mit dem Bösen?») stellt er eine der schwierigsten theologischen Fragen überhaupt. Er selbst beantwortet sie mit der «Größere Ehre»-Hypothese, die auf die folgende Gleichung hinausläuft: mehr Leid, mehr Ehr. Genauer: mehr Menschen-Leid = mehr Gottes-Ehr.

In streng-calvinistischer Tradition streicht Christensen die Ehre Gottes als wichtigstes Ziel der Schöpfung und auch des Erlösungswerks Christi heraus. Gott habe den Sündenfall, den Holocaust und alles Elend der Welt selbst hervorgebracht, um anschließend darüber triumphieren zu können. Zu begrüßen sei ergo auch die ewige Höllenfolter der Menschheitsmehrheit. Schließlich werde dadurch die Freude der wenigen Erretteten gesteigert.

> *Das ist die Geschichte, die [Gott] absichtlich geschrieben hat. Er wollte, dass wir die Schwere des Bösen sehen, den Schrecken jedes Holocausts, das Elend, den betäubenden, bitteren Schmerz von all dem. […] Und warum? Weil nur durch eine so bittere und tragische Geschichte […] seine Herrlichkeit in so bemerkenswerter Weise verdeutlicht werden kann.*

Auch wenn mich die «Größere Ehre»-Theorie in ihrer Zuspitzung schockt, kenne ich das Argumentationsmuster dahinter ziemlich gut. Nicht erst seit Augustinus versuchen Christen, aus den unterschiedlichsten Bibelstellen eine schlüssige Heilsökonomie zusammenzubasteln. Vor lauter Emsigkeit merken sie es nicht, wenn das dabei entstehende Gottesbild eher fratzenhaft anmutet.

Die Zusicherung, Gott sei Liebe, klingt dann so glaubhaft wie die absurden Slogans in George Orwells «1984»: «Krieg ist Frieden», «Freiheit ist Sklaverei», «Unwissenheit ist Stärke». Nicht minder gaga mutet es an, wenn unter der Überschrift «gute Nachricht» die alle Proportionen sprengende Dauerfolter des größten Teils der Menschheit gelehrt wird.

Wenn die Hölle als Predigtthema heutzutage «out» ist, liegt das nicht an moderner Mimosenhaftigkeit. Seit ein paar hundert Jahren funktioniert der Höllen-Pitch einfach immer weniger. Schon in der Aufklärung fingen die Höhergebildeten an, sich die Ohren zuzuhalten. Damals verlor der christliche Glaube insgesamt an Zustimmung.

Ich habe Dutzende von Biografien, Tagebüchern und Brief-Kompilationen ausgewertet und darin nach Gründen für den kollektiven Glaubensverlust gesucht. Hier sind die drei vorrangigen:

- Platz drei: Enttäuschung über das real-existierende Christentum.
- Platz zwei: Dogmatische und institutionelle Enge.
- Platz eins (unangefochten und mit weitem Abstand): Die Androhung ewiger Höllenfolter.

Dabei war es gar nicht die Warnung vor einer finalen Abrechnung, die auf Widerwillen stieß. Es war die Proklamation einer pauschalen Extrem-Bestrafung für alle nicht-bekehrten Menschen, unabhängig von Alter (also auch für Säuglinge), Ort (also auch für Südsee-Eingeborene, die nie etwas von Jesus gehört haben), Zeit (also auch für Zarathustra, Sokrates, Cicero); in einigen calvinistisch geprägten Denominationen wurde diese Lehre noch ergänzt durch den Glauben an die Doppel-Prädestination, also an die göttliche Vorherbestimmung der Menschheitsmehrheit zur Dauerqual.

Angesichts solcher kognitiven Zumutungen kündigten immer mehr westliche Intellektuelle dem Christentum insgesamt die Gefolgschaft auf. Da diese Ex-Christen als Schriftsteller, Wissenschaftler, Politiker zwar nicht mehr in die Kirche gingen, aber weiterhin an den Schalthebeln der gesellschaftlichen Macht saßen, war die Wirkung langfristig enorm.

Eine spannende Analogie für die abstoßende Wirkung von Jenseitsbeschreibungen, die dem natürlich-menschlichen Sinn für Mitmenschlichkeit, Gerechtigkeit und Proportionalität widersprechen, liefert die amerikanische Fantasy-Autorin Ursula K. Le Guin (1929–2018) in der Kurzgeschichte «The Ones Who Walk Away from Omelas» (1973, deutsch: «Die Omelas den Rücken kehren»).

Sie beschreibt einen Planeten, auf dem paradiesische Zustände herrschen. Das Glück der überwältigenden Mehrheit der Bevölkerung hat aber einen Preis. Ein einzelnes kleines Kind ist dafür, quasi als Opfergabe, zu einem Leben in Dunkelheit, Schmutz und Leid verurteilt.

Die meisten Bewohner nehmen die Bedingung hin, fragen noch nicht einmal nach dem Preis ihres Glücks.

Aber einige Kluge und Sensible können ihren Wohlstand nicht genießen, während ein anderes Wesen leidet. Sie wandern aus. So wie eben manche Dichter und Denker lieber an gar keinen Himmel glauben wollten als an einen, zu dem es eine höllische Parallelwelt mit ihren eigenen Freunden und Verwandten darin gibt.

Genauso wenig wie das Paradies ist das Inferno eine jüdisch-christliche Erfindung. Auch die Perser, Griechen und Römer kannten jenseitige Bestrafungsorte. Und bereits in der Antike beschwerten sich Philosophen über den Missbrauch, den Priester damit trieben. Beispielsweise war Plutarch der Ansicht, der Atheismus sei moralisch einem Aberglauben vorzuziehen, bei dem man den Göttern Willkür und Vergeltungssucht unterstellte.

Ich für meinen Teil hätte es lieber, dass die Menschen über mich sagen, ich sei nie geboren worden und es hätte überhaupt nie Plutarch gegeben, als dass sie sagen: «Dieser Plutarch ist ein unzuverlässiger und launischer Mensch, schnell erzürnt, rachsüchtig wegen Kleinigkeiten, reizbar. Wenn du andere zum Mahl lädst und ihn übergehst, wenn du die Zeit nicht hast, ihn zu besuchen, oder wenn du nicht mit ihm sprichst, wird er zubeißen und deinen Leib verzehren, oder er wird dein kleines Kind ergreifen und es totprügeln, oder er wird ein wildes Tier, das er sich hält, in deine Früchte senden und deine Ernte verderben.»

Nachdem die Höllenfurcht und der Streit um die himmlische Eingangskontrolle zur konfessionellen Spaltung Europas geführt hatte, mehrten sich die kritischen Stimmen hinsichtlich der traditionellen Verdammungsdogmen. Der Aufklärer und Schüler des christlichen Denkers John Locke, Earl von Shaftsbury (1671–1713), schrieb über das religiöse Klima in der englischen High Society:

> *Vor dem Gedanken, dass es keinen Gott gibt, zittert momentan niemand, eher davor, dass ein Gott existiert. Das wäre natürlich anders, wenn man sich das Wesen Gottes so freundlich wie die menschliche Natur vorstellen würde.*

Ganz ähnlich äußerte sich der 30-jährige Aufklärer Voltaire (1694–1778) in seinen «Briefen aus England»:

> *Ich habe eigentlich ein klares Interesse daran, dass Gott existiert. Aber wenn nach einem religiösen System Gott nur für ganz wenige Personen gekommen ist, wenn die Zahl der Auserwählten so erschreckend klein ist, wenn ich von mir aus überhaupt nichts tun kann – dann soll man mir doch sagen, welches Interesse ich daran haben soll, so etwas zu glauben. Habe ich nicht ein sichtliches Interesse daran, vom Gegenteil überzeugt zu sein? Wie kann man sich unterstehen, mir von einem unendlichen Glück vorzuschwärmen, wenn von einer Million Menschen kaum ein einziger darauf hoffen kann?*

Der gleichaltrige deutsche Gelehrte Reimarus kam in seiner Abrechnung mit der orthodoxen Kirchenlehre zwar zu einer etwas günstigeren Höllenstatistik, aber unterm Strich zum selben Ergebnis:

> *Mir schauderte Mark und Bein, dass Gott neunundneunzig Teile des menschlichen Geschlechts, die ursprünglich bloß durch eine fremde*

Schuld ins Verderben geraten wären, und von den Erlösungsmitteln kaum jemals etwas gehört hätten, oder sie doch nach ihren Umständen nicht überzeugt hätten annehmen können, oder die durch Temperament, Erziehung, Exempel, Umgang in eine böse Gewohnheit gesetzt wären, nach einer so kurzen Frist dieses Lebens, ohne weitere Gnade, dem Teufel mit Leib und Seele zur unendlichen Qual sollten übergeben werden: nicht um die armen Kreaturen zu bessern, sondern nur um sie zu strafen und seinen unauslöschlichen Zorn an ihnen zu sättigen.

Der jüdische Philosoph Moses Mendelssohn schlug in seinem 1767 erschienenen Buch über die «Unsterblichkeit der Seele» das vor, was seinem auf Ausgleich bedachten Wesen entsprach: einen Kompromiss. Die Ausrichtung auf eine jenseitige Welt sei durchaus empfehlenswert, nur sollten sich weise Menschen vor einer detaillierten Ausmalung hüten.

Ob die Seelen der Gottlosen Frost oder Hitze, Hunger oder Durst zu leiden haben werden, ob sie in [einem schauerlichen] Moraste sich herumwälzen, in der düsteren Unterwelt, oder in den [höllischen] Flammen ihre Zeit hinbringen müssen, bis sie geläutert werden; ob die Seligen auf einer von lauter Gold und Edelgestein blitzenden Erde die reinste Himmelsluft einsaugen und sich in dem Glanze der Morgenröte sonnen, oder ob sie in den Armen einer ewigen Jugend ruhen und sich mit Nektar und Ambrosia füttern lassen: alles dieses, mein Freund!, weiß ich nicht. Wissen es unsere Dichter und Fabellehrer besser: so mögen sie andere davon versichern. Es schadet vielleicht nicht, wenn gewisser Leute Einbildungskraft auf eine solche Weise beschäftigt und angestrengt wird. Was mich betrifft, so begnüge ich mich mit der Überzeugung, dass ich ewig unter göttlicher Obhut stehen werde, dass seine heilige und gerechte Vorsehung in jenem Leben, so wie in diesem, über mich walte.

Der dritte amerikanische Präsident Thomas Jefferson (1743–1826) schimpfte in einem Brief an seinen Amtsvorgänger John Adams (1735–1826), der Gott von Augustinus und Calvin trage geradezu teuflische Züge und die Lehre von der doppelten Vorherbestimmung sei blanker «Dämonismus». John Adams wiederum konnte sich auch nicht anfreunden mit der Vorstellung, Gott würde die Mehrheit seiner Geschöpfe ewiger Marter überantworten.

Angeblich hat er dieses Fleckchen Erde und die menschliche Spezies nur zu seinem eigenen Ruhm geschaffen – und mit der Absicht, neun Zehntel unserer Spezies für immer elend zu machen. So etwas lehren unsere Theologen! Zehn zu eins! Niemals, mein lieber Freund, können Zeichen und Wunder Sie oder mich davon überzeugen, dass Gott in seiner unendlichen Güte, Weisheit und Macht unzählige Millionen Menschen erschafft und leben lässt, um sie dann für immer unglücklich zu machen, weil das seinem Ruhm dient.

Unter anderem wegen solcher Vorstellungen verabschiedete sich die Engländerin George Eliot (1819–1880) vom Glauben ihrer evangelikalen Familie. Die hoch-empathische Schriftstellerin sah sich außer Stande, die Jesus-Gebote der Feindesliebe und der unbegrenzten Vergebungsbereitschaft mit den Höllenpredigten zeitgenössischer Ausleger zu harmonisieren. In einem wütenden Essay beschrieb sie den damals populären Evangelisten John Cumming:

Er predigt weniger von Christus als vom Antichristen; er zeigt weniger deutlich, was Sünde ist, als dass er über Sünder schimpft. Er weist weniger auf die Seligkeit des Glaubens hin als auf die Verdammungswürdigkeit des Unglaubens. […] Er ist vor allem in der forensischen Sicht der Gnade zu Hause und betrachtet die Erlösung eher als ein Konzept denn als eine Erfahrung.

Noch mehr auf die Palme brachten solche Prediger den amerikanischen Autor Mark Twain (1835–1910). In zwei zu seinen Lebzeiten unveröffentlichten Büchern, seiner Autobiografie und den satirischen «Briefen von der Erde», zeigte er sich von seiner bissigsten Seite: Wenn die konservativen Bibelseminaristen recht hätten, dann sei der Gott des Neuen Testaments «tausend Milliarden Mal grausamer» als der Gott des Alten Testaments. Schließlich sei da von ewigen Höllenstrafen noch nicht die Rede.

Es überrascht nicht, dass auch der antichristliche Polemiker Friedrich Nietzsche seinen philosophischen Senf dazu gab. In «Menschliches, Allzumenschliches» geißelt er das Missverhältnis zwischen dem Ausmaß der angedrohten Pein und dem geruhsamen Leben der Gläubigen.

> *Wenn das Christentum mit seinen Sätzen vom rächenden Gotte, der allgemeinen Sündhaftigkeit, der Gnadenwahl und der Gefahr einer ewigen Verdammnis Recht hätte, so wäre es ein Zeichen von Schwachsinn und Charakterlosigkeit, nicht Priester, Apostel oder Einsiedler zu werden und mit Furcht und Zittern einzig am eigenen Heile zu arbeiten.*

Die Kritik kam nicht nur von notorischen Kirchengegnern. Wie C. S. Lewis in seiner spirituellen Autobiografie «Überrascht von Freude» ausführlich darstellt, war es gerade nicht die Höllenfurcht gewesen, die ihn zum Glauben gebracht hatte. Im Gegenteil hatten ihn freudlose Ansprachen über den richtenden Gott dem Atheismus in die Arme getrieben.

Sein allererstes Buch nach seiner Bekehrung trägt in der deutschen Übersetzung den bezeichnenden Titel «Flucht aus Puritanien» (auf Englisch: «The Pilgrim's Regress»). Im ersten Kapitel des allegorischen Romans, «Die Regeln», wächst ein Junge namens John in einem Landhaus auf. Der Verwalter ist eigentlich ein gutmütiger Kerl. Außer, wenn er John eine Predigt zur Einhaltung der Hausordnung hält. Dann zieht er sich eine furchterregende Maske an, erzählt vom gleichzeitig guten und strengen Hausbesitzer und den schlimmen Konsequenzen bei der Übertretung eines der Gebote.

> *«Denn weißt du, wenn du eines davon brechen würdest und der Hausherr davon erfährt, weißt du, was er dann mit dir machen würde?» – «Nein, Sir», sagte John, und die Augen des Verwalters schienen durch die Löcher der Maske furchtbar zu funkeln. «Er würde dich für immer und ewig in ein schwarzes Loch voller Schlangen und Skorpione, die so groß wie Hummer sind, sperren – für immer und ewig. Und außerdem ist er ein so freundlicher, guter Mann, so sehr, sehr freundlich, dass ich sicher bin, du würdest ihn niemals verärgern wollen.» – «Nein, Sir», sagte John. «Aber eine Frage habe ich noch, Sir.» – «Und welche?», fragte der Verwalter. – «Mal angenommen, ich würde etwas kaputtmachen. Ganz aus Versehen. Würden mir die Schlangen und Skorpione dann erspart bleiben?» – «Ah …», sagte der Verwalter. Und dann setzte er sich und redete lange, aber John konnte keine einzige Silbe verstehen. Es endete jedoch alles damit, dass der Hausherr ganz außerordentlich freundlich und gut zu seinen Mietern sei und die meisten von ihnen definitiv zu Tode quälen würde, sobald er den geringsten Vorwand hätte. «Und man kann es ihm nicht verübeln», sagte der Verwalter. «Schließlich ist es sein Haus, und es ist sehr gut von ihm, dass er uns hier leben lässt.»*

Zwölf Jahre später präsentierte C. S. Lewis eine Art Alternativ-Version. In der modernen Höllen-Allegorie «Die große Scheidung» stellte sich Lewis statt einem rotglühenden Flammenmeer eine triste Schattenwelt vor, die Hölle als Ort freudlosen Dahinvegetierens. Die Insassen, darauf kam es C. S. Lewis besonders an, waren nicht durch göttliche Vorherbestimmung hier gelandet, sondern auf eigenen Willen hin.

Es gibt nur zwei Arten von Menschen in der Hölle: diejenigen, die zu Gott sagen: «Dein Wille geschehe», und diejenigen, zu denen Gott am Ende sagt: «Dein Wille geschehe.» Alle, die in der Hölle sind, haben sich dafür entschieden. Ohne diese Selbstwahl könnte es keine Hölle geben. Kein Mensch, der sich ernsthaft und beständig nach Freude sehnt, wird darauf am Ende verzichten müssen. Wer sucht, findet sie. Denen, die anklopfen, wird geöffnet.

Dostojewski formulierte seine Höllen-Vision in nur einem Satz:

Die Hölle ist der Schmerz darüber, dass man nicht mehr lieben kann.

Meine persönliche Haltung bei diesem Thema besteht darin, dass weniger mehr ist. Wenn schon die Apostel nicht detailliert über die Hölle predigten, trotz der teilweise bestialischen Zustände im Römischen Reich, brauchen wir es, in unserem vergleichsweise paradiesischen Zeitalter, erst recht nicht zu tun.

Viele der theologischen Probleme, die uns das Thema Verdammnis aufgibt, hängen ohnehin mit einer Vermischung griechisch-heidnischer und jüdisch-christlicher Vorstellungen zusammen. Philosophen wie Platon gingen von einer Unsterblichkeit der Seele aus. Dagegen lehrt die Bibel die Finalität der menschlichen Existenz, die alleine durch göttliche Gnade wieder ins ewige Leben gerufen werden kann.

Warum Gott Milliarden von Menschen auferwecken soll, um sie anschließend unbefristet zu strafen, ist auch unter strenggläubigen Christen eine oft gehörte und durchaus naheliegende Frage. Verständniserschwerend hinzu kommt der Widerspruch zum christlichen Gebot der Feindesliebe und der unbegrenzten Vergebungsbereitschaft. Wie verträgt sich das mit einer göttlichen Strafjustiz, die die Quälereien in den Romanen des Marquis de Sade geradezu milde erscheinen lässt?

Manche antworten darauf mit dem «Annihilationismus», der Theorie, dass die Nichterlösten schlichtweg ausgelöscht werden.

Die «Universalisten» wiederum gehen von einer schlussendlichen Erlösung aller Menschen aus; wobei sie nicht nur einschlägige Bibelstellen gegen sich haben, sondern auch die moralischen Skrupel, die sich bei der Vorstellung eines himmlischen Miteinanders von Adolf Hitler und Anne Frank einstellen.

Mit allversöhnlichen Ideen sympathisierte der Schweizer Pfarrer Lavater. Ihm war gleichzeitig klar, dass er sich auf theologisch dünnem Eis bewegte. Seine Kompromissformel lautete, eine Allversöhnung werde «nur von Ketzern gelehrt, aber von allen Christen erhofft».

Dieser Haltung viel abgewinnen konnte sein Freund, der Arzt und Autor Heinrich Jung (auch bekannt unter seinem Pseudonym Jung-Stilling). Auch ihm hatte die orthodoxe Höllenlehre viele schlaflose Nächte bereitet. Bei seinen liberal gesinnten Schriftstellerkollegen bewirkte sie eher Abscheu als Zerknirschung.

> *Daher kommt's, dass ein jeder, der nicht so bald zur Überzeugung von der Wahrheit von Jesus Christus kommen konnte, erschrecklich zurückgestoßen und erbittert werden musste, wenn man ihm zurief: Wenn du nicht glaubst, so wirst du verdammt. – Freilich: So lang die Apostel mit Geistes- und Wunderkraft das Evangelium predigten, da war es verdammlich, bei diesem hellen Licht nicht sehen zu wollen. Daher sagte auch der Herr Jesu: Wer aber nicht glaubt, der wird verdammt werden. Aber jetzt ist es ganz anders.*

Nähere Ausführungen zur katholischen Lehre eines Fegefeuers erspare ich mir. Die weise Position zur Höllendogmatik liegt darin, dass die Bibel eine solche nicht enthält. Es gibt Bilder, Andeutungen, rhetorische Zuspitzungen. An vielen Stellen des Neuen Testaments wird bekräftigt: Es gibt nicht nur ein Leben nach dem Tod, es gibt auch eine Gerechtigkeit nach dem Tod. Diesseitige Handlungen haben jenseitige Konsequenzen.

Da die Liebe nach Auffassung von Paulus «alles hoffen» soll, sehe ich allerdings nicht ein, warum das nicht auch für eine möglichst leere Hölle gelten soll.

Mit Logik und Wissen hat das alles nichts zu tun. Was jenseits von Zeit, Raum und Messbarkeit liegt, das liegt auch jenseits unseres Denkhorizonts.

Wo das Wissen endet, hört aber das Tun nicht auf. Passivität im Hinblick auf eine mögliche Auferstehung sei angesichts des sicheren Todes auch keine Lösung, befand Blaise Pascal (1623–1662). Er schlug vor, die eigene Zukunft als Wetteinsatz zu betrachten. Seiner Meinung nach pokert der Mensch, ob er will oder nicht, mit seinem Leben. Gerade, weil es irgendwann zu Ende geht. Wann das so weit ist, entzieht sich bekanntlich unseren Kenntnissen. Wir können es nicht einmal ahnen.

Als Filmstudent war ich stolz, als ich das Einmaleins der Drehbuchtechnik verinnerlicht hatte. An meiner Universität wurde uns die Drei-Akt-Dramaturgie beigebracht. Dabei wurde uns eingeschärft, dass das Ende eines Films am Ende des zweiten Akts vorbereitet werden musste:

Je nachdem, ob es sich um eine Komödie oder Tragödie handelte, bedurfte es vor Beginn des letzten Drittels eines emotionalen Tief- oder Höhepunkts, jeweils entgegengesetzt dem tatsächlichen Ausgang.

Bei einem Happy End mussten die Hauptfiguren eine halbe Stunde vor Schluss fix und fertig scheinen, umgekehrt sollten sie vor einem tragischen Finale obenauf sein.

Mit diesem Geheimwissen habe ich bei manchen Kinobesuchen meinen Begleitern den Film vermiest. Wenn ich die ungefähre Filmlänge kannte, konnte ich ahnen, wann der Umschlagpunkt vom zweiten zum dritten Akt passiert. Dann spielte ich mich als Wahrsager auf: «Kannst dich drauf verlassen – am Ende ist der Held tot!» – «Warum?» – «Weil er jetzt so happy ist.»

Meine Freunde waren darüber nicht so happy.

Im wirklichen Leben kann man das Ende nicht spoilern.

Wir wissen nicht, wie viele Jahre wir haben, nur, dass die Uhr irgendwann abgelaufen ist. Allerdings können wir frei darüber entscheiden, ob es eine Komödie oder Tragödie ist, in der wir die Hauptrolle spielen:

Wer ein Weiterleben ausschließt, hat von vornherein nichts zu erwarten außer Verfall und Tod, jedenfalls kein Happy End. Wer auf ein nächstes Leben und eine höhere Liebe erhofft, hat eins jetzt schon sicher: die Vorfreude.

Seit den Tagen von Blaise Pascal ist der Wetteinsatz «Alles auf Ewigkeit» noch attraktiver geworden. Schließlich bestätigen Sinn- und Glücksforscher, dass Glauben die Lebensqualität und auch Lebensdauer tendenziell erhöht.

Was hinter der Mauer des Todes auf uns wartet, entzieht sich genau wie Gott selbst unserem menschlichen Vorstellungsvermögen. Das hat unsere christlichen Ahnen nicht davon abgehalten, sich die himmlischen Welten auszumalen.

Ein kurioses Beispiel dafür habe ich beim Kirchenvater Irenäus von Lyon (130–200) gefunden. In seiner apologetischen Schrift «Gegen die Irrlehren» zitiert er eine Paradies-Preview, die angeblich von Jesus selbst stammte. Der Apostel Johannes hätte seinen Schülern davon erzählt. Eines Tages habe Jesus ihm und den anderen Jüngeren von der neuen Erde vorgeschwärmt, die er nach seiner Wiederkunft errichten werde.

Dort wachsen Weinstöcke mit je zehntausend Reben, und an einer Rebe zehntausend Zweige, und an einem Zweig zehntausend Sprossen und an jedem Spross zehntausend Trauben und an jeder Traube zehntausend Beeren, und jede Beere wird tausend Liter Wein geben. Und wenn einer von den Heiligen eine Traube ergreift, wird die an-

dere ihm zurufen: Ich bin eine bessere Traube, nimm mich und preise durch mich den Herrn! Ähnlich wird auch ein Weizenkorn zehntausend Ähren hervorbringen und jede Ähre zehntausend Körner haben und jedes Korn zehn Pfund weißes, reines Mehl geben. Und dementsprechend alle übrigen Obstsorten und Samen und Kräuter; und alle Tiere werden sich mit den Speisen nähren, die ihnen die Erde bietet, und friedlich und zutraulich untereinander, gegen den Menschen aber ganz unterwürfig sein.

Heute locken solche Versprechungen keinen Menschen mehr in eine Kirchen-Eintrittsstelle.

Meine eigenen Post-mortem-Phantasien wechseln. Mal denke ich an den Ziel-Einlauf beim Marathon, wo sich Schmerz in Euphorie verwandelt; oder an das Hollywood-Musical «Ich tanz mich in dein Herz hinein» (1935, Regie: Mark Sandrich), wenn Fred Astaire singt: «Heaven, I'm in Heaven», und dabei Ginger Rogers herumwirbelt; meistens aber denke ich an ein fröhliches Barbecue mit Verwandten und Freunden – mit Jesus als Gastgeber und Grillmeister.

Alle wirklich große Freude im Leben kommt unerwartet und ist zuvor nicht vorstellbar, während alle vorgenommene und vorgestellte Freude enttäuscht – warum soll es anders sein im künftigen Leben? Warte, was Gott uns bereitet hat, versuche nicht, es dir vorzustellen! […] Die wichtigste Frage für alles, was lebt, ist eigentlich, wovon es lebt.

Theodor Haecker, Tag- und Nachtbücher

Wie Theodor Haecker denke auch ich nicht sonderlich oft an das, was nach dem Tod kommt. Ganz im Sinne von Jesus will ich die Zeit bis dahin «auskaufen», das heißt: sie bestmöglich nutzen. Das erfordert Aufmerksamkeit genug.

Ich bin da ähnlich hin- und hergerissen wie Paul Simon (geboren 1941). Mit 81 Jahren veröffentlichte der jüdisch-amerikanische Singer-

Songwriter sein vermutlich letztes Album – «Seven Psalms» («Sieben Psalmen»). Der letzte Psalm handelt vom Himmel, den Paul Simon sich zwar herrlich vorstellt, aber trotzdem nicht so schnell herbeisehnt.

Warte, ich bin noch nicht fertig!
Ich packe noch meine Sachen.
Warte, meine Hand ist ruhig,
mein Verstand noch klar.
(...)
Der Himmel ist schön.
Er ist fast wie zuhause.
Kinder, macht euch bereit.
Es ist Zeit, nach Hause zu kommen.

Der weise Mensch sitzt sein Leben lang auf gepackten Sachen.
Er freut sich am Leben.
Bis irgendwann das Signal zum Aufbruch kommt.
Wer da ruft, ist nicht der Sensenmann.
Sondern der Vater.
Es geht nach Hause.

Zwischenstopp
Der Weisheit vierte Schlüsse

Man kann ein Krösus sein und doch arm dran.

Der beste Beleg dafür ist Krösus (590–540 v. Chr.) selbst. Der griechische Historiker Herodot (ca. 484–424 v. Chr.) berichtet von einer peinlichen Schlappe, die der für seinen Reichtum legendäre König der westtürkischen Lyder erlitt. Zugefügt wurde sie ihm von einem anderen Superstar seiner Zeit, dem für seine Weisheit berühmten athenischen Staatsmann Solon (640–560).

Krösus hatte ihn eingeladen und wollte die Gelegenheit zur Selbstbeweihräucherung nutzen. Mit Unschuldsmiene fragte er Solon, wer seiner Erfahrung nach der glücklichste Mensch der Welt sei.

Der eitle Krösus erwartete, selbst genannt zu werden.

Aber zu seinem Ärger zählte Solon drei völlig unbekannte Griechen auf. Sie alle hatten ein anständiges, aber unspektakuläres Leben geführt. Sie hatten Krösus aber noch etwas voraus:

Sie waren bereits gestorben und ehrenvoll bestattet worden. Dadurch war es überhaupt erst möglich, ihr Leben als gelungen zu bezeichnen, erklärte Solon dem angesäuerten Krösus.

> *Wer möglichst gleichmäßig ein gutes Leben führt und es auf eine angenehme Art beschließt, der verdient bei mir, o König, als glücklich bezeichnet zu werden. Man muss bei Allem auf das Ende und den Ausgang sehen. Denn viele, denen Gott die Glückseligkeit gezeigt [hat], hat er wieder mit der Wurzel ausgerissen – und umgekehrt.*

Momentaufnahmen sind trügerisch.

Weise Menschen setzen sich langfristig die richtigen Ziele und bewerten andere Menschen danach, ob sie diese erreichen.

Vier vorrangige Ziele habe ich in diesem vierten Teil des Buches erläutert: Erstrebenswert ist ein Leben, in dem man stark und selbstbestimmt agiert, in dem man liebevolle und treue Beziehungen lebt, in dem man sich an einem höheren Sinn orientiert – und das alles möglichst dauerhaft.

Zur Weisheit gehört aber auch die Einsicht, dass Glück nicht zuletzt Glückssache ist. Wir können die richtigen Ziele ansteuern. Wie nahe wir ihnen kommen, liegt nicht allein in unseren Händen.

Das zeigt das Leben eines Anti-Krösus:

Neil Hughes (geboren 1956).

Nie gehört?

Das ist nicht weiter verwunderlich, wenn man nicht in Großbritannien lebt. Dort ist Neil Hughes zwar bei weitem kein Prominenter, aber dennoch kein Unbekannter. Er ist der heimliche Held der erfolgreichsten Langzeit-Dokumentation aller Zeiten, der «Up»-Serie. Das Motto der Serie ist eine jesuitische Erziehungs-Maxime.

Gib mir ein Kind, bevor es sieben ist, und ich gebe dir den Mann zurück.

Nach der Auftaktfolge «7up» besuchte der Filmemacher Michael Apted (1941–2021) alle sieben Jahre dieselben vierzehn Engländer, begleitet sie durch Pubertät und Jung-Erwachsenenzeit, bei ihren Karriereverläufen und Midlife-Krisen, bis hin ins Vorrentenalter in der neunten Folge, «63up».

Ich selbst habe die Serie bei Folge vier, «28up», für mich entdeckt. Besonders fasziniert hat mich dort das traurig-schöne Leben von Neil Hughes. Ich bin nicht der Einzige. Später habe ich erfahren, dass der

Lehrersohn von Millionen Briten ins Herz geschlossen wurde – und zwar schon nach Folge eins.

Als 7-jähriger Junge bezaubert Neil durch seinen tänzelnden Schritt, seine weit aufgerissenen Augen, seine großen Träume: «Wenn ich groß bin, möchte ich Astronaut werden.» Als Sohn gebildeter und ehrgeiziger Eltern hat er gute Chancen auf einen gesellschaftlichen Aufstieg.

Was folgt, sind lauter Bruchlandungen, die aber die Zuschauer erst recht emotional an ihn binden.

14up: Das Leuchten ist aus den Augen verschwunden. In der Schule bringt er zwar gute Leistungen, wird aber gemobbt.

21up: Bei der Prüfung für eine Elite-Universität fällt Neil durch. Er fürchtet, durch seine behütete Erziehung nicht auf das wahre Leben vorbereitet worden zu sein. Er will sich abhärten, arbeitet auf Baustellen. Es gibt erste Anzeichen einer psychischen Erkrankung. Neil hofft trotzdem, irgendwann «jemand mit Einfluss» zu sein.

28up: Neil wandert als Obdachloser über regennasse schottische Landstraßen. Er hat kein Dach über dem Kopf, keinen Job, keine Perspektive. Auf die Frage, was er sich am meisten wünsche, antwortet er: «Freundliche Worte.»

35up: Neil ist buchstäblich am Ende. Er vegetiert in miesen Unterkünften vor sich hin, am äußersten nördlichen Zipfel Großbritanniens, den Shetland-Inseln. Er fürchtet, den Verstand zu verlieren. Als Zukunftsperspektive gibt er an: «Die wahrscheinlichste Aussicht ist wohl, dass ich in ein paar Jahren als Penner durch Londons Straßen streunen werde.»

42up: Es geht plötzlich wieder aufwärts. Ein anderer Teilnehmer der «Up»-Serie hat Neil unter die Arme gegriffen, ihm Arbeit und Unterkunft besorgt. Neil fängt an, sich politisch zu engagieren – für eine «gerechte und faire Gesellschaft», wie er sagt. Vor allem aber hat er Gott gefunden. Als 21-Jähriger wusste er nicht, ob und was er glaubte. Jetzt ist er überzeugter Christ.

49up: Mittlerweile ist Neil ein angesehener Kommunalpolitiker. Und er predigt regelmäßig in der anglikanischen Kirche.

56up: Neil bekommt eine Einladung nach Australien. Er soll dort politische Vorträge halten. Bei einer Veranstaltung wird er vorgestellt «als möglicher künftiger Premierminister». Er verliebt sich in eine Australierin, will heiraten. Er engagiert sich immer noch in der Kirche. Er will den Menschen helfen, eine «lebendige Beziehung zu Gott, in Christus» zu knüpfen.

63up: Neil ist weiter politisch und kirchlich aktiv, aber wieder alleine. Die Beziehung zu der Australierin ist an der räumlichen Distanz gescheitert, eine kurz darauf geschlossene Ehe mit einer anderen Frau an seinen eigenen psychischen Problemen. Er hofft, dass seine Ehefrau zu ihm zurückkommt, ist aber nicht sonderlich optimistisch. Das Zusammenleben mit ihm sei nun mal anstrengend. Zuflucht findet er in der Kirche. Der Regisseur fragt ihn: «Wann warst du am glücklichsten?» Neil antwortet: «Ich freue mich, wenn etwas klappt. [...] Wenn es mir gelingt, den Menschen Gott nahe zu bringen, dann freut mich das sehr.» Er ist sich darüber im Klaren, dass er die Ziele seiner Kindheit und Jugend weit verfehlt hat und nie erreichen wird. Er wertet sein Leben, trotz aller kleinen Lichtblicke, als Scheitern.

Ich sehe das anders, genau wie die Zuschauer. Wir wissen, wie viel Wahrheit in dem Sprichwort steckt, das Neil zu seinem Lebensmotto gemacht hat:

Das Leben ist das, was passiert, während du auf etwas anderes wartest.

Ziele sind wichtig.

Aber das Gelingen ist vor allem Gnade.

Wie Neil Hughes driften wir durchs Leben.

Werden geschoben, gezogen.

Kommen mal auf die gerade Bahn.

Mal auf die schiefe.

Stärke ist biologisch befristet.

Romantische Liebe flatterhaft und unverfügbar.
Sinn ist wichtig, aber oft vage.
Ewigkeit ein Versprechen.

Als untrüglicher Fixpunkt bleibt der Stern, auf den die Weisen aus dem Morgenland zusteuerten: das Licht über der Jesus-Krippe.

Krösus hatte keine Ahnung davon.

Neil Hughes schon. Er ist reicher als Krösus.

Fünfter Teil
Die Wege der Weisheit

Fünfter Teil
Die Wege der Weisheit

Intro

Für Journalisten wie mich gibt es eine alarmierende, aber nachvollziehbare Tendenz: Schlechte-Nachrichten-Müdigkeit.

In Umfragen beschweren sich immer mehr Zuschauer darüber, dass sie sich von den Meldungen und Berichten psychisch heruntergezogen fühlen. Die Schlagzeilen über Morde, Katastrophen und Bankrotte lösen bei ihnen Ohnmachtsgefühle aus. Stattdessen wünschen sich immer mehr Medienkonsumenten solche Inhalte, mit denen sie *praktisch* etwas anfangen können. Deshalb ist «konstruktiver Journalismus» aktuell gerade sehr angesagt. Wissen, das nützt und etwas bewirkt.

Unter Weisheits-Interessierten muss man eine Umfrage gar nicht erst machen. Der konstruktive Ansatz ist von vornherein eingepreist. Wissen, das nicht irgendwie zum besseren Leben verhilft, ist keine Weisheit.

Nach langen Weisheits-Vorüberlegungen …

… wird es jetzt also konkret.

Wie lebt man weise?

Da Leben immer vorwärtsgerichtet ist, kommt es auf die richtigen Wege und Schritte an. Und auf die Räume, die man durchschreitet. Es gibt die Dimension der persönlichen Entwicklung, daneben aber auch die gesellschaftlichen Kontexte: einerseits regional und national, andererseits global. Und es gibt einen Raum, der alle bisher genannten transzendiert, auch wenn er derzeit zu schrumpfen scheint:

Die Kirche.

Ihr kommt in den gegenwärtigen Turbulenzen eine besonders wichtige Rolle zu: als Herzkammer und als Gemeinschaftsklammer.

Wer sich über die besten Routen informieren will, fragt am besten diejenigen, die sie schon bewältigt haben. In diesem Buchteil kommen deshalb wieder zahlreiche verstorbene «Lebemeister» zu Wort. Der Theologe Meister Eckhart (1260–1328) unterschied solche ganzheitlich ausgerichteten Weisen von bloßen «Lehrmeistern».

Einer meiner bevorzugten «Lebemeister» ist Alfred Döblin (1878–1957). Als Seelenklempner, Schriftsteller und spirituell Suchender beackerte er ein breites Wissensspektrum. Eher klein und schmächtig von Gestalt, war er ein literarischer Titan; seine extreme Kurzsichtigkeit kompensierte er durch einen scharfen Blick auf seelische und soziale Nöte.

Ich habe Döblin in meiner «Weltvorhersage» und meiner «Jesus-Weltgeschichte» bereits ausführlich vorgestellt. Nun leitet er meine Ausführungen zu den «Weisheitswegen» ein. Den wichtigsten Ratschlag erteilt er in seinem berühmtesten Roman, «Berlin Alexanderplatz» (1929).

> *Man fängt nicht sein Leben mit guten Worten und Vorsätzen an, mit Erkennen und Verstehen fängt man es an und mit dem richtigen Nebenmann.*

Wie schmerzhaft es ist, wenn man ohne kompetente Wegführer ins Leben startet, wusste er aus eigener Erfahrung. Sein Vater hatte Döblin, seine drei älteren Geschwister und seine Mutter sitzengelassen, war mit einer fast halb so alten Schneiderin nach Amerika durchgebrannt. Die Restfamilie zog nach Berlin.

Der zehnjährige Döblin war geschockt von den sozialen Härten des urbanen Dschungels. Mit 17 Jahren verfasste er seine erste schriftstellerische Arbeit, eine halbdokumentarische Erzählung über die Abgründe der neuen Zeit. In «Modern. Ein Bild aus der Gegenwart» beschrieb der junge Alfred, was er an jedem Abend auf den Berliner Straßen zu sehen bekam: die zigtausend-fache Prostitution, zu der sich viele unterbezahlte Frauen gezwungen sahen.

> *Die Choristinnen der Theater sind mit seltenen Ausnahmen fast sämtlich Prostituierte. Umso eher, je mehr sie das Unglück haben, schön zu sein. Für einen entsetzlichen Lohn müssen sich diese Mädchen ernähren, weiter fortbilden, und noch die allerteuerste Toilette selbst stellen. […] Ein furchtbares Übel ist die Prostitution, kein notwendiges. Sie ist die Folge des Kapitalismus.*

Im weiteren Verlauf der Erzählung versetzt sich der 17-Jährige in eine 24-jährige Näherin. Vielleicht hatte ihn dazu eine Episode aus Dostojewskis «Tagebuch eines Schriftstellers» inspiriert: dem tragischen Schicksal einer Näherin, die – vor die Alternative zwischen Hungertod und Straßenstrich gestellt – nur einen Ausweg sah: sich aus dem Fenster in den Tod zu stürzen. Dabei hielt sie ein Heiligenbild fest umklammert.

Ob Döblins Näherin auch so endet, wissen wir nicht, weil die Erzählung abrupt abbricht (die letzten Worte sind «Bitter weh seufzt sie auf»). Er beschreibt die innere Zerrissenheit der namenlosen Frau. Neben der schlecht bezahlten Maloche quält sie die Beziehung zu ihrem Freund, der unbedingt Sex will; mehr noch als den Zorn Gottes fürchtet die fromme Katholikin eine Schwangerschaft, die anschließende Entlassung, Endstation Bordell. Sie betet verzweifelt um göttliche Unterstützung: «Jesus, Jesus, hilf mir …»

> *Alle Heiligen, alle Wunder konnte sie aufzählen – viel mehr auch nicht. Und ihr gläubiges Herz hatte sie sich bewahrt, trotz aller Angriffe auf ihre «Einfalt», ihre «Klugheit»; sie konnte ja noch beten zur reinen Jungfrau Maria, der gebenedeiten. Wenn sie so kniete, müde, abgespannt, abgehetzt, allein in ihrer armseligen Kammer, dann löste sich ihre Qual in strömenden Tränen. All ihre Wehmut sank mit diesen Tränen, und sie dankte inbrünstig, in glücklicher Schauer, ihrem Herrgott, dass sie noch beten konnte. «Kommt zu mir, so ihr mühselig und beladen seid!» Sie fühlte die Liebe, die umfassende, weltüberwindende Liebe dieses Wortes in ihrer ganzen Fülle und Hingebung. Doch nach und nach vergaß sie auch dieses. Nur ab und zu griff sie zur Bibel, sie vergaß ihres Gottes in dem Drange des Lebens, der Not des Augenblicks.*

Diese Zeilen sind auch deshalb so bemerkenswert, weil der jüdische Döblin sich damals als Sozialist verstand und mit dem Atheismus liebäugelte. Als leidenschaftlicher Menschen-Erforscher hatte er allerdings ein Gespür für deren religiöse Bedürfnisse.

Schubladendenken war ihm fremd. Ihn interessierte die Totalität der menschlichen Welterfahrung. In seiner psychiatrischen Praxis behandelte er später die unterschiedlichsten Patienten. Und in seinen literarischen Arbeiten ist der Themen-Mix bunter als bei jedem anderen zeitgenössischen Autor. Da treten Giftmörderinnen auf, Start-up-Unternehmer, chinesische Freiheitskämpfer, deutsche Revolutionäre, der Kriegsheld Wallenstein, das Großstadtopfer Franz Biberkopf.

Seine stärkste Geschichte schreibt ihm selbst das Leben. Auf der Flucht vor den Nazis findet Döblin Gott. Mit 63 Jahren tritt er dem Glauben seiner ersten literarischen Schöpfung, der jungen Näherin, bei: dem Katholizismus.

Über den Umweg Hollywood kommt er nach dem Krieg wieder nach Deutschland, will an der christlichen Erneuerung mitwirken, findet aber kein Gehör.

Zu seinem 70. Geburtstag verfasste der promovierte Nervenarzt unter dem Titel «Epilog» eine Selbstanalyse. Es ist gleichzeitig eine enorm kluge Lebenswegschilderung. Döblin weiß aus eigener Erfahrung, dass dem Menschen die «Mehr!»-Lust ins Gehirn gepflanzt ist. Das Hinausstreben über den Status quo ist seine Bestimmung.

Es sind gerade die offenen Fragen, ungelösten Konflikte, unbefriedigten Bedürfnisse, die uns vorwärtstreiben, Gott entgegen. Dieser Weg endet aber nicht in passiver Religions-Duselei. Aus dem Glauben erwächst als neue Herausforderung der Auftrag, das Licht der göttlichen Liebe in die Welt zurückzutragen.

Ich weiß, dass wir in dieser Weltära – gestoßen, verstoßen, gebannt in den düsteren schweren Kreis dieses Äons –, dass wir Menschen es schwer haben. Wir scheuern uns wund an den Mauern, die uns umgeben. Wir schlagen gegen sie und hören unsere Hände klatschen. […] Aber wir geben keine Ruhe. Wir können uns nicht bescheiden. Unser verruchter

Geist kann nicht still sein. Es ist sein Kains-Erbe. Jeder unserer Tage wiederholt den Sündenfall. Unser Geist träumt und hofft dennoch, er erreiche etwas, er weiß nicht was. Satan geht zwischen uns. Man darf nicht daran zweifeln. Man lasse sich durch die Helligkeit des Tages nicht betrügen. Auch die Elektrizität gibt nicht das wirkliche Licht, und die Atombombe sprengt nichts. Aber es gibt den ewigen, gütigen und gerechten Gott. Nur vor ihm wird der Graus verständlich. Wie sehr wir uns von ihm abgelöst haben, wird deutlich. Die Beklemmung, Rastlosigkeit, die Erbärmlichkeit hier ruft nach ihm. Wie Sonne und Freude als Zeichen und Reste himmlischer Vollkommenheit da sind, so ist der ganze Himmel da, und der ewige Gott – «Jesus» unter uns genannt – hat sich einmal in unser Fleisch gesenkt und in diesem wüsten Gehäuse das alte Feuer angezündet. […] Was kann die Existenz zum Inhalt haben, welche Aufgabe kann sie uns stellen, wodurch die düstere Art unseres Daseins rechtfertigen – wenn nicht dies: Reinigung, Erhebung, Aufrichtung verschaffen, die Befreiung von dem Bösen vorbereiten, sich lösen aus der Verstrickung, aus der schändlichen Erniedrigung durch den Bösen. Wohl dem, der mehr hat als seine Augen, mehr als seine Logik und seine Mathematik. Glückselig der, der mühelos reifen konnte. Aber wohl auch uns, die wir zeit unseres Lebens gefragt, gesucht und geirrt haben, wohl uns, wenn wir auch als Wrack noch in den Hafen einlaufen und am Fuß des Leuchtturms stehen oder liegen, den unser inneres Auge immer erblickt hatte.

Mit dem «Wrack» meinte Döblin auch den eigenen Körper. In seinen letzten Lebensjahren brach die Parkinson-Erkrankung aus, ein weiterer Tiefpunkt seines an Negativ-Erfahrungen reichen Lebens.

Intellektuelle Reife gibt es häufig nur um den Preis von Enttäuschungen. Wer die «Way down»-Tiefen scheut, wird die «Wise up»-Höhen nicht erreichen.

Dieser Weg wird kein leichter sein.

Aber ein weiser.

1.
Leute: Wissen, aber bio

Aber nun, da so vieles anders wird, ist es nicht an uns, uns zu verändern? Könnten wir nicht versuchen, uns ein wenig zu entwickeln, und unseren Anteil Arbeit in der Liebe langsam auf uns nehmen nach und nach? Man hat uns alle ihre Mühsal erspart, und so ist sie uns unter die Zerstreuungen geglitten, wie in eines Kindes Spiellade manchmal ein Stück echter Spitze fällt und freut und nicht mehr freut und endlich daliegt unter Zerbrochenem und Auseinandergenommenem, schlechter als alles. Wir sind verdorben vom leichten Genuss wie alle Dilettanten und stehen im Geruch der Meisterschaft. Wie aber, wenn wir unsere Erfolge verachteten, wie, wenn wir ganz von vorne begännen, die Arbeit der Liebe zu lernen, die immer für uns getan worden ist? Wie, wenn wir hingingen und Anfänger würden, nun, da sich vieles verändert?

Rainer Maria Rilke, Die Aufzeichnungen des Malte Laurids Brigge

Bei meinen Recherchen habe ich viele Buchgeschäfte besucht. Die Literatur zum Thema «Weisheit» habe ich oft in der Esoterik-Abteilung gefunden, irgendwo zwischen den Regalen zur Meditation und zur Mindfulness.

Mir ist dabei deutlich geworden:

Die Weisheit wird unter Wert verkauft.

Als «Nice to have»-Denksport.

Nicht als «Must have»-Tool.

Das ist so falsch wie gefährlich.

Weisheit ist überlebensnotwendiger denn je. Ohne sie werden wir beim wichtigsten Konkurrenzkampf aller Zeiten den Kürzeren ziehen. Dieser Wettbewerb ist anders als alle zuvor. Unsere Rivalen beim Zugriff auf die Kontrollhebel der Menschheitsgeschicke sind keine Artgenossen, sondern Maschinen.

Die technologischen Errungenschaften rund um die Entwicklung der Künstlichen Intelligenz sind so atemberaubend wie alarmierend.

In der neueren Geschichte ging Sigmund Freud zufolge jeder große Erkenntnissprung mit einer Kränkung einher. Die kosmische Kränkung verdrängte die Menschen aus der Mitte des Universums. Die biologische Kränkung machte sie zu einem Abkömmling von Tieren. Die psychologische Kränkung räumte auf mit der Illusion, dass Menschen ihre eigenen Bewusstseinsströme kontrollieren.

Nun steht uns die vierte, die technologische Kränkung bevor: Sie könnte uns zu Sklaven unserer eigenen Erfindung machen.

Könnte.

Muss nicht.

Die Künstliche Intelligenz bietet mindestens ebenso viele Chancen wie Risiken. Sie kann uns helfen, Krankheiten zu kurieren, Straßen sicherer zu machen, Arbeitsabläufe effizienter zu gestalten. Bald haben wir nicht nur das gesammelte Weltwissen digital verfügbar, wir haben auch computerbasierte Systeme, die uns bei dessen Auswertung helfen.

Dringlicher als je zuvor stellt sich dabei die Frage, was uns zu Menschen macht und uns von Maschinen unterscheidet. Wir müssen ganz neu unser Alleinstellungsmerkmal in der Welt bestimmen und daraus die nötigen Konsequenzen ableiten. Nur dann wird es uns gelingen, die KI-Revolution im Zaum zu halten und die Maschinen zu benutzen, statt uns ihnen auszuliefern.

Was wir Maschinen voraushaben, kann man im Abschnitt über das «Wesen der Weisheit» nachlesen. Computer sind klug, aber einseitig; sie verfügen weder über emotionale noch spirituelle Intelligenz; sie sind außerdem weder an Wahrheit interessiert noch an Moral, und eine kindliche Neugier haben sie schon gar nicht.

Computer sind dazu da, Antworten zu geben. Wir Menschen sind hingegen die geborenen Fragensteller, bereit für Überraschungen, natürlich kreativ. Unsere Stärke ist nicht das «Es ist so!», sondern das «Warum ist das so?»

Statt über die «vierte Kränkung» zu schmollen, sollten wir uns für die «vierte Steigerung» fitmachen. Das erste zivilisatorische Upgrade war der Sprung vom Jagen und Sammeln zum Acker- und Stadtbau. Upgrade Nummer 2 war die Entwicklung von der Agrar- zur Industriegesellschaft, Upgrade Nummer 3 der Übergang zur Informationsgesellschaft.

Jetzt kommt die vierte Steigerung: die Transformation von der Wissens- zur Weisheitsgesellschaft.

Mehr denn je wird es darum gehen, die verfügbaren Informationen ganzheitlich, nachhaltig, kontextabhängig zu nutzen. Dabei kommt es nicht nur auf den Staat an, sondern auf jeden Einzelnen. Denn das macht die Weisheit aus: dass sie nicht einfach standardisierbar ist, sondern individuell und originell.

Weisheit ist per Definition «bio». Deshalb betrifft sie die ganze Bandbreite der menschlichen Existenz: Körper und Geist. Im Folgenden mache ich Vorschläge, wie der Weg der Weisheit auf die beiden Bereiche abgestimmt werden kann.

Körper

Vor ein paar Jahren habe ich eine Heldendämmerung erfahren. Ich hatte das Privileg, einen von mir verehrten Autor aus der Nähe zu erleben. Einen halben Tag lang chauffierte ich ihn durch Berlin.

Er machte seinem Ruf alle Ehre und lauter kluge Bemerkungen. Mein Respekt für seinen Scharfsinn wuchs. Bis er einen Energy Drink nach dem anderen aus seinem Rucksack holte und gierig hinunterspülte.

Irgendwann war der Vorrat erschöpft. Er wurde zappelig. Ich musste schnell die nächste Tankstelle anfahren. Nachschub besorgen.

Ich lernte, dass der große Weise eine gar nicht so kleine Schwäche hatte: Er war koffeinsüchtig.

Nach dem Not-Stopp erklärte er mir weiter die Welt. Ich hörte nicht mehr so genau hin. Bei ihm klaffte die Körper-Geist-Schere für meinen Geschmack etwas arg weit auseinander. Was half all der kognitive Zugriff auf die Nöte der Welt, wenn man die eigene Gesundheit so vorsätzlich schädigte?

Dass ein «Mens sana» in einen «Corpore sano» gehört, befand um das Jahr 100 n. Chr. der römische Dichter Juvenal (ca. 60–127). Von ihm stammt auch die Formulierung «Brot und Spiele». Mindestens ebenso berühmt ist das oben auf Lateinisch wiedergegebene Zitat. Juvenal machte sich damit über Tempelbesucher lustig, die die Götter um Wunder anflehten, statt sie um das Wesentliche zu bitten. Auf Deutsch:

> *Beten sollte man darum, dass man einen gesunden Geist in einem gesunden Körper hat.*

In dieser Hinsicht könnte Juvenal über die heutige Zeit kaum meckern. Die physischen Weisheits-Voraussetzungen sind so gut wie nie. Wir leben immer länger. Wir sterben aber auch immer länger. Bei der Bekämpfung des schnellen Todes, zum Beispiel durch Infektionserkrankungen, hat die moderne Medizin riesige Fortschritte gemacht.

Viel langsamer voran kommt sie, wenn es um den langsamen Tod geht: etwa durch Krebs, Parkinson oder die heimtückische ALS-Nervenkrankheit. Darauf weist der amerikanische Mediziner Peter Attia (geboren 1973) in seinem Buch «Outlive: Die Wissenschaft und Kunst der Langlebigkeit» hin. Er fordert einen medizinischen Paradigmenwechsel:

Das Ziel dieser neuen Medizin – die ich als Medizin 3.0 bezeichne – ist es nicht, die Menschen zusammenzuflicken und wieder vor die Tür zu kriegen, ihre Tumore zu entfernen und das Beste zu hoffen, sondern zu verhindern, dass die Tumore überhaupt erst entstehen und sich ausbreiten, oder den ersten Herzinfarkt zu vermeiden. Oder um jemanden vom Weg zur Alzheimer-Krankheit abzuhalten. Unsere Gewohnheiten und unsere Präventions- und Erkennungsstrategien müssen sich ändern, um der Natur dieser Krankheiten mit ihrem langen, langsamen Vorlauf gerecht zu werden.

Die Methoden, die Peter Attia vorschlägt, sind eigentlich alle bekannt. Sie betreffen vier Bereiche: Bewegung, Ernährung, Schlaf, Stress. Ich könnte an dieser Stelle die detaillierten Therapie-Rezepte aus seinem Buch zitieren. Oder ich könnte einen Gesundheitsexperten ins Spiel bringen, der fast zweitausend Jahre vor ihm und hundert Jahre vor Juvenal zur Welt kam: Jesus.

Es ist bedauerlich, dass die Wellnesskompetenz des Erlösers bisher kaum gewürdigt worden ist. Das ist einerseits auch verständlich. Tipps zur Langlebigkeit holt man sich kaum bei jemandem, dessen irdisches Leben mit Mitte 30 bereits zu Ende war.

Ich bin allerdings überzeugt: Ohne die Kreuzigung wäre Jesus steinalt geworden. Sein Lebensstil spricht jedenfalls dafür. Er machte das vor, was moderne Gesundheitsgurus lehren.

Bewegung: Jesus war ein Outdoor-Man, permanent zu Fuß unterwegs, durch Wüste und Gebirge. Sein finaler Marsch auf Jerusalem, bei dem er seinen Jüngern singend voranschritt, ist Ausweis seines Fitnesslevels. Von Jesus lernen heißt: sich viel an der frischen Luft bewegen.

Ernährung: Den Speiseplan von Jesus kennen wir zwar nicht, können ihn aber aus den Evangelienberichten ableiten: Brot, Gemüse, Früchte, wenig Salz, null Zuckerzusatz, ab und zu Fisch, selten Fleisch, ganz selten Alkohol. Die perfekte Diät.

Schlaf: Wie essenziell die nächtliche Regeneration ist, kann man regelmäßig auf Gesundheits-Blogs nachlesen. Andauernd klagt dort jemand über Schlafstörungen bzw. schlägt Abhilfe vor. In den wilden Achtzigern hieß es noch: «Schlafen kann ich, wenn ich tot bin.» Heute lautet der Refrain: «Wenn ich nicht mehr schlafe, bin ich bald tot.» Auch Jesus achtete darauf, dass er die erforderliche Schlafdosis bekam. Er nutzte sogar Bootsfahrten bei stürmischer See für kräftigende Nickerchen.

Stress: Die psychosomatischen Kollateral-Effekte von Stress stehen außer Frage. Übermäßiger Druck, unangenehme Begegnungen, unablässiges Grübeln wirken lebenszeitverkürzend. Zwar stand Jesus oft unter extremer Anspannung. Er ging Stress aber, wenn möglich, aus dem Weg. Er vermied toxische Beziehungen, umgab sich mit Freunden und Gleichgesinnten, machte sich keine Sorgen um Alltagstrivialitäten.

Darum sage ich euch: Macht euch keine Sorgen um euren Lebensunterhalt, um Nahrung und Kleidung! Bedeutet das Leben nicht mehr als Essen und Trinken, und ist der Mensch nicht wichtiger als seine Kleidung? Seht euch die Vögel an! Sie säen nichts, sie ernten nichts und sammeln auch keine Vorräte. Euer Vater im Himmel versorgt sie. Meint ihr nicht, dass ihr ihm viel wichtiger seid? Und wenn ihr euch noch so viel sorgt, könnt ihr doch euer Leben um keinen Augenblick verlängern. Weshalb macht ihr euch so viele Sorgen um eure Kleidung? Seht euch an, wie die Lilien auf den Wiesen blühen! Sie mühen sich nicht ab und können weder spinnen noch weben. Ich sage euch, selbst König Salomo war in seiner ganzen Herrlichkeit nicht so prächtig gekleidet wie eine von ihnen. […] Deshalb sorgt euch nicht um morgen – der nächste Tag wird für sich selber sorgen! Es ist doch genug, wenn jeder Tag seine eigenen Schwierigkeiten mit sich bringt.

Matthäus 6,25–29.34

Zur erfolgreichen Stress-Prophylaxe, wie sie Jesus vorgemacht hat, gehört auch die Absage an Ruhmsucht, Geldgier, Machtwillen. Wer diesen Versuchungen verfällt, macht sich das Leben unnötig schwer.

Gerade der Wunsch nach Status wirkt sich korrumpierend aus. Man beutet sich und andere aus, um nach vorne zu kommen, mit dem Ergebnis, dass man statt in einer heilen Welt in einem Haifischbecken landet: eingesperrt mit den anderen Anerkennungs-Junkies, die einander belauern und attackieren.

Wer nach oben aufsteigt, damit andere zu ihm aufsehen und er auf sie hinunterschauen kann, hat vielleicht die bessere Aussicht, aber auch die dünnere Luft. Vor allem drängelt er sich an der Spitze mit anderen Aufsteigertypen, die gut trainierte Ellenbogen, aber keine zarten Hände haben. Mit jeder Stufe, die man nach oben klettert, steigt außerdem die Absturzgefahr.

Stressverschärfend hinzu kommt, dass die Halbwertzeit von Ruhm äußerst gering ist. Ich habe mittlerweile Dutzende von Abschiedsfeiern umschwärmter Führungskräfte erlebt. Kaum war der «Chef»-Nimbus weg, entfielen die Privilegien und blieben die Anrufe aus.

Ich kann mich noch gut an den Schock eines pensionierten Ex-Intendanten erinnern, der für die Vorstellung seiner Memoiren einen Riesensaal gemietet hatte, dann aber mit dem Veranstaltungs-Moderator ganz allein dasaß. Seine frühere Glorie war bis zur Unkenntlichkeit verblasst.

> *Nun weiß ich, warum die Menschen so hart arbeiten und so viel Erfolg haben: Sie tun es nur, um die anderen in den Schatten zu stellen! Auch das ist vergebliche Mühe – so als wollten sie den Wind einfangen. Zwar sagt man: «Der dumme Faulpelz legt die Hände in den Schoß und verhungert.» Ich aber meine: Besser nur eine Handvoll besitzen und Ruhe genießen als viel Besitz haben und alle Hände voll zu tun.*
>
> Prediger 4,4–6

Im Wirtschaftswunderland Bundesrepublik ging für lange Zeit Leistung vor innerer Verfassung, «Work» vor «Life». Mittlerweile haben sich die Prioritäten umgekehrt. Neidisch blicken manche Deutschen nach Bhutan, wo nicht das Bruttoinlandsprodukt, sondern das Bruttonationalglück im Fokus steht.

Seit ich eine Fernsehreportage über das Himalaya-Land gedreht habe, sehe ich den Hype etwas skeptischer. Sonderlich glücklich, jedenfalls im Vergleich mit uns Europäern, kamen mir die Bhutanesen nämlich nicht vor. Auch sie mussten hart für ihren Lebensunterhalt arbeiten, auch sie klagten über Beziehungsprobleme und Krankheiten. Dabei wirkten sie zugegebenermaßen zufriedener auf mich als meine eigenen Landsleute, aber auch weniger energievoll. Ist vermutlich Geschmackssache, aber ich fühle mich bei jedem Berlin-Aufenthalt vitaler als bei meinem Besuch in Thimphu, der Hauptstadt von Bhutan.

Einige wertvolle Lektionen habe ich dort dennoch gelernt. Der Schlüssel zur überdurchschnittlichen Zufriedenheit der Bhutanesen liegt nach meiner Beobachtung darin, dass sie sich weniger miteinander vergleichen und insgesamt weniger vom Leben erwarten. Sie erzielen Glücksmaximierung durch Enttäuschungs-Minimierung. Das finde ich durchaus nachahmenswert.

Von Bhutan lernen heißt nicht: «Siegen lernen.»

Sondern: «Glücklich sein, ohne zu siegen» lernen.

Länger lebt man dadurch aber nicht. Die durchschnittliche Lebenserwartung in Bhutan liegt fast zehn Jahre unter der deutschen.

Dass der Stress im 21. Jahrhundert allgemein zunimmt, zeigen die vielen Krankmeldungen wegen Burnout-Symptomen. Man kann diese negative Folge des sich beschleunigenden Fortschritts allenfalls abfedern. Eindämmen kann man das höhere Stress-Aufkommen aber nur begrenzt.

Die technischen Neuerungen, die immer schneller aufeinanderfolgen, bedeuten: Routinetätigkeiten werden abgebaut, lebenslanges Lernen wird zur Verpflichtung. Das führt gewiss zu einem spannenderen Arbeitsalltag, aber eben auch zu einem anstrengenderen:

Automatismen greifen nicht mehr. Der «Flow», bei dem wir unserem Job mit spielerischer Leichtigkeit nachgehen, stellt sich immer seltener ein. Ältere Arbeitnehmer können immer weniger von der angesammelten Erfahrung profitieren, sondern müssen sich permanent neu profilieren; dabei werden ihre kognitiven Fähigkeiten gegenüber jüngeren Kollegen naturgemäß schlechter. Häufiger Burnout ist die Folge.

Einigen Aspekten dieser Entwicklung stehen wir machtlos gegenüber. Aber wir sind nicht gezwungen, jeden Disruptions-Firlefanz mitzumachen. Wer weise werden will, braucht dafür die «genussvolle Ruhe», von der der biblische Prediger spricht. Ein anderes Wort dafür ist «Muße».

Das Wort «Muße» ist aus der Mode gekommen. An seine Stelle ist die Freizeit getreten. Dabei meinen beide Begriffe etwas anderes. Freie Zeit kann auch anstrengend sein; damit kennen sich alle Eltern aus, die in ihrer Freizeit einen Kindergeburtstag organisieren.

Einen Muße-Stress gibt es aber nicht, denn ein solcher wäre ein Widerspruch in sich selbst.

Aus Sicht von Aristoteles war die Fähigkeit zur Muße die wichtigste Voraussetzung, um weise Gedanken zu entwickeln. Aristoteles hielt Muße, die «ruhende Betrachtung», auch für die Haupttätigkeit Gottes. Man muss dabei die Zeitumstände berücksichtigen, in denen Aristoteles lehrte. Arbeit war Sklavensache, Untätigkeit das Reichenprivileg. Aristoteles hätte die Welt nicht verstanden, wenn er geahnt hätte, dass die wohlhabenden Menschen des 21. Jahrhunderts ihr Heil in blindem Aktivismus suchen würden.

Die vollkommene Glückseligkeit besteht in der ruhigen Betrachtung der Dinge. […] Deshalb muss die Tätigkeit Gottes, die an Seligkeit alles übertrifft, eine betrachtende sein.

Nikomachische Ethik

Nicht nur Jesus und Mediziner wie Peter Attia, auch immer mehr Philosophen singen neuerdings das Hohelied der Muße. Zu ihnen gehört der in Deutschland lebende Koreaner Byung-Chul Han (geboren 1959). Er stellt der «Vita activa» die «Vita contemplativa» gegenüber.

> *Die Untätigkeit bildet das Humanum; nur der Mensch ruht, macht Pause, kein Tier. Der Anteil am Tun macht dieses genuin menschlich. Ohne Momente des Zögerns oder des Innehaltens sinkt das Handeln zur blinden Aktion und Reaktion herab. [...] Nicht direkte Wege zum Ziel, sondern Abschweifungen, Ausschweifungen und Umwege bilden die Kultur.*

Das Vorbild dafür liefert Gott bereits in der Genesis-Erzählung. Nach getaner Schöpfungsarbeit ruht er.

Auch Jesus folgt dem «Mach mal Pause»-Prinzip. Immer wieder schiebt er heilsame Unterbrechungen ein, lässt sich nicht drängeln, lässt sich die Kontrolle über seinen Terminkalender nicht aus der Hand nehmen.

Und noch einen Stressblocker setzt Jesus ein. Er, der selbst perfekt ist, widersetzt sich dem Effizienzwahn. Es muss nicht jeden Menschen überzeugen, muss nicht aus jeder Situation das Maximum herausholen, toleriert die Schwächen seiner Anhänger, freut sich über gute Ansätze, macht keine 100-Prozent-Zielvorgaben.

Deutlich wird, dass die Übergänge zwischen physischen und psychischen Prozessen fließend sind. Der Geist steuert den Körper und wird von diesem wiederum beeinflusst. Sein und Bewusstsein stehen in wechselseitigem Austausch.

Der reine Geist ist eine Fiktion, aber eine notwendige. Wir brauchen solche Konstrukte und Begriffe, um unsere Gedanken zu formulieren und zu sortieren. Mit dieser einschränkenden Vorbemerkung kommen wir zur zweiten persönlichen Weisheitsdimension.

Geist

Mit dem Weisheitsgebrauch ist es wie mit einer «Survivor»-Fernsehshow. Wir kommen ohne jedes Mitspracherecht irgendwo, irgendwann zur Welt und müssen uns durchs Leben schlagen. Welche «Tiere» uns begegnen, welche «Unwetter» uns heimsuchen, welche «Krankheiten» wir bekommen, können wir nur sehr begrenzt kontrollieren. Und die gesellschaftlichen Rahmenbedingungen können wir uns erst recht nicht aussuchen.

Das wird mir fast jeden Tag bewusst, wenn ich in meinen Garten trete und die Vögel zwitschern höre. Vor zwei Jahrhunderten hätte ich Kanonendonner auf die Ohren gekriegt. Ich wohne nämlich südlich von Leipzig und damit auf den Ausläufern von einem der berühmtesten Schlachtfelder.

Wo ich heute zwischen Gräsern und Blümchen herumstreife, sind 1813 Soldaten über den Boden gekrochen. Eine halbe Million hat bei der «Völkerschlacht» gekämpft. Hunderttausend von ihnen haben das Gemetzel nicht überlebt. Gut, dass ich damals nicht dabei war.

Ich kann mich auch darüber freuen, dass ich achttausend Kilometer entfernt lebe von den Rohingya-Camps, wo Hunderttausende burmesische Flüchtlinge ein perspektivloses Leben fristen.

Mein eigener Anteil an meinem «Zeitvorsprung» bzw. an meinem «Standortvorteil» ist allerdings exakt – gleich null! Auch dafür, dass ich mit Anfang 50 immer noch ziemlich lebendig bin, kann ich nichts, ebenso wenig wie für meine glückliche Kindheit. Meine Gene und meine Erziehung habe ich mir nicht ausgesucht.

Unter Psychologen und Sozialwissenschaftlern ist umstritten, wie groß im Durchschnitt der bewusste Eigenanteil am Lebensgelingen ist. Wie stark können wir unsere Lebensdauer und unsere Lebensqualität durch eigene Entscheidungen bestimmen, wie stark sind wir fremdbestimmt? Fest steht: Weit mehr als die Umstände, in denen wir leben, können wir unsere Reaktion darauf bestimmen.

Es gibt eine weise Art, Hindernissen und anderen Herausforderungen zu begegnen. Dafür sollte man die folgenden sieben Geisteshaltungen kultivieren.

Dankbarkeit: Dass wir überhaupt leben, ist ein wunderbares Geschenk. Der Schriftsteller Julien Green schrieb sich ins Tagebuch:

> *Man muss Gott Tag für Tag danken, dass er einen geschaffen hat, denn er hätte es ebenso gut bleiben lassen können.*

Auch die österreichische Schauspielerin und Künstlermuse Lina Loos (1882–1950) ermutigt dazu, sich den Reichtum des schieren Daseins vor Augen zu führen:

> *Wenn ich tot bin, hinterlasse ich Güter von unermesslich großem Wert. Die Erde, Wälder und viele Wiesen! Den Frühling und den Winter im Gebirge! Das Meer! Die Sonne und die Gnade Gottes!*

Demut: Menschsein ist Begrenztsein. Wir werden die Spannung zwischen dem Höher-hinaus-Wollen und dem Auf-dem-Teppich-bleiben-Müssen nie auflösen. Deshalb schrieb Immanuel Kant in seiner «Anthropologie in pragmatischer Hinsicht»:

> *Zufriedenheit [ist] dem Menschen unerreichbar, weder in moralischer noch in pragmatischer Hinsicht. [...] Die Natur hat den Schmerz zum Stachel der Tätigkeit in ihn gelegt.*

Wir «haben nie fertig», wir kommen in diesem Leben nie ans Ziel. Vergessen kann man das Mantra des «Positiven Denkens»: «Ich bin okay, du bist okay.» Vielmehr gilt: Ich bin nicht okay, du bist nicht okay, und gemeinsam und mit Gottes Hilfe versuchen wir, das Bestmögliche daraus zu machen.

Gesunder Selbstwert zeigt sich in der Fähigkeit zum unsentimentalen Selbst-Mitgefühl, zum Akzeptieren der eigenen Unzulänglichkeiten. Da wir in keinem Lebensbereich die hundert Prozent erreichen werden, sollten wir uns auch nicht danach ausstrecken. Eher sollten wir uns bemühen, dem eigenen, singulären Talent-Set gerecht zu werden. In diese Richtung zielt das Mantra des Technologie-Journalisten Kevin Kelly (geboren 1952):

Versuch nicht, der Beste zu sein. Sei der Einzige.

Auch übermäßige Heiligungs-Anstrengungen führen eher in die spirituelle Erschöpfung als zu einem liebevollen Charakter. Wer bei sich selbst keine Gnade kennt, führt sich auch den Mitmenschen gegenüber unbarmherzig auf; und wer tatsächlich über sich hinauswächst, versteht oft andere nicht, die unter ihren Möglichkeiten bleiben.

Freiheit: Auf den ersten Blick passt dieser Begriff nicht in die Aufzählung. Schließlich ist Freiheit ein Zustand, keine Einstellung.

Oder doch?

Tatsächlich ist es auch eine Frage der persönlichen Einstellung, ob wir uns als selbst- oder fremdbestimmt wahrnehmen, als Herren oder Sklaven unseres Schicksals. Hirnforscher streiten darüber, ob Menschen einen freien Willen haben. Wenn man die Frage bejaht, ist immer noch nicht gesagt, ob darin eher ein Geschenk oder ein Fluch liegt. Schließlich sind es der Bibel zufolge *freie Entscheidungen,* die die Menschen erst aus dem Paradies und nach dem Tod in Teufels Küche bringen.

In Dostojewskis Roman «Die Brüder Karamasow» klagt der Große Inquisitor darüber, dass Gott den Menschen mit der Freiheit eine Last aufgebürdet hat, die sie nicht tragen können. Mit dieser Behauptung rechtfertigt der Inquisitor seine Verfolgungsmaßnahmen. Er erlöst die Menschen vom Fluch der Freiheit dadurch, dass er sie zum Gehorsam zwingt.

Damit macht Dostojewski die negativen Folgen deutlich, die sich einstellen, wenn man Freiheit negiert oder gar bekämpft. Das Ergebnis sind Duckmäusertum und kreativer Stillstand.

Die Glücksforschung bestätigt: Wer sich nicht frei fühlt, ist unkreativer, unglücklicher, unbarmherziger. Deshalb kommt es erstens darauf an, das eigene Freiheitspotenzial wahrzunehmen und zu nutzen. Und zweitens, dieses Potenzial nach Möglichkeit auszuweiten, Fesseln abzustreifen, sich von falschen Bindungen zu lösen.

Ordnungswille: Der weise Weg führt nicht ins Chaos. Freiheit ist nicht Selbstzweck, sondern funktional. Sie dient dem Leben, und das gute Leben hat Form und Konturen.

Diese Einsicht liegt dem Bestseller «12 Rules for Life: Ordnung und Struktur in einer chaotischen Welt» zugrunde. Der kanadische Psychologe Jordan Peterson (geboren 1962) ruft seine Leserinnen und Leser dazu auf, «sich zu Menschen zu entwickeln, auf die man sich verlassen kann – in den besten und schlimmsten Zeiten».

Seine Anleitungen dazu sind so schlicht wie nachvollziehbar: «Steh aufrecht»; «Befreunde dich mit Menschen, die dein Bestes wollen»; «Räum deine Wohnung auf, bevor du die Welt verändern willst»; «Lüge nicht»; «Sei präzise»; «Strebe nach Bedeutsamkeit, nicht nach Zweckmäßigkeit».

Was Peterson bei seinem Plädoyer für Ordnungsbewusstsein nicht im Sinn hat, ist Kadavergehorsam. Weil das Leben dynamisch verläuft, müssen menschgemachte Formen elastisch sein. In seinem Nachfolgebuch «Jenseits der Ordnung» betont Peterson deshalb das kreative Moment bei der Entwicklung neuer Strukturen und beim Leben innerhalb existierender Ordnungen.

Von der Notwendigkeit guter Ordnungen handelt das allererste Buch, das Augustinus nach seiner Bekehrung schrieb («Über die Ordnung»). Die Essenz des Buches fasste er in dem Satz zusammen:

Ordnung ist das Mittel, wodurch alles, was Gott in diese Welt gesetzt hat, getan wird.

In seinem letzten großen Werk, «Vom Gottesstaat», definierte Augustinus die menschliche Moral als «Ordnung der Liebe»:

Die Liebe, durch die man gut liebt, was zu lieben ist, muss in der richtigen Ordnung geliebt werden. […]. Man kann daher die Tugend nach meiner Ansicht kurz und gut definieren als die rechte Ordnung der Liebe.

Wenn es um die Liebe geht, sind allzu starre Vorgaben oft hinderlich. Deshalb war Jesus das religiöse Mikromanagement der Pharisäer zuwider.

Gute Beziehungen brauchen Verlässlichkeit, aber auch Spielraum für Spontaneität. Wer weise unterwegs ist, hat Karten im Gepäck – und einen Stift, um gegebenenfalls neue Straßen oder Absperrungen einzuzeichnen. Ordnungen sind wichtig – aber in dieser Welt immer «under construction».

Güte: Großzügige Menschen sind zufriedenere Menschen, Geizhälse dagegen innerlich klamm und äußerlich isoliert, vom himmlischen Lohn ganz zu schweigen. Durch die enge Pforte der Menschen- und Gottesliebe geht es nur mit weitem Herzen.

Jesus lehrt: Das lohnendste Investment ist – das in Andere.

Wenn es darum geht, sich seine Zukunft zu sichern, sind die Menschen dieser Welt klüger und geschickter als die Menschen, die im Licht Gottes leben. […] Macht euch Freunde mit dem Geld! Dann werdet ihr, wenn euch das Geld nichts mehr nützen kann, einen Platz im Himmel bekommen.

Lukas 16,8–9

Wer freundlich zu anderen ist, hilft sich selbst damit; der Unbarmherzige schneidet sich ins eigene Fleisch. Wer Gott missachtet, sammelt nur trügerischen Gewinn; wer Gott treu bleibt, erhält beständigen Lohn.

Sprüche 11,17–18

Optimismus: «Die Geburt der Weisheit aus dem Geist der Traurigkeit» – so könnte man, in Abwandlung eines Nietzsche-Buchtitels, die Entstehung vieler kluger Gedanken beschreiben. Am Anfang stehen Kopfkratzen, Stirnrunzeln, manchmal Tränen und Wutgeheul. Aber die Weisheit verharrt nicht in paralysierendem Pessimismus. Sie sucht nach einem Weg, der aus dem Tal hinausführt.

Wenn du die Weisheit gefunden hast, so gibt es Zukunft, und deine Hoffnung wird nicht vernichtet.

Sprüche 24,14

Natürlich ist Optimismus nicht immer angebracht – und manchmal sogar kontraproduktiv, wie in derselben biblischen Schrift nachzulesen ist.

Für einen Traurigen Lieder zu singen ist so unsinnig, als würde man im Winter den Mantel ausziehen oder Salz in eine Wunde streuen.

Sprüche 25,20

Es ist auch eine Typfrage, ob wir die Zukunft rosa oder grau sehen und wie wir mit Problemen umgehen. Was die einen umbringt, macht die anderen härter. Trotzdem ist das Pauschalurteil angebracht:

Menschen sind geborene Optimisten.

Das sieht man schon daran, dass sich die meisten Menschen wissenschaftlichen Studien zufolge jünger fühlen, als sie sind. Wer auf die 50 Jahre zugeht, kommt sich in der Regel vor, als wäre er oder sie erst 40.

Mit Ausnahme von Angstneurotikern unterschätzen Menschen überdies Alltagsrisiken und überschätzen ihre eigenen Langlebigkeits-Chancen.

Von seinem eigenen Optimismus verblüfft war der atheistische Philosoph Jean-Paul Sartre; verblüfft deshalb, weil er als Materialist eigentlich vom tödlichen Scheitern des menschlichen Lebens ausging. Paradoxerweise bekannte er sich aber zu einer inneren Haltung der Hoffnung. Ohne Hoffnung wäre schließlich alles Handeln sinnlos.

> *Die Hoffnung bedeutet, dass ich eine Handlung nicht unternehmen kann, ohne damit zu rechnen, dass ich sie auch realisieren werde. [...] Die Hoffnung ist eine Art Notwendigkeit.*
>
> Brüderlichkeit und Gewalt

Evolutionsbiologen halten diesen chronischen Optimismus für naturgegeben: Optimisten trauen sich mehr und bringen mit ihrer Waghalsigkeit die Gesellschaft voran. Wer sich als Glückspilz fühlt, ist aber tatsächlich oft auch erfolgreicher. Positive Illusionen geben Kraft und Durchhaltevermögen. Es ist nicht nur der blinde Zufall, der Gustav Gans gegenüber Donald Duck begünstigt, sondern seine Zuversichtlichkeit.

Das müssen sich manche Christen nach jahrhundertelanger selbstverordneter Trostlosigkeit hinter die Ohren schreiben.

Wer die Welt als Jammertal diffamiert, macht sie erst recht dazu.

Schuld daran, dass viele Christen vergangener Zeiten ihre Talente nicht ausreichend genutzt haben, ist das «Gaslighting» durch traurigkeitsfixierte Theologen. Der Begriff «Gaslighting» ist einem Theaterstück entlehnt, in dem sich ein Ehemann seine Frau durch permanente Abwertungsrhetorik gefügig macht.

Denselben Effekt hatte die negative Anthropologie, die manche Kirchenväter vertreten haben. Wer sich für wesenshaft schlecht hält, hat weniger Freude am Leben und verspürt weniger Unternehmungsgeist.

Gerade in Zeiten, in denen apokalyptische Weltvorhersagen wieder Konjunktur haben, ist Keep-Smiling bitternötig.

So viel zur Ertüchtigung von Körper und Geist.

Ob wir physisch und psychisch auf die richtige Bahn kommen, hängt auch von etwas ab, auf das wir nur begrenzten Einfluss haben:

Nämlich dem Kontext, in welchem wir uns vorwärtsbewegen.

Weisheit ist eine Mannschafts-Aktivität. Wir werden von anderen stimuliert – und beeinflussen wiederum andere. Die Welt, in der wir leben, können wir uns nicht aussuchen. Aber wir haben durchaus ein Mitspracherecht, wenn es um unsere nähere Umwelt geht.

Kontext: Zunächst geht es darum, wen wir *nicht* dabei haben sollen. Dazu gehören die im ersten Teil beschriebenen Toren, noch mehr aber die Bösen: Minusmenschen, die das Gute in uns und in anderen dezimieren; toxische Charaktere, die im dunklen Dreieck von Selbstbezogenheit, Machthunger und Grausamkeit operieren.

Ich füge zu den Toren und den Bösen noch eine weitere Gruppe von Personen hinzu. Sie können zwar oft nichts für die verbrannte Erde, die sie hinterlassen, sind aber trotzdem auf Distanz zu halten:

Schwere Neurotiker.

Spät, aber immerhin, kam auch der 53-jährige Schriftsteller Thornton Wilder zu dieser Erkenntnis. Er charakterisierte solche neurotischen Persönlichkeiten als «Feinde ihrer selbst». Über sie schrieb er in seinem Tagebuch:

Ich habe oft gesagt, dass die eine Gruppe von Menschen, die man nicht in seinem Leben unterbringen kann, die der Boshaften ist. Ich füge ihnen nun noch jene hinzu, die Feinde ihrer selbst sind. Letztere sind zu bemitleiden, aber sie sind schließlich klinische Fälle und sollten den Ärzten übergeben werden. Man denkt immer, man könne etwas für sie tun, aber ihre Beschäftigung mit sich selbst ist so intensiv, dass sie, so schillernd sie auch begabt sein mögen, nicht bauen, wärmen, lieben oder aus etwas Nutzen ziehen können.

Solche Vorbehalte können in Widerspruch zum christlichen Gebot der Nächstenliebe geraten. Wir sind schließlich aufgerufen, uns der «Schwachen» anzunehmen. Dafür ist aber eine realistische Selbsteinschätzung nötig. Wir müssen wissen, was wir uns zumuten können, ohne unsere eigene Integrität zu beeinträchtigen.

Mehr als alles, was man sonst bewahrt, behüte dein Herz! Denn in ihm entspringt die Quelle des Lebens. Lass weichen von dir die Falschheit des Mundes, und die Verdrehtheit der Lippen entferne von dir! Lass deine Augen geradeaus blicken und deine Blicke gerade vor dich gehen!

Sprüche 4,23–25, Elberfelder Übersetzung

Neben den Menschen, die unsere Herzen zu vergiften drohen, gibt es auch solche, die sie vertrocknen lassen:

Status-quo-Verliebte, deren Interesse nicht über die aktuellen «Breaking News» oder über die letzten Instagram-Posts hinausreichen; Langweiler, die eine *Schwall*mauer zwischen sich und anderen errichten, sie mit Banalitäten zutexten; Zeitfresser, die unsere gedanklichen Kapazitäten absorbieren, ohne sie je konstruktiv zu beanspruchen.

Solche Menschen können ganz nett sein, aber wir sollten nie zu viele davon in unseren engeren Freundeskreis aufnehmen. Diesen Entschluss fasste kurz nach seinem 29. Geburtstag Friedrich Schiller. An seinen Freund, den Leipziger Superintendenten-Sohn Christian Gottfried Körner, schrieb er:

Mittelmäßiger Umgang schadet mehr, als die schönste Gegend und die geschmackvollste Bildergalerie wieder gut machen können.

Der Nobelpreisträger und DNA-Entdecker James Watson (1928–2007) gab seinen Memoiren sogar den appellativen Titel «Meide langweilige Leute». Zu seinen Lebenslektionen gehörte die Erfahrung:

> *Der Geist einer Führungspersönlichkeit muss ständig neu konfiguriert werden, indem sie sich neuen Handlungs- und Denkmustern aussetzt. Wenn Sie die gleichen Zeitungen und Zeitschriften lesen wie alle anderen um Sie herum, werden Sie wahrscheinlich kein interessanter Gast beim Abendessen sein, geschweige denn Ihr Bewusstsein verändern.*

Watson spielt auf den Medienkonsum an. Wir werden immer mehr von Fernsehsendungen, Radioprogrammen, Podcasts und Internet-Inhalten informiert und stimuliert. Der Großteil der angebotenen Inhalte ist leichtverdaulicher Clickbait-Schrott (also: Inhalte, die uns zum Anklicken verlocken, ohne uns inhaltlich weiterzubringen).

Die beste Mediennutzungshygiene-Maßnahme besteht darin, den Konsum drastisch zu reduzieren, lieber Bücher zu lesen, Diskussionsveranstaltungen zu besuchen, spannende Leute zu treffen.

Aber die schöne neue Medienwelt hat natürlich auch ihre Vorzüge: Sie bietet einen wachsenden Schatz von Weisheits-Ressourcen. Jeder von uns hat die Möglichkeit, sich aus dem World Wide Web ein *World Wise Web* zu spinnen. Wir müssen nur konsequent die Plattformen anklicken, die uns geistig wachsen lassen, statt uns mental einzufrieren oder gar herunterzuziehen.

Noch besser ist es natürlich, wenn man weise Menschen in seiner nächsten Umgebung hat: Mentoren, Ratgeber, kluge Freunde.

Wir sind, mit wem wir zusammen sind, und wir wachsen in die Richtung, die andere uns vorleben.

«I Get by With A Little Help from My Friends», «You'll Never Walk Alone», «That's What Friends Are For»: Unzählige Popsongs beschwören den Zauber des Zusammenseins.

Dass es mit Mehreren besser ist als allein, ist so trivial wie korrekt. Die menschliche Spezies ist aufs Miteinander hin geschaffen. «Sometimes You Can't Make It on Your Own», heißt es in einem U2–Song, der zu meinen Lieblingstracks gehört.

Ich erhebe deshalb nur zaghaft Einspruch:

Statt «sometimes» müsste es «always» heißen.

Man kann es nie ganz alleine schaffen.

Da helfen alle Unabhängigkeits-Mantras und Self-Empowerment-Deklarationen nichts. Deshalb sind wir vor die Frage gestellt: Wie kommen wir mit Menschen in Beziehung, die auf uns einen positiven Push-and-Pull-Effekt haben, die uns durch ihren Elan antreiben und uns mit ihrer Kompetenz anziehen?

Nicht aussuchen können wir uns unsere wichtigsten Mit-Menschen, unsere Väter, Mütter und Geschwister. Ich frage mich oft, wie sich Arthur Schopenhauer und Friedrich Nietzsche entwickelt hätten, wenn ihnen ihre Väter länger erhalten geblieben wären.

Der Erzeuger von Schopenhauer schenkte ihm zwar fromme Bücher, unter anderem von Matthias Claudius. Er verstörte den jungen Arthur aber dadurch, dass er sich von seiner narzisstischen Frau herumschubsen ließ und aufgrund von Depressionen schließlich Selbstmord beging. Kein Wunder, dass der geniale Sohn eine pessimistische Sicht der Dinge entwickelt.

Nietzsches Vater wiederum wurde vom preußischen König persönlich zum Pfarrer ernannt. Mit großem Tatendurst und voller pietistischer Frömmigkeit trat er seine erste Stelle an, nur um schon nach wenigen Jahren an einer Hirnkrankheit zu sterben. Der kleine Fritz wuchs folglich in einem Frauenhaushalt auf, war kränklich und zartbesaitet, seine spätere Macho-Attitüde ein klassischer Fall von Überkompensation.

Später suchte er sich auch noch die falschen Mentoren. Nietzsches Vorbilder – erst Schopenhauer, dann Richard Wagner – enttäuschten ihn. Mit anderen Denk-Idolen hätte sein Leben einen anderen Verlauf genommen.

Anders als unsere Eltern können wir uns unsere geistigen Ziehpersonen halbwegs frei aussuchen. Wir müssen sie allerdings erst finden.

Ich kenne viele Menschen, die über den Mangel an weisen Mentoren klagen, manchmal bis ins eigene hohe Alter hinein.

Mir selbst spricht ein Brief des Schweizer Pastors Johann Lavater aus dem Jahr 1785 aus der Seele. Er war damals 43 Jahre alt, war mit seinen Predigten und Büchern zu hohem Ansehen gelangt, fühlte sich aber spirituell ausgelaugt. Ein neues Zeitalter dämmerte herauf, die Französische Revolution warf bereits ihre Schatten voraus, doch die Kirchenfunktionäre gruben ihre Füße noch tiefer in den Boden. Von einem prophetischen Gespür für die bevorstehenden Entwicklungen war keine Spur. Lavater schüttete in einem Brief an Friedrich Jacobi sein Herz aus:

> *Welch ein negatives Jahrzehnt ist's! Welche Heere negativer Menschen – alle rauben, niemand will geben – alles zerstört, niemand will bauen. Man lacht über alles, und weint über nichts mehr! […] Es müssen reinere, weisere, gottnähere Menschen sein, als wir sind. Uns fehlt sowohl die nie [ihr Ziel ver]fehlende, ruhig schauende, überzeugungsreiche, himmelfeste Weisheit als auch die reine, unegoistische Liebe und die naturbezwingende Kraft, ohne welche Dinge der Mensch kaum halber Mensch, ohne welche der beste Mensch oft wie ein Tor, wie ein Tier oder wie ein Satan handelt: Es muss Menschen geben, königliche, priesterliche, prophetische Seelen – Christen, die das haben, was wir nicht haben, und zu haben wünschen, was uns des Morgens beim Erwachen und des Abends beim Einschlafen fehlt – und dessen Mangel uns in schlaflosen Nächten mit glühenden Peitschen quält. Solche Menschen müssen zu uns kommen, uns in ihre Schule nehmen, uns «Mittel zum Mittel» werden.*

Lavaters «I Need A Wisdom Hero»-Aufschrei wurde erhört. Allerdings fand der Pfarrer nicht den *einen* Weisen. Er fand sich stattdessen zusammen mit mehreren gleichgesinnten *Weisheitssuchern.* Zusammen spannen sie am Ende des 18. Jahrhunderts ein Netzwerk von Christen, die sich gegenseitig zu geistigen «Höherleistungen» motivierten.

Neben dem Brieffreund Jacobi gehörten dazu der Dichter-Journalist Matthias Claudius, der Dichter-Arzt Heinrich Jung-Stilling, der Philosoph Johann Georg Hamann, der Priester Johann Michael Sailer und die Fürstin Amalie von Gallitzin. Sie trafen sich nur selten persönlich, einige von ihnen sahen sich überhaupt nie von Angesicht zu Angesicht. Dafür standen sie in regem Briefkontakt.

Es war eine bunte Truppe, auch theologisch gesehen. Zwei der Freunde waren Lutheraner, zwei von ihnen Katholiken, zwei gehörten zur Reformierten Kirche. Vergleichbar mit dem Weimarer Genie-Cluster um Goethe, Schiller und Herder und dem Jenaer Romantiker-Zirkel um Novalis, Tieck und die Schlegel-Brüder, bildeten sie in turbulenten Zeiten ein Kraftfeld, das in den gesamten deutschsprachigen Raum ausstrahlte.

Ein geborener Networker war auch C. S. Lewis. Seine klare apologetische Kante führt manche seiner Leser zu der Fehlannahme, er habe sich in einem dezidiert frommen Milieu aufgehalten. Aber davon kann bei dem überkonfessionell ausgerichteten Anglikaner keine Rede sein. Einen christlichen Hauskreis hat er nie besucht. Dafür liebte er das Gespräch mit Nonkonformisten, die alle Schablonen sprengten.

Zu ihnen gehörten vor allem der mythenverliebte Katholik J. R. R. Tolkien, der christliche Esoteriker Charles Williams, der Anthroposoph Owen Barfield und die freigeistige Pastorentochter Dorothy Sayers. Zu evangelikalen Pfarrern hatte Lewis hingegen kaum Kontakt. Vielleicht ist er bei ihnen gerade deshalb bis heute so beliebt:

Weil seine Gedanken dank der schrägen Freunde so originell sind.

Ganz offensichtlich wirkt auch im zwischenmenschlichen Bereich das Prinzip der zusammenfallenden Gegensätze, des «Coincidentia Oppositorum».

Gegensätze stacheln sich an.

Sie sollten aber in eine ähnliche Richtung zielen.

Sonst blockieren sie sich gegenseitig.

Damit zusammenkommt, was eigentlich nicht zusammengehört, sich aber trotzdem gut ergänzt, ist Energie nötig. Sie kommt einerseits von innen: als menschlicher Impuls, der sich nach produktiver Reibung sehnt. Sie kommt aber andererseits auch von außen: als gesellschaftlicher Druck, der die Richtigen zusammenschweißt.

Der amerikanische Medienwissenschaftler Gal Beckerman hat ein Buch über die Genese von geistigen Revolutionen geschrieben. Er ist überzeugt davon, dass gesellschaftliche Veränderung zuhause anfängt: in privaten Räumen, in denen sich Vordenker treffen, die im Mainstream keinen Platz finden. Hier können sie in Ruhe darüber reden, wie sie einen sozialen Sturm entfachen können.

Passenderweise heißt das Buch auch «The Quiet Before» («Die Ruhe davor»). Beckerman ist überzeugt:

> *Nur so kann ein echter Wandel bewerkstelligt werden. Wer sich solchen geschlossenen Gruppen anschließt, dessen Identität wird dabei auf grundlegende Weise verändert. […] Private, intensive, intime Gruppengespräche finden gerade dann statt, wenn Menschen von den gängigen Diskussionsforen herausgedrängt werden. Weil diese Gruppen fühlen, dass sie in den bisherigen Kontexten nicht genug Freiheit zum Denken und Reden haben, schaffen sie sich ihre eigenen Räume.*

Natürlich gibt es auch genug Dunkeldenker und Ewiggestrige, die sich zuhause verschanzen und den radikalen Umsturz planen. Von ihnen ist hier nicht die Rede, sondern von Weisen, die sich dem Wohl der Allgemeinheit verpflichtet fühlen. In der Regel kann man die Adressen solcher Inkubations-Orte nicht im Internet finden. Man muss sich in der Regel auf Mund-zu-Mund-Informationen verlassen. Oder man gründet selbst eine Weisheits-Manufaktur und lädt andere dazu ein.

Bis dahin kann man sich mit Gespenstern umgeben, Kontakt zu den

Geistern der Vergangenheit aufnehmen. Ich will damit natürlich nicht anregen, irgendwelche Séancen abzuhalten. Mir schwebt vielmehr der Besuch von Büchereien, Museen oder Programmkinos vor.

Die «Geister», die ich rufen will, sind die Weisen aus dem Gesternland, die größtenteils verstorbenen Großdenker und Großdenkerinnen früherer Zeiten. Ich denke aber auch an Filmemacher und Musikkomponisten.

Ich bin von der Fülle des zur Verfügung stehenden Inputs oft überwältigt. In den letzten Monaten bin ich immer wieder an den gefühlt endlosen Regalreihen in der Leipziger Universitätsbibliothek vorbeigegangen. Ich kam mir vor wie Onkel Dagobert in seinem Dukatenspeicher: «Hineinspringen und sich wohlfühlen!»

Die Anhäufung von Weisheit ist keine Sisyphos-Operation. Der Stein, den die vorherigen Generationen nach oben gewälzt haben, kullert nicht immer wieder auf Anfang zurück.

Wir können ihn gipfelwärts weiter rollen.

Anders als bei seinen engen Freunden braucht man bei der Zusammenstellung seines literarischen und künstlerischen Bekanntenkreises nicht so wählerisch zu sein. Hier ist Beziehungs-Promiskuität sogar von Vorteil. Bei Büchern, Filmen, Platten, bildender Kunst dürfen wir uns breit aufstellen, um schließlich unseren eigenen Weg zu finden. Einen objektiven Kanon der weisesten Werke gibt es nicht.

Einige wichtige philosophische Texte erwähne ich in diesem Buch. Das riesige lyrische Erbe, das uns gratis vermacht ist, streife ich nur ansatzweise. Ich selbst bin auf meinem geistigen Weg vor allem von Erzählungen und Romanen geprägt worden. Besonders weitergebracht haben mich diese 50 (in alphabetischer Reihenfolge):

Honoré de Balzac: Verlorene Illusionen / Georg Büchner: Lenz / Heinrich Böll: Doktor Murkes gesammeltes Schweigen / Michael Bulgakow: Der Meister und Margarita / Italo Calvino: Der Tag eines Wahlhelfers / Albert Camus: Die Pest / Miguel de Cervantes: Don Quixote / Charles

Dickens: David Copperfield / Alfred Döblin: Berlin Alexanderplatz / Fjodor Dostojewski: Schuld und Sühne, Der Idiot, Die Dämonen, Die Brüder Karamasow / Joseph von Eichendorff: Aus dem Leben eines Taugenichts / George Eliot: Middlemarch / Shusaku Endo: Schweigen / William Faulkner: Licht im August / F. Scott Fitzgerald: Der große Gatsby / Gustave Flaubert: Madame Bovary / Theodor Fontane: Der Stechlin / Max Frisch: Stiller / William Golding: Der Herr der Fliegen / Julien Green: Moira / Nathanael Hawthorne: Der scharlachrote Buchstabe / Michel Houellebecq: Unterwerfung / Victor Hugo: Die Elenden / Aldous Huxley: Schöne neue Welt / Joris-Karl Huysmans: Unterwegs / Kazuo Ishiguro: Alles, was wir geben mussten / Franz Kafka: Das Schloss / Milan Kundera: Die unerträgliche Leichtigkeit des Seins / Selma Lagerlöf: Gösta Berling / C. S. Lewis: Der König von Narnia / Thomas Mann: Der Zauberberg / Herman Melville: Moby-Dick / Karl Philipp Moritz: Anton Reiser / Robert Musil: Der Mann ohne Eigenschaften / George Orwell: 1984 / Bolewsław Prus: Die Puppe / Marilynne Robinson: Gilead-Tetralogie (Gilead, Home, Lila, Jack) / Joseph Roth: Hiob / John Steinbeck: Jenseits von Eden / J. R. R. Tolkien: Der Herr der Ringe / Leo Tolstoi: Krieg und Frieden, Anna Karenina / Evelyn Waugh: Wiedersehen mit Brideshead / Franz Werfel: Die 40 Tage des Musa Dagh / Oscar Wilde: Das Bildnis des Dorian Gray / Stefan Zweig: Ungeduld des Herzens.

Wortlos belehren kann uns bildende Kunst. Bevor es Fotografien und Filme gab, haben sich die Menschen manchmal stundenlang von Bildern und Skulpturen verzaubern lassen. Das kann auch heute noch so sein.

Intellektuell höchst lohnend sind konzentrierte Blicke auf Werke von Banksy, Blake, Bosch, Chagall, Dalí, Dix, Dürer, El Greco, Friedrich, Goya, Grosz, Hooper, Kahlo, Manet, Magritte, Michelangelo, Munch, Picasso, Rembrandt, Tizian, van Gogh, Velázquez – um nur einige zu nennen. Lieber zehn Minuten tête-à-tète mit Leonardo da Vinci als zehn Stunden Binge-Watching der neuesten Netflix-Staffel.

Bildbetrachtungen sind natürlich insofern anstrengender, als unsere Gehirne sehr viel mehr Interpretationsarbeit leisten müssen.

Der ideale Mittelweg zwischen Gemälden und TV-Endlos-Serien sind geistig anspruchsvolle und gleichzeitig unterhaltsame Filme. Für mich als Ex-Filmstudenten sind sie eine ganz besondere Passion. Es treibt mich manchmal zur Verzweiflung, wie wenig bekannt manche Meisterwerke sind.

Als Einstiegshilfe empfiehlt sich die alle zehn Jahre erneuerte Liste der Fachzeitschrift «Sight and Sound». Die international renommiertesten Filmkritiker küren hier die 100 besten Filme aller Zeiten, zuletzt 2022. Zu den Regisseuren, deren Filme darin am häufigsten vorkommen, gehören Charlie Chaplin und Akira Kurosawa.

Beide überzeugen nicht nur durch ihre filmische Gestaltungskraft, sondern durch ihr humanistisches Ethos. Stummfilmkomödien wie «Goldrausch», «Lichter der Großstadt» und «Moderne Zeiten» machen – mit Ausnahme der wenigen groß eingeblendeten, alles erklärenden und verbindenden Zwischentitel – die Zuschauer zu besseren Menschen.

Das Gleiche gilt für nahezu sämtliche Filme von Kurosawa; mein Geheimtipp ist sein Spätwerk «Rotbart». Bis auf den methodistischen Hauptdarsteller Toshirō Mifune (dem übrigens größten Star der japanischen Kinogeschichte) enthält der Film kaum explizit christliche Elemente. Ich kenne aber kein anderes Kinowerk, in dem das Jesus-Ethos der Nächstenliebe so kraftvoll zum Ausdruck gebracht wird.

Der Film spielt im 19. Jahrhundert und in der Landklinik eines so idealistischen wie kauzigen Mediziners. In die Lehre dieses «Rotbarts» wird ein junger Doktor geschickt, der eigentlich ein Luxus-Leben als Aristokraten-Leibarzt anstrebt. Beim Rotbart wartet eine völlig andere Klientel auf ihn: Missbrauchte, Zwangsprostituierte, Traumatisierte, Bitterarme, Sterbende.

Anfangs wehrt sich der Jungspund gegen die Zumutung. Die intensive Begegnung mit den «Erniedrigten und Beleidigten» (der Film ist vom gleichnamigen Dostojewski-Roman inspiriert) führt zu einem

Umdenken. Er lernt die Lektion, die Rotbart ihm erteilt: «Hinter den meisten Krankheiten steckt eine große menschliche Tragödie.» Am Ende pfeift der angehende Beauty Doc auf seine Karriere und weiht sein Leben der Fürsorge. Der Film dauert drei Stunden und bietet einen Crashkurs in empathischer Menschenkunde.

Mich persönlich interessieren besonders Filme, deren Handlungen am vertikal-horizontalen Überlappungspunkt angesiedelt sind, an der Schnittstelle von Denken, Glauben und Lieben – wie bei den folgenden oft unterschätzten Filmen mit Religionsbezug:

Harald Brauns «Nachtwache» / Frank Capras «Ist das Leben nicht schön?» / Kon Ichikawas «Der Tempel zur goldenen Halle» / Jerzy Kawalerowiczs «Mutter Johanna von den Engeln» / Curzio Malapartes «Der verbotene Christus» / Gabriel Axels «Babettes Fest» / Paul Schraders «First Reformed» / Martin Scorseses «Schweigen» / Andrei Tarkowskis «Andrej Rubeljow» / William Wylers «Ben Hur».

Bekennende Christen sind im Filmgeschäft die Ausnahme, sieben von ihnen zählen aber zu den bedeutendsten überhaupt. Bei jedem von ihnen lohnt sich eigentlich eine komplette Werkschau. Ich habe jeweils einige Filme ausgewählt, die das «Ich-Gott-Wir»-Spannungsverhältnis behandeln.

Carl Theodor Dreyer (1889–1968): Lebensthema des Dänen war die Erhabenheit und Abgründigkeit des Glaubens. – Unbedingt anschauen: Die Passion der Johanna von Orleans, Tag des Zorns, Ordet – Das Wort (für viele Kritiker der «beste religiöse Film aller Zeiten»).

John Ford (1894–1973): Der irischstämmige Amerikaner beschrieb sich selbst mit den tiefstaplerischen Worten: «Ich mache Western.» Darunter, sowie unter seinen übrigen Filmen, befinden sich einige der größten Meisterwerke der Filmgeschichte. Es geht oft um Verlorenheit, Erlösung, Charakterfestigkeit, die Rehabilitierung von Außenseitern, die Entlarvung frömmlerischer Heuchelei. – Heiße Tipps: Ringo, Früchte des Zorns, So grün war mein Tal, Spuren im Sand, Befehl des Gewissens, Der schwarze Falke, Der Mann, der Liberty Valance erschoss, Sieben Frauen.

Robert Bresson (1901–99): Bei den Filmen des französischen Katholiken geht es mehr um die Sehnsucht nach Erlösung als um deren Realisierung. Wenn die Gnade Gottes durchbricht, ist die Wirkung aber umso intensiver. – Das Hohelied der Liebe, Die Damen vom Bois de Boulogne, Tagebuch eines Landpfarrers, Zum Beispiel Balthasar, Lancelot – Ritter der Königin.

Ingmar Bergman (1918–2007): Der schwedische Pastorensohn fand erst spät (und von der Öffentlichkeit unbemerkt) zurück zum Glauben an Gott. Die Gründe dafür zeigt der Film «Die besten Absichten», die Geschichte von Bergmans Eltern, zu dem er selbst das Drehbuch verfasste. Das Ringen um Glauben und die Verzweiflung über dessen Verlust stehen im Mittelpunkt seiner stärksten Regie-Arbeiten. – Das siebente Siegel, Wilde Erdbeeren, Die Jungfrauenquelle, Wie in einem Spiegel, Licht im Winter, Das Schweigen, Schreie und Flüstern.

Éric Rohmer (1920–2010): Um Gott geht es in den Filmen des überzeugten Christen nur am Rande, dafür immer um die Beziehungen zwischen Männern und Frauen. Es ist der milde, feinsinnige, herzliche Blick auf die Menschen, der Rohmers Partnerschaftskomödien so bezaubernd macht. Hinter den weltklugen Dialogen verbirgt sich eine tiefe spirituelle Sensibilität. – Meine Nacht bei Maud, Die Liebe am Nachmittag, Die Frau des Fliegers, Die schöne Hochzeit, Das grüne Leuchten, Herbstgeschichte.

Terrence Malick (geboren 1943): Die eher impressionistisch als narrativ angelegten Filme des Amerikaners erlebt man mehr, als dass man sie versteht. Wenn man sich darauf einlässt, ist die Wirkung stark und vor allem schön. In Malicks Spätwerk rücken Glaubensfragen immer stärker in den Vordergrund. – In der Glut des Südens, The New World (Die neue Welt), The Tree of Life, Ein verborgenes Leben.

Wim Wenders (geboren 1945): Der Düsseldorfer ist der «Homo viator» der Cineastik. Fast alle seine Filme spielen irgendwie unterwegs.

Seine Protagonisten sind Suchende und Staunende, kleben dabei mit den Augen aber nicht am Horizont und am Himmel. Sie interessieren sich für ihre Mitmenschen. Wenders seziert seine Charaktere nicht, dafür sympathisiert er zu sehr mit ihnen. Seine christliche Menschenfreundlichkeit kommt besonders stark in seinen Dokumentarfilmen zum Ausdruck. – Der scharlachrote Buchstabe, Alice in den Städten, Paris, Texas, Der Himmel über Berlin, In weiter Ferne, so nah!, Pina, Das Salz der Erde, Papst Franziskus, Perfect Days.

Einen klangmalerischen Zugang zur Weisheit eröffnet die Musik. In Stimmungen, die spannende Denkprozesse auslösen, versetzen uns etwa Symphonien von Beethoven, Liszt, Mendelssohn, Schumann, Tschaikowski, Mahler, Ives, um nur einen winzigen Ausschnitt aus dem reichhaltigen Klassik-Angebot zu erwähnen.

An erster Stelle zu nennen ist der vielleicht bedeutendste Musiker und Komponist aller Zeiten, Johann Sebastian Bach. Seine Produktivität war so enorm, dass man immer neue Klangjuwelen darunter finden kann. Besonders wirksam bei der Gemütsaufhellung sind Bachs Kantaten. Mit 40 Jahren komponierte er die Musik zu einem Gedicht des Schriftstellers Christian Friedrich Hunold.

Wenn es damals schon «Sommerhits» gegeben hätte, wäre «Ich bin in mir vergnügt» ein heißer Anwärter gewesen.

Anfang: Ich bin in mir vergnügt,
Ein andrer mache Grillen,
Er wird doch nicht damit
Den Sack noch Magen füllen.
[…]
Göttliche Vergnügsamkeit,
Du, du machst die Armen reich
Und dieselben Fürsten gleich,
Meine Brust bleibt dir geweiht.

Aber auch Jazz-Werke und Rock-Alben können uns auf die richtige Weisheitsspur lenken.

In einer 2020 veröffentlichten Liste der «500 besten Alben aller Zeiten» setzte die Redaktion des Rolling-Stone-Magazins die Scheibe «What's Going on» auf Platz 1. Marvin Gaye, Sohn eines Pfingstkirchen-Pastors, singt darauf über Krieg, Umweltverschmutzung, Drogensucht, Kriminalität und den Verlust des sozialen Zusammenhalts. Trotz der harten Themen atmet die 1971 veröffentlichte Platte Hoffnung. Das liegt nicht nur am warm-souligen Sound. Der seelische Anker der neun Songs findet sich genau in der Mitte, im Lobpreis des fünften Titels «God is Love».

Gott ist mein Freund, Jesus ist mein Freund.
Er hat diese Welt für uns gemacht, damit wir darin leben.
Und gab uns alles.
Und alles, was er von uns verlangt
Ist, dass wir uns gegenseitig Liebe geben.
[…]
Er liebt uns, ob wir es wissen oder nicht.
Und er vergibt all unsere Sünden.

Ich finde die Tatsache, dass im Zentrum des «besten Popmusik-Albums aller Zeiten» ein derart glasklares Glaubensbekenntnis aufleuchtet, äußerst symbolkräftig.

Ansonsten sind Christen – wie in allen Bereichen der zeitgenössischen Kultur – eher spärlich vertreten. Aber ähnlich wie bei den Top-Regisseuren wirkt sich Spiritualität offenbar qualitätsfördernd aus. Dafür sprechen unter anderem die Namen Johnny Cash, Nick Cave, Aretha Franklin, U2, Van Morrison und Bob Dylan. Der Kritiker-Liebling und Literatur-Nobelpreisträger bekannte Ende 2022 in einem Wall-Street-Journal-Interview:

Ich bin ein religiöser Mensch. Ich lese viel in der Heiligen Schrift, meditiere und bete, zünde in der Kirche Kerzen an. Ich glaube an Verdammnis und Erlösung sowie an Prädestination. [Ich lese] die fünf Bücher Mose, die Paulusbriefe.

Das Dylan-Zitat verweist bereits auf die abschließenden zwei Kapitel dieses Buches. Darin wird es auch um die Kommunikation mit dem Allmächtigen gehen.

Als «Denken, aber feuriger» hat der Dichter Jean Paul das Beten definiert. Auch für Dostojewski war es eine für die Persönlichkeitsbildung unerlässliche Praxis.

Der Mensch muss weich werden im Gebet!

Der wichtigste Umgang, den Menschen pflegen können, ist der Umgang mit Gott. Dabei will Gott unsere Aufmerksamkeit nicht absorbieren, sondern sie heiligen und zurückverweisen auf die Welt. Wir sollen die Menschen um uns liebevoll betrachten, die gesellschaftlichen Rahmenbedingungen hingegen konstruktiv-kritisch.

Die christliche Ergänzung zum Mode-Zustand *Achtsamkeit* ist die *Wachsamkeit*. Sie bewertet das Erlebte an den auf Dauerhaftigkeit ausgerichteten Maßstäben Gottes. Damit ist keine verzagte Hypervigilanz gemeint. Wer sich von Gott gehalten weiß, wie Bach in seiner Vergnügtheits-Kantate, kann die Schönheit der Welt genießen.

Wir brauchen aber auch ein Bewusstsein für Verführbarkeit und Vergänglichkeit. Und für unsere ultimative Destination.

Die weiseste Art, durchs Leben zu gehen, ist beides:

Achtsam und wachsam.

Ich tendiere zu einem kombinierenden Mindset.

Es beinhaltet beide Arten der Gegenwarts-Betrachtung:

«Wachtsamkeit».

2.
Land: Moral, aber real

Die edelste Nation ist die Resignation.

Johann Nestroy

Gegen Ende der Weimarer Republik beschrieb Erich Kästner (1899–1974) ein Kind unserer Zeit. Denn obwohl der Roman in den zwanziger Jahren spielt, ist er genauso aktuell wie damals.

In seinem Roman «Fabian» zeichnet Kästner das Porträt eines verpeilten Moralisten. Die guten Absichten des Titelhelden verläppern sich in einer Welt, in der nur der gefühlskalte Egoist nach vorne kommt. Gegen Ende des Romans wächst Fabians Unruhe. Es muss doch eine Gelegenheit geben, sich positiv bemerkbar zu machen …

> *Er konnte nicht mehr danebenstehen wie das Kind beim Dreck. Er konnte noch nicht helfen und zupacken, denn wo sollte er zupacken und mit wem sollte er sich verbünden? Er wollte in die Stille zu Besuch und der Zeit vom Gebirge her zuhören, bis er den Startschuss vernahm, der ihm galt und denen, die ihm glichen.*

Der Aufruf zur ethischen Selbstverwirklichung kommt schneller als erwartet. Fabian beobachtet, wie ein kleiner Junge beim Balancieren übers Brückengeländer ausrutscht und in den Fluss fällt. Fabian fackelt nicht lange und springt hinterher. Damit besiegelt er sein eigenes Schicksal. Erich Kästner schenkt ihm noch drei unsentimentale Sätze, dann ist die Geschichte fertig.

Der kleine Junge schwamm heulend ans Ufer. Fabian ertrank. Er konnte leider nicht schwimmen.

Ich sehe darin Parallelen zu aktuellen deutschen Weltrettungsphantasien. Nachdem wir die Pole-Position in den Bereichen Bildung, Technik und Wirtschaft verloren haben, wollen wir wenigstens beim Klimawandel-Stopp vorne sein.

Ich fürchte, wir übernehmen uns.

Insgesamt sehe ich unser Land auf keinem sonderlich erfolgversprechenden Weg in die Zukunft.

Dass ich mich überhaupt über Deutschland auslasse, bedarf hier gewiss einer Erklärung.

Sind Nationalstaaten nicht veraltet? Reicht es nicht, wenn auf kommunaler Ebene über den Bau von Straßen, Krankenhäusern und Schulen entschieden wird, und den Rest regeln EU, NATO, UN?

Vor ein paar Jahrzehnten war diese Illusion unter Intellektuellen verbreitet; jetzt kenne ich kaum noch jemanden, der die Nation kurz- und mittelfristig abschreiben will. Als Organisationseinheit der politischen Willensbildung und Interessensgestaltung ist sie bis auf Weiteres unersetzbar. Das Erzgebirge oder das Ruhrgebiet sind nicht stark genug, um auf Augenhöhe mit China zu verhandeln, und die Funktionäre in Brüssel nicht nah genug an uns dran.

Also Deutschland.

Auch wenn es etwas von der Rolle scheint.

Damit steht es aber nicht alleine da. Die meisten westlichen Nationen schwächeln und kommen mit dem Tempo des Fortschritts nicht so richtig mit.

Wer zu spät kommt, den bestraft das Leben.

Wer zu schwach auftritt, ist schon gestraft.

Stärke ist das Produkt aus Masse und Geschwindigkeit. Dabei ist Masse nicht gleichbedeutend mit Größe. Singapur ist klein, aber in puncto Stärke oho.

Es kommt auch auf die innere Dichte an. Im übertragenen Sinne: auf die geballte soziale und politische Energie. Die «Geschwindigkeit» einer Gesellschaft zeigt sich in dem Tempo, in welchem Patente entwickelt und genehmigt, gesellschaftliche Reformen durchgezogen, Korrekturen von Fehlentwicklungen vorgenommen werden.

Für Deutschland gilt leider:

Wir verlieren an Gewicht.

Und wir büßen an Schnelligkeit ein.

Unsere Bevölkerung schrumpft, wir werden kleiner; unter anderem wegen Überalterung und aufgrund des «Brain Drain» unter Top-Forschern nimmt unsere kreative Energie ab. Der Abfluss von Talent, Intelligenz und Verstand macht sich bemerkbar.

Und die wichtigen Reformen?

Werden nur im Schneckentempo durchgezogen.

Die Leistungsbereitschaft sinkt ebenfalls. Die Abi-Leistungen werden schwächer, die Noten (dank tieferer Hürden) besser. In den Betrieben und Behörden hat die Anzahl der Krankschreibungen in diesem Jahr einen neuen Höchststand erreicht.

So sehen keine Sieger aus.

Deutschland *schlafft* sich ab.

Ent-Powerment statt Em-Powerment.

Besserung ist keine in Sicht. Die großen Renteneintrittswellen kommen erst noch. Und in den Startlöchern steht nicht die Generation Daimler oder Siemens, sondern die Generation Fabian.

Der Zusammenhang von Stärke und Einfluss wird in der aktuellen Klimaschutzdebatte oft übersehen. Wer durch radikale Energiewende den Wirtschaftsstandort Deutschland schwächt, untergräbt genau das Fundament, auf dem unser Einfluss in der Welt beruht.

Seit ich in Asien gelebt habe, weiß ich, dass Deutschland etwas unglaublich Wertvolles zu verlieren hat. Den wichtigsten Standardvorteil überhaupt:

Seinen Ruf.

«Made in Germany» steht nach wie vor für Exzellenz.

Aber nicht mehr lange, wenn die PISA-Ergebnisse immer schlechter werden, Züge chronisch verspätet sind, an jedem Wochenende irgendein Flughafen bestreikt oder eine Autobahn von Klimaklebern blockiert wird.

Gleichzeitig bietet Deutschland zu wenige Anreize für Sonderbegabungen, ihr Potenzial voll auszuschöpfen.

Vom Netflix-Gründer Reed Hastings (geboren 1960) kann man lernen, was den Erfolg innovativer Unternehmen ausmacht. In seinem 2020 veröffentlichten Ratgeber-Buch «Keine Regeln» empfiehlt er ein dreistufiges Verfahren: erstens Low-Performer loswerden, zweitens Top-Leute einstellen und sie dann drittens durch Belohnungen und minimale Kontrolle zu Höchstleistungen anstacheln.

Den Bossen unter seinen Lesern rät Hastings:

> *Steigere die Talentdichte. In den meisten Unternehmen werden Richtlinien und Kontrollverfahren eingeführt, um mit Mitarbeitern umzugehen, die ein schlampiges, unprofessionelles oder unverantwortliches Verhalten an den Tag legen. Aber wenn Sie diese Leute gar nicht erst einstellen oder aussortieren, brauchen Sie diese Regeln nicht. Wenn Sie eine Organisation aufbauen, die aus Leistungsträgern besteht, können Sie die meisten Kontrollen abschaffen. Je dichter die Talente sind, desto größer ist die Freiheit, die Sie bieten können.*

Ich weiß: Deutschland ist (zum Glück) kein Dax-Unternehmen. Der Staat ist nicht nur für die High Potentials da. Aber wir sollten uns darüber im Klaren sein, dass der gnadenlose Talent-Wettbewerb nicht nur im Fußballgeschäft stattfindet. Mit Millionensummen ködern die Saudis und Silicon Valley auch Wissenschaftler und Entrepreneure. Es ist leicht einzusehen, dass uns eine allzu ambitionierte Energiewende-Politik teuer zu stehen kommen wird.

Wenn Deutschland sich im Vergleich zu den Klimawandel-Hauptverursachern übernimmt, führt das nur dazu, dass diese mit den eingesparten Kosten bei uns auf Einkaufstour gehen, sich Talente und Firmen unter den Nagel reißen.

Mir kommt dabei nicht nur Fabian in den Sinn, sondern auch Baby Schimmerlos. Der eitle Klatschreporter aus der 1986er-Fernsehserie «Kir Royal» bildet sich viel auf seine Unabhängigkeit ein. Schon in der ersten Folge stutzt ihn der prollige Klebefabrikant Heinrich Haffenloher aufs realistische Maß zurück. Mit der Drohung «Ich scheiß' dich zu mit meinem Geld» verlangt Haffenloher einen PR-Artikel über sich selbst. Schimmerlos grummelt, aber kuscht. Gier gewinnt gegen moralisches Pathos.

Und auch die deutsche Bevölkerung wird spätestens dann eine Revision teurer Umweltmaßnahmen fordern, wenn spürbar Wohlstandsverluste eintreten. Wenn es dann nur nicht zu spät ist.

Ich bestreite nicht die Notwendigkeit der energiepolitischen Transformation – sie sollte sich nur am Machbaren statt am Wünschenswerten orientieren. Wirtschaftspolitischer Selbstmord aus Angst vor dem Klimatod ist keine Option.

Das Aufbegehren jugendlicher Klimaschützer mag sympathisch sein; zielführend sind deren Vorschläge in der Regel nicht.

Jeder beurteilt dasjenige richtig, was er kennt, und ist darin ein guter Richter. […] Darum ist ein junger Mensch kein geeigneter Hörer für die politischen Wissenschaften.

Aristoteles, Nikomachische Ethik

Als ich eine radikale Klima-Aktivistin hingewiesen habe auf die Arbeitsplatzverluste, die eine Umsetzung ihrer Forderungen bedeuten würde, antwortete sie achselzuckend: «Mit dem dauernden Wirtschaftswachstum muss eh Schluss sein.» Sie setzte auf De-Industrialisierung und Re-Naturierung.

Netter Wunsch. Nur ist ökonomischer Stillstand oder gar Rückbau schwierig, wenn von hinten ein paar Milliarden Menschen schieben. Während wir das Wirtschaftswunder hinter uns haben, fangen andere gerade erst an, davon zu träumen. Und auch wir sind geradezu verdammt zur wirtschaftlichen Potenzsteigerung. Der soziale Frieden hängt davon ab, dass es genug zum Verteilen gibt. Ansonsten droht politischer Unfriede, Radikalisierung, der ganze Mist, den unsere Großeltern schon mal hatten.

Und wohin das führte, wissen wir. Brrr …

Wie verhindern wir aber wirtschaftliche Stagnation, kreative Sterilität, institutionelle Sklerose? Wie stoppen wir Niedergang, erhöhen die politische Handlungsfähigkeit, stärken den gesellschaftlichen Zusammenhalt? Die üblichen Vorschläge kennen wir: Mehr Geld in Bildung und Forschung, für Polizei und zivilgesellschaftliche Initiativen, so weit, so blabla.

Ich spare mir konkrete Forderungen, die ohnehin schnell von der Tagesaktualität überholt werden. Stattdessen empfehle ich zehn allgemeine Schritte auf dem Weg zu einem immer lebenswerteren Land.

1. Selbst-Relativierung

Wir dürfen uns nicht für wichtiger halten, als wir sind: nämlich global gesehen immer weniger wichtig.

Zusätzlich zu den vier Kränkungen, die ich im vorausgegangenen Kapitel genannt habe, erleben wir gerade eine weitere Demütigung: die Herabstufung von einer führenden Nation zu einem Platz im oberen Mittelfeld. Tendenz fallend.

Mit allen anderen EU-Nationen müssen wir uns von einer Illusion verabschieden: dass das europäische Abendland die zivilisationshistorische Endstation der Weltgeschichte ist. Auch unsere kulturelle Hegemonie wird sich in den kommenden Jahrzehnten als bloße Zwischenetappe erweisen. Das tut weh. Am deutschen Wesen wird die Welt nicht nur nicht genesen, sie interessiert sich nicht einmal sonderlich dafür.

Vor fast 300 Jahren, als ein zersplittertes Deutschland noch weit von der Weltspitze entfernt war, schwante dem Pfarrer Johann Gottfried Herder bereits, dass auf den Aufstieg irgendwann der Niedergang folgen würde. In der Provinz des niedersächsischen Bückeburg schrieb Herder das Buch «Auch eine Philosophie der Geschichte zur Bildung der Menschheit». Darin dämmerte dem 30-Jährigen der Backlash Asiens und Afrikas.

> *Je mehr wir Europäer Mittel und Werkzeuge erfinden, auch andere Weltteile zu unterjochen, zu betrügen und zu plündern – vielleicht ist's einst eben an euch, zu triumphieren! Wir schlagen Ketten an, womit ihr uns ziehen werdet.*

Nun ist es passiert. Verkatert von unserer Wohlstandsparty wachen wir am Strand der Weltgeschichte auf und registrieren verblüfft, dass die anderen ihre Handtücher auf die besten Liegen gelegt haben. Weggegangen, Platz vergangen.

Das 19. Jahrhundert war das europäische.

Das 20. Jahrhundert das amerikanisch-europäische.

Nun kommt eben das asiatische.

Da hilft kein Meckern.

Da hilft nur *machen.*

Ums Wohl der Welt sollen wir uns trotz unseres Bedeutungsverlustes kümmern. Aber im Rahmen unserer relativ geringen Möglichkeiten. In der Welt haben wir ungefähr die Bedeutung, die ein vergleichsweise kleines Land wie die Schweiz in Europa hat. Wenn die Eidgenossen trotzdem den einen oder anderen Trend setzen, dann nicht als Zugmaschine, sondern als Vorbild.

Gefragt ist kein überspannter Idealismus, sondern ein moralischer Realismus oder Pragmatismus. Wir werden im Alleingang weder das Klima retten, noch den Missbrauch der Künstlichen Intelligenz verhindern können. Wir können andere Länder höchstens dazu motivieren, sich an uns zu orientieren. Vorausgesetzt, unser Modell funktioniert.

2. Werte-Schätzung

Wer das, was schön war, vergisst, wird böse.

Erich Kästner

Gekränkte Nationen sind gefährlich, wie wir allzu gut aus unserer Geschichte wissen. Deshalb sollten wir uns bei allen relativen Einbußen ins Gedächtnis rufen, wie viel Deutschland erreicht hat und wie gut es uns immer noch geht.

Wir dürfen die Errungenschaften der Jahre nach 1945 und 1989 nicht geringschätzen: die welthistorisch einmalig hohe Lebensqualität, aber auch die Fortschritte bei der Verwirklichung von Werten wie Freiheit, Gleichheit, Mitmenschlichkeit.

Einen entscheidenden Anteil daran haben die Institutionen, die auf den Trümmern der zwei Weltkriege und des Kalten Kriegs errichtet wurden. Auch wenn erheblicher Reformbedarf besteht, sollten wir sie wertschätzen. «Verteidige Institutionen!» lautet deshalb einer der zwanzig Lehrsätze, die der Historiker Timothy Snyder in seinem Buch «Über Tyrannei – Zwanzig Lektionen für den Widerstand» zusammengetragen hat.

3. Mangel-Gestaltung

Um mehr zu bekommen, müssen wir zuerst wieder lernen, mit weniger klarzukommen.

Am Anfang jedes Erfolgs steht nämlich immer ein Mangel. Dass es uns in den letzten Jahrzehnten insgesamt zu gut ging, hat uns allzu träge gemacht. Wir sind Opfer des Gewinner-Fluchs.

Bekanntlich ist für jeden Hitparaden-Stürmer die zweite Platte die schwerste. Sportlern geht es nicht anders. Nach jeder Fußball-WM strebt der Gewinner die Titelverteidigung an. Geklappt hat es in fast 100 Jahren nur einmal.

Das liegt nicht nur am größeren Druck, sondern an einem Botenstoff-Mangel. Nach einem Erfolg kriegen wir von unserem Gehirn beim zweiten Anlauf eine geringer dosierte Motivations-Spritze. Wir sind dann einfach nicht mehr so siegeshungrig wie beim ersten Mal. Da helfen auch alle Ärmel-Hochkrempel-Appelle nichts. Die Botschaft «Quäl dich!» hört der Sportler wohl, allein, es fehlt das Dopamin.

Was für Künstler und Athleten gilt, trifft auf die ganze Gesellschaft zu. Je mehr Erfolg, desto weniger Einsatzfreude und Risikobereitschaft. Die US-Psychiaterin Anna Lembke diagnostiziert in ihrem Buch «Die Dopamin-Nation» westliche Industrieländer als tendenziell dopamin-unterversorgt.

> *Die Menschen, die ultimativen Suchenden, haben zu gut auf die Herausforderung reagiert, Annehmlichkeiten zu suchen und Schmerz zu vermeiden. Infolgedessen haben wir die Welt von einem Ort der Knappheit in einen Ort des überwältigenden Überflusses verwandelt. Unsere Gehirne sind nicht für diese Welt des Überflusses geschaffen. […] Der Nettoeffekt ist, dass wir jetzt mehr Belohnung brauchen, um Freude zu empfinden, und weniger Verletzung, um Schmerz zu fühlen.*

Erfolgs-Entzug ist heilsam, zumindest, wenn er nicht zu lange anhält. Wir sollten globalen Wirtschaftswettbewerbern wie China dankbar sein. Sie halten uns davon ab, es uns in der Hängematte bequem zu machen.

4. Realitäts-Verteidigung

Viele Menschen haben genug von Durchhalteparolen wie «Tschakka», «You can do it», «Wir schaffen das» – tausendmal gehört, tausendmal ist zu wenig passiert. Oft scheitern gutgemeinte Absichten an der

Wirklichkeit. Wer vorher nicht richtig durchgerechnet hat, zahlt nachher kräftig drauf.

Das Prinzip Hoffnung hat in der Politik nichts zu suchen. Je folgenschwerer eine politische Maßnahme ist, desto sicherer muss die Faktengrundlage sein.

Ich bin nur semi-überzeugt vom Wahlkampfslogan, mit dem die CDU 1957 ihr bestes Ergebnis überhaupt erzielte: «Keine Experimente.» Natürlich brauchen wir Experimente. Aber da, wo sie hingehören: in die Labore.

Mich stört an den gesellschaftlichen Umwälzungen, die derzeit unter den Überschriften «Gendern», «Gleichstellung», «Sexuelle Selbstbestimmung» und «Anti-Diskriminierung» durchgepeitscht werden, wie wenig evidenzbasiert sie sind. Lebensmittel und Medikamente werden vor ihrer Marktzulassung besser getestet als manches «Transition»-Verfahren für geschlechtsidentitäts-verunsicherte Teenager.

Weit entfernt von der Wirklichkeit ist der Furor, mit dem die Erwerbsbiografien von Männern und Frauen möglichst weit angeglichen werden sollen. Dabei zeigt die Erfahrung der letzten Jahrzehnte, dass die Job-Interessen von Frauen und Männern in besonders gleichberechtigten Gesellschaften eher weiter auseinanderdriften. Allen Beschwörungen eines Phantom-Patriarchats zum Trotz fühlen sich die meisten Frauen in Deutschland laut Umfragen weder diskriminiert noch benachteiligt; das bestätigt der Soziologe Martin Schröder (geboren 1981) in seinem Buch «Wann sind Frauen wirklich zufrieden?».

Es ist […] für Ihre Lebenszufriedenheit fast vollkommen egal, ob Sie als Mann oder Frau auf die Welt kommen. […] Frauen finden ihr Leben meist gar nicht schlecht, zumindest nicht schlechter als die Männer. […] Frauen wollen nicht dasselbe wie Männer, also bekommen sie auch etwas Anderes. Und das erklärt ihr unterschiedliches Leben viel mehr als jedwede Benachteiligung.

Eher willkürlich als realitätsbezogen ist auch die einseitige Förderung von Partikularinteressen. Der Einsatz für die Rechte von ethnischen und sexuellen Minderheiten ist zu begrüßen, aber nicht, wenn dabei die Anliegen anderer Bevölkerungsgruppen aus dem Blickfeld geraten. Es steckt keine böse Absicht dahinter, dass an Unis, in den Medien oder auf Theaterbühnen urban-progressive Milieus bevorzugt behandelt werden. Unser Umfeld bestimmt unser Blickfeld. Diesen natürlichen Verzerrungsmechanismen muss deshalb aber bewusst entgegengesteuert werden.

Realitätsverzerrend ist ferner die Fokussierung auf einzelne Mode-Werte. Genauso wie vor 40 Jahren die Forderung nach atomarer Abrüstung in manchen Kreisen Absolutheitsanspruch hatte, so wollen Klima-Aktivisten die Emissionsreduzierung allen anderen Herausforderungen überordnen, nach dem Motto: Vor uns die Sintflut, alles andere ist egal.

Der Philosoph Carl Schmitt (1888–1985), der zeitweise selbst der völkischen Nazi-Monomanie verfallen war, schrieb 1960 in seinem Essay «Die Tyrannei der Werte»:

> *Jeder Wert hat – wenn er einmal Macht gewonnen hat über eine Person – die Tendenz, sich zum alleinigen Tyrannen des ganzen menschlichen Ethos aufzuwerfen, und zwar auf Kosten anderer Werte, auch solcher, die ihm nicht diametral entgegengesetzt sind.*

«Never change a winning dream» – mit diesem Motto fährt man ganz gut, solange die Kassenlage es zulässt und der Leidensdruck der Bevölkerungsmehrheit sich in Grenzen hält. Dieser Punkt ist mittlerweile überschritten.

Künftig sollte gelten: Wer etwas im großen Stil ändern will – ob Gesetze, Sprachregelungen, Geldmittelzuwendung –, muss den überwiegenden Nutzen akribisch nachweisen.

Betroffenheitsgefühle reichen jedenfalls nicht aus.

5. Struktur-Veränderung

Es ist schon ein paar Jahre her, dass der damalige Bundespräsident Roman Herzog (1934–2017) seine berühmte «Berliner Rede» hielt.

Am 26. April 1997 forderte er: «Durch Deutschland muss ein Ruck gehen.» Mit anderen Worten habe ich diesen Appell inzwischen schon unzählige Male gehört. Seitdem wurde viel geschoben und gezerrt.

Aber der kollektive selbstbestimmte Ruck ist ausgeblieben.

Es ist auch nicht so einfach. Je größer ein Land und je komplexer eine Gesellschaft ist, desto schwieriger wird es, die einzelnen Interessen zu koordinieren. Dafür braucht es effektive Institutionen und funktionierende Interessensvertretungen. In Deutschland hapert es an beidem.

Das ist nicht weiter verwunderlich. Unsere gesellschaftliche Ordnung ist eine Nachkriegsordnung. Nach einem Dreivierteljahrhundert sind Abnutzungserscheinungen ganz normal, Reformen notwendig. Dabei blockieren sich aber wichtige Interessensgruppen gegenseitig, oft aus jeweils nachvollziehbaren Gründen. Statt neue Energie zu produzieren, erzeugen sie Reibungsverluste. Die Reform von wichtigen Institutionen wird oft von deren eigenen Mitarbeitern hintertrieben. Keiner stellt schließlich gerne die eigene berufliche Existenz zur Disposition.

Die Klage über änderungsunwillige Apparatschiks ist alt. Schon Dostojewski klagte in seinen Schriften andauernd über tumbe Bürokraten. In seine Kritik schloss er aber auch Unternehmer ein, die nur auf Gelderwerb statt Qualitätsverbesserung aus waren.

- *Der Staat wurde für die Mittelmäßigen geschaffen.*
- *Was gewaltig wirkt, das sind die Ämter. Die sind das stärkste Zugmittel.*
- *Der Mangel an Originalität hat überall in der ganzen Welt von den Urzeiten her immer als die vorzüglichste Eigenschaft und beste Empfehlung eines tüchtigen Geschäftsmannes und Praktikers gegolten.*

- *Eine gewisse Stumpfheit des Geistes bildet ja eine notwendige Eigenschaft – wenn nicht eines jeden praktisch tätigen Mannes, so doch wenigstens eines jeden, der ernstlich auf Gelderwerb bedacht ist.*

In der Tragödie «Philoktet», über die ich in Teil 2, Kapitel 4 geschrieben habe, bringt Herakles die unterschiedlichen Interessen per Göttерspruch unter einen Hut. Ein solcher «Deus ex Machina» ist in der bundesdeutschen Politik-Arena nicht zu erwarten. Es kommt deshalb auf Politiker an, die die Kunst des gemeinsamen Wollens beherrschen.

6. Führungs-Verstärkung

Leider müssen wir in Deutschland seit langem sehr mäßige Staatsmänner ertragen. Schuld ist der beamtenhafte Geist in der Politik, der gerade in Krisen versagt.

Das Zitat klingt wie heutzutage übliche Politiker-Schelte.

Tatsächlich steht es in einem Artikel der «Frankfurter Zeitung» vom 13. August 1923. Es ging um den siebten Regierungschef, den die Weimarer Republik innerhalb von nur viereinhalb Jahren verschlissen hatte. Anschließend kam Gustav Stresemann (1878–1929), der zwar nur kurz Reichskanzler war, dafür aber bis zu seinem Tod anno 1929 Außenminister. Als einer der fähigsten Politiker der 20er Jahre wurde er sogar mit dem Friedensnobelpreis ausgezeichnet. Nach seinem Tod – und dem Börsencrash kurz darauf – ging es mit Deutschland steil bergab.

Gute Führungskräfte, schlechte Führungskräfte – in ruhigen Zeiten ist der Unterschied zumindest nicht so augenfällig, in Umbruchzeiten aber definitiv verheerend.

Die momentan vielbeschworene Führungskrise ist vor allem eine Vertrauenskrise. Wir vertrauen Menschen, von denen wir einerseits wissen, dass sie kompetent sind, und bei denen wir andererseits Grund zur Annahme haben, dass sie es gut mit uns meinen. Dieses Vertrauen verliert Umfragen zufolge ein immer größerer Teil der Bevölkerung. Und das nicht nur im Hinblick auf Politiker. Auch Wissenschaftler, Kirchenfunktionäre, Medienkoryphäen haben massiv an Glaubwürdigkeit verloren.

Immer schwerer fällt es den gesellschaftlichen Hauptakteuren, Lösungen für eine doppelte Herausforderung zu finden: die äußere Schlagkraft zu erhöhen und gleichzeitig die innere Bindungskraft zu verstärken.

Glaubt man dem «Kliodynamiker» Peter Turchin (siehe Teil 3, Kapitel 4), kommt es bei Spitzenpolitikern in Krisenepochen vor allem auf eine Fähigkeit an: den Interessensausgleich zwischen potenziell abgehobenen Eliten und der abgehängten Bevölkerungsmehrheit herzustellen, die Kluft zwischen den progressiv-kosmopolitischen «Anywheres» und den lokal verwurzelten «Somewheres» zu schließen. Wichtige Qualifikationen sind dabei Charisma, Kommunikationstalent, Einfühlungsvermögen.

Vom politischen Führungspersonal muss man keinen Nationalstolz verlangen. Was erwartet werden kann, ist eine tiefe Zuneigung zum Land und zu seinen Leuten. Gerade diese Volksnähe war es, die Dostojewski immer wieder von den Meinungsführern seiner Zeit einforderte:

- *In der abstrakten Liebe zur Menschheit liebt man fast immer nur sich selbst.*
- *Wenn ein Mensch wirklich talentiert ist, so hat er das Bestreben, aus der verwitterten oberen Gesellschaftsschicht zum Volk zurückzukehren.*
- *Wir dürfen alles von den einfachen Leuten erwarten. Sie werden uns die besten Menschen geben.*

Die historische Erfahrung lässt freilich Schlimmes befürchten. Oft sind es Scharlatane, die in die Bresche zwischen Ober- und Unterschicht springen.

Die positive Alternative dazu beschreibt der konservative US-Politikwissenschaftler Patrick Deneen (geboren 1964) in seinem Buch «Regime Change» («Regime-Wechsel»).

«Aristopopulismus» nennt er ein politisches Szenario, in dem sich die «Edlen» mit den «Einfachen» verbünden, hochbegabte Idealisten sich in den Dienst des Volkes stellen. Als Edlen-*Dienst-am-Volk* steht der «Aristopopulismus» damit in Gegensatz zur Edlen-*Herr*schaft, der «Aristokratie».

Diesen frommen Wunsch hatte hundert Jahre zuvor auch schon der deutsche Soziologe Eugen Rosenstock-Huessy (1888–1973). Als Jude geboren, ließ er sich mit 17 Jahren evangelisch taufen. Als Professor bemühte er sich um den Austausch zwischen Arbeitern und jungen Sprösslingen der deutschen High Society. Aus den Gruppen, die er ins Leben rief, ging die NS-Widerstandsgruppe Kreisauer Kreis hervor. Er selbst wanderte in die USA aus.

Kurz vor seinem Tod verfasste er die Lebensbilanz «Ich bin ein unreiner Denker». Darin betonte er eine Erkenntnis, die ihn der Niedergang der Weimarer Republik gelehrt hatte: Auf das Führungspersonal kommt es an. Dass solche erfahrenen Leitungsfiguren zur Verfügung stehen, ist keine Glückssache. Sie müssen rechtzeitig herangebildet werden.

Eine gesunde Gesellschaft benötigt drei verschiedene Funktionsgruppen: Kinder und Erwachsene sowie Älteste. Kinder stehen für das Wachstum; sie sind vertrauensvoll, spielerisch und phantasievoll, kreativ – ihnen entspricht der Typ des Künstlers. Erwachsene stehen für die berufliche Tätigkeit; sie arbeiten, produzieren, kämpfen, schützen, organisieren, wirtschaften; sie werden am ausdrucksstärksten verkörpert durch den Kämpfer. Aber ohne Älteste bzw. Priester, die das Geheimnis des Überlebens verkörpern, ist die Gruppe verloren. Wer nur harte Geschäftsleute und kreative Kindsköpfe hervorbringt, gefährdet das Überleben der Gruppe. Deshalb ist kein Preis zu hoch für die Erziehung von Menschen, die führen, lehren und vermitteln können, und dementsprechend drehte sich die Erziehungsliteratur in der Vergangenheit immer um die Erziehung von Fürsten und Priestern und Richtern.

Eine zukunftsfähige Gesellschaft bemüht sich, ihre «Edelsten» in die Parlamente zu schicken – und sie vorher entsprechend auszubilden. Weit mehr als um den Zustand der Fußball-Nationalmannschaft sollten wir uns folglich um die Besetzung von Regierungen, Ausschüssen und Expertengruppen sorgen.

7. Kreativitäts-Ausbau

Bei aller Sorge um die Zukunft unserer Nation: mit nationalistischer Kleingeistigkeit werden wir unsere Erfolgschancen nicht verbessern.

Wir dürfen nicht vergessen: Die Germanen würden womöglich heute noch in Wäldern hausen, wenn die Römer und Griechen nicht gewesen wären; und die hatten ihr Knowhow von Persern, die wiederum von Mesopotamiern und Indern gelernt hatten.

Ohne internationalen Input und ausländische Fachkräfte wird es nicht vorwärtsgehen.

Der israelische Wirtschaftswissenschaftler Oded Galor (geboren 1953) hat zwei besonders wichtige Wachstumsvoraussetzungen identifiziert:

Erstens: Diversität.

Monokultur macht steril und produziert immer das Gleiche. Teams mit einer hohen Bandbreite von Talenten und Ansichten lassen mehr kreative Funken sprühen.

Zweitens: Kooperation.

Wer konfliktfreier und selbstverständlicher zusammenarbeitet, arbeitet besser zusammen. Wenn Menschen ähnlich ticken, entsteht Synchronie. Dann weiß man intuitiv, was der Andere tun wird, muss nicht auf der Hut vor Überraschungen sein.

Synchronie macht das Miteinanderleben leichter.

Beides klingt logisch, beißt sich aber auch. Diversität und Kooperation sind ein ungleiches Geschwisterpaar. Unterschiede machen die Zusammenarbeit zwar kreativ fruchtbarer, aber eben auch kräftezehrender.

Deshalb kommt es auf die richtige Balance an. Belegschaften und Bevölkerungen brauchen den Charme des Anderen und Neuen, aber eben auch Vertrauen und Verlässlichkeit.

Das müssen einerseits diejenigen einsehen, die am liebsten unter sich bleiben würden, aber damit den Anschluss an die internationale Fortschrittsdynamik riskieren.

Diversität um jeden Preis ist allerdings genauso fatal, weil es die Prozesse verkompliziert und den Dialog erschwert.

Der richtige Mix erfordert Klugheit bei der Rekrutierung von Fachkräften, Augenmaß bei der Steuerung von Zuwanderung, Zurückhaltung bei der Aufstellung von Diversitäts-Quoten. Erzwungene Vielfalt führt erst recht zur Grüppchenbildung.

8. Ego-Reduktion

Eine Stadt, die als ganze aufrecht steht, nützt ihren Bürgern mehr als eine, deren Wohlergehen nur auf dem jedes Einzelnen beruht, die in ihrer Gesamtheit aber scheitert …

… so sprach der athenische Staatsmann Perikles (500–429 v. Chr.), wenn man der Überlieferung von Thukydides in seinem «Peloponnesischen Krieg» glauben darf. Seine warnenden Worte fanden kein Gehör. Den Athenern stieg dieselbe Hybris zu Kopf, die vor ihnen die Perser die Vormacht gekostet hatte. Lachender Dritter waren die rückständigen, aber untereinander einigen Spartaner.

Spätestens seit der US-Historiker Christopher Lasch (1932–1994) das Menetekel einer «Culture of Narcissism», einer «Kultur des Narzissmus» (1979), heraufbeschworen hatte, ist die grassierende Ich-Sucht als Problem erkannt.

- *Wir verlangen zu viel vom Leben, zu wenig von uns selbst.*
- *Das heutige Klima ist therapeutisch, nicht religiös. Die Menschen hungern heute nicht nach persönlicher Erlösung, geschweige denn nach der Wiederherstellung eines früheren goldenen Zeitalters, sondern nach dem Gefühl, der momentanen Illusion von persönlichem Wohlbefinden, Gesundheit und psychischer Sicherheit.*
- *Für den Augenblick zu leben ist die vorherrschende Leidenschaft – für sich selbst zu leben, nicht für seine Vorfahren oder die Nachwelt.*

Seitdem werden die Mahnungen immer schriller, seit der Verbreitung von Smartphones und der sozialen Medien sowieso. Ändern tut sich nichts. Man braucht nur durch die Fernsehprogramme zu zappen, dann weiß man, wo man dran ist:

Eigenpromotion und Wichtigtuerei, wohin man schaut.

Selbstverwirklichung kommt vor Gemeinschaftsförderung, das Ich vor dem Wir. Bewundert wird, wer für sich am meisten aus dem System herausholt, nicht, wer am meisten einzahlt.

Wo ein starkes «Wir» fehlt, entstehen neben individualistischen auch tribalistische Fehlentwicklungen. Die Gesellschaft zerfällt in kleine Interessens-Einheiten, die den eigenen Gruppenzusammenhalt fördern, indem sie sich immer stärker voneinander abgrenzen. Dann ist die Zeit gekommen, in der John Gottmans «vier apokalyptische Reiter der Beziehungskrise» lospreschen: Kritik und Verachtung einerseits, Sturheit und Abblocken andererseits.

Bei aller berechtigen Kritik aneinander: Wir müssen lernen, die Menschen zu nehmen, wie sie sind – nämlich sehr unterschiedlich. Den einen sind Freiheitswerte wichtiger, den anderen Bindungswerte; die eine Person will einen fürsorglichen Staat, die andere bevorzugt das freie Spiel der Marktkräfte; der einen Person ist nichts heilig, die andere fühlt sich dadurch zutiefst verletzt. Umso wichtiger ist es, die eigene Haltung nicht zu verabsolutieren – und der Gegenseite zuzuhören. Das fällt denen am schwersten, die stark ideologisch oder fundamentalistisch-religiös geprägt sind.

Dabei ist gerade in der Krise ein starkes Wir nötig. Besonders weil die Gefahr einer Jeder-gegen-jeden-Selbstzerfleischung so groß ist.

Mir kommt dabei der Film «RoboCop» (1987) in den Sinn.

Der Regisseur Paul Verhoeven (geboren 1938) hatte als junger Mann eine christliche Freikirche besucht. Es war ein kurzes Intermezzo geblieben. In vielen seiner Filme macht er keinen Hehl aus seiner materialistischen Weltsicht, insbesondere im dystopischen «RoboCop».

Er beschreibt darin eine nahe Zukunft, in der ein Unternehmen zur Verbrechensbekämpfung Polizei-Roboter herstellt. Als ein neuer Prototyp vorgestellt wird, läuft die Maschine Amok. Sie bedroht einen Konzernmitarbeiter mit der Vernichtung. Statt ihn zu beschützen, schubsen seine Kollegen den Pechvogel unbarmherzig in die Schusslinie. Er wird von Kugeln durchsiebt, die Kollegen atmen auf. Hauptsache, die eigene Haut gerettet.

Eine derart mitleidlose Zukunft möchte niemand.

Deshalb kommt es jetzt darauf an, die Weichen von Fragmentierung wieder in Richtung Synchronie zu stellen. Wer angesichts der aktuellen Herausforderungen die Bürger zu neuen Höchstleistungen anstacheln will, kann nicht auf die Energien verzichten, die eine gesunde Heimatliebe freisetzt.

Vom Nationalismus unterscheidet sich der Patriotismus dadurch, dass die «Liebe zu den Seinen» und nicht der «Hass auf die Anderen» im Vordergrund steht, so der französische Schriftsteller Romain Gary (1914–1980).

Auf Nation und Nachbarschaft kommt es also an.

Auf die Familie aber noch mehr.

In einer Ego-Gesellschaft sind die sogenannten «schwachen Bindungen» die wichtigsten. Solche lockeren Freundschaften bzw. Bekanntschaften kann man mit bis zu 150 Personen pflegen (darüber hinaus wird es zumindest mit dem Namen-Merken schwierig). Bei schwachen Bindungen geht es vor allem um Nützlichkeit. Wer nervt oder langweilt, kann folgenfrei gemieden, gelöscht, geblockt werden.

Schwache Bindungen helfen uns wenig, wenn wir nach einem Dachschaden plötzlich fünfzigtausend Euro für die Reparatur brauchen oder hunderttausend Euro für eine lebensrettende Spezial-Therapie. Solche Situationen können schneller eintreten, als wir glauben.

Bei allen Vorbehalten gegenüber den teilweise verheerenden sozialen Zuständen in Indien: Viele Menschen werden bei einem Jobverlust von der Familie aufgefangen. Freunde von mir waren in der Corona-Krise über ein Jahr lang ohne Arbeit. Sie hielten sich über Wasser, indem sie zurück in ihre Heimatdörfer zogen und sich von Verwandten Geld liehen. Schämen mussten sie sich dafür nicht.

Es ist nicht lange her, da wurde Deutschland von seinen Nachbarn gerade für seine intakten Familienbande bewundert. Mit Interesse habe ich in den Deutschland-Impressionen der französischen Schriftstellerin Anne-Germaine de Stael (1766–1817) gelesen, was sie über die deutschen Ehen zu schreiben hatte. Sie war um die Jahrhundertwende östlich des Rheins unterwegs gewesen. Dabei stellte sie anerkennend fest:

Die Liebe ist in Deutschland eine weit ernsthaftere Leidenschaft als in Frankreich. […] In Deutschland gibt es in der Ehe beinahe gar keine Ungleichheit zwischen den beiden Geschlechtern.

Nach heutigen Maßstäben hätte die weitgereiste Französin sicher anders geurteilt. Völlig gleichberechtigte Ehen waren in patriarchalischen Zeiten selten. Insgesamt ist die Geschichte der deutschen Familie jedoch eine Erfolgsgeschichte. Die kulturfördernden Synergie-Effekte wiegen weit positiver als die Reibungsverluste.

Nach zeitgenössischen Quellen zu urteilen, waren die damaligen Ehen nicht unglücklicher als die heutigen Liebesbeziehungen. Das lag sicher auch an den niedrigeren Erwartungen, ändert aber nichts an dem Befund: Die monogame Ehe mit Kindern ist ein Gewinnermodell. Ob alternative Familienmodelle und Lebensformen denselben allgemeinen Nutzen bringen, muss sich erst noch herausstellen.

Ich habe da meine Zweifel.

9. Religions-Rehabilitierung

Ende 2021 gab es in der Geschichte des kirchlichen Mitgliederschwunds eine neue triste Zäsur. Die Anzahl der Gläubigen sackte in Deutschland unter 50 Prozent. Im Kernland des ehemaligen «Heiligen Römischen Reichs» und der Reformation ist die Mehrheit nichtchristlich.

Das ist keine gute Nachricht für *alle* Deutschen, egal welcher religiösen oder nichtreligiösen Überzeugung sie sind.

Obwohl ich oft mit der Kirche hadere, insbesondere mit «meiner» evangelischen (und vor allem mit deren Führungsgremien), weiß ich um den prinzipiellen Wert. Für mich sind die Kirchtürme so etwas wie Felsen in der Brandung. In der Geschichte haben sie ihre gesellschaftliche Bedeutung immer wieder unter Beweis gestellt.

Für schlüssig halte ich die Thesen, die Joseph Henrich (geboren 1968) in seinem Buch «Die seltsamsten Menschen der Welt» aufgestellt hat. Darin charakterisiert der kanadische Anthropologe die westlichen Nationen als «weird» (englisch für «seltsam»), nämlich «w» für «westlich», «e» für «entwickelt», «i» für «industrialisiert», «r» für reich, «d» für «demokratisch». Dass es mit dem Westen so weit kommen konnte, liegt für Henrich ganz entscheidend am Christentum. Die Stärkung kirchlicher Strukturen einerseits und die Förderung monogamer Familienverhältnisse andererseits hätten das Stammesdenken zurückgedrängt, die Kooperationsbereitschaft gefördert, das verfügbare Testosteron vom Einander-Bekriegen aufs Miteinander-etwas-Entwickeln umkanalisiert. Henrich stellt fest:

Je länger die Bevölkerung eines Landes der Kirche ausgesetzt war, desto schwächer wurden die rein verwandtschaftlichen Einrichtungen.

Blut ist dicker als Wasser, heißt es in einem Sprichwort. Das mag stimmen. Aber Taufwasser ist unter Umständen ebenso bindungsstark.

Nur durch das Christentum wurde es möglich, ein europaweites und sogar den Atlantik überwindendes Wir-Gefühl zu entwickeln, das alle Kriege und sonstigen Katastrophen überdauerte. Die mittelalterliche und frühneuzeitliche Kirche hat zwar auch einen Anteil an den wissenschaftlichen Errungenschaften des Abendlandes. Dieser sollte aber nicht überschätzt werden. Die entscheidende Stärke des Christentums liegt im sozialen Bereich.

Das Christentum ist nicht so sehr das Kerosin, das den Fortschritt treibt; geniale Köpfe gibt es auch in anderen kulturellen Kontexten, und wissenschaftliches Forschen ist keine christliche Erfindung. Das Christentum ist vielmehr der Klebstoff, der die sich entwickelnde westliche Welt zusammenhält. Es bündelt die Kräfte und richtet sie wie ein Kompass auf ein Ziel aus, das jenseits der wechselhaften Konjunktur liegt – bei Gott.

«Demokratie braucht Religion» behauptet auch aus diesem Grund Deutschlands bekanntester Soziologe Hartmut Rosa (geboren 1965) in einer Rede, die auch als Buch veröffentlicht wurde.

Am Grunde meiner Existenz liegt nicht das schweigende, kalte, feindliche oder gleichgültige Universum, sondern eine Antwortbeziehung. Für mich ist das der Kern religiösen Denkens in den monotheistischen Religionen. Religion hat die Kraft, sie hat ein Ideenreservoir und ein rituelles Arsenal voller entsprechender Lieder, entsprechender Gesten, entsprechender Räume, entsprechender Traditionen und entsprechender Praktiken, die einen Sinn dafür öffnen, was es heißt, sich anrufen zu lassen, sich transformieren zu lassen, in Resonanz zu stehen. Wenn die Gesellschaft das verliert, wenn sie diese Form der Beziehungsmöglichkeit vergisst, dann ist sie endgültig erledigt. Und deshalb kann die Antwort auf die Frage, ob die heutige Gesellschaft noch der Kirche oder der Religion bedarf, nur lauten: ja!

Wenn die Kirche zu einer Interessensgruppe unter vielen herabsinkt, gehen der Gesellschaft Klebstoff und Kompass verloren. Stillgelegte Fabriken kann man immerhin noch in Künstler-Lofts verwandeln und dadurch sogar aufwerten. Wenn aus einer Kathedrale eine Eventhalle wird, sinkt in Deutschland die soziale und spirituelle Temperatur.

Den besorgniserregenden Trend zeigte bereits 1953 Martin Buber in seiner religionsphilosophischen Schrift «Gottesfinsternis» auf.

Das wahre Gepräge einer Epoche ist am zuverlässigsten an dem in ihr herrschenden Verhältnis zwischen Religion und Realität zu erkennen. […] In unserem Zeitalter hat die Ich-Es-Relation, riesenhaft aufgebläht, sich fast unangefochten die Meisterschaft und das Regiment angemaßt. Das Ich dieser Relation, ein alles Habendes, alles Machendes, mit allem Zurechtkommendes Ich, das unfähig ist, Du zu sprechen, unfähig, einem Wesen wesenhaft zu begegnen, ist der Herr der Stunde. […] Die Ich-Du-Relation ist in die Katakomben gegangen – wer kann sagen, in welcher größeren Macht sie hervortreten wird!

Martin Buber

Dieselben Sorgen machte sich damals der christliche Historiker Christopher Dawson (1889–1970). 1945 veröffentlichte er eine Studie über den Zusammenhang von «Fortschritt und Religion». Seine makrohistorischen Beobachtungen führten ihn zu der Überzeugung, dass eine

Kultur immer dann vom Aussterben bedroht ist, wenn sie ihre eigenen geistigen Grundlagen zerstört.

Jede Kultur ist wie eine Pflanze. Sie muss ihre Wurzeln in der Erde haben, und für das Sonnenlicht muss sie offen sein für das Geistige. Im Moment sind wir damit beschäftigt, ihre Wurzeln abzuschneiden und alles Licht von oben auszusperren.

10. Wurzel-Behandlung

Zu den fragwürdigen Technik-Errungenschaften der letzten Zeit gehört der zunehmende Einsatz von Drohnen, nicht nur im Krieg, sondern im Alltag. Es dauert nicht lange, da werden uns Zeitungen, Pakete, sogar Medikamente per Drohne vor die Haustür geliefert.

Das jedenfalls versprach im Sommer 2023 eine große deutsche Universität. Bei einer öffentlichen Testvorführung sollte der Bestell-und-Liefervorgang demonstriert werden. Weil sonst nicht viel los war, Sommerloch halt, tanzten jede Menge Reporter und Kamerateams an.

Viel zu sehen bekamen sie nicht. Wegen technischer Probleme hob die Drohne nur kurz ab. Die Kameraleute waren sauer. Ihnen fehlte das Bild, in dem die Drohne die Medizinpackung abwirft. Weil die Drohne weiter bockte, hatten die Uni-Mitarbeiter einen kreativen Vorschlag: Wie wäre es, wenn sie das Päckchen per Hand ins Bild schmissen. Würde am Fernsehbildschirm ja keiner merken …

Typisch für den Forschungsstandort Deutschland, habe ich damals gedacht. Aber irgendwann wird die Medizin-Drohne trotzdem zu uns kommen, dann eben ein paar Jahre später als in Korea oder Japan. Muss ja, wenn das Apotheken-Sterben so weitergeht. Mir fällt dafür auch schon ein Krimi-Titel ein:

Wenn der Postmann gar nicht mehr klingelt …

Freude lösen solche Aussichten bei den wenigsten aus. Die Neuerungen werden eher stoisch akzeptiert als gefeiert. In der globalisierten, digitalisierten, hochkapitalisierten Welt ist Fortschritt mehr Drohung als Versprechen. Die Technik-Ermächtigung führt zur Selbst-Entfremdung.

Odo Marquard wähnte sich bereits 1984 in einem «Zeitalter der Weltfremdheit». Er hatte ein paar Tipps dafür bereit, wie man es sich wieder gemütlich machen könnte.

> *Eine Welt, in der immer weniger von dem, was war, künftig noch sein wird, in der […] immer weniger Herkunft Zukunft sein wird, ist geprägt durch Kontinuitätsverlust. […] Wenn aber immer kleinere Vorteile immer größere Anstrengungen fordern und mit immer größeren Nachteilen bezahlt werden, kommt es schließlich zu einer Nullbilanz zwischen Aufwand und Effekt: Jenseits dieser Nutzengrenze wird der Grenznutzen des Fortschritts negativ. […] Das vernünftige Verhalten ist hier dieses: die erreichten Vorteile dankbar zu genießen und – wo dies als nötig sich erweist – auf ungehemmt weiteren Ausbau bei bestimmten Dingen einsichtsvoll-klaglos zu verzichten, in einem Klima nüchterner Abwägung. Indes: Wir leben nicht im Klima nüchterner Abwägung, sondern im Klima hysterischer Angst. […] Eben darum empfehle ich: mehr Mut zum Erwachsensein, dazu gehört: der Sinn für Geschichte, für Sitten und Gebräuche, für die Errungenschaften der Aufklärung.*

Wenn man auf der Geschichts-Zeitleiste 30 Jahre nach vorne springen könnte, würde man in einer, ideologisch gesehen, ziemlich konservativen Welt landen. Ich bin ziemlich sicher, dass der Zeitgeist in den nächsten Jahren von progressiv auf pragmatisch und anschließend auf traditionsbewusst wechseln wird.

Mitte des Jahrhunderts werden Traditionen ganz hoch im Kurs stehen, und zwar deshalb, weil sie dann so wenig selbstverständlich sind. Rarität erhöht den Wert. Statt «Auf zu neuen Ufern» wird es «Back to the roots» heißen; und zwar nicht nur aus nostalgisch-ästhetischen Gründen.

Gerade Wachstum braucht Wurzeln.

Die französische Philosophin Simone Weil (1909–1943) sah eine der Hauptursachen für die chaotischen Verhältnisse ihrer Zeit in der Entwurzelung der Menschen, in der Flucht in ideologische Utopien. Als Gegenmittel empfahl sie in ihrem letzten, unveröffentlicht gebliebenen Buch die «Verwurzelung» in gesunden Traditionen. Für sie war klar:

> *Die Zerstörung der Vergangenheit ist vielleicht das Größte aller Verbrechen.*

Mit morbider Gestrigkeit hat das nichts zu tun. Wir sind Teile einer Lebenskette, die aus der Vergangenheit in die Zukunft reicht.

Neben einem synchronen, d. h. zeitgleichen Gesellschaftsvertrag gibt es auch einen diachronen, d. h. andauernden Kontrakt. Darauf verweist der britische Schriftsteller Edmund Burke (1729–1797) in seinen «Betrachtungen und Abhandlungen über die Französische Revolution». Lange bevor die Revolution in den blutigen Terror abgeglitten war, kritisierte Burke deren Köpfe für ihr kurzfristiges Denken.

> *Dauer ist kein Kriterium für diejenigen, die denken, dass vor ihrer Zeit wenig oder nichts Wesentliches geschaffen wurde, und die alle ihre Hoffnungen auf neue Entdeckungen setzen. […] Wer nichts auf seine Vorfahren gibt, wird sich auch nicht für die Nachwelt interessieren. […] Die Menschheit lebt in einem Vertragsverhältnis. […] Da sie ihre Ziele nicht innerhalb von einer Generation erreichen kann, besteht das Vertragsverhältnis nicht nur zwischen Lebenden, sondern zwischen den Lebenden, ihren Vorfahren und denen, die noch geboren werden.*

Das Praktische an der Beschäftigung mit den Toten ist, dass sie keine Ansprüche an uns stellen. Wir können von ihnen nur profitieren.

Um wieder in die Pflanzen-Metapher zu wechseln: Wenn wir unsere Wurzeln besser bewässern, können wir auch höher wachsen.

Wir brauchen die Rückbesinnung auf unser christliches-aufklärerisches Erbe auch, um nicht auf einen Kult der Stärke hereinzufallen. Wie schon vor hundert Jahren hat gerade wieder die Kraftmeierei à la Nietzsche Konjunktur. Selbst wenn uns eine Wieder-Anknüpfung an alte Leistungstugenden gelingen würde – ohne eine gleichzeitige Renaissance christlicher Barmherzigkeit wäre das Klima kalt, der Geschmack bleiern.

Noch realistischer ist ein schleichender Niedergang, eine abendländische Agonie, bei der es mit freundlicher Unterstützung durch Computer und Großkonzerne jahrhundertelang irgendwie weitergeht.

Neu wäre eine solche Mehltau-Ära nicht:

> *Was uns am Römischen Reich fasziniert und erschreckt, ist nicht, dass es schließlich zerfiel, sondern dass […] es vier Jahrhunderte lang ohne Kreativität, Wärme und Hoffnung aushielt.*
>
> W. H. Auden, Der ewige Herbst

Zum Glück hat Deutschland den Römern eine Einrichtung voraus:

Die Kirche. Von ihr wird das finale Kapitel handeln.

Vorher habe ich aber noch einen Zusatz zu meinen zehn Schritt-Empfehlungen:

Der Weg der Weisheit erfordert den richtigen Blick. Er muss scharf und unbestechlich sein, wenn es um die Verhältnisse geht. Aber mild, wenn Menschen betroffen sind. Gerade Christen sollten sich angesichts der stressigen Umwälzungen unserer Tage um Güte und Freundlichkeit bemühen.

Wutbürger gibt es genug.

Mein Vorbild für einen scharf-milden Blick, der aus einer christlichen Einstellung kommt, ist ein Journalistenkollege. Ich kenne ihn allerdings nur aus seinen Büchern, denn er ist 72 Jahre vor meiner Geburt gestorben.

Ich meine Theodor Fontane (1819–1898).

Bevor er mit fast 60 Jahren auf Schriftstellerei umsattelte, hatte er als Reporter gearbeitet: für eine christlich-konservative Zeitung. Er kannte fromme Menschen, war aber auch mit Religionskritikern befreundet. Er sah eher das Verbindende als das Trennende. Wirklich böse Menschen gibt es in seinen Romanen nicht, makellose Heilige aber auch nicht. Alle sind gebrochen, alle kämpfen, alle kommen auf die eine oder andere Art zur Lebensbilanz von Botho von Rienäcker, dem zwischen Liebe und Pflicht hin- und hergerissenen Protagonisten aus «Irrungen, Wirrungen» (1887).

Viel Freud, viel Leid. Irrungen, Wirrungen. Das alte Lied.

Was ich an ihm besonders mag: Fontane war ein Menschenfreund. Als Apothekersohn, der später selbst eine pharmazeutische Lehre absolvierte, kannte er sich mit den Wehwehchen der Leute aus. Er sympathisierte mit ihren Schwächen und Ängsten. Richtgeist war ihm fremd.

In vielen seiner Romane legt er seinen Figuren seine eigene versöhnliche Sicht in den Mund, zum Beispiel dem General Barfus in «Frau Jenny Treibel» (1892). Als ein junger Soldat wegen Feigheit zum Tod verurteilt werden soll, spricht sich der erfahrene Soldat dagegen aus – mit dem Argument:

Ein Tag ist nicht wie der andere, und der Mensch ist ungleich und das Herz auch und der Mut erst recht. Ich habe mich manches Mal auch feige gefühlt. So lange es geht, muss man Milde walten lassen, denn jeder kann sie brauchen.

Besonders aktuell kommt mir in diesen Tagen Fontanes letzter Roman vor, «Der Stechlin» (1898). Darin beschreibt Fontane den Untergang einer aristokratischen Welt, verkörpert durch den sterbenden Helden Dubslav von Stechlin, und den Anbruch der Moderne, dargestellt durch die Heirat von Dubslavs Sohn mit der geschiedenen Grafentochter Melusine. Der alte Stechlin weiß, dass er einer vergangenen Epoche angehört, trägt den Bedeutungsverlust aber mit Charme und Würde. Auf der Beerdigung unterstreicht der Pfarrer das christliche Bekenntnis des «Stechlins»:

Er hatte davon weniger das Wort als das Tun. Er hielt es mit den guten Werken und war recht eigentlich das, was wir überhaupt einen Christen nennen sollten. Denn er hatte die Liebe. Nichts Menschliches war ihm fremd, weil er sich selbst als Mensch empfand und sich eigener menschlicher Schwäche jederzeit bewusst war. Alles, was einst unser Herr und Heiland gepredigt und gerühmt und an das er die Segensverheißung geknüpft hat – all das war sein: Friedfertigkeit, Barmherzigkeit und die Lauterkeit des Herzens. Er war das Beste, was wir sein können, ein Mann und ein Kind. Er ist nun eingegangen in seines Vaters Wohnungen und wird da die Himmelsruhe haben, die der Segen aller Segen ist.

Fontane lebte in Zeiten, die in puncto Veränderungstempo durchaus mit heute vergleichbar sind. Das Automobil und die Kinematographie wurden erfunden. Migration, meistens von Ost nach West, war an der Tagesordnung. Fontane ließ sich davon nicht in Alarmstimmung versetzen. Seine persönliche Gelassenheit kommt in dem Bekenntnis zum Ausdruck, das er die lebenskluge Melusine aussprechen lässt:

Ich respektiere das Gegebene. Daneben aber freilich auch das Werdende, denn eben dies Werdende wird über kurz oder lang abermals ein Gegebenes sein. Alles Alte, soweit es Anspruch darauf hat, sollen wir lieben, aber für das Neue sollen wir recht eigentlich leben. Und vor allem sollen wir […] den großen Zusammenhang der Dinge nie vergessen. Sich abschließen heißt sich einmauern, und sich einmauern ist Tod.

Fontanes eigenes Credo formulierte er als 66-Jähriger in einem Brief an seine Frau Emilie:

Je älter ich werde, desto tiefer empfinde ich: Alles ist Glück und Gnade, das Kleine so gut wie das Große. [Der Pastor] hatte Recht, wenn er betete: «Gott, lass heute die Sonne scheinen; meine Frau hängt heute Wäsche auf.» Natürlich ist es frech und kindisch, den lieben Gott mit solchem Gebet zu inkommodieren, aber das ist richtig, dass wir nichts in unserer Hand haben und dass wir von Minute zu Minute von einer Rätselmacht abhängig sind, die uns streichelt oder schlägt. Daher ist mir das Widerstrebendste und Ängstigendste: das Vorsehung-spielen-Wollen so vieler Leute. Gott lässt sich nicht hineinpfuschen.

Weil Fontane die Handlungsmöglichkeiten der Menschen realistisch einschätzte, hatte er auch Verständnis dafür, wenn sie die gesellschaftlich anerkannten Standards nicht erreichten. Im Gegenteil zeigte sich für ihn in der Norm-Abweichung die Vitalität. Als 75-Jähriger schrieb er in einem Brief an einen Bekannten:

Dies Natürliche hat es mir seit Langem angetan, ich lege nur darauf Gewicht, fühle mich nur dadurch angezogen, und dies ist wohl der Grund, warum meine Frauengestalten alle einen Knacks weghaben. Gerade dadurch sind sie mir lieb, ich verliebe mich in sie – nicht um ihrer Tugenden, sondern um ihrer Menschlichkeiten, das heißt: um ihrer Schwächen und Sünden willen.

Fontanes jüngste «Flamme» war damals seine Romanheldin «Effi Briest» (1895): ein 17-jähriges Adelsmädchen, das einen 21 Jahre älteren Mann heiratet, sich später in eine Affäre stürzt und schließlich jung und gesellschaftlich geächtet stirbt.

Wie bei allen seinen Werken hatte sich Fontane von realen Begebenheiten inspirieren lassen. Im Fall von «Effi Briest» lagen Realität und Romanverfremdung ziemlich weit auseinander. Der wahre Fall, auf dem die Ehebruch-Geschichte beruhte, endete weit weniger tragisch. Der erdige Fontane neigte bei aller Gottesverehrung dazu, die Wirksamkeit der himmlischen Gnade zu unterschätzen.

Angeregt zu «Effi Briest» hatte Fontane der Skandal um die Freiherrin Elisabeth von Ardenne (1853–1952). Ihr betrogener Ehemann war allerdings nicht 21, sondern nur 5 Jahre älter als sie. Wie in dem Roman forderte der Gehörnte seinen Nebenbuhler am 27. November 1886 zum Duell, zielte, schoss und traf den Mann – am 1. Dezember erlag der Liebhaber seinen Verletzungen. Elisabeth war da aber, anders als Effi, kein junges Mädchen mehr, sondern schon fast 34 Jahre alt.

Bald darauf folgte die Scheidung. Elisabeth stand vor dem Nichts, zumal sie auch bei ihrer eigenen Familie keine Zuflucht fand.

Dann passierte ein kleines Wunder.

In der schwäbischen Heilanstalt Bad Boll erlebte der leitende Pfarrer Christoph Blumhardt (1842–1919) zur selben Zeit eine spirituelle Wandlung. Er beschloss, sein künftiges Leben ganz der vorurteilsfreien Nächstenliebe zu widmen. In seiner Weihnachtspredigt 1886 sagte er:

> *Die Liebe Gottes zerschmelzt alles Schlechte, alles Gemeine, alles Verzweifelte; die Liebe Gottes zwingt auch den Tod. Aber es muss eine Gottesliebe sein; eine Liebe, die auch die Feinde liebt; eine Liebe, die unentwegt durch alles hindurchschreitet wie ein Held und sich nicht beleidigen, nicht verachten, nicht wegwerfen lässt; eine Liebe, die mit dem Helm der Hoffnung auf dem Haupt durch die Welt schreitet.*

Als ob Gott Blumhardts Entschlusskraft testen wollte, ließ er ihm wenige Monate später die frisch geschiedene Elisabeth über den Weg laufen. Die Begegnung bedeutete für sie die Rettung. Blumhardt brachte sie dazu, sich zur Pflegekraft umschulen zu lassen. Rückblickend schrieb Elisabeth:

> *Ein gütiges Schicksal führte mich nach Bad Boll im lieben Württemberg […], das mir zur zweiten Heimat wurde. Die Seele des großen Hauses, Pfarrer Blumhardt, dessen helfende Liebesfäden weit über Deutschland liefen, wusste auch mir festen Grund unter die lahm gewordenen Füße zu geben und meiner Seele neuen und besseren Aufschwung.*

An ihren Ex-Mann schrieb sie 17 Jahre nach der Scheidung:

> *Dank meines Lebenslehrers Blumhardt lernte ich die Schuld in allen Lebenslagen nur in mir suchen und sehen und wurde so von aller Bitterkeit des Herzens bewahrt. Lernte der Menschen Tun und nur eines Gottes Gerechtigkeit in jedes Menschen Leben erkennen – aber auch seine Vaterliebe.*

Die «wahre Effi Briest», Elisabeth, überlebte den Schöpfer ihres romanhaften «Alter Egos», Theodor Fontane, um 54 Jahre, dazu den Ersten und den Zweiten Weltkrieg. Elisabeth wurde 98 Jahre alt.

Das menschliche Leben erweist sich manchmal als robuster, als wir annehmen. Auch die menschliche Solidarität übertrifft zuweilen unsere Erwartungen. Und mit göttlicher Unterstützung sind die größten Überraschungen möglich.

3.
Welt: Nur *der* Gott kann uns retten

Ein großes Ereignis ist im Entstehen. Aber man hat es nicht gemerkt.
Letzte Kapitelüberschrift im unvollendet gebliebenen Roman
«Der Mann ohne Eigenschaften» von Robert Musil

Im Frühjahr 2019 habe ich mir eine «Weltvorhersage» zugetraut. Für eine Zwischenbilanz ist es nach nicht einmal fünf Jahren zu früh. Aber ich kann aufatmen. Völlig daneben lag ich mit meinen Prognosen nicht:

Die Welt wird tatsächlich immer wilder und härter, ängstlicher und wütender, immer weiblicher und asiatischer, immer populistischer und autoritärer, immer künstlicher und ungleicher, immer heißer – sowohl in puncto Klima als auch in puncto Spiritualität; global auf dem Vormarsch ist die emotional aufgeladene Variante der Religiosität. In chaotischen Zeiten suchen die Menschen festen Halt.

Wenn mich etwas überrascht hat, dann das Tempo der Veränderung. Alles kommt noch schneller und bedrohlicher als von mir angenommen. Wer konnte schon ahnen, dass ein Wuhan-Virus eine globale Seuche auslöst, dass Russland den blutigsten Krieg in Europa seit dem Zweiten Weltkrieg entfacht, dass China ganz unverhohlen die Weltherrschaft anstrebt, dass der KI-Chatbot «ChatGPT» Predigten schreibt und Songs textet, dass sich Saudi-Arabien eine der teuersten Fußball-Ligen der Welt zusammenkauft?

Davon, dass die Welt insgesamt weiser wird, habe ich seinerzeit nichts geschrieben. Ganz im Gegenteil habe ich eher darauf getippt, dass törichte «Ich! Jetzt! Alles! Klar!»-Einstellungen weiter boomen werden. Das ist nur logisch: Die zunehmende Widersprüchlichkeit des Seins verführt zum intellektuellen Rückzug auf das, was auf der Hand und vor den eigenen Füßen liegt.

Aber gerade deshalb brauchen wir auch auf internationaler Ebene eine Weisheits-Renaissance, den Austausch von begnadeten Philosophen und Theologen, die gemeinsame Suche nach klugen Antworten auf die drei größten globalen Herausforderungen: Klimawandel, KI, Kriegsgefahr.

Viele unserer heutigen Probleme sind selbstverschuldet. «Anthropozän» nennen Naturwissenschaftler das Weltzeitalter, in dem wir leben. Damit gemeint ist, dass Menschen den Zustand des Planeten selbst nachhaltig verändern – und zwar nicht zum Guten. Von Bewohnern und Bearbeitern sind sie zu Vergewaltigern geworden. Sie plündern Ressourcen, verseuchen die Atmosphäre.

Die Angst vor Dürren und Stürmen ist nichts Neues. Früher konnte man dafür göttliche Mächte verantwortlich machen. Heute hat man sich den Schlamassel zumindest teilweise selbst eingebrockt.

Deshalb die Frage nach weisen Auswegen aus der Misere.

Ich selbst bin kein Klimawandel-Skeptiker, eher ein Klimawandelbekämpfungs-Lethargiker. Ich halte Maßnahmen zur Eindämmung der Erderwärmung für notwendig, aber nationale Alleingänge für wenig zielführend.

Ziemlich deprimierend waren einige Gespräche, die ich bei meinem letzten Indien-Besuch mit dortigen Studenten geführt habe. Die Nachrichten meldeten wieder mal Rekord-Hitze, bis zu 50 Grad in einzelnen Landstrichen. Die Gletscherschmelze in einigen Himalaya-Regionen setzte sich Medienberichten zufolge auch ungebremst fort.

Aber von Panik war bei meinen jungen Gesprächspartnern keine Spur. Sie forderten nicht, einige der fast 300 indischen Kohlekraftwerke vom Netz zu nehmen. Was ihnen Sorgen machte, waren die eigenen Job-Aussichten. Meine Berichte über die emsigen deutschen Klimaschutz-Bemühungen nahmen sie eher achselzuckend zur Kenntnis.

Schlechte Aussichten für den Planeten, wenn man sich an einigen besonders furchterregenden Erderwärmungs-Szenarien orientiert.

Vielleicht muss man die Menschheit zu nötigen Schutzmaßnahmen zwingen?

KI und Big Tech – übernehmen Sie!

Oder lieber doch nicht?

Heute droht uns nicht nur Gefahr von diktatorischen Volksverführern. Immer realistischer wird die Bedrohung durch eine allumfassende Technokratie. Eine Ahnung davon hatte bereits vor achtzig Jahren C. S. Lewis. 1943 warnte er in einer Vorlesungs-Serie vor der «Abschaffung des Menschen»:

> *Das Endstadium ist erreicht, wenn der Mensch durch Eugenik, durch vorgeburtliche Konditionierung und durch eine Erziehung und Propaganda, die auf einer perfekten angewandten Psychologie beruht, die volle Kontrolle über sich selbst erlangt hat. Die menschliche Natur wird der letzte Teil der Natur sein, der sich dem Menschen unterwirft.*

Eine Welt, in der Freiheit durch komfortable Sicherheit ersetzt wird, hat bereits 1932 Aldous Huxley (1894–1963) in «Schöne neue Welt» ersonnen. Ein Vierteljahrhundert später verfasste er ein Essay, «Wiedersehen mit der schönen neuen Welt». Darin machte der 64-Jährige aus seinem Pessimismus keinen Hehl:

> *Unter einem wissenschaftlichen Diktator wird die Erziehung wirklich funktionieren – mit dem Ergebnis, dass die meisten Männer und Frauen dazu heranwachsen werden, ihre Knechtschaft zu lieben, und niemals von einer Revolution träumen werden.*

Dieses Szenario ist mittlerweile zum Standardrepertoire für Science-Fiction-Autoren geworden. Wer auf digitalen Plattformen nach Filmen über die Zukunft sucht, wird kaum positive Utopien finden. Die Drehbuchautoren scheinen sich weitgehend einig darüber zu sein, dass die Freizügigkeit abnehmen und die Reglementierung zunehmen wird. Das ist auch logisch:

Mehr Komplexität erfordert mehr Kontrolle.

Gerade wenn viel auf dem Spiel steht, ist die Versuchung groß, Freiheit gegen Sicherheit einzutauschen. Der «Faktor Mensch» stört durch seine Unberechenbarkeit die wirtschaftlichen Abläufe und streut Sand ins Getriebe der Mächtigen. Alle Versuche, ihn dauerhaft zu kontrollieren, sind bisher fehlgeschlagen.

Die Künstliche Intelligenz eröffnet da völlig neue Möglichkeiten; vor allem dann, wenn ihre Lernfähigkeit mit der enormen Rechenkapazität von Quantencomputern verknüpft wird. Man kann nur hoffen, dass sich die Bosse der Technologie-Superkonzerne nicht irgendwann mit den Chefs der Superstaaten China, USA, EU verbünden.

Hoffentlich setzt sich am Ende doch die Erkenntnis durch, die bereits im 19. Jahrhundert John Stuart Mill formulierte: dass völlig reibungslose Abläufe auch die kreative Reibung eliminieren und damit Stillstand produzieren.

Der Wert eines Staates besteht schließlich aus dem Wert der Einzelpersönlichkeiten, aus denen er sich zusammensetzt. Und ein Staat, der das Interesse an ihrer geistigen Entwicklung zurücksetzt hinter einem geringen Zuwachs an Verwaltungsgeschick oder deren Anschein, der aus der Praxis in geschäftlichen Dingen erwächst – ein solcher Staat, der seine Glieder am Wachsen hindert, damit sie (sei es selbst für segensreiche Zwecke) fügsame Werkzeuge seien, ein solcher Staat wird schließlich einsehen, dass man mit kleinen Menschen keine großen Dinge verrichten kann. Er wird begreifen, dass die Vollkommenheit der Maschinerie, der er alles geopfert hat, am Ende nichts wert ist, weil die lebendige Kraft fehlt, die er verbannt hat, damit die Maschine besser arbeite.

Über die Freiheit

Lieber Chaos, Angst und ein, zwei Grad höhere Temperaturen als der allfürsorgliche Große Bruder. Die Tech-Tyrannen wären ja selbst schön blöd. Wer den Maschinen zu viel Macht gibt, riskiert, irgendwann selbst den Sauerstoff abgedreht zu bekommen – wie die arglosen Astronauten in «2001 – Odyssee im Weltraum» (1968, Regie: Stanley Kubrick) durch den freidrehenden Bordcomputer HAL.

Wer sich zur Selbstverteidigung ein Heer von transhumanistischen Orks schafft, muss immer befürchten, dass sie irgendwann von der Leine gehen. In der Vergangenheit war der Überlebensinstinkt der meisten doch größer als ihre Neugier. Das theoretisch Machbare wird längst nicht immer gemacht. Wir dürfen unsere Spezies nicht überschätzen; unterschätzen sollten wir sie aber auch nicht.

Die Verdrängung des Menschen aus der Natur ist also nicht sonderlich wahrscheinlich. Was ist aber mit der freiwilligen Flucht aus der natürlichen Welt in künstliche Welten?

Um den Appetit aufs Morgen zu verlieren, empfehle ich, sämtliche Folgen der dystopischen TV-Serie «Black Mirror» exzessiv am Stück zu konsumieren – neudeutsch: zu bingen. Zu deren Kassandra-Rufen gehört, dass die Menschen der Zukunft ihren traurigen Zustand gar nicht bemerken werden. Weil sie sich in immer raffinierter gestalteten virtuellen Welten aufhalten. Das wahre Leben hat für sie aufgehört. Wir amüsieren uns – und merken gar nicht, dass wir schon längst tot sind.

Auch diese Möglichkeit haben kluge Denker schon vor langer Zeit in Erwägung gezogen.

Noch keinen Schimmer vom «Metaverse» hatte der im selben Jahr wie Aldous Huxley geborene jüdisch-christliche Schriftsteller Joseph Roth (1894–1939). Ihm reichte der Siegeszug des Kinos für die allerschlimmsten Befürchtungen. In einem Brief an seinen Freund Stefan

Zweig erklärte er 1934, warum er das Filmmedium als antichristliches Verführungsvehikel einstufte:

> *Es ist meine unerschütterliche Überzeugung, dass sich im quasi lebendigen Schatten der Teufel offenbart. Der Schatten, der selbst agiert und sogar spricht, ist der wahre Satan. Mit dem Kino beginnt das 20. Jahrhundert, das ist: das Vorspiel zum Untergang der Welt. Bitte, unterschätzen Sie das nicht. Telefon, Flugzeug, Radio sind nichts dagegen: dass man den Schatten vom Menschen gelöst hat. Das ist ein Wendepunkt in der Geschichte der Menschheit.*

Mich als Filmfan bringen solche Worte in eine Zwickmühle. Ich liebe das Kino nicht nur, weil es unterhält und ablenkt, sondern auch, weil es mit vielen grandiosen Leinwanderzählungen als moralische Besserungsanstalt dient. Die Verfilmungen einiger Joseph-Roth-Romane mag ich besonders.

Stefan Zweig antwortete seinem Freund übrigens, er solle sich weniger über das Kino aufregen und lieber mit dem Trinken aufhören.

Mittlerweile teile ich aber die Ängste, die Roth umgetrieben haben. Die Schatten der Virtualität greifen immer weiter um sich. Sie haben die Kinosäle längst verlassen, liegen 24/7 über jedem Besitzer eines Smartphones. Die Digitalisierung des Erlebens ist unzweifelhaft eine ernstzunehmende Bedrohung: weil sie uns von der physischen Welt entfernt, uns unseren Mitmenschen und uns selbst entfremdet, künstliche Reize an die Stelle realer Resonanz setzt, dazu noch der Manipulierbarkeit Tür und virtuelles Tor öffnet.

Es gibt aber auch einen positiven Effekt der Virtualisierung. Wir schätzen höher, was selten ist. Echte Begegnungen. Brettspielabende. Wanderungen. Verbundenheit mit der Natur. Apfelbaumpflücken statt Apple Vision Pro.

Immer mehr Menschen flüchten vor dem Zwei-Meter-Bildschirm mit der 4K-Auflösung und der 3D-Brille raus in den Garten. Sie wühlen lieber in der Erde, als an einer PlayStation zu zocken. Internetfasten ist mittlerweile genauso angesagt wie der Verzicht auf Alkohol und Nikotin. Wer sich in der virtuellen Welt verloren fühlt, für den gibt es auch einen Weg zurück.

Im Real Life stehen die Zeichen allerdings gerade auf Sturm. Wer weiß, vielleicht hat der Dritte Weltkrieg schon längst begonnen?

Der Zweite Weltkrieg fing zwar streng genommen erst 1939 an; vorausgegangen waren aber zahlreiche regionale Konflikte: der italienische Angriff auf Äthiopien, der japanische Einmarsch in China, die deutsche Annexion von Österreich und weiten Teilen Tschechiens.

Möglicherweise werden künftige Historiker-Generationen die russische Invasion der Ukraine als Auftakt von WW3 interpretieren?

Als 1618 zwei königlichen Statthalter aus einem Prager Fenster flogen (und ziemlich glimpflich landeten), ahnte auch keiner die bevorstehenden dreißig Jahre Gemetzel. Damals wurden die politischen Konflikte verstärkt durch die konfessionellen Auseinandersetzungen, weitere Zutaten zum explosiven Kriegs-Cocktail waren Hexenängste und Seuchengefahr.

Auch in den 2020er Jahren braut sich einiges zusammen. Die krisenhaften Einzelphänomene verstärken sich gegenseitig. Der Klimawandel erhöht den Migrationsdruck und eskaliert den Kampf um Land, Energie-Ressourcen und Knowhow. Die kriegerischen Auswüchse unterbrechen die Lieferketten, sabotieren den Freihandel und gefährden ein Weltwirtschaftssystem, das auf Stabilität und Berechenbarkeit gegründet ist.

Ich bin trotzdem gegen Weltuntergangsängste einigermaßen immun. Ich bin schließlich mit ihnen aufgewachsen.

Ab und zu blättere ich in Büchern von Billy Graham, die bei uns zuhause Pflichtlektüre waren. Sie haben Titel wie «Welt in Flammen» oder «Geht unsere Welt ihrem Ende entgegen?» und behandeln Themen wie «Heranstampfende Hufschläge (der vier apokalyptischen Reiter)». Der von mir hochgeschätzte US-Evangelist beschwor die akute

Gefahr von Nuklearkriegen, Seuchen, ethnischen Konflikten, Rohstoffverknappung, Umweltzerstörung und okkulten Orgien. Klingt wie heute; bis auf die Satansmessen, von denen man in den letzten Jahren etwas weniger hört (aber vielleicht bin ich nur auf den falschen News-Webseiten unterwegs).

Christliche Prediger waren mit ihren apokalyptischen Warnungen bei weitem nicht alleine. 1981 veröffentlichte Udo Lindenberg den Song «Grande Finale»:

Bedrohlich brodelt hier ein See
Unheimlich brutzelt dort ein AKW
Die Angst war lange nicht so groß
Die Raketen steh'n auf: Achtung – fertig – los!
Willkommen zum Grande Finale
Die Erde geht unter, erfahren wir soeben!

Die Erde ist noch immer putzmunter. So kann man sich täuschen.

Überhaupt täuschen die vielen fröhlichen 80er-Revivals darüber hinweg, dass damals die Angst umging: vor atomarer Auslöschung, Waldsterben, AIDS-Pandemie.

Für Kinder aus frommem Elternhaus war die Schreckenspalette noch ein bisschen breiter. Es gab populäre Prediger, welche die unmittelbar bevorstehende Herrschaft des Antichristen prophezeiten. Sie waren sich nur uneinig darüber, wo er seinen Hauptsitz haben würde – zur Auswahl standen New York, Rom, Jerusalem, Brüssel oder Moskau. Darüber hinaus drohte die seelische Durchseuchung mittels rückwärts gespielter okkulter Botschaften in Popsongs.

Ich kann mich noch gut an einen Armageddon-Apostel erinnern, der 1983 auf dem Höhepunkt des Endzeit-Hypes in unserer Kirchengemeinde auftrat. Eine Woche lang schürte er Panik. Eingeladen hatte ihn mein Vater, der schon nach dem ersten Abend genug hatte, aber machtlos war: Die Flyer waren gedruckt, der Saal gebucht – und außerdem gut gefüllt. Die schrille Nummer zog – und zwar immer kuriosere Gäste an.

Vor dem «Grande Finale» des letzten Abends trommelte der stetig heißer laufende Prediger den Veranstalterkreis zu einer Abschlussbesprechung zusammen. Als Sohn des Pastors durfte ich auch dabei sein.

Auf einmal klingelte es. Ein Mann stürmte in den Raum, bärtig, ausgemergelt, gehetzter Blick. «Sie» seien hinter ihm her. Er habe eine Verschwörung aufgedeckt. Staat und Wirtschaft, alle seien verwickelt.

Der Apokalypse-Prediger bekam leuchtende Augen: «Details, bitte!» Kurz darauf klingelte es erneut. Draußen standen diesmal Männer in weißen Kitteln (vielleicht auch in Hemd und Jeans, genau kann ich mich nicht mehr erinnern), Angestellte der örtlichen Psychiatrie, die den entlaufenen Paranoiker zurück in die geschlossene Abteilung brachten.

Der Prediger war enttäuscht.

An diesem Abend fiel sein Sound etwas gedämpfter aus.

Seitdem setze ich statt auf Weltuntergangs-Prophezeiungen lieber auf das Gesetz der Wahrscheinlichkeit. Bis jetzt ist den Menschen trotz aller Befürchtungen der Himmel noch nicht auf den Kopf gefallen. Nach Berechnungen von Astrophysikern liegt die Lebenserwartung unseres Sonnensystems bei mindestens fünf Milliarden Jahren.

Ganz so alt wird die Menschheit sicher nicht werden.

Aber bei realistischer Schätzung …

… bleiben uns noch viele Jahrtausende.

Falls nicht doch vorher Schluss ist.

Und Jesus wiederkommt.

Darauf warten seit seiner Himmelfahrt 66 Generationen von Christen (so viele sind es ungefähr, wenn man pro Generation 30 Jahre veranschlagt). Sie beziehen sich unter anderem auf einige Verse in den Evangelien.

Jesus redete nicht nur ziemlich oft von der Zukunft; er malte sie auch in überwiegend düsteren Farben, kündigte Kriege, Hungersnöte, allumfassende Verheerungen an. Er könnte sich damit aber auch auf die Vernichtung Jerusalems bezogen haben, die sich vierzig Jahre später ereignete; oder auf die zahllosen Grausamkeiten, die seitdem begangen wurden.

«Ich komme bald», verspricht Jesus. Es ist allerdings nicht der Fleisch-und-Blut-Jesus, der diese Zusage macht, sondern eine visionäre Erscheinung. Von ihr berichtet gegen Ende des 1. Jahrhunderts ein Christ namens Johannes.

Mehr als alle anderen biblischen Bücher hat die «Offenbarung» die Zukunftserwartung der Christenheit geprägt. Die Schrift findet sich bekanntlich ganz am Ende der Bibel, und das ist nicht ganz unproblematisch. Bei einem Buch kommt es ganz entscheidend darauf an, wie es aufhört.

Stirbt der Held oder nicht?

Wird der Mörder gefasst, oder kommt er davon?

Endet ein Text eher versöhnlich oder martialisch?

Die Offenbarung setzt einen Paukenschlag-Schlusspunkt. Die Welt geht zum Teufel, die Hure Babylon und der große Drache übernehmen das Kommando. Dann kommt der Messias und hält Gericht.

Gute Nacht, alter Planet.

Guten Morgen, neues Jerusalem.

Wenn ich als Lektor die Anordnung der Heiligen Schriften hätte organisieren dürfen, wäre bei mir auch die «Offenbarung» am Schluss gelandet. Dramaturgisch ergibt der Spannungsbogen «von Genesis bis Apokalypse» zweifelsohne Sinn.

Aber auch geistlich? Schließlich verspricht Jesus am Ende des Matthäus-Evangeliums nicht im Terminator-Stil: «I'll be back.»

Sondern: «Ich bin bei euch bis zum Ende der Welt.»

Statt mit dem Weltuntergang könnte die Bibel auch mit dem Missionsbefehl enden («Gehet hinaus in alle Welt») oder mit dem Jesus-Petrus-Dialog am Ende des Johannes-Evangeliums («Hast du mich lieb?»

– «Aber ja doch!» – «Weide meine Lämmer»). Für das Weltverständnis der Christen würde das womöglich einen großen Unterschied bedeuten.

Letzte Worte haben immer eine besondere Bedeutung. Je länger ich darüber nachdenke, desto mehr Argumente fallen mir dafür ein, die «Offenbarung» irgendwo zwischen Apostelgeschichte und Hebräerbrief unterzubringen, jedenfalls nicht am krönenden Schluss der Bibel.

Zu berücksichtigen ist dabei auch, dass die «Offenbarung» es nur mit Ach und Krach in den Kanon der Heiligen Schriften geschafft hat. Unklar ist bis heute die Autorenschaft. Für den Jesus-Jünger Johannes spricht außer der Namensgleichheit wenig. Die stilistischen Unterschiede zwischen dem Johannes-Evangelium und der Johannes-Offenbarung sind erheblich, die inhaltlichen Differenzen aber noch größer.

Während der Autor des Johannes-Evangeliums von allen biblischen Autoren am meisten von «Agape» spricht, vor allem auch in seinen Briefen, kommt das Wort in der Offenbarung überhaupt nicht vor.

Ein Leitthema beim Evangelisten ist die Einmütigkeit der Christen; der Apokalyptiker ruft stattdessen fortwährend zu Kampf und Abgrenzung auf.

Beim Evangelisten pflegen Jesus und seine Jünger einen freundschaftlichen Umgang miteinander, der Offenbarungs-Autor bezeichnet sich als «Sklave» von Jesus.

Die Gründe dafür, dass der Apokalyptiker mit dem Jünger gleichgesetzt wurde, haben also wenig mit inhaltlichen Übereinstimmungen zu tun. Vermutlich ging es eher darum, die Glaubwürdigkeit des ansonsten unbekannten Visionärs zu erhöhen.

Als es im späten 4. Jahrhundert darum ging, den Kanon der Heiligen Schriften zu bestimmen, hatten einige Kirchenväter die «Offenbarung» gar nicht auf ihrer Liste. Vor allem im östlichen Teil des Römischen Reichs stand man dem militanten Duktus des Buches skeptisch gegenüber.

Ganz auf ihrer Linie lag Luther. In den Vorbemerkungen zu seiner Übersetzung der «Offenbarung» sprach er der Schrift die göttliche Inspiration knallhart ab.

> *Mir mangelt an diesem Buch Verschiedenes, so dass ich's weder für apostolisch noch für prophetisch halte: aufs erste und allermeiste, dass die Apostel nicht mit Gesichtern umgehen, sondern mit klaren und dürren Worten weissagen, wie es Petrus, Paulus, Christus im Evangelium auch tun. Denn es gebührt auch dem apostolischen Amt, klar verständlich und ohne Bild oder Gesicht von Christus und seinem Tun zu reden. […] Es haben auch viele der Väter dieses Buch vorzeiten verworfen. […] Endlich meine davon jedermann, was ihm sein Geist gibt, mein Geist kann sich in das Buch nicht schicken, und ist mir dies Ursache genug, dass ich sein nicht hochachte, dass Christus drinnen weder gelehrt noch erkannt wird.*

Mit meiner eigenen Einschätzung gehe ich nicht so weit. Dafür ist meine persönliche Beziehung zu dem Buch zu tief. Daraus ist nämlich mein Konfirmationsspruch entnommen. Ich mag das Pathos der Luther-Übersetzung. Ich ziehe daraus Motivation und Trost.

> *Sei getreu bis an den Tod, so will ich dir die Krone des Lebens geben.*
>
> Offenbarung 2,10

Die «Offenbarung» verstehe ich als Trostbuch und Durchhalte-Appell eines mystisch veranlagten Christen für seine bedrängten Glaubensgeschwister. Der Text liefert keine Zukunftsschau, sondern beschreibt die metaphysischen Hintergründe damaliger Konflikte. Die Leserschaft bestand aus verfolgten und demoralisierten Christen. Genauso wie der Autor konnten sie nicht damit rechnen, dass ihr Glaube drei Jahrhunderte später zur römischen Staatsreligion befördert werden würde.

Die apokalyptischen Ängste legten sich damit aber keineswegs. Die Weltuntergangs-Fiebertemperatur blieb hoch.

Es gab aber auch Ausnahmen, zum Beispiel den italienischen Abt Joachim von Fiore (1130–1200). Er sah nach den heilsgeschichtlichen Epochen des Vaters (Altes Testament) und des Sohnes (Neues Testament bis ca. 1260) ein drittes Zeitalter des Heiligen Geistes voraus. Vorher würde es noch eine katastrophale antichristliche Epoche geben, aber danach ein himmlisches Jerusalem auf Erden geben.

Welterlösung statt Weltuntergang.

In den folgenden Jahrhunderten knüpften immer wieder Theologen und Philosophen an Joachim von Fiore an. In seiner Tradition stand auch Teilhard de Chardin (1881–1955). Der jesuitische Anthropologe versuchte, die Evolutionslehre mit dem Evangelium zu verbinden. Er beobachtete, dass viele Intellektuelle seiner Zeit das Christentum als überholt abqualifizierten. Die Lehre vom unausweichlichen Weltuntergang erschien ihnen zu pessimistisch. Viele wandten sich stattdessen einem Pantheismus zu, bei dem es zwar keinen persönlichen Gott gab, aber dafür eine optimistischere Weltsicht.

Dagegen setzte Teilhard einen «Pan-Christismus». Bei ihm stand Jesus nicht nur als «Alpha» am Anfang der Schöpfung und ansonsten abseits. Vielmehr bewegte sich die Schöpfung auf ihn als «Omega»-Endpunkt zu.

Für seine Behauptungen geriet er in Konflikt mit der katholischen Amtskirche. In seiner Rechtfertigungsschrift «Mein Glaube», die zwischen Weihnachten 1932 und den ersten Monaten 1933 entstand, bekräftigte er seine Absicht.

Den auferstandenen Jesus […] habe ich an die Spitze des Universums zu stellen versucht.

1955 – kurz nach seinem Tod – wurde Teilhards Hauptwerk «Der Mensch im Kosmos» veröffentlicht. Darin äußerte er die Hoffnung, dass die Menschen notgedrungen vom Irrweg ihres Autonomiestrebens umkehren und zurück zu Jesus finden würden.

Eines Tages werden wir unsere Bergwerke und unsere Erdölquellen geleert haben und werden sie durch etwas anderes ersetzen müssen. Doch offenbar gibt es nichts auf der Erde, was unsere Wissbegier sättigen oder unsere Erfindungskraft erschöpfen könnte. Das Christentum allein, ganz allein auf der modernen Erde, zeigt sich fähig, in einem einzigen, aus dem Leben entspringenden Akt das All und die Person zur Synthese zu bringen. Ganz allein kann es uns dahin führen, der ungeheuren Bewegung, die uns mit sich reißt, nicht nur zu dienen, sondern sie auch zu lieben.

Teilhard verortete den «Omega»-Punkt in einer ziemlich fernen Zukunft. Er glaubte weder an ein baldiges Ende der Welt noch an ein bevorstehendes irdisches Paradies.

Das weise Weltverhalten ist, wie so viele kundige Haltungen, von Paradoxien geprägt.

Erstens: von der erfahrungsgestützten Einsicht, dass die Welt immer besser wird und dadurch auch wieder stolzer, ungleicher, konfliktreicher.

Zweitens: vom Schmerz darüber, dass sich die Welt von Gott entfernt, und der gleichzeitigen Hoffnung darauf, dass sie sich auf ihn zubewegt.

Drittens: von der deprimierenden Einsicht, dass wir am Lauf der Welt wenig ändern können, und der Bereitschaft, dennoch helfend zu intervenieren.

In Paradoxien bewandert war der Theologe und Mediziner Albert Schweitzer (1875–1965). Seine Geisteshaltung beschrieb er in einer autobiografischen Schrift als eine Mischung aus Idealismus und Realismus.

Auf die Frage, ob ich pessimistisch oder optimistisch sei, antworte ich, dass mein Erkennen pessimistisch und mein Wollen und Hoffen optimistisch ist.

Kurz vor Ausbruch des Ersten Weltkriegs ging Schweitzer als Arzt nach Afrika. Wenige Monate nach Kriegsende kehrte der Elsässer für eine Predigt nach Straßburg zurück. Dort schärfte er seinen Zuhörern ein, worin vor allem sich die Gottesebenbildlichkeit des Menschen zeige:

Die Ehrfurcht vor dem Leben und das Miterleben des anderen Lebens ist das große Ereignis für die Welt. Die Natur kennt keine Ehrfurcht vor dem Leben.

Schweitzer konnte nicht verhindern, dass zwanzig Jahre später Millionen von Menschen als «lebensunwert» getötet wurden. Nach dem Zweiten Weltkrieg fiel die von ihm gepredigte «Ehrfurcht vor dem Leben» auf umso fruchtbareren Boden.

Mittlerweile setzt wieder eine Abstumpfung ein. Dafür sorgen die täglichen Berichte über Kriegstote, untergegangene Flüchtlingsboote, Opfer von Amokläufen und Naturkatastrophen. Dazu wird in Videospielen und Fernsehserien mehr und drastischer gemetzelt als je zuvor.

Die Überalterung der Bevölkerung, die inflationär steigenden Pflegekosten, die Trivialisierung von Abtreibungen, die Diffamierung der Menschheit insgesamt als Umweltzerstörer, ohne die der Planet besser dran wäre – all das prägt unser Bewusstsein, macht uns misanthropisch statt altruistisch.

In vielen Köpfen setzt sich die Einstellung fest, dass es bei acht, neun oder gar zehn Milliarden Menschen auf einen mehr oder weniger auch nicht ankommt.

Gnade uns Gott.

Genau.

Der weise Weg zur Weltbesserung führt nicht nur zu Gott, er führt durch und mit Gott. Das erkannte in seinen letzten Jahren Martin Heidegger.

Nein, er wurde nicht fromm. Er kehrte nicht zum traditionell-christlichen Glauben seiner Kindheit und Jugend zurück. Aber er schätzte dessen Wert wieder höher ein. Rückblickend auf sein eigenes Leben konnte er sich selbst zwar denkerische Höchstleistungen bescheinigen. Die Welt besser gemacht hatte er damit kaum. Vielmehr wurde er mit zunehmendem Alter immer fatalistischer.

An seinem 77. Geburtstag, am 26. September 1966, unkte er:

> *Vielleicht endet alles in einer großen Verödung. […] Vielleicht kann es auch sein, dass die Verödung so weit reicht, dass die Bedürfnisse so sehr verflachen, dass es gar nicht mehr den inneren Zerfall und die Leere seines Daseins spürt.*

Wenige Tage vor der Geburtstagsfeier war im SPIEGEL ein langes Interview mit Heidegger erschienen. Auch da versprühte er keine Zukunftshoffnung. Die Welt degenerierte. Wenn es überhaupt eine Rettung gab, musste die von oben kommen.

> *Die Philosophie wird keine unmittelbare Veränderung des jetzigen Weltzustandes bewirken können. Dies gilt nicht nur von der Philosophie, sondern von allem bloß menschlichen Sinnen und Trachten. Nur noch ein Gott kann uns retten. Die einzige Möglichkeit einer Rettung sehe ich darin, im Denken und Dichten eine Bereitschaft vorzubereiten für die Erscheinung des Gottes oder für die Abwesenheit des Gottes im Untergang. […] Wir können ihn nicht herbeidenken, wir vermögen höchstens die Bereitschaft der Erwartung vorzubereiten.*

Heidegger sprach wohlgemerkt von *einem* und nicht *dem* Gott der Christen. Seine Abneigung gegenüber der katholischen Kirche, in der er aufgewachsen war, und der evangelischen, der seine Frau angehörte, konnte er nie überwinden. Er hielt ihre Institutionen und Traditionen für gestrig, ihre Theologie für intellektuell unredlich.

Seitdem haben sich immer mehr Menschen seiner Meinung angeschlossen. Macht die Kirche, trotz der Jesus-Zusage, womöglich doch vor dem Weltende schlapp?

Das wäre eine schlechte Nachricht – für die Welt. In vielen Ländern floriert ein neuer National-Egoismus. Von allen globalen Glaubenssystemen ist das Christentum das mit Abstand am weitesten verbreitete: quer über alle Kontinente, quer durch alle Schichten (außer den allerhöchsten, die stehen der Jesus-Religion wie schon vor 2000 Jahren am reserviertesten gegenüber).

Der christliche Glaube hat ein einzigartiges Potenzial, Spaltungen zu überwinden, Freundschaften zu stiften, Frieden zu schaffen.

Ich gebe zu, dass die historische Erfahrung nicht unbedingt dafür spricht. Oft kamen Missionare im Schlepptau von Kanonenbooten, wurden Nicht-Christen nicht zu Jüngern, sondern zu Untertanen gemacht.

In wenigen Jahren, 2030, wird die Christenheit 2000 Jahre alt. Höchste Zeit, der Welt ihre Lernkompetenz zu demonstrieren.

Wenn der Gott der Bibel existiert, dann regiert er vor allem, indem er delegiert. Er will Christen als Rettungskräfte einsetzen. Deshalb ist es mal wieder höchste Zeit, dass sie Krisenkompetenz entwickeln.

Die Welt braucht eine weise Kirche.

4.
Kirche: Der Letzte macht das Kirchenlicht aus?

Zweitausend Jahre beinahe und nicht ein einziger neuer Gott.

Friedrich Nietzsche

Der letzte Anstieg ist meistens der schwerste. Im Frühjahr 2023 sind meine Frau und ich in Skopje den «Vodno-Matka Trail Run» gelaufen. 27 Kilometer durch die Berge. Dass die Mazedonier hart drauf sind, lehrt die Geschichte. Alexander der Große und Mutter Teresa kommen von hier. Deshalb hätte ich gewarnt sein müssen. Gleich am Anfang ging es steil nach oben – bis zu einem riesigen Gipfelkreuz. Geschafft, habe ich innerlich gekeucht und mir zugeflüstert: Ab jetzt geht's gemächlich ins Tal.

Von wegen. Der Rest des Laufs verlief im Achterbahn-Modus, runter und hoch, und vor der Zielankunft nochmal ganz steil nach oben.

Mit dem Christsein ist es so ähnlich. Man würde als Gläubiger gerne chillen und coasten, das starke Golgatha-Kreuz im Rücken; aber hinter jedem Gipfel wartet gleich der nächste. Das ist schon für jeden einzelnen Jesus-Nachfolger schwierig, aber für die Christenheit insgesamt ein echter Dämpfer.

Wenn ich von «Kirche» schreibe, meine ich keine spezielle Konfession oder Institution, sondern die Gesamtheit aller Christen. Nach zweitausend Jahren könnte man meinen, sie hätte genug Zeit gehabt, sich zu etablieren und außerhalb jeder Kritik zu positionieren. Aber das Gegenteil scheint in diesen Tagen der Fall zu sein. In ihren Stammlanden erlebt die Kirche einen unübersehbaren Relevanzverlust, in vielen anderen Teilen der Welt Verfolgung und Diskriminierung.

Die Kirche hat derzeit ganz offensichtlich *keinen* Lauf.

Christen glauben zwar an die Überlebensgarantie, die Jesus seiner Kirche gegeben hat. Aber theoretisch könnte es natürlich anders kommen.

Zum Beispiel wie in einem Horror-Film aus dem Jahr 1973: Ein Mann steckt fest in einer überlebensgroßen Puppe aus Weidengeflecht. Um ihn herum tanzen singende Frauen und Kinder, eine Musikkapelle spielt einen Folkloresong. Der Anführer der fröhlichen Schar bittet den Sonnengott, das Opfer gnädig anzunehmen. Dann wird die Puppe mit dem darin eingeschlossenen Mann angezündet. Die Flammen züngeln empor, während der Mann um sein Leben schreit. Das ist die schreckliche Pointe von «The Wicker Man» (1973, Robin Hardy).

Der englische Spielfilm beginnt zunächst harmlos, wie ein ganz normaler Krimi. Ein Polizist sucht nach einem Mädchen, das auf einer englischen Insel verschwunden ist. Die Spannung wird dadurch erhöht, dass der Polizist ein evangelikaler Christ ist; dagegen folgen die Inselbewohner einem sexuell freizügigen Fruchtbarkeitskult.

Die unschuldige Hippie-Aura ist aber nur vorgetäuscht. Am Ende stellt sich heraus, dass das verschwundene Mädchen ein Lockvogel war, um den frommen Polizisten auf die Insel zu locken. Als unschuldiges Menschenopfer soll er eine gute Ernte garantieren. Er wird gefangen und unter Jubelgesängen in die Weidepuppe verfrachtet.

Der Polizist brüllt ein Gebet. Er fleht Gott an, ihm nach seinem Tod das ewige Leben zu schenken: «Lass mich nicht die wirklichen Qualen der Hölle erleiden, denn ich sterbe ungestraft, sondern führe mich in die Glückseligkeit, die kein Ende kennt, durch Christus, unseren Herrn.»

Das Drehbuch zum Film endet mit den Worten: «Der Bildschirm wird langsam schwarz, während der qualvolle Lärm des Opfers in der Stille verklingt.»

Ausgeglaubt.

Seit ich den Film zum ersten Mal gesehen habe, ist mir das gruselige Ende nicht mehr aus dem Kopf gegangen. Was, wenn irgendwann das Christentum nur noch eine historische Episode ist? Das Ende wird dann nicht so dramatisch ausfallen wie in dem Horrorstreifen, eher mit einem Wimmern als mit einem Knall.

Mit Märtyrern kennt das Christentum sich aus. Am Anfang der Kirchengeschichte gab es zahlreiche. Aber deren Schicksal hatte bei aller Tragik einen triumphalen Beigeschmack. Schließlich hat sich das «Blut der Märtyrer», wie der Kirchenvater Tertullian (150–220) verkündete, als «Samen» einer Erfolgsgeschichte sondergleichen herausgestellt.

Sehr viel deprimierender ist die Vorstellung, dass alles umsonst war, dass das Christentum tatsächlich den Weg allen Fleisches geht und stirbt.

Anders als in «The Wicker Man» müssen sich Christen heutzutage nicht davor ängstigen, lebendig abgefackelt zu werden, jedenfalls nicht in der westlichen Hemisphäre. Dafür droht ihnen die allmähliche kulturelle Auslöschung. Bleibt am Ende, wie dem Polizisten in dem Horrorfilm, nur die Jenseitshoffnung, während sich in der Gesellschaft ein Neuheidentum breitmacht?

Totgesagte leben bekanntlich länger – und im Fall der Kirche hoffentlich bis ans Ende der Welt. Abgesänge wurden schon im 18. Jahrhundert angestimmt, und im 19. Jahrhundert schien vielen Intellektuellen ein Verstummen der Kirchenglocken nur eine Frage der Zeit. Der Schweizer Pastorensohn und angehende Historiker Jacob Burckhardt (1818–1897) schrieb mit 25 Jahren an einen Freund:

Das Christentum ist für unseren Standpunkt in die Reihe der rein menschlichen Geschichtsepochen eingetreten; es hat die Völker sittlich groß gezogen und ihnen endlich die Kraft und Selbständigkeit verliehen, sich fortan nicht mehr mit Gott, sondern mit dem eigenen Innern versöhnen zu können. […] Hätte ich gelebt zur Zeit, als Jesus von Na-

zareth durch die Gauen Judas wandelte – ich wäre ihm gefolgt und hätte allen Stolz und Übermut aufgehen lassen in der Liebe zu ihm und hätte nach Selbständigkeit und eigener Geltung nicht weiter gefragt, denn was hätte es geschadet, als Einzelwesen verlorenzugehen neben ihm? Aber achtzehn Jahrhunderte trennen unsere Sehnsucht von ihm.

Berühmt-berüchtigt ist die Interviewpassage, in der John Lennon 1966 auf dem Höhepunkt der Beatlemania das Ende des Christentums prophezeite.

Das Christentum wird sich verabschieden. Es wird verschwinden und schrumpfen. Da muss man nicht lange herumreden. Ich habe recht, und die Geschichte wird mir recht geben. Wir sind jetzt berühmter als Jesus. Ich weiß nicht, was eher verschwinden wird: Rock'n'Roll oder das Christentum. Jesus war ja okay, aber seine Jünger waren dumpf und gewöhnlich. Ihre Verdrehungen haben mir das Ganze vermiest.

In den 70er und 80er Jahren drehte sich das Momentum aber schon wieder. Reihenweise proklamierten Top-Stars ihren Glauben: Al Green, Johnny Cash, Bob Dylan, Alice Cooper, Donna Summer. Mit dem Untergang des Sowjet-Atheismus schied der mächtigste politische Rivale aus. Das Christentum schien wieder auf der Gewinnerstraße.

Vor allem die USA trotzten allen Säkularisierungs-Tendenzen. Die Kirchen waren rappelvoll, die Mitgliederzahlen konstant hoch.

Das änderte sich jedoch im neuen Millennium. Selbst in den Vereinigten Staaten wandten sich junge Leute scharenweise vom Glauben ihrer Eltern ab. Und in Westeuropa schrumpften die christlichen Gemeinschaften ungebremst weiter.

In Deutschland sind kirchlich organisierte Christen erstmals seit den Zeiten der Merowinger-Könige im frühen Mittelalter wieder in der

Minderheit. Die Wörter «Kirchen» und «Krise» werden in den Medien so häufig nebeneinander genannt, dass man meinen könnte, es handle sich um Synonyme. Man hört seltener Halleluja-Chöre, öfter Allahu-Akbar-Rufe, vor allem aber Stille, wenn es um religiöse Bekenntnisse geht.

Der griechische Religionspsychologe Vassilis Saroglou (geboren 1966) hält diesen Trend für unumkehrbar:

Die traditionelle Religion wird schrittweise in moderne Spiritualität umgewandelt und durch diese ersetzt. Die Religion als Gemeinschaftsphänomen wird zugunsten der Religion als private Anbetungspraxis schwächer werden. Schwächer wird auch die Betonung der traditionellen Religion auf Ideen, Werte und Praktiken, die einhergehen mit Konformität, Misstrauen gegen Autonomie, mit sexueller Zurückhaltung, Mangel an Relativismus und Widerstand gegen Veränderungen.

Bye-bye, Kirche?

Trotz aller Depri-Statistiken: Mit dem Kondolieren sollte man sich noch etwas gedulden. Mondwasser, Klangschalen und kosmische Antennen fürs liebe Universum – das funktioniert in den 2020er Jahren so gut wie Esoterik-Riten, Tischrücken, Satansbeschwörungen in den wilden 1920ern. Geholfen hat es damals nichts, und die Do-It-Yourself-Religion wird auch in unserem Jahrhundert einknicken, wenn die Daxkurve steil nach unten geht. Mit seiner 2000-jährigen Historie und seinen 2,2 Milliarden Anhängern weltweit ist das Christentum viel zu groß, um kaputtzugehen. Too big to fail.

Gerade in einer Welt mit hoher Innovationsgeschwindigkeit sind alte Lebensformen am wenigsten veraltungsanfällig, weil sie schon alt sind. […] Je schneller das Neueste zum Alten wird, desto schneller kann Altes wieder zum Neuesten werden; jeder weiß das, der nur ein wenig länger schon lebt. So sollte man sich beim modernen Dauerlauf

Geschichte – je schneller sein Tempo wird – unaufgeregt überholen lassen und warten, bis der Weltlauf – von hinten überrundend – wieder bei einem vorbeikommt; immer häufiger gilt man dann bei denen, die überhaupt mit Avantgarden rechnen, vorübergehend wieder als Spitzengruppe: so wächst gerade durch Langsamkeit die Chance, up to date zu sein.

Odo Marquard, Zukunft braucht Herkunft

Also abwarten und Kirchentee trinken?

Dafür spricht der Erfolg von konservativ ausgerichteten Kirchen, in Deutschland wie in den USA. Die Gottesdienstbesucherzahlen sind teilweise beeindruckend. Allerdings hört der eigene Einfluss jenseits der eigenen Gemeindegrenzen auf. Gesamtgesellschaftlich liegt er bei null. Wer sich intern wie ein Marvel-Avenger im Kampf gegen den Säkularismus vorkommt, erscheint Außenstehenden eher wie ein putziger Minion.

Im Gegensatz dazu sind die «Progressiven» gern gesehene Gäste auf Empfängen in der bürgerlichen Beletage; allerdings sind die Gemeindeveranstaltungen mau besucht und die Mobilisierungskräfte gering.

Christen sollten sich nichts vormachen.

Die Lage ist nicht hoffnungslos, aber sehr ernst.

Die fromme Basis war zwar schon immer eher kleinbürgerlich und sozial randständig geprägt, erfreute sich aber der Protektion durch Krone, Kapital und machtvolle Kirchenbehörden. Dieser Überbau bricht weg – und damit der Einfluss. In den großen Debatten der Zeit kommen explizit christliche Stimmen kaum zu Wort, außer wenn es um ethische Fragen geht.

Unter den «Fünfhundert wichtigsten Intellektuellen», die von der Zeitschrift «Cicero» alle paar Jahre ermittelt werden, findet sich höchstens ein Dutzend bekennender Christen, die meisten davon über 70 Jahre alt. Vor fünfhundert Jahren hätte die Quote noch bei 100 Prozent gelegen.

Am Anfang des Buches habe ich erläutert, warum die Welt meiner Meinung nach vom vierten großen «Wechselfieber» geschüttelt wird. In den vorherigen Krisenzeiten gab es jeweils einflussreiche christliche Vordenker, bei denen die Menschen sich Rat holen konnten.

Um 1500: Luther, Erasmus, Thomas Morus und eigentlich alle damaligen Intellektuellen.

Um 1800: Claudius, Jung-Stilling, Novalis, Herder, Jean Paul, Jacobi, Wieland.

Um 1950: J. R. R. Tolkien, C. S. Lewis, Dorothy Sayers, Reinhold Schneider, Romano Guardini, Heinrich Böll, Karl Barth, Karl Rahner, Albert Schweitzer, Julien Green.

Und heute? Mir fallen auf Anhieb kaum Namen von christlichen Geistesgrößen ein, die international bekannt sind.

Zugegeben: Die christliche Religion hat die weltweit meisten Anhänger. Aber Quantität ist nicht gleich Qualität. Es gibt keine einzige führende Industrienation, in welcher die christliche Religion die prägende kulturelle Kraft ist. Von den G20-Staaten, also den wirtschaftlich und politisch dominanten, sind vier muslimisch ausgerichtet, einer hinduistisch und ungefähr die Hälfte säkular-humanistisch. Ein Staat mit einer christlichen Kultur-Agenda ist nicht darunter.

«Kultur isst Strategie zum Frühstück», behauptete der Management-Vordenker Peter Drucker (1909–2005).

Die Kirche muss aufpassen, dass ihre gutgemeinten Strategien nicht der Macht der Umstände zum Opfer fallen.

Wer die Anschlussfähigkeit an die vorherrschende Kultur einer Gesellschaft verliert, verkümmert zur Splittergruppe.

Es stimmt, dass die antike Christenheit gegen erhebliche politische und kulturelle Widerstände wuchs: von null auf ungefähr 10 Prozent beim Machtantritt von Kaiser Konstantin. Die restlichen 90 Prozent kamen in den folgenden Jahrzehnten mit freundlicher Unterstützung des römischen Machtapparats dazu.

Auch in einem feindlichen Ambiente können Kirchen überleben. Aber nur in der Nische.

Ein warnendes Beispiel ist die jesuitische China-Mission im 17. Jahrhundert – und ihr Scheitern. Sieht man von Marco Polos sagenumwobenem Besuch bei Kublai Khan ab, war es die erste intensive Begegnung des christlichen Abendlands mit dem Reich der Mitte. Der portugiesische König hatte 1600 einige seiner klügsten Köpfe entsandt, um das Gebiet jenseits des Himalayas zu christianisieren. Dabei setzten sie gleich auf höchster Ebene an, bei der kulturellen Elite.

Die ersten Kontakte waren vielversprechend. Die jesuitischen Gelehrten beeindruckten die Einheimischen durch ihr wissenschaftliches Knowhow. Und auch die Frohe Botschaft fiel zunächst auf fruchtbaren Boden. Die Missionare betonten die Parallelen zwischen Christentum und Konfuzianismus. Sie orientierten sich an den antiken Christen, die die Übereinstimmung zwischen Platon und dem Evangelium herausgestrichen hatten.

Bei den Chinesen gab es weitere Möglichkeiten, ihnen das Christentum als lang ersehnte Antwort auf uralte Fragen zu präsentieren. Die Chinesen glaubten an den «Himmel» als höchstes Prinzip, die Christen verkündigten einen persönlichen «Herrn des Himmels».

Das passte.

Es gab einige prominente Bekehrungen.

Die Missionare wurden für ihre Predigten beklatscht.

Euphorisiert von ihren ersten Erfolgen, begannen die Jesuiten, Tacheles zu reden. Wer Jesus nachfolgen wollte, musste sich von seinen alten Bräuchen lossagen.

Das gefiel den traditionsbewussten Chinesen nicht. Sie stieß auch der schroffe Dualismus der westlichen Gäste immer stärker ab. Alles oder nichts, Paradies oder Verdammnis, irdisches Jammertal oder himmlische Herrlichkeit – das entsprach so gar nicht der chinesischen Denkgewohnheit, die eher auf Verknüpfung, Balance und Harmonie angelegt war.

Völlig inakzeptabel fanden die Chinesen die Vorstellung, Buddha, Konfuzius und Laotse würden trotz ihrer Weisheit und Tugendhaftigkeit in der Hölle schmoren. Der Gott der Christen schien ihnen bald nicht mehr freundlich, sondern hart und unbarmherzig. Die Stimmung kippte. Die anfangs bewunderten Missionare wurden immer mehr als Bedrohung für die gesellschaftliche Ordnung wahrgenommen. Es gab noch vereinzelte Taufen, aber nicht mehr an der Spitze der chinesischen Gesellschaft.

In seinem Buch «Christus kam bis nach China: Eine erste Begegnung und ihr Scheitern» schreibt der renommierte französische Sinologe Jacques Gernet (1921–2018):

> *Wirklich gelang es den Jesuiten um 1620 nicht mehr, einen großen Gelehrten oder hohen Beamten zu bekehren. Keiner der danach Getauften hatte mehr das Ansehen.*

250 Jahre später unternahm der englische Missionar Hudson Taylor (1832–1905) mit seiner «China-Inland-Mission» einen neuen Anlauf. Anders als die Jesuiten wandte er sich eher an die einfache Bevölkerung. Tatsächlich fanden in den folgenden Jahrzehnten zahlreiche Chinesen zum christlichen Glauben. Heute liegt die Zahl der Christen in der Volksrepublik bei etwa fünf Prozent. Von gesellschaftlichem Einfluss sind sie allerdings meilenweit entfernt.

Die Frage, ob eine kultursensiblere Missionierung nachhaltiger gewesen wäre, kann heute nicht mehr beantwortet werden. Wie im alltäglichen Leben gibt es Grenzen der Verständigung und der Kompromissfähigkeit.

Verabschieden muss man sich auf jeden Fall von der Vorstellung, die Transformation einer Gesellschaft vollziehe sich von unten nach oben, von der gesellschaftlichen Basis aufwärts zu ihren Eliten. Tatsächlich verläuft der Veränderungsprozess in aller Regel top down, von den Einflussreicheren zu den Einflussärmeren.

Die 68er kamen aus der wirtschaftlichen Mitte der Gesellschaft und setzten sich früh an die kulturelle Spitze. Deshalb sieht Deutschland in Sachen «Sex, Cannabis and Rock'n'Roll» heute so aus, wie es sich WG-Bewohner in Schwabing und Kreuzberg damals vorgestellt haben.

Wer seinen gesellschaftlichen Einfluss halten oder ausbauen will, muss deshalb auch oben ansetzen, da, wo die Nachfragen besonders kritisch sind, wo neben theologischer Kompetenz auch anthropologischer und ökologischer Tiefsinn gefragt ist.

In meinem Buch «Übermorgenland» habe ich die erfahrungsgestützte These vertreten, der «heißen» Religion gehöre die Zukunft. Mittlerweile bin ich davon überzeugt, dass eine «weise» Glaubenspraxis ebenso wichtig ist. Zum heißen Herzen gehört ein kühler Kopf, sonst drohen Fanatismus und Irrationalität. Umgekehrt neigt eine lediglich weltkluge Kirche zu Selbstgefälligkeit und Passivität.

Deshalb stimmt mich der Bedeutungsverlust der westlichen Christenheit nicht nur traurig. Die hiesige Vorliebe für Analyse, Ordnung und Hierarchien hat vielerorts zu Stillstand, Sterilität und Selbstblockade geführt. Nun verlagert sich der Schwerpunkt der globalen Kirche wieder gen Morgenland und damit zurück zu ihren Wurzeln.

Das Christentum entstand schließlich an der Schnittstelle von Europa, Asien und Afrika. In den kommenden Jahrzehnten werden die asiatischen und afrikanischen Einflüsse stärker werden. Davon wird ein kreativer Schub ausgehen, ein Aufbrechen eingefahrener Gewohnheiten.

Die Süd-und-Ost-Bewegung wird nicht nur einen Wachstumsschub auslösen, sondern kann auch einen Weisheitsschub bewirken. Ein solcher Kompetenzgewinn macht die christliche Botschaft wiederum attraktiver für Vordenker und Sinnsucher. Mit ihrer Hilfe kann das Christentum aus der Defensive herauskommen und sich an die Spitze der Zukunftsdebatten stellen, als philosophisch-spirituelle Avantgarde.

Den Wunsch nach einer neuen christlichen Avantgarde habe ich selbst 2005 in einem Essay formuliert. Damals habe ich für eine Kirche mit «Tiefgang und Testosteron» plädiert.

Für den Aufsatz gab es aus frommen Kreisen viel Zustimmung – mehr für die geforderten Testosteron-Spritzen als für das Tiefgang-Plädoyer.

Heute bin ich davon überzeugt, dass Tiefgang *durch* Testosteron das Gebot der Stunde ist. Man muss kräftiger graben, um tiefer zu kommen, und dabei Ideen zutage fördern, die eine weite Strahlkraft entwickeln. Die Avantgarde-Kirche ist nicht als eine Vorhut zu verstehen, die wie die dreihundert Spartaner am Thermophylen-Engpass den Fortschritt aufhalten; vielmehr ähnelt sie der platonischen Akademie in Athen.

Eine solche Avantgarde ist eher Labor und Werkstatt, als dass sie Rüstkammer wäre. Sie sucht nach Antworten auf virulente Zeitfragen und findet sie in den biblischen Texten, in der historischen Erfahrung, in neuesten wissenschaftlichen Erkenntnissen und in kreativen Kombinationen daraus. Hochattraktiv ist diese Art des Vordenkens insbesondere für Hochgebildete.

Angeblich gibt es auf der Welt noch hundert Volksstämme, die bisher nicht mit der christlichen Botschaft erreicht wurden.

Ich habe noch eine Gruppe zu ergänzen:

Und zwar ein notorisch heikles und skeptisches Milieu.

Derzeit am allerwenigsten mit dem Evangelium erreicht.

Nämlich die Gruppe der Top-Intellektuellen.

Um sie zu erreichen, bedarf es einer weisen «Verkaufe». Ich weiß: Man kann Management- und Marketinglektionen nicht ohne Weiteres auf die Verbreitung des Glaubens übertragen. Dennoch können die folgenden BWL-Einsichten hilfreich sein.

Worauf es ankommt, ist: ein attraktives Produkt, das möglichst rar, außergewöhnlich und nutzwertig ist; eine sympathische Verkaufsperson, die dem Kunden vertraut und vertrauenswürdig vorkommt; eine auf den Adressaten abgestimmte Kommunikation, die den Produkterwerb möglichst einfach, risikofrei und lukrativ macht.

Die *weise* Kirche unterstreicht die Alleinstellungsmerkmale des

Glaubens. Auf der Beziehungsebene stellt sie gleichzeitig Nähe zu den Glaubensinteressierten her. Und sie kommuniziert ihre Botschaft auf eine niedrigschwellige und anschlussfähige Art und Weise.

Will sie das? Falls ja – hier die Vertiefung.

Erstens: Botschaft

Der **USP** («Unique Selling Point») der Kirche ergibt sich aus den drei vom Apostel Paulus bestimmten Essenzen der christlichen Botschaft: Hoffnung, Glaube, Liebe. Oder, um beim Akronym «USP» zu bleiben:

U = Unsterblichkeit: die Verheißung eines ewigen Lebens in liebevoller Beziehung zu Gott und Miterlösten.

S = Sinn: der Glaube an die Selbstoffenbarung Gottes in Jesus Christus, seine Inkarnation, sein Erlösungstod, seine Auferstehung, seine anhaltende Präsenz durch den Heiligen Geist.

P = Passion: Weil Gott uns leidenschaftlich liebt, können wir einander rückhaltlos lieben.

Die Fokussierung auf diesen USP bedeutet nicht, dass Christen sich nicht für Frieden, soziale Gerechtigkeit und Bewahrung der Schöpfung engagieren sollen. Aber dabei dürfen die christlichen Alleinstellungsmerkmale nicht aus dem Blick geraten. Um ein besseres Diesseits kümmern sich bereits unzählige Parteien, NGOs und Privatinitiativen.

In ihrer Geschichte hat die Kirche allzu lange die Erlösung auf deren schadensbegrenzende Wirkung heruntergestutzt. Das «erlöst von» wurde stärker betont als das «erlöst zu»; es wurde auch mehr über Sünde geredet als über Shalom.

Alle Menschen wollen glücklich sein. Das Glücksversprechen der Bibel geht dabei weit über ein volles Konto und ein erfülltes Sex- und Familienleben hinaus.

Das Wort für die göttliche Zielbestimmung des Menschen heißt auf Hebräisch «tov». Im Alltagsgebrauch taucht es heutzutage am ehesten in der jüdischen Wunschformel «Masel tov» auf, was meistens als «Viel Glück!» übersetzt wird. Dabei verbirgt sich hinter den drei Buchstaben von «tov» viel mehr. Im ersten Buch der Bibel ist sieben Mal von «tov» die Rede. Gott bewertet damit die einzelnen Schöpfungsabschnitte («und er sah, dass es *gut* war»). Im lexikalischen Anhang der Elberfelder Bibelübersetzung wird auf die umfassende Bedeutung des Begriffs hingewiesen, der auch «nützlich, erfreulich, wertvoll, schön, reichlich, wohlriechend, angenehm, gütig» bedeutet.

Tov ist das Wesen Gottes, das Ziel des Menschen und der Auftrag der Kirche. Es gibt aber auch Hindernisse auf dem Weg dahin, böse Gegenkräfte, die sündhaften Beharrungskräfte der Menschheit. Auch im Umgang damit muss die Kirche kompetent sein.

Gerade progressive Christen, die auf eine horizontale Verbundenheit der Kirche mit ihrer Umwelt hinwirken, vernachlässigen häufig die vertikale Dimension des Glaubens: die Kraft von oben, aber auch den grauenhaften Sog einer anti-humanen Tiefe. Allzu schnell reihen sie sich ein in säkulare Regenbogenkoalitionen. Sie lassen außer Acht, dass der Regenbogen laut biblischer Überlieferung die Versöhnung Gottes mit den Menschen symbolisiert, nicht die Versöhnung des Menschen mit sich selbst.

Das gute Leben bleibt für die auf sich gestellten Menschen unerreichbar. Die Liebe, die sie suchen, ist stark, treu, ewig – und Gott hat das Monopol.

Das ist die Botschaft, nach der die Welt sich sehnt.

Zweitens: Botschafter

Egal, ob es um einen Gebrauchtwagen oder das ewige Leben geht: Wir lassen uns eher von Menschen überzeugen, die uns ähnlich und sympathisch sind, die Wärme und Kompetenz ausstrahlen und denen wir deshalb vertrauen. Gerade da, wo der beworbene Sachverhalt auf den ersten Blick wenig Eindruck macht, ist das eigene werbliche Auftreten umso wichtiger. Ob eine Transaktion zustande kommt, entscheidet sich ganz wesentlich auf der Beziehungsebene.

Der gelernte Textilverkäufer Paulus wusste das. Als er hauptberuflich auf die Evangeliums-Verkündigung umsattelte, stieg er vom hohen Pharisäer-Ross herunter. Er passte seine Sprache und sein Verhalten den Umständen an.

> *Damit ich die Juden für Christus gewinne, lebe ich wie ein Jude: […] Wenn ich mit Menschen zu tun habe, die arm und rechtlos sind, dann begebe ich mich mit ihnen auf eine Stufe, um sie für Christus zu gewinnen. Ich möchte mich allen gleichstellen, um auf jede erdenkliche Weise wenigstens einige Menschen zu retten.*
>
> 1. Korinther 9,20.22

Auf die heutige Zeit übertragen heißt das, den Menschen des 21. Jahrhunderts ein echter Zeitgenosse zu sein und von ihnen nicht zu verlangen, sich in die Vorstellungswelten des ersten, vierten, zwölften oder sechzehnten Jahrhunderts hineinzuversetzen.

Der Platz der Kirche ist, außer in Verfolgungszeiten, nicht in frommen Reservaten, sondern mitten im Leben.

«Domine, quo vadis» (dt.: Herr, wohin gehst du?), fragt der vor Kaiser Nero flüchtende Petrus den ihm entgegenkommenden Jesus. Laut der populären Legende bekommt er von Jesus zur Antwort: «Nach Rom.» Danach macht auch Petrus kehrt.

Die weise Antwort auf die Frage «Quo vadis, Kirche?» lautet: Überall dahin, wo es Menschen gibt, die Jesus noch nicht kennen.

Da Menschen am liebsten unter sich bleiben, ist die Versuchung groß, das Jesus-Gleichnis vom guten Hirten (Lukas 15) auf den Kopf zu stellen. Jesus erzählt von einem Hirten, der 99 Schafe auf der Weide hat und sich trotzdem auf die umständliche Suche nach einem verlorenen Schaf macht. Heutzutage ist es eher so, dass 99 Schafe sich verlaufen haben, die Gemeindehirten sich aber mit einem übriggebliebenen Schaf in der Hütte verkuscheln. Aus Angst davor, sich in der Welt schmutzig zu machen.

Vor einer solchen Risikoscheu warnt Jesus ausdrücklich in seinem Gleichnis von den anvertrauten Talenten (Lukas 19). Darin geht es um einen verreisenden Großinvestor, der drei Angestellten den Auftrag erteilt, sein Geld in seiner Abwesenheit bestmöglich anzulegen.

Zwei der Diener lassen sich auf riskante Spekulationsgeschäfte ein und steigern das Vermögen. Ein dritter Diener fürchtet mögliche Kursverluste und vergräbt das Geld lieber. Nach der Rückkehr des Bosses werden die mutigen Angestellten üppig belohnt, der Ängstliche aber degradiert.

Mit diesem Gleichnis ermutigt Jesus zu Kreativität und Unkonventionalität, wenn es darum geht, Menschen für die gute Botschaft anzusprechen.

Wenn es sich dabei aber nur um eine Performance handelt, ist der anschließende Vertrauensverlust umso stärker. Menschen wollen um ihrer selbst willen gemocht werden, nicht dafür, dass sie für höhere Kirchensteuereinnahmen oder ansehnlichere Mitgliedsstatistiken sorgen.

Warum meiden viele meiner Bekannten die Kirche?

Weil sie sich dort schlichtweg nicht (mehr) wohlfühlen.

Dieses Unbehagen existierte auch in den vorherigen Jahrhunderten. Vor allem Intellektuelle stießen sich an moralisierenden Predigten, bei denen sich die Pfarrer wenig Mühe gaben, ihre Forderungen plausibel zu begründen. Im 17. Jahrhundert notierte der hochreligiöse Blaise Pascal:

Die Menschen schätzen die Religion gering. Sie hassen sie und fürchten, dass sie wahr sei. Um dafür Abhilfe zu schaffen, muss man zunächst zeigen, dass die Religion keineswegs der Vernunft widerspricht, [muss] sie verehrungswürdig machen, ihr Achtung verschaffen. Sie hierauf liebenswert machen, den Guten den Wunsch ein-

geben, dass sie wahr sein möge, und danach zeigen, dass sie wahr ist. Verehrungswürdig, weil sie den Menschen gut erkannt hat. Liebenswert, weil sie das wahre Glück verheißt.

Im 17. und 18. Jahrhundert wurden die Frommen auf den französischen und deutschen Theaterbühnen fast so oft veralbert wie heutzutage in Netflix-Serien. Mal wurden sie als gefährliche Heuchler persifliert (Tartuffe, 1664); mal als leicht beeinflussbare Naivlinge karikiert (Die Pietisterey im Fischbein-Rocke, 1736; Die Betschwester, 1745).

Mit der Aufklärung und dem technischen Fortschritt schwand die Autorität der Kirche. Je größer die Entfaltungsmöglichkeiten im Diesseits waren, desto mehr aus der Mode kamen Jenseitsvertröstungen. Der Schriftsteller Karl Philipp Moritz (1756–1793) klagte in seinem psychologischen Roman «Anton Reiser», einer verkappten Autobiografie, über die frömmlerisch-weltferne Erziehung seines Protagonisten.

So ward er schon früh aus der natürlichen Kinderwelt in eine unnatürliche idealistische Welt verdrängt, wo sein Geist für tausend Freuden des Lebens verstimmt wurde, die andre mit voller Seele genießen können.

Manche Kirchenfunktionäre setzten auf Druck und Repression, um den Autoritätsschwund auszugleichen. In Allianz mit dem ebenfalls angefochtenen Adel versuchten sie, die Vorherrschaft von Kirche und Krone zu zementierten. In seiner Schrift über «Das Ende aller Dinge» warnte Immanuel Kant 1794 vor einer Rückkehr zur religiösen Zwangsernährung.

Das Christentum hat, außer der größten Achtung, welche die Heiligkeit seiner Gesetze unwiderstehlich einflößt, noch etwas Liebenswürdiges in sich. Sollte es mit dem Christentum einmal dahin kommen, dass es aufhörte, liebenswürdig zu sein (welches sich wohl zutragen könnte, wenn es, statt seines sanften Geistes, mit gebieterischer Autorität bewaffnet würde), so müsste, weil in moralischen Dingen keine Neutralität stattfindet, eine Abneigung und Widersetzlichkeit gegen dasselbe die herrschende Denkart der Menschen werden.

In eine ganz ähnliche Richtung gingen die Gedanken, die sich die Freunde Goethe und Schiller über die Kirche machten. Goethe hatte gerade seinen Roman «Wilhelm Meisters Lehrjahre» fertiggestellt. Mit seiner Beschreibung einer «frommen Seele» hatte Goethe seine Idealvorstellung einer warmherzigen Christin vorgelegt.

Schiller war begeistert. Ihm hatte die strenge Schulerziehung jeden Dogmatismus und Kadavergehorsam ausgetrieben. In einem Brief an Goethe bekannte er am 17. August 1795:

Ich finde in der christlichen Religion virtualiter die Anlage zu dem Höchsten und Edelsten, und die verschiedenen Erscheinungen derselben im Leben scheinen mir bloß deswegen so widrig und abgeschmackt, weil sie verfehlte Darstellungen dieses Höchsten sind. Hält man sich an den eigentümlichen Charakterzug des Christentums, der es von allen monotheistischen Religionen unterscheidet, so liegt er in nichts anderem als in der Aufhebung des Gesetzes oder des Kantischen Imperativs, an dessen Stelle das Christentum eine freie Neigung gesetzt haben will. Es ist also in seiner reinen Form Darstellung schöner Sittlichkeit oder der Menschwerdung des Heiligen, und in diesem Sinn die einzige ästhetische Religion; daher ich es mir auch erkläre, warum diese Religion bei der weiblichen Natur so viel Glück macht, und nur in Weibern noch in gewisser erträglichen Form angetroffen wird.

Bei meiner Auswertung von Briefen aus der Zeit der frühen Moderne war ich verblüfft, wie verbreitet das Kirchen-Bashing damals war. Immer wieder ertönt die Klage über fade oder furchteinflößende Predigten. Exemplarisch ist ein Seufzer, den der 17-jährige Nathaniel Hawthorne (1804–1864) in einem Brief an seine Schwester ausstieß. An seinem Studium störte ihn nichts so sehr wie die verpflichtenden Gottesdienstbesuche.

> *Das Schlimmste ist, jeden Sonntag zum Kirchenbesuch gezwungen zu werden, und dann eine glühendheiße Calvinisten-Predigt zu hören, entweder vom Uni-Präsidenten oder von einem anderen Vertreter der Schwefel-und-Feuer-Theologie.*

Dreißig Jahre später rechnete Hawthorne in seinem Roman «Der scharlachrote Buchstabe» mit seiner puritanischen Herkunft ab.

Als freudlos empfanden auch die skandinavischen Schriftsteller Henrik Ibsen und August Strindberg ihre kirchlich geprägte Kindheit – und rächten sich dafür in ihren Theaterstücken.

Eine ähnliche Entwicklung gab es bei dem Maler Edvard Munch (1863–1944). Mit 29 Jahren stellte er sein bekanntestes Bild fertig, «Der Schrei». Der entsetzte Gesichtsausdruck darauf lässt nicht nur tief in seine gequälte Psyche blicken, sondern auch in seine Kindheit. Er war in einem streng pietistischen Haushalt aufgewachsen.

Zehn Jahre vor dem «Schrei» hatte Friedrich Nietzsche in «Also sprach Zarathustra» über die Christen in seinem persönlichen Umfeld geschimpft:

> *Bessere Lieder müssten sie mir singen, dass ich an ihren Erlöser glauben lerne: Erlöster müssten mir seine Jünger aussehen.*

Eine weise Kirche darf nicht nur «nett» sein.

Aber «nicht nett» schon gar nicht.

Eine Sympathie-Offensive ist keine Kapitulation vor dem religionsskeptischen Zeitgeist, sondern die einzige Möglichkeit, diesen zu entwaffnen.

Drittens: Botschaftsübertragung

Die christliche Botschaft ist komplex und teilweise paradox, und genau das erhöht einerseits ihren Reiz. Andererseits sind widersprüchliche Signale bei der Verbreitung einer Botschaft hinderlich.

Der israelische Verhaltensforscher Uri Gneezy (geboren 1967) hat herausgefunden, dass «mixed signals» zu den größten Verkaufsbremsen gehören. Christen senden «mixed signals» dann aus, wenn sie etwa die Erlösung zu einer göttlichen Gratis-Gabe deklarieren, dann aber das Bemühen um einen einwandfreien Lebenswandel zur Vorbedingung machen: so ähnlich, wie wenn bei einem Schenkungsvertrag lauter Zusatzkonditionen in den AGBs aufgelistet sind.

Über den Kausalzusammenhang zwischen göttlicher Liebe und einem geheiligten Leben haben sich Christen, seit es sie gibt, den Kopf zerbrochen. Verbreitet war die Angst, dass eine Taufbescheinigung zum All-You-Can-Cheat-Freifahrtschein missbraucht wird. Die Befürchtung ist ja auch nicht aus der Luft gegriffen. Menschen brauchen Anreize, und jenseitige Belohnungen und Bestrafungen sind in dieser Hinsicht ziemlich wirkungsvoll – wenn man daran glaubt.

Einen definitiven Ausweg aus dem Dilemma kenne ich auch nicht. Mir fallen aber zwei Ansätze ein:

Zum einen kann man die Verwirrung dadurch reduzieren, dass man statt Erklär-Formeln die Person Jesus in den Mittelpunkt der Botschaftsübertragung stellt: die Einladung zu einer liebevollen Beziehung mit ihm. Angesichts der Grandiosität der göttlichen Offerte werden alle «Was-ist-wenn-nicht»-Erwägungen belanglos. Wer Gottes ausgestreckte Hand erkannt hat, kann gar nicht anders als einschlagen. Wer sie nicht wahrnimmt, bewegt sich außerhalb jeder Belehrbarkeit.

Zum anderen kann man die christliche Botschaft besser erzählen als erklären. Wir werden schließlich täglich mit unzähligen kleinen Informationen bombardiert. Was uns fehlt, sind große Erzählungen.

Eine «Krise der Narration» bescheinigt der Philosoph Byung-Chul Han dem gegenwärtigen Zeitalter.

Heute reden alle von Narrativen. Der inflationäre Gebrauch von Narrativen verrät paradoxerweise eine narrative Krise. […] Als Erzählungen uns im Sein verankerten, das heißt, uns einen Ort zuwiesen und aus dem In-der-Welt-Sein ein Zu-Hause-Sein machten, indem sie dem Leben Sinn, Halt und Orientierung gaben, [mit anderen Worten:] als Leben selbst Erzählen war, war weder vom Storytelling noch von Narrativen die Rede. Solche Begriffe werden gerade dann inflationär verwendet, wenn Erzählungen ihre ursprüngliche Kraft, ihre Gravitation, ihr Geheimnis, ja ihre Magie verloren haben.

Als besonders schwerwiegend empfindet Han den Verlust der christlichen Erzählkraft. An die Stelle der biblischen Erlösungserzählung treten immer mehr kommerzielle Glücksverheißungs-Storys. Sie verschärfen aber nur eine Folge der Narrations-Krise: die Zerstörung von Gemeinschaften, die sich auf der Grundlage der christlichen Erzählung gebildet hatten.

- *Religion ist eine charakteristische Erzählung mit innerem Wahrheitsmoment. Sie erzählt die Kontingenz weg. Die christliche Religion ist eine Meta-Erzählung, die jeden Winkel des Lebens erfasst und es im Sein verankert. Die Zeit selbst wird narrativ aufgeladen.*
- *Erzählungen bringen eine Gemeinschaft hervor. Storytelling hingegen bildet nur eine Community als Warenform der Gemeinschaft. […] Mittels Storytelling eignet sich der Kapitalismus die Erzählung an.*

Große Narrative zeichnen sich durch ihre Spannweite aus – in die Vergangenheit und in die Zukunft. Gerade an solchen vorwärtsgerichteten Erzählungen fehlt es.

Heute fehlen uns gerade die Zukunftsnarrative, die Hoffnungen machen. […] Die Erzählung hat die Kraft des Neuanfangs. Jede weltverändernde Handlung setzt eine Erzählung voraus.

Eine Mitschuld am Popularitätsverlust ihrer großen Erzählung haben Christen selbst. Mit Katechismen und evangelistischen Gimmicks wie den «Vier geistlichen Gesetzen» haben sie den Informationscharakter der christlichen Botschaft betont. Ein Glaube, der formelhaft erklärt wird, ist aber auserzählt. Die Geschichten der Bibel verkümmern zu Hintergrunddetails. Sie sind letztendlich so irrelevant wie die historische Genese des PC für einen Computerkäufer. Ein auf Fakten und Anleitungen reduzierter Glaube verliert seine Vitalität.

> *Jeder Morgen unterrichtet uns über die Neuigkeiten des Erdkreises. Und doch sind wir an merkwürdigen Geschichten arm. Woher kommt das? Das kommt, weil keine Begebenheit uns mehr erreicht, die nicht schon mit Erklärungen durchsetzt ist. Mit anderen Worten: Beinah nichts mehr, was geschieht, kommt der Erzählung, beinah alles der Information zugute. Es ist nämlich schon die halbe Kunst des Erzählens, eine Geschichte, indem man sie wiedergibt, von Erklärungen freizuhalten. […] Die Information hat ihren Lohn mit dem Augenblick dahin, in dem sie neu war. Sie lebt nur in diesem Augenblick. Sie muss sich gänzlich an ihn ausliefern und ohne Zeit zu verlieren sich ihm erklären. Anders die Erzählung: sie verausgabt sich nicht. Sie bewahrt ihre Kraft gesammelt im Innern und ist nach langer Zeit der Entfaltung fähig.*
>
> Walter Benjamin, Kunst zu erzählen

Das Genius der Bibel zeigt sich darin, dass am Ende der Menschheitsgeschichte zwar der liebevoll-triumphierende Gott wartet. Der Weg dorthin ist aber offengehalten.

Menschen sind zur Bewirtschaftung der Erde und zur Verbreitung des Evangeliums aufgerufen. Jeder Leser oder Hörer des biblischen Narrativs wird dadurch zu einem Protagonisten, der der Gesamterzählung eigene Kapitel hinzufügen kann. Die Bibel ist abgeschlossen und zugleich mit sich selbst nicht fertig.

Das Christentum ist *die* unendliche Geschichte.

Frisch bleibt die Beschäftigung mit dem biblischen Narrativ auch dadurch, dass die Schwerpunkte sich im Lauf der Zeit bzw. des eigenen Lebens verlagern.

Mir wird das immer wieder deutlich, wenn ich den Paulus-Brief an die Römer lese. Als junger Mensch haben mich, ähnlich wie Luther, vor allem die heilsrelevanten Passagen interessiert (Römer 1,17: «Der Gerechte wird aus Glauben leben»). Mittlerweile faszinieren mich die abschließenden Grüße an die einzelnen Mitglieder der römischen Hauskirche viel mehr. Paulus kennt fast alle Namen: von Sklaven und Herren, von Männern und Frauen, von Juden, Römern und Griechen.

Und zum Schluss bittet er sie, einander zu küssen.

Erlöstes Leben, ganz praktisch.

Die Kunst, die christliche Botschaft zu kommunizieren, erschöpft sich keinesfalls in der Bibelverkündigung. Die Heilige Schrift hört da auf, wo das Christentum erst anfängt: bei den Aposteln. Die Entwicklungen und Ereignisse seitdem gehören unbedingt in ein Narrativ, das immer wieder aktualisiert werden muss.

Auch der vermeintliche Niedergang des Christentums ist ein Teil der Kirchen-Vita.

Tomáš Halík (geboren 1948) sieht in diesem «Nachmittag des Christentums» sogar eine große Chance. Der gelernte Soziologe und Psychologe gehört zu den bedeutendsten Intellektuellen in Tschechien, einem der am stärksten säkularisierten Länder überhaupt. Siebzig Prozent der Bevölkerung gehören hier keiner Religionsgemeinschaft an.

Halík selbst stellt eine Ausnahme dar. Als junger Mann war der christliche Glaube für ihn die zentrale Kraftquelle im Kampf gegen den Staatskommunismus. Mit 30 Jahren ließ er sich in Erfurt heimlich zum katholischen Priester weihen, arbeitete im Untergrund mit dem späteren Staatspräsidenten Václav Havel (1936–2011) zusammen. Seitdem ist sein eigener akademischer Einfluss gestiegen, während das Ansehen der katholischen Amtskirche auf einem Tiefpunkt ist.

Aus Sicht von Halík kann die Christenheit aus ihrer Schwäche eine Stärke machen, aus der eigenen Krankheitserfahrung neue Heilungskompetenzen entwickeln.

> *Das erschütterte Christentum kann wie ein verwundeter Arzt das therapeutische Potenzial des Glaubens entfalten.*

Kritisch äußert sich Halík über die Veränderungsresistenz seiner Kirche. Gerade den sogenannten «Nones», den selbsterklärt Nicht-Religiösen, könne man den Wein des Glaubens nicht in alten Schläuchen schmackhaft machen.

> *Ich bin davon überzeugt, dass eine Theologie, die sich im Rahmen der traditionellen Metaphysik bewegt, nicht in der Lage ist, diese Aufgabe zu erfüllen. […] Ich bin überzeugt, dass die Zukunft des Christentums vor allem davon abhängen wird, in welchem Maß die Christen eine Beziehung zu den spirituell Suchenden unter den «Nones» anknüpfen werden. Wie soll diese Beziehung sein? Ich möchte eindringlich vor dem Proselytismus warnen, vor dem schlichten, apologetischen und missionarischen Ansatz, vor dem Versuch, diese Menschen in die existierenden institutionellen und mentalen Grenzen der Kirche einzuzwängen. Man sollte vielmehr diese Grenzen überschreiten und öffnen.*

Die von Halík empfohlene Grenzöffnung ist nicht ohne Risiko. Sie verändert den Charakter einer Kirche, höhlt die innere Substanz womöglich aus. Der erhoffte Rückkopplungseffekt auf die Allgemeinheit stellt sich aber in der Regel nicht ein. Weil die kulturellen Prägekräfte der Gesellschaft stärker sind als die der Kirche, passt sich die Kirche dem Mainstream an.

An der evangelischen Volkskirche in Deutschland lässt sich feststellen, dass der Mitgliederschwund ungebrochen anhält. Wer sich öffnet, muss einen noch klareren Fokus entwickeln. Die Aufnahme neuer Einflüsse erzeugt nämlich notgedrungen Spannungen und kognitive Dissonanzen. Wenn diese nicht nach vorne in Richtung Intensivierung und Wachstum kanalisiert werden, setzt innerer Verschleiß ein. Wenn aber das Potenzial konstruktiv freigesetzt wird, bewirkt das eine größere Fülle, Tiefe und Wucht.

Eine daraus entstehende weise Kirche kommentiert den Fortschritt nicht maulig von außen. Ganz im Gegenteil ist sie Kreativmotor einer Weisheitsgesellschaft, die sich als Reaktion auf Computerisierung, Datenfixierung, Kommerzialisierung entwickelt.

Die weise Kirche ist zentraler Mitgestalter einer neuen Aufklärung.

Die «erste Aufklärung» spaltete die geistige Welt:

In Bibelgläubige und Vernunftorientierte.

In Kirchenleute und Weltgelehrte.

In Himmelspilger und Materialisten.

Diese Trennung ist überholt.

Exponentiell zu den Erkenntnisfortschritten haben sich die ungelösten Fragen vermehrt. Wenn einige der klügsten Köpfe die Möglichkeit erörtern, dass das Universum und unser Bewusstsein nur eine Computersimulation sind, dann treffen sie sich mit Christen, die Gott für den Programmierer halten. Beide haben voneinander viel zu lernen, ganz im Sinne des Aufklärungs-Wahlspruchs, den der pietistisch erzogene Immanuel Kant 1784 formulierte.

Aufklärung ist der Ausgang des Menschen aus seiner selbst geschuldeten Unmündigkeit. Unmündigkeit ist das Unvermögen, sich seines Verstandes ohne Leitung eines Anderen zu bedienen. Selbstverschuldet ist die Unmündigkeit, wenn die Ursache derselben nicht am Mangel des Verstandes, sondern der Entschließung und des Mutes liegt, sich seiner ohne Leitung eines andern zu bedienen. Sapere aude! Habe Mut, dich deines eigenen Verstandes zu bedienen!, ist also der Wahlspruch der Aufklärung. Faulheit und Feigheit sind die Ursachen, warum ein so großer Teil der Menschen [...] gerne zeitlebens unmündig bleibt.

Was ist Aufklärung?

Der weise Weg des Glaubens entgeht der zeitgeistigen Versuchungs-Trias aus Individualismus, Relativismus, Säkularismus. Er führt aber auch vorbei am fundamentalistischen Trampelpfad des Institutionalismus, Dogmatismus und des in einzelnen Pfingstkirchen verbreiteten magischen Denkens. Die einen lassen Bodenhaftung vermissen, die anderen kommen nicht von der Stelle.

Eine weise Kirche erschöpft sich aber auch nicht in kräftezehrenden Anstrengungen, progressive und konservative Denkströmungen zu vereinigen.

Was aber ist die Alternative zu sturer Abgrenzung?

Und zu schwächlicher Anpassung?

Wenn von einem dritten Weg die Rede ist, kommt schnell der Verdacht der faden Mittigkeit, des unentschiedenen Lavierens und Moderierens auf. Und tatsächlich haben die Personen, die historisch für einen Mittelweg stehen, keine spirituellen Aufbrüche bewirkt. Abaillard, Erasmus oder Montaigne haben viele kluge Gedanken produziert, aber keine geistlichen Bewegungen ins Leben gerufen. Das lag aber auch daran, dass der Resonanzraum für ihre tiefgründigen Gedanken zu klein war.

Mittlerweile sind die Konjunkturaussichten für eine weise Kirche erheblich besser. Das liegt auch an der demografischen Entwicklung: In einer älter werdenden Gesellschaft wächst der Bedarf an reifen Glaubenspersönlichkeiten.

Der weise Weg der Kirche führt vom angepassten Kultur-Christentum über den konfliktorientierten Kultur-Kampf zum konstruktiv-kritischen Kultur-Schöpfertum. Wer diesen Weg einschlägt, will nicht nur einen Standpunkt verteidigen, sondern mit Exzellenz punkten.

Christen, die weise sein wollen, sind weder gegenwartsfixierte Pragmatiker noch besitzstandswahrende Reaktionäre.

Sondern sehnsuchtsgetriebene Romantiker.

Ihnen ist am Kernbestand des Glaubens gelegen.

Sie verlieren sich aber nicht im Streit ums Kleingedruckte.

Ihnen ist bewusst: Weil Jesus der Weg ist, kommt es weniger auf die korrekte Haltung als auf die zielführende Richtung an. Der weise Weg verläuft mehrspurig. Je nach Biografie, Geografie, Chronologie kann er durch ganz unterschiedliche Landschaften führen.

Neu erfinden müssen wir die weise Kirche nicht. Sie hat schon immer existiert. Einige ihrer Repräsentanten sind heute nahezu vergessen. In der zweiten Hälfte dieses Kapitels stelle ich zwölf ganz unterschiedliche «Weise» vor. Gemeinsam haben diese Zwölf, dass nicht nur ihr Vorbild zur Nachahmung anstachelt. Auch in ihren Ideen steckt noch unausgeschöpftes Potenzial.

Am Anfang der chronologischen Auflistung steht eine Prinzessin. **Liselotte von der Pfalz (1652–1722)** hatte das Unglück im Blut. Sie war eine Ururenkelin von Maria Stuart und eine Enkelin von dem Kurfürsten Friedrich, dessen kurze Zeit als protestantisch-reformierter «Winterkönig» von Böhmen am Anfang des Dreißigjährigen Krieges steht. Mit religiösen Scharmützeln war sie also vertraut.

Das änderte sich nicht, als sie mit dem verlotterten Bruder von Ludwig XIV. verheiratet wurde, zum katholischen Glauben konvertieren musste und ein traurig-komfortables Leben am Hof des Sonnenkönigs verbrachte. Andauernd gab es Streit zwischen Katholiken und Hugenotten, Jansenisten und Jesuiten, während sich in der deutschen Ferne Reformierte und Lutheraner stritten.

Als glaubensinteressierte Nicht-Theologin kommentierte Liselotte die andauernden Glaubenskämpfe in vielen ihrer Tausenden von Briefen. Drei Jahre vor ihrem Tod fasste die inzwischen 67-Jährige ihre Lebens-Erkenntnisse in einem Brief an ihre Schwester Louise zusammen:

Glaub mir, Louise: Der Unterschied der Christenreligionen besteht nur in Pfaffengezänk. Egal ob Katholiken, Lutheraner oder Reformierter, allen geht es nur um ihre eigenen Interessen. Sie spielen alle Christen gegeneinander aus, damit sie selbst umso wichtiger werden und so über die Menschen herrschen können. Aber wahre Christen, die von Gott die Gnade geschenkt bekommen haben, ihn und das Gute zu lieben, scheren sich nicht um das Pfaffengezänk. Sie folgen Gottes Wort, so gut sie es verstehen, und den kirchlichen Ordnungen, die zu ihnen passen. Sie überlassen den Streit den Pfaffen, den Aberglauben dem dummen Volk und dienen Gott in ihren Herzen und bemühen sich, niemandem Ärgernis zu geben. […] Sie verspüren keinen Hass gegen ihren Nächsten, welcher Konfession er auch angehört, versuchen ihm zu helfen, wo sie können, und ergeben sich sonst ganz der göttlichen Vorsehung.

[Sprachstil vom Autor der Verständlichkeit halber überarbeitet]

Dass intelligente Christen zwischen die Mühlsteine von konfessionellen Konflikten geraten und dazwischen aufgerieben werden, ist in den von mir ausgewerteten Korrespondenzen ein Dauerthema.

Zwischen allen Stühlen kam sich auch der Siegerländer **Heinrich Jung (1740–1817)** vor. Er ist besser bekannt unter seinem Schriftstellernamen **Johannes Heinrich Jung-Stilling**. Im Lauf seines ereignisreichen Lebens befreite er sich aus dem Lagerdenken, in dem er erzogen worden war. Er suchte gleichzeitig den Kontakt zu Strenggläubigen wie zu humanistischen Freidenkern.

Aufgewachsen war Heinrich Jung als Halbwaise unter der streng pietistischen Erziehung seines depressiven Vaters. Mühselig arbeitete er sich aus der Armut seiner Kindheit empor: erst als Lehrer, später als angesehener Augenarzt. Bekannt wurde er durch seine vierteilige Autobiografie sowie zahlreiche andere Romane und Erbauungsschriften. Den Zusatznamen «Stilling» verpasste er sich selbst, weil er seinen Glauben in *leisen* Tönen bezeugen wollte.

Jungs Sonderstellung wird besonders an einem denkwürdigen Ereignis deutlich: dem Wuppertaler «Denker-Gipfel».

Nie gehört? Das könnte daran liegen, dass ich mir die reißerische Bezeichnung selbst ausgedacht habe. Im Juli 1774 kreuzten sich im damaligen Elberfeld, heute ein Stadtteil von Wuppertal, zufällig die Wege einiger der brillantesten Köpfe der damaligen Zeit. Was zu einer kreativen Explosion sondergleichen hätte führen können, verlief völlig ergebnislos und ist damit symptomatisch für viele verpasste Dialog-Chancen.

Am besagten Sommertag kamen der 24-jährige Goethe, der soeben mit «Götz von Berlichingen» seinen Durchbruch gefeiert hatte, und sein Schriftstellerfreund Wilhelm Heinse nach Elberfeld. Zu ihnen gesellten sich zwei konservative Pietisten, der Schuldirektor Friedrich Hasenkamp und der Arzt Samuel Collenbusch. Letzterer sollte zwanzig Jahre später einen inzwischen berühmten Brief an Immanuel Kant schreiben:

> *Mein lieber Herr Professor! Die Hoffnung erfreut das Herz. Ich verkaufe meine Hoffnung nicht für tausend Tonnen Gold. [...] Es tut mir leid, dass Immanuel Kant nichts Gutes von Gott erhofft, weder in dieser noch in der zukünftigen Welt, ich [hingegen] erhoffe viel Gutes von Gott. Ich wünsche Ihnen eine gleiche Gesinnung.*

Auch 1774 konnte Collenbusch mit dem humanistisch geprägten Sturm-und-Drang-Denken eines Goethe wenig anfangen. Bei dem Treffen anwesend waren auch drei aufstrebende christliche Autoren, die zwischen den beiden Lagern standen: der Düsseldorfer Unternehmer Friedrich Jacobi, der Schweizer Pfarrer Johann Lavater und Heinrich Jung, der sich einige Jahre zuvor mit Goethe angefreundet hatte. Fremdschämend hörte Jung zu, wie Hasenkamp und Collenbusch auf Goethe einredeten. Sie drängten ihn, er solle eine Replik auf das antipietistische Theaterstück «Die Betschwester» schreiben, am besten ein Drama über die Kraft des Gebets.

Goethe tat so, als fände er die Idee genial, veröffentlichte kurz darauf aber doch lieber «Die Leiden des jungen Werther».

Außerdem schimpften die beiden Pietisten über den kulturellen Niedergang. Jung versuchte zwischen den unterschiedlichen Tendenzen zu vermitteln. Er fühlte sich dabei hin- und hergerissen. Zwar empfand er sich selbst als Pietist, stieß dort mit seinen schriftstellerischen Ambitionen aber auf völliges Desinteresse. Goethe teilte zwar nicht seinen Glauben, aber seine Liebe zur Literatur. Am Rande des Treffens steckte Jung Goethe das Manuskript seiner Jugendmemoiren zu.

Goethe war begeistert, unterstützte die Veröffentlichung und verhalf Jung damit zu seinem ersten Bestseller, «Heinrich Stillings Jugend».

Von da an versuchte Jung, einen Mittelweg zwischen beiden Seiten zu gehen. «Die Mittelstraße ist die beste Straße» war das Motto seines 1784 veröffentlichten Romans «Theobald oder Die Schwärmer». Darin gab Jung seinem Kummer über das pharisäerhafte Auftreten mancher Christen Ausdruck.

> *Unter den Pietisten, Schwärmern und äußeren Mundbekennern findet man zwar die allermeisten guten Leute, und auch gute Christen, aber gemeinlich mit einem heiligen Schein umgeben, der wahrlich mehr schadet als nützt, weil er die Kritik aller Welt auf sich zieht.*

Dem hielt Jung in «Theobald» das Idealbild von Christen entgegen, die durch ihr Vorbild überzeugten:

> *Die eigentlichen wahren Christen fallen nie dem Publikum ins Auge, sie sind unter alle Stände und alle Menschenklassen zerstreut, sie machen kein Geschrei, sondern wenig Worte; sie lassen beständig fort durch gute Handlungen ihr Licht leuchten; sie zeichnen sich weder durch Kleidung noch durch einen besonderen Wandel vor anderen Menschen aus; sie sondern sich weder von ihrer Kirche noch von bürgerlichen Gesellschaften ab; sie erscheinen da allenthalben, wo ihre Er-*

scheinung weder Ärgernis noch Sünde gebiert; sie vermeiden mit eben der Sorgfalt den äußern Schein der Heiligkeit, mit der sie den Schein und das Sein der Eitelkeit vermeiden; sie tun Gutes jedermann, und sie suchen das weder zu verstecken noch zu entdecken; sie sind die besten Untertanen, die besten Ehegatten, die besten Eltern und die besten Nachbarn. Leser! Wo du einen solchen Menschen findest, da bete an, denn du hast einen wahren Christen gefunden; frage dann nicht, was er glaube.

Mit zunehmendem Alter kehrte Jung zu seinen pietistischen Wurzeln zurück, achtete bei seinen Büchern mehr auf Erbaulichkeit, kritisierte die aufkommende liberale Theologie. Er schrieb damit auch gegen seine eigenen Zweifel an.

Beruflich und privat hatte er immer wieder große Enttäuschungen erlebt. Seine zwei ersten Ehefrauen waren jeweils nach wenigen Jahren Ehe gestorben. Seine eigene Gottessehnsucht kommt am besten im Titel seines erfolgreichsten Romans zum Ausdruck, der den programmatischen Titel «Das Heimweh» hatte. Als 72-Jähriger zog Heinrich Jung in einem Brief an einen Freund eine persönliche Glaubensbilanz:

Mein Weg ist der Weg des dunklen Glaubens, der sich vom nackten Glauben darin unterscheidet, dass ihm die Glaubensgründe nicht fühlbar klar sind, auch dann nicht, wenn sie die Vernunft richtig und logisch aus dem Wort Gottes demonstriert. Und doch geht die Seele ihren Weg leidend fort und folgt nur immer auf dem Fuß dem Flammentritt seines himmlischen Führers; diesen schweren, einsamen und dunklen Weg habe ich von Anfang an bis daher immer gehen müssen.

Heinrich Jung steht für einen Glaubenstyp, der sich durch die Begegnung mit Andersdenkenden von einer plakativen und regelbasierten Religiosität zu einem eher mystischen und dialogbereiten Christsein emanzipiert.

Das Gleiche gilt für die Christen, die unter dem Schlagwort «Romantiker» um das Jahr 1800 die europäische Kulturlandschaft revolutionierten. Ricarda Huch schrieb über diese Jugendbewegung:

> *Eine Schar junger Männer und Frauen stürmt erobernd über die breite, träge Masse Deutschlands. Sie kommen wie vor Jahrhunderten die blonden germanischen Stämme der Wanderung: abenteuerlich, siegesgewiss, heilig erfüllt von ihrer Sitte und ihrem Leben, mit übermütiger Verachtung die alte, morsche Kultur über den Haufen werfend.*
>
> Die Romantik

Zum Inbegriff des romantischen Dichters wurde der im heutigen Sachsen-Anhalt geborene **Friedrich von Hardenberg (1772–1801)**, besser bekannt als **«Novalis»**. Sein Vater war ein Mitglied der Herrnhuter Brüdergemeine, der vom Grafen Zinzendorf gegründeten christlichen Erneuerungsbewegung.

Wie viele hochbegabte Kinder aus pietistischen Familien stieß sich Novalis an der geistigen Enge seines Milieus. Als gelernter Bergbau-Experte wollte er nicht nur nach Mineralien graben, sondern auch seinen Ängsten und Sehnsüchten auf den Grund gehen. Anders als einige romantische Mitstreiter blieb er dem christlichen Glauben immer eng verbunden. In seinem berühmtesten poetischen Werk, den «Hymnen an die Nacht», bekennt er sich zur Hoffnung auf die Erlösung durch Christus.

> *Gehoben ist der Stein –*
> *Die Menschheit ist erstanden –*
> *Wir alle bleiben dein*
> *Und fühlen keine Banden.*
> *Der herbste Kummer fleucht*
> *Vor deiner goldnen Schale,*
> *Wenn Erd und Leben weicht*
> *Im letzten Abendmahle.*

In seinen zahlreichen Aphorismen versucht Novalis, Glauben und Denken miteinander zu versöhnen und die kosmische Dimension des christlichen Glaubens zu betonen.

- *Wir träumen von Reisen durch das Weltall: Ist denn das Weltall nicht in uns?*
- *Wir sind dem Aufwachen nahe, wenn wir träumen, dass wir träumen.*
- *Die Liebe ist der Endzweck der Weltgeschichte, das Amen des Universums.*
- *Wir suchen überall das Unbedingte und finden immer nur Dinge.*
- *Ganz begreifen werden wir uns nie, aber wir werden und können uns weit mehr als begreifen.*
- *Alle Wahrheit ist uralt. Der Reiz der Neuheit liegt nur in den Variationen des Ausdrucks. Je kontrastierender die Erscheinung, desto größer die Freude des Wiedererkennens.*
- *Was man liebt, findet man überall und sieht überall Ähnlichkeiten.*
- *Wer recht viel Geist hat, den hemmen Schranken und Unterschiede nicht; sie reizen ihn vielmehr. Nur der Geistlose fühlt Last und Hemmung.*
- *Das Interessante ist die Materie, die sich um die Schönheit bewegt. Wo Geist und Schönheit ist, häuft sich in konzentrischen Schwingungen das Beste aller Natur.*
- *Wo Kinder sind, da ist ein goldenes Zeitalter.*
- *Das Wesen der Kirche wird echte Freiheit sein.*

Das Ansehen der Romantiker ist bis heute ungebrochen: für ihr erfolgreiches Bemühen, Wahrheit in Schönheit auszudrücken und dem rationalistischen Zeitgeist durch ihre Gefühlsbetonung Paroli zu bieten.

In der Frühphase der Romantik wandten sich einige ihrer prominentesten Vertreter vom Glauben ab, um später wieder dahin zurückzukehren. Zu ihnen gehörte ein englischer Dichter:

William Wordsworth (1770–1850) verdient zumindest am Rande eine kurze Erwähnung. Sein Meisterwerk war «Präludium», die poetische Beschreibung der Entwicklung eines jungen Dichters.

Wordsworth widmete das monumentale Poem seinem verstorbenen Freund Coleridge, der ebenfalls zur Kirche zurückgefunden hatte. In den Schlussversen beschreibt Wordsworth die Berufung eines christlich-romantischen Dichters: das Denken herausführen aus materialistischer Dumpfheit – hin zu einer Verbundenheit mit Gott und Natur.

Als Künstler, als Propheten der Natur
Werden wir ihnen eine dauerhafte
Begeisterung eingeben, welche durch
Vernunft geheiligt und durch festen Glauben
Gesegnet ist. Das, was wir liebten, werden
Andre einst lieben, und wir wollen sie
Darin belehren, wie man wahrhaft liebt,
Und ihnen sagen, wie der Geist des Menschen
Tausendmal schöner wird als diese Erde,
Auf der er wohnt; und wie des Menschen Denken
Die ganze Welt der Dinge übersteigt
(Die – über allem Wandel in der Hoffnung
Und Furcht der Menschen – unverändert,
Unwandelbar und ewig in sich bleibt),
Weil er in sich, in seinem Bau und Wesen,
So göttlich ist wie nichts auf dieser Welt.

Am Ende des 19. Jahrhundert war die Energie der Romantiker versiegt, aufgezehrt durch einen gottlosen Ästhetizismus.

Deshalb verlangte der kunstversessene Snob **Joris-Karl Huysmans (1848–1907)** gerade nach klaren Dogmen und Formen. Tagsüber war der Franzose als Beamter im Innenministerium für die öffentliche Ordnung zuständig. Nach Feierabend stürzte er sich ins Nachtleben, suchte sein Glück in ästhetischem Genuss und sexueller Befriedigung.

Er war geradezu die Verkörperung einer bohemienhaften Dekadenz. Auf der Suche nach dem finalen Kick begann er sich sogar für Satansmessen zu interessieren, bevor er sich voller Frust und Selbstekel dem Christentum zuwandte.

Seinen Pilgerweg in die tiefsten Abgründe und ans rettende Ufer des Glaubens schilderte er in zwei Romanen.

In «Tief unten» (1891) lässt er seinen autobiografisch angelegten Anti-Helden Durtal an einer blasphemischen Sexparty teilnehmen. Für ihn ist die diabolische Orgie symptomatisch für die Gottvergessenheit des späten 19. Jahrhunderts. Am Ende des Romans stellt er angewidert fest:

Dieses Jahrhundert macht sich einen feuchten Dreck aus Christus in seiner Herrlichkeit; es verunreinigt das Übernatürliche und bespeit das Jenseits. Wie soll man da hoffen auf die Zukunft, wie sich vorstellen, dass die Bälger, die den stinkenden Bürgern unserer dreckigen Zeit entsprießen, sauberer sind als ihre Eltern?

Vier Jahre später schickt Huysman sein Alter Ego in die entgegengesetzte Richtung. In «Unterwegs» (1895) flüchtet sich Durtal in ein Kloster. Ihn zieht die schlichte Schönheit der katholischen Messe an, aber auch die Opulenz der Kathedralen, der Kirchenfenster, Altäre, Plastiken und Skulpturen.

Letztlich war Durtal durch die Kunst zur Religion zurückgeführt worden. Mehr als sein Lebensekel war die Kunst der Magnet gewesen, der ihn unwiderstehlich zu Gott hingezogen hatte.

Weniger beeindruckt ist er von der Wortverkündigung der Priester.

Warum sind sie nur so wenig wortgewandt?, dachte Durtal. Ich habe mir aus Interesse eine große Zahl von ihnen angehört, und einer ist wie der andere. Sie unterschieden sich lediglich durch den Klang ihrer Stimme. […] Aber letzten Endes, fuhr er in Gedanken fort, verlangt die Handvoll Frömmler, die ihnen lauscht, genau solche mäßigen Prediger. Hätten diese miserablen Seelenköche Talent, servierten sie ihren Kostgängern erlesene Speisen, Theologie-Essenzen, Gebetskraftbrühen, konkrete Ideensäfte, würden sie, von ihren Schäfchen unverstanden, dahinvegetieren. Im Grunde steht also alles zum Besten. Man braucht einen Klerus, dessen Tiefstand dem Niveau der Gläubigen entspricht; und dafür hat die Vorsehung gewiss mit großer Umsicht gesorgt.

Immer wieder kollidiert Durtals elitärer Schönheitswille mit der kirchlichen Wirklichkeit. Dann fragt er sich:

Wie soll man Priestern begreiflich machen, dass die Hässlichkeit ein Sakrileg ist?

Am Ende von «Unterwegs» bleibt Durtal auf dem Weg mit Gott. Genau wie Autor Huysmans, der in zwei weiteren Romanen («Die Kathedrale», 1898, und «Der Oblate», 1903) die spirituelle Reifung seines Protagonisten beschreibt. Bis zuletzt kämpft Durtal mit seiner Lust auf unverbindlichen Sex, genau wie mit seiner Intoleranz gegenüber ästhetischer Mittelmäßigkeit.

Drei Jahre nach Huysmans Tod in Paris feierte in München eine Sinfonie ihre Weltpremiere, die als eins der bedeutendsten klassischen Werke des 20. Jahrhunderts gilt: Gustav Mahlers 8. Sinfonie, wegen der vielen mitwirkenden Musiker und Sänger auch als «Sinfonie der Tausend» bekannt. Huysmans hätte an dem opulenten Werk seine Freude gehabt. Denn dort wurde die schöpferische Kraft des Heiligen Geistes nicht nur klangbildnerisch gezeigt, sondern textlich besungen, mit dem Pfingsthymnus «Veni creator spiritus» (dt.: Komm, Schöpfer Geist).

In Frankreich gab es in der ersten Hälfte des 20. Jahrhunderts eine regelrechte Renaissance christlich geprägter Philosophie und Literatur.

Weit weniger bekannt sind die christlichen Weisheitslehrer, die zur selben Zeit in Russland von sich reden machten, bevor sie infolge der Revolution mehrheitlich nach Westeuropa flüchteten. Ich habe sie alle erst durch meine intensive Beschäftigung mit dem Mann entdeckt, den ich für den vielleicht bedeutendsten christlichen Weisheitslehrer der Neuzeit halte: **Fjodor Michailowitsch Dostojewski (1821–1881)**.

Solowjow, Berdjajew, Florenski, Bulgakow und Iljin sahen in ihm ihren spirituell-philosophischen Ziehvater. Dabei war Dostojewski weder Theologe, noch verstand er sich als Philosoph. Er hatte dafür einige andere Qualifikationen vorzuweisen, die ihn zum bedeutendsten russischen Denker machten:

Eine Kindheit als Arztsohn im Armenkrankenhaus, ein Studium an einer Elite-Universität, ein früher Erfolg als literarisches Wunderkind, linksrevolutionäre Umtriebe, Fast-Hinrichtung, Lagerhaft, Verbannung, Epilepsie, Spielsucht, verkorkste Liebesbeziehungen, Start-up-Unternehmertum, Insolvenz und Verschuldung, dazu eine tiefe Religiosität.

Mit seinem letzten Werk «Die Brüder Karamasow» gelang ihm der vielleicht größte Roman überhaupt, jedenfalls der größte christliche.

Dostojewskis denkwürdige Zitate sind derart zahlreich, dass David Bühne und ich für unsere biografische Anthologie «Rock Me, Dostojewski!» mehr als fünfhundert Seiten gebraucht haben, um seiner Gedankenfülle annähernd gerecht zu werden. An dieser Stelle beschränke ich mich deshalb auf das, was der Petersburger für seine Weisheits-Essenz hielt: Jesus Christus.

Dostojewski sah in einer intakten Verbindung zu Gott die wichtigste Voraussetzung für gelingende zwischenmenschliche Beziehungen. Der Verlust der Jenseitshoffnung führte aus seiner Sicht automatisch zu einer egoistischen Momentverhaftung. Im Zentrum seines

Denkens standen aber nicht metaphysische Spekulationen, sondern eben die Person des Erlösers.

- *Es gibt in der Welt nur eine einzige positiv-schöne Gestalt: Christus.*
- *Wenn mir jemand bewiesen hätte, dass Christus außerhalb der Wahrheit steht, und wenn die Wahrheit tatsächlich außerhalb Christi stünde, so würde ich es vorziehen, bei Christus und nicht bei der Wahrheit zu bleiben.*
- *Es reicht nicht, Moral als Haltung zu definieren. Man muss sich auch noch fortwährend fragen: Ist meine Haltung richtig? Der Prüfstein aber ist – Christus.*

Dostojewski war überzeugt davon, dass die spezifisch russische Berufung darin bestand, der Welt den Christusglauben zurückzubringen. Rückblickend auf die fast 150 Jahre seit seinem Tod lässt sich feststellen: Gerecht wurde Russland dieser Berufung nicht. Sein politischer Beitrag zu einer besseren Welt liegt ganz überwiegend im Minusbereich. Die Unterdrückungs-Diktaturen der Romanow-Zaren, der Bolschewisten und der Putin-Clique haben Unheil über die eigene Bevölkerung und die Nachbarstaaten gebracht.

Doch abseits der russischen Machtzentren, oft sogar im Exil, haben russische Denker von ganz anderem Kaliber gewirkt. Sie wirkten da, wo die klügsten Gedanken entstehen: abseits. Die protestantische Universitätstheologie war ihnen so fremd wie der Vatikan oder die russische Staatskirche. Frei von institutionellen Bindungen spekulierten sie über Gott und die Welt und kamen dabei zu erstaunlichen Ergebnissen. Sie führten Dostojewskis Mission weiter, haben aber nie annähernd dessen Bekanntheit erreicht. Das ändert sich hoffentlich bald. *Dawai, dawai! Vorwärts, weiter!*

Der erste der Denker, die ich vorstelle, ist der vorausschauendste von ihnen. **Wladimir Solowjow (1853–1900)** war ein veritables Wunderkind. Kaum 20 Jahre alt, hielt er in Moskau bereits Vorlesungen zum Thema «Christliche Philosophie». Von Zeitgenossen wie Dostojewski, mit dem er sich anfreundete, wurde er als russische Antwort auf den westlichen Rationalismus gefeiert.

Je älter er wurde, desto pessimistischer sah er die Zukunft. Als letztes Werk stellte Solowjow «Eine kurze Erzählung vom Antichrist» fertig. In der Geschichte wirft sich die Welt angesichts der immer drängender werdenden Probleme einem bösen Heilsbringer zu Füßen. Auch die Christen laufen mehrheitlich zu ihm über. Nur ein kleiner Rest, angeführt vom machtlosen Papst Petrus, dem protestantischen Theologen Pauli und dem orthodoxen Ältesten Johannes, verweigert den Gehorsam. Der säkulare Supermann fragt nach ihren Gründen.

> *Da erhob sich der Starez Johannes wie eine weiße Kerze und antwortete sanftmütig: «Großer Herrscher! Das Teuerste am Christentum ist für uns Christus selbst – er selbst und alles, was von ihm kommt. [...] Bekenne jetzt hier vor uns Jesus Christus, den Sohn Gottes, erschienen im Fleische, auferstanden und wiederkommend – und voller Liebe werden wir dich aufnehmen als den wahren Vorläufer seiner Wiederkunft in Herrlichkeit.»*

Wie ein Vampir beim ersten Sonnenstrahl verliert der Antichrist beim Namen Jesus die Fassung und zeigt sein wahres, fratzenhaftes Gesicht. Er verfolgt die widerständigen Christen. Aber Petrus, Pauli, Johannes und ihre Mitstreiter können dem Bösen mit Gottes Hilfe trotzen.

Man kann in dieser «Erzählung» eine Vorahnung des stalinistischen und vor allem des nationalsozialistischen Terrors sehen. Auf dem Sterbebett soll Solowjow geflüstert haben: «Ich muss für das jüdische Volk beten.» Er fing an, einen Psalm zu rezitieren, bevor er starb.

Genau wie Solowjow war **Sergej Bulgakow (1871–1944)** vom zunehmenden Bedeutungsverlust der Religion alarmiert. Er stammte aus einer Priesterdynastie. Als junger Mann hatte er sich vom Christentum distanziert und sich dem Marxismus zugewandt. Mit Mitte 40 kehrte er zur orthodoxen Kirche zurück und ließ sich zum Priester weihen.

Nachdem die Bolschewisten die Macht übernommen hatten, deportierten sie Bulgakow zusammen mit anderen missliebigen Akademikern. Im französischen Exil entwickelte Bulgakow eine christliche Weisheitslehre. Er war überzeugt davon, dass die Frohe Botschaft nicht nur durch Wiederholung der traditionellen Dogmen lebendig gehalten werden konnte. Er drängte deshalb die Christenheit, sich mit den aktuellen Problemen der Menschen zu beschäftigen und aus dem Glauben heraus kreative Antworten auf neue Fragen zu geben. 1937 schrieb er in einem Aufsatz über die christliche Offenbarung:

> *Wir müssen der wachsenden Säkularisation des Lebens gegenübertreten, dem Wiederausbruch des Heidentums in seiner rohesten und unreligiösesten Form. Selbst das Heidentum der primitiven Völker erscheint gottesfürchtig im Vergleich zu dem Zustand geistiger Stumpfheit, in dem sich die heutige Menschheit befindet. Aber die Kirche kann sich mit einer so verweltlichten Kultur nicht versöhnen. Sie kann ihre Vollmacht dem Fürsten dieser Welt nicht in dieser Weise übertragen. Das Ganze des Lebens muss ihr zugehören und durch ihren Einfluss inspiriert und geheiligt werden. Die Kirche muss sich darüber bewusst werden, dass sie zu schöpferischem Bemühen aufgerufen ist. Sie muss ihre Neigung zu asketischer oder eschatologischer Gleichgültigkeit überwinden, die aus der innerlichen Absonderung der Kirche von der Welt hervorgeht. Freilich wird der heidnische Humanismus niemals durch den christlichen Humanismus überwunden werden. Doch unsere Zeit schreit nach einem christlichen Humanismus – nach einer neuen Offenbarung, die die Welt betrifft und den Ort menschlicher schöpferischer Bemühungen in ihr. […] Das Ende der Geschichte oder dieses Zeitalters wird nicht nur durch katastrophale Störung, sondern auch durch seine Fülle angezeigt werden.*
>
> Dialog zwischen Gott und Mensch

Ein enger Freund von Bulgakow war **Pawel Florenski (1882–1937)**. Im Andenken an Solowjow gründeten sie 1905 die «Religiös-Philosophische Gesellschaft»; Bulgakow war damals 34 Jahre alt, Florenski erst 23. Der Abkömmling einer russisch-georgisch-armenischen Priesterdynastie war ein Multitalent. Er ließ sich zum Priester weihen, studierte aber auch Mathematik, Physik und Kunstgeschichte.

Florenski setzte sich für eine Re-Vitalisierung des Glaubens ein. Er kritisierte die Erstarrung der Kirchenpraxis in Ritualen und Begriffsklärungen. Dagegen setzte Florenski die «lebendige religiöse Erfahrung».

> *Gottesfurcht ist das Gefühl, ständig von Angesicht zu Angesicht dem Höchsten Wesen gegenüberzustehen, mit all unseren Empfindungen, unserem ganzen Organismus, dem ganzen Wesen ständig an eine Seins-Schicht zu stoßen, auf die unsere gewöhnlichen Maße nicht passen. […] Wir denken nichts zu Ende und vergessen ständig, was bei einer Erscheinung das Authentische und was das Zweitrangige ist, wir vergessen, dass unsere Wirklichkeit nur die Nachahmung einer anderen, höheren Wirklichkeit ist und dass sie nicht ein Wert an sich ist, sondern Trägerin dieser höheren Wirklichkeit; wir vergessen, dass der Gottesdienst nicht eine Vorstellung auf der Bühne ist, sondern die Offenbarung einer anderen Seins-Schicht in unserer Sphäre.*
>
> Denken und Sprache

Ohne Nikolaus Cusanus zu erwähnen, sah Florenski jedes spirituelle Wachstum als dialektischen Vorgang, als Zusammenfall von Gegensätzen. Auch er sah die Welt voller Spannungen und im Glauben die Möglichkeit, diese Spannungen produktiv zu überwinden.

> *Es gibt zwei Welten. Und diese ganze Welt hier zerfiele in Widersprüche, wenn sie nicht durch die Kräfte jener Welt lebte. Gegensätzliche Gefühle treten in unserer Stimmung auf, gegensätzliche Wünsche im Willen, gegensätzliche Gedanken im Denken. Antino-*

mien spalten unser ganzes Wesen, unser gesamtes geschöpfliches Leben. Widersprüche überall und immer! Im Glauben dagegen, der die Antinomien des Bewusstseins bezwingt und sich einen Weg bahnt durch deren atemlähmende Schicht, gewinnt man ein Felsenfundament, von dem aus man an der Überwindung der Antinomien der Wirklichkeit arbeiten kann. […] Wir wissen nur dies, dass durch die klaffenden Spalten menschlicher Rationalität die azurblaue Ewigkeit sichtbar ist.

Säule und Sockel der Wahrheit. Versuch einer orthodoxen Theodizee in zwölf Briefen

Anders als sein Freund Bulgakow blieb Florenski nach der Machtübernahme der Kommunisten in Russland. Weil er gegen die Christenverfolgung protestierte, wurde er mehrfach verhaftet. Auf dem Höhepunkt des stalinistischen Terrors wurde er zum Tode verurteilt und erschossen.

Manche christlichen Zeitgenossen von Florenski warfen ihm ein veraltetes Weltbild und eine Geringschätzung der menschlichen Entwicklungsfähigkeit vor. Zu ihnen gehörte **Nikolai Berdjajew (1874–1948)**. Wenn es Florenski vor allem auf die Gottverbundenheit ankam, dann insistierte Berdjajew vor allem auf die Freiheit des Menschen. 1922 hatte er es gemeinsam mit Bulgakow aus der Sowjet-Diktatur hinausgeschafft. Allerdings nicht freiwillig. Die Kommunisten hatten die beiden auf eines der beiden «Philosophenschiffe» verfrachtet, mit dem sie potenziell subversive Denker aus dem Land bugsierten. Bei einer Rückkehr drohte ihnen die Erschießung.

Berdjajew stammte aus der heutigen Ukraine und hatte sich wie Bulgakow vom Marxismus zum Christentum zurückorientiert. Sein Herzensanliegen war ein Glaube, der losgelöst vom Staatskirchentum funktioniert. Aus seiner Sicht konnte sich eine fruchtbare Gottesbeziehung nur ohne kirchenbehördliche Gängelung entfalten.

In Büchern wie «Die Philosophie des freien Geistes» entwickelte er Ansichten, die hundert Jahre später noch genauso aktuell sind. Er trat für ein Christentum ein, das der Menschenpersönlichkeit Rechnung trug. Gott hatte den Menschen mit einem freien Willen ausgestattet, ihn kreativ begabt und ihm die Sehnsucht nach Liebe ins Herz gegeben.

- *Die Persönlichkeit im Menschen legt dafür Zeugnis ab, dass die Welt sich selber nicht genügt.*
- *Die endgültige Erschließung und Stabilisierung der menschlichen Persönlichkeit ist nur im Christentum möglich.*
- *Persönlichkeit ist mit Liebe verbunden.*
- *Wenn Gott die Fähigkeit zu lieben zugeschrieben wird, so muss ihm auch die Fähigkeit zu leiden zugeschrieben werden.*
- *Gott ist nur durch den Sohn erreichbar, der die Liebe ist.*

Als größtes Hindernis auf dem Weg zum gottgewollten Wachstum sah Berdjajew den menschlichen Hang zur Selbstversklavung.

- *Die Gotteserkenntnis verlangt nach beständiger Säuberung, vor allem Säuberung von knechtischem Sozio-Morphismus. Auf die Beziehungen von Gott zum Mensch wurden die Beziehungen zwischen Herr und Knecht, dem sozialen Leben entnommen, übertragen.*
- *Der einzige wahre religiöse Mythos besteht nicht darin, dass Gott der Herr ist und nach Herrschaft verlangt, sondern darin, dass Gott nach einem Anderen sich sehnt, nach Antwort gebender Liebe, und auf die schöpferische Antwort des Menschen wartet.*
- *Das Christentum ist nicht die Offenbarung Gottes als eines absoluten Monarchen; davor bewahrt die christliche Offenbarung des Sohnes Gottes.*
- *Gerade die absolutistisch-monarchische Auffassung von Gott hat den Atheismus geboren als gerechtfertigte Empörung.*

- *Das Christentum hatte im Menschen solche Kräfte freigemacht, die sich später gegen das Christentum auflehnten.*
- *Weitaus die größte Versuchung der Menschheitsgeschichte ist die Versuchung zum Herrschen, und es ist hier die allergrößte versklavende Kraft verborgen.*
- *Die Sieger der Geschichte sind die Persönlichkeiten: freie Menschen, nicht die Sklaven, [nicht die] Selbstversklavten.*
- *Der Mensch sucht nach Freiheit; es ist in ihm ein gewaltiger Drang nach Freiheit.*
- *Die Freiheit hat mich zu Jesus Christus hingeführt; ich kenne keinen anderen Weg zu Jesus Christus.*
- *Eine Wiedergeburt des Christentums in der Welt ist nur durch das Pathos der Freiheit möglich. Das künftige Christentum ist ein Christentum der Freiheit des Geistes, ein Christentum, das die Prüfung der Freiheit bestanden hat, das die Versuchung, auf die Last der Freiheit zu verzichten, überwunden hat.*

Der religionslose Mensch neigt dazu, seine Freiheit zu missbrauchen; der religiöse Mensch steht wiederum in der Gefahr, seine Freiheit einem falschen Gehorsamsverständnis zu opfern. In Anlehnung an den Appell des Apostels Paulus («Durch Christus seid ihr dazu berufen, frei zu sein») ruft Berdjajew dazu auf, den gottgegebenen Wachstumsimpulsen zu folgen.

- *Der Mensch ist dazu berufen, nicht nur Gottes Hilfe anzurufen und sich vor dem Untergang zu retten, sondern auch dazu, Gott bei der Verwirklichung des göttlichen Weltenplanes zu helfen.*
- *Es ist an der Zeit, das Werk der alten Kirchenlehrer fortzuführen, nicht aber ihre alten Antworten auf alte Fragen zu wiederholen.*
- *Das Christentum kann nicht länger leben, wenn es im Zustand des Nachahmens und des Verfalls beharrt, wenn es nur vom alten Kapital weiterlebt, ohne sich neue Reichtümer zu sammeln.*

- *Die Pforten der Hölle können das Christentum nicht überwältigen, weil in ihm ein ewiger und unerschöpflicher Quell schöpferischer Kräfte ist. Aber die christliche Menschheit kann sehr wohl einen Zustand des Verfalls durchleben.*
- *Früher oder später muss eine positive, religiöse, christliche, kirchliche Antwort auf die schöpferische Sehnsucht des Menschen erfolgen. Hiermit ist das Schicksal des Christentums in der Welt verbunden.*

Wenn Berdjajew der christliche Philosoph der Freiheit ist, dann kann man **Iwan Iljin (1883–1954)** als Philosoph der freiwilligen Bindung bezeichnen. Auch ihn hatten die Kommunisten mit dem Philosophenschiff deportiert. Wie Berdjajew kam Iljin aus einer aristokratischen Familie, liebäugelte eine Zeit lang mit dem Sozialismus, bevor er sich zum überzeugten Konservativen wandelte.

Unter dem Eindruck der Russischen Revolution kritisierte er den naiven Pazifismus mancher russischen Christen. Den Feinden der Kirche müsse man notfalls auch mit Gewalt begegnen.

Anfang der 30er Jahre brachte ihn sein glühender Antikommunismus dazu, mit den faschistischen Bewegungen in Deutschland und Italien zu sympathisieren. Genau wie bei Heidegger hielt seine Faszination nicht lange an. Er siedelte in die Schweiz über und schrieb dort Bücher, in denen er dem Westen die Abkehr von einem vitalen Christentum und die Hinwendung zu einem überzogenen Individualismus vorwarf. Als Alternative empfahl er einen Glauben, in dem die liebevolle Hingabe an Gott und den Nächsten im Vordergrund stehen sollte.

Seine Schriften gerieten erst in Vergessenheit, neuerdings in Verruf. Wladimir Putin erklärte sich nämlich zu einem Verehrer Iljins. In den späten, überwiegend spirituell ausgerichteten Schriften Iljins wird Putin kaum Anregungen für sein Unrechtsregime gefunden haben.

Wenn Iljin seine Leser zu treuer, starker, widerstandsfähiger Liebe aufruft, redet er nicht der Unterdrückung Andersdenkender das Wort. Er sieht die Gefahren eines rein negativen Freiheitsbegriffs, der Schranken abbaut, ohne Zielbestimmungen vorzunehmen. Er weiß, dass den modernen Menschen seine Wendigkeit schwindelig macht und dass die Folge davon kollektiver Vertrauensverlust ist.

- *Wie einfach scheint die Treue sich zu geben! Und doch ist sie ein seltener Gast auf Erden. Warum? Weil die Treue von innen kommt und im Innern eine Ganzheit voraussetzt; der moderne Mensch neigt aber zur Zersplitterung, zur Reflexion, zum Räsonnieren, zur alles auflösenden Kritik.*
- *Die Liebe ist ein zartes Wesen. Zart und eigensinnig, verlangt sie nach Hingabe, nach Aufrichtigkeit, nach Freiheit von falschen Rücksichten und von künstlichen Hemmungen. Sie will frei sein. Sie will ganz sein. Sie will geistig werden […]. Und dann erst blüht sie in ihrer schöpferischen Macht auf und spendet ihre schönsten Gaben. So ist die Krise der heutigen Menschheit eine Krise der Liebe.*
- *Die Familie ist das erste, das natürliche und zugleich heilige Bündnis, das der Mensch in Liebe, in Glauben und Freiheit einzugehen hat.*
- *Die größte Not des heutigen Menschen und der heutigen Völker besteht darin, dass sie die Aufrichtigkeit des Herzens verloren haben.*
- *Es gibt nur eine wahre Seligkeit auf Erden, nämlich wenn das Herz singt. […] Uns singt das Herz, wenn wir beten. […] Der Mensch mit singendem Herzen ist in diesem Dasein wie eine Insel Gottes.*
- *Der religiöse Mensch ist leicht zu erkennen, denn es strahlt und leuchtet aus ihm in die Welt. Aus diesem Menschen strahlt es Güte; aus jenem strahlt es Kunst; aus wieder einem anderen Einsichten, oder auch herrliche, beruhigende Ruhe, herzergreifende Melodien, schlichte, aber edle Taten.*

1941 marschierten deutsche Truppen in Russland ein. Hitler hatte es unter anderem auf dessen Rohstoffe abgesehen. Die geistigen Potenziale des Riesenreichs interessierten ihn nicht, vermutlich kannte er sie kaum.

Eine ganz andere Sicht auf Russlands Kultur hatte Martin Heidegger. Wenige Monate vor dem Start des «Unternehmens Barbarossa» machte er einen bemerkenswerten Eintrag in seinen «Schwarzen Heften».

Im Wesen des Russentums liegen Schätze der Erwartung Gottes verborgen, die alle Rohstofflager wesentlich übertreffen. Wer wird sie heben? Das heißt: zu ihrem Wesen befreien und nicht etwa historisch-literarisch verrechnen?

Die Frage steht noch immer unbeantwortet im Raum. Die geistlichen Schätze, die uns russische Denker hinterlassen haben, lagern weitgehend unbeachtet in Bibliotheks-Archiven, viele von ihnen sind weder übersetzt noch einer größeren Leserschaft zugänglich.

Das Gegenteil ist der Fall bei der zwölften Persönlichkeit, die wertvolle Anstöße für eine kirchliche Weisheits-Offensive gibt: **Dietrich Bonhoeffer** – der in seiner Haftzeit übrigens von der Lektüre Dostojewskis inspiriert wurde.

Ich lese mit großem Interesse das «Totenhaus» und bin beeindruckt durch das völlig moralfreie Mitleid, mit dem die Menschen außerhalb desselben sich zu seinen Insassen verhalten.

Dichter und Denker, Anführer und Kreativer, Theologe und Philosoph – Dietrich Bonhoeffer (1906–1945) war alles davon. Als intellektuelles Jahrhunderttalent – dazu noch sportlich, gesellig und durch sein Elternhaus bestens vernetzt – hätte er in vielen Fachgebieten brillieren können. Er entschied sich für eine schon damals nicht sonderlich lukrative Branche, die Kirche.

Zu seiner eigentlichen Bestimmung kam er nicht als Fachtheologe, obwohl er das Zeug dazu hatte, auch nicht als Gemeindeleiter oder Funktionär. Sondern als Prophet.

Ganz in der Tradition der alttestamentarischen Propheten lag seine wichtigste Mission nicht darin, die Zukunft vorherzusagen. Er bezeugte in einer Zeit der staatlichen Lüge und des frommen Selbstbetrugs die Wahrheit. Und zwar in mehrere Richtungen: die der Machthaber, der Kirche und der eigenen Person.

Dabei war Bonhoeffer immer wieder dabei, eigene Ansichten zu korrigieren. Ihm kam es auf «intellektuelle Redlichkeit» an. Er sah sich außerstande, Ideale zu lehren, die mit der Realität nichts zu tun hatten.

In seinem Buch «Nachfolge» (1937) ging er noch davon aus, dass das wirksamste Instrument der Weltveränderung die konsequente Jesus-Jüngerschaft ist. Doch seine Erfahrungen während der Hitler-Diktatur ließen ihn an diesem Prinzip zweifeln. Denn die in den Seminaren ausgestreute Saat wollte einfach nicht aufgehen. Die Welt blieb von den disziplinierten Anstrengungen, die er und seine theologischen Mitstreiter unternahmen, unberührt.

In seinen Überlegungen zur Ethik, die er nach dem Kriegsausbruch verfasste, verabschiedete er sich von den früheren Weltveränderungs-Illusionen.

> *Wirklichkeitsgemäß ist das christusgemäße Handeln, weil es die Welt Welt sein lässt, weil es mit der Welt als Welt rechnet und doch niemals aus den Augen lässt, dass die Welt in Jesus Christus von Gott geliebt, gerichtet und versöhnt ist.*

Bonhoeffer war immer mehr davon überzeugt, dass Deutschland unabhängig von der Nazi-Herrschaft auf eine postreligiöse Zeit zusteuerte. Diesen Umständen, die so radikal anders waren als in den 1500 Jahren zuvor, musste auch die Evangeliums-Verkündigung angepasst werden.

Nachdem Bonhoeffer am 5. April 1943 verhaftet worden war, setzte er im Gefängnis in Tegel seine Überlegungen fort.

Im Frühjahr 1944 – er hatte nur noch ein Jahr zu leben – verfasste er eine Reihe bemerkenswerter Briefe an seinen besten Freund Eberhard Bethge. Der Inhalt ist unter dem Oberbegriff «religionsloses Christentum» seitdem zum Gegenstand einer Kontroverse geworden. War Bonhoeffer in eine verfrühte Midlife-Crisis gekommen? Unter dem Druck der Ereignisse am Glauben irregeworden? Hatte er zu viele Bücher von Nietzsche und anderen Christenkritikern gelesen? Was war mit dem Autor des «Nachfolge»-Buches passiert?

So wie sich religionskritische Fans von Heinrich Heine, Alfred Döblin und Bob Dylan ihre Augen rieben, als sich ihre Idole dem christlichen Glauben zuwandten, so reagierten theologisch konservative Christen konsterniert auf die Gedanken, die Bonhoeffer in der Haft formulierte.

Tatsächlich erstaunt die Stoßrichtung der Briefe. Statt sich als Verfolgter endgültig von der Welt abzuwenden, umarmt er sie geradezu. Statt sich voll auf das Geistig-Ewige zu konzentrieren, wozu es in der Haft ohnehin kaum Alternativen gab, preist er das Konkret-Lebendige. Statt die Schwäche zu glorifizieren, mahnt er zur Anerkennung von Stärke.

Ist er am christlichen Glauben irregeworden?

Das bestreitet Bonhoeffer.

Seine Akzentverschiebung will er ganz ausdrücklich nicht als Glaubenszweifel verstanden wissen.

Er sieht sich ganz auf der Linie Jesu.

Niemals hat Jesus die Gesundheit, die Kraft, das Glück eines Menschen an sich in Frage gestellt und wie eine faule Frucht angesehen; warum hätte er sonst Kranke gesundgemacht, Schwachen die Kraft wiedergegeben?

Vielleicht ist es gerade die Kargheit der Zelle, die im athletischen Bonhoeffer die Wertschätzung für das physische Leben wachsen lässt. Er geht auf Distanz zu einer defizit-orientierten Glaubensverkündigung.

> *Gott ist […] kein Lückenbüßer; nicht erst an den Grenzen unserer Möglichkeiten, sondern mitten im Leben muss Gott erkannt werden; im Leben und nicht erst im Sterben, in Gesundheit und Kraft und nicht erst im Leiden, im Handeln und nicht erst in der Sünde will Gott erkannt werden. Der Grund dafür liegt in der Offenbarung Gottes in Jesus Christus. Er ist die Mitte des Lebens, und ist keineswegs «dazu gekommen», uns ungelöste Fragen zu beantworten.*

Auf der Basis dieser Erkenntnisse plädiert Bonhoeffer für eine Neuorientierung der Kirche. Einen konkreten Fahrplan entwirft er nicht. Er denkt ins Offene hinein, will einen Denkprozess anstoßen.

Achtzig Jahre später haben seine Voraussagen nichts von ihrer Relevanz verloren, eben deshalb, weil sie sich bewahrheitet haben.

> *Wir gehen einer völlig religionslosen Zeit entgegen; die Menschen können einfach, so wie sie nun einmal sind, nicht mehr religiös sein. […] Unserem ganzen bisherigen «Christentum» wird das Fundament entzogen, und es sind nur noch einige «letzte Ritter» oder ein paar intellektuell Unredliche, bei denen wir «religiös» landen können. Sollten das etwa die wenigen Auserwählten sein? Sollen wir uns eifernd, pikiert oder entrüstet ausgerechnet auf diese zweifelhafte Gruppe von Menschen stürzen, um unsere Ware bei ihnen abzusetzen? Sollen wir ein paar Unglückliche in ihrer schwachen Stunde überfallen und sie sozusagen religiös vergewaltigen?*

Für Dietrich Bonhoeffer muss der christliche Glaube mehr leisten, als bloß Unzulänglichkeiten zu reparieren. In dem Beziehungsdreieck von

«Ich-Gott-Nächster» finden Menschen zu ihrer Bestimmung. Um sie dahin zu begleiten, darf man aber nicht bei einem Ideal, sondern muss man beim Ist-Zustand anknüpfen. Da ist anthropologische Klugheit gefragt und eine gesunde Religionsskepsis angebracht. Das religiöse Leben ist schließlich nur ein Modus der Gottesbegegnung, ein Mittel zum Zweck, nicht die Endstation der menschlichen Sehnsüchte.

In seinen Briefen formuliert Bonhoeffer kein abgeschlossenes Konzept. Er schreibt hinein ins Blaue, das er sporadisch durch seine Gitterstäbe sieht.

Wie bei den anderen elf christlichen Vordenkern sind seine Gedanken nicht dazu da, abgenickt und auswendig gelernt zu werden. Sie sind uns zum Weiterdenken anvertraut.

Die Kirche der Weisheit tagt und forscht unentwegt.

Sie ist immer «in session» und «in progress».

Neue Ideengeber stoßen hinzu.

Wir kennen ihre Namen noch nicht, aber wir können uns auf etwas gefasst machen. In Zukunft werden immer mehr nicht-westliche Autoren den Diskurs vorantreiben, immer mehr Frauen die weibliche Perspektive auf bisher überwiegend männlich beackerte Themenfelder richten, immer mehr theologische Laien sich einschalten.

Die Folge kann Chaos sein. Zum Beispiel, wenn die Weisen zu Toren werden, ihre eigenen Grenzen vergessen, gegen die eigene Tradition die Abrissbirne schwingen, statt sie demütig-kritisch weiterzuentwickeln.

Vor allem wird eine *weise* Kirche nie ihre finale Destination aus den Augen verlieren. Das Leben kommt aus Gottes Hand und endet in seinen Armen. Auch wenn die aktuellen Verhältnisse zu Defätismus und Resignation verleiten.

Hinter dem Horizont wartet keine Agonie.

Und keine Auslöschung wie in «The Wicker Man».

Alles wird tov.

Masel tov!

Mut macht mir eine der berühmtesten Science-Fiction-Kurzgeschichten, die angesichts des momentanen KI-Hypes hochaktuell ist: «Die letzte Frage», 1956 veröffentlicht von Isaac Asimov (1920–1992).

Der russisch-jüdisch-amerikanische Kult-Autor beschreibt eine gar nicht mehr so ferne Zukunft, in der die Menschheit einen hochintelligenten Supercomputer entwickelt hat. «Multivac», so heißt der Computer, wird am 21. Mai 2061 die Frage gestellt: «Kann die Entropie jemals umgekehrt werden?» Mit anderen Worten: Ist es möglich, den natürlichen Verfall zu stoppen, den Tod zu besiegen, unendliches Wachstum zu generieren?

Der Computer muss passen, weil ihm nicht genügend Daten zur Beantwortung der Frage vorliegen. In den kommenden Jahrtausenden, Jahrmillionen, Jahrmilliarden wird der Computer weiterentwickelt und die Frage immer wieder gestellt. Inzwischen haben die Menschen das Weltall bevölkert und sind mit den Computern zu einer körperlosen Superintelligenz verschmolzen. Erst als das Universum stirbt, liegen alle nötigen Daten zur Beantwortung der letzten Frage vor.

Bevor das Weltall in sich zusammenfällt, kommt die Antwort, das letzte Wort, das Omega des Seins:

Es werde Licht.

Alleine Gott kann Entropie umkehren.

Nur er kann Tote auferwecken.

Nur er kann Neues aus Nichts erschaffen.

Und Menschen können darüber nur staunen.

Womit wir wieder beim Anfang aller Weisheit sind.

Zwischenstopp
Der Weisheit vorletzte Schlüsse

Neben vielen anderen Kompetenzen hatte Jesus ein feines psychologisches Gespür. So wusste er, dass Menschen instinktiv den leichten Zugang und den einfachen Weg wählen. Jesus empfiehlt deshalb die enge Pforte und den schmalen Weg. Denn Strapazen bringen uns dem Ziel näher.

Sowohl für den Glauben als auch das Denken gilt: Der Geist wächst am Widerstand. Nichts hilft mehr, die eigenen Gedanken zu sortieren, als chaotische Umstände. Und oft muss das Alte niederbrennen, damit aus der Asche der Phoenix emporsteigen kann.

Heute erleben wir, wie die intellektuelle Infrastruktur um uns kollabiert. Nichts ist sicher, alles fragwürdig. Die etablierten Experten bekommen mit ihren Vorlesungen nur einen Bruchteil der Aufmerksamkeit, die reißerische Dilettanten auf ihren Youtube-Kanälen erzielen. Man kommt sich vor wie in der Zwischenkriegszeit des vorigen Jahrhunderts. Damals seufzte der italienische Marxist Antonio Gramsci (1891–1937):

Die alte Welt liegt im Sterben, die neue ist noch nicht geboren. Es ist die Zeit der Monster.

Gramsci meinte Hitler und Mussolini, er hätte als eine weitere Höllenausgeburt Stalin nennen können.

Der Untergang der alten Welt rief aber auch scharfsinnige Apologeten auf den Plan, ließ neue philosophische Institute und Bewegungen entstehen. Der Spuk legte sich, die Sonne ging wieder auf, die freieste aller bisherigen Welten entstand.

Inzwischen hat sich der schmale Weg des Neuanfangs in eine Autobahn mit so vielen Spuren verwandelt, dass die Verkehrsströme nicht mehr gelenkt werden können. Karambolagen häufen sich; Schlaglöcher können nicht mehr ausgebessert werden und wachsen sich aus zu metertiefen Gruben. Und am Horizont hört die Straße ganz auf. Neue Routen müssen ersonnen, asphaltiert, kartographiert werden.

Die Ingenieure sind auch schon zur Stelle. Sie sitzen in Zukunfts-Laboren, Hightech-Fabriken, Zentralkomitees. Mit Gott haben sie in der Mehrzahl wenig im Sinn. Auf ihren Wegen wird man blitzschnell und ultrakomfortabel unterwegs sein, sich aber von Gott, den Mitmenschen und der eigenen Bestimmung wegbewegen.

Gefordert sind alternative Verkehrsentwickler, die in Ökologie, Anthropologie und Theologie bewandert sind. Einige Bau-Anregungen finden sie in diesem Buch.

Jetzt habe ich noch die passende Begleitmusik:

Komponiert hat sie der neben Bach bedeutendste Klangzauberer aller Zeiten: Ludwig van Beethoven (1770–1827). So wild wie die Zeiten, in denen er lebte, war sein Innenleben. Als er 18 Jahre alt war, brach die Französische Revolution aus. Anschließend überzog Napoleon den Kontinent mit Krieg. Beethoven kämpfte unterdessen gegen seine Taubheit und mit seinen überspannten Nerven. Der künstlerische Ertrag des Spannungsabbaus ist bekannt.

Während die politischen Verhältnisse in Österreich und Preußen in den Jahren 1806 und 1807 am Tiefpunkt ankommen, komponiert Beethoven seine berühmte «Fünfte», zeitgleich noch die «Pastoralsinfonie». Im selben Jahr vollendet Goethe seinen «Faust» und entwickelt Hegel das bedeutendste philosophische Werk des 19. Jahrhunderts, die «Phänomenologie des Geistes».

Einmal mehr – besser gesagt: viermal mehr! – erweist sich eine Krise als Kreativitäts-Katalysator.

Aber Beethoven ist nicht nur der musikalische Revolutionär, der den Umständen trotzt. Die inneren und äußeren Nöte lassen seine spirituelle Sehnsucht wachsen. In seinen letzten und vielleicht bedeutendsten Meisterwerken, der «Missa solemnis» und der «Neunten Sinfonie», bezeugt er sein Gottvertrauen.

Bereits 15 Jahre vor seinem Tod hatte der damals 41-jährige Ludwig van Beethoven in seinem privaten Tagebuch ein eindrucksvolles Gebet formuliert:

> *Gelassen will ich mich also allen Veränderungen unterwerfen und nur auf deine unwandelbare Güte, o Gott, mein ganzes Vertrauen setzen. Deiner, Unwandelbarer, Deiner soll sich meine Seele freuen. Sei mein Fels, mein Licht, ewig meine Zuversicht.*

Nach einer familiären Krise, bei der es um die Erziehung seines Neffen ging, und einer kreativen Durststrecke raffte sich der taube Meister zu einem furiosen Endspurt auf.

In der «Missa solemnis» (1823) flieht er vor dem Chaos der Welt in Gottes Arme. Die Komposition war keine Auftragsarbeit, sondern ein Herzensanliegen. Der Klangperfektionist Beethoven wollte «wahre Kirchenmusik» schaffen. Also komponierte er eine «feierliche Messe», die mit dem bekannten Choralgesang «Agnus Dei» endet.

> *Lamm Gottes, du nimmst hinweg die Sünden der Welt: Erbarme dich unser. Lamm Gottes: Gib uns Frieden.*

Beethoven hielt die «Missa solemnis» für sein gelungenstes Werk. Sehr viel populärer ist allerdings die «Neunte Sinfonie». 1824 wurde sie vor einem begeisterten Publikum aufgeführt. Positiv überrascht waren die Zuhörer von dem Chor-Finale mit Versen aus Schillers

«Ode an die Freude». Hier greifen Zukunftshoffnung und Gottesglaube ineinander.

Seid umschlungen, Millionen! Diesen Kuss der ganzen Welt! Brüder, überm Sternenzelt muss ein lieber Vater wohnen!

Gott, Menschheit, verbindende Liebe – die genial vertonten Zeilen erzeugen noch heute enorme Resonanz.

Ich muss trotzdem meckern. Das Klangbild ist zwar imposant, aber schief. Jedenfalls in theologischer Hinsicht. Gott schaut nicht von oben zu, wie die Menschen sich umschlingen und küssen. Der Impuls dazu kommt von ihm, führt zu ihm und ist – in der Person Jesus Christus – in allem gegenwärtig.

Ich bin der Weg und die Wahrheit und das Leben. Ohne mich kann niemand zum Vater kommen.

Johannes 14,6

Der Weg ist das Ziel und hat einen Namen. Wer sich dazu bekennt, steht Durststrecken besser durch und hat doppelte Freude am Marschieren. So reist man auf die *weise* Tour und kann, frei nach Schiller, Beethoven und den neuesten Bevölkerungsstatistiken singen:

Seid umschlungen, Milliarden!
Diesen Kuss der ganzen Welt!
Brüder, überm Sternenzelt und mitten unter uns …
… wohnt ein liebender Vater!
Und er meint es gut mit uns!

Schluss
Der Gipfel der Weisheit

Nur der Kampf gefällt uns, nicht der Sieg.

Blaise Pascal

Am Ende der langen Strecke vom Wahnsinnstrip zum Weisheitstrip sind noch einige Fragen offen.

Vor allem eine:

Was bleibt?

Was bleibt von dem Versuch, Eulen nach Babylon zu tragen bzw. dem gegenwärtigen Gedanken-Chaos mit weisen Antworten zu trotzen?

Hoffentlich mehr als am Schluss des Films «Jäger des verlorenen Schatzes». Da landet der gesuchte Schatz, die israelitische «Bundeslade», zwar nicht in den Händen der Nazis. Dafür verschwindet sie, eingeschlossen in einer 08/15-Kiste, zwischen zigtausenden anderen Frachtboxen in einer gigantischen Lagerhalle.

Kaum gefunden, ist sie schon wieder verschwunden.

Wie Indiana Jones könnte es der Leserschaft dieses Buches gehen, die nun erst recht fürchtet, den Überblick verloren zu haben. Gibt es denn nicht so etwas wie die *eine* wichtige Erkenntnis? Auf welche der vielen Weisheiten kommt es besonders an? Und wer von den vielen Autoritäten, die ich zitiert habe, hat das meiste Gewicht?

Jetzt kann ich es ja zugeben: Während der Arbeit an dem Buch hat mich selber oft die Angst beschlichen, dass die ganze Operation ziemlich aussichtslos ist. An denselben Fragen, mit denen ich mich quäle, haben sich schließlich schon unzählige ungleich viel klügere Köpfe abgearbeitet. Und immer wieder bin ich auf Denker gestoßen, von denen ich bis dato gar nicht wusste, dass sie überhaupt existierten.

Meistens habe ich mir deren angestaubte Werke in der Universitäts-Bibliothek besorgt. Oft wusste ich nicht, ob ich eher fasziniert oder bestürzt sein sollte. Fasziniert von den tiefen Einsichten darin; bestürzt davon, dass ganz offensichtlich jahrelang niemand darin gelesen hatte.

Lauter vergebliche Weisheits-Müh also?

Dieser Verdacht beschlich auch den Autor des biblischen «Prediger»-Buches. In den letzten Versen scheint es, als führe er sein ganzes Erforschungs-Projekt rund um das Thema «Sein» ad absurdum.

> *Es nimmt kein Ende mit dem vielen Bücherschreiben, und das viele Lernen macht den ganzen Körper müde. Zu guter Letzt lasst uns hören, welche Schlussfolgerung sich aus all dem ergibt: Begegne Gott mit Ehrfurcht und halte seine Gebote! Das gilt für jeden Menschen.*
>
> Prediger 12,12–13

Bedeutet das, dass die zwölf vorausgegangenen Kapitel des «Prediger»-Buches sinnlos waren?

Und erst recht die sieben Teile (Vor- und Schlusswort mitgerechnet) meines eigenen Buches?

Die ehrliche Antwort lautet: Ja.

Dann nämlich, wenn der Sinn der Weisheitssuche im Anhäufen von intellektuellen Kostbarkeiten besteht.

Weisheit ist nichts, was man «hat» und worauf man sich ausruhen kann. Weisheit ist auch kein Status, den man für sich reklamiert, und kein Standpunkt, von dem aus man das Weltgeschehen reflektiert.

Das Streben nach Weisheit ist ein Lebensprojekt. Dabei geht es nicht um intellektuelle Selbstverwirklichung. Der Wille zur Weisheit ist keine Lifestyle-Choice, sondern eine moralische Verpflichtung. So wie Torheit schwächt, schädigt und womöglich tötet, so bahnt Weisheit den Weg zum gelingenden Leben.

Du hast es so geordnet, Gott, dass jeder ungeordnete Geist sich selbst zur Strafe wird.

Augustinus, Bekenntnisse

Seid klug wie Schlangen, und doch frei von Hinterlist wie Tauben.

Matthäus 10,16

Was Weisheit ist, wo wir sie finden, wohin sie führt und auf welchen Wegen wir dem Ziel näherkommen – das habe ich versucht zu erläutern. Weil es Weisheit nicht nach Vorschrift und von der Stange gibt, kann ich an dieser Stelle keine gebrauchsfertige Kurz-Anleitung anbieten, keine übersichtlichen zehn oder zwanzig Schritte zum Weiser-Werden.

Die Auswahl der wichtigsten Impulse?

Ich überlasse sie jedem Einzelnen.

Ganz drücken vor einer «Best of»-Zusammenfassung will ich mich aber nicht. Für meinen persönlichen Gebrauch habe ich ein Weisheits-Konzentrat gemixt. Es besteht aus sieben Zutaten, das heißt: sieben Erkenntnissen, die hoffentlich zu einem weisen Verständnis von uns selbst, der Welt und Gott verhelfen.

Erstens: Wir müssen keine Alles-Checker sein. Wir sollen aber Realitäts-Checker werden.

Die Wahrnehmung der Wirklichkeit ist die Voraussetzung für deren Verbesserung. Es genügt nicht, sich mit «moralischen» oder «spirituellen» Gesetzen auszukennen. Man muss auch die Gesetze der Schwerkraft berücksichtigen, die in Natur und Gesellschaft wirken.

Die Wahrheit richtet sich nicht nach uns […], sondern wir müssen uns nach ihr richten.

Matthias Claudius, Brief «An meinen Sohn Johannes»

Wer die «Eden-Kultur» (Johannes Hartl) anstrebt, benötigt dafür Jenseits-von-Eden-Kompetenz.

Zweitens: Liebe ist zwar nicht alles (jedenfalls in diesem Leben). Aber ohne Liebe ist alles nichts.

Weise sind zwar nicht immer Heilige, verfolgen aber das gleiche Ziel – nämlich das gute Leben in Gemeinschaft miteinander und mit Gott. Sie lehnen einen selbstbezogenen Hedonismus ab; aber auch einen selbstverneinenden Miserabilismus, wie er im kirchlichen Kontext bis ins 20. Jahrhundert noch weit verbreitet war.

> *Pfarrer Manders: «Das ist der Geist des Aufruhrs! Das Glück zu verlangen in diesem Leben! Was für ein Recht haben wir Menschen auf das Glück? Nein, wir sollen unsere Pflicht tun.» […] Oswald: «Davon will man aber in der Welt draußen nichts wissen. Kein Mensch glaubt dort noch an derartige Lehren. Dort draußen bedeutet das bloße Bewusstsein, dass man auf der Welt ist, schon ein überquellendes Glücksgefühl.»*
>
> Henrik Ibsen, Gespenster

Weise Menschen interessieren sich durchaus für ihr persönliches Glück, begegnen aber gleichzeitig dem Nächsten mit Wohlwollen – und dem Höchsten mit Ehrfurcht. Das Band, das alle drei Willensrichtungen zusammenbindet, ist die Liebe.

Drittens: Das gelobte Land liegt nicht hinter uns. Sondern als Verheißung vor uns.

Der Mensch ist, wie die Natur, zur Fruchtbarkeit, zum Erzeugen, zum Schaffen gestaltet. Deshalb gibt es keine völlig festen Wurzeln, keine restlos stabile Verankerung: damit wir die Spannkraft nach vorne nicht verlieren.

Für mich persönlich liegt darin eine Erklärung für die fehlende Beweiskraft christlicher Grundsätze. Ich habe mich oft gefragt, warum der Glaube an die Auferstehung Christi zwar plausibel, aber nicht zwingend ist. Warum hat Gott nicht dafür gesorgt, dass es neben den Jesus-Nachfolgern noch weitere, unabhängige Zeugen gab? Als Journalist veröffentliche ich schließlich auch erst dann eine Nachricht, wenn ich mindestens zwei verschiedene Quellen dafür habe …

Heute habe ich zumindest eine Antwort auf die Frage. Die zweite Quelle neben den Aposteln sollen *wir selbst* sein. Die Beweislücke ist dafür da, um mit unserem eigenen Lebenszeugnis geschlossen zu werden – durch liebevolle Hinweise auf die Realität Gottes. Statt sterilem Schriftgelehrtentum ist schöpferisches Christsein gefragt.

Viertens: Das Leben kann nur vorwärts gelebt und rückwärts verstanden werden – und deshalb ist und bleibt es angespannt!

Die Aufgabe der Weisheit liegt darin, dieses Spannungsverhältnis auszuloten, zu erörtern und die richtigen Schlüsse daraus zu ziehen. Unser Leben ist nun einmal geprägt von Polaritäten, Ambivalenzen, Widersprüchen, Paradoxien. Manche davon sind produktiv, manche destruktiv.

Den Unterschied zu erkennen zwischen dem, was gottgegeben, schicksalhaft oder sündig ist, fällt uns schwer. Denn die Konflikte liegen auch in uns selbst, in mentalen Spannungsfeldern wie «Fühlen-Wollen-Analysieren», «Glauben und Denken», «Ich-Mensch-Gott», «Freiheitswille und Harmoniewunsch».

Wir sehnen uns nach dem sicheren Hafen.

Und gleichzeitig nach neuen Ufern.

Dabei sind die Menschentypen höchst unterschiedlich, nicht zuletzt in der Art, wie sie Spannungen bewerten und bewältigen. Was den einen umbringt, macht den anderen «an». Manche halten kognitive Dissonanzen nur schwer aus, andere lieben den intellektuellen Thrill.

Fünftens: Weisheit ist die Kunst der Spannungsbewältigung und des «Sich nach vorne Ausstreckens».

Man kann Spannungen innerlich abbauen, man kann Konflikte äußerlich ausfechten, aber man kann Gegensätze auch kreativ nach vorne hin auflösen. So funktioniert die Natur, und so funktioniert geistiges Wachstum.

> *Die seelische Veranlagung des Begabten bewegt sich in weitgespannten Gegensätzen. [...] Jeder Begabte ist der, der die Fackel trägt, und er ist von der Natur selber zu diesem hohen Amte auserkoren.*
>
> Carl Gustav Jung, Über die Entwicklung der Persönlichkeit

Wenn das Reale und das Ideale miteinander kollidieren, wenn Wissenschaft und «Willensschaft» sich im Clinch befinden, liegt die Wahrheit oft nicht auf einer von beiden Seiten, sondern in der Mitte, richtiger noch: vorne.

Niemand «hat» das wahre, gute, schöne Leben.

Wir können uns aber danach ausstrecken.

Gerade Abweichungen und Kurskorrekturen …

… bringen uns dem Ziel näher.

Der Glaube ist seinem Wesen nach monogam.

Das Denken aber ist polyamor.

Das macht «Beziehungskonflikte» zwischen Herz und Kopf so unvermeidlich wie – hoffentlich! – fruchtbar.

Sechstens: Jeder Mensch hat nicht seine eigene Wahrheit. Aber jeder Mensch hat seinen eigenen Weg.

Wir folgen keinem fertigen Skript.

Das Leben ist nach vorne hin offen.

Es gibt so viele Morgenröten, die noch nicht geleuchtet haben.
Friedrich Nietzsche, Morgenröte

«Der Weg ist das Ziel» – dieser Satz klingt schön, durchaus. *Unser* Weg ist aber nicht *das* Ziel. Die finale Destination ist vorgegeben – das liebevolle Leben mit den Nächsten und mit dem Höchsten. Damit komme ich zum siebten …

Moment! …

Für die letzten Meter hinauf auf den Gipfel der Weisheit habe ich noch einmal drei Weisheitsführer engagiert: drei christliche Denker, die unsere spannungsgeladene Existenz viel profunder durchdacht haben als ich selbst.

Den ersten der drei werden einige Leser sicher schon schmerzhaft vermisst haben:

Blaise Pascal (1623–1662)

Von allen klugen Köpfen, die ich in diesem Buch vorgestellt habe, ist er vielleicht der klügste. Er erfand eine Rechenmaschine, stellte mathematische Formeln auf, machte bahnbrechende physikalische Entdeckungen – und bissig formulieren konnte er auch noch, wie er in seinen «Briefen in die Provinz» unter Beweis stellte.

Dabei hatte er außer seinem Vater und sich selbst keine Lehrer gehabt. Er war das Produkt einer «Homeschooling»-Erziehung. Einblicke in die große weite Welt bekam er über seine Schwester, die als Hofdame bei der Königin angestellt war.

Als junger Erwachsener besuchte er eine Zeitlang die Intellektuellen-Salons in Paris, fühlte sich aber von der hohlen Wichtigtuerei abgestoßen. Fortan grübelte er still über Bestimmung und Schicksal des Menschen.

Seine posthum veröffentlichten «Gedanken» zeigen ihn nicht nur als Meister scharfsinniger Beobachtungen. Beinahe jeder Satz sitzt.

All killer, no filler.

In den «Gedanken» entpuppt er sich aber auch als eine Art philosophischer Hamlet. Wichtig-Sein oder Nichtig-Sein – das war für ihn die Frage. Am gründlichsten erörtert er sie im «Fragment 72» seiner «Pensées». Die Überschrift, die dem Text von der Nachwelt gegeben wurde, lautet: «Vom Missverhältnis des Menschen».

- *Was ist zum Schluss der Mensch in der Natur? Ein Nichts vor dem Unendlichen, ein All gegenüber dem Nichts, eine Mitte zwischen Nichts und All. Unendlich entfernt von dem Begreifen der äußersten Grenzen, sind ihm das Ende aller Dinge und ihre Gründe undurchdringlich verborgen, unlösbares Geheimnis; er ist gleich unfähig, das Nichts zu fassen, aus dem er gehoben [wird], wie das Unendliche, das ihn verschlingt.*
- *Auf einer unermesslichen Mitte treiben wir dahin, immer im Ungewissen und treibend und von einem Ende gegen das andere gestoßen. An welchen Grenzpfahl immer wir uns binden und halten möchten, jeder schwankt und entschwindet, und wenn wir ihm folgen, entschlüpft er unserm Griff und entgleitet uns und flieht in einer Flucht ohne Ende. Nichts hält uns zuliebe an. Das ist die Lage, die uns natürlich ist und in jedem Fall die gegensätzlichste zu unseren Wünschen; wir brennen vor Gier, einen festen Grund zu finden und eine letzte beständige Basis, um darauf einen Turm zu bauen, der bis in das Unendliche ragt; aber all unsere Fundamente zerbrechen, und die Erde öffnet sich bis zu den Abgründen.*
- *Der Mensch ist sich selbst das rätselhafteste Ding der Natur, denn er kann nicht begreifen, was Körper, und noch weniger, was Geist ist – und am wenigsten von allem, wie ein Körper mit einem Geist vereint sein könne.*

Auch in den anderen «Gedanken» geht es immer wieder um die Spannung, in der die Menschen sich befinden. Seine Wünsche und Träume lassen ihn hinauswachsen über eine Natur, die nichts will, außer zu funktionieren.

- *Der Mensch ist nur ein Schilfrohr, das schwächste, was es in der Natur gibt; aber dieses Schilfrohr denkt.*
- *Wenn das Weltall ihn erdrückte, wäre der Mensch doch edler als das, was ihn tötet; denn er weiß, dass er stirbt, und kennt die Übermacht, welche das Weltall ihm gegenüber hat. Das Weltall hingegen weiß nichts davon.*
- *Der Mensch ist ganz offensichtlich geschaffen, um zu denken. Dies ist seine ganze Würde und sein ganzes Verdienst; und seine ganze Pflicht ist es, richtig zu denken.*

Die Angespanntheit der menschlichen Natur zeigt sich auch in ihrem Innenleben. Sie kann die Wirklichkeit nur ansatzweise und bruchstückhaft erfassen. Dabei schwankt sie zwischen der Stimme des Herzens und dem Ruf der Vernunft.

- *Nichts zeigt ihm die Wahrheit. Alles täuscht ihn. Diesen zwei Prinzipien der Wahrheit – der Vernunft und den Sinnen – fehlt es beiden nicht nur an Aufrichtigkeit, sondern sie täuschen einander auch gegenseitig; die Sinne täuschen die Vernunft durch trügerischen Schein. Und diesen gleichen Betrug, den sie der Seele antun, erleiden sie wiederum von ihr; sie rächt sich an ihnen. Die Leidenschaften der Seele verwirren sie und verleiten sie zu falschen Eindrücken. Sie lügen und betrügen einander um die Wette.*
- *Wir sehnen uns nach der Wahrheit und finden in uns nur Ungewissheit.*
- *Wir sind nicht fähig, Beweise zu liefern, das kann der ganze Dogmatismus nicht widerlegen.*
- *Das Herz hat seine Ordnung, der Geist hat die seine, die aus Grundsätzen und Beweisen besteht. Das Herz hat eine andere.*

Man beweist nicht, dass man geliebt werden muss, indem man die Ursachen der Liebe geordnet darlegt; das wäre lächerlich.

- *Nichts ist so sehr der Vernunft gemäß wie die Verleugnung der Vernunft.*

Gibt es einen Ausweg aus diesen Konflikten und Paradoxien? Für Pascal besteht die Lösung bzw. Auflösung der Spannung alleine in der Hinwendung zu Gott.

- *Die Erkenntnis Gottes ohne die Erkenntnis des eigenen Elends führt zu Hochmut. Die Erkenntnis des eigenen Elends ohne die Erkenntnis Gottes führt zur Verzweiflung. Die Erkenntnis Jesu Christi steht in der Mitte, weil wir in ihr sowohl Gott wie auch unser Elend finden.*
- *Die Mitte anstreben: Zu viel Lärm macht taub, zu viel Licht blendet, was zu weit ist und was zu nah ist, hindert das Sehen, übertriebene Länge und zu große Knappheit der Rede verdunkeln den Sinn, zu viel Wahrheit betäubt uns. Zu große Jugend und zu hohes Alter hemmen den Geist, ebenso zu viele und zu wenig Kenntnisse. Kurz und gut, alle Extreme sind, als wären sie für uns nicht vorhanden und wir nicht für sie; sie entschlüpfen uns oder wir ihnen.*
- *Die wahre Religion müsste Größe und Elend lehren, zu Selbstachtung und Selbstverachtung, zu Liebe und Hass bewegen.*
- *Es ist gefährlich, dem Menschen zu eindringlich vor Augen zu führen, wie sehr er den Tieren gleicht, ohne ihm seine Größe zu zeigen. Und es ist weiter gefährlich, ihm zu eindringlich seine Größe ohne seine Niedrigkeit vor Augen zu führen. Es ist noch gefährlicher, ihn in Unkenntnis des einen und des anderen zu lassen, aber es ist sehr vorteilhaft, ihm das eine und das andere darzulegen.*
- *Diese äußersten Enden berühren sich und vereinigen sich allein durch ihr Getrenntsein, und sie finden sich wieder in Gott, und in Gott allein.*

- *All diese Widersprüche, die mich am weitesten von der Kenntnis einer Religion zu entfernen schienen, haben mich gerade am ehesten zur wahrhaftigen Religion geführt.*

Pascal, der chronisch krank war, sehnt sich nach Ruhe. Er erkennt aber, dass der Mensch zur Aktivität geschaffen ist. Darin liegt der positive Effekt der Spannung: Sie hält uns in Bewegung, lässt uns vorwärtsschreiten.

- *Nichts ist dem Menschen so unerträglich, als wenn er sich in vollkommener Ruhe befindet. [...] Unsere Natur besteht in der Bewegung, die vollständige Ruhe ist der Tod.*
- *Wir sind voller Dinge, die uns nach außen stoßen.*

Das Leben ist ein Kampf. Ob daraus ein Krampf wird oder wir die Spannung positiv nach vorne hin entladen – das liegt in unserer Hand bzw. in unserem Kopf.

Wenn man Pascal etwas vorwerfen kann, dann seinen Pessimismus. Er kannte noch nicht die Früchte des Fortschritts, die wir genießen können. Sein Leben war außer von starken Schmerzen und dem frühen Verlust seiner Mutter auch von andauernden politischen und religiösen Konflikten überschattet.

Ihm musste es vorkommen, als verbesserten sich die Lebensverhältnisse nur minimal, während jeder Mensch mit Riesenschritten dem eigenen Tod zustrebte.

Heute ist es umgekehrt: Wir bewundern unsere Produktivität und verdrängen unsere Fatalität, Fragilität und Endlichkeit.

Obwohl Blaise Pascal völlig quer zum Lebensgefühl des 21. Jahrhunderts steht, ist er immer noch ziemlich bekannt.

Vom nächsten Spannungs-Erklärer kann man das nicht gerade behaupten. Oder schon mal was gehört von Peter Wust?

Wenn ja, dann haben Sie mir etwas voraus, jedenfalls bis zu dem Zeitpunkt, als ich mein Buch in Angriff genommen habe. Mir sagte der Name nämlich überhaupt nichts. Ich wusste auch nicht, dass sich dahinter der wohl bedeutendste deutsche Vertreter einer christlichen Existenzphilosophie verbirgt – also jener Denkrichtung, die nicht beim großen Ganzen anfängt, sondern beim kleinen Menschen und seinen Nöten.

Peter Wust (1884–1940)

Mit Nöten kannte sich dieser Denker aus. Am Tag vor dem Silvesterabend 1938 blätterte er durch sein persönliches Exemplar von Pascals «Gedanken». Auf einer der Seiten notierte der Münsteraner Professor das Todesurteil, das er gerade von seinen Ärzten empfangen hatte: Oberkieferkrebs, unheilbar.

> *Erste klare Sicht auf mein endgültiges Schicksal. Erster schwerer Gedanke an das Abschiednehmen von der Welt! Mein Gott, sei mir gnädig!*

Peter Wust war, als eins von elf Geschwistern, in bescheidenen, frommen Verhältnissen aufgewachsen. Die Spannung zwischen Glauben und Denken beschäftigte ihn dermaßen, dass er diesem Zwiespalt die meisten seiner vielen Bücher widmete.

Während er durch seine Prägung und seinen religiösen Instinkt zu einem traditionell-katholischen Christenstand tendierte, zogen ihn in der Wissenschaft besonders die wilden Geister an.

Sein wichtigster Ideengeber, gleichzeitig ein guter Freund, war Max Scheler (1874–1928). Der zehn Jahre ältere Philosoph Scheler war selbst ein wandelnder Widerspruch: Sohn einer orthodox-jüdischen Mutter, konvertiert zum Protestantismus, dann zum Katholizismus, schließlich zu einem universalistischen Theismus, nie fertig, immer auf der Suche nach der tatsächlichen «Stellung des Menschen im Kosmos» (so der Titel seines letzten und bekanntesten Buches).

Während die meisten anderen zeitgenössischen Philosophen sich von der Frage nach Gott verabschiedet hatten, beschäftigte sich Scheler obsessiv damit. Seinen Schülern schärfte er ein, «dass Metaphysik keine Versicherungsanstalt ist für schwache, stützungsbedürftige Menschen. Sie setzt bereits einen kräftigen, hochgemuten Sinn im Menschen voraus».

Wahrheitssuche nicht als «Mission Impossible», sondern als riskantes, aber lukratives Unternehmen – das imponierte Peter Wust. Anders als Blaise Pascal sah Wust in der Freiheit des Menschen mehr Privileg als Last, in seinen kognitiven Spannungen nicht Fluch, sondern gottgegebenes Potenzial.

> *Der Grund für diese dialektische Bewegung der menschlichen Aktivität ist nun aber in der metaphysischen Struktur unseres Selbst zu suchen. […] Wir kommen durch Überwindung von Widerständen vorwärts.*

Als Philosoph war Wust bescheiden genug, die eigenen Kompetenzgrenzen zu akzeptieren. In einem Aufsatz über «Weisheit und Heiligkeit» ermahnte er christliche Denker, nicht auf fromme Tatmenschen herabzusehen. Für ihn kam es auf beides an, «Weisheit» und «Heiligkeit», die er als «das herrlichste Zwillingsgestirn am Himmel der geistigen Werte» bezeichnete:

> *Der Weise und der Heilige schreiten immer nebeneinander her durch die Geschichte aller Jahrhunderte, weil das höchste Ideal der Humanität in keinem von beiden, so wie sie immer in der Wirklichkeit vor uns hintreten, ganz rein zur Darstellung kommen kann. Beide Ideale aber weisen in die Unendlichkeit hinaus, wo sie in der absoluten göttlichen Realität ihre seins-apriorische Erfüllung haben.*

Geist und Liebe, so sagten wir, bilden die paradoxe Synthesis, ohne die menschliche Geschichte nicht gedacht werden kann. [...] Die Liebe ist die einzige synthetische Kraft des Universums. Sie hält nicht bloß die Planeten in ihrer kosmischen Bewegung ineinandergebunden, sie schützt auch unsere Taten gegen die analytischen Tendenzen.

Die Quintessenz seiner (Ent-)Spannungsphilosophie formulierte Peter Wust 1937 in «Ungewissheit und Wagnis». Der Titel bringt sein zentrales Anliegen auf den Punkt. Eben weil der Mensch nie auf geistig festem Boden steht, bleibt ihm nur der mutige Sprung nach vorne – mitten hinein ins Spannungsfeld aus Glauben und Denken, aus Vernunftoptimismus und Vernunftpessimismus, aus Dogmatismus und Skeptizismus, aus Statik und Dynamik, aus Intuition und Reflexion.

Seine christlichen Studenten ermutigte Wust, dieses «Wagnis aller Wagnisse» auf sich zu nehmen, mit dem Ziel, aus der Spannung kreativ-liebevolle Lösungen zu entwickeln.

- *Dieses Wagnis der Weisheit ist jedoch nur möglich für denjenigen Menschen, der die seelische Unrast seines Eigenwillens und seiner Selbstsucht aufgibt und sich durchringt zu der tiefen inneren Stille des Herzens, in der die Stimme der Liebe vernehmbar wird.*
- *Das [...] Wagnis der Weisheit aber, das dem Halbdunkel der menschlichen Insecuritas-Situation als die einzige Möglichkeit für die dem Menschen gestellte Lebensaufgabe entspricht, ist das höchste Ideal der Vernunft überhaupt.*
- *Im Liebesblick des Glaubenswagnisses entschleiert sich die Welt. Und mit Staunen entdeckt nun der Mensch, der bisher einsam seinen gefährlichen Weg dahingeschritten ist, dass er gerade dann immer am meisten behütet gewesen war, wenn er sich am meisten der Gefahr des tödlichen Absturzes ausgeliefert zu sein gefürchtet hatte.*
- *So bedarf es denn oft sehr vieler Umwege, bis der Mensch einsehen lernt, dass das Misslingen aller Pläne seines Eigenwillens einen*

> *ganz tiefen Erziehungssinn hat und dass widrige Lebensschicksale nur Grade der Vorsehung sind.*

Als hätte es Peter Wust vorausgehen, nahm sein Leben kurz darauf einen unvorhergesehen schweren Verlauf. Die tödliche Krebserkrankung sorgte dafür, dass er mit Mitte 50 seine Lehrtätigkeit einstellen musste.

Vom Sterbelager aus erlebte der überzeugte Nazi-Gegner den Beginn des Zweiten Weltkriegs. Während Hitler nach dem Überfall auf Polen seinen Westfeldzug vorbereitete, litt Wust grauenhafte Schmerzen.

Kurz vor Weihnachten 1939 nahm er alle seine Kräfte zusammen und verfasste ein «Abschiedswort» an seine Studenten. Es gehört nach meinem Dafürhalten zur Anthologie der weisesten Worte, die ich überhaupt je gelesen habe. Im Rückblick auf ein erfolgreiches Philosophenleben und in Erwartung des nahenden Todes schrieb Wust an «seine lieben Schüler»:

> *Wenn Sie mich nun fragen sollten, bevor ich gehe und endgültig gehe, ob ich nicht einen Zauberschlüssel kenne, der einem das letzte Tor zur Weisheit des Lebens erschließen könne, dann würde ich Ihnen antworten: «Jawohl!» Und zwar ist dieser Zauberschlüssel nicht die Reflexion, wie Sie es von einem Philosophen vielleicht erwarten möchten, sondern das Gebet. Das Gebet, als letzte Hingabe gefasst, macht still, macht kindlich, macht objektiv. Ein Mensch wächst für mich in dem Maße immer tiefer hinein in den Raum der Humanität – nicht des Humanismus –, wie er zu beten imstande ist, wofern nur das rechte Beten gemeint ist. Gebet kennzeichnet alle letzte «Humilitas» des Geistes. Die großen Dinge des Daseins werden nur den betenden Geistern geschenkt. Beten lernen aber kann man am besten im Leiden. […] Und nun grüße ich Sie herzlichst noch einmal mit einem kindlich frohen: Auf Wiedersehen!*

Ein Vierteljahr später starb Peter Wust.

Zu den Trauernden gehörte der bedeutendste christliche Existenzphilosoph auf der anderen Rheinseite, ein eng mit ihm befreundeter Franzose:

Gabriel Marcel (1889–1973)

Wenn für Pascal der Glaube im Mittelpunkt seiner «Gedanken» stand und für Wust die Liebe, dann komplettiert Marcel als Philosoph der Hoffnung das Denker-Dreigespann.

Wie auch Pascal und Wust sieht Marcel den Menschen in einer existenziell spannungsgeladenen Situation. Gerade im Rätselhaften des Lebens sieht Marcel aber schon dessen Lösung.

> *Ohne Mysterium wäre das Leben nicht atembar. Wie man sieht, und das ist fundamental in meinem ganzen Denken, wird das Mysterium nicht wie bei den Agnostikern als eine Lücke des Erkennens interpretiert, als eine Leere, die man füllen muss, sondern im Gegenteil als eine Fülle, ja ich möchte sogar sagen: als der Ausdruck eines Willens, einer Forderung, die so tief ist, dass sie sich selbst nicht erkennt, dass sie sich unaufhörlich verrät, indem sie sich falsche Gewissheiten schmiedet.*

Die Fülle, für die der Mensch geschaffen ist, wird ihm nicht einfach geschenkt. Gott befähigt die Menschen dazu, schöpferisch daran mitzuwirken. Davon ist der musisch hochbegabte Marcel, der auch Theaterstücke und Kulturrezensionen verfasst, überzeugt. Die Freiheit ist dazu da, sich in liebevollen Bindungen neu zu verwirklichen, in immer neuen Handlungen «schöpferischer Treue» – die über sich selbst hinaus aufs ewige Leben bei Gott verweisen.

- *Treue ist der Sieg über die Zeit.*
- *Einen Menschen lieben, heißt, ihm sagen: Du wirst nicht sterben.*

Für Marcel sind die anderen Menschen keine bloßen Zeitgenossen, die es zu tolerieren gilt; es handelt sich um Gefährten auf dem Weg in die Ewigkeit. Bereits in den 50er Jahren wendet sich Marcel scharf gegen eine Moral, die kosmisch angelegt ist, dabei aber die unmittelbaren Mitmenschen aus den Augen verliert.

> *Man kann sich nicht entschlossen genug gegen die falsche Vorstellung wenden, man könne heutzutage nur noch im Weltmaßstab oder im planetarischen Maßstab gültig denken. Hier, wie auch überall sonst, muss der Sinn für den Nächsten wieder geweckt werden. Das ist die einzige mögliche Schutzwehr gegen schwerstes Unglück, das – ganz gewiss – im Weltmaßstab über uns hereinbrechen würde.*

Die Sorge und das Bemühen um das Wohl der Anderen ist aber nicht der Weisheit allerletzter Schluss.

Die Welt und alle Weisheit enden irgendwann in einer letzten Dämmerung, einem letzten Sonnenuntergang. Das Universum ist kein Perpetuum mobile, das sich ewig selbst am Leben hält. Es hat einen Anfang und ein Ende.

Aber damit ist nicht Schluss.

Auf dem Gipfel der Weisheit werden wir mit offenen Armen empfangen. Vom Alpha und Omega allen Seins. Dem personifizierten Wesen, Quell, Ziel und Weg aller Weisheit.

Siebtens: Jesus Christus.

Weise Menschen gehen Ihm entgegen.

Von Christus wissen wir nichts aus eigener Denkanstrengung. Gott hat sich uns in Ihm offenbart. Unsere Kenntnisse über Jesus sind nicht zweifelsfrei. Sie sind aber glaubwürdig, wünschenswert und alternativlos, wenn man das höchste Ziel anstrebt: ewiges Leben und Lieben.

Mit der Zielbestimmung «Jesus» lassen sich aber auch jetzt schon viele Spannungen positiv bewältigen, die ansonsten zu Streit, Lähmung, Blockade führen. Wer sich in der Weisheitsschule Jesu einschreibt, hat die Abschlussprüfung bereits bestanden. Der Lernstoff ist zum Teil vorgegeben (durch natürliche, historische, biblische Unterrichtsmaterialien); zum Teil ist er von uns selbst neu zu entwickeln.

Eine wichtige Lernvoraussetzung ist kindliche Neugier, die Fähigkeit zum Staunen und Fragen. Wer Weisheit anstrebt, ist immer in Ausbildung. Deshalb rät Jesus – ganz im Gegensatz zu den allermeisten Philosophen – nicht: «Werdet wie die Alten». Sondern «Werdet wie die Kinder»:

Offen, optimistisch, bildungshungrig.

> *Wenn ihr euch nicht ändert und so werdet wie die Kinder, kommt ihr ganz sicher nicht in Gottes himmlisches Reich. Wer aber so klein und demütig sein kann wie ein Kind, der ist der Größte in Gottes himmlischem Reich.*
>
> Matthäus 18,3–4

Am Ende jeder erfolgreichen Weisheitssuche landet man immer am Anfang.

Wie der übrig gebliebene Astronaut in «2001: Odyssee im Weltraum» (1968: Stanley Kubrick). In der Schluss-Sequenz des Films wird er in einen Lichttunnel hineingezogen, durch rauschhafte Bewusstseins-Sphären katapultiert, um schließlich in einem zugleich antiquierten und futuristischen Hotelschlafzimmer zu landen. Er tritt einer stark gealterten Version von sich selbst gegenüber, dann verschwindet er und macht Platz für einen Fötus, der mit großen, funkelnden Augen durch den Weltraum schwebt.

Für mich ist das sinnbildhaft für eine weise Welt-Erkundung: mit einem abgeklärt-altersweisen Auge und einem kindlich-naiven – und mit beiden in Blickrichtung Jesus.

Und egal, ob es nun bei einer intergalaktischen Odyssee oder einer Bergwanderung sein mag: Verständig wird man unterwegs. Der Homo sapiens ist immer auch der Homo viator.

Wir können deshalb dankbar sein für die Unordentlichkeiten und Umwälzungen unserer Zeit. Sie hindern uns daran, uns behäbig im Status quo einzurichten.

Und sie zwingen uns zum Aufbruch.

Die Weisheitsschule, die dem aufmerksamen Menschen das Leben selbst bietet, hat keinen abgeschlossenen Lehrplan. Sie muss ständig aktualisiert werden. Weil uns die Verhältnisse immer wieder dazu zwingen, unsere Gedanken zu sortieren, zu fokussieren, zu kanalisieren.

Auf zu neuen Weisheitsufern. Auf zu neuen Abenteuern. Zu Reisen hinauf bis zum Mond und hinein in die inneren Abgründe menschlicher Existenz. Auf zum Tanz auf dem Vulkan und zum großen Staunen vor dem Unbegreiflichen und Ewigen. Denn der nächste Wahnsinn kommt bestimmt.

Und dem können wir am besten entgegentreten –
mit den Waffen der Weisheit.

Caspar David Friedrich, «Der Wanderer über dem Nebelmeer», Bild: Pixabay

Danke

Kein Guru, keine Methode, kein Lehrer!
Nur du und ich und die Natur
Und der Vater und der Sohn
Und der Heilige Geist im regennassen Garten.

«In the Garden», vom Album «No Guru, No Method, No Teacher», Van Morrison, 1986

Ich kann mich noch genau an das Konzert an der Berlin-Spandauer Zitadelle erinnern, bei dem ich diesen Song live gehört habe. Was der Nordire Van Morrison (geboren 1945) damit zum Ausdruck brachte, entspricht auch meiner Herangehensweise an dieses Buch. Als philosophischer Dilettant gehöre ich keiner besonderen Schule an, habe keinen prominenten Weisheitsmentor gehabt, keine epistemologische Methode gelernt.

Aber ich bin bei meinem Buchprojekt natürlich von vielen Menschen inspiriert, ermutigt und unterstützt worden.

Mein allerherzlichstes Dankeschön gilt meiner Frau Tabitha: erstens für ihre geistvollen Anregungen und zweitens für ihr liebevolles Verständnis dafür, dass ich vor lauter Jagen und Sammeln von Weisheiten manchmal zu nicht viel anderem gekommen bin.

Zur Wolke von Weisheitszeugen, die mich begleitet hat, gehören ganz besonders mein Bruder Torsten und mein Schwager David. Als Gesprächspartner und Ideengeber waren sie mir eine riesige Hilfe.

Nicht von ungefähr heißt der Verlag, bei dem meine Suche nach verborgenen Weisheitsquellen erscheint, Fontis, übersetzt: Brunnen. Ein großes Dankeschön an den Verlagschef und guten Freund Dominik Klenk, dessen Weisheitsfreude, Enthusiasmus und Can-Do-Spirit dieses Buch – genau wie die drei vorherigen – überhaupt erst ermöglicht haben. Und an den wunderbaren Lektor Christian Meyer, der mich nun schon beim vierten Buch mit seinem Rat, seinem Scharfsinn und seiner Freundschaft motiviert und über die Finish-Linie gebracht hat. Merci auch dem gesamten Verlagsteam um Elisabeth Schoft (Marketing) und Rebecca Krämer (Social Media), Anne Helke mitsamt der großartig recherchierenden Doro Appel (Lektorat) sowie der genialen Cover-Illustratorin Caro Horbank.

Danke auch allen weisen Menschen, die mir auf ganz unterschiedliche Weise in der Schule des Lebens zur Seite gestanden haben; niemand davon so nahe, so intensiv, so fürsorglich, so rückhaltlos wohlwollend wie meine Eltern.

Und last, but first:

Danke, Jesus!

Benutzte Quellen und Literatur (in alphabetischer Reihenfolge)

Die Bibelzitate sind, falls nicht anders gekennzeichnet, der Übersetzung «Hoffnung für alle» übernommen.

Abelard, Peter: Peter Abaelards philosophische Schriften. Hrsg. v. Bernhard Geyer, 1919–1933

Abelard, Peter: Sic et non: A Critical Edition. Ed. Blanche B. Boyer and Richard McKeon, 1976

Acemoglu, Daron/Simon Johnson: Power and Progress. Our Thousand-Year Struggle Over Technology and Prosperity, 2023

Adler, Alfred/Ernst Jahn: Religion und ihre Individualpsychologie – Eine prinzipielle Auseinandersetzung über Menschenführung, 1975

Adorno, Theodor W., Max Horkheimer: Dialektik der Aufklärung, 1947

Alter, Robert: The Wisdom Books, 2010

Althoff, Gerd: «Selig sind, die Verfolg ausüben.» Päpste und Gewalt im Hochmittelalter, 2013

Angell, Norman: The Fruits of Victory, 1921

Angell, Norman: The Great Illusion: A Study of the Relation of Military Power in Nations to their Economic and Social Advantage, 1910

Arendt, Hannah: Eichmann in Jerusalem. Ein Bericht von der Banalität des Bösen, 1963

Arendt, Hannah: Vom Leben des Geistes: Das Denken, das Wollen, das Urteilen, 1977

Aristoteles, Gesammelte Werke, übers. von Eugen Rolfes u. a., 2016

Arnold, Gottfried: Hauptschriften, 1971

Asimow, Lew: The Last Question, in The Best of Isaac Asimov, 1954–1972, 1977

Attia, Peter: Outlive. The Science and Art of Longevity, 2023

Augustinus: Opera/Werke. Gesamtausgabe, 2007 ff.

Baader, Franz von: Erotische Philosophie. Aus den Schriften Franz von Baaders. Hrsg. v. Gerd-Klaus Kaltenbrunner, 1991

Baggini, Julian: How to Think Like a Philosopher. Essential Principles for Clearer Thinking, 2023

Bakewell, Sarah: Humanly Possible. Seven Hundred Years of Humanist Freethinking, Enquiry and Hope, 2023

Baldick, Robert: The Life of J.-K. Huysmans, 2015

Ball, Philip: Beyond Weird: Why Everything You Thought You Knew about Quantum Physics Is Different, 2018

Balthasar, Hans Urs von: Epilog, 1987

Balthasar, Hans Urs von: Theodramatik. Vier Bände, 1971–1983

Balzac, Honoré de: Das unbekannte Meisterwerk, übers. v. Heinrich E. Jacob, 1982

Barker, Eric: Plays Well with Others. The Suprising Science Behind Why Everything You Know About Relationships Is (Mostly) Wrong, 2022

Bataille, Georges: Gilles de Rais. Leben und Prozess eines Kindermörders, 2018

Bauer, Joachim: Realitätsverlust. Wie KI und virtuelle Welten von uns Besitz ergreifen – und die Menschlichkeit bedrohen, 2023

Baumgartner, Konrad: Johann Michael Sailer (1751–1832). Ein Leben in Begegnungen, 2022

Baumgartner, Konrad: Johann Michael Sailer. Leben und Werk, 2011

Becker, Adam: What is Real? The Unfinished Quest for the Meaning of Quantum Physics, 2019

Beckerman, Gal: The Quiet Before. On the Unexpected Origins of Radical Ideas, 2022

Bellow, Saul: Herzog, übers. v. Walter Hasenclever, 1965

Benjamin, Walter: Deutsche Menschen. Eine Folge von Briefen, 1983

Benjamin, Walter: Sämtliche Werke, 2019

Berdjajew, Nikolai: Die menschliche Persönlichkeit und die überpersönlichen Werte, 1937

Berdjajew, Nikolai: Die Philosophie des freien Geistes. Problematik und Apologie des Christentums, 1930

Berdjajew, Nikolai: Von des Menschen Knechtschaft und Freiheit. Versuch einer personalistischen Philosophie, 1954

Berger, Jonah: Contagious. Why Things Catch On, 2013

Berger, Jonah: Magic Words. What to Say to Get Your Way, 2023

Berger, Jonah: The Catalyst. How to Change Anyone's Mind, 2020

Bergman, Schmuel Hugo: Tagebücher und Briefe. Zwei Bände, 1985

Bergson, Henri: Die beiden Quellen der Moral und der Religion, übers. v. Eugen Lerch, 1932

Bergson, Henri: Schöpferische Entwicklung, übers. v. Gertrud Kantorowicz, 1921
Berman, Greg/Aubrey Fox: Gradual. The Case for Incremental Change in a Radical Age, 2023
Bernstein, Jeremy: Heaven's Net. The Meeting of John Donne and Johannes Kepler, in: The American Scholar, Spring 1997
Bhagavadgita: Das Lied der Gottheit, übers. v. Helmuth von Glasenapp, 2022
Bhaskar, Michael: Human Frontiers. The Future of Big Ideas in an Age of Small Thinking, 2021
Birnstein, Uwe: Toleranz und Scheiterhaufen. Das Leben des Michael Servet, 2012
Bloy, Léon: Schrei aus der Tiefe; übertragen von Hans Urs von Balthasar, 1987
Boethius: Trost der Philosophie, übers. v. Richard Scheven, 1893
Boétie, Étienne de la: Von der freiwilligen Knechtschaft des Menschen, übers. v. Johann Benjamin Erhard, 2011
Bonhoeffer, Dietrich: Du wartest jede Stunde mit mir. Die Briefe aus dem Gefängnis (1943–1944). Hrsg. von Peter Zimmerling, 2016
Bonhoeffer, Dietrich: Werke. Sonderausgabe in 16 Bänden, 2015
Borges: Die Bibliothek von Babel. Erzählungen, übers. v. Karl August Horst u. a., 1986
Bregman, Rutger: Im Grunde gut. Eine neue Geschichte der Menschheit, 2021
Brooks, Arthur: From Strength to Strength. Finding Success, Happiness and Deep Purpose in the Second Half of Life, 2022
Brooks, David: The Second Mountain. The Quest for a Moral Life, 2019
Brown, Ryan P.: Honor Bound. How a Cultural Ideal Has Shaped the American Psyche, 2016
Brunner, Emil: Offenbarung und Vernunft. Die Lehre von der christlichen Glaubenserkenntnis, 1941
Brunnermeier, Markus K.: Die resiliente Gesellschaft. Wie wir künftige Krisen besser meistern können, 2021
Buber, Martin: Gottesfinsternis. Betrachtungen zur Beziehung zwischen Religion und Philosophie, 1953
Buber, Martin: Ich und Du, 1983
Bucer, Martin: De Regno Christi, in: Melanchthon and Bucer, ed. by Wilhelm Pauck, 1969
Bulgakow, Sergej: Dialog zwischen Gott und Mensch, 1962
Burckhardt, Jacob: Briefe. Vollständig und kritisch bearbeitete Ausgabe, 1949
Burckhardt, Jacob: Weltgeschichtliche Betrachtungen. Über geschichtliches Studium, hrsg. v. Johannes Wenzel, 1985

Burkeman, Oliver: Four Thousand Weeks. Time Management for Mortals, 2021
Burton, Tara Isabella: Strange Rites. New Religions for a Godless World, 2020
Busch, Christian: Connect the Dots. The Art and Science of Creating Good Luck, 2020
Calasso, Roberto: The Book of All Books, 2021
Camus, Albert: Der Fall, übers. v. Guido G. Meister, 1956
Camus, Albert: Der Mythos des Sisyphos, übers. v. Hans Georg Brenner u. a., 1987
Camus, Albert: Die Pest, übers. v. Guido G. Meister, 1960
Camus, Albert: Tagebuch März 1951 – Dezember 1959, übers. v. Guido G. Meister, 1993
Castellio, Sebastian: Die Kunst des Zweifelns und Glaubens, des Nichtwissens und Wissens, 2015
Cave, Nick/Sean O'Hagan: Glaube, Hoffnung und Gemetzel, übers. v. Christian Lux, 2022
Centola, Damon: Change. How to Make Big Things Happen, 2021
Chabris, Christopher/Daniel Simon: The Invisible Gorilla. How Our Intuitions Deceive Us, 2010
Chambers, Oswald: Leagues of Light. Diary of Oswald Chambers in: Bertha Chambers: Oswald Chambers. His Life and Work, 2017
Chambers, Oswald: The Complete Works, 2000
Chance, Zoe: Influence is Your Superpower: How to Get What You Want Without Compromising Who You Are, 2021
Chardin, Teilhard de: Der Mensch im Kosmos, übers. v. Günther Schiwy, 2018
Chardin, Teilhard de: Mein Glaube, übers. v. Karl Schmitz-Moormann, 1988
Chesterton, G. K.: Complete Works, o. D.
Christensen, Scott: What about Evil? A Defense of God's Sovereign Glory, 2020
Cialdini, Robert B.: Influence. Wie man (andere) überzeugt. Nützliche Erkenntnisse der Psychologie, 2023
Cialdini, Robert: Pre-Suasion. A Revolutionary Way to Influence and Persuade, 2016
Cioran, Emile M.: Der Absturz in die Zeit, 1995
Cioran, Emile M.: Die verfehlte Schöpfung, 1994
Cioran, Emile M.: Gedankendämmerung, 1995
Cioran, Emile M.: Notizen 1957–1972, 2015
Claudius, Matthias. Sämtliche Werke: Nach dem Text der Erstausgaben 1775–1812 und den Originaldrucken, 1996
Coleridge, Samuel Taylor: Letters of Samuel Taylor Coleridge: Complete Volumes 1 and 2, 2017

Collins, Randall: Charisma. Micro-sociology of Power and Influence, 2020
Colls, Robert: George Orwell. English Rebel, 2013
Comenius, Amos: Unum necessarium. Das einzig Notwendige, übers. v. Johannes Seeger, Biogr. Einleitung v. Ludwig Keller, 1904
Cusanus, Nicolaus: Der Mystiker. Textauswahl und Kommentar von Gerhard Wehr, 2011
Daisley, Bruce: Fortitude. The Myth of Resilience, and the Secrets of Inner Strength, 2023
Davidman, Joy: Rauch über dem Berg. Eine Auslegung der 10 Gebote, 1984
Dávila, Nicolás Gómez: Auf verlorenem Posten. Neue Scholien zu einem inbegriffenen Text. 1992
Dávila, Nicolás Gómez: Aufzeichnungen des Besiegten. Fortgesetzte Scholien zu einem inbegriffenen Text, 1992
Dávila, Nicolás Gómez: Einsamkeiten. Glossen und Text in einem, 1987
Dávila, Nicolás Gómez: Notas. Unzeitgemäße Gedanken, 2006
Dawson, Christopher: Progress and Religion. A Historical Inquiry, 1929
Deneen, Patrick: Regime Change. Towards a Postliberal Future, 2023
Diamandis, Peter/Steven Kotler: The Future is Faster than You Think. How Converging Technologies Are Transforming Business, Industries, and Our Lives, 2020
Dickinson, Emily: Gedichte, übers. v. Gunhild Kübler, 2006
Dickinson, Emily: Wilde Nächte. Ein Leben in Briefen, hrsg. v. Uda Strätling, 2011
Dieterich, Veit-Jakobus: Johann Amos Comenius. Ein Mann der Sehnsucht 1592–1670: theologische, pädagogische und politische Aspekte seines Lebens und Werkes, 2003
Döblin, Alfred: Gesammelte Werke, hrsg. v. Christina Althen, 2013–2015
Döblin, Alfred: Briefe, 1970
Doyle, Andrew: The New Puritans. How the Religion of Social Justice Captured the Western World, 2022
Droste-Hülshoff, Annette von: Sämtliche Briefe, hrsg. V. Winfried Woesler, 1996
Duijn, Roel van: Himmlers holländische Muse. Die zwei Leben der Baroness Julia Op ten Noort, 2020
Durant, Will/Ariel Durant: The Lessons of History, 1968
Durant, Will: Fallen Leaves. Last Words on Life, Love, War, and God, 2015
Eagleman, David: Livewired. The Inside Story of the Ever-Changing Brain, 2020

Ebner-Eschenbach, Marie von: Aphorismen, 2022
Edmund Burke: Reflections on the Revolution in France, 2002
Edwards, Jonathan: The Complete Works of Jonathan Edwards, o. D.
Ehrman, Bart: Armageddon. What the Bible Really Says about the End, 2023
Eliot, T. S.: The Rock, 1934
Epiktet: Handbüchlein der Lebenskunst, übers. v. Carl Conz, 2020
Erasmus von Rotterdam: Das Lob der Torheit, übers. v. Anton J. Gail, 1964
Eusebius von Cäsarea: Kirchengeschichte, übers. v. Conrad Eibisch, 2019
Fisher, Richard: The Long View. Why We Need to Transform How the World Sees Times, 2023
Fitzgerald, Michael: The Genesis of Artistic Creativity: Asperger's Syndrome and the Arts, 2005
Flannelly, Kevin J.: Religious Beliefs, Evolutionary Psychiatry, and Mental Health, in: An Evolutionary Threat Assessment Systems Theory, 2017
Flasdieck, Hermann M.: Goethe in Elberfeld, 1999
Flaubert, Gustave/George Sand: Eine Freundschaft in Briefen, 1992
Florenskij, Pavel: Säule und Sockel der Wahrheit. Versuch einer orthodoxen Theodizee in zwölf Briefen, übers. v. Bernd Groth, 2021
Florenskij, Pavel: Namen, 1994
Fontane, Theodor: Sämtliche Werke in 24 Bänden, 1959–1975
Forster, E. M.: Wiedersehen in Howards End, übers. v. Egon Pöllinger, 1987
Forster, Georg: Werke. Sämtliche Schriften, Tagebücher, Briefe, 1958 ff.
Franck, Sebastian: Sämtliche Werke. Kritische Ausgabe mit Kommentar. 2005 ff.
Frankfurt, Harry: Bullshit, übers. v. Michael Bischoff, 2014
Frankl, Viktor: Über den Sinn des Lebens, 2021
Friedell, Egon: Kulturgeschichte der Neuzeit. Die Krisis der europäischen Seele von der Schwarzen Pest bis zum Ersten Weltkrieg, 2012
Friedell, Egon: Vom Schaltwerk der Gedanken, 2007
Frisch, Max: Gesammelte Werke in zeitlicher Folge. Jubiläumsausgabe 1931–1985, hrsg. v. Hans Mayer. 1976 und 1986
Funder, Anna: Wifedom. Mrs. Orwell's Invisible Life, 2023
Gadamer, Hans-Georg: Wahrheit und Methode. Grundzüge einer philosophischen Hermeneutik, 2010
Gailus, Manfred: Gläubige Zeiten. Religiosität im Dritten Reich, 2021
Galef, Julia: The Scout Mindset. Why Some People See Things Clearly and Others Don't, 2021
Galilei, Galileo: Schriften, Briefe, Dokumente, hrsg. v. Anna Mudry, 2005

Galor, Oded: The Journey of Humanity. Die Reise der Menschheit durch die Jahrtausende, 2022

Ganteför, Gerd: Das rätselhafte Gewebe unserer Wirklichkeit und die Grenzen der Physik, 2023

Gerhardt, Volker: Der Sinn des Sinns: Versuch über das Göttliche, 2022

Gernet, Jacques: Christus kam bis nach China. Eine erste Begegnung und ihr Scheitern, 1984

Gigerenzer, Gerd: Klick. Wie wir in einer digitalen Welt die Kontrolle behalten und die richtigen Entscheidungen treffen, 2021

Gilbert, Dan/Adam M. Mastroianni: The Illusion of Moral Decline, in: Nature, 2023

Gneezy, Uri: Mixed Signals. How Incentives Really Work, 2023

Goethe, Johann Wolfgang v./Friedrich Schiller: Briefwechsel, hrsg. V. Rüdiger Safranski 2011

Gollwitzer, Helmut/Wilhelm Weischedel: Denken und Glauben. Ein Streitgespräch, 1965

Goodhart, David: Head Hand Heart. The Struggle for Dignity and Status in the 21st Century, 2020

Gopnik, Adam: The Real Work. On the Mystery of Mastery, 2023

Graham, Billy: Approaching Hoofbeats. The Four Horsemen of the Apocalypse, 1983

Graham, Billy: World Aflame, 1966

Graham, Michael F.: The Blasphemies of Thomas Aikenhead. Boundaries of Belief on the Eve of the Enlightenment, 2013

Grayling, A. C.: The Frontiers of Knowledge. What We Know About Science, History, and the Mind, 2021

Green, Julien: Tagebücher I–XVIII, übers. v. Hanns Winter u. a., 1938–2006

Gresham, Lindsay: Nightmare Alley, 1947

Haag, Anna: Denken ist heute überhaupt nicht mehr Mode. Tagebuch 1940–1945, 2021

Haecker, Theodor: Tag- und Nachtbücher 1933–1945, 1948

Halford, Macy: My Utmost. A Devotional Memoir, 2018

Halík, Tomáš: Der Nachmittag des Christentums. Eine Zeitansage, 2022

Hamann, Johann Georg: Briefe, 1822–1924, 1988

Hamann, Johann Georg: Sämtliche Werke, hrsg. v. Josef Nadler, 6 Bände, 1949–1957

Hammarskjöld, Dag: Zeichen am Weg, übers. v. Anton Graf Knyphausen, 1965

Han, Byung-Chul: Die Krise der Narration, 2023

Han, Byung-Chul: Undinge. Umbrüche der Lebenswelt, 2021

Han, Byung-Chul: Vita contemplativa oder von der Untätigkeit. Eine Kritik an unserer Leistungsgesellschaft, 2022
Han, Byung-Chul: Vom Verschwinden der Rituale. Eine Topologie der Gegenwart, 2019
Hankins, Barry: Francis Schaeffer and the Shaping of Evangelical America, 2008
Hari, Johann: Lost Connections. Uncovering the Real Causes of Depression – and the Unexpected Solutions, 2018
Harpprecht, Klaus: Harald Poelchau. Ein Leben im Widerstand, 2004
Hartl, Johannes: Eden Culture. Ökologie des Herzens für ein neues Morgen, 2021
Hastings, Reed/Erin Meyer: No Rules Rules. Netflix and the Culture of Reinvention, 2020
Hawthorne, Nathanael: Selected Letters, 2002
Heather, Peter/John Rapley: Why Empires Fall. Rome, America and the Future of the West, 2023
Heather, Peter: Christendom. The Triumph of A Religion, 2020
Hebbel, Friedrich: Tagebücher. Vollständige Ausgabe in drei Bänden, 1984
Heer, Friedrich: Die dritte Kraft. Der europäische Humanismus zwischen den Fronten des konfessionellen Zeitalters, 1960
Hegel, G. W. F.: Gesammelte Werke, Akademieausgabe, Hamburg 1968 ff.
Heine, Heinrich: Gesammelte Werke, 2017
Henrich, Joseph: The WEIRDest People in the World. How the West Became Psychologically Peculiar and Particularly Prosperous, 2020
Hepp, Johannes: Die Psyche des Homo Digitalis. 21 Neurosen, die uns im 21. Jahrhundert herausfordern, 2022
Herodot: Das Geschichtswerk des Herodotos von Halikarnassos, übers. v. Theodor Braun, 1927
Hillesum, Etty: Das denkende Herz. Tagebücher 1941–1943, übers. v. Maria Csollány, 1985
Hölderlin, Friedrich: Sämtliche Werke und Briefe in drei Bänden, hrsg. v. Michael Knaupp, 2019
Horwitz, Ilana M.: God, Grades, and Graduation: Religion's Surprising Impact on Academic Success, 2022
Hosselfelder, Sabine: Existential Physics. A Scientist's Guide to Life's Biggest Questions, 2022
Hossenfelder, Sabine: Das hässliche Universum. Warum unsere Suche nach Schönheit die Physik in die Sackgasse führt, 2018
Huch, Ricarda: Der Dreißigjährige Krieg, 1912

Huch, Ricarda: Der Sinn der Heiligen Schrift, 1919
Huch, Ricarda: Die Romantik. Blütezeit, Ausbreitung und Verfall, 1899/1902
Hunter, James Davison: To Change the World. The Irony, Tragedy, and Possibility of Christianity in the Late Modern World, 2010
Hürter, Tobias: Das Zeitalter der Unschärfe. Die glänzenden und die dunklen Jahre der Physik 1895–1945, 2021
Huxley, Aldous: Brave New World Revisited, 1958
Iljin, Iwan: Blick in die Ferne, 1945
Iljin, Iwan: Das singende Herz – Ein Buch stillen Schauens, München 1958
Iljin, Iwan: Das verschollene Herz: ein Buch stiller Betrachtungen, 1943
Iljin, Iwan: Die ewigen Grundlagen des Lebens, Zürich 1939
Iljin, Iwan: Ich schaue ins Leben, Berlin 1938
Indset, Anders: The Quantum Economy. Saving the Mensch with Humanistic Capitalism, 2020
Jablonka, Ivan: A History of Masculinity, 2022
Jaspers, Karl: Der philosophische Glaube, 2012
Jeffries, Stuart: Everything, All the Time, Everywhere. How We Became Postmodern, 2022
Jeste, Dilip/Scott Lafee: Wiser. The Scientific Roots of Wisdom, 2020
Jeste, Dilip/Scott Lafee: Wiser. The Scientific Roots of Wisdom, Compassion, and What Makes Us Good, 2020
Johnson, Steven: Farsighted. How We Make the Decisions that Matter the Most, 2018
Johnson, Steven: Extra Life. A Short History of Living Longer, 2021
Jonas, Hans: Erinnerungen. Nach Gesprächen mit Rachel Salamander, 2003
Jung, C. G.: Über die Entwicklung der Persönlichkeit. Ges. Werke, Band 17, 1993
Jung-Stilling, Johann Heinrich: Sämtliche Werke und Briefe, o. D.
Kafka, Franz: Gesammelte Werke, o. D.
Kaku, Michio: Die Gottesformel. Die Suche nach der Theorie von Allem, 2021
Kaku, Michio: Wettlauf um die Zukunft: Wie der Quantencomputer die Probleme der Menschheit lösen wird, 2023
Kant, Immanuel: Gesammelte Werke, o. D.
Kaplan, Robert D.: The Tragic Mind. Fear, Fate, and the Burden of Power, 2023
Kass, Leon R.: Founding God's Nation. Reading Exodux, 2021
Kass, Leon R.: The Beginning of Wisdom. Reading Genesis, 2003
Kästner, Erich: Fabian. Die Geschichte eines Moralisten, 1931
Kelly, Kevin: Excellent Advice for Living. Wisdom I Wish I'd Known Earlier, 2023

Keltner, Dacher: Awe. The Transformative Power of Everyday Wonder, 2023
Keltner, Dacher: The Power Paradox. How We Gain and Lose Influence, 2016
Kenney, Paul: Aufstieg und Fall der großen Mächte: Ökonomischer Wandel und militärischer Konflikt von 1500 bis 2000, 1987
Kertscher, Hans-Joachim: «Er brachte Licht und Ordnung in die Welt». Christian Wolff – eine Biographie, 2019
Kertzer, David I.: The Pope At War. The Secret History of Pius XII, Mussolini and Hitler, 2022
Kierkegaard, Søren: Der Augenblick. Eine Zeitschrift, übers. von Hanns Grössel, 1998
Kierkegaard, Søren: Gesammelte Werke, o. D.
Kingdon, Robert M.: Adultery and Divorce in Calvin's Geneva, 1994
Kissinger, Henry: Leadership: Six Studies in World Strategy, 2022
Klaas, Brian: Corruptible. Who Gets Power and How It Changes Us, 2021
Klemperer, Victor: Ich will Zeugnis ablegen bis zum letzten. Tagebücher 1933–1945, 2017
Klepper, Jochen: Unter dem Schatten deiner Flügel. Aus den Tagebüchern der Jahre 1932–1942, 1956
Köhler, Mathilde: Amalie von Gallitzin. Ein Leben zwischen Skandal und Legende, 1993
Konfuzius: Das Buch von Maß und Mitte, hrsg. von Ferdinand und Ute Fellmann, 2015
Konnikova, Maria: The Confidence Game. The Psychology of the Con and Why We Fall for It Every Time, 2017
Kraus, Karl: Gesammelte Glossen, o. D.
Lambert, Frank: Inventing the «Great Awakening», 2001
Le Guin, Ursula K.: The Ones Who Walk Away from Omelas: A Story, 2017
Lehrer, Jonah: Mystery. A Seduction, A Strategy, A Solution, 2021
Lembke, Anna: Dopamine Nation. Finding Balance in the Age of Indulgence, 2021
Lessing, Gotthold Ephraim: Werke und Briefe, hrsg. v. Wilfried Barner, 2003
Levitin, Daniel J.: Successful Aging. A Neuroscientist Explores the Power and Potential of Our Lives, 2020
Lewis, C. S.: Collected Letters. Three Volumes, 2005
Lewis, C. S.: Flucht aus Puritanien. Eine phantastische Reise, 1998
Lewis, C. S.: The Great Divorce, 1946
Lewis, Michael: The Undoing Project. A Friendship That Shaped Our Minds, 2017
Lindley, David: Uncertainty. Einstein, Heisenberg, Bohr, and the Struggle for the Soul of Science, 2007
Liselotte von der Pfalz, Briefe, o. D.

Lomborg, Bjorn: Best Things First, 2023
Loos, Lina: Gesammelte Schriften, hrsg. v. Adolf Opel, 2003
Lübbe, Hermann: Politischer Moralismus. Der Triumph der Gesinnung über die Urteilskraft, 1989
Luhrmann, T. M.: How God Becomes Real: Kindling the Presence of Invisible Others, 2020
Luther, Martin: Briefe. Hrsg. v. Karin Bornkamm und Gerhard Ebeling, 1995
MacAskill, William: What We Owe The Future, A Million-Year View, 2022
MacDonald, George: The Unspoken Sermons, o. D.
MacSweeney, Naoíse: The West. A New History of an Old Idea, 2023
Marcel, Gabriel: Der Untergang der Weisheit, 1960
Marcel, Gabriel: Die Erniedrigung des Menschen, 1957
Marcel, Gabriel: Geheimnis des Seins. Übers. v. Hanns von Winter, 1952
Marcel, Gabriel: Schöpferische Treue, 1961
Marcel, Gabriel: Tragische Weisheit. Zur gegenwärtigen Situation des Menschen, 1974
Marcuse, Ludwig: Der Philosoph und der Diktator. Plato und Dionys, 1950
Maritain, Jacques: Christlicher Humanismus. Politische und geistige Fragen einer neuen Christenheit, 1950
Marquard, Odo: Abschied vom Prinzipiellen,1981
Marquard, Odo: Apologie des Zufälligen. Philosophische Überlegungen zum Menschen, 1986
Marquard, Odo: Philosophie des Stattdessen, 2000
Marquard, Odo: Schwierigkeiten mit der Geschichtsphilosophie,1973
Marquard, Odo: Skepsis und Zustimmung, 1994
Marquard, Odo: Zeitalter der Weltfremdheit? Drei Essays, 2023
Marquard, Odo: Zukunft braucht Herkunft, 2003
Marsden, George M.: Jonathan Edwards. A Life, 2003
Massing, Michael: Fatal Discord. Erasmus, Luther, and the Fight for the Western Mind, 2018
Matz, Wolfgang: Julien Green. Das Jahrhundert und sein Schatten, 1997
McCasland, David: Abandoned to God. The Life Story of the Author of My Utmost for His Highest, 1993
McGilchrist, Iain: The Matter with Things. Our Brains, Our Delusions and the Unmaking of the World, 2021
McKnight, Scot/Laura Barringer: A Church Called Tov: Forming a Goodness Culture That Resists Abuses of Power and Promotes Healing, 2020

McRaney, David: How Minds Change. The Surprising Science of Belief, Opinion, and Persuasion, 2022

Meetschen, Stefan/Alexander Pschera, Alexander Riebel: Poeten, Priester und Propheten. Leben und Werk inspirierender Schriftsteller, 2 Bände, 2016/2020

Menand, Louis: The Metaphysical Club. A Story of Ideas in America, 2001

Mendelssohn, Moses: Gesammelte Schriften. Hrsg. von Alexander Altmann u. a., 1972 ff.

Meseberg-Haubold, Ilse/Dietgard Meyer/Hannelore Erhart: Katharina Staritz. Dokumentation. Zwei Bände, 2002 und 2022

Metzinger, Thomas: Bewusstseinskultur. Spiritualität, intellektuelle Redlichkeit und die planetare Krise, 2023

Metzke, Erwin: Coincidentia Oppositorum. Gesammelte Studien zur Philosophiegeschichte, hrsg. v. Karlfried Gründer, 1961

Mill, John Stuart: Über die Freiheit, übers. von Else Wentscher, 1928

Miller, Lisa: Das erwachte Gehirn. Warum Spiritualität in uns allen angelegt ist, 2022

Montaigne, Michel de: Essais. Erste moderne Gesamtübersetzung von Hans Stilett, übers. v. Hans Stilett, 2011

Morgenstern, Christian: Gesammelte Werke, 2021

Müller-Bahlke, Thomas/Andreas Pecar u. a.: Die Causa Christian Wolff. Ein epochemachender Skandal und seine Hintergründe, 2015

Mumma, Howard: Albert Camus and the Minister, 2000

Murray, Charles: Human Accomplishment, the Pursuit of Excellence in the Arts and Sciences, 800 BC to 1950, 2003

Murray, Charles, Human Diversity. The Biology of Gender, Race, and Class, 2020

Nawyn, William E.: American Protestantism's Response to Germany's Jews and Refugees 1933–1941, 1981

Nestroy, Johann: Stich- und Schlagworte. Zusammengestellt v. Reinhard Urbach, 1976

Nicolaus Cusanus: Der Mystiker. Textauswahl und Kommentar von Gerhard Wehr, 2011

Nicolson, Adam: How to Be. Life Lessons from the Early Greeks, 2023

Nisbett, Richard E.: The Geography of Thought. How Asians and Westerners Think Differently… and Why, 2004

Nordgren, Loran/David Schonthal: The Human Element. Overcoming the Resistance that Awaits New Ideas, 2021

Novalis (Friedrich von Hardenberg): Werke, Tagebücher und Briefe Friedrich von Hardenbergs, hrsg. v. Hans-Joachim Mähl u. Richard Samuel, 1999

Omand, David: How Spies Think. Ten Lessons in Intelligence, 2020
Ortega Y Gasset, José; Gesammelte Werke in 6 Bänden, 1996
Orwell, George: Premium Collection, o. D.
Ott, Karl-Heinz: Verfluchte Neuzeit. Eine Geschichte des reaktionären Denkens, 2022
Pascal, Blaise: Gedanken, übers. v. Ulrich Kunzmann, 2021
Pepys, Samuel: Tagebuch, übers. v. Helmut Winter, 1980
Peterson, Jordan: 12 Rules for Life. An Antidote to Chaos, 2018
Peterson, Jordan: Beyond Order. 12 More Rules for Life, 2021
Petrarca: Dichtungen, Briefe, Schriften. Hrsg. v. Hanns W. Eppelsheimer, 1980
Pieper, Josef: Traktat über die Klugheit, in: Schriften zur philosophischen Anthropologie und Ethik, hrsg. von Berthold Wald, 1996
Platon: Sämtliche Werke, übers. v. Friedrich Schleiermacher u. a., o. D.
Plessner, Helmuth: Die Stufen des Organischen und der Mensch, 1928
Plessner, Helmuth: Lachen und Weinen. Eine Untersuchung der Grenzen menschlichen Verhaltens, 1941
Pluckrose, Helen/James Lindsay: Cynical Theories. How Activist Scholarship Made Everything about Race, Gender, and Identity – and Why this Harms Everybody, 2020
Plutarch: Moralphilosophische Schriften, übers. v. Hans-Josef Klauck, 1997
Pompliano, Polina Marinova: Hidden Genius. The Secret Ways of Thinking that Power the World's Most Successful People, 2023
Popper, Karl R.: Alles Leben ist Problemlösen. Über Erkenntnis, Geschichte und Politik, 1996
Popper, Karl R.: Die Welt des Parmenides. Der Ursprung des europäischen Denkens, 2005
Popper, Karl: Gesammelte Werke in deutscher Sprache, 2006–2012
Pötscher, Walter (Hrsg.): Porphyrios: Pros Markellan, 1969
Rathgeb, Eberhard: Die Entdeckung des Selbst: Wie Schopenhauer, Nietzsche und Kierkegaard die Philosophie revolutionierten, 2022
Reimarus, Samuel Hermann: Apologie oder Schutzschrift für die vernünftigen Verehrer Gottes. Zwei Bände, 1972
Reinhardt, Volker: Die Tyrannei der Tugend. Calvin und die Reformation in Genf, 2016
Renn, Jürgen: The Evolution of Knowledge. Rethinking Science for the Anthropocene, 2022
Richtel, Matt: Inspired. Understanding Creativity. A Journey through Art, Science, and the Soul, 2022

Rosa, Hartmut: Demokratie braucht Religion, 2022

Rosenstock-Huessy, Eugen: I Am an Impure Thinker, 2013

Rosenzweig, Franz: Das Büchlein vom gesunden und kranken Menschenverstand, 1964

Rose-Stockwell, Tobias: Outrage Machine. How Tech Amplifies Discontent, Disrupts Democracy – And What We Can Do About It, 2023

Roth, Gerhard: Über den Menschen, 2021

Roth, Joseph/Zweig, Stefan: Jede Freundschaft mit mir ist verderblich. Briefwechsel 1927–1938, 2014

Roth, Joseph: Der Antichrist, 1934

Rovelli, Carlo: Anaximander and the Nature of Science, 2023

Rovelli, Carlo: Helgoland. Wie die Quantentheorie unsere Welt verändert, 2021

Roy, Olivier: Is Europe Christian?, 2019

Rubin, Rick: The Creative Act: A Way of Being, 2023

Rundell, Katherine: Super-Infinite. The Transformations of John Donne, 2022

Rupp, Walter: Friedrich von Spee. Dichter und Kämpfer gegen den Hexenwahn, 2011

Rüther, Markus: Sinn im Leben. Eine ethische Theorie, 2023

Sachs, Nelly: Werke. Kommentierte Ausgabe in vier Bänden, 2010

Saroglou, Vassilis: The Psychology of Religion, 2021

Sartre, Jean-Paul: Brüderlichkeit und Gewalt. Ein Gespräch mit Benny Lévy, 1993

Sartre, Jean-Paul: Der Ekel, übers. v. Uli Aumüller, 1976

Sauer, Hanno: Moral. Die Erfindung von Gut und Böse, 2023

Schaeffer, Francis: Wie können wir denn leben? Aufstieg und Niedergang der westlichen Kultur, 2000

Scheler, Max: Die Stellung des Menschen im Kosmos, 1928

Scheler, Max: Liebe und Erkenntnis, 1955

Schelling, Friedrich Wilhelm Joseph: Werke, 19 Bände, 1976 ff.

Schestow, Leo Isaakowitsch: Apotheose der Grundlosigkeit und andere Texte, übers. v. Felix Philipp Ingold, 2015

Schestow, Leo Isaakowitsch: Athen und Jerusalem. Versuch einer religiösen Philosophie, 1938

Schestow, Leo Isaakowitsch: Dostojewski und Nietzsche, 1924

Schestow, Leo Isaakowitsch: Potestas Clavium oder die Schlüsselgewalt, 1926

Schiller, Charlotte: Meine Sehnsucht gab mir diese Sprache. Briefe und Literatur von Schillers Gattin, 2016

Schmitt, Carl: Die Tyrannei der Werte, 2020

Schneider, Reinhold: Winter in Wien. Aus meinen Notizbüchern 1957/58, 1976
Schnell, Tatjana: Psychologie des Lebenssinns, 2016
Schröder, Martin: Wann sind Frauen wirklich zufrieden? Überraschende Erkenntnisse zu Partnerschaft, Karriere, Kindern, Haushalt, 2023
Schwartz, Barry/Kenneth Sharpe: Practical Wisdom: The Right Way to Do the Right Thing, 2011
Schweitzer, Albert: Lesebuch, hrsg. von Harald Steffahn, 1995
Seth, Anil: Being You. A New Science of Consciousness, 2021
Setiya, Kieran: Life Is Hard. How Philosophy Can Help Us Find Our Way, 2022
Shapiro, James: 1606. Shakespeare and the Year of Lear, 2015
Sharot, Tali: The Influential Mind. What the Brain Reveals About Our Power to Change Others, 2017
Shotton, Richard: The Choice Factory. 25 Behavioural Biases that Influence What We Buy, 2018
Sloman, Steven/ Philip Fernbach: The Knowledge Illusion, Why We Never Think Alone, 2017
Smil, Vaclav: How the World Really Works. A Scientist's Guide to Our Past, Present and Future, 2022
Snyder, Timothy: On Tyranny. Twenty Lessons from the Twentieth Century, 2017
Solomon, Maynard: Beethovens Tagebuch, hrsg. von Sieghard Brandenburg, 1990
Solschenizyn, Alexander: Zwischen zwei Mühlsteinen. Mein Leben im Exil, 2005
Sophokles: Philoktet, übers. v. Kurt Steinmann, 2022
Spaemann, Robert: Glück und Wohlwollen. Versuch über Ethik, 1989
Spaemann, Robert: Über Gott und die Welt. Eine Autobiographie in Gesprächen, 2012
Spengler, Oswald: Der Untergang des Abendlandes. Umrisse einer Morphologie der Weltgeschichte, 1918
Spiegel, Renia: Tagebuch 1939–1942, übers. v. Joanna Manc, 2021
Spieker, Markus/David Bühne: Rock Me, Dostojewski! Poet, Prophet, Psychologe, Punk, 2021
Spieker, Markus: Jesus. Eine Weltgeschichte, 2020
Spieker, Markus: Übermorgenland. Eine Weltvorhersage, 2019
Spinoza, Baruch de: Theologisch-politischer Traktat, 2018
Spitzer, Lee B.: Baptists, Jews, and the Holocaust. The Hand of Sincere Friendship, 2017
Staël, Anne Germaine de: Über Deutschland, übers. v. Friedrich Buchholz, 2015
Susman, Margarete: Gesammelte Schriften, hrsg. von Anke Gilleir u. a., 2022

Sutherland, Rory: Alchemy. The Magic of Original Thinking in A World of Mind-Numbing Conformity, 2021

Taylor, Charles: A Secular Age, 2007

Thomas, I'Ching: Jesus. The Path to Human Flourishing. The Gospel for the Cultural Chinese, 2018

Thukydides: Der Peloponnesische Krieg, übers. v. Helmuth Vretska, 1966

Tilliette, Xavier: Schelling. Biographie, übers. v. Susanne Schaper, 2004

Tippett, Krista: Becoming Wise. An Inquiry into the Mystery and Art of Living, 2016

Tolkien, J. R. R.: Herr der Ringe. Drei Bände, 1980

Toynbee, Arnold J.: A Study of History. Abridgement, 1946/1957

Trueman, Carl R.: Strange New World. How Thinkers and Activists Redefined Identity and Sparked the Sexual Revolution, 2022

Trueman, Carl. R.: The Rise and Triumph of the Modern Self. Cultural Amnesia, Expressive Individualism, and the Road to Sexual Revolution, 2020

Tuan, Yi-Fu: Human Goodness, 2008

Tugendhat, Ernst: Anthropologie statt Metaphysik, 2007

Tupy, Marian L./Gale L. Pooley: Superabundance. The Story of Population Growth, Innovation, and Human Flourishing on an Infinitely Bountiful Planet, 2022

Turchin, Peter: End Times. Elites, Counter-Elites and the Path of Political Disintegration, 2023

Twain, Mark: Briefe von der Erde, übers. v. Marion Herbert, 2013

Twenge, Jean M.: Generations. The Real Differences between Gen Z, Millennials, Gen X, Boomers, and Silents – and What They Mean for America's Future, 2023

Vaillant, George E.: Triumphs of Experience. The Men of the Harvard Grant Study, 2012

Van Gogh, Vincent: A Life in Letters, hrsg. v. Leo Jansen u. a., 2020

Voltaire: Briefe aus England, übers. v. Rudolf von Bitter, 1994

Wärnberg, Jessica: City of Echoes. A New History of Rome, Its Popes and Its People, 2023

Waldinger, Robert/Marc Schulz: The Good Life and How to Live It. Lessons from the World's Longest Study on Happiness, 2023

Waterfield, Robin: Plato of Athens. A Life in Philosophy, 2023

Watson, James D.: Avoid Boring People and other Lessons from a Life in Science, 2007

Weigelt, Horst: Johann Kaspar Lavater: Leben, Werk und Wirkung, 1991

Weil, Simone: Cahiers, Aufzeichnungen, hrsg. und übers. v. Elisabeth Edl und Wolfgang Matz, 1991

Wickert, Erwin: John Rabe. Der gute Deutsche von Nanking, 1997

Wilczek, Frank: Fundamentals. Ten Keys to Reality, 2021

Wilder, Thornton: Die Tagebücher 1939–1961, 1988

Wilder, Thornton: The Bridge of San Luis Rey, 1927

Wilder, Thornton: The Selected Letters of Thornton Wilder, 2008

Willard, Dallas: Gott. Du musst es selbst erleben, übers. v. Anja Findeisen-MacKenzie, 2022

Winchester, Simon: Knowing What We Know. The Transmission of Knowledge: From Ancient Wisdom to Modern Magic, 2023

Wittgenstein, Ludwig: Denkbewegungen, 1999

Wittgenstein, Ludwig: Über Gewissheit, 1984

Woo, Wendy: Good Habits, Bad Habits. The Science of Making Positive Changes that Stick, 2019

Wooldridge, Adrian: The Aristocracy of Talent: How Meritocracy Made the Modern World, 2021

Woolf, Virginia: To the Lighthouse, 1927

Wordsworth, William: Präludium oder Das Reifen eines Dichtergeistes. Ein autobiographisches Gedicht, übers. v. Hermann Fischer, 1974

Wulf, Andrea: Magnificent Rebels. The First Romantics and the Invention of the Self, 2022

Wust, Peter: Gesammelte Werke, hrsg. v. Wilhelm Vornekohl, 10 Bände, 1963–1969

Wyman, David S.: Das unerwünschte Volk. Amerika und die Vernichtung der europäischen Juden, übers. v. Karl Heinz Silber, 2000

Xenophon, Die Kyrupädie. Die Erziehung des Kyros, übers. v. Christian Waltz, hrsg. v. Rainer Nickel, 2015

Über den Autor

Bild: Copyright by Markus Spieker

Markus Spieker, Jahrgang 1970, arbeitet als Chefreporter für den MDR. Er war jahrelang Korrespondent im ARD-Hauptstadtstudio und Leiter des ARD-Studios Südasien. Aus Afghanistan berichtete er von der Machtübernahme der Taliban. Der promovierte Historiker hat in Gießen und Los Angeles studiert. Er ist Autor der Bestseller «Übermorgenland. Eine Weltvorhersage», «Rock me, Dostojewski!» (zusammen mit David Bühne) und «Jesus. Eine Weltgeschichte».

Gemeinsam mit seiner Frau Tabitha Bühne lebt der leidenschaftliche Globetrotter und Langstreckenläufer in der Nähe von Leipzig.

Meisterklasse Weisheit: Lernen vom Besten.

Markus Spieker & David Bühne
Rock Me, Dostojewski!
560 Seiten
Hardcover, 15,5 × 23 cm
Bestellnummer: 204224
ISBN: 978-3-03848-224-6

Dos-to-jew-ski! Zum 200. Geburtstag erschien das große Buch zum großen Schriftsteller. Als Würdigung. Und als Wachmacher. Denn Dostojewski rüttelt auf, durch seine Werke genauso wie durch den faszinierenden Werdegang: vom Sohn eines Armenarztes, Literatur-Wunderkind, Revolutionär und Zwangsarbeiter in Sibirien hin zum Medienunternehmer, Blogger (tatsächlich!) und schließlich gefeierten Nationaldichter. Ganz zu schweigen von seiner Zockerei, seinen Liebesverrücktheiten und vielen Krankheiten. – Ist Dostojewski von gestern? Von wegen! Seine Tiefe und Schärfe lässt viele heutige Autoren flach und brav aussehen. Hochaktuell sind seine Warnungen vor einem Hyper-Individualismus und den Folgen der Abkehr von Gott. Höchste Zeit, ihn ganz frisch zu entdecken: als Erzähler, Seelenforscher, Weisheitslehrer. – Auf der Grundlage der neuesten Dostojewski-Forschung werden seine Lebensstationen vorgestellt. Dabei kommt er auch ausführlich selbst zu Wort: in einem «Best of» seiner Bücher, Zeitschriften, Briefe und Notizen. Dieser einzigartige Mix aus Biografie und Anthologie steht unter dem Motto, das Dostojewski sich als 17-Jähriger gegeben hatte:

«Der Mensch ist ein Geheimnis. Man muss es enträtseln.»